늘봄행정실무사 + 전 직종 대비

경상북도교육청
교육공무직원
직무능력검사

경북교육청 기출 전국 최다 복원 수록

취업채널 저

북스케치

차례

차례

구성 및 활용

활용법 1 — 경북교육청 최근 기출문제 전국 최다 수록

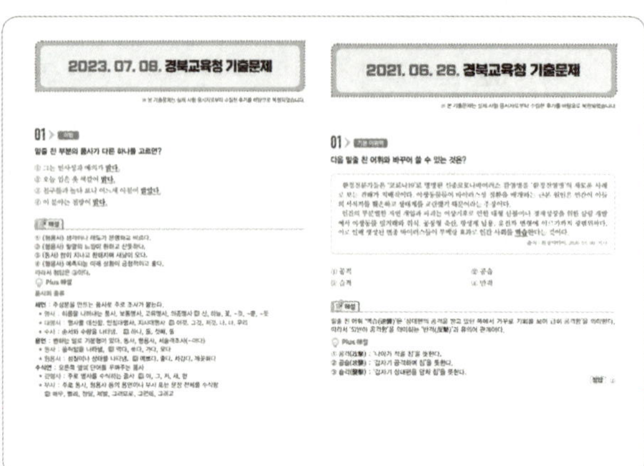

2023년 시행한 최근 기출문제와 2023~2019년, 경북교육청 기출문제를 5년 연속 복원하여 가장 최근에 출제된 경북교육청 유형을 효과적으로 파악할 수 있도록 구성하였습니다.

활용법 2 — 영역별 필수 이론 학습

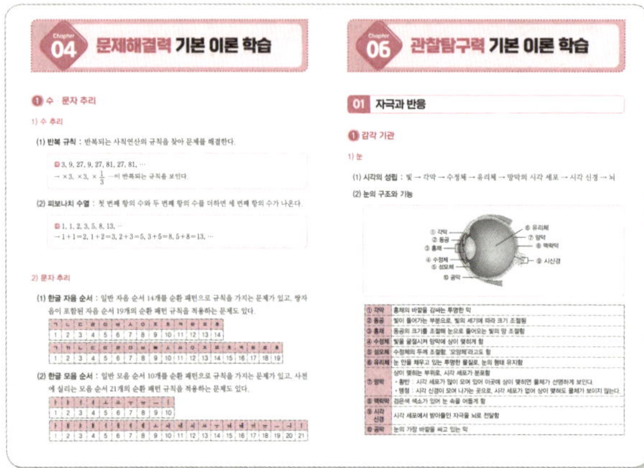

직무능력검사 출제 영역마다 필요한 기본 이론 학습을 통해, 문제 풀이를 위해 알아둘 내용을 효율적으로 공부할 수 있습니다.

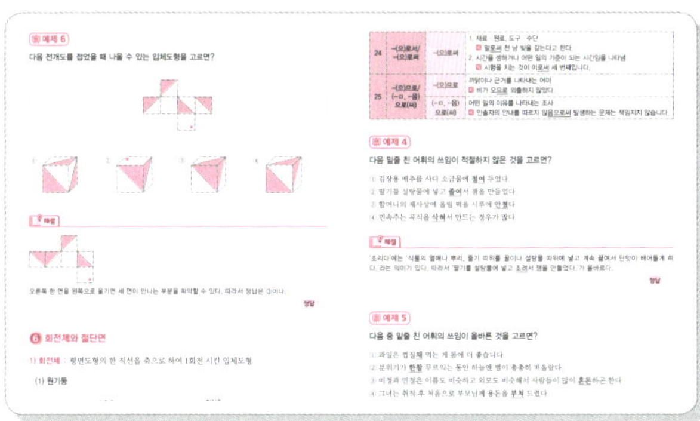

기본 이론 학습에 나오는 출제 유형의 문제 풀이를 함께 공부할 수 있도록 이론과 연계되는 풍부한 예제를 수록하였습니다.

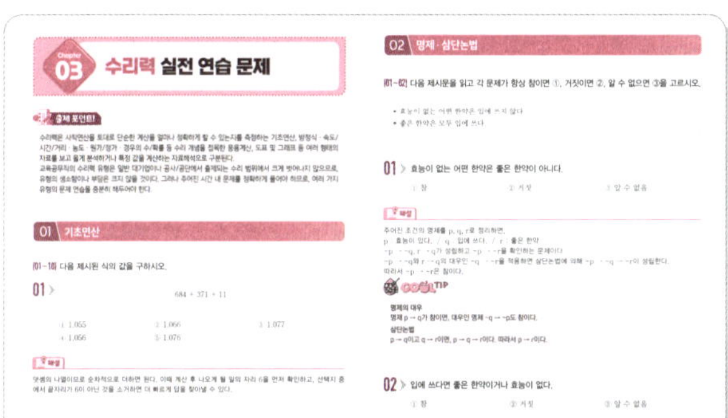

영역별 출제 포인트를 파악한 뒤 문제 해설과 유형별 꿀팁으로 학습 효과를 극대화합니다.

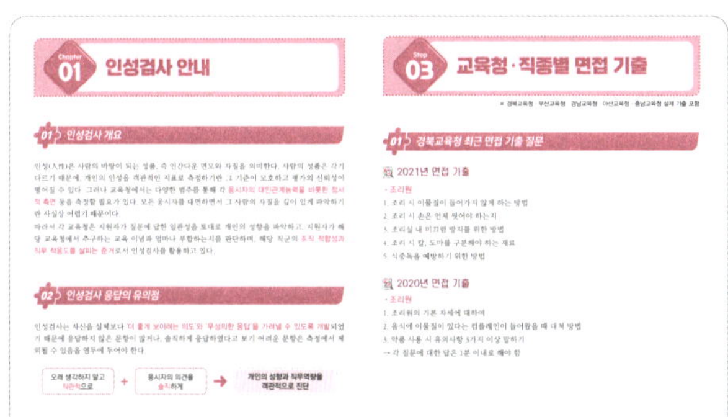

주요 교육청의 인성검사 기준과 실제 경북교육청 최근 면접 기출 질문을 수록해 완벽한 합격의 길로 안내합니다.

경상북도교육청 교육공무직원 채용 안내

01 경북교육청 교육공무직 채용 직종 (2024~2025년 기준)

직종	직무 내용	근무 형태
늘봄행정실무사 (2025 신규)	– 늘봄학교 운영 계획 수립 – 늘봄학교 프로그램 운영 및 관리 – 늘봄학교 예산 편성 및 운영 – 늘봄학교 관련 공문 처리 – 기타 늘봄학교 관련 제반 업무 및 학교장이 지정하는 업무 (분교는 본교 늘봄행정실무사가 함께 담당) ※ 늘봄지원실장(임기제 교육연구사) 배치 및 여건에 따라 업무 조정 가능	주 40시간, 상시근무, 전보직종
조리원	– 급식품의 위생적인 조리 및 배식활동 – 급식소 내·외부의 청소, 소독 – 급식시설·설비 및 기구의 세척·소독 – 기타 교장 및 영양(교)사의 지도사항 이행과 조리사의 업무 지원	주 40시간, 방학 중 비근무
특수교육실무사	– 담당 교사의 지시에 따른 특수교육 대상자의 전반적인 보조 역할 – 교수·학습 활동 지원 및 이동 보조 – 신변처리(대·소변 처리) – 급식 보조 – 방과후 활동 및 교내외 활동 보조 – 등하교 지도 및 안전 관리 보조 – 특수교육 대상자의 장애특성에 따른 다양한 보조	주 40시간, 방학 중 비근무

02 신분 및 처우

(1) 교육공무직원 신분

- 교육공무직 신분 : 무기계약직
- 교육공무직 역할 : 각 시도교육청 및 산하 각급 학교(기관)에서 공적 업무를 수행

(2) 교육공무직원 처우

항목	내용
정년	만 60세
수습기간	근로 개시일로부터 3개월 (수습기간 중 평가를 통해 업무능력 부족 또는 직무수행태도 불량 등으로 계속근로가 어렵다고 인정되는 경우 계약을 해지할 수 있음)
근무시간	주당 40시간
보수	매년 교육공무직 처우개선 계획 등 관련 기준에 따름
근무처	해당 지역 교육지원청교육장이 지정하는 학교 및 기관 (조리원의 경우 3식 학교로 우선 배치될 수 있음)

(1) 응시연령 및 경력·성별

만 18세 이상, 경력 및 성별 제한 없음

(2) 거주지 제한

- 주민등록 초본 기준 채용 당해연도 1월 1일 이전부터 최종시험일(면접시험 최종일)까지 계속하여 원서 접수하는 시·군으로(경상북도 ○○시·군) 되어 있는 자로서 동 기간 중 주민등록 말소 및 거주불명으로 등록된 사실이 없어야 함
- 채용 당해연도 1월 1일 이전까지 원서 접수하는 시·군에 주민등록상 주소지를 두고 있었던 기간이 모두 합산하여 2년 이상인 자
- 대한민국 국적 소지자(외국인 및 복수국적자 제외함)

(3) 응시 결격사유

「지방공무원 임용령」 제65조(부정행위자 등에 대한 조치) 및 「경상북도교육감 소속 교육공무직원 관리규정」 제10조(채용 결격사유), 제38조(정년)에 해당되지 않아야 한다.

(4) 자격요건

직종	응시자격
늘봄행정실무사	고등학교 졸업 이상 학력 소지자
조리원	없음
특수교육실무사	고등학교 졸업 이상 학력 소지자

특수교육실무사, 조리원

(1) 1차 필기시험

직종	내용 및 평가
조리원	서류심사 : 응시요건의 적합 여부를 심사하여 적격/부적격을 판단
특수교육실무사	필기시험 : 100점(인성 60%, 직무 40%) 만점기준 총점 40점 이상 득점자 중 가산점 포함 고득점자 순으로 결정함 　- 인성검사(200문항, 40분)　　　- 직무능력검사(45문항, 50분)

(2) 2차 면접시험

직종	내용 및 평가
조리원	1차 서류심사 적격자에 한하여 면접시험에 응시 가능하며, 1, 2차 합산점수에 가산점을 반영하여 총점이 높은 자 순으로 합격자를 결정
특수교육실무사	1차 필기시험 합격자에 한하여 면접시험에 응시 가능하며, 필기시험 점수와 관계없이 면접점수만으로 합격자 결정

늘봄행정실무사

구분	방법	합격자 결정
1차 전형	서류심사(100점) – 자기소개, 경력, 자격증, 학력	– 고득점자 순으로 결정 – 동점자는 전원 2차 전형(필기) 실시
2차 전형	필기 시험(100점) – 인성검사(200문항, 40분) – 직무능력검사(45문항, 50분)	– 1차 전형(서류) 점수와 관계없이 2차 전형 (100점 만점 기준) 총점 40점 이상 득점자 중 고득점자 순으로 결정 – 동점자는 전원 3차 전형(면접) 실시
3차 전형	면접 심사(100점) – 직무수행에 필요한 능력 및 적격성 검증	– 1차 전형(서류), 2차 전형(필기) 점수와 관계없이 3차 전형 (면접) 점수 만으로 최종 합격자 결정

05 심사에 있어서의 가산 특전

(1) 취업지원대상자

- 「독립유공자예우에 관한 법률」 제16조, 「보훈보상대상자 지원에 관한 법률」 제33조, 「국가유공자 등 예우 및 지원에 관한 법률」 제29조, 「5·18 민주유공자 예우에 관한 법률」 제20조, 「특수임무유공자 예우 및 단체설립에 관한 법률」 제19조에 따른 취업지원대상자 그리고 「고엽제후유의증 등 환자지원 및 단체설립에 관한 법률」 제7조의9에 고엽제후유의증환자와 그 가족은 만점의 일정비율(10% 또는 5%)에 해당하는 점수를 가산한다.
- 필기시험 점수를 합산하여 만점의 일정비율(10% 또는 5%)에 해당하는 점수를 가산한다. (단, 만점의 40% 이상 득점한 사람에 한하여 가산점 부여)
- 면접시험의 경우 면접점수 총점의 일정비율(10% 또는 5%)에 해당하는 점수를 가산한다.
- 가점을 받아 합격하는 취업지원대상자는 직종별 선발 예정인원의 30%를 초과할 수 없다.

※ 응시자의 수가 선발 예정인원과 같거나 미만일 경우에는 적용되지 않음

(2) 경력 가산

- 경상북도교육청 산하 학교(기관)에서 교육공무직 해당 직종으로 근무한 경력을 가산함
- 경상북도교육청 산하 각급 학교(기관)에서 교육공무직 동일 해당 직종으로 근무한 경력으로, 만점의 40% 이상 득점자에 한하여 만점의 일정 비율에 해당하는 점수를 가산함

※ 조리원 경력 가산의 경우 조리사 및 영양사를 동일 직종으로 인정(공무원 대체인력 포함)

구분	교육공무직원 경력 기간	가산점 비율	비고
경력가산점	1년 이상	만점의 3%	– 특수교육실무사 : 1차 시험 점수 – 조리원 : 1, 2차 합산점수 * 취업지원대상자 가산과 중복 가능
	6개월 이상 ~ 1년 미만	만점의 2%	
	3개월 이상 ~ 6개월 미만	만점의 1%	

(3) 조리자격증 가산

다음 제시된 조리자격증을 소지한 응시자에게는 만점의 40% 이상 득점자에 한하여 만점의 일정 비율에 해당하는 점수를 가산함

구분	조리자격증 종류	가산점 비율	비고
자격증가산점 (조리원)	조리기능장	만점의 3%	1, 2차 합산점수 * 취업지원대상자 및 경력 가산과 중복 가능
	조리산업기사	만점의 2%	
	조리기능사	만점의 1%	

06 합격자 결정

특수교육실무사, 조리원

(1) 1차 시험(조리원 : 서류심사, 특수교육실무사 : 필기시험)

- **조리원 서류심사** : 응시요건의 적합 여부를 심사하여 적격/부적격을 판단한다.
- **특수교육실무사 필기시험**
  ① 필기시험 100점 만점기준 총점 40점 이상인 사람 중에 고득점자 순으로 채용예정인원의 150%로 결정(소수점 이하 절상)하되, 동점자가 있을 경우 모두 합격자로 결정한다.
  ② 1차 시험 합격자 공고 후 응시결격 사유에 해당되는 것으로 판명되거나 자격 요건, 가산특전 관련 사항 등 확인 결과 허위로 판명될 경우 합격 취소 처리하고, 필기시험 성적이 우수한 사람 순으로 합격자를 추가로 결정한다.

(2) 2차 면접시험(조리원은 서류심사 적격자에 한하여 응시 가능)

- 1, 2차 합산점수에 가산점을 반영하여 총점이 높은 사람 순으로 채용예정인원을 최종합격자로 결정하되, 동점자가 있을 경우 다음 순위에 따라 합격 처리한다.
  ① 취업지원 대상자를 우선하여 합격자로 결정
  ② '탁월' 항목을 많이 받은 자를 합격 처리하고, '탁월' 항목의 수가 같을 경우 '우수' 항목을 많이 받은 자, '우수' 항목의 수가 같을 경우 '보통' 항목을 많이 받은 자
  ③ 주민등록상 생년월일이 빠른 자

🔎 늘봄행정실무사

(1) 1차 시험(서류 전형)

- 1차 전형(서류) 총점 100점 중에 고득점자 순으로 채용 예정 인원의 2배수로 결정(소수점 이하 절상)하되, 동점자가 있을 경우 모두 합격자로 결정한다.
- 1차 합격자 공고 후 응시 결격사유에 해당되는 것으로 판명되거나 자격 요건, 가산 특전 관련 사항 등 확인 결과 허위로 판명될 경우 합격 취소 처리한다.

(2) 2차 시험(필기 시험)

- 2차 전형(필기) 100점 만점 기준 총점 40점 이상인 사람 중에 고득점자 순으로 채용 예정 인원의 1.5배수로 결정(소수점 이하 절상)하되, 동점자가 있을 경우 모두 합격자로 결정한다.
- 2차 합격자 공고 후 응시결격사유에 해당되는 것으로 판명되거나 자격 요건, 가산 특전 관련 사항 등 확인 결과 허위로 판명될 경우 합격 취소 처리한다.

(3) 3차 시험(면접 전형)

- 3차 전형(면접) 총점이 높은 사람 순으로 최종 합격자로 결정하되, 동점자가 있을 경우 다음 순위에 따라 합격 처리함
- 취업지원대상자 1순위, 2차(필기) 전형 점수가 높은 자 2순위, 1차(서류) 전형 점수가 높은 자 3순위, 주민등록상 생년월일이 빠른 자 4순위

07 유의사항

- 응시원서나 증명서의 기재사항이 다르거나 시험에 관한 규정을 위반한 자는 당해 시험을 무효로 한다.
- 응시자는 **복수 원서접수 시 모든 직종에 대한 접수가 무효 처리**되니, 반드시 응시하고자 하는 지역에 **하나의 직종에만** 응시해야 한다.
- 응시 인원이 채용 예정인원과 같거나 미달하더라도 적격자가 없는 경우 선발하지 않을 수 있다.
- 응시자는 채용합격을 포기할 경우 이를 번복할 수 없다.
- 응시자는 **응시표, 신분증**(주민등록증, 운전면허증, 여권 중 하나), 컴퓨터용 **흑색 싸인펜을 지참**하여 1차 필기시험 시작 40분 전까지 해당 시험실에 입실하여야 하며, **수정테이프는 응시자 본인이 가져온 것만 사용할 수 있다.**(수정액, 수정스티커 등은 사용 불가)
- 시험장에는 휴대전화기, 스마트폰(워치), 무선호출기, 이어폰 등의 통신장비 및 전자계산기(시계에 부착된 것 포함), 전자수첩, MP3, PDA 등의 **전산기기를 지참 또는 사용할 수 없다.**(통신장비 및 전산기기의 지참 또는 사용으로 적발될 경우 부정행위로 처리)
- ※ 기타 세부 사항은 지원하고자 하는 해당 지역의 경상북도교육청 교육공무직원 공고문을 통해 반드시 확인하도록 한다.

Appendix
특별부록

▶ 2024. 10. 12. 대전교육청 교무행정늘봄실무원 기출문제
▶ 2024. 07. 27 부산교육청 늘봄교무행정실무원 기출문제

2024. 10. 12. 대전광역시교육청
교무행정늘봄실무원 기출문제

※ 본 기출문제는 실제 시험 응시자로부터 수집한 후기를 바탕으로 복원되었습니다.

01 > 맞춤법

다음 중 맞춤법에 맞게 쓰이지 않은 것을 고르면?

① 그는 높은 콧대와 둥근 콧망울이 인상적인 얼굴을 지녔다.
② 한겨울 된바람에 나뭇가지가 을씨년스럽게 흔들렸다.
③ 우리 부부는 아이가 돌이 될 때까지 처갓집 신세를 지기로 했다.
④ 엄마는 아버지에게서 온 편지를 꼼꼼히 읽고 또 읽으셨다.

해설

'콧망울'은 '콧방울'의 비표준어로 '콧방울'로 고쳐 써야 한다.
콧방울 : 코끝 양쪽으로 둥글게 방울처럼 내민 부분
된바람 : 매섭게 부는 바람

정답 ①

02 > 어휘력

다음 중 '눈'이 다른 뜻으로 쓰인 것은?

① 그 사람은 역시 보는 눈이 정확하다.
② 그는 그녀를 동경의 눈으로 바라보았다.
③ 아기의 눈이 초롱초롱하게 빛난다.
④ 눈 덮인 겨울 산이 하얗게 빛난다.

해설

①~③은 모두 국어사전에서 눈[1] 부분에 해당하며 사람 얼굴의 눈[眼]의 의미로 사용되었다.
반면, ④는 국어사전에서 눈[4] 부분에 해당하며 대기 중의 수증기가 찬 기운을 만나 얼어서 땅 위로 떨어지는 얼음의 결정체인 눈[雪]의 의미로 사용되었다.

정답 ④

03  어휘력

다음 중 비슷한 의미의 단어가 아닌 것은?

① 염가(廉價) ② 저가(低價) ③ 안가(安價) ④ 평가(評價)

 해설

①~③은 모두 값이 싸다는 의미의 유의어이고, 평가(評價)는 물건값을 헤아려 매김을 뜻한다.

정답 ④  

04  어휘력

다음에서 설명하는 '이것'에 해당되지 않는 단어는?

> 단어의 범주는 크게 하나의 어근으로 된 단어와, 둘 이상의 어근이나 어근과 접사의 결합으로 이루어진 단어로 나뉜다. 여기서 '이것'은 어근과 접사로 구성된 단어를 일컫는다.

① 맏아들 ② 섣달 ③ 민소매 ④ 풋사과

해설

'이것'은 어근과 접사로 구성된 파생어를 가리킨다. '섣달'은 음력으로 한 해의 맨 끝 달을 의미하는데, '설(어근)＋달(어근)'의 구성으로 이루어진 합성어이다. 나머지는 모두 파생어에 해당된다.
① 맏아들 : '맏—'은 '맏이'의 뜻을 더하는 접두사로, '맏(접사)＋아들(어근)'의 구성인 파생어이다.
③ 민소매 : '민—'은 '그것이 없음'의 뜻을 더하는 접두사로, '민(접사)＋소매(어근)'의 구성인 파생어이다.
④ 풋사과 : '풋—'은 '처음 나온' 또는 '덜 익은'의 뜻을 더하는 접두사로, '풋(접사)＋사과(어근)'의 구성인 파생어이다.

💡 **Plus 해설**

- 단일어 : 하나의 어근(실질적 의미를 나타냄)으로 이루어진 단어 예 하늘, 바다, 꽃 등
- 복합어 : 둘 이상의 어근 또는 어근과 접사(단독으로 쓰이지 않고 항상 다른 어근이나 단어에 붙어 새로운 단어를 구성하는 부분)로 이루어진 단어
  - 합성어 : 둘 이상의 어근으로 구성된 단어(사과나무, 검푸르다 등)
  - 파생어 : 어근과 접사로 구성된 단어(새파랗다, 첫사랑 등)

정답 ②  

05 ▶ 어휘력

다음 중 맞춤법과 어법에 맞게 쓰인 문장을 고르면?

① 어따 대고 말대꾸하고 나에게 화풀이하는 거야?
② 희안하게 겨울에 벚꽃이 피다니 정말 놀랍다.
③ 저렇게 다리가 얇다니 꼭 부러질 것만 같다.
④ 그의 연주가 끝나자 우뢰와 같은 박수가 쏟아져 나왔다.

해설

'어따'는 지시대명사 '어디'에 부사격조사 '에다'가 붙어서 준 말로, '어디에다'가 줄어든 말이며 ①은 맞춤법과 어법에 맞게 쓰인 문장이다.
②는 '희한하게'로, ③은 '가늘다니'로, ④는 '우레'로 고쳐야 한다.

Plus 해설

- **희한하다** : 매우 드물거나 신기하다.
- **굵다/가늘다** : 팔, 다리, 종아리, 기둥, 면발 등 길고 원형으로 둥근 모양을 표현할 때 쓴다.
- **두껍다/얇다** : 책, 종이, 천, 철판 등 네모나거나 넓은 것의 두께를 표현할 때 쓴다.
- **우레** : 뇌성과 번개를 동반하는 대기 중의 방전 현상을 뜻하는 말로 '우뢰'는 비표준어이다.
 (우레와 같은 박수 : 많은 사람이 치는 매우 큰 소리의 박수를 비유적으로 이르는 말)

정답 ①

06 ▶ 어법

다음 문장에서 띄어쓰기를 올바로 하면 모두 몇 번 띄어야 하는가?

<blockquote>강아지가집을나간지사흘만에돌아왔다.</blockquote>

① 5번 ② 6번 ③ 7번 ④ 8번

해설

강아지가V집을V나간V지V사흘V만에V돌아왔다.
'지'는 '어떤 일이 있었던 그때로부터 얼마 동안'의 시간성의 의미를 지니면 의존명사이므로 앞말과 띄어 쓰며,
'만'도 '앞말이 가리키는 동안이나 거리'를 나타내거나, 횟수를 나타내는 말 뒤에 쓰여 '앞말이 가리키는 횟수를 끝으로'의 뜻을 나타내는 의존명사이므로 앞말과 띄어 쓴다. '에'는 조사이므로 '만'과 붙여서 쓴다.
따라서 띄어쓰기를 올바로 하면 모두 6번이다.

정답 ②

07 경청능력

다음 중 경청을 방해하는 요인이 아닌 것은?

① 상대방의 말을 짐작하면서 듣기
② 대답할 말을 미리 준비하며 듣기
③ 상대방의 마음상태를 이해하며 듣기
④ 상대방의 말을 판단하며 듣기

해설

상대방의 마음상태를 이해하며 듣는 것은 올바른 경청방법으로 방해요인에 해당되지 않는다.
경청능력 : 경청능력은 다른 사람의 말을 주의 깊게 들으며, 공감하는 능력이다. 다양한 일 경험 상황에서 개인이나 조직 간에 원만하게 관계를 유지하고 업무 성과를 높이기 위해서는 적절하게 의사소통할 수 있는 능력이 필수적인데 특히 다른 사람의 말을 주의 깊게 들으며, 공감할 수 있는 능력이 우선시되어야 한다.

Plus 해설

경청을 방해하는 요인
1. 짐작하기 : 상대방의 말을 듣고 받아들이기보다 자신의 생각에 들어맞는 단서들을 찾아 자신의 생각을 확인하는 것을 말한다. 이들은 상대방이 하는 말의 내용은 무시하고 자신의 생각이 옳다는 것만 확인하려는 태도이다.
2. 대답할 말 준비하기 : 상대방의 말을 듣고 곧 자신이 다음에 할 말을 생각하는데 집중해 상대방이 말하는 것을 잘 듣지 않는 것이다.
3. 걸러내기 : 상대의 말을 듣기는 하지만 상대방의 메시지를 온전하게 받아들이는 것이 아니라 듣고 싶지 않은 상대방의 메시지는 회피하는 것이다.
4. 판단하기 : 상대방에 대한 부정적인 선입견 때문에, 또는 상대방을 비판하기 위해 상대방의 말을 듣지 않는 것을 말한다.
5. 다른 생각하기 : 대화 도중에 상대방에게 관심을 기울이는 것이 어려워지고 상대방이 말하는 동안에 자꾸 다른 생각을 하는 것이다.
6. 조언하기 : 지나치게 다른 사람의 문제를 본인이 해결해 주고자 하는 태도를 가리킨다.
7. 언쟁하기 : 언쟁은 단지 논쟁을 위해서 상대방의 말에 귀를 기울이는 것이다. 언쟁은 상호 문제가 있는 관계에서 드러나는 전형적인 의사소통 패턴이다.
8. 자존심 채우기 : 자신의 자존심에 상처를 입힐 수 있는 내용에 대해서 거부감이 강하기 때문에 자신의 부족한 점과 관련된 상대방의 이야기를 듣지 않으려 하는 것이다.
9. 슬쩍 넘어가기 : 대화가 너무 사적이거나 위협적이면 주제를 바꾸거나 농담으로 넘겨 회피하려는 태도이다.
10. 비위 맞추기 : 상대방을 위로하기 위해서 혹은 비위를 맞추기 위해서 너무 빨리 동의하는 것을 말한다. 그 의도는 좋지만 상대방이 걱정이나 불안을 말하자마자 지지하고 동의하는 데 너무 치중하면 상대방에게 자신의 생각이나 감정을 충분히 표현할 시간을 주지 못하게 된다.

  정답 ③

08   한자성어

다음 내용과 관련이 없는 한자성어를 고르면?

>   1950년 6월 25일, 새벽 4시, 북한의 남침으로 시작한 한국전쟁은 1953년 휴전협정을 맺기까지 수많은 사상자와 민족의 상처를 남겼다. 한국전쟁 발발 후 UN에서는 남한을 돕기 위해 UN 가입국 중 여러 나라의 군사와 의료진을 남한에 파병하였다. 남한에 군대를 파병한 나라는 총 16개국이고, 미국, 영국, 오스트레일리아, 네덜란드, 캐나다, 프랑스, 뉴질랜드, 필리핀, 터키, 태국, 남아프리카 연방, 그리스, 벨기에, 룩셈부르크, 에티오피아, 콜롬비아 등이다. 국방부 자료에 따르면 1951년까지 모든 남측 참전국들이 도착하여 모두 2년 이상씩 남한을 위해 싸워줬다. 또한 인도, 노르웨이, 덴마크, 스웨덴, 이탈리아 등 의료 지원을 해준 국가도 5개국이며, 이들 국가는 약 2,213 이상의 의료진을 파병하여 우리나라에 큰 도움을 주었다고 한다. 참혹한 전쟁 상황에 큰 어려움을 겪었던 우리나라에 도움을 준 여러 나라의 손길이 있었다는 사실을 잊지 말아야 할 것이다.

① 각골난망   ② 결초보은   ③ 배은망덕   ④ 백골난망

 해설

제시된 내용은 남에게 큰 도움을 받았을 경우 그 고마움을 잊지 않고 기억해야 한다는 의미와 연결되며, 이와 관련이 없는 한자성어는 '배은망덕(背恩忘德)'이다.
① 각골난망(刻骨難忘) : 남에게 입은 은혜가 뼈에 새길 만큼 커서 잊히지 아니함을 의미함
② 결초보은(結草報恩) : 죽은 뒤에라도 은혜를 잊지 않고 갚음을 이르는 말
③ 배은망덕(背恩忘德) : 남에게 입은 은덕을 저버리고 배신하는 태도가 있음을 의미함
④ 백골난망(白骨難忘) : 죽어서 백골이 되어도 잊을 수 없다는 뜻으로, 남에게 큰 은덕을 입었을 때 고마움의 뜻으로 이르는 말

정답 ③

09   경우의 수

다음과 같은 경로가 있을 때 집에서 학교를 거쳐 공원으로 가는 경우의 수를 모두 구하면?

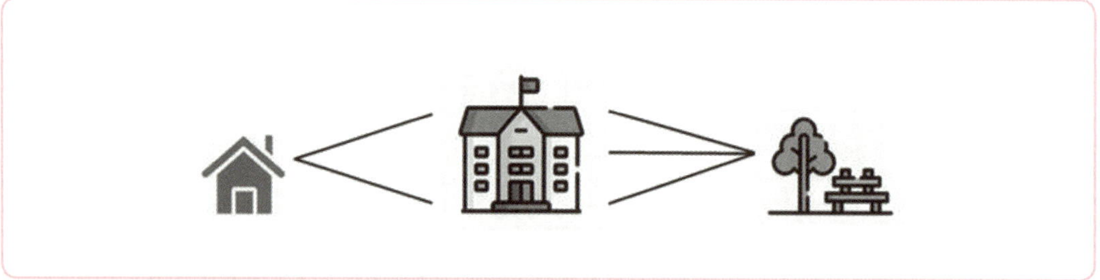

① 4가지   ② 5가지   ③ 6가지   ④ 7가지

 **해설**

집에서 학교로 가는 길은 2가지, 학교에서 공원으로 가는 길은 3가지이다. 집에서 학교를 거쳐 공원으로 가기 때문에 집에서 학교로 가는 사건과 학교에서 공원으로 가는 사건이 모두 발생하므로 곱의 법칙이 적용된다. 따라서 $2 \times 3 = 6$가지이다.

정답 ③

10 > 대푯값

A, B에 대한 설명으로 옳지 않은 것은?

- A : 20, 14, 17, 19, 13, 14, 15
- B : 17, 16, 15, 13, 21, 13, 10

① A의 최빈값은 B의 최빈값보다 크다.
② A와 B의 중앙값은 같다.
③ A의 평균은 B의 평균보다 1이 더 크다.
④ A의 평균은 15이다.

해설

① A의 최빈값은 14이고, B의 최빈값은 13이다.
② A와 B를 크기순으로 배열하면 다음과 같다.
  - A : 13, 14, 14, 15, 17, 19, 20
  - B : 10, 13, 13, 15, 16, 17, 21
  따라서 A와 B의 중앙값은 15로 같다.
③·④ A의 평균은 $\dfrac{20 + 14 + 17 + 19 + 13 + 14 + 15}{7} = 16$이고,

  B의 평균은 $\dfrac{17 + 16 + 15 + 13 + 21 + 13 + 10}{7} = 15$이다.

따라서 정답은 ④이다.

💡 **Plus 해설**
- 평균 : 전체 관찰값을 합한 후 관찰값의 개수로 나눈 값
- 중앙값 : 전체 관찰값을 최솟값부터 최댓값까지 크기순으로 배열했을 때 정중앙에 위치하는 값
- 최빈값 : 관찰값 중에서 가장 자주 나오는 값

정답 ④

11 ▶ 명제추리

다음 명제가 모두 참일 때, 언제나 참인 것은?

> • 영어 시험에 합격하면 경제학 시험에 합격한다.
> • 회계학 시험에 합격하면 영어 시험에 불합격한다.
> • 수학 시험에 불합격하면 회계학 시험에 합격한다.
> • 경제학 시험에 불합격하면 수학 시험에 합격한다.

① 경제학 시험에 불합격하면 회계학 시험에 합격한다.
② 수학 시험에 불합격하면 영어 시험에 합격한다.
③ 회계학 시험에 불합격하면 영어 시험에 불합격한다.
④ 영어 시험에 합격하면 수학 시험에 합격한다.

해설

주어진 명제의 참과 대우를 간략하게 정리하면 다음과 같다.
• 영어 ○ → 경제학 ○, 경제학 × → 영어 ×
• 회계학 ○ → 영어 ×, 영어 ○ → 회계학 ×
• 수학 × → 회계학 ○, 회계학 × → 수학 ○
• 경제학 × → 수학 ○, 수학 × → 경제학 ○
∴ 영어 ○ → 회계학 × → 수학 ○
따라서 "영어 시험에 합격하면 수학 시험에 합격한다."는 언제나 참이다.

정답  ④

12 ▶ 일의 양

A라는 작업을 한 사람이 할 경우 완성하는 데 걸리는 시간은 24일이고 하루 일당은 8만 원이다. 이 일을 여러 명이 함께 하는 데 일당으로 쓸 수 있는 금액이 최대 50만 원이라고 할 때, A 작업은 최소 며칠의 시간이 걸리는가? (단, 한 사람이 완성하는 시간과 일당은 모두 같다)

① 3일　　　② 4일　　　③ 5일　　　④ 6일

해설

A 작업에 하루 일당으로 쓸 수 있는 금액이 최대 50만 원이고 한 사람의 일당이 8만 원이라고 하였으므로, 하루에 작업할 수 있는 최대 인원은 $8 \times 6 = 48$, 6명이다. 한 사람이 혼자 할 때 24일이 걸리는 일을 6명이 나누어서 함께 하므로 $24/6 = 4$, 즉 최소 4일의 시간이 걸린다.

정답  ②

13 ▷ 조건추리

A, B, C, D, E 5명은 건물의 6~10층에 거주하고 있다. 한 층에 한 명만 거주한다고 할 때, 7층에 거주하는 사람을 고르면?

- A는 10층에 거주한다.
- B는 D보다 위층에 거주한다.
- D는 C 바로 아래층에 거주한다.
- E는 6층에 거주하지 않는다.

① B ② C ③ D ④ E

해설

주어진 조건을 정리하면 다음과 같다.

10층	A
9층	E/B
8층	B/E
7층	C
6층	D

따라서 7층에 거주하는 사람은 C이다.

정답 ②

14 ▷ 평균

다음은 A 사원의 근무 평가 점수이다. 평균이 85점이 되려면 12월에 몇 점을 받아야 하는가?

1월	2월	3월	4월	5월	6월	7월	8월	9월	10월	11월	12월
80점	95점	95점	85점	90점	75점	85점	65점	80점	90점	85점	( )점

① 80점 ② 85점 ③ 90점 ④ 95점

해설

$$\frac{80+95+95+85+90+75+85+65+80+90+85+x}{12}=85$$

$80+95+95+85+90+75+85+65+80+90+85+x=85\times12$

$x=1{,}020-(80+95+95+85+90+75+85+65+80+90+85)$

$x=95$

정답 ④

15~16 > 전화예절

다음 글을 읽고 이어지는 물음에 답하시오.

> (빈 자리에 있는 전화가 3번 정도 울리고, 최근 발령된 A씨가 전화를 당겨 받았다.)
> A : ㉠ 네, ○○학교 △△부 A입니다.
> B : 안녕하세요, 저는 ◆◆에 근무하는 B라고 합니다. C 선생님 자리에 계신가요?
> A : ㉡ 자리에 안 계십니다.
> B : 언제쯤 들어오시는지 알 수 있을까요? 급한 건이라서 4시 전에는 통화해야 해서요.
> A : ㉢ 선생님 언제 들어오실지 모르겠습니다. 급한 건이시면, 핸드폰으로 직접 걸어 보시는
>   게 어떠신지요?
> B : 선생님 개인연락처를 몰라서요. 핸드폰 번호 알려주실 수 있으신가요?
> A : 잠시만요. ㉣ 선생님 연락처는 010-1234-5678입니다.
> B : 감사합니다.

15 > 위 내용을 전달받은 C 선생님은 A 씨에게 업무 시 전화예절에 관한 주의를 주려고 한다. 다음 중 바른 것은?

① 부재 시 전화를 당겨 받으면 안 됩니다.
② 처음에 바로 소속 부서를 말하지 말고 이름만 말하면 됩니다.
③ 개인 정보를 동의 없이 타인에게 알려주면 안 됩니다.
④ 메모를 남길 때 용건과 이름은 없어도 되고 전화번호는 남겨야 합니다.

해설

급한 건이라도 용건과 메모를 남겨 전달해야 하며 개인 신상정보는 당사자의 동의 없이 노출하면 안 된다.

정답 ③

16 > 밑줄 친 ㉠~㉣ 중 직장에서의 전화예절에 맞게 응대한 것은?

① ㉠   ② ㉡   ③ ㉢   ④ ㉣

해설

직장에서 전화를 받을 때에는 자신의 속한 부서와 이름을 먼저 말하도록 한다.
㉡은 자리에 없는 이유를 설명하여 상대방에게 부재중의 이유를 알려야 하며, ㉢은 대략적인 시간이나 또는 메모를 남길 것인지 물어봐야 한다. ㉣은 개인적 정보인 핸드폰 번호를 당사자의 동의 없이 알려주어서는 안 된다.

정답 ①

2024. 07. 27. 부산광역시교육청
늘봄교무행정실무원 기출문제

※ 본 기출문제는 실제 시험 응시자로부터 수집한 후기를 바탕으로 복원되었습니다.

01 > 맞춤법

다음 제시된 맞춤법이 옳게 된 것을 모두 고르면?

> ㉠ 엄마는 미소를 띤 얼굴로 아이를 바라보았다.
> ㉡ 그 집은 빨간 지붕이 눈에 띄는 집이다.
> ㉢ 부엌에선 한약을 다리는 냄새로 가득했다.
> ㉣ 아버지는 가슴을 졸이며 소식을 기다렸다.

① ㉠, ㉢　　　　② ㉡, ㉣　　　　③ ㉠, ㉡　　　　④ ㉢, ㉣

해설

㉠ '감정이나 기운 따위를 나타내다'의 의미는 '띠다'로 쓴다. (미소를 띠다)
㉢ '약재 따위에 물을 부어 우러나도록 끓이다'의 의미는 '달이다'로 쓴다. (한약을 달이다)
㉡ '띄다'는 '눈에 두드러지다'의 의미로 쓰이는 '뜨이다'의 준말이다.
㉣ '졸이다'는 '속을 태우다시피 초조해하다'의 의미로 쓰인다.
따라서 옳게 된 것을 모두 고르면 ㉡, ㉣이다.

정답  ②

02 > 경어법

다음 중 높임말의 사용이 적절하지 않은 것은?

① 아버지, 제가 드릴 말씀이 있습니다.
② 교수님은 어린 따님이 둘 있으시다.
③ 우리 아이는 꼭 제게 한 가지씩 여쭈어 봐요.
④ 선생님께서 책을 읽고 계신다.

해설

'여쭈어 봐요'는 자기를 스스로 높이는 말이 되므로, '한 가지씩 물어 봐요'로 수정한다.

정답  ③

03 ▶ 어법

다음 중 어법에 맞게 쓰이지 않은 문장은?

① 비가 많이 와서 학교에 가는 데 오래 걸렸다.
② 내일은 한국 대 독일의 축구 경기가 있다.
③ 선생님, 경아가 아파서 오늘 늦는데요.
④ 어제 보니까 그 사람 생각보다 키가 크데요.

해설

① '~하는 일, 장소, ~의 경우' 등의 의미를 나타낼 때의 '데'는 의존명사로 띄어 쓴다. (○)
② '한국 대 독일', '진보 대 보수'처럼 '대비나 대립'의 의미를 나타낼 때는 의존명사 '대'를 쓴다. (○)
③ 직접 경험한 사실이 아닌 남의 말을 간접적으로 전달할 때는 '~다고 해요'를 줄인 '~대요'를 쓴다. (×)
④ 직접 경험한 사실을 보고하듯 말할 때에는 '~데'를 쓴다. (○)
따라서 어법에 맞게 쓰이지 않은 것은 ③이다.

정답 ③

04 ▶ 오류 파악

다음 대화에서 B의 발언에 해당하는 논리적 오류는 무엇인가?

> A : 환경오염을 줄이기 위해 자동차 운행을 줄여야 합니다.
> B : 아예 걸어 다니라고 하지 그래요?

① 합성, 분할의 오류　　　　　　　② 무지의 오류
③ 허수아비 공격의 오류　　　　　　④ 흑백사고의 오류

해설

상대의 주장을 왜곡하거나 과장하여 공격하거나, 전혀 관련 없는 별개의 논리를 만들어 공격하는 경우는 '허수아비 공격의 오류'에 해당한다.
① 합성, 분할의 오류 : 부분 또는 전체가 참이므로 전체 또는 부분도 참이라고 주장하는 오류이다.
　(예 : 얼굴이 예쁘니까 코도 예쁘겠지?)
② 무지의 오류 : 어떤 사실이 증명할 수 없거나 알 수 없다는 것을 근거로 거짓이라고 주장하는 오류이다.
　(예 : 귀신이 있긴 있다. 귀신이 없다는 것을 아무도 증명하지 못했으니까.)
④ 흑백사고의 오류 : 이것 아니면 저것, 흑 아니면 백이라고 주장하는 오류이다.
　(신을 믿지 않는다니 당신은 무신론자이군요.)

정답 ③

05 ▶ 한자성어

다음 이야기와 관련이 있는 한자성어와 비슷한 뜻이 아닌 것은?

> 춘추전국시대 제(齊)나라의 선왕(宣王)은 순우곤에게 각 지방에 흩어져 있는 인재를 찾아 등용하도록 하였다. 며칠 뒤에 순우곤이 일곱 명의 인재를 데리고 왕 앞에 나타나자 선왕이 이렇게 말하였다. "귀한 인재를 한번에 일곱 명씩이나 데려 오다니, 너무 많지 않은가?" 그러자 순우곤은 자신만만한 표정으로, "같은 종의 새가 무리지어 살듯, 인재도 끼리끼리 모입니다. 그러므로 신이 인재를 모으는 것은 강에서 물을 구하는 것과 같습니다." 라고 하였다.

① 초록동색   ② 물이유취   ③ 권토중래   ④ 근묵자흑

해설

제시된 이야기는 같은 무리끼리 서로 사귐을 뜻하는 '유유상종(類類相從)'에 관련한 고사이다. 이와 비슷한 의미를 지닌 한자성어는 '초록동색, 물이유취, 근묵자흑' 등이 있으며 '권토중래'는 의미가 다르다.
① 초록동색(草綠同色) : '풀빛과 녹색(綠色)은 같은 빛깔'이란 뜻으로, 같은 처지의 사람과 어울리거나 기우는 것을 의미한다.
② 물이유취(物以類取) : '물건(物件)은 종류(種類)대로 모인다.'라는 뜻으로, 끼리끼리 모인다는 의미이다.
③ 권토중래(捲土重來) : '흙먼지를 날리며 다시 돌아오다'라는 뜻으로, 어떤 일에 실패한 후 힘을 가다듬어 다시 일어서는 것을 비유하는 말이다.
④ 근묵자흑(近墨者黑) : 먹을 가까이하는 사람은 검어진다는 뜻으로, 나쁜 사람과 가까이 지내면 나쁜 버릇에 물들기 쉬움을 비유적으로 이르는 말이며, 끼리끼리 어울린다는 유유상종과 비슷한 의미로도 쓰인다.

정답 ③

06 ▶ 팀워크능력

다음 중 팀워크와 관련한 설명으로 적절하지 않은 것은?

① 팀워크는 팀원들이 공동의 목적을 달성하기 위해 상호 관계성을 가지고 협력하여 일을 해나가는 것이다.
② 응집력은 사람들로 하여금 집단에 머물도록 느끼게 하고, 그 집단의 멤버로 계속 남아있기를 원하게 만드는 힘을 의미한다.
③ 멤버십이란 조직의 구성원으로서 자격과 지위를 갖는 것으로 훌륭한 멤버십은 리더십의 역할을 충실하게 잘 수행하는 것이다.
④ 팀워크는 팀원 개인의 우수성에 의존하기보다 팀원 간의 신뢰와 협동을 바탕으로 시너지 효과를 통한 조직의 목표 달성을 추구한다.

 **해설**

팀워크란 팀원들이 공동의 목적을 달성하기 위하여 상호 관계성을 가지고 협력하여 일을 수행해나가는 것을 의미한다. 또 응집력은 사람들로 하여금 집단에 머물도록 느끼게끔 만들고 그 집단의 멤버로서 계속 남아있게 만드는 힘으로서 팀워크와 구별되는 개념이다. 팀워크는 팀원 개인의 우수성에 의존하기보다 팀원 간의 신뢰와 협동을 바탕으로 시너지 효과를 통한 조직의 목표 달성을 추구한다.
③의 멤버십이란 조직의 구성원으로서 자격과 지위를 갖는 것으로 훌륭한 멤버십은 팔로워십의 역할을 충실하게 잘 수행하는 것으로서, 결국 멤버십과 팔로워십은 같은 개념이다. 리더십은 멤버십 또는 팔로워십과 상호 보완적인 관계에 있는 다른 개념이다.

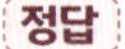 **정답** ③

07 ▶ 자아존중감

다음 글에서 설명하는 자아존중감의 개념으로 적절하지 않은 것은?

> 자아존중감이란 개인의 가치에 대한 주관적인 평가와 판단을 통해 자기결정에 도달하는 과정이며, 스스로에 대한 긍정적 또는 부정적 평가를 통해 가치를 결정짓는 것이다. 이러한 가치 판단은 자신의 정체성 형성에 영향을 주는 중요한 요소이다. 자아존중감은 주변의 의미 있는 타인에게 영향을 받으며, 환경에 적응할 수 있도록 도움을 줘 긍정적인 자아형성에 매우 중요하다.

① 스스로 가치 있다고 생각하고 긍정적으로 판단하는 정도와, 타인에 의한 자신의 평가로 자신을 평가하는 것
② 자신의 과제와 목표를 잘 완수할 수 있다고 자기 자신을 믿는 것
③ 자신의 행동 및 업무 수행을 통제하고 관리하며, 합리적이고 균형적으로 조정하는 것
④ 주변 환경에서 일어나는 상황을 잘 통제할 수 있다고 자기 자신을 믿는 것

해설

자아존중감은 다른 사람들이 자신을 가치 있게 여기며 좋아한다고 생각하는 정도인 가치 차원, 과제를 완수하고 목표를 달성할 수 있다는 신념의 능력 차원, 자신이 세상에서 경험하는 일들과 거기에 영향을 미칠 수 있다고 느끼는 정도의 통제감 차원으로 구분할 수 있다.
즉 자아존중감은 '자신의 흥미, 적성, 특성 등을 이해하고 자기 정체감을 확고히 하는 능력'인 '자아인식능력'과 연결되는 개념이다.
③은 자기관리능력에 대한 정의로, 자기관리는 자신을 이해하고, 목표를 성취하기 위해 자신의 행동 및 업무수행을 관리하고 조정하는 것이며, 자기관리능력은 이러한 자기관리를 잘 할 수 있는 능력을 의미한다.

 **정답**  ③

08 > 직업윤리

다음 일화와 연결되는 직업윤리의 덕목은 무엇인가?

> 대구지역에 집중적으로 코로나19 확진자가 발생하여 모두가 두려움에 떨던 때, 이에 전면으로 맞서 싸운 의료진들이 있다. 당시 지역거점병원 중환자실에서 근무한 간호사 K씨는 방호복을 입고 있으니 온몸에 땀범벅이 되어도 닦을 수 없고, 산소 공급이 안 되어 어지럽기도 했으며, 음압기 소리 때문에 의사소통이 힘들어 사비로 무전기를 사기도 했다.
>
> 이렇게 어려운 상황임에도 불구하고 현장을 지킬 수 있었던 이유를 "제가 그만두면 동료들이 더 힘들어지잖아요. 간호사의 작은 실수로도 환자가 위급해질 수 있기 때문에 환자가 힘들지 않게 책임감을 갖고 일할 수밖에 없는 것 같아요."라고 말했다.

① 책임의식
② 직분의식
③ 봉사의식
④ 천직의식

해설

현대 사회의 직업인에게 봉사란, 일 경험을 통해 다른 사람과 공동체에 대하여 봉사하는 정신을 갖추고 실천하는 태도를 의미한다.

Plus 해설

직업윤리의 덕목

- **소명의식** : 자신의 일은 하늘에 의해 맡겨진 것이라 생각하는 태도
- **천직의식** : 자신의 일은 능력과 적성이 꼭 맞다 여기고 열성을 가지고 성실히 임하는 태도
- **직분의식** : 자신의 일이 사회나 기업을 위해 중요한 역할을 하고 있다고 믿는 태도
- **책임의식** : 직업에 대한 사회적 역할과 책무를 충실히 수행하고 책임을 다하는 태도
- **봉사의식** : 직업을 통해 다른 사람과 공동체에 대해 봉사하는 정신을 갖추고 실천하는 태도
- **전문가의식** : 자신이 맡은 일의 분야에 대한 지식과 교육을 밑바탕으로 일을 성실히 수행하는 태도

  **정답** ③

09 > 글의 이해

다음 글의 내용과 일치하지 않는 것은?

시청에서 수년째 건축 허가 업무를 맡고 있는 A씨는 같은 부서 과장으로 근무하다가 한 달 전 퇴직한 B씨가 건축 허가를 신청한 건을 통상 절차대로 처리했다. 건축 허가를 재심사하는 과정에서 A씨는 B씨와의 관계를 신고하지 않은 사실이 드러나 징계와 과태료 2,000만 원을 부과받았다.

도청 건축과에 근무하는 C씨는 친동생 부부가 기관에서 수행하는 도시개발사업 지구의 부동산을 매수한 사실을 알았지만 이를 신고하지 않았다. C씨가 신고 의무를 이행하지 않았음을 알게 된 기관은 그에게 징계와 과태료 2,000만 원 부과 처분을 내렸다.

공무원 A씨와 C씨의 가상 사례처럼, 앞으로 공직자가 사적 이해관계가 있는 직무를 회피하지 않거나 직무 관련 정보로 사적 이익을 취할 경우 과태료와 징계, 부당이익 환수 처분을 받게 된다. 국민권익위원회는 이 같은 내용의 '공직자 이해충돌방지법'이 이달 19일부터 시행된다고 밝혔다.

이해충돌방지법은 공직자가 직무 수행 과정에서 사익을 추구하지 못하도록 하는 제도적 장치다. 9년간 국회에서 표류하다가 지난해 5월 제정·공포됐다. 공직사회는 그간 공무원행동강령에 이해충돌 규정을 도입·운영해왔지만, 제재 수단이 징계로 한정됐고 공공부문 전체에 적용하기 어려워 실효성이 떨어진다는 지적이 꾸준히 제기돼 왔다.

이해충돌방지법엔 △부동산 보유·매수 신고, 민간부문 업무활동 공개 등 신고·제출 의무 5가지와 △공공기관의 고위공직자 가족 채용 금지, 직무상 미공개 정보 이용 금지 등 제한·금지 행위 5가지 등 총 10가지 행위 기준이 담겼다. 위법 행위엔 징계는 물론 형벌, 과태료, 부당이익 환수 등 제재가 따른다. 1만5,000여 개 공공기관에서 근무하는 200만 명이 법 적용 대상이다.

법이 시행되면 부동산 개발 업무를 수행하는 공공기관의 공직자 본인 또는 가족은 기관 업무와 관련한 부동산을 보유·매수한 경우 소속기관장에게 신고해야 한다. 공직자의 사적 이해관계자는 공직자 본인과 가족, 본인 또는 가족이 임원·대표자로 재직한 법인, 고문·자문을 제공한 법인 등으로 규정했다. 가족의 범위는 배우자, 직계혈족, 형제자매, 생계를 같이하는 직계혈족의 배우자, 배우자의 직계혈족 및 형제자매다. 또 같은 부서에서 공직자를 지휘·감독했던 퇴직자, 현재 공직자를 지휘·감독하는 상급자, 청탁금지법상 금품 수수 허용 범위를 초과하는 금전 거래가 있었던 사람도 사적 이해관계자에 해당한다.

권익위는 법 시행으로 직무상 비밀을 이용한 부동산 투기 행위 등이 예방·관리될 것으로 기대하고 있다. 전현희 위원장은 "이해충돌방지법은 공직자가 이해충돌 상황에서 심적 갈등 없이 정당하게 직무를 수행하고 국민이 공정한 직무수행 결과를 보장받도록 하는 법"이라며 "국가청렴도(CPI) 세계 20위권으로 도약할 수 있도록 이해충돌방지법의 안정적 정착을 위해 적극 노력하겠다"고 강조했다.

출처 : 한국일보

① 이해충돌방지법은 국회에서 9년간 표류하다 지난해 5월 제정되었고, 이달 19일부터 공포 및 시행된다.
② 이해충돌방지법 제정 전에는 공무원행동강령으로 이해충돌 규정을 운영해왔으나 징계 제재만 있었다.
③ 부동산 관련 공공기관에 재직 중인 임원의 배우자가 관련 부동산을 매수하면 소속기관장에게 신고해야 한다.
④ 공직자를 같은 부서에서 지휘하던 퇴직자, 가족이 임원으로 재직한 법인은 공직자의 사적 이해관계자에 해당한다.

 해설

이달 19일부터 시행되는 이해충돌방지법은 9년간 국회에서 표류하다가 지난해 5월 제정·공포됐다.

정답 ①

10 ▷ 도형추리

다음 제시된 정사각형에서 찾을 수 있는 직각 삼각형의 개수는 총 몇 개인가?

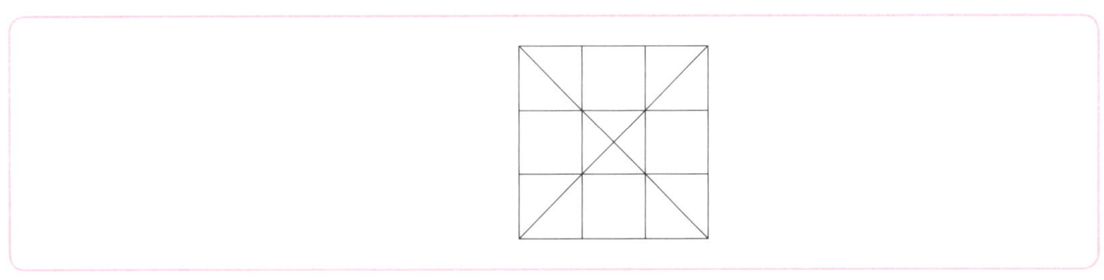

① 24개　　② 30개　　③ 34개　　④ 38개

해설

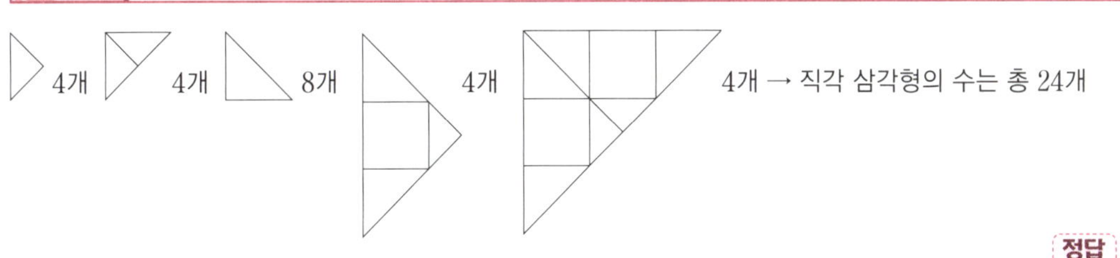

정답 ①

북스케치

www.booksk.co.kr

Appendix
기출문제

2023. 07. 08. 경북교육청 기출문제

※ 본 기출문제는 실제 시험 응시자로부터 수집한 후기를 바탕으로 복원되었습니다.

01 ▶ 어법

밑줄 친 부분의 품사가 다른 하나를 고르면?

① 그는 인사성과 예의가 **밝다.**
② 오늘 입은 옷 색깔이 **밝다.**
③ 친구들과 놀다 보니 어느새 아침이 **밝았다.**
④ 이 분야는 전망이 **밝다.**

해설

① (형용사) 생각이나 태도가 분명하고 바르다.
② (형용사) 빛깔의 느낌이 환하고 산뜻하다.
③ (동사) 밤이 지나고 환해지며 새날이 오다.
④ (형용사) 예측되는 미래 상황이 긍정적이고 좋다.
따라서 정답은 ③이다.

Plus 해설

품사의 종류

체언 : 주성분을 만드는 품사로 주로 조사가 붙는다.
- 명사 : 이름을 나타내는 품사, 보통명사, 고유명사, 의존명사 예 산, 하늘, 꽃, ~것, ~뿐, ~듯
- 대명사 : 명사를 대신함. 인칭대명사, 지시대명사 예 이것, 그것, 저것, 나, 너, 우리
- 수사 : 순서와 수량을 나타냄. 예 하나, 둘, 첫째, 둘

용언 : 변하는 말로 기본형이 있다. 동사, 형용사, 서술격조사(~이다)
- 동사 : 움직임을 나타냄. 예 먹다, 쓰다, 가다, 오다 나타내
- 형용사 : 성질이나 상태를 나타냄. 예 예쁘다, 좋다, 차갑다, 깨끗하다

수식언 : 오른쪽 옆의 단어를 꾸며주는 품사
- 관형사 : 주로 명사를 수식하는 품사 예 이, 그, 저, 새, 헌
- 부사 : 주로 동사, 형용사 등의 용언이나 부사 또는 문장 전체를 수식함
  예 매우, 빨리, 정말, 제발, 그러므로, 그런데, 그리고

관계언 : 문법 관계를 나타내는 품사
- 조사 : 문법 관계를 나타내는 품사, 주로 체언에 붙음 예 ~이, ~가, ~을, ~를

독립언 : 독립적으로 사용되는 품사
- 감탄사 : 독립적으로 사용되는 품사, 주로 놀람이나 감탄에 씀 예 아, 오, 어머나, 얼씨구

정답 ③

02 ▶ 어법

다음 중 단어 형성 방법이 다른 하나를 고르면?

① 손목　　　　② 맨손　　　　③ 손발　　　　④ 손등

📖 해설

① 손목 : 명사＋명사 → 합성어
② 맨손 : 접두사(맨—)＋어근(손) → 파생어
③ 손발 : 명사＋명사 → 합성어
④ 손등 : 명사＋명사 → 합성어
따라서 정답은 ②이다.

💡 Plus 해설

파생어 : 어근의 앞이나 뒤에 파생 접사가 붙어서 만들어진 단어 예 맨손, 맨발, 군소리, 한겨울, 날고기 등
합성어 : 어근과 어근을 직접 합쳐 만든 단어 예 손목, 손발, 손등, 봄비, 책가방, 돌다리 등

[정답] ②

03 ▶ 한자성어

다음과 같이 한자성어에 실제 동물이 들어가는 것이 아닌 한자성어는?

> 토사구팽 : **토끼** 사냥이 끝나면 **사냥개**를 삶아 먹는다 

① 죽마고우　　　　② 화룡점정　　　　③ 지록위마　　　　④ 호가호위

📖 해설

① 죽마고우 : **죽마**를 타고 놀던 벗이라는 뜻으로, 어릴 때부터 같이 놀며 자란 벗
② 화룡점정 : **용**을 그린 다음 마지막으로 눈동자를 그린다는 뜻으로, 가장 요긴한 부분을 마치어 일을 끝냄을 이르는 말
③ 지록위마 : **사슴**을 가리켜 **말**이라 한다는 뜻으로, 윗사람을 농락하고 권세를 함부로 부리는 것을 비유한 말
④ 호가호위 : **여우**가 **호랑이**의 위세를 빌려 호기를 부린다는 뜻으로, 남의 세력을 빌어 위세를 부림
①에서의 말은 진짜 동물이 아닌 '대나무로 만든 말'이므로 정답은 ①이다.

[정답] ①

04~05 > 글의 이해

다음 글을 읽고 이어지는 물음에 답하시오.

쑥은 이른 봄에 볼 수 있다. 산이나 들에 막 돋아난 어린잎이 맛이 좋다. 예로부터 오래 묵힐수록 좋은 약이 된다는 약재가 쑥이다. 약으로 사용할 때는 봄에 채취한 쑥을 말려 오래 보관해 뒀다가 쓰면 좋다. '7년 된 병을 3년 묵은 쑥을 먹고 고쳤다.'는 말이 있을 정도로 쑥은 효능을 인정받아왔다. 비타민A, B, C, E 등을 골고루 함유한 천연 종합 비타민제다.

봄에는 신체 활동이 늘어나면서 단백질, 무기질, 비타민을 많이 필요로 한다. 영양소를 충분히 섭취하지 못하면 식욕 부진, 피로 등 춘곤증 증상이 나타난다. 이때 쑥에 많이 들어있는 비타민B군을 섭취하면 피로를 쉽게 풀 수 있다. 특히 비타민B1은 피로를 유발하는 젖산을 없애고 비타민B2는 눈의 피로를 해소한다. 비타민B군은 탄수화물과 단백질 대사에 꼭 필요한 물질이기도 하다. 체내의 정상적인 에너지 대사에도 중요한 역할을 한다. (㉠)

일교차가 큰 환절기에 우리 몸은 들쑥날쑥한 기온에 적응하기 위해 평소보다 더 많은 에너지를 사용한다. 이 때문에 면역세포가 사용할 에너지가 줄어들면서 면역력이 떨어질 수 있다. (㉡)

선조들은 쑥을 여성 하복부 질환에 사용했다. 동의보감에서는 쑥을 '애엽(艾葉)'이라고 부르면서 '애엽은 맛이 쓰고 성질이 따뜻해 오장의 좋지 않은 기운과 풍습을 다스려 장기 기능을 강화한다.'고 소개했다. 생리통이나 산후복통 등 부인과 질환은 아랫배가 차가울 때 잘 발생한다. 이때 쑥을 먹으면 따뜻한 기운이 온몸에 퍼지면서 혈액 순환이 원활해지고 몸속 노폐물이 잘 배출된다. (㉢)

쑥은 소화에도 도움을 준다. 쑥에 들어있는 시네올 성분은 쑥, 월계수 잎, 로즈메리 등 특유의 향을 내는 데 관여하는 휘발성 기름(정유)이다. 살균력이 강해서 장내에 있는 유해균을 없애는 데 기여한다. 게다가 위액 분비를 촉진시켜 위 건강을 증진시키고 소화 기능을 개선한다. (㉣)

쑥을 고를 때는 너무 길게 자란 것은 피한다. 줄기가 억세고 쓴맛이 강할 수 있다. 요리를 해도 뻣뻣하기 때문에 무침이나 국으로 끓여 먹으려면 하얀 솜털이 나 있는 어린 것을 고른다. 이른 봄날 응달에서 자란 부드러운 쑥잎이 맛과 향이 향긋하고 진해서 좋다. 줄기가 많이 자란 것은 튀김용이나 약쑥으로 사용하면 좋다.

쑥을 오래 두고 먹으려면 온도를 1~5도가량으로 3일 동안 유지하면서 보관한다. 초봄에 막 자란 쑥을 따서 삶고 냉동실에 보관해 필요할 때마다 꺼내서 사용하면 1년 내내 먹을 수 있다. 어린 쑥의 밑동을 제거하고 소금물에 씻어서 이용하거나 완전 건조 대신 수분이 남아있게 말려서 공기가 잘 통하는 곳에 보관하는 것도 좋은 방법이다. 약재로 사용할 때는 잘 자란 것을 햇볕에 말려 건조한 곳에 뒀다가 필요할 때 끓여 먹으면 된다. 쑥은 독한 맛이 있어 삶은 후 하룻밤쯤 물에 담갔다가 먹는 게 좋고 말려 두면 1년 내내 먹을 수 있다.

출처 : 동아일보, 2022. 03. 23. 기사

04 ▶ 윗글의 내용과 일치하지 않는 것은?

① 쑥을 먹으면 혈액 순환이 원활해지고 몸속 노폐물이 잘 배출된다.
② 너무 길게 자란 쑥은 쓴맛이 강할 수 있다.
③ 쑥을 잘 보관하면 1년 내내 먹을 수 있다.
④ 쑥은 햇빛을 많이 받아야 맛과 향이 향긋하고 진해서 좋다.

 **해설**

6문단을 보면, 응달에서 자라야 맛과 향이 향긋하고 진해서 좋다고 나와 있다. 따라서 정답은 ④이다.

💡 **Plus 해설**

① 4문단에서 알 수 있다.
② 6문단에서 알 수 있다.
③ 마지막 문단에서 알 수 있다.

정답 ④

05 ▶ 다음 문장이 들어갈 위치로 가장 적절한 곳을 고르면?

> 쑥에는 면역력 증진에 도움이 되는 비타민C도 많이 함유돼 있다. 비타민C는 체내 세포를 손상시키는 활성산소를 제거하고 면역 기능을 강화하는 데 도움이 된다.

① ㉠　　　　② ㉡　　　　③ ㉢　　　　④ ㉣

해설

제시된 문장의 핵심은 쑥에는 면역력 증진에 도움이 되는 비타민C가 많다는 내용이다. 본문을 보면, ㉡의 앞 문장에 면역력이 떨어지는 내용이 나오므로, 제시된 문장은 ㉡에 들어가야 한다.

정답 ②

06 글의 이해

글의 문맥상 가장 어울리지 않는 문장을 고르면?

우리 시대의 장인정신이란 무엇인가. 장인정신에 대한 각국의 특징을 살펴보고 우리나라에서는 교육과 어떻게 결합시킬 것인가에 대해 알아보자. 먼저 중국의 장인정신은 중국 전통 가운데 옛것을 배우되 새것을 배우고, 낡은 것을 버리고 새것을 만들어내며, 본래 목적으로 돌아가서 새것을 창조하는 세 가지 원칙을 가지고 있다. ㉠ **독일에서는 '천직'을 강조하는데 이것은 종교윤리와 연관돼 있다.** 독일의 장인은 일을 천직이라고 여기고, 천직은 하느님이 내려주신 신성한 것이기 때문에 물건을 아주 잘 만들어야만 하느님께 바칠 수 있다고 여겼다. 이것이 독일의 장인정신이다. 일본의 장인정신은 가족 전통의 정신이다. 장인은 평생 고용된 직업이라고 여기고 어떤 일을 하더라도 끝까지 최선을 다하려고 고집한다. 날마다 같은 일을 하면서 점점 좋아하게 되고 사랑하게 되고 나중에는 목숨까지 바치게 된다. 즉 독일과 일본의 장인정신은 최선을 다하고, 엄격하고 정성에 정성을 더하며 봉사를 잘하는 것이다. 그러나 미국의 장인정신은 창조와 혁신을 강조하는데, 대표적인 사람이 스티브 잡스이다. 미국의 장인정신에는 우리들이 말하는 도덕과 윤리는 미약하며 도덕과 윤리가 오히려 이들에게는 속박이다. ㉡ **미국의 장인은 자유로운 활동이 요구되며 창업가 문화의 정신을 강조한다.**

그렇다면 우리 시대에서 한국의 장인정신은 무엇이며 어떻게 교육해야 하는가. ㉢ **한국의 장인정신은 전통적 윤리와 도덕성을 강조한 인간 정신과 과학적 창의성을 창조하는 결과물이라고 할 수 있다.** 그래서 현재 한국의 장인정신은 공업시대의 창조와 혁신이 중요하며, 정보화시대의 방법과 결합해야 한다. 즉 0에서 1을 만드는 것이 아니고, 1에서 무한한 N을 만들어야 한다. 즉 우리 시대의 장인정신은 우리나라의 실정에 맞는 새로운 장인정신을 교육과 결합해야 한다. ㉣ **하나의 물건에도 심혈을 기울여 제대로 만들고자 했던 옛사람의 삶의 자세는 대충대충 살아가는 일부 성급한 현대인에게 큰 의미로 마음에 와닿을 것이다.** 따라서 우리 시대의 장인교육은 서양의 현대적인 직업교육에 중국 전통적인 믿음에 새로운 것을 창조하는 정신과 독일의 종교와 윤리 교육, 일본의 가족 전통 정신, 미국의 창조와 혁신의 장점들을 도입해 한국의 윤리와 도덕성을 바탕으로 한 도제교육과 과학적 창의성을 인문교육에 결합해야 할 것이다. 그래서 장인들도 문화 지식과 윤리와 도덕성을 이해하고 실천해야 하며 동시에 자신의 역할에 대한 인식도 바뀌어야 한다. 또 기술과 과학이 서로 융합해서 기술의 과학화 또는 과학의 기술화를 이뤄야 한다.

출처 : 충청투데이, 2018. 08. 30. 기사

① ㉠   ② ㉡   ③ ㉢   ④ ㉣

해설

㉣의 앞과 뒤에는 우리 시대의 장인정신과 장인교육에 관한 내용이 나와 있다 ㉣의 '옛사람의 삶의 자세'는 글의 문맥과 어울리지 않는다. 따라서 정답은 ④이다.

정답 ④

07  농도

4%의 소금물과 7.75%의 소금물을 섞어 농도 6%의 소금물 600g을 만들었다. 이때 4%의 소금물의 양은?

① 260g ② 280g ③ 300g ④ 320g

해설

농도 4%의 소금물의 양을 x, 농도 7.75%의 소금물의 양을 y라 하면,
$x+y=600 \cdots$ ㉠
$$\frac{4}{100} \times x + \frac{7.75}{100} \times y = \frac{6}{100} \times 600$$
$4x+7.75y=3,600 \cdots$ ㉡
㉠과 ㉡을 연립하여 풀면,
$x=280, y=320$
따라서 4%의 소금물의 양은 280g이다.

정답 ②

08  배수

소연이의 차량 번호는 천의 자리가 5인 네 자리 수 중에서 가장 큰 3의 배수이다. 소연이의 차량 번호를 구하면?

① 5,994 ② 5,996 ③ 5,997 ④ 5,999

해설

6,000이 3의 배수이므로, 천의 자리가 5인 수 중 가장 큰 3의 배수를 구하려면 6,000에서 3을 빼주면 된다.
$6,000-3=5,997$
따라서 정답은 ③이다.

정답 ③

09 ▷ 집합

어느 학급의 전체 학생 28명은 주말에 영화를 보거나 연극을 보았다. 주말에 영화를 본 학생은 20명, 연극을 본 학생은 12명일 때, 영화와 연극을 둘 다 본 학생 수를 구하면?

① 4명　　　　② 5명　　　　③ 6명　　　　④ 7명

해설

영화를 본 학생 수를 A, 연극을 본 학생 수를 B, 둘 다 본 학생을 x라 하면,
$(A)+(B)-(A \cap B)=(A \cup B)$
$20+12-x=28$
$x=4$
따라서 영화와 연극을 둘 다 본 학생 수는 4명이다.

Plus 해설

합집합($A \cup B$) : 두 집합 A, B에 대하여 A에 속하거나 B에 속하는 모든 원소로 이루어진 집합
교집합($A \cap B$) : 두 집합 A, B에 대하여 A에도 속하고 B에도 속하는 모든 원소로 이루어진 집합

정답 ①

10 ▷ 비용 계산

○○중학교에서 현장학습을 갈 때 사용할 수 있는 예산은 1,000만 원이고, 현장학습에 참여할 인원은 총 150명이다. 필요한 비용이 다음과 같을 때, 주어진 예산을 사용하고 남은 금액은 얼마인가?

구분	금액	비고
버스 대절비	600,000원(1대)	1대당 정원은 40명
식비	17,000원(1인)	–

① 4,750,000원　　　　② 4,850,000원
③ 4,950,000원　　　　④ 5,050,000원

해설

버스 1대당 정원은 40명이므로, 150명이 버스를 타려면 4대를 대절해야 한다.
버스 대절비 : $600,000 \times 4 = 2,400,000$원
식비 : $17,000 \times 150 = 2,550,000$원
$2,400,000 + 2,550,000 = 4,950,000$원
$10,000,000 - 4,950,000 = 5,050,000$원

정답 ④ 

기 출 문 제

11 > 비율

A~F 제품의 매출액 중 상위 1~2위가 차지하는 비율을 구하면? (단, 소수점 첫째 자리에서 반올림한다.)

구분	매출액
A 제품	8,300만 원
B 제품	2,500만 원
C 제품	8,500만 원
D 제품	6,300만 원
E 제품	4,600만 원
F 제품	2,600만 원

① 51% ② 52% ③ 53% ④ 54%

 해설

1위 제품은 C 제품(8,500만 원)이고, 2위 제품은 A 제품(8,300만 원)이다.

$$\frac{8,500 + 8,300}{8,300 + 2,500 + 8,500 + 6,300 + 4,600 + 2,600} \times 100 = \frac{16,800}{32,800} \times 100 ≒ 51.21\%$$

따라서 소수점 첫째 자리에서 반올림하면 51%이다.

 정답 ①

12 > 평균

은영이의 국어, 수학, 사회, 과학 시험 점수가 다음과 같을 때, 네 과목의 평균 점수를 구하면?

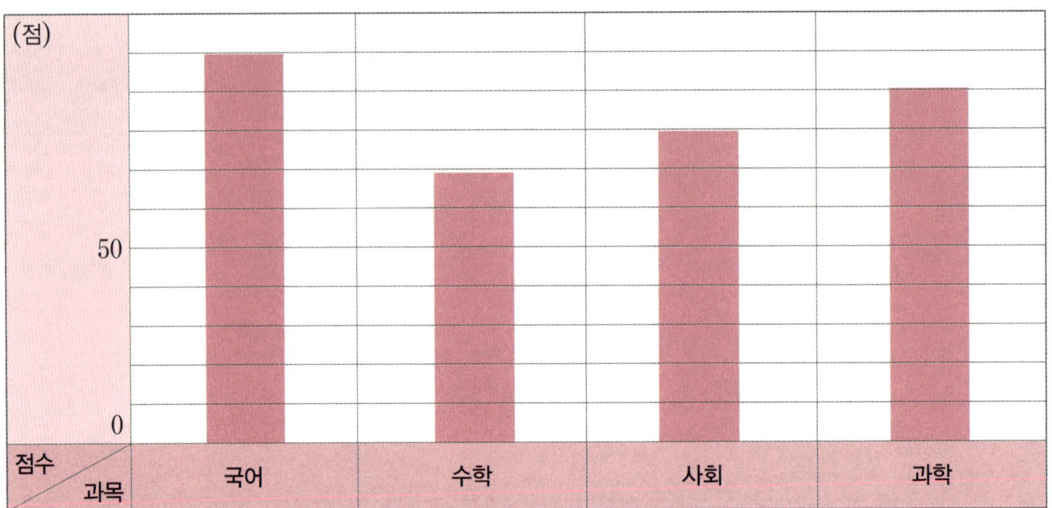

① 65점　　② 70점　　③ 75점　　④ 80점

 해설

막대그래프의 눈금 한 칸은 10점이다. 따라서 국어 90점, 수학 60점, 사회 70점, 과학 80점임을 알 수 있다.

평균 : $\dfrac{90 + 60 + 70 + 80}{4} = \dfrac{300}{4} = 75$ 점

따라서 정답은 ③이다.

정답 ③

13 > 자료 해석

다음은 교원 1인당 학생 수에 관한 자료이다. 자료에 대한 해석으로 틀린 것은?

(단위 : 명)

구분	2018년	2019년	2020년	2021년	2022년
유치원	12.3	11.9	11.4	10.9	10.3
초등학교	14.5	14.6	14.2	14.0	13.7
중학교	12.1	11.7	11.8	11.9	11.7
고등학교	11.5	10.6	10.1	9.9	9.6
전문대학	35.0	35.9	35.7	33.3	33.3
일반대학	23.6	23.7	23.4	22.8	22.6

① 2018년부터 2022년까지 교원 1인당 학생 수가 꾸준히 감소하는 항목은 2개이다.

② 2021년 전문대학의 교원 1인당 학생 수는 전년 대비 약 6% 감소하였다.

③ 조사 기간 동안 고등학교의 교원 1인당 학생 수는 항상 가장 낮다.

④ 2022년 유치원의 교원 1인당 학생 수는 2018년 대비 약 8% 감소하였다.

해설

④ 2022년 유치원의 교원 1인당 학생 수는 2018년 대비 약 16% 감소하였다.

$$\frac{10.3 - 12.3}{12.3} \times 100 \fallingdotseq -16.2\%$$

Plus 해설

① 2018년부터 2022년까지 교원 1인당 학생 수가 꾸준히 감소하는 항목은 2개(유치원, 고등학교)이다.

② 2021년 전문대학의 교원 1인당 학생 수는 전년 대비 약 6% 감소하였다.

$$\frac{33.3 - 35.7}{35.7} \times 100 \fallingdotseq -6.7\%$$

정답 ④

14 ▷ 자료 해석

다음은 고등학교 학생 수에 관한 자료이다. 자료에 대한 설명으로 틀린 것을 고르면?

(단위 : 명)

구분	2020년	2021년	2022년
계	(A)	(B)	(C)
일반고	958,108	961,275	961,714
특수목적고	64,493	63,181	61,424
특성화고	212,294	198,663	182,801
자율고	102,417	76,846	56,409

① 일반고 학생 수를 제외한 나머지 고등학교 학생 수는 감소하는 추세이다.

② A, B, C에 들어갈 수 중 가장 큰 것은 A이다.

③ 2022년 자율고 학생 수는 2020년 대비 약 30% 감소하였다.

④ 2022년 특수목적고 학생 수는 2020년 대비 약 4% 감소하였다.

해설

③ 2022년 자율고 학생 수는 2020년 대비 약 45% 감소하였다.

$$\frac{56,409 - 102,417}{102,417} \times 100 ≒ -44.9\%$$

Plus 해설

① 일반고 학생 수를 제외한 나머지 고등학교 학생 수는 감소하는 추세이다.

② A는 1,337,312, B는 1,299,965, C는 1,262,348이므로 A가 가장 크다.

④ 2022년 특수목적고 학생 수는 2020년 대비 약 4% 감소하였다.

$$\frac{61,424 - 64,493}{64,493} \times 100 ≒ -4.7\%$$

정답 ③

15 ▶ 참·거짓

A, B, C, D, E 중 한 명이 책을 훔쳤다. 다섯 명은 다음과 같이 진술하였고, 단 한 명만 진실을 말하고 있다. 책을 훔친 사람은 누구인가?

> A : B가 책을 훔쳤어요.
> B : D가 책을 훔쳤어요.
> C : 저는 책을 훔치지 않았어요.
> D : B는 거짓말을 하고 있어요.
> E : A가 책을 훔쳤어요.

① A   ② B   ③ C   ④ D

 해설

D가 B는 거짓이라고 말하고 있으므로, B와 D의 진술이 대립됨을 알 수 있다.
ⅰ) D가 진실일 경우

A	B	C	D	E
거짓	거짓	거짓, 책 훔침	진실	거짓

→ 책을 훔친 사람은 C이다.

ⅱ) D가 거짓일 경우(B가 진실일 경우)

A	B	C	D	E
거짓	진실	거짓, 책 훔침	거짓, 책 훔침	거짓

→ 책을 훔친 사람이 2명(C, D)이 되므로 틀린 가정이다.
따라서 D의 말이 진실이고, 책을 훔친 사람은 C이다.

정답  ③

16 ▶ 조건 추리

A, B, C, D의 크기가 다음과 같을 때, 참인 것을 고르면?

- 각각의 크기는 1씩 차이가 나며, 같은 크기는 없다.
- A와 B의 크기 차이는, C와 D의 크기 차이와 동일하다.
- B는 A보다 크다.
- C는 B보다는 작지만, 가장 작지는 않다.
- D는 C보다 크다.

① B는 D보다 크다.
② C는 A보다 작다.
③ 가장 크기가 큰 것은 D이다.
④ A와 B의 크기 차이는 1이다.

해설

3번~5번 조건을 순서대로 정리하면 다음과 같다.
3번 조건 : A<B
＋ 4번 조건 : A<C<B, ○<C<A<B
＋ 5번 조건 : A<C<B<D, A<C<D<B
2번 조건에서 A와 B의 크기 차이는 C와 D의 크기 차이와 동일하다고 하였으므로, 올바른 크기 순서는 A<C<B<D가 된다.
따라서 항상 참인 것은 ③이다.

정답 ③

17 논리적 오류

다음에 해당하는 논리적 오류는 무엇인가?

> "영수는 3일 전에도 지각했고, 오늘도 지각했어. 영수는 매일 지각하는 것이나 마찬가지야."

① 무지에의 오류
② 허수아비 공격의 오류
③ 대중에 호소하는 오류
④ 성급한 일반화의 오류

 해설

④ 성급한 일반화의 오류 : 몇 가지 사례나 경험만을 가지고 그 전체 또는 전체의 속성을 섣불리 단정 짓거나 판단하는 데서 생기는 오류

Plus 해설

① 무지에의 오류 : 참이라고 밝혀진 것이 없으므로 거짓이라고 주장하거나 그 반대로 주장하는 오류
　예 "신이 없다는 것을 증명한 사람은 아무도 없다. 따라서 신은 존재한다."
② 허수아비 공격의 오류 : 상대방의 주장과는 전혀 관련 없는 별개의 논리를 만들어 공격하는 오류
　예 "피의자는 평소 사생활이 문란했고 마약을 복용한 전력도 있다. 따라서 살인 혐의로 기소해야 한다."
③ 대중에 호소하는 오류 : 많은 사람이 지지한다는 것을 근거로 주장이나 결론을 내세우는 논증 방법
　예 "이 책은 훌륭한 책이다. 왜냐하면 올해 베스트셀러 1위 도서이기 때문이다."

정답 ④

18 논리적 오류

다음 중 피장파장의 오류를 고르면?

① "저 사람도 무단횡단을 했는데, 왜 나만 단속해?"
② "너의 주장은 적절하지 않아. 왜냐하면 너는 초등학교만 졸업했기 때문이야."
③ "지금은 힘들어도 경제 상황이 곧 나아질 거야. 어제 TV 토론에서 물리학과 교수가 그렇게 이야기했거든."
④ "자장면을 싫어하니 짬뽕을 좋아하겠네."

 해설

① 피장파장의 오류 : 다른 사람의 잘못을 들어 자기의 잘못을 정당화하려는 오류

Plus 해설

② 인신공격의 오류 : 논제나 주장과는 관계없이 사람의 약점이나 상황을 지적하여 논박하면서 발생하는 오류
③ 부적합한 권위에 호소하는 오류 : 관련이 없는 권위자나 권위 있는 기관을 인용함으로써 발생하는 오류
④ 흑백사고의 오류 : 흑 아니면 백이라고 주장하는 오류

정답 ①

19 › 상석 구분

다음 중 회의실에서의 상석 위치를 올바르게 고른 것은?

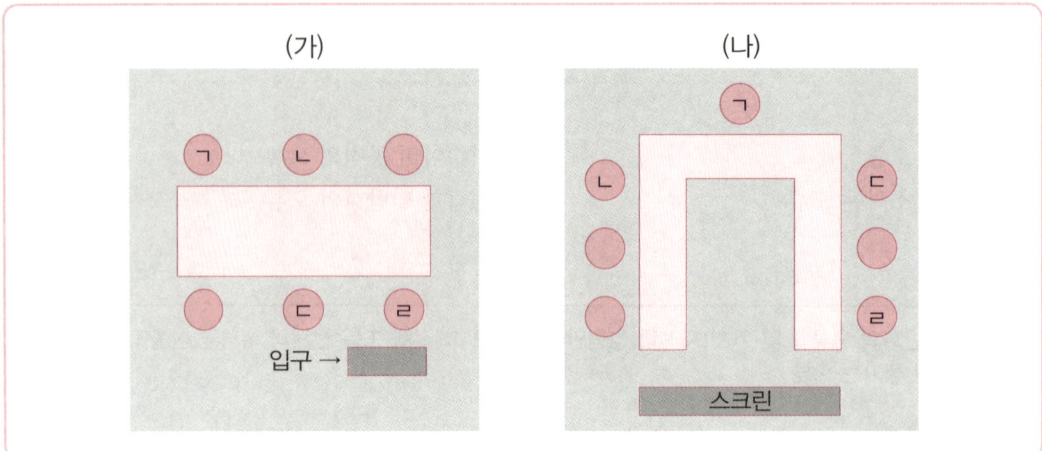

① (가) ㄱ, (나) ㄷ
② (가) ㄴ, (나) ㄱ
③ (가) ㄷ, (나) ㄴ
④ (가) ㄹ, (나) ㄱ

해설

(가) : 입구를 바라보는 쪽의 가운데 자리인 ㄴ이 상석이다. 일반적으로 입구에서 먼 쪽이 상석이 된다.

(나) : 공간 내에 발표를 위한 스크린이 있는 경우, 스크린을 정면으로 바라보는 ㄱ이 상석이다.

정답 ②

20 ▶ 도형 회전

다음 도형을 시계방향으로 90° 회전했을 때의 모양을 고르면?

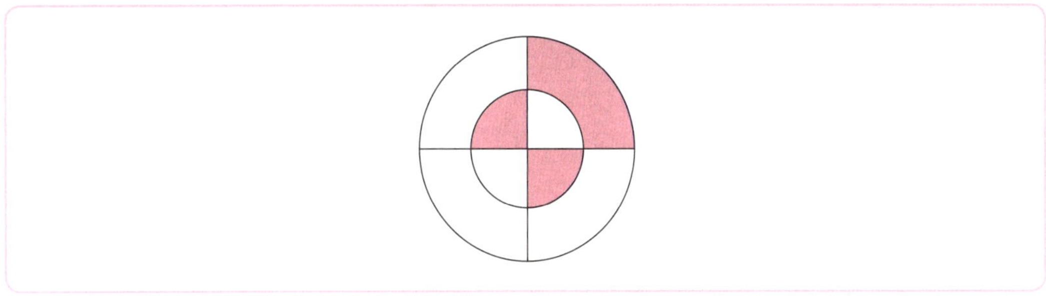

① 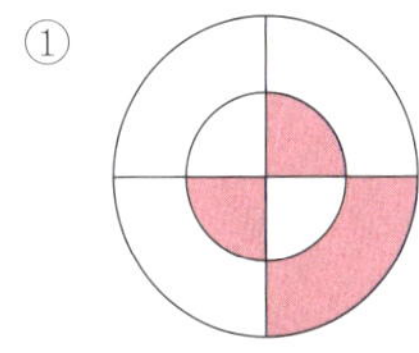   ② 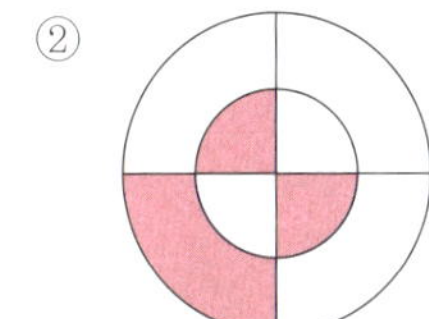   ③ 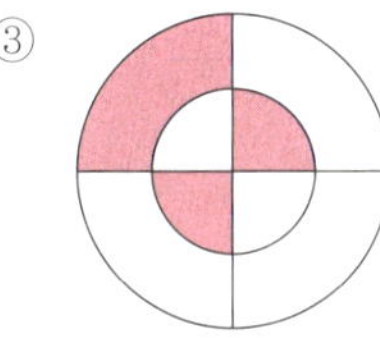   ④ 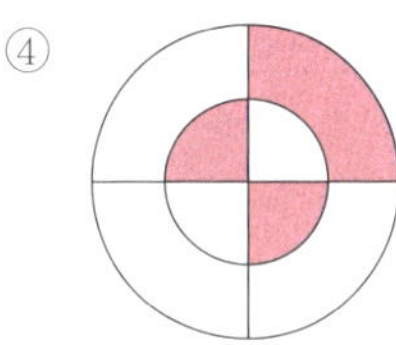

해설

제시된 도형을 시계방향으로 90° 회전하면 색칠된 부분이 한 칸씩 옆으로 이동한 모양이 된다. 따라서 정답은 ①이다.

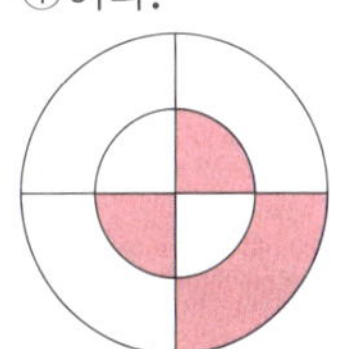

💡 Plus 해설

② 180° 회전한 모양이다.
③ 반시계방향으로 90° 회전한 모양이다.
④ 360° 회전한 모양이다.

정답  ①

21 > 도형 추리

주어진 도형을 보고 변화하는 규칙을 찾아 빈칸에 들어갈 알맞은 도형을 고르면?

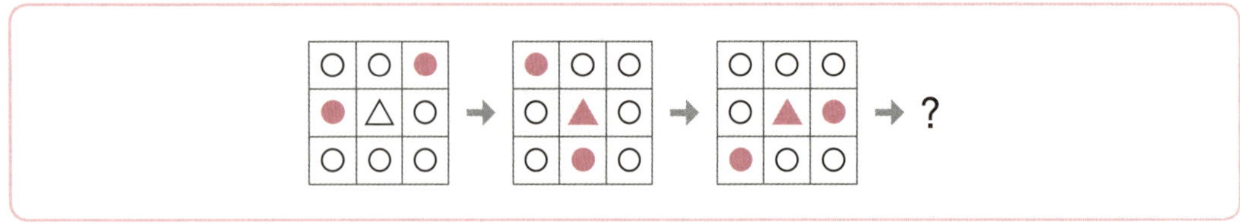

① 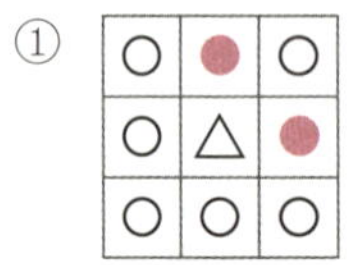 ② 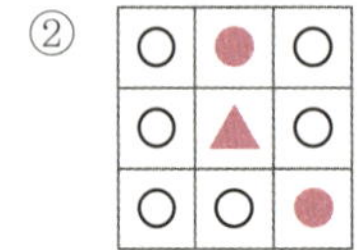 ③ 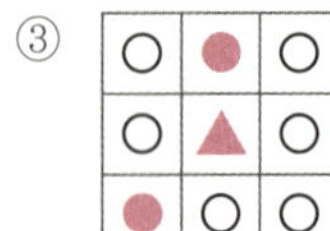 ④ 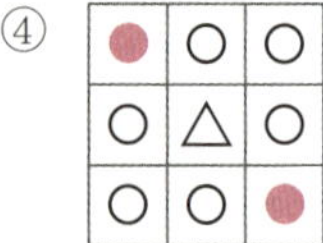

해설

가운데의 삼각형(△)은 색 반전이 이루어지고 있고, 바깥의 검은색 원(●)은 반시계방향으로 두 칸씩 이동하고 있다. 따라서 정답은 ②이다.

정답 ②

22 > 도형 추리

주어진 도형을 보고 변화하는 규칙을 찾아 빈칸에 들어갈 알맞은 도형을 고르면?

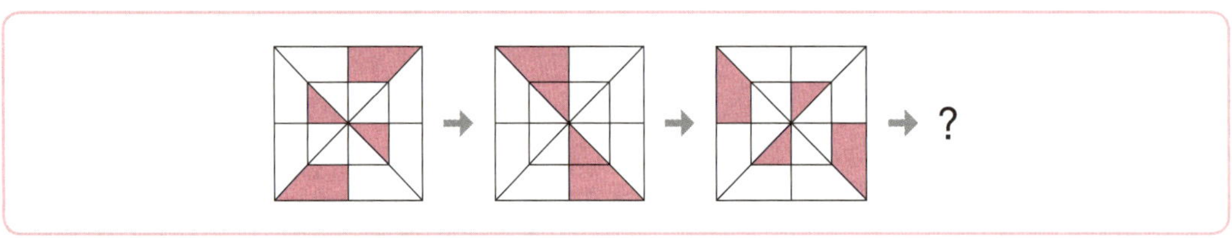

① 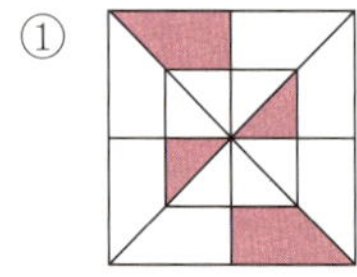 ② 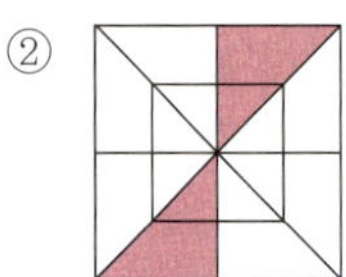 ③ 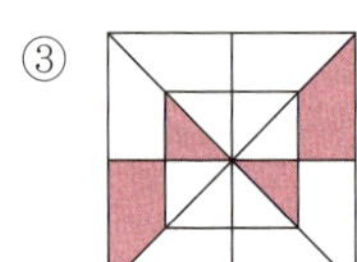 ④ 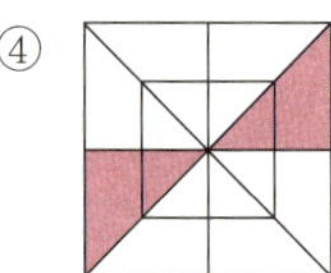

해설

바깥쪽에 색칠된 부분은 반시계방향으로 한 칸씩 이동하고 있고, 안쪽에 색칠된 부분은 시계방향으로 한 칸씩 이동하고 있다. 따라서 정답은 ④이다.

정답 ④

23 ▶ 블록

정육면체 블록을 빈틈없이 쌓은 후 위, 앞, 오른쪽 옆에서 보았더니 다음과 같은 모습이었다. 이 입체를 만드는 데 사용된 블록의 개수는 총 몇 개인가?

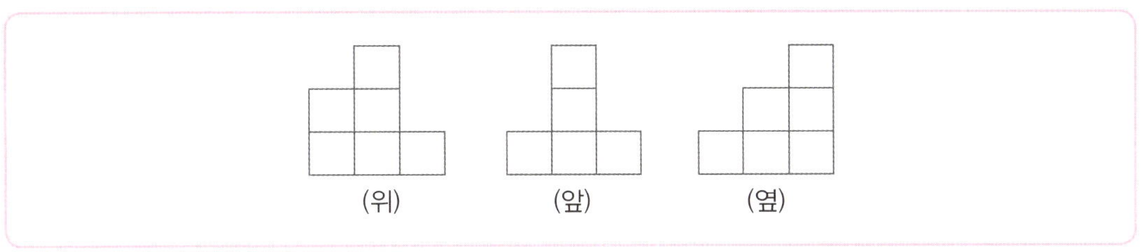

① 7개　　　　② 8개　　　　③ 9개　　　　④ 10개

위에서 보이는 모양은 블록이 쌓여 있는 자리이다. 여기에 앞에서 보이는 모습을 고려하면 다음 위치의 블록 개수를 확인할 수 있다.

	?	
1	?	
1	?	1

다음으로 오른쪽 옆에서 보이는 모습을 생각해보면 모든 위치의 블록 개수를 알 수 있다.

	3	
1	2	
1	1	1

따라서 이 입체를 만드는 데 사용된 블록의 개수는 $1+1+1+1+2+3=9$개이다.

정답  ③

24 〉 블록

한 변의 길이가 1cm인 블록이 다음과 같이 쌓여 있다. 최소 몇 개의 블록을 더 쌓아야 정육면체 모양의 블록이 되는가?

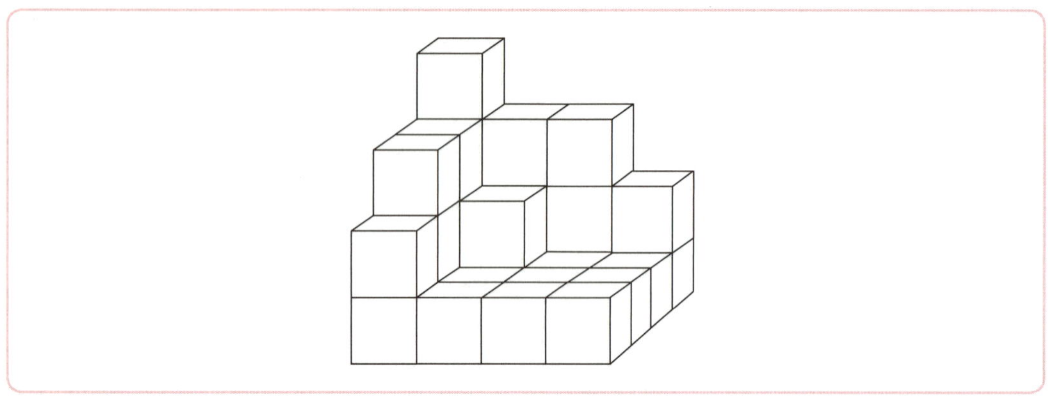

① 32개   ② 34개   ③ 36개   ④ 38개

해설

블록의 가로, 세로, 높이의 개수를 모두 네 개씩 하면 정육면체가 된다. 각 층마다 $4 \times 4 = 16$개의 블록이 있어야 하며, 모자라는 블록의 개수를 세어보면 정육면체 모양을 만들기 위해 필요한 블록의 개수를 알 수 있다.
1층에는 모자라는 블록이 없으며, 2층에는 8개의 블록이 있으므로 $16 - 8 = 8$개의 블록이 모자란다. 3층에는 5개의 블록이 있으므로 $16 - 5 = 11$개가 모자라며, 4층에는 1개의 블록이 있으므로 $16 - 1 = 15$개가 모자란다.
따라서 정육면체 모양을 만들기 위해 필요한 최소 블록의 개수는 $8 + 11 + 15 = 34$개이다.

정답 ②

25 도형 개수

다음 그림에서 찾을 수 있는 사각형은 모두 몇 개인가?

① 5개 ② 6개 ③ 7개 ④ 8개

해설

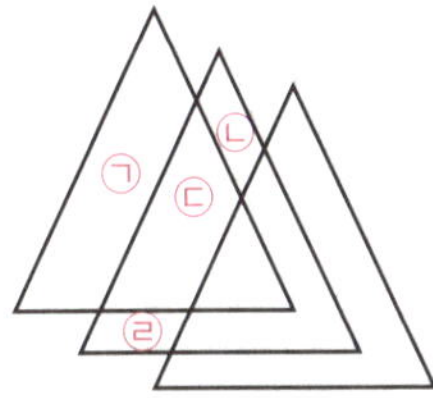

1개짜리 : 4개(㉠, ㉡, ㉢, ㉣)
2개짜리 : 3개(㉠+㉢, ㉡+㉢, ㉢+㉣)
3개짜리 : 1개(㉡+㉢+㉣)
따라서 사각형은 총 8개이다.
(찾을 수 있는 사각형 더 있는지 확인 필요)

정답 ④

2022. 07. 09. 경북교육청 기출문제

※ 본 기출문제는 실제 시험 응시자로부터 수집한 후기를 바탕으로 복원되었습니다.

01 > 속담 · 관용구

일이 확실하여 조금도 틀림이 없음을 이르는 말을 고르면?

① 사개가 맞다
② 변죽을 울리다
③ 떼어 놓은 당상
④ 입추의 여지가 없다

해설

떼어 놓은 당상 : 정삼품 이상의 벼슬을 이미 떼어 놓았다는 뜻으로, 틀림없이 될 것이 확실한 것을 이르는 말

Plus 해설

① 사개가 맞다 : 말이나 사리의 앞뒤 관계가 빈틈없이 딱 들어맞다.
② 변죽을 울리다 : 직접 말을 하지 않고 둘러서 말을 하여 짐작하게 하다.
④ 입추의 여지가 없다 : 송곳 끝도 세울 수 없을 정도라는 뜻으로, 발 들여놓을 데가 없을 정도로 많은 사람들이 꽉 들어찬 경우를 비유적으로 이르는 말이다.

  정답 ③

02 ▶ 글의 이해

다음 글을 읽고, 영지버섯의 효능을 잘못 이해한 것을 고르면?

농촌진흥청은 겨울철 증가하는 불면증을 완화하고 호흡기 건강에 도움을 주는 특용작물로 영지버섯을 추천했다. 겨울에는 활동량과 햇볕 쬐는 시간이 부족하고, 호흡기가 건조해 깊은 잠에 들기가 힘들어진다. 특히 코로나19로 실내에서 생활하는 시간이 늘어나는 요즘, 이런 현상은 더욱 심해질 수밖에 없다. '만년버섯', '불로초(不老草)' 등으로 불리는 영지버섯은 심장과 비장, 폐에 작용해 정신을 안정시키고 소모된 기운과 체액을 보태주는 작용을 한다. 영지버섯은 수면 도중 잘 깨거나 꿈을 많이 꿀 때, 심장이 두근거리고 불안할 때, 기억력이 감퇴할 때 섭취하면 좋다. 영지버섯은 중추신경계의 흥분을 가라앉히고 근육의 과도한 긴장을 부드럽게 풀어줌으로써 수면 시간을 연장하는 효과가 있다. 영지버섯을 포함한 대부분의 버섯에는 비타민D의 전구물질인 '에르고스테롤'이 말린 무게로 100g당 0.1 ~ 0.5g가량 함유돼 있어 비타민D 부족으로 생기는 불면증, 우울증 증상 예방에도 도움이 된다.

또한, 영지버섯은 약해진 폐 기능을 강하게 해 기침이 오랫동안 멈추지 않고 가래가 목에 걸려 있을 때도 먹으면 좋다. 기존 연구에 따르면 영지버섯은 기침을 그치고 가래를 없애는 작용, 면역조절 작용을 한다. 특히, 영지버섯에 함유된 '베타글루칸'은 세균이나 바이러스에 감염된 세포를 잡아먹는 면역 담당 세포(대식세포)를 활성화하고, 방어체계를 작동하는 신호물질(사이토카인) 분비를 촉진함으로써 면역세포의 기능을 높이는 역할을 한다.

출처 : 한국농촌경제신문, 2021. 02. 18. 기사

① 체중 조절에 도움
② 호흡기 건강에 도움
③ 면역 강화에 도움
④ 불면증 완화

 해설

체중 조절에 도움이 된다는 내용은 지문에 나와 있지 않다.

정답 ①

[03~04] 〉 글의 이해

다음을 읽고 이어지는 물음에 답하시오.

피부가 건조하면 몸 가려움증이 시작된다는 것은 누구나 다 알고 있는 사실이다. 문제는 무덥고 습한 여름철이 오면 피부 건조가 여러 병증으로 발전해 더 많은 피부 가려움증 원인을 만들어낼 수 있다는 점이다. 실제로 에어컨 바람은 피부 속 수분을 증발시켜 건조감을 심화시키고, 자외선은 피부 장벽이라 불리는 표피층을 손상시킨다. 또한 여름철에 흘리는 땀은 약해진 피부 장벽에 노폐물을 쌓이게 만들어 세균과 곰팡이균의 번식을 촉진하고, 다양한 염증 질환 및 몸 간지러움을 유발한다.

이는 계절 변화에 따른 필연적 결과로, 병증의 악화를 최대한 억제하기 위해선 '피부 장벽'이라 불리는 표피 건강의 개선을 통한 피부 면역력의 보완이 필요하다. 피부의 가장 바깥쪽에 위치한 표피는 세라마이드 등의 물질을 통해 외부 이물질 및 유해균으로부터 피부를 보호하고, 진피층의 수분 손실을 방지하는 역할을 하기 때문이다. 더욱이 피부 장벽이 무너지면 진피 핵심 물질인 히알루론산, 콜라겐, 엘라스틴까지 소실시켜 탄력 없이 주름진 피부를 만들 수 있다. 즉 피부 간지러움 증상을 제대로 관리하기 위해선 세라마이드 등 핵심 성분을 보충해 피부 장벽을 강화하고, 추후 진피 핵심 성분을 보강하는 순차적 과정이 필요하다는 것이다.

체계적인 피부 영양 보충을 위해선 여러 가지 방안을 고려해볼 수 있는데, 흡수율 및 간편성 측면에서 꾸준히 사랑받고 있는 것이 바로 피부에 좋은 영양제다. 허나 근래엔 수백 개의 피부 영양제가 우후죽순으로 출시되고 있어, 많은 전문가들은 '메즈피엘 원료'의 함유 여부를 제품의 질을 판단하는 분별점으로 삼길 권장한다. 다만 메즈피엘 원료는 단일 원료를 섭취하는 것보다 서로 다른 작용 기전을 갖춘 2~3가지의 원료를 함께 섭취했을 때 더 폭넓은 효능을 발휘한다고 알려졌다. 피부 장벽의 강화를 목표로 두는 경우 '곤약감자 세라마이드', '파인애플 세라마이드'와 같은 대표 원료를 혼합해 섭취하는 편이 더 이롭다는 것이다.

진피 건강을 위해서는 3대 영양소로 불리는 히알루론산, 콜라겐, 엘라스틴의 보충이 가장 기본이다. 다만 이유 없이 몸이 간지럽고 건조하다고 하는 이들에겐 핵산이 풍부한 '연어이리추출물'의 추가적인 보충도 권장된다. 핵산은 진피 세포의 원활한 재생을 돕는 물질로, 피부 장벽 약화 및 진피 손상에 의한 문제 증상을 개선하는 데 도움을 줄 수 있기 때문이다.

여름철 피부 가려움증을 체감하고 있다면 피부 장벽을 강화시키는 구체적인 방법을 찾아 이를 꾸준히 실천하고, 에어컨 바람이 피부에 직접적으로 닿지 않도록 하는 것이 중요하다. 또한 자외선에 의한 피부 손상 및 노화, 얼굴 가려움증을 방지하기 위해 장시간 햇빛 노출을 피하고 자외선 차단제를 적극 활용할 필요가 있다. 나아가 피부 환경이 지나치게 습해지지 않도록 청결을 유지하고, 잦은 통풍으로 균의 번식을 억제한다면 여름철 가려움증 및 각종 피부 질환의 악화를 최대한 방지할 수 있을 것이다.

출처 : 메디컬투데이, 2021. 07. 14. 기사

03 글의 이해

윗글을 바르게 이해한 것을 고르면?

① 표피 건강을 위해서는 히알루론산, 콜라겐, 엘라스틴을 보충해주어야 한다.
② 메즈피엘 원료는 단일 원료만을 섭취해야 폭넓은 효능을 발휘할 수 있다.
③ 핵산은 피부 장벽 약화 및 진피 손상에 의한 문제 증상을 개선하는 데 도움을 줄 수 있다.
④ 피부의 가장 바깥쪽에 위치한 진피는 세라마이드 등의 물질을 통해 외부 이물질 및 유해균으로부터 피부를 보호하고, 표피층의 수분 손실을 방지하는 역할을 한다.

 **해설**

핵산은 진피 세포의 원활한 재생을 돕는 물질로, 피부 장벽 약화 및 진피 손상에 의한 문제 증상을 개선하는 데 도움을 준다.

Plus 해설

① 진피 건강을 위해서는 히알루론산, 콜라겐, 엘라스틴의 보충이 가장 기본이다.
② 메즈피엘 원료는 단일 원료를 섭취하는 것보다 서로 다른 작용 기전을 갖춘 2~3가지의 원료를 함께 섭취했을 때 더 폭넓은 효능을 발휘한다.
④ 피부의 가장 바깥쪽에 위치한 표피는 세라마이드 등의 물질을 통해 외부 이물질 및 유해균으로부터 피부를 보호하고, 진피층의 수분 손실을 방지하는 역할을 한다.

 **정답** ③

04 글의 이해

다음 중 가려움증을 방지할 수 있는 방법으로 적절하지 않은 것은?

① 에어컨 바람이 피부에 직접적으로 닿지 않도록 한다.
② 히알루론산, 콜라겐, 엘라스틴 성분을 먼저 보강한 후에 피부 장벽을 강화한다.
③ 여름철에는 피부가 습해지지 않도록 주의하고, 통풍으로 균의 번식을 억제한다.
④ 얼굴 가려움증을 방지하기 위해서는 장시간 햇빛 노출을 피하고 자외선 차단제를 바르는 것이 좋다.

해설

피부 간지러움 증상을 제대로 관리하기 위해서는 세라마이드 등 핵심 성분을 보충해 피부 장벽을 강화하고, 추후 진피 핵심 성분을 보강하는 순차적 과정이 필요하다.

Plus 해설

① · ③ · ④ 마지막 문단에서 확인할 수 있다.

 **정답** ②

05 > 응용 계산

음식을 조리할 때 혼자 하는 경우 A는 6시간, B는 4시간이 걸린다고 한다. A, B가 함께 조리할 경우 걸리는 시간은?

① 1시간 36분 ② 1시간 48분 ③ 2시간 12분 ④ 2시간 24분

해설

전체 일의 양을 1이라고 하면, 1시간 동안 하는 일의 양은 A는 $\frac{1}{6}$, B는 $\frac{1}{4}$ 이다.

두 사람이 함께 일을 하면 1시간에 $\frac{1}{6} + \frac{1}{4} = \frac{5}{12}$ 의 일을 할 수 있다.

두 사람이 1시간(60분)에 $\frac{5}{12}$ 의 일을 하므로, $\frac{1}{12}$ 의 일을 하는 데 걸리는 시간은 12분이고, 전체 일을 하는 데 걸리는 시간은 $12 \times 12 = 144$분이다.

따라서 총 2시간 24분이 걸린다.

 정답 ④

06 > 응용계산

에어컨과 책장을 정가로 사면 총 3,180,000원이다. 에어컨은 5% 할인받고, 책장은 10% 할인받아 샀더니 2,985,000원이었다. 에어컨의 할인 금액은 얼마인가?

① 102,000원 ② 123,000원 ③ 146,000원 ④ 165,000원

해설

에어컨의 정가를 x, 책장의 정가를 y라 하면, 다음의 두 식이 나온다.

$x+y=3,180,000$

$(x \times 0.95)+(y \times 0.9)=2,985,000$

위의 두 식을 연립하여 풀면, $x=2,460,000$, $y=720,000$ 이다.

에어컨은 5% 할인 받아 샀으므로, 에어컨의 할인 금액은 $2,460,000 \times 0.05 = 123,000$원이다.

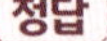 정답 ②

07 > 응용계산

캠핑장 이용 요금이 다음과 같다. A~C가족 중 가장 많은 요금을 내는 가족과 가장 적은 요금을 내는 가족의 금액 차이를 구하면?

구분	요금(1인)	비고
어린이(만7~12세)	15,000원	초등학생
청소년(만13~18세)	20,000원	중·고등학생
성인(만19세 이상)	30,000원	

- A가족 : 성인 2명, 중학생 2명, 고등학생 2명, 초등학생 3명
- B가족 : 성인 3명, 중학생 3명, 고등학생 2명, 초등학생 1명
- C가족 : 성인 4명, 중학생 2명, 고등학생 1명, 초등학생 1명

① 5,000원   ② 10,000원   ③ 15,000원   ④ 20,000원

해설

- A가족 : $(30,000 \times 2) + (20,000 \times 4) + (15,000 \times 3) = 185,000$원
- B가족 : $(30,000 \times 3) + (20,000 \times 5) + (15,000 \times 1) = 205,000$원
- C가족 : $(30,000 \times 4) + (20,000 \times 3) + (15,000 \times 1) = 195,000$원

가장 많은 요금을 내는 가족은 B가족이고, 가장 적은 요금을 내는 가족은 A가족이다.
따라서 정답은 $205,000 - 185,000 = 20,000$원이다.

정답 ④

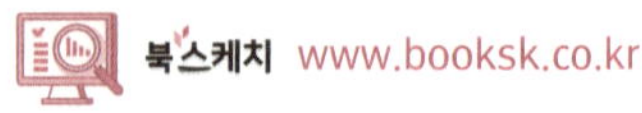

08 〉 수 · 문자 추리

다음 나열된 숫자의 규칙을 찾아, 100−(ⓐ+ⓑ+ⓒ)의 값을 구하면?

> (가) 76, 68, 61, (ⓐ), 50
> (나) 1, 9, 10, 19, 29, 48, 77, (ⓑ)
> (다) 1, −1, −2, 6, 24, −120, (ⓒ)

① 640　　　　② 670　　　　③ 730　　　　④ 760

해설

(가) : 나열된 숫자는 '−8 → −7 → −6 → −5'의 규칙을 갖고 있다. 따라서 ⓐ에 들어갈 숫자는 61−6=55이다.

(나) : 나열된 숫자는 '앞의 두 숫자를 더한 값이 다음 숫자가 되는' 규칙을 갖고 있다. 따라서 ⓑ에 들어갈 숫자는 48+77=125이다.

(다) : 나열된 숫자는 '×(−1) → ×2 → ×(−3) → ×4 → ×(−5) → ×6'의 규칙을 갖고 있다. 따라서 ⓒ에 들어갈 숫자는 −120×6=−720이다.

따라서 ⓐ=55, ⓑ=125, ⓒ=−720이고, 100−(ⓐ+ⓑ+ⓒ)=100−(55+125−720)=640이다.

정답 ①

09 · 조건 추리

A, B, C, D 네 사람은 과녁 맞히기 게임을 하였다. 아래와 같은 과녁에 있는 점수를 맞혀 쓰러뜨리면 점수를 얻는다고 할 때, A, B, C, D가 쓰러뜨린 과녁의 총 점수는?

80	30	50
50	20	50
50	80	80

- A와 D는 같은 점수를 쓰러뜨렸다.
- C가 가장 낮은 점수를 쓰러뜨렸다.
- 가장 높은 점수를 쓰러뜨린 사람은 없다.
- A는 가장 많은 점수가 있는 것을 쓰러뜨렸다.
- B와 같은 점수를 쓰러뜨린 사람은 없다.

① 100점 ② 150점 ③ 210점 ④ 230점

해설

제시된 과녁을 보면, 80점 3개, 50점 4개, 30점 1개, 20점 1개로 구성되어 있다.
A(=D)는 가장 많은 점수가 있는 것을 쓰러뜨렸으므로 50점이다. C는 가장 낮은 점수를 쓰러뜨렸으므로 20점이다. 가장 높은 점수를 쓰러뜨린 사람은 없고, B와 같은 점수를 쓰러뜨린 사람도 없으므로 B는 30점이다.
따라서 A, B, C, D가 쓰러뜨린 과녁의 총 점수는 A+B+C+D=50+30+20+50=150점이다.

정답 ②

10 〉 조건 추리

A~F 6명은 한 명씩 다음과 같은 순서로 출발했다. 조건이 다음과 같을 때, 항상 옳은 것은?

- C는 세 번째로 출발했다.
- A와 D는 연이어 출발했다.
- 네 번째로 출발한 사람은 A 또는 E이다.
- B와 C는 연이어 출발했다.
- E는 B보다 먼저 출발했다.

① A는 D보다 늦게 출발했다.
② B와 E는 연이어 출발하지 않았다.
③ F는 다섯 번째로 출발했다.
④ E가 가장 먼저 출발했다.

해설

C가 세 번째로 출발하고, B와 C가 연이어 출발하기 때문에 B는 두 번째와 네 번째로 출발할 수 있지만, 네 번째로 출발한 사람은 A 또는 E이므로, B는 두 번째로 출발하게 된다. E는 B보다 먼저 출발하기 때문에 E가 첫 번째로 출발을 하게 되고, 네 번째로 출발하는 사람은 A가 된다. A와 D는 연이어 출발하므로 다섯 번째는 D이고, 마지막으로 F가 출발하게 된다.

첫 번째	두 번째	세 번째	네 번째	다섯 번째	여섯 번째
E	B	C	A	D	F

정답 ④

11 〉 도형추리

다음과 같은 전개도를 가진 주사위가 있다. 숫자 5를 앞면, 숫자 4를 아랫면으로 놓은 후, 주사위를 왼쪽으로 2번 굴렸을 때 윗면에 나오는 숫자는 무엇인가?

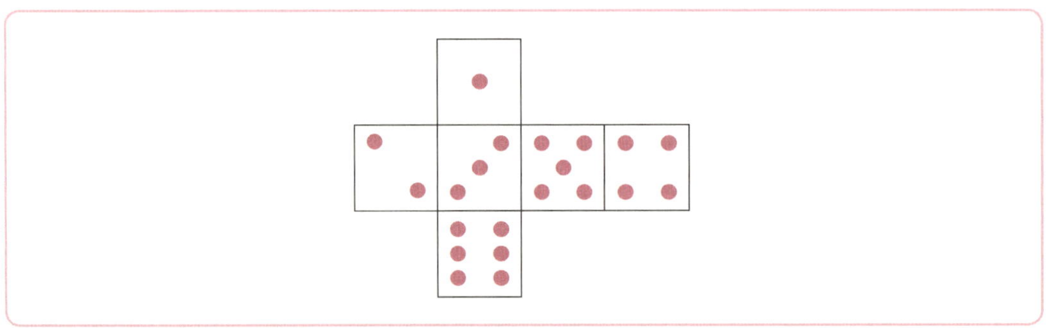

① 2
② 3
③ 4
④ 6

🖊 해설

숫자 5를 앞면, 숫자 4를 아랫면으로 놓으면, 윗면 숫자는 3이 된다. 이 상태에서 왼쪽으로 한 번 굴리면 윗면의 숫자는 1, 또 한 번 굴리면 윗면의 숫자는 4가 된다.

정답 ③

12 ▶ 도형추리

다음 그림을 좌우대칭한 후, 왼쪽으로 90° 회전했을 때의 모양은?

①   ②   ③   ④

🖊 해설

제시된 그림을 좌우대칭한 후, 왼쪽으로 90° 회전한 것은 ①이다.

💡 Plus 해설

② 왼쪽으로 90°회전한 것이다.
③ 오른쪽으로 90°회전한 것이다.
④ 좌우대칭한 후, 오른쪽으로 90°회전한 것이다.

정답 ①

13 ▶ 종이접기

다음과 같이 화살표 방향으로 종이를 접은 다음 다시 펼쳤을 때의 모양으로 알맞은 것을 고르면?

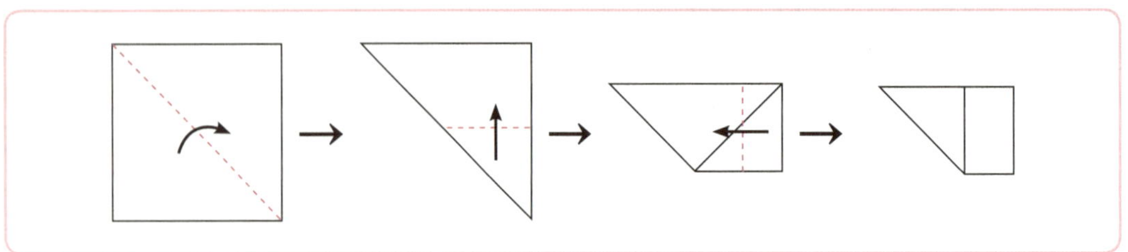

① 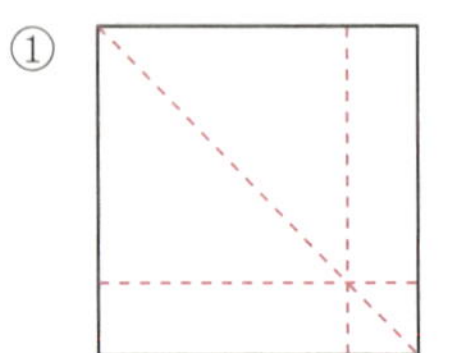 ② 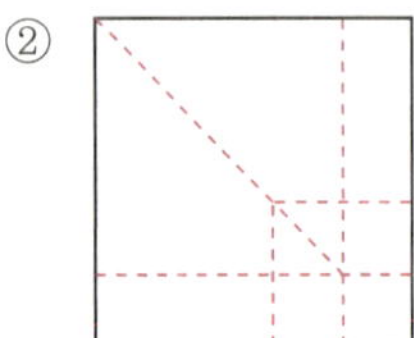 ③ 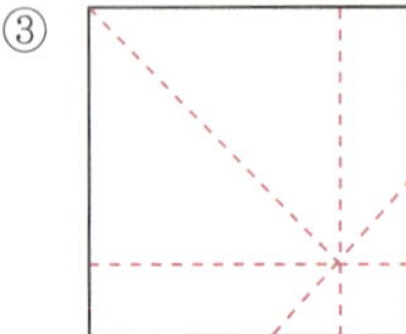 ④ 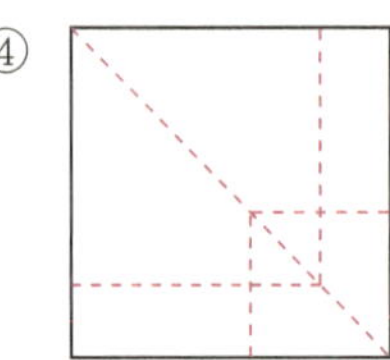

해설

종이를 접은 역순으로 다시 펼치면 다음과 같다.

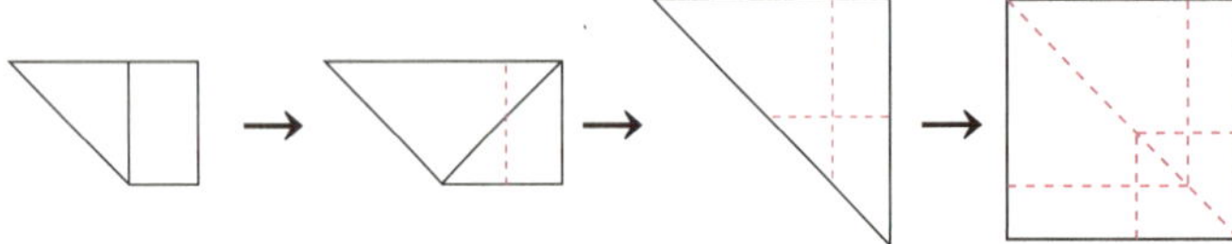

정답 ④

14 ▶ 종이접기

다음과 같이 화살표 방향으로 종이를 접은 다음 색칠된 부분을 자르고 다시 펼쳤을 때의 모양으로 알맞은 것을 고르면?

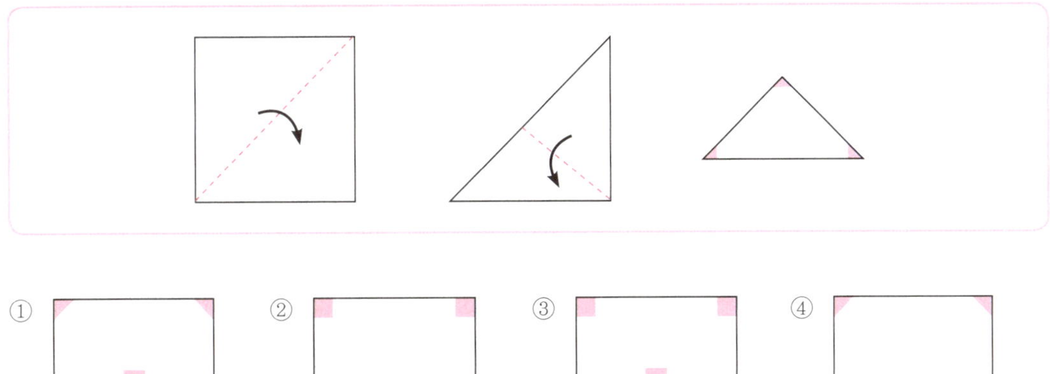

①   ②   ③   ④

종이를 접은 역순으로 다시 펼치면 다음과 같다.

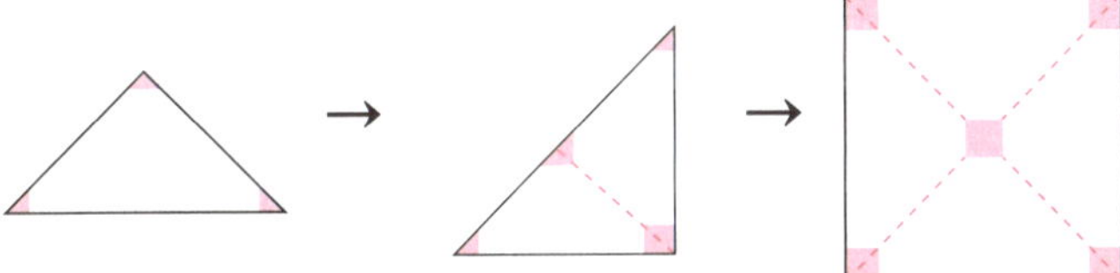

정답 ③

2021. 06. 26. 경북교육청 기출문제

※ 본 기출문제는 실제 시험 응시자로부터 수집한 후기를 바탕으로 복원되었습니다.

01 ▶ 기본 어휘력

다음 밑줄 친 어휘와 바꾸어 쓸 수 있는 것은?

> 환경전문가들은 '코로나19'로 명명된 신종코로나바이러스 감염병을 '환경전염병'의 새로운 사례로 보는 견해가 지배적이다. 야생동물들이 바이러스성 질환을 매개하는 근본 원인은 인간이 이들의 서식지를 훼손하고 생태계를 교란했기 때문이라는 주장이다.
> 인간의 무분별한 자연 개입과 파괴는 이상기후로 인한 대형 산불이나 경제성장을 위한 삼림 개발에서 야생동물 밀거래와 취식, 공장형 축산, 항생제 남용, 유전자 변형에 이르기까지 광범위하다. 이로 인해 생성된 변종 바이러스들이 부메랑 효과로 인간 사회를 **역습**한다는 것이다.
>
> 출처 : 환경미디어, 2020. 03. 09. 기사

① 공격　　　　　　　　　　② 공습
③ 습격　　　　　　　　　　④ 반격

해설

밑줄 친 어휘 '역습(逆襲)'은 '상대편의 공격을 받고 있던 쪽에서 거꾸로 기회를 보아 급히 공격함'을 의미한다. 따라서 '되받아 공격함'을 의미하는 '반격(反擊)'과 유의어 관계이다.

Plus 해설

① 공격(攻擊) : '나아가 적을 침'을 뜻한다.
② 공습(攻襲) : '갑자기 공격하여 침'을 뜻한다.
③ 습격(襲擊) : '갑자기 상대편을 덮쳐 침'을 뜻한다.

정답 ④

기 출 문 제

02 ▶ 어법 · 맞춤법

다음 밑줄 친 부분의 맞춤법이 옳지 않은 것은?

① 합격자 명단이 알림판에 **게시**되었다.
② 음식물 섭취는 **휴계실**에서 해주세요.
③ 그 논문은 유명한 학술지에 **게재**되었다.
④ 하나님의 **계시**를 받고 목사가 되었다.

해설

'휴계실'은 '잠깐 동안 머물러 쉴 수 있도록 마련해 놓은 방'을 의미하는 '휴게실(休憩室)'의 잘못된 표기이다.

Plus 해설

① 게시(揭示) : '여러 사람에게 알리기 위하여 내붙이거나 내걸어 두루 보게 함'을 뜻한다.
③ 게재(揭載) : '글이나 그림 따위를 신문이나 잡지 따위에 실음'을 뜻한다.
④ 계시(啓示) : '깨우쳐 보여 줌' 또는 '사람의 지혜로써는 알 수 없는 진리를 신(神)이 가르쳐 알게 함'을 뜻한다.

정답  ②

03 ▶ 어법 · 맞춤법

다음 중 높임 표현이 올바르게 쓰이지 않은 것은?

① 영희야, 선생님께서 교무실로 오라고 **하셨어.**
② 어제 선생님께서 그 책을 읽어 **주셨습니다.**
③ 고장이 **나시면** 새 제품으로 교환해 드립니다.
④ 부모님을 **모시고** 여행을 떠날 계획입니다.

해설

선어말어미 '─(으)시─'에 의하여 실현되는 '주체 높임'은 서술어의 주체를 높이기 위하여 사용된다. 따라서 사람이 아닌 사물에 '주체 높임'을 사용한 ③ '고장이 <u>나시면</u> …'은 잘못된 표현이다. '고장이 <u>나면</u> …'으로 사용해야 한다.

Plus 해설

'모시다'는 '데리다'의 높임 표현으로, 서술어의 객체(목적어 또는 부사어)를 높이는 '객체 높임'의 특수 어휘에 해당한다.

정답  ③

04 글의 이해

다음 글을 읽고 이해한 내용으로 옳지 않은 것은?

미세먼지는 초미세먼지(PM-2.5)와 미세먼지(PM-10)로 구분된다. 초미세먼지(PM-2.5)는 직경이 2.5㎛ 이하인 먼지이며, 미세먼지(PM-10)는 직경이 10㎛ 이하인 먼지이다. 일반적으로 사람 머리카락 두께와 비교할 때 초미세먼지(PM-2.5)는 1/20~1/30, 미세먼지(PM-10)는 1/6~1/7일 정도로 매우 작다. (초)미세먼지는 주로 산업시설, 자동차, 난방 및 에너지 사용 등으로 인해 직접적으로 1차 배출되기도 하고, 황산염, 질산염과 같이 대기 중 반응에 의해 2차 생성되기도 한다. 주요 구성성분은 이온성분(SO, NO, NH), 탄소성분(유기탄소, 원소탄소), 금속화합물 등이다.

(초)미세먼지는 지름 10㎛ 이하의 우리 눈에 보이지 않을 정도로 가늘고 작은 먼지 입자로 각종 질환 또는 사망의 원인이 될 수 있다. 흡입했을 때 기도에서 걸러지지 못하고 대부분 폐포까지 깊숙하게 침투하여 심장질환과 호흡기질환을 유발하며, 혈액과 폐의 염증 반응을 불러일으키고, 피부 트러블의 원인이 되기도 하며, 눈병과 알레르기를 악화시킬 수 있다. 또한 시정을 악화시키고, 식물의 잎 표면에 침적되어 신진대사를 방해하며, 건축물에 퇴적되어 부식을 일으킨다.

(초)미세먼지가 문제가 되는 것은 각종 중금속과 오염물질이 포함되어 있을 뿐만 아니라 그 크기가 미세하여 한번 몸에 들어오면 좀처럼 몸에서 빠져나가지 않기 때문이다. 이에 서울시는 미세먼지 예비저감조치와 비상저감조치를 실시하고 있으며 더하여 미세먼지 계절관리제를 도입하였다. 미세먼지 계절관리제란 고농도 미세먼지 발생이 잦은 12월부터 이듬해 3월까지 평상시보다 강화된 미세먼지 저감 대책과 시민의 건강보호 정책을 시행하여 고농도 미세먼지의 발생 빈도와 강도를 줄이기 위한 집중관리 대책이다.

미세먼지 계절관리제는 수송, 산업, 생활, 시민건강보호로 구분되어 운영되고 있다. 수송의 경우 배출가스 5등급 차량을 대상으로 수도권 운행을 제한하며, 운행 차 배출가스 및 공회전을 집중 점검한다. 산업의 경우 건설 공사장, 대형 공사장 등 비산먼지 발생 사업장을 집중 관리하며 대기배출 시설에 대한 사업장 단속 및 지원을 강화한다. 생활 부문에 있어서는 영농 폐기물 집중 수거 및 불법 소각을 단속하며, 집중관리도로 지정 및 도로청소를 강화한다.

시민들의 건강을 보호하기 위해서는 대기오염도 상시 측정 및 모니터링, 살수차 및 분진흡입차 집중 운영, 배출원 점검 강화 등 생활밀착형 미세먼지 집중관리구역을 지정하고 다중이용시설 실내공기질을 점검하며 관리를 강화한다. 민감·취약 계층을 보호하기 위해서 어린이집, 노인복지시설, 경로당 등 취약계층 이용시설을 방문하여 현장점검하고 마스크 보급, 쉼터 지정 등을 운영한다. 또한 대시민 홍보와 함께 대기오염정보를 공개하고 있다.

출처 : 서울특별시 대기환경정보

① 미세먼지는 초미세먼지와 미세먼지로 구분되며, 초미세먼지는 미세먼지보다 직경이 더 가늘고 작다.

② (초)미세먼지는 인간의 폐포까지 침투하여 각종 질환과 염증을 일으키고, 식물과 건축물에도 영향을 끼친다.

③ (초)미세먼지에는 각종 중금속과 오염물질이 포함되어 있으며 각종 질환 또는 사망의 원인이 될 수 있다.

④ 시민들의 건강을 보호하기 위한 미세먼지 계절관리제 방안으로 가정용 친환경보일러 사용을 장려한다.

해설

미세먼지 계절관리제 중 '시민건강보호'와 관련된 5문단 내 '가정용 친환경보일러 사용'에 대한 내용은 언급하고 있지 않다.

Plus 해설

① 1문단에서 확인할 수 있다.
② 2문단에서 확인할 수 있다.
③ 2문단 첫 문장, 3문단 첫 문장에서 확인할 수 있다.

정답 ④

05 어법 · 맞춤법

다음 중 청소년들의 휴대폰 문자 메시지 속 은어에 대한 이해로 가장 적절하지 않은 것은?

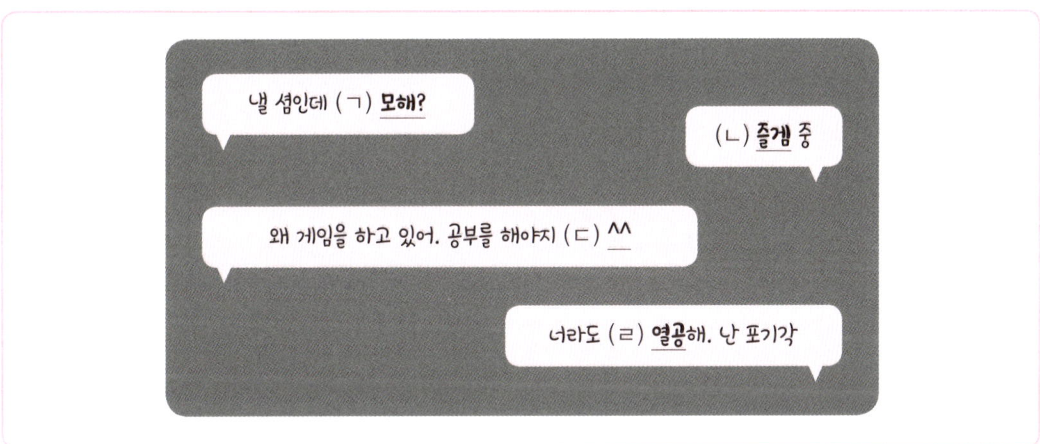

① (ㄱ) – 짧은 시간 내 많은 양의 의미를 전달하기 위해 사용하였다.
② (ㄴ) – 간단하고 직관적인 표현으로 현재 상태나 상황을 전달하였다.
③ (ㄷ) – 컴퓨터 자판의 기호를 조합하여 웃는 모습을 표현하였다.
④ (ㄹ) – 원래의 어형보다 간략하게 줄여서 표기한 것이다.

해설

'모해'는 어린 아이의 발음을 사용하여 편리하게 표기하기 위한 것으로, 비표준어이다. 무엇(무어)의 준말 '뭐'를 사용하여 '뭐 해?' 또는 '뭐'의 구어적 표현인 '머'를 사용하여 '머 해?'라고 쓰는 것이 옳다.
짧은 시간 내 많은 양의 의미를 전달하기 위해 사용하는 것은 (ㄴ) '즐겜' 또는 (ㄹ) '열공'과 같은 줄임말이다.

정답 ①

06  응용계산

A 제과점에서 판매하는 초콜릿의 가격은 사탕보다 25% 더 비싸다. 사탕을 13개 구입할 수 있는 돈으로 초콜릿을 살 때, 최대 몇 개까지 구매할 수 있는가? (단, 십 원 단위는 고려하지 않는다.)

가격표	
사탕	400원
초콜릿	
캐러멜	
…	

① 9개　　　　　　　　　　　　　② 10개

③ 11개　　　　　　　　　　　　　④ 12개

해설

초콜릿의 가격은 사탕보다 25% 더 비싸다고 했으므로, 초콜릿의 가격은 $400 \times 1.25 = 500$원이고,

400원짜리 사탕을 13개 구입할 수 있는 돈은 $400 \times 13 = 5,200$원이다.

이 돈으로 500원짜리 초콜릿을 구매하면 다음과 같다.

$5,200 \div 500 = 10.4$ 따라서 초콜릿은 최대 10개까지 구매할 수 있다.

정답  ②

07 자료해석

다음은 최근 몇 년간의 최저임금 자료이다. 자료에 대한 설명으로 적절하지 않은 것은?

구분	최저임금(시급)
2021년	8,720원
2020년	8,590원
2019년	8,350원
2018년	7,530원
2017년	6,470원

① 2020년 최저임금은 전년 대비 2.9% 인상되었다.

② 2018년 최저임금은 전년 대비 16.4% 인상되었다.

③ 2019년 최저임금은 2017년 대비 19.8% 인상되었다.

④ 2021년 최저임금은 2018년 대비 15.8% 인상되었다.

해설

① 2020년 최저임금은 전년 대비 $\dfrac{8,590 - 8,350}{8,350} \times 100 ≒ 2.87\%$ 인상되었다.

② 2018년 최저임금은 전년 대비 $\dfrac{7,530 - 6,470}{6,470} \times 100 ≒ 16.38\%$ 인상되었다.

③ 2019년 최저임금은 2017년 대비 $\dfrac{8,350 - 6,470}{6,470} \times 100 ≒ 29.06\%$ 인상되었다.

④ 2021년 최저임금은 2018년 대비 $\dfrac{8,720 - 7,530}{7,530} \times 100 ≒ 15.8\%$ 인상되었다.

정답 ③

08 조건추리

A, B, C, D, E 다섯 명 중 한 명은 시험에 불합격했다. 이들의 진술은 다음과 같고, 이 중 한명이 거짓말을 하고 있다고 할 때, 거짓말을 하는 사람과 시험에 불합격한 사람을 순서대로 짝지은 것은?

- A : C 또는 D 둘 중 한명은 시험에 불합격했어.
- B : C는 시험에 합격했어.
- C : D와 E는 합격했어.
- D : C와 E 둘 다 시험에 합격했어.
- E : 나와 A, B는 합격했어.

① A, B   ② B, E   ③ C, D   ④ E, C

 **해설**

A의 진술과 E의 진술은 같은 뜻이다. 따라서 함께 참이거나 함께 거짓인데, 거짓을 말하는 사람은 한 명뿐이므로 A, E의 진술은 참이다. 따라서 불합격한 사람은 C 또는 D이다.

가정 1) C가 불합격한 경우

A	B	C	D	E
참	거짓	참	거짓	참

→ 거짓을 말한 사람이 두 명이 되므로 잘못된 가정이다.

가정 2) D가 불합격한 경우

A	B	C	D	E
참	참	거짓	참	참

→ 모순되는 점이 없으므로 옳은 가정이다.
따라서 거짓말을 하는 사람은 C이며, 시험에 불합격한 사람은 D이다.

정답 ③

09 > 조건추리

다음 조건을 보고, 미래가 해외 근무에 지원할 경우, 부서에서 해외 근무를 지원한 지원자의 수를 구하면? (단, 부서의 총 인원은 5명이다.)

- 미래가 해외 근무에 지원하면, 민준이는 지원하지 않는다.
- 현호가 해외 근무에 지원하면, 지윤이는 지원하지 않는다.
- 희정이가 해외 근무에 지원하면, 현호 혹은 민준이 중 한 명이 함께 지원한다.
- 미래가 해외 근무에 지원하면, 희정이도 지원한다.

① 2명　　　　② 3명　　　　③ 4명　　　　④ 5명

해설

조건4를 보면, 미래가 지원할 경우, 희정이도 지원한다. 조건3에서 희정이가 지원할 경우, 현호 혹은 민준이 중 한 명이 함께 지원한다고 하였는데, 조건1에서 미래가 지원하면 민준이는 지원하지 않는다고 했으므로 현호가 지원했음을 알 수 있다. 조건2를 보면, 현호가 지원하면 지윤이는 지원하지 않는다고 했으므로 해외 근무를 지원한 지원자 수는 총 3명(미래, 희정, 현호)이다.

정답 ②

10 > 도형추리

다음과 같은 주사위가 있다. 주사위를 오른쪽으로 3번 굴렸을 때 윗면에 나오는 숫자는 무엇인가? (단, 주사위의 마주 보는 숫자의 합은 7이고, 숫자 3을 앞면으로, 2를 윗면으로 놓은 후 주사위를 굴리기 시작한다.)

① 1　　　　② 3　　　　③ 4　　　　④ 6

해설

- 오른쪽으로 한 번 굴렸을 경우 윗면의 숫자 : 6
- 오른쪽으로 두 번 굴렸을 경우 윗면의 숫자 : 5
- 오른쪽으로 세 번 굴렸을 경우 윗면의 숫자 : 1

정답 ①

11 > 종이접기

다음과 같이 화살표 방향으로 종이를 두 번 접은 다음 색칠된 부분을 자르고 다시 펼쳤을 때의
모양으로 알맞은 것을 고르면?

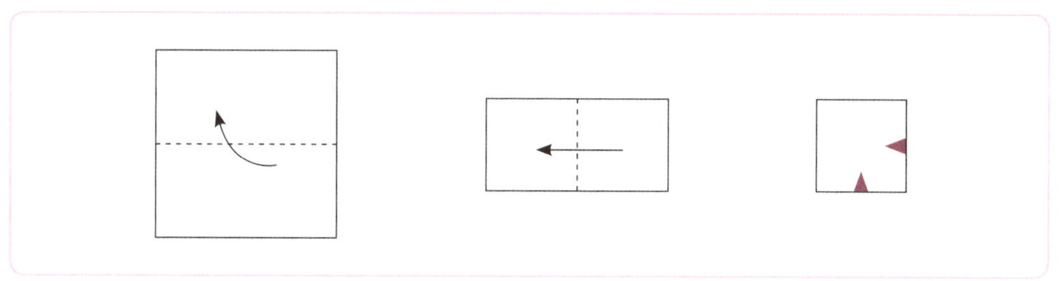

① 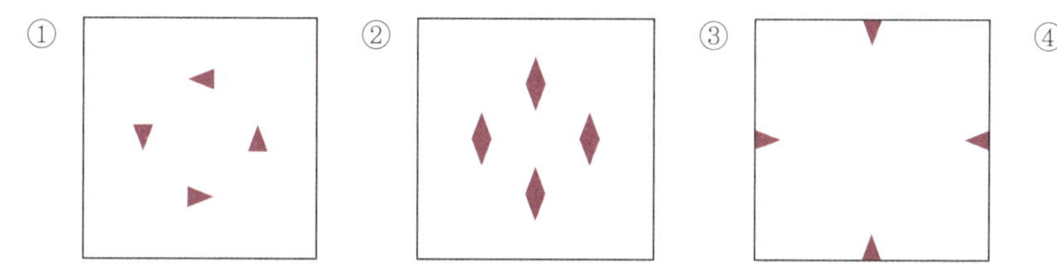 ② ③ ④

해설

종이를 접은 역순으로 다시 펼치면 다음과 같다.

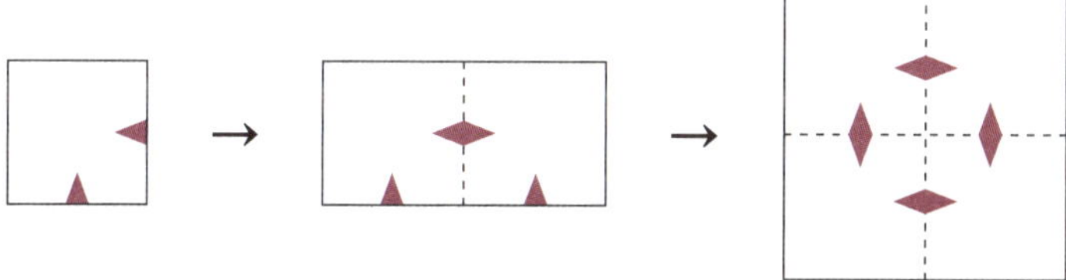

정답 ④

12 > 블록

다음 블록의 겉면에 색칠을 하려고 한다. 밑면은 칠하지 않는다고 할 때, 칠할 수 있는 블록 면의 개수는 몇 개인가?

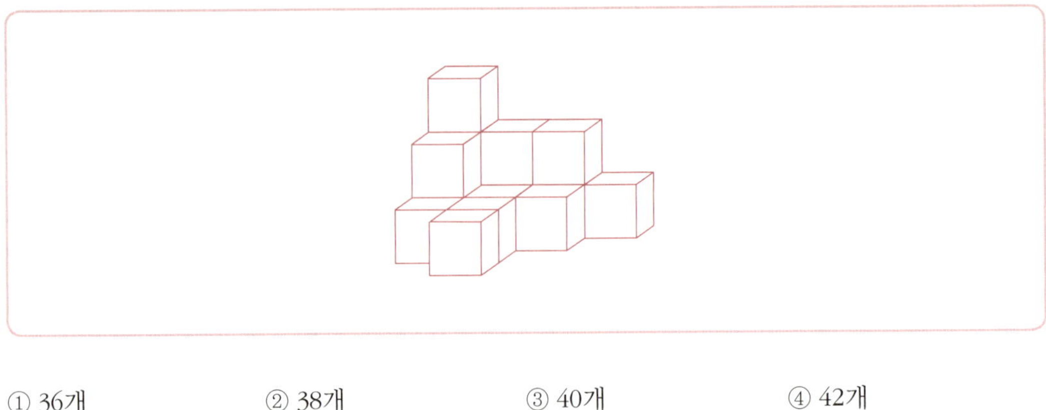

① 36개　　　　② 38개　　　　③ 40개　　　　④ 42개

해설

윗면의 개수는 10개이고, 옆면의 개수는 각각 7개씩 14개이며, 앞면과 뒷면의 개수는 8개씩 16개이다. 따라서 색칠할 수 있는 블록 면의 개수는 10＋14＋16＝40개이다.

정답 ③

13 > 블록

쌓아 놓은 블록을 앞, 위, 오른쪽 옆에서 보았을 때 다음과 같다고 할 때, 쌓여 있는 블록의 개수는 몇 개인가?

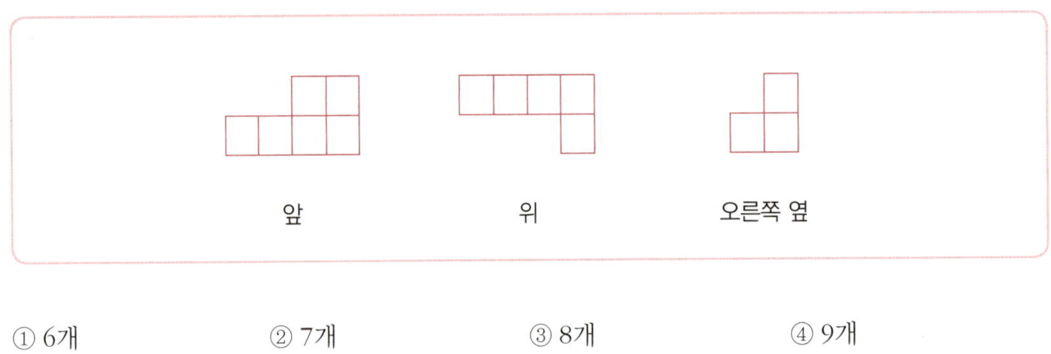

① 6개　　　　② 7개　　　　③ 8개　　　　④ 9개

해설

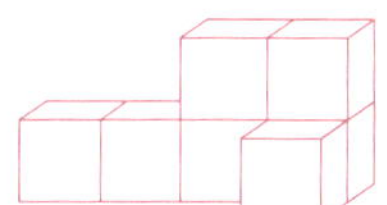

따라서 쌓여 있는 블록의 개수는 7개이다.

정답 ②

14 전개도

다음 중 정육면체 전개도를 접었을 때 나머지와 다른 하나를 고르면?

① 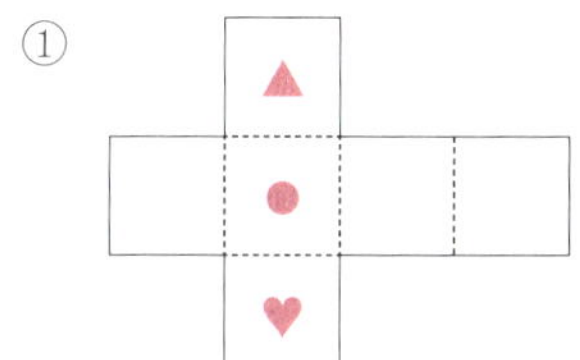

② 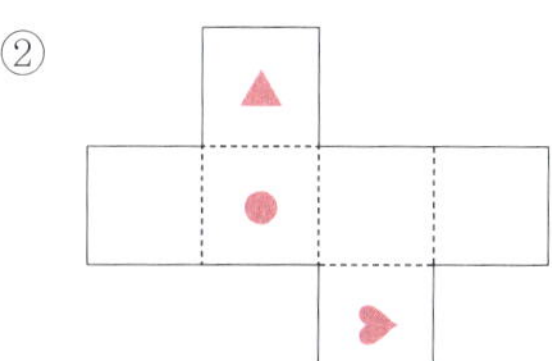

③ 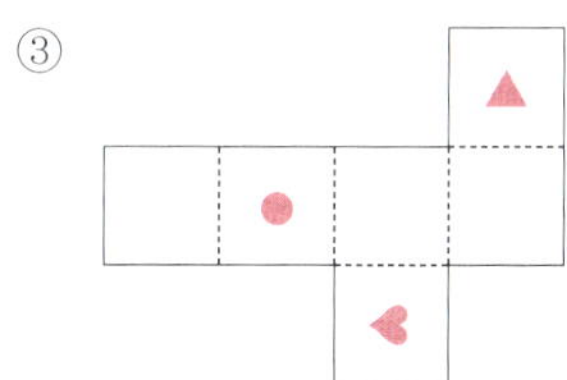

④ 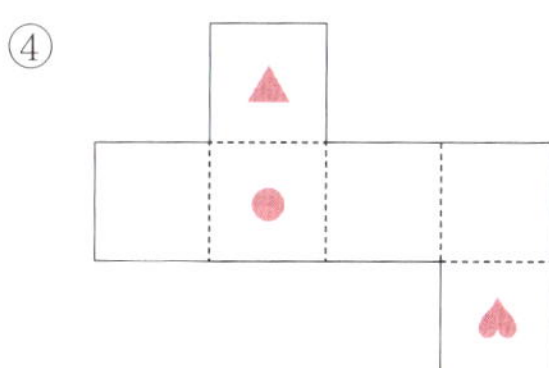

해설

나머지 셋과 다른 전개도는 ③이다. ③이 나머지 전개도와 같기 위해서는 다음과 같은 모양이 되어야 한다.

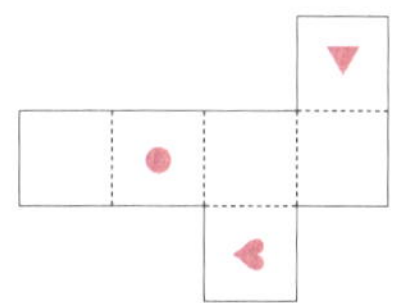

정답 ③

15 ▷ 식중독 예방

다음 중 식중독을 예방하기 위한 교차오염 방지 요령으로 옳지 않은 것은?

① 칼과 도마는 육류나 어류, 채소용을 구분해서 사용해야 한다.
② 한 싱크대에서 세척 시 채소-육류-어패류-가금류 순서로 세척한다.
③ 육류나 어패류를 냉장고 위 칸에 넣어 육즙이 떨어지지 않게 한다.
④ 냉장 보관 시 날 것과 익힌 것은 반드시 구분해서 보관해야 한다.

해설

식재료 보관 시 식품 간 오염원이 이동되지 않도록 오염도에 따라 구분하여 보관해야 한다. 오염 위험도가 높은 육류나 어패류를 냉장 보관할 때는 '아래 칸'에 넣어 육즙이 다른 식품으로 떨어지지 않게 해야 한다.

정답 ③

16 ▷ 식품 영양

다음 중 마의 점액질에 대한 설명으로 옳지 않은 것은?

① 비타민의 일종인 뮤신이라는 성분이 포함되어 있다.
② 아밀라아제 성분이 함유되어 있어 소화 개선 효능이 있다.
③ 디아스타제 성분은 인슐린 분비를 촉진시켜 당뇨 예방을 돕는다.
④ 알레르기 유발 성분이 포함되어 있어 장갑을 끼고 손질해야 한다.

해설

마의 점액질에 함유되어 있는 뮤신이라는 성분은 '단백질'의 일종이다.

정답 ①

17 ▷ 식품 조리

다음 중 고온의 대류열을 이용한 조리 방법은?

① 튀기기　　　② 데치기　　　③ 삶기　　　④ 찌기

해설

찜(steaming)은 수증기의 기화열 또는 잠열을 이용하여 식품을 가열하고, 수증기의 이동으로 열이 전달되는 대류열을 이용한 조리 방법이다.

정답 ④

18 > **식품 영양**

다음 중 채소와 그 주성분이 올바르게 연결되지 않은 것은?

① 마늘 – 살균 및 항균 작용 등을 하는 알리신 함유
② 시금치 – 혈액 생산 및 혈관 확장에 효과적인 철분과 질산염 함유
③ 비트 – 세포 손상을 억제하고 항산화 작용을 하는 베타인 함유
④ 당근 – 체내 노폐물을 제거하고 항암에 효과가 있는 퀘르세틴 함유

해설

'퀘르세틴'은 대표적으로 양파에 다량 함유되어 있는 성분으로 사과, 피망, 토마토, 브로콜리, 시금치, 케일 등에도 포함되어 있다.

정답 ④

19 > **식품**

다음 중 곡물 전분에 해당하지 않는 것은?

① 밀 전분　　　　② 옥수수 전분　　　　③ 쌀 전분　　　　④ 감자 전분

해설

밀 전분, 옥수수 전분, 쌀 전분은 곡물 전분이고, 감자 전분은 덩이줄기와 뿌리 전분이다.

정답 ④

20 > **식품 조리**

다음 중 식용유에 대한 설명으로 옳지 않은 것은?

① 압착유의 종류로는 참기름, 들기름, 올리브유 등이 있다.
② 튀김 요리를 할 때는 주로 압착유를 사용한다.
③ 정제유의 종류로는 콩기름, 카놀라유, 포도씨유 등이 있다.
④ 부침 요리, 볶음 요리를 할 때는 주로 정제유를 사용한다.

해설

식용유는 추출방식에 따라 압착유와 정제유로 나뉜다. 압착유의 종류로는 참기름, 들기름, 올리브유 등이 있으며, 발연점이 낮아 샐러드, 무침, 짧게 볶는 요리 등에 사용된다. 정제유의 종류로는 콩기름, 카놀라유, 포도씨유, 해바라기씨유 등이 있으며, 발연점이 높아 부침, 튀김, 볶음 요리 등에 사용된다.

정답 ②

2020. 07. 11. 경북교육청 기출문제

※ 본 기출문제는 실제 시험 응시자로부터 수집한 후기를 바탕으로 복원되었습니다.

01 ▷ 기본 어휘력

다음 밑줄 친 어휘와 바꾸어 쓸 수 있는 것은?

① 다람쥐 : 도토리

② 새 : 지렁이

③ 판다 : 대나무

④ 개구리 : 뱀

해설

①, ②, ③은 동물과 그 동물의 먹이가 연결되었지만, ④는 먹이와 그것을 먹는 동물의 관계로 구성되어 있다.

정답 ④

02 ▷ 어휘 유추력

다음 중 단어의 연결이 나머지와 다른 관계인 것은?

① 음식 – 요리사 – 손님

② 아기 – 남편 – 아내

③ 강의 – 선생님 – 학생

④ 수술 – 의사 – 환자

해설

②와 달리 ①, ③, ④는 재화의 대가로 받는 서비스 – 서비스 공급자 – 서비스 수요자의 관계로 구성되어 있다.

정답 ②

03 〉 어법 · 맞춤법

다음 중 밑줄 친 부분의 맞춤법이 올바르게 쓰인 것은?

① **온갖** 종류의 꽃들이 이번 전시회에 전시될 것이다.
② 그런 **케케묵은** 발상은 더 이상 도움이 되지 않는다.
③ 지난 일을 **돌이켜** 생각해 보다.
④ 그 노래에는 그들의 **희노애락**이 담겨있다.

해설

'돌이켜'는 원형 '돌이키다'의 활용형인 '돌이키어'의 준말이다.

Plus 해설

① '온갖'은 '온가지'의 준말로 '이런저런 여러 가지의'를 뜻한다.
② '케케묵은'은 '물건 · 일 · 지식 따위가 아주 오래되어 낡은 혹은 시대에 뒤떨어진'을 뜻한다.
④ '희로애락(喜怒哀樂)'은 기쁨과 노여움, 슬픔과 즐거움이라는 뜻으로, '노(怒)'는 속음 '로'로 발음되므로 소리대로 표준어를 삼는다.

정답  ③

04 〉 어법 · 맞춤법

다음 밑줄 친 부분이 모두 올바른 맞춤법으로 쓰인 문장은?

① **새우젖**으로 김치를 **담가서** 옆집과 나누었다.
② 밥솥에 쌀을 **안치고** 고등어를 **조렸다**.
③ **수도꼭지**를 사용한 후 꼭 **잠궈주세요**.
④ **하교길**에 시장에 **들려** 두부 한 모만 사와라.

해설

'안치다'는 '밥 · 떡 · 찌개 따위를 만들기 위하여 그 재료를 냄비 따위에 넣고 불 위에 올리다.'라는 의미이다. 한편 '앉히다'는 '앉다'의 사동사로 '의자에 앉히다' 또는 '직위에 앉히다' 등으로 활용된다.
'조리다'는 '양념을 한 고기 · 생선 · 채소 따위를 국물에 넣고 끓여서 양념이 배어들게 하다.'는 의미인 반면, '졸이다'는 '졸다'의 사동사로 '찌개, 국, 한약 따위의 물을 증발시켜 분량을 적어지게 하다.'는 의미이다.

Plus 해설

① '새우젓'이 올바르다.
③ '잠그다'의 활용형은 '잠궈'가 아니라 '잠가'이다. 따라서 '잠가주세요'가 올바르다.
④ 사이시옷을 받치어 적는 '하굣길'과 '들르다'의 활용형인 '들러'가 올바르다.

정답  ②

05 > 어법 · 맞춤법

다음 중 밑줄 친 단어의 쓰임이 올바르지 않은 것은?

① 병이 **깨끗이** 나았다.
② 저에 대한 소개는 시 낭독으로 **갈음**하겠습니다.
③ 이 자리를 **빌어** 감사의 말씀을 드립니다.
④ 피곤한지 침대에 눕자마자 **금세** 잠들었다.

해설

'빌어'의 원형 '빌다'는 '바라는 바를 이루게 하여 달라고 간청하다.' 혹은 '잘못을 용서하여 달라고 호소하다.'라는 의미인 반면, '빌려'의 원형 '빌리다'는 '어떤 일을 하기 위해 기회를 이용하다.'라는 의미가 있다. 따라서 ③은 '이 자리를 **빌려** 감사의 말씀을 드립니다.'가 올바르다.

정답 ③

06 > 한자성어

다음 글의 밑줄 친 부분과 관련 있는 한자성어를 고르면?

> 항일 독립운동의 상징인 백범 김구는 누구도 부정할 수 없는 우리 민족의 영원한 지도자이다. 그가 국내외 독립운동을 활발히 펼칠 수 있었던 데는 어머니인 곽낙원 여사의 역할이 컸다. 곽 여사는 가난한 살림살이였지만, 생활비를 절약하며 아들과 함께 독립운동에 참여했다. 3·1운동 후 김구가 대한민국임시정부에서 활동하자 아들을 따라 거처를 상하이로 옮겼으며, 임시정부의 살림살이를 도맡았다. 제때 식사를 잇지 못할 정도의 궁핍한 생활 속에서도 찬거리를 줄여 군자금을 충당했고 아들이 마련한 생신 축하금 전액을 무기구입자금으로 돌렸다. 곽 여사는 독립운동가들의 어머니로 생활하며 독립운동을 지원했지만, 결국 1939년 평생소원이던 조국의 광복을 보지 못한 채 충칭에서 병사했다. 별세하기까지 독립에 대한 희망을 버리지 않았으며, **자신의 힘과 노력이 그에 이르지 못한 데 항상 안타까워했다.**

① 당랑거철
② 두문불출
③ 속수무책
④ 망양지탄

해설

'망양지탄(望洋之歎)'은 넓은 바다를 바라보며 하는 한탄이란 뜻으로, '(1) 남의 원대함에 감탄하고, 나의 미흡함을 부끄러워함'을 비유하거나 '(2) 어떤 일에 제 힘이 미치지 못할 때에 하는 탄식'을 이른다. 윗글에서는 (2)의 의미로 쓰였다.

💡 **Plus 해설**

① 당랑거철(螳螂拒轍) : '제 역량을 생각하지 않고, 강한 상대나 되지 않을 일에 덤비는 무모한 행동'을 뜻한다.
② 두문불출(杜門不出) : '집에만 있고 바깥출입을 하지 않는다'는 뜻이다.
③ 속수무책(束手無策) : '손을 묶인 듯 어찌 할 방법이 없어 꼼짝 못하게 된다'는 뜻이다.

정답 ④

07 글의 이해

다음 글의 내용과 일치하지 않는 것을 고르면?

> 셰종어졩훈민졍음
> 나랏말ᄊᆞ미듕귁에달아
> 문ᄍᆞ와로서르ᄉᆞᄆᆞᆺ디아니
> ᄒᆞᆯᄊᆡ이런젼ᄎᆞ로어린빅
> 셩이니르고졍ᄒᆞᆯ빼이셔도
> ᄆᆞᄎᆞᆷ내제ᄠᅳ들시러펴디몯
> ᄒᆞᆯ노미하니라내이ᄅᆞᆯ윙ᄒᆞ
> 야어엿비너겨새로스믈여
> 듧ᄍᆞᄅᆞᆯ밍ᄀᆞ노니사ᄅᆞᆷ마다
> ᄒᆡᅇᅧ수ᄫᅵ니겨날로ᄡᅮ메뼌
> 한킈ᄒᆞ고졍ᄒᆞᆯᄯᆞᄅᆞ미니라

① 훈민정음은 관리들의 정책집행 편리성을 도모하기 위해 창제되었다.
② 훈민정음에는 현대국어에서 사용하지 않는 글자가 포함되어 있다.
③ 한글이 창제되기 전에는 한자를 빌려 우리 소리를 글로 적었음을 알 수 있다.
④ 훈민정음 창제 당시 한글은 자·모음 총 28자로 구성되어 있었다.

📖 **해설**

1446년 세종이 간행한 『훈민정음』은 한자를 모르는 백성들의 편리한 생활을 도모하기 위해 창제되었다.

💡 **Plus 해설**

훈민정음 서문 풀이

나라의 말이 중국과 달라 문자(한자)로 서로 통하지 아니하여서 이런 까닭으로 어리석은 백성이 말하고자 하는 바가 있어도 마침내 제 뜻을 능히 펴지 못하는 사람이 많다. 내가 이를 위하여 가엾이 여겨 새로 스물여덟 자를 만드니 사람마다 하여금 쉽게 익혀 날마다 씀에 편안하게 하고자 할 따름이다.

정답 ①

08 〉 글의 이해

다음은 OO지방자치단체 코로나바이러스감염증-19 대응 지침의 일부이다. 이에 대한 설명으로 적절하지 않은 것은?

대응 방향
- 코로나바이러스감염증-19에 대해 현재까지 알려진 정보를 근거로 지침 작성
- 향후 발생 상황과 역학조사 결과에 따라 사례정의, 잠복기, 대응절차 등 변경

대응 방안

1. 개요
2. 의사환자 대응방안
3. 조사대상 유증상자 대응방안
4. 확진환자 대응방안

　가. 확진환자 관리

　　1) 병원 치료가 필요한 경우

　　2) 입원환자 중 전원/전실이 필요한 경우

　　3) 병원 치료가 필요하지 않은 경우(생활치료센터 입소)

　나. 확진환자 격리해제

　　1) 격리해제 기준

　　　－ 무증상 확진환자 격리해제 기준 : 임상경과 기반 기준 또는 검사 기반 기준 충족 시

　　　　⑴ (임상경과 기반 기준) 확진 후 10일 경과, 그리고 이 기간 동안 임상증상이 발생하지 않음

　　　　⑵ (검사 기반 기준) 확진 후 7일 경과, 그리고 그 후 PCR 검사 결과 24시간 이상의 간격으로 연속 2회 음성

　　　－ 유증상 확진환자 격리해제 기준 : 임상경과 기반 기준 또는 검사 기반 기준 충족 시

　　　　⑴ (임상경과 기반 기준) 발병 후 10일 경과, 그리고 그 후 최소 72시간 동안 ① 해열제 복용 없이 발열이 없고, ② 임상증상이 호전되는 추세

　　　　⑵ (검사 기반 기준) 발병 후 7일 경과, 그리고 해열제 복용 없이 발열이 없고 임상증상이 호전되는 추세, 그리고 그 후 PCR 검사 결과 24시간 이상의 간격으로 연속 2회 음성

　　2) 격리해제 관리

　　　－ (의료기관/생활치료센터) 환자 격리해제 시 반드시 실거주지 관할 보건소로 통보

　　　－ (실거주지 관할 보건소) 시·도 역학조사관에 격리해제 보고 및 질병보건통합관리시스템에 격리해제 정보 입력 및 격리해제 대상자에게 보건교육 실시

　다. 확진환자 접촉자 관리

　　1) 접촉자 조사 및 관리

　　　－ 최초 인지 보건소가 시스템에 접촉자 명단 등록하고, 실거주지 관할 보건소로 관리 이관 및 유선 통보

　　　－ 최초 인지 보건소가 확진환자 인지한 당일(24시간 이내)에 가족(동거인 포함) 등 접촉자를 우선 파악하여 자가격리 조치 시행

　　2) 접촉자 격리해제 기준

　　　－ 접촉자가 코로나19 임상증상이 발생하지 않으면 확진환자 최종접촉일로부터 만 14일이 되는 날의 정오(12:00)에 격리해제됨을 안내하고 모니터링 종료

   – 단, 확진환자의 접촉자 중 코로나19 임상증상이 없더라도 ① 의료기관 종사자(간병인 포함), ② 사회복지시설 중 생활시설 입소자 또는 종사자, ③ 학생 및 교직원, ④ 확진환자의 동거인(동거가족 포함), ⑤ 만 65세 이상 접촉자 등은 확진환자와의 최종접촉일로부터 13일째 검사를 받아 음성임을 확인하고 만 14일이 경과한 날 정오(12:00)에 격리해제

5. 격리해제 후 PCR 재검출 사례
6. 방역조치
7. 행정사항
※ 접촉자 관리를 위한 전담부서와 보건부서의 역할은 지자체의 여건에 따라 탄력적으로 운영 가능
※ 본 지침에서 규정한 행정사항을 제외하고 의학적 판단에 관한 사항은 관련 학회 지침을 준용함

① 확진환자가 격리해제되는 경우 의료기관 및 생활치료센터의 담당자 또는 담당 의료진은 반드시 환자의 실거주지 관할 보건소로 이를 통보해야 한다.

② 임상경과 기반 기준에 따르면 유증상 확진환자는 발병 후 10일 경과 후 최소 72시간 동안 발열이 없고 임상증상이 호전되는 추세를 보이면 격리해제된다.

③ 확진환자의 접촉자가 코로나19 임상증상이 발생하지 않으면 최종접촉일로부터 14일이 경과한 다음날 격리 및 감시가 해제되며 모니터링을 종료한다.

④ 확진환자의 접촉자인 간병인과 동거가족은 코로나19 임상증상이 없더라도 최종접촉일로부터 13일째 되는 날 검사를 받아 음성임을 확인한 후 격리 해제된다.

해설

대응방안 '4. 확진환자 대응방안'의 '다. 확진환자 접촉자 관리' 내 '2) 접촉자 격리해제 기준'에 따르면 확진환자 최종접촉일로부터 14일이 경과한 다음날이 아닌, '만 14일이 되는 날의 정오에 격리해제됨'을 명시하고 있다.

 Plus 해설

① 대응방안 '4. 확진환자 대응방안'의 '나. 확진환자 격리해제' 내 '2) 격리해제 관리'에서 확인할 수 있다.
② 대응방안 '4. 확진환자 대응방안'의 '나. 확진환자 격리해제' 내 '1) 격리해제 기준'에서 확인할 수 있다.
④ 대응방안 '4. 확진환자 대응방안'의 '다. 확진환자 접촉자 관리' 내 '2) 접촉자 격리해제 기준'에서 확인할 수 있다.

정답 ③

09 ▶ 글의 유추

다음은 코로나 바이러스에 대응하기 위한 OO교육청의 학교 운영 지침이다. 이를 통해 유추할 수 있는 내용으로 적절하지 않은 것은?

Ⅰ. 추진 개요
Ⅱ. 근거 법령 및 관련 지침
Ⅲ. 기본 원칙
Ⅳ. 출결 관리
　　－ (등교중지학생) 특정 학생이 「학교보건법」 제8조, 「학교보건법시행령」 제22조 및 관련 지침에 따라 출석하지 못한 경우, '출석인정 결석' 처리
　　※ 확진자 발생 등에 따른 시설이용 제한 조치로 일과 중 등교중지 되는 경우, 해당일은 '출석인정 조퇴'
　　※ 선별진료소 방문 후 귀가 시 다른 곳(PC방, 편의점 등)을 들르지 않도록 지도 및 안내 철저
　　－ (고위험군학생) 의사의 진단서(소견서)를 통해 인정된 기저질환(폐질환, 만성심혈관질환, 당뇨, 신장질환, 만성간질환, 악성종양, 면역저하자 등) 및 장애를 가진 학생의 경우, '출석인정 결석' 또는 '질병결석'
　　※ 결석한 날부터 5일 이내(지역여건 등에 따라 의료기관 방문이 어려운 경우 학교장이 허가한 기간 내)에 고위험군(기저질환 및 민감군)임을 확인하는 의사의 진단서(소견서)를 제출해야 하며, 학기 초 제출한 진단서(소견서)로 해당 학기 증빙을 갈음할 수 있음
　　※ 고위험군으로 등교하지 않는 학생에 대한 대체학습 제공 방법 등은 학교장이 결정
　　－ (기타 미등교학생) 학부모 확인서 등 증빙서류를 근거로 '기타결석*' 처리
　　　* 감염병 위기경보 단계가 "심각, 경계"단계이며 학교장의 사전 허가를 받아 결석한 경우
　　※ "심각, 경계" 단계에 한해 교외체험학습(가정학습) 신청 시 '출석인정 결석' 처리 가능
　　※ (유의사항) 당해 학년도 수업일수의 3분의 2 이상 출석하지 않는 경우 진급·졸업 불가
Ⅴ. 교수·학습
　1) 기본 원칙
　　－ 밀집도 최소화 : 학년·학급별 시차 등·하교, 수업·급식 시간 등 분리, 원격수업과 등교수업 병행 등
　　－ 밀접 접촉 최소화 : 학급 내 최대 거리를 확보하여 책상 배치, 모둠활동 지양, 공동 도구사용 지양 등
　　－ 개인위생 교육 : 교내 마스크 상시 착용, 손 씻기, 창문 상시 개방, 개인물품 소독하기 등
　2) 교과 활동
　　－ 교과별 수업 : 개인활동 중심으로 수업
　　－ 학생 이동 최소화 : 학교 내 이동 수업·학교 간 공동교육과정 운영 시 교실 방역 및 소독 관리 등
　　－ 공동 이용시설 사용 자제 : 도서관·과학실·특별실 이용을 최소화하고 학급 내 실험 등으로 대체
　3) 창의적 체험활동
　　－ 자율활동 : 단체 활동 및 행사 지양, 가급적 교내 방송시설 활용 등
　　－ 동아리활동 : 밀폐된 공간 내 활동이나 외부활동 자제, 외부강사 출입 시 학교장의 사전 승인 등
　　－ 봉사활동 : 학생 안전이 확보되는 경우에 한해 「봉사활동 계획서」 사전 승인, 실내봉사활동 지양 등

　　– 진로활동 : 진로체험학습은 안전여부를 검토하여 학교장 승인 후 추진, 다양한 플랫폼 적극 활용 등
　4) 기타
　　– 교외체험학습 : 감염병 단계가 "심각, 경계"인 경우 교외체험학습의 승인사유에 "가정학습"을 포함
　　– 교내대회 : 감염 예방을 위한 조치 후 실시 가능
　　– 학생 상담 : 전문상담(교)사는 상담 수요조사 또는 심리지원 프로그램 운영 등을 통해 상담 지원
　　– 격리학생 심리지원 : 심각한 심리적 어려움을 호소하는 학생의 경우 외부 전문 상담기관 연계
Ⅵ. **학생평가 및 학생부 기재**
Ⅶ. **향후 추진 계획**
Ⅷ. **담당자 안내**

① 당뇨와 같은 질병을 가진 학생들이 결석할 시 등교 처리되기 위해서는 담당 의사의 소견서를 제출해야 하고, 등교수업 대신 적절한 대체학습을 진행하게 된다.
② 생활방역지침을 준수하기 위해서 학습 도구를 공동으로 사용하기보다 개인물품을 사용하고 이를 상시 소독하는 것이 권장된다.
③ 학우들과 학급 내 거리를 확보하고 접촉을 최소화하기 위해 가급적 모둠활동을 지양하고 개인활동 중심으로 수업을 구성하는 것이 바람직하다.
④ 감염병 위기경보 단계가 '주의'인 경우라도 학교장의 사전허가를 받는다면 가정학습을 교외체험학습으로 신청할 수 있다.

해설

학교 운영 지침 'Ⅴ. 교수·학습'의 '4) 기타' 내 '교외체험학습'에 따르면 교외체험학습으로 가정학습을 신청하기 위해서는 감염병 단계가 '경계' 또는 '심각'에 이르러야 한다. 해당 조항에 학교장의 사전허가 여부는 명시되어 있지 않다.

Plus 해설
① 학교 운영 지침 'Ⅳ. 출결 관리 – (고위험군학생)'에서 확인할 수 있다.
② 학교 운영 지침 'Ⅴ. 교수·학습'의 '1) 기본 원칙'에서 확인할 수 있다.
③ 학교 운영 지침 'Ⅴ. 교수·학습'의 '1) 기본 원칙'과 '2) 교과 활동'에서 확인할 수 있다.

정답 ④

10 ▶ 글의 이해

다음 글의 제목으로 가장 적절한 것을 고르면?

> 코로나19 사태 이후 포스트코로나 시대를 대비해야 한다는 목소리가 높아지고 있다. 실업·질병·재해 등으로 국민들이 생활에 위협을 받거나 적은 소득으로 불안을 느끼는 경우 국가가 나서서 최소한의 인간다운 생활을 보장해야 한다는 것이다. 사회보장제도란 미국의 대공황을 해결하기 위한 1930년대 뉴딜 정책에서부터 비롯된 용어로, 우리나라에는 기초생활보장제도, 의료급여제도, 재해구호제도 등이 있다. 최근에는 코로나19로 위기에 몰린 사회 취약 계층을 위한 정부의 긴급지원대책으로 국가 한시생계지원금, 시·도 긴급재난생활비, 무급휴직지원금 등으로 실현되고 있다. 사회보장제도는 '사회적 불평등을 해소하기 위해 오히려 불공정한 재분배 도구를 생산하고 있을 뿐'이라고 비판하는 시선이 있음에도 불구하고, 다수의 국민들에게 정책적 지지를 받고 있다. 우선, 국민의 기본권인 인간다운 생활을 할 권리를 확보하게 해준다. 국가는 사회보장제도를 통해 국민의 생존권을 확보하고 실생활에 위협을 주는 사유를 방지할 뿐만 아니라 사회적 급부를 제공한다. 또한, 4차 산업혁명 도래로 인한 산업 구조 및 근로 형태의 변화에 대비하게 해준다. 고용위기에 노출될 가능성이 큰 취업 취약 계층에게 취업지원제도 및 생활금지원 등을 통한 안전망을 구축한다. 따라서 급변하는 사회 속 국민들의 최소 생활을 보장하고 국민 경제를 안정시키기 위해서는 국가 주도의 사회보장제도의 지속적인 실시 및 확대가 요구된다.

① 미국과 한국의 사회보장제도 차이점
② 우리나라 사회보장제도의 종류
③ 코로나19에 대처하는 사회보장제도의 효율성
④ 사회보장제도의 중요성과 필요성

해설

이 글은 사회보장제도가 국민의 기본적인 생존권을 보장하고, 변화하는 사회체제에 대처할 수 있는 안전망을 구축하기 때문에 국민들의 지지를 받고 있다고 언급하고 있다. 따라서 글의 제목으로 가장 적절한 것은 ④ '사회보장제도의 중요성과 필요성'이다.

정답 ④

11 > 응용 계산

2020년 OO기업 채용에서 전체 지원자 중 800명이 합격하여 신입사원으로 입사하였을 때, 지원자 남녀의 비는 4:3, 합격자 남녀의 비는 5:3, 불합격자 남녀의 비는 1:1이었다. OO기업 채용에 지원한 전체 지원자 수는?

① 1,200명　　　　② 1,400명　　　　③ 1,600명　　　　④ 1,800명

📕 해설

합격자 수가 800명이고, 합격자 남녀의 비가 5:3이므로 비례배분에 의해

남자는 $800 \times \dfrac{5}{5+3} = 500$명, 여자는 $800 \times \dfrac{3}{5+3} = 300$명이 합격했음을 알 수 있다.

합격자 800명과 불합격자를 합하면 총 지원자 인원을 알 수 있는데, 불합격자의 남녀 비율은 1 : 1이므로, 불합격한 남자를 x(명), 불합격한 여자를 y(명)라 하면 다음과 같은 식을 세울 수 있다.

$x : y = 1 : 1$ ∴ $x = y$

여기서 전체 지원한 사람을 남녀 비율식으로 나타내면

$(x+500) : (y+300) = 4 : 3$

$4(y+300) = 3(x+500)$ 　 $4y - 3x = 300$이 성립한다.

$x = y$를 대입하면 $y = 300$이다.

따라서 불합격한 남녀는 각 300명씩이므로, 지원한 사람은 총 $800 + 300 + 300 = 1,400$명이다.

정답 ②

12 > 응용 계산

한 공장에서 두 개의 생산라인을 가동해 9시간 동안 180개의 의자를 생산했다. A 생산라인이 45분 동안 6개의 의자를 생산할 수 있다고 할 때, B 생산라인이 3시간 동안 생산할 수 있는 의자는 몇 개인가?

① 34개　　　　② 35개　　　　③ 36개　　　　④ 37개

📕 해설

A 생산라인이 3시간 동안 생산할 수 있는 의자의 개수는 $6 \times 4 = 24$개이다.

B 생산라인이 3시간 동안 생산할 수 있는 물품의 개수를 x라고 하면,

$(24+x) \times 3 = 180$ 　 $3x + 72 = 180$ 　 $3x = 108$ 　 $x = 36$

따라서 B 생산라인이 3시간 동안 생산할 수 있는 의자의 개수는 36개이다.

정답 ③

13 ▶ 자료 해석

다음은 질병관리본부에서 제공하는 국내 코로나바이러스감염증-19 발생동향과 관련된 자료이다. 이를 바탕으로 만든 자료로 옳지 않은 것은?

전국 누적 확진자 통계

(단위 : 명)

구분	확진자	증감	사망자
2020년 1월	11	0	0
2020년 2월	2,931	2,920	17
2020년 3월	9,786	6,855	162
2020년 4월	10,765	979	247
2020년 5월	11,468	703	270
2020년 6월	12,799	1,331	282
2020년 7월	14,305	1,506	301

전국 확진자 발생 현황

(2020년 △월 ○일 기준)

구분		확진자(%)	사망자(%)	치명률(%)
성별	남성	8,089 (45.08)	164 (52.90)	2.03
	여성	9,856 (54.92)	146 (47.10)	1.48
연령대별 (세)	0~9	368 (2.05)	0 (0.00)	−
	10~19	1,047 (5.83)	0 (0.00)	−
	20~29	4,081 (22.74)	0 (0.00)	−
	30~39	2,256 (12.57)	2 (0.65)	0.09
	40~49	2,415 (13.46)	4 (1.29)	0.17
	50~59	3,240 (18.06)	16 (5.16)	0.49
	60~69	2,587 (14.42)	41 (13.23)	1.58
	70~79	1,258 (7.01)	93 (30.00)	7.39
	80 이상	693 (3.86)	154 (49.68)	22.22

* 치명률(%)＝사망자수/확진자수×100

① 연령대별 전국 확진자 현황

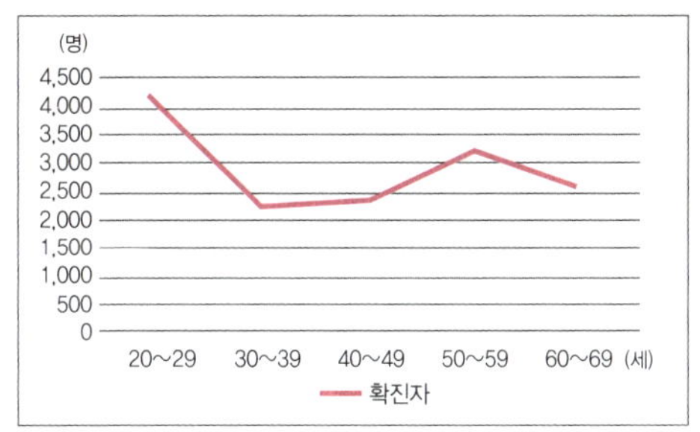

② 성별 전국 확진자 비율

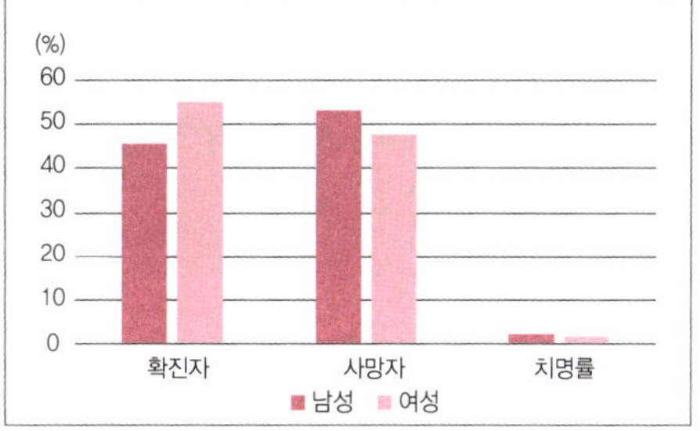

③ 전국 누적 확진자 통계

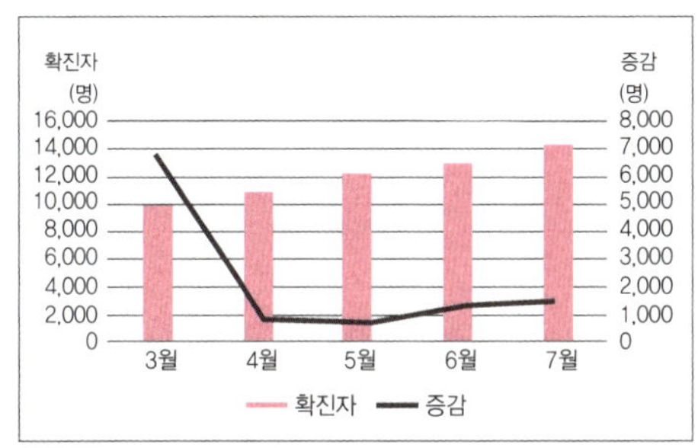

④ 연령대별 전국 확진자 비율

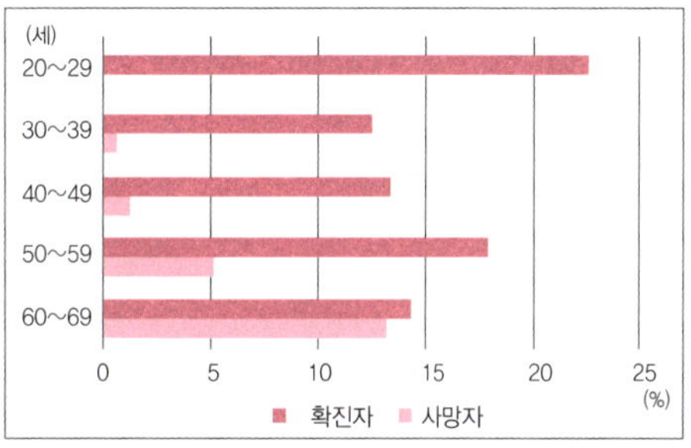

해설

자료에 제시된 '전국 누적 확진자 통계' 표를 살펴보면 5월 확진자 수는 11,468명인데 반해, 보기 ③의 자료 내 5월 확진자 수를 보여주는 막대그래프는 12,000과 맞닿아 있다.

정답 ③ 

14 ▶ 조건 추리

(갑), (을), (병), (정)은 5층짜리 빌라에 각자 한 층씩 살고 있다. 다음은 (갑), (을), (병), (정)이 진술한 내용이며 이 중 세 명의 진술이 참이고, 한 명의 진술은 거짓이다. 아무도 살고 있지 않은 층은 몇 층인가?

> (갑) : (정)은 엘리베이터에서 나보다 늦게 내려. 나보다 먼저 내리는 사람은 없으니 우리집 아래층은 비어 있는 게 확실해.
> (을) : 우리 빌라 맨 위층에는 아무도 살고 있지 않아.
> (병) : 나는 4층에 살고 있는데, 층간 소음 때문에 위층과 자주 말다툼을 해.
> (정) : (을)은 거짓말을 하고 있어. 나는 항상 엘리베이터에서 제일 늦게 내리는데, (을)이 엘리베이터나 계단을 이용하는 모습을 본 적이 없어.

① 2층
③ 4층

② 3층
④ 5층

해설

(을)과 (병)의 진술이 모순된다. 따라서 둘 중 한 명은 거짓말을 하고 있다. (을)의 진술이 참이라면 (정)의 진술은 거짓이 되기 때문에 거짓을 말하는 사람은 두 명이 된다. 따라서 (을)이 거짓말을 하고 있음을 알 수 있다. (을)의 진술이 거짓이라면, 이와 모순되는 (병)의 진술은 참이 된다. 따라서 (병)은 4층에 살고 있으며, (병)의 위층이자 빌라 맨 위층인 5층에 누군가 살고 있음을 추측할 수 있다.

(정)은 항상 엘리베이터에서 제일 늦게 내린다고 진술했으므로 빌라 맨 위층인 5층에 살고 있음을 알 수 있다. 또한 (을)이 엘리베이터나 계단을 이용하지 않는 점으로 미뤄보아 1층에 살고 있음을 알 수 있다.

(갑)은 (정)보다 아래에 살고 있고, (갑)의 집 아래층은 비어 있다고 진술했다. 따라서 남은 2층과 3층 중 (갑)은 3층에 살고 있음을 알 수 있다.

정답 ①

15 조건 추리

OO고등학교 체육대회 달리기 시합에 각 반 대표로 기현, 민혁, 주헌, 현우, 형원이 출전했으나 순위 기록지가 분실되었다. 다음 의견이 모두 참일 때 2등으로 결승선을 통과한 학생은 누구인가?

> 기현 : 출발선에서 발을 헛디뎌서 꼴찌로 결승선에 들어왔어.
> 민혁 : 주헌이와 현우가 연달아 결승선을 통과하는 걸 봤어.
> 주헌 : 나와 기현의 순서 차이는 형원이와 현우의 차이와 같았어.
> 현우 : 내가 형원이보다 먼저 결승선을 통과한 건 분명해.
> 형원 : 나는 간발의 차로 민혁이 바로 다음에 결승선에 들어왔어.

① 민혁　　　　　　　　　　② 주헌
③ 현우　　　　　　　　　　④ 형원

해설

현우와 형원이의 진술을 통해서 '현우 ― 민혁 ― 형원'순으로 결승선을 통과했음을 알 수 있다. 또한 현우와 민혁 사이에는 다른 학생이 들어올 수 있지만 민혁과 형원은 연달아 들어왔음을 추측할 수 있다. 이에 근거했을 때 가능한 경우는 다음과 같다.

(1) 현우 → 민혁 → 형원 → (　　　) → 기현
(2) 현우 → (　　　) → 민혁 → 형원 → 기현
(3) (　　　) → 현우 → 민혁 → 형원 → 기현

민혁의 의견에 따르면 위 3가지 경우의 수 중 (2), (3)이 가능하지만, 이에 주헌의 의견을 더하면 (2)만 가능하다. 따라서 달리기 시합에서 2등으로 결승선을 통과한 학생을 주헌이다.

정답 ②

16 ▶ 조건 추리

학생 (가), (나), (다)가 서로 다른 종류의 음료수 A, B, C, D를 나눠 마셨다. 아래 제시된 조건을 모두 고려했을 때, 학생 (가)가 마신 음료수는 무엇인가?

- 한 학생당 한 종류의 음료수를 마셨다.
- 음료수 A, B, C, D는 순서대로 놓여 있다.
- (가)는 맨 마지막에 놓인 음료수를 마시지 않았다.
- (나)는 양 끝에 놓인 음료수 중 하나를 마셨다.
- (다)는 (나)가 마신 음료수의 오른쪽에 놓인 음료수를 마셨다.

① A   ② B
③ C   ④ D

해설

(가)는 음료수 A, B, C 중 하나를 마셨다.
(나)는 음료수 A 또는 D를 마셨다.
(다)는 (나)가 마신 음료수의 오른쪽에 놓인 음료수를 마셨기 때문에 (나)가 마신 음료수는 D가 될 수 없다.
따라서 (나)는 음료수 A를 마셨고, (다)는 음료수 B를 마셨다.
음료수 A와 B를 제외하면 (가)는 음료수 C를 마셨음을 알 수 있다.

정답 ③

기
출
문
제

17 > 도형 추리

다음 입체 도형의 모서리는 모두 몇 개인가?

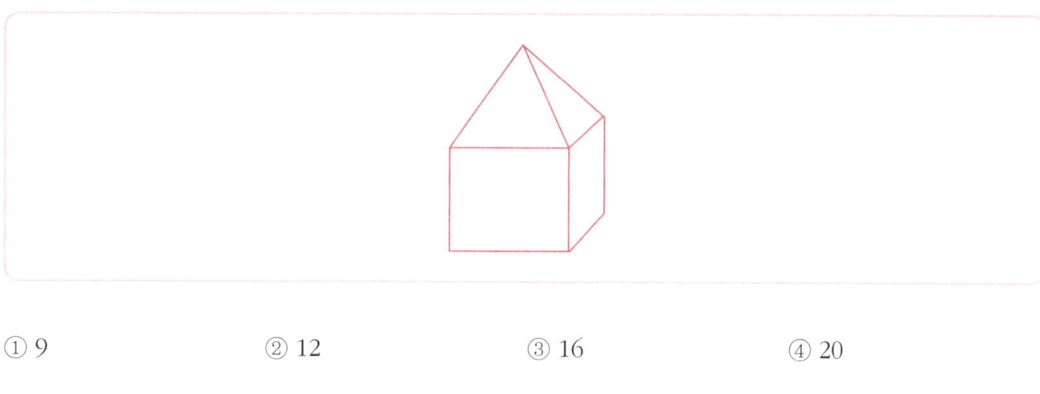

① 9 ② 12 ③ 16 ④ 20

해설

각기둥이나 각뿔의 모서리는 직선이다.
각기둥의 모서리 수를 구하는 공식은 '밑면 변의 수×3'이다. 따라서 사각기둥 모서리 수는 $4×3＝12$이다.
한편 각뿔의 모서리 수를 구하는 공식은 '밑면 변의 수×2'이므로 사각뿔 모서리 수는 $4×2＝8$이다.
$12＋8＝20$에서 위 입체 도형의 겹쳐지는 부분의 모서리 수 4를 빼면 제시된 도형의 모서리 수는 총 16개이다.

정답  ③

18 > 도형 추리

다음 그림에서 만들 수 있는 크고 작은 사각형을 모두 구하면 몇 개인가?

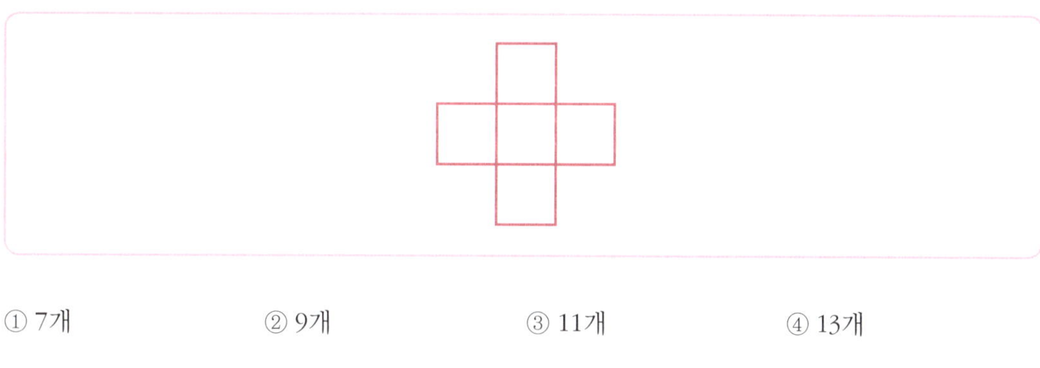

① 7개 ② 9개 ③ 11개 ④ 13개

해설

사각형 한 개로 만들 수 있는 사각형은 5개이다.
사각형 두 개로 만들 수 있는 사각형은 4개이다.
사각형 세 개로 만들 수 있는 사각형은 2개이다.

정답  ③

19 ▶ 도형 추리

종이를 5번 접어 비행기 모양을 만든 후 펼쳤을 때 나올 수 있는 크고 작은 삼각형은 모두 몇 개인가?

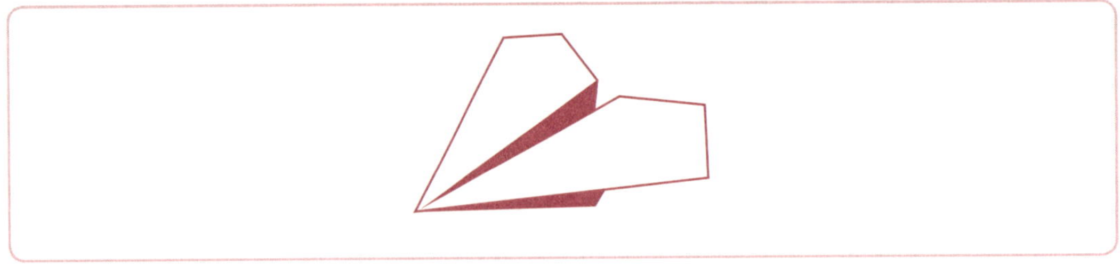

① 3 　　　　　　　　　　② 5
③ 7 　　　　　　　　　　④ 9

해설

단일 삼각형은 6개이고, 삼각형 두 개를 이어서 만들 수 있는 삼각형의 개수는 3개이다.
따라서 크고 작은 삼각형의 개수는 총 9개이다.
종이접기를 5번 해서 비행기 모양을 만든 후 펼쳤을 때 종이 모양은 다음과 같다.

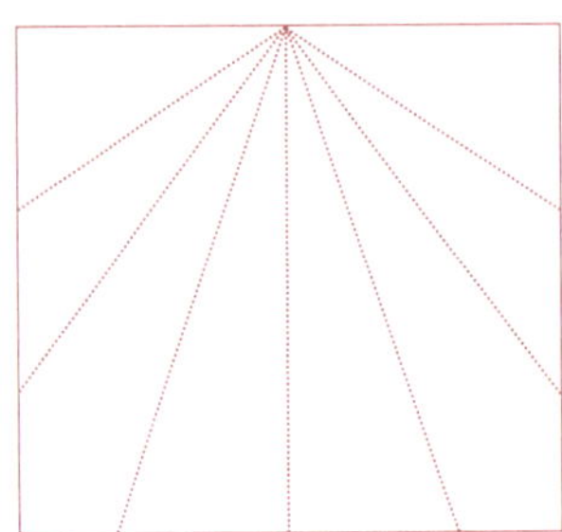

정답 ④

20 〉 전개도

다음 제시된 두 개의 주사위 전개도를 접은 후 점선 부분을 연결했을 때 나올 수 없는 주사위 모양은?

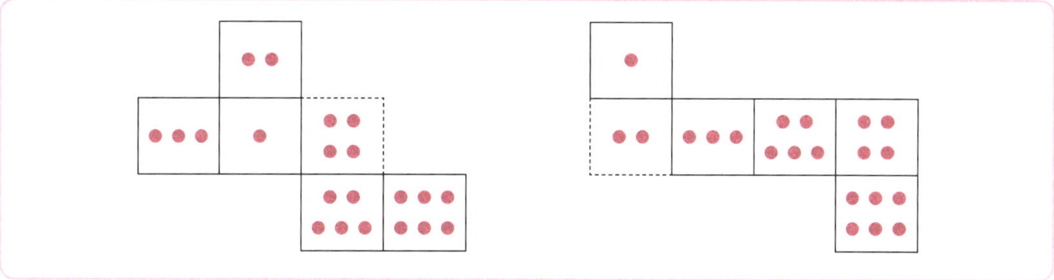

① 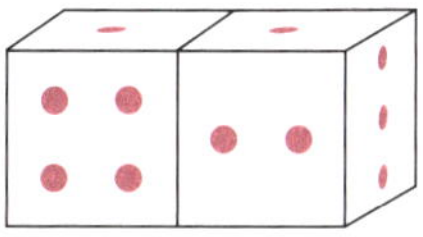 ② 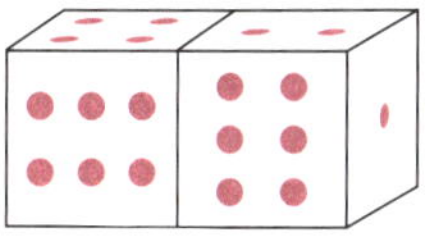 ③ 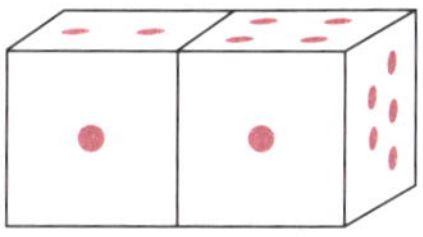 ④

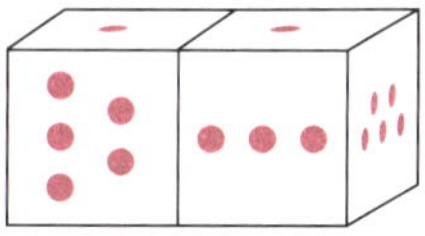

해설

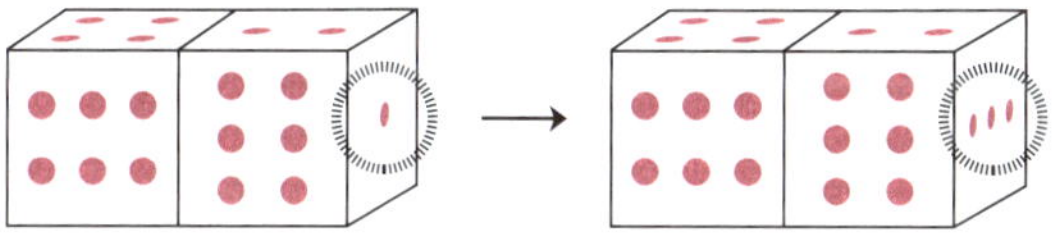

정답 ②

21 ▶ 비타민의 종류

다음에서 설명하는 비타민은 무엇인가?

> • 주로 햇빛을 통해 자외선이 피부에 자극을 주면 생성된다.
> • 지방에 용해되는 지용성이다.
> • 체내에 칼슘의 흡수를 증가시켜 골격을 튼튼하게 만든다.

① 비타민 A   ② 비타민 B
③ 비타민 C   ④ 비타민 D

해설

비타민 D는 대개 햇빛을 통해 얻어지며 자외선이 피부에 자극을 주면서 합성이 일어난다. 또한 지방에 용해되는 지용성 비타민으로서 골격 형성에 필요한 칼슘을 대장과 콩팥에 흡수시키는 데 기여한다.

Plus 해설

① 비타민 A : 신체의 저항력을 강화시킨다. 비타민 A가 부족하면 야맹증과 안구건조증, 각막연화증이 발생하며 눈에 이상이 생겨 암 적응 능력이 저하된다. 또한 지용성 비타민이므로 지방이나 기름과 결합했을 때에만 체내로 흡수된다.

② 비타민 B : 수용성 비타민 중 비타민 C 이외의 것을 비타민 B군(group)이라 총칭하며, 비타민 B 복합체(complex)라고도 부른다. 한때 단일 비타민으로 알려졌었으나, 이후 연구에서 비타민 B군은 같은 음식에서 종종 공존하지만 화학적으로 구별되는 것임이 밝혀졌다.

③ 비타민 C : 항산화 기능이 있고, 콜레스테롤의 산화를 방지하며 감기 예방과 감기 증상 호전에 효과가 있다. 비타민 C는 거의 모든 과일과 채소에 들어있다. 인간은 비타민 C 합성 효소를 가지고 있지 않기 때문에 음식으로 반드시 섭취해야 한다.

한편 비타민 B군과 C는 수용성이므로 체내에 축적되지 않고 배출된다. 따라서 주기적이고 지속적인 섭취가 요구된다.

정답 ④

22 > 필수 영양소

세포와 조직을 만드는 데 중요한 역할을 하며 근육과 피부, 머리카락 등을 구성하는 영양소는 무엇인가?

① 탄수화물 ② 단백질
③ 지방 ④ 무기질

해설

단백질은 우리 몸에 필요한 여섯 가지 영양소(탄수화물, 지방, 단백질, 비타민, 무기질, 물) 중 하나로서 세포와 조직을 만들고 피부와 근육, 머리카락을 구성한다. 단백질은 탄수화물이나 지방과는 달리 에너지를 만드는 데 곧바로 쓰이기보다 체내에 필요한 물질을 만들거나 뼈와 근육 등 연결 조직을 이루기도 한다.

💡 Plus 해설

① 탄수화물 : 탄소와 물을 포함하고 있는 화합물의 총칭으로, 탄소(C), 수소(H), 산소(O) 세 원소로 이루어져 있다. 탄수화물을 만드는 단위가 되는 당의 수에 따라 단당류, 이당류, 다당류로 나뉜다. 한편 탄수화물, 단백질, 지방은 생물체의 영양에 가장 중요한 3대 영양소이다.

③ 지방 : 지방은 뇌와 신경세포를 구성하는 주요 성분으로 모든 세포막을 구성하며, 체온 유지에 관여한다. 지방은 단순지질, 복합지질, 유도지질로 분류되며 단순지질은 포화지방산, 불포화지방산, 중성지방으로 나뉜다. 이 중 체내에서 충분한 양이 합성되지 못하거나 생합성되지 않는 지방산을 필수 지방산이라고 한다.

④ 무기질 : 유기물질을 만들고 있는 탄소, 수소, 산소, 질소를 제외한 나머지 원소를 일괄해서 무기질 또는 미네랄이라고 한다. 어떤 생명체도 무기질을 합성하지 못하므로 반드시 식품을 통하여 섭취하여야 한다. 무기질은 단일 원소 그 자체가 필수 영양소가 되며 유기물이 아니기 때문에 에너지를 만들지 못한다.

정답 ②

23 ▶ 학교급식 식재료 가공

다음 중 식자재 가공 시 전처리에 해당하는 것을 모두 고르면?

> ㉠ 껍질 세척　　　　　　　　㉡ 껍질 제거
> ㉢ 원료 절단　　　　　　　　㉣ 원료 가열

① ㉠, ㉡　　　　② ㉡, ㉢　　　　③ ㉠, ㉡, ㉢　　　　④ ㉠, ㉡, ㉢, ㉣

해설

식자재 전처리란 식자재 조리 전 용도에 적합하게 부산물을 제거하거나 알맞은 크기로 절단하는 등 물리적인 가공을 하는 공정을 일컫는다. 보기 ㉣ '원료 가열'은 식자재 전처리 과정 후 조리 단계에 해당한다.

Plus 해설

학교급식 등에 관한 사항은 「학교급식법」에서 정하고 있으며, 이 중 '학교급식 식재료의 품질관리기준'은 「학교급식법 시행규칙」 별표 2에 규정되어 있다. 별표 2에 규정된 전처리(前處理) 식재료란 세척, 선별, 박피 및 절단 등의 가공을 통하여 즉시 조리에 이용할 수 있는 형태로 처리된 식재료를 말한다.

정답 ③

24 ▶ 생활과 과학

다음 중 식용유를 재활용할 수 있는 방법으로 옳지 않은 것은?

① 나무 도마 코팅　　　　　　② 주방 기름때 제거
③ 뚝배기 강화　　　　　　　④ 장마철 습기 제거

해설

폐식용유는 찌꺼기를 체에 거른 후 다음과 같이 다양한 방법으로 재활용할 수 있다. 우선, 오래되어 표면이 거칠어지거나 흠이 난 나무 도마 표면에 발라 코팅할 수 있다. 다음으로, 마른 천에 폐식용유를 바른 다음 닦으면 싱크대나 가스레인지 등에 밴 기름진 얼룩을 제거할 수 있다. 또한, 오래 사용하면 금이 가거나 이가 빠지기 쉬운 뚝배기에 식용유를 약 70%가량 채워 넣은 후 끓이면 내구성을 강화시킬 수 있다.

Plus 해설

장마철에는 온도가 높고 습기가 많은 날씨가 지속되어 곰팡이와 세균이 쉽게 번식할 수 있는 환경이 되므로, 주위를 청결히 하고 위생수칙을 철저히 지킬 필요가 있다. 이를 위해 생활 속 습기를 제거할 수 있는 방법은 다음과 같다.
1) 신문지 활용하기 : 눅눅한 옷장 속 옷이나 이불 사이에 신문지를 껴 놓으면 습기 제거에 도움이 된다.
2) 숯이나 향초 활용하기 : 숯은 공기 속의 습기를 흡수할 뿐만 아니라 건조할 때는 습기를 내보내 공기 중 습도를 조절하는 데 도움이 된다. 또한 초를 켜 놓는 것도 습기 제거에 효과적이다.
3) 굵은 소금이나 커피가루 활용하기 : 용기에 굵은 소금이나 커피가루를 담아 습기가 많은 밀폐 공간이나 방에 놓으면 실내 습기 제거에 효과적이다.

정답 ④

25 ▶ 식중독 유발 바이러스

다음 중 식중독을 일으키는 원인균이 아닌 것은?

① 노로 바이러스

② 병원성 대장균

③ 아데노 바이러스

④ 황색포도상구균

📖 해설

아데노 바이러스는 독감과 증상이 비슷하지만, 면역계가 약한 사람이 감염되면 심각한 증상이 나타나기도 한다. 주로 소아 호흡기 질환 및 고열을 유발하나, 밀집된 환경에서는 성인에게도 유행성 호흡기 질환을 일으킬 수 있다.

💡 Plus 해설

① 노로 바이러스 : 기존 식중독 바이러스와는 달리 기온이 낮을수록 더 활발해지고 겨울철 영하의 날씨에도 오래 생존한다. 노로 바이러스에 의한 식중독은 유행성 바이러스성 위장염으로 나타난다.

② 병원성 대장균 : 대장에 서식하는 병독인자를 지닌 대장균으로, 주로 한여름 폭염 시기에 식품을 상온에 방치하거나 완전히 조리되지 않은 채소나 고기 따위를 섭취한 데서 식중독을 유발한다.

④ 황색포도상구균 : 피부나 소화관에 상재하는 포도상구균의 하나로, 식품 내에서 증식한 황색포도상구균의 장독소가 체내로 유입됨으로써 독소형 식중독을 유발한다.

 **정답** ③

26 ▶ 수산식물의 이해

다음 중 해조류에 관한 설명으로 옳지 않은 것은?

① 해양에 사는 현화식물로서 육상의 풀과 비슷한 형태를 하고 있다.

② 알칼리 식품으로서 단백질, 비타민, 무기질 등이 함유되어 있다.

③ 빈혈, 고혈압, 동맥경화, 각종 암 발생을 예방하는 데 도움이 된다.

④ 갈조류, 홍조류, 녹조류 세 종류로 크게 구분된다.

📖 해설

①은 해조류가 아닌 해초류에 관한 설명이다.

해조류는 바다에 사는 수산식물 중 광합성을 하면서 포자로 번식하는 다세포 식물로 김·미역·다시마가 대표적이다. 뿌리·줄기·잎의 구별이 없으며 꽃이 피지 않는 특징을 갖는다. 해조류에는 단백질, 당질, 비타민, 무기질 등이 함유되어 있어 피를 맑게 해주고 활성산소 생성을 억제한다. 또한, 철이 함유되어 있어 빈혈을 예방하고, 식이섬유가 풍부해 변비 예방에 좋다. 고혈압, 동맥경화 등 각종 성인병과 각종 암 발생을 예방하는 데 도움이 된다. 해조류는 광합성에 관여하는 색소의 특징에 의해 크게 갈조류, 홍조류, 녹조류 세 종류로 구분한다.

💡 Plus 해설

해초류는 해양에 살고 있는 현화식물(생식기관으로 꽃을 가지며 밑씨가 씨방 안에 들어 있는 식물군, 속씨식물, 피자식물)이다. 해조류와 용어는 비슷하지만 다른 식물이고, 육상의 풀과 비슷한 형태를 하고 있다.

 **정답** ①

2019. 07. 13. 경북교육청 기출문제

※ 본 기출문제는 실제 시험 응시자로부터 수집한 후기를 바탕으로 복원되었습니다.

01 ▶ 기본 어휘력

다음 밑줄 친 낱말 중 쓰임이 올바르지 않은 것은?

① 박 팀장의 책상에는 온갖 **결재** 서류들이 올려져 있다.
② 이번 행사는 성공적으로 **개최**되었다.
③ 그들은 어렸을 때부터 **막역**하게 지내왔다.
④ 그는 이상을 **지양**하는 이상주의자이다.
⑤ 첫 작품에서 뛰어난 연기를 선보인 그는 여러 감독들의 **출연** 요청을 받고 있다.

해설

'지양'은 '더 높은 단계로 오르기 위하여 어떠한 것을 하지 아니하다.'라는 의미이고, '지향'은 '어떤 목표로 뜻이 쏠리어 향하다.'라는 의미이다. 따라서 ③에는 '지양'이 아닌 '지향'이 들어가야 올바르다.

정답 ④

02 ▶ 기본 어휘력

다음 중 밑줄 친 부분이 의미하는 단어를 고르면?

> 그의 일처리는 **세심하고 빈틈이 없다.**

① 면밀하다　　　　② 상세하다　　　　③ 허술하다
④ 넉넉하다　　　　⑤ 친절하다

해설

'면밀하다'는 '자세하고 빈틈이 없다'라는 의미이므로 정답은 ①이다.

Plus 해설

② '상세하다'는 '낱낱이 자세하다'라는 의미이다.
③ '허술하다'는 '치밀하지 못하고 엉성하여 빈틈이 있다'라는 의미이다.

④ '넉넉하다'는 '크기나 수량 따위가 기준에 차고도 남음이 있다'라는 의미이다.
⑤ '친절하다'는 '대하는 태도가 매우 정겹고 고분고분하다'라는 의미이다.

정답 ①

03 > 속담

다음 말과 관련된 속담 중 의미가 다른 하나를 고르면?

① 말 한마디에 천 냥 빚도 갚는다.
② 낮말은 새가 듣고 밤말은 쥐가 듣는다.
③ 발 없는 말이 천 리 간다.
④ 웃느라 한 말에 초상난다.
⑤ 말이 씨가 된다.

해설

'말 한마디에 천 냥 빚도 갚는다.'는 말만 잘하면 어려운 일도 해결할 수 있다는 뜻의 속담이다. ② · ③ · ④ · ⑤는 말조심에 관한 속담이다.

Plus 해설

② 비밀스럽게 한 말이라도 반드시 남의 귀에 들어가게 되니 늘 말조심을 해야 한다.
③ 말은 아주 멀리까지 순식간에 퍼지니 말조심을 해야 한다.
④ 농담으로 한 말이 듣는 사람에게는 치명적인 아픔일 수 있으니 말을 조심해야 한다.
⑤ 무심코 한 말이 실제로 이루어질 수 있으니 말조심을 해야 한다.

정답 ①

04 > 기초연산

다음 중 단위변환이 잘못된 것을 고르면?

① 2.5kg → 2,500g
② 1되 → 0.1말
③ 3,300cc → 33L
④ 5.5cm → 55mm
⑤ 0.2km → 200m

해설

1cc＝0.001L이므로 3,300cc는 3.3L이다.

Plus 해설

① 1kg＝1,000g
② 1되＝0.1말
④ 1cm＝10mm
⑤ 1km＝1,000m

정답 ③

05 ▶ 응용계산

계란말이 5개를 만들 때 필요한 소금의 양이 $\left(6\frac{2}{3} \div 0.4\right)$g 이라고 할 때, 계란말이를 1개 만드는 데 필요한 소금의 양은 얼마인가?

① $\frac{1}{3}$g ② $\frac{5}{3}$g ③ $\frac{7}{3}$g

④ $\frac{10}{3}$g ⑤ $\frac{13}{3}$g

해설

계란말이 5개를 만들 때 필요한 소금의 양이 $6\frac{2}{3} \div 0.4 = \frac{50}{3}$g 이므로 계란말이를 1개 만드는 데 필요한 소금의 양은 $\frac{50}{3} \div 5 = \frac{10}{3}$g 이다.

정답 ④

06 ▶ 응용계산

집에서 회사까지 시속 12km 속력으로 출근하고, 회사에서 집까지 시속 4km 속력으로 퇴근할 경우, 이동 시간이 60분 차이가 난다. 집과 회사 간의 거리는 얼마인가?

① 4km ② 5km ③ 6km

④ 7km ⑤ 8km

해설

집과 회사 간의 거리를 x라고 하면, $\frac{x}{4} - \frac{x}{12} = 1$

$3x - x = 12$

$2x = 12$

$\therefore x = 6$

따라서 집과 회사 간의 거리는 6km이다.

정답 ③

07 ▶ 응용계산

○○회사의 2018년도 수익이 2017년도의 수익보다 8% 증가하여 3,240만 원이라고 할 때, ○○회사의 2017년도 수익을 구하면?

① 2,200만 원　　　　② 2,400만 원　　　　③ 2,600만 원
④ 2,800만 원　　　　⑤ 3,000만 원

해설

2017년도의 수익을 x라고 하면, $x + x \times \dfrac{8}{100} = 3,240$ 만 원의 식을 세울 수 있다.

$\dfrac{108}{100}x = 3,240$ 만 원

$x = 3,240 \times \dfrac{100}{108} = 3,000$ 만 원

따라서 2017년도의 수익은 3,000만 원이다.

정답  ⑤

08 ▶ 명제 · 삼단논법

다음 명제가 모두 참일 때, 항상 참인 것을 고르면?

- 스트레스를 받으면 신진대사가 원활하지 않다.
- 과식 · 폭식을 하지 않으면 신진대사가 원활하다.
- 과식 · 폭식을 하면 건강이 나빠진다.

① 과식 · 폭식을 하지 않으면 건강이 좋아진다.
② 스트레스를 받으면 과식 · 폭식을 하게 된다.
③ 신진대사가 원활하지 않으면 스트레스를 받는다.
④ 스트레스를 받지 않으면 신진대사가 원활하다.
⑤ 신진대사가 원활하면 과식 · 폭식을 하지 않는다.

해설

두 번째 명제의 대우만 알면 세 가지 명제를 삼단논법으로 엮을 수 있다. 두 번째 명제의 대우는 '신진대사가 원활하지 않으면 과식 · 폭식을 한다.'이다. 간단하게 나타내면 다음과 같다.
'스트레스 받음 → 신진대사 원활하지 않음 → 과식 · 폭식을 함 → 건강이 나빠짐'
따라서 항상 참인 것은 ②이다.

정답  ②

09 > 응용계산

3인용 소파에 A, B, C 세 사람이 나란히 앉을 수 있는 경우의 수를 구하면?

① 3   ② 4   ③ 5   ④ 6   ⑤ 7

해설

나란히 앉는 경우의 수를 구하는 것이므로 첫 번째 자리에 앉을 수 있는 사람은 3명, 두 번째 자리에 앉을 수 있는 사람은 첫 번째 자리에 앉은 사람을 제외한 2명, 마지막 자리에 앉을 수 있는 사람은 1명이다. 따라서 3인용 소파에 세 사람이 나란히 앉을 수 있는 경우의 수는 $3 \times 2 \times 1 = 6$이다.

정답 ④

10 > 도형추리

다음 원뿔을 한 번만 잘랐을 때 나오는 단면이 아닌 것을 고르면?

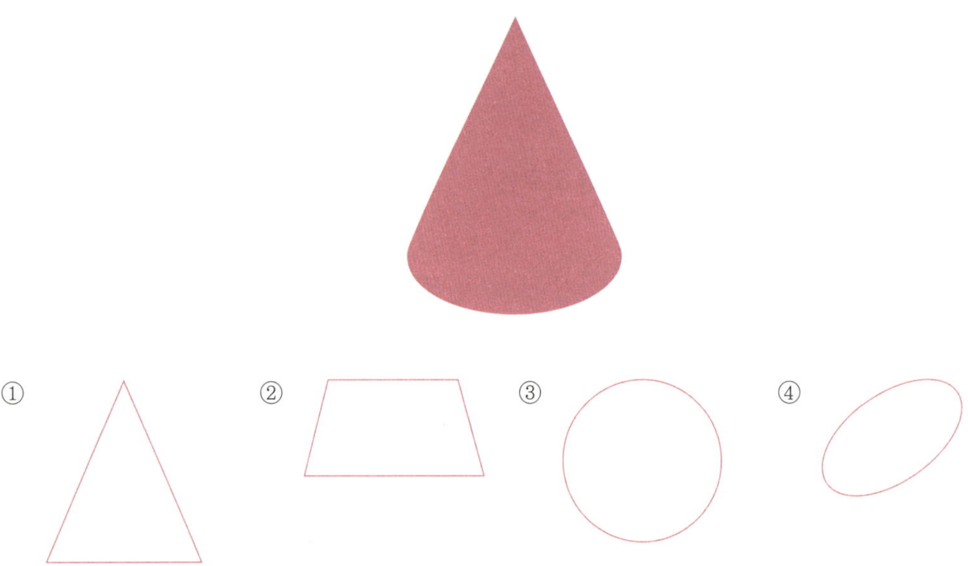

①   ②   ③   ④

해설

원뿔은 자르는 방법에 따라 단면의 모양이 달라진다. 세로로 자르면 삼각형, 가로로 자르면 원 모양이 나오며, 비스듬히 자르면 타원형 모양이 나온다. 따라서 답은 ②이다.

정답 ②

11 > 도형추리

다음과 같이 종이를 접은 후 구멍을 뚫고 펼친 뒤의 모양으로 올바른 것은?

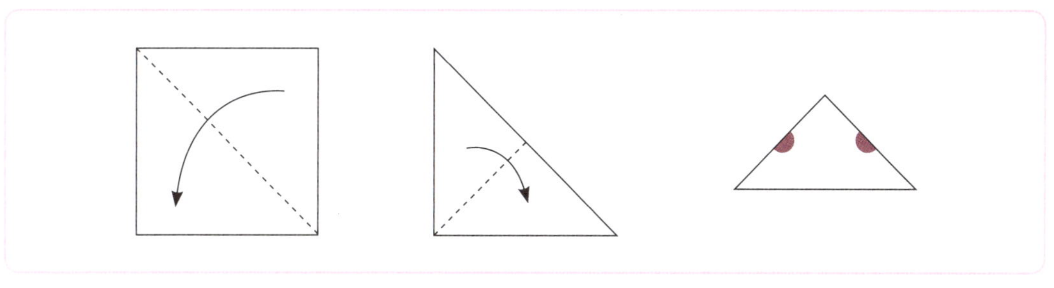

① 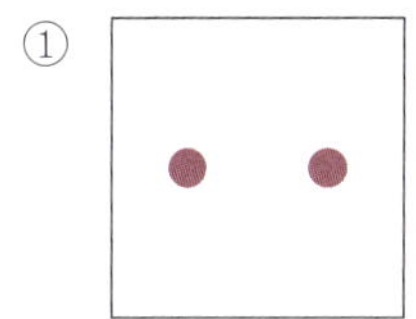 ② 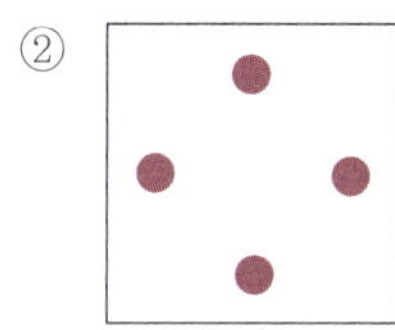 ③ 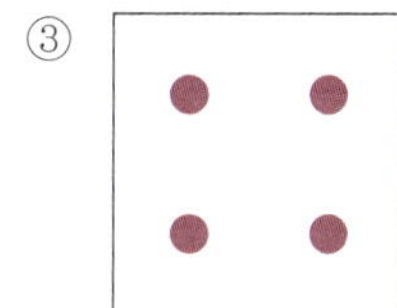 ④ 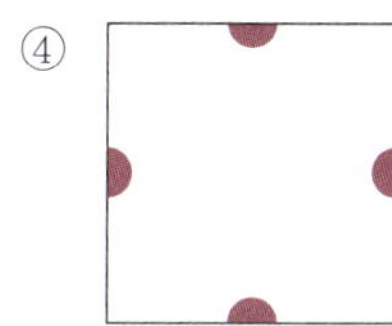

해설

종이접기 펀칭 문제는 종이를 접은 역순으로 펀칭 구멍을 확인하며 문제를 풀면 된다.

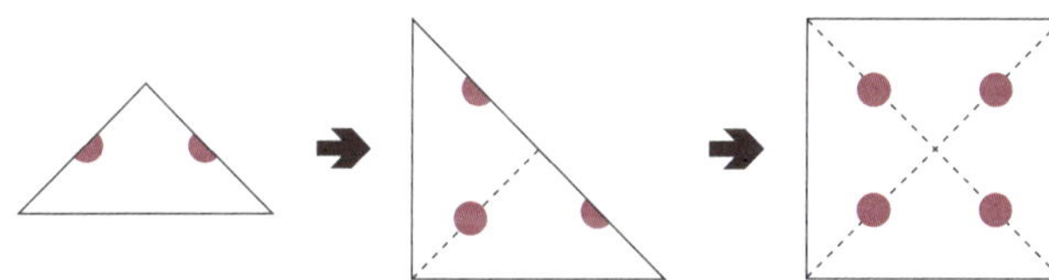

따라서 정답은 ③이다.

정답  ③

12 > 블록

다음 블록의 앞쪽에서 손전등을 비추었을 때 생기는 그림자의 모양으로 올바른 것은?

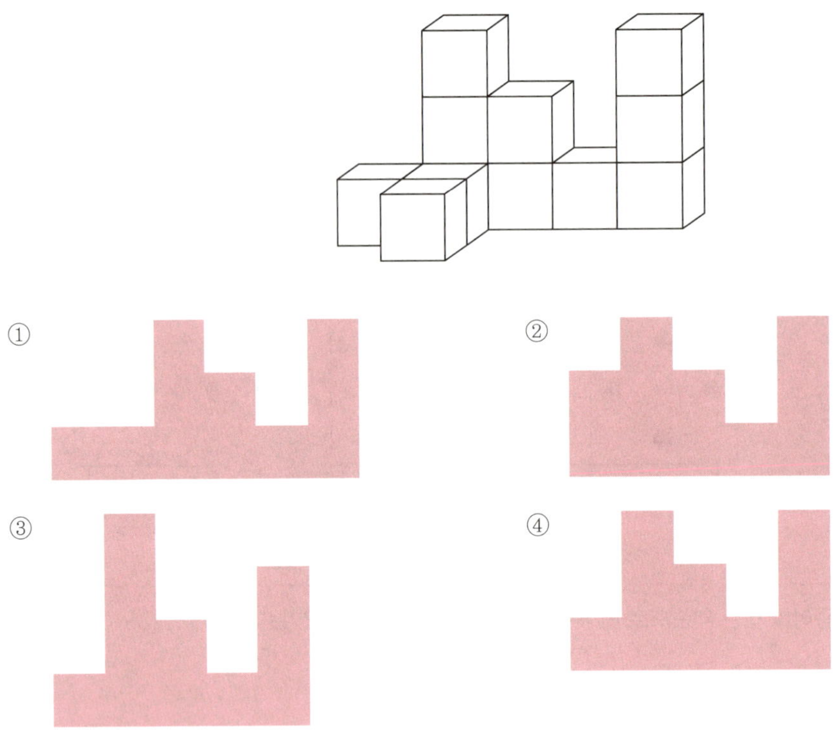

① ② ③ ④

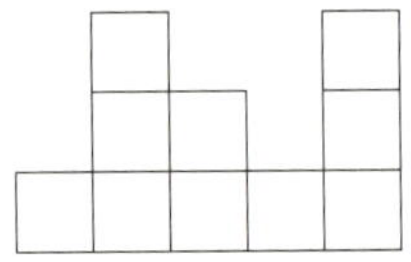 해설

주어진 블록을 앞쪽에서 봤을 때의 모습은 다음과 같다.

따라서 정답은 ④이다.

정답 ④

Part 1
직무능력검사

Chapter 01 언어논리력 기본 이론 학습

① 어휘 관계

1) 단어 간 의미관계

유의관계	의미가 거의 같거나 비슷한 단어 간의 관계 예 어머니-엄마-모친, 이름-성명-존함-함자		
반의관계	의미가 서로 반대되거나 대립하는 단어 간의 관계	모순관계	두 개념 사이에 중간 개념이 존재하지 않는 배타적 대립관계 예 남자-여자, 살다-죽다, 있다-없다
		반대관계	두 개념 사이에 중간 개념이 존재하는 대립관계 예 검다-희다, 길다-짧다, 크다-작다
상하관계	한 단어의 의미가 다른 단어의 의미를 포함하는 관계 예 동물-포유류-돼지, 아시아-대한민국-서울, 악기-건반악기-피아노		
전체-부분관계	한 단어가 다른 단어의 부분이 되는 관계 예 나무-가지-나뭇잎, 몸-팔-손-손톱, 자동차-바퀴-휠		
원료-제품관계	한 단어가 다른 단어의 재료 및 원료가 되는 관계 예 우유-치즈, 가죽-구두, 누룩-막걸리, 메주-된장, 고무-타이어		
주체-행위관계	한 단어의 의미가 다른 단어의 역할이 되는 관계 예 변호사-변론, 의사-진료, 학자-연구, 선수-경기		
중심의미-주변의미관계	한 단어는 중심의미, 다른 단어는 주변의미에 해당하는 관계 예 실마리-열쇠, 매개체-징검다리		
서술관계	주어-서술어 관계 : 주어와 서술어로 결합해 사용되는 단어의 관계 예 머리-자라다 목적어-서술어 관계 : 목적어와 서술어로 결합해 사용되는 단어의 관계 예 인재-육성, 문명-수용하다, 직업-구하다		

2) 어휘 간 호응관계

	부정 가치어	긍정 가치어
1	몹시	매우
2	절대(로), 결코	반드시
3	일절	일체
4	탓	덕(택), 덕분
5	장본인	주인공, 주역
6	빌미	계기
7	공교롭게도	마침

* '너무'의 경우 과거에는 부정 가치어로 취급되었으나, 사전의 개정으로 긍정적인 말도 함께 어울려 쓸 수 있게 되었다. **예** 너무 좋다. / 너무 반갑다.

1	몹시	더할 수 없이 심하게 **예** <u>몹시</u> 추운 날씨 / <u>몹시</u> 힘든 일 / 기분이 <u>몹시</u> 상하다.
	매우	보통 정도보다 훨씬 더 **예** 그는 <u>매우</u> 착하다. / 그녀는 출장을 <u>매우</u> 자주 다닌다.
2	절대(絕對)로	어떠한 경우에도 반드시 **예** 세상에 <u>절대</u> 공짜라는 것은 없다. / <u>절대로</u> 나쁜 일을 해서는 안 된다.
	반드시	틀림없이 꼭, 기필코 **예** <u>반드시</u> 시간에 맞추어 오너라. / 인간은 <u>반드시</u> 죽는다.
3	일절(一切)	'아주, 전혀, 절대로'의 뜻으로, 흔히 행위를 그치게 하거나 어떤 일을 하지 않을 때 쓴다. **예** <u>일절</u> 간섭하지 마시오. / 그는 고향을 떠난 후로 연락을 <u>일절</u> 끊었다.
	일체(一切)	'전부, 완전히'의 뜻으로, 모든 것을 의미한다. **예** 그는 재산 <u>일체</u>를 학교에 기부하였다. / 걱정 근심일랑 <u>일체</u> 털어 버리자.
4	탓	주로 부정적인 현상이 생겨난 까닭이나 원인. 혹은 구실이나 핑계로 삼아 원망하거나 나무라는 일 **예** 남의 <u>탓</u>으로 돌리다. / 그는 급한 성격 <u>탓</u>에 나와 충돌이 잦다.
	덕택	베풀어 준 은혜나 도움 **예** 그는 아내의 정성 어린 간호 <u>덕택</u>에 병세가 호전되었다.
5	장본인 (張本人)	어떤 일을 꾀하여 일으킨 바로 그 사람 **예** 이렇게 되기까지 그 사달을 일으킨 <u>장본인</u>은 그였다.
	주인공 (主人公)	어떤 일에서 중심이 되거나 주도적인 역할을 하는 사람 **예** 그는 이번 시합에서 우리 팀을 이끈, 돌풍의 <u>주인공</u>이었다.
6	빌미	재앙이나 탈 따위가 생기는 원인 **예** <u>빌미</u>를 잡히다. / 독재자는 이 사건을 탄압의 <u>빌미</u>로 삼았다.
	계기	어떤 일이 일어나거나 변화하도록 만드는 결정적인 원인이나 기회 **예** 사건의 <u>계기</u> / 올림픽을 <u>계기</u>로 하여 사회 체육에 대한 관심이 높아졌다.
7	공교롭게도	생각지 않았거나 뜻하지 않았던 사실이나 사건과 우연히 마주치게 된 것 **예** <u>공교롭게도</u> 아들과 아버지의 생일이 같다.
	마침	어떤 경우나 기회에 알맞게. 또는 공교롭게 **예** 오늘 내가 찾아가려던 참이었는데 <u>마침</u> 잘 왔다.

例 예제 1

제시된 문장에서 문맥상 가장 적절한 어휘를 고르면?

1) 그는 공소사실과의 관련성을 [일절 / 일체] 부인했다.

2) 열심히 공부한 [탓 / 덕]에 성적이 점차 나아지고 있다.

3) 도살을 앞둔 유기견을 구조한 것을 [빌미 / 계기]로 운영을 시작한 유기견보호소 ○○은 시설이 무허가 건축물로 드러나면서 행정 당국의 원상복구 명령을 받았다. 이에 한 사회적기업은 철거 위기에 놓인 ○○을 후원하겠다며 크라우드 펀딩을 대신 진행했다. 그러나 ○○은 펀딩 자금을 횡령당하는 등 후원을 [빌미 / 계기]로 사기를 당했다며 해당 사회적기업을 고소했다.

정답 1) 일절 / 2) 덕 / 3) 계기, 빌미

② 유의어 / 반의어 / 다의어

1) 유의어 : 소리는 서로 다르지만 의미가 비슷한 말

강등(降等)−좌천(左遷)	등급이나 계급 따위가 낮아짐
개선(改善)−개량(改良)	잘못된 것이나 부족한 것, 나쁜 것 따위를 고쳐 더 좋게 만듦
개척(開拓)−개간(開墾)	거친 땅을 일구어 논밭이나 쓸모 있는 땅으로 만듦
격려(激勵)−고무(鼓舞)	용기나 의욕이 솟아나도록 북돋워 줌
결심(決心)−결의(決意)	마음을 굳게 정함
결점(缺點)−하자(瑕疵)	못되거나 부족하여 완전하지 못한 점
결정(決定)−단안(斷案)	행동이나 태도를 분명하게 정함. 또는 그렇게 정해진 내용
난항(難航)−역경(逆境)	여러 가지 장애 때문에 일이 순조롭게 진행되지 않음
납득(納得)−수긍(首肯)	다른 사람의 말이나 행동, 형편 따위를 잘 알아서 긍정하고 이해함
만회(挽回)−회복(回復)	바로잡아 원래의 상태로 돌이키거나 원래의 상태를 되찾음
명백(明白)−명료(明瞭)	의심할 바 없이 아주 뚜렷함
몰두(沒頭)−탐닉(耽溺)	어떤 일에 온 정신을 다 기울여 열중함
묵과(默過)−묵인(默認)	잘못을 알고도 모르는 체하고 그대로 넘김
발명(發明)−창안(創案)	아직까지 없던 기술이나 물건을 새로 생각하여 만들어 냄
발의(發議)−제안(提案)	안이나 의견을 내놓음. 또는 그 의안
변별(辨別)−판단(判斷)	사물의 옳고 그름이나 좋고 나쁨을 가림
복용(服用)−투약(投藥)	약을 먹음
본질(本質)−실태(實態)	본디부터 가지고 있는 사물 자체의 성질이나 모습

언어논리력

부족(不足)-결핍(缺乏)	필요한 양이나 기준에 미치지 못해 충분하지 아니함
불멸(不滅)-불후(不朽)	없어지거나 사라지지 아니함
서거(逝去)-작고(作故)	사람의 죽음을 높여 이르는 말
선정(選定)-선발(選拔)	여럿 가운데서 어떤 것을 뽑아 정함
세련(洗練)-숙련(熟練)	서투르거나 어색한 데가 없이 능숙하게 익힘
소모(消耗)-소비(消費)	재화, 시간 등을 들이거나 써서 없앰
소지(所持)-소유(所有)	가지고 있음. 또는 그 물건
수색(搜索)-검색(檢索)	구석구석 뒤지어 찾음
숙명(宿命)-운명(運命)	날 때부터 이미 정해져 있는 목숨이나 처지
실제(實際)-현실(現實)	현재 실제로 존재하는 사실이나 상태
실현(實現)-성취(成就)	꿈, 기대 따위를 실제로 이룸
암시(暗示)-시사(示唆)	넌지시 깨우쳐 줌
역사(歷史)-연혁(沿革)	사회·문화적 변천과 흥망의 과정. 또는 그 기록
열중(熱中)-골몰(汨沒)	한 가지 일에 정신을 쏟음
외관(外觀)-외양(外樣)	겉으로 드러난 모양
위임(委任)-위탁(委託)	어떤 일을 책임 지워 맡김. 또는 그 책임
유명(有名)-저명(著名)	이름이 널리 알려져 있음
육성(育成)-교육(敎育)	지식과 기술 따위를 가르치며 인격을 길러 줌
의도(意圖)-취지(趣旨)	무엇을 하고자 하는 생각이나 계획. 또는 무엇을 하려고 꾀함
의존(依存)-의지(依支)	다른 것에 마음을 기대어 도움을 받음. 또는 그렇게 하는 대상
이전(移轉)-양도(讓渡)	재산이나 권리 따위를 남에게 넘겨줌. 혹은 넘겨받음
저가(低價)-염가(廉價)	시세보다 싼 값. 또는 저렴한 값
전념(專念)-전심(傳心)	오직 한 가지 일에만 마음을 씀
전승(傳承)-계승(繼承)	조상의 전통이나 문화유산, 업적 따위를 물려받아 이어 나감
정독(精讀)-미독(味讀)	자세히 살피어 읽음
제공(提供)-공급(供給)	무엇을 내주거나 갖다 바침
제압(制壓)-압도(壓倒)	위력이나 위엄으로 세력이나 기세 따위를 억눌러서 통제함
중상(中傷)-비방(誹謗)	근거 없는 말로 남을 헐뜯어 명예나 지위를 손상시킴
증명(證明)-입증(立證)	어떤 사항이나 판단에 대하여 진실인지 아닌지 증거를 들어 밝힘
지시(指示)-명령(命令)	일러서 시킴. 또는 그 내용
착안(着眼)-착상(着想)	어떤 문제를 해결하기 위한 실마리를 잡음
채용(採用)-기용(起用)	사람을 골라서 씀
책망(責望)-질책(叱責)	잘못을 꾸짖거나 나무라며 못마땅하게 여김
청탁(請託)-부탁(付託)	어떤 일을 해 달라고 맡기거나 청하거나 맡김
촉망(囑望)-기대(期待)	어떤 일이 이루어지기를 바라고 기다림
추정(推定)-추측(推測)	미루어 생각하여 판정함

친밀(親密)−친선(親善)	지내는 사이가 매우 친하고 가까움
포부(抱負)−희망(希望)	어떤 일을 이루거나 하기를 바람
풍조(風潮)−시류(時流)	시대에 따라 변하는 세태
풍파(風波)−파란(波瀾)	순조롭지 않게 일어나는 여러 가지 어려움이나 시련
한계(限界)−범위(範圍)	사물이나 능력, 책임 따위가 실제 작용할 수 있는 범위
해탈(解脫)−열반(涅槃)	불교에서 모든 번뇌의 얽매임에서 벗어나고, 진리를 깨달아 불생불멸의 법을 체득한 경지를 이르는 말
핵심(核心)−요점(要點)	가장 중요하고 중심이 되는 사실이나 관점
허공(虛空)−천공(天空)	텅 빈 공중
혼잡(混雜)−번잡(煩雜)	여럿이 한데 뒤섞이어 어수선함
활용(活用)−변통(變通)	이리저리 잘 응용함
회전(回轉)−선회(旋回)	한 점이나 축 또는 어떤 물체를 중심으로 하여 그 둘레를 빙빙 돎

2) 반의어 : 의미가 서로 반대되는 말

가결(可決)−부결(否決)	가결	회의에서 제출된 의안을 합당하다고 결정함
	부결	의논한 안건을 받아들이지 아니하기로 결정함
가중(加重)−경감(輕減)	가중	더 무겁게 함. 또는 더 무거워짐
	경감	덜어내어 가볍게 함
간섭(干涉)−방임(放任)	간섭	직접 관계가 없는 남의 일에 부당하게 참견함
	방임	돌보거나 간섭하지 않고 제멋대로 내버려 둠
감소(減少)−증가(增加)	감소	줄어서 적어짐. 또는 덜어서 적게 함
	증가	더하여 많아짐
감퇴(減退)−증진(增進)	감퇴	줄어서 쇠퇴함
	증진	더하여 나아감. 또는 나아가게 함
객관(客觀)−주관(主觀)	객관	인간의 생각 밖에 존재하며, 그 생각에 의존하지 않은 외부의 세계
	주관	자기대로의 생각, 개인적인 견해나 관점
격감(激減)−급증(急增)	격감	수량이 갑자기 줆
	급증	갑작스럽게 늘어남
곤란(困難)−용이(容易)	곤란	어떤 일을 하는 입장 · 상황 · 조건 등이 좋지 않아 어렵거나 까다로운 상태
	용이	어렵지 아니하고 아주 쉬움
기정(旣定)−미정(未定)	기정	이미 결정되어 있음
	미정	아직 정하지 못함
낙관(樂觀)−비관(悲觀)	낙관	인생을 즐겁게 여기거나 세상을 밝고 좋게 생각함. 또는 일이 잘될 것으로 봄
	비관	인생을 슬프게 보거나 세상을 어둡고 쓸쓸하게 생각함. 또는 일이 잘 안 될 것으로 봄

	낙제	시험에 떨어지는 것. 낙방(落榜)
낙제(落第) – 급제(及第)	급제	시험이나 검사에 합격함
내용(內容) – 형식(形式)	내용	사물의 속내나 실속
	형식	겉으로 드러나는 격식. 또는 내용을 담고 있는 틀
눌변(訥辯) – 달변(達辯)	눌변	더듬거리는 서툰 말솜씨
	달변	능숙하여 막힘이 없는 말
능숙(能熟) – 미숙(未熟)	능숙	능하고 익숙함
	미숙	일 따위에 익숙하지 못하여 서투름
막연(漠然) – 명확(明確)	막연	뚜렷하지 못하고 어렴풋함
	명확	명백하고 확실함
물질(物質) – 정신(精神)	물질	물건의 본바탕. 또는 재산이나 재물
	정신	마음이나 생각. 또는 영혼
배출(排出) – 흡수(吸收)	배출	안에서 밖으로 밀어 내보냄
	흡수	빨아서 거두어들임
불법(不法) – 합법(合法)	불법	법이나 도리 따위에 어긋남. 또는 법을 어김
	합법	법령 또는 법식에 맞음
쇄국(鎖國) – 개국(開國)	쇄국	다른 나라와의 통상과 교역을 금지함
	개국	나라의 문호를 열어 다른 나라와 교류함
순행(循行) – 역행(逆行)	순행	순로를 좇아 돌아봄. 또는 명령을 좇아 행함
	역행	거꾸로 나아감. 또는 순서를 바꾸어 행함
습득(拾得) – 분실(紛失)	습득	물건을 주워서 얻음
	분실	자기도 모르는 사이에 물건을 잃어버림
승리(勝利) – 패배(敗北)	승리	겨루어 이김
	패배	싸움에 져서 도망함
실제(實際) – 가공(架空)	실제	사실의 경우나 형편
	가공	터무니없음. 또는 근거 없음
암시(暗示) – 명시(明示)	암시	넌지시 깨우쳐 줌
	명시	분명히 드러내 보이거나 가리킴
연결(連結) – 단절(斷絕)	연결	사물과 사물, 현상과 현상이 서로 이어지거나 관계를 맺음
	단절	유대나 연관 관계를 끊음
염세(厭世) – 낙천(樂天)	염세	세상을 괴롭고 귀찮은 것으로 여겨 비관함
	낙천	세상과 인생을 즐겁고 좋은 것으로 여김
원인(原因) – 결과(結果)	원인	어떤 일의 근본이 되는 까닭
	결과	어떤 원인으로 인하여 이루어진 결말
유보(留保) – 결정(決定)	유보	어떤 일을 당장 처리하지 아니하고 나중으로 미루어 둠
	결정	행동이나 태도를 분명하게 정함. 또는 그렇게 정해진 내용

인위(人爲)－자연(自然)	인위	사람의 힘이나 능력으로 이루어지는 일
	자연	저절로 그렇게 되는 모양이나 사람의 힘을 더하지 않는 천연 그대로의 상태
임대(賃貸)－임차(賃借)	임대	돈을 받고 자기의 물건을 남에게 빌려줌
	임차	돈을 내고 남의 물건을 빌려 씀
자의(恣意)－타의(他意)	자의	제멋대로 하는 생각이나 방자한 마음씨
	타의	다른 생각이나 마음. 또는 다른 사람의 생각이나 의견
자유(自由)－속박(束縛)	자유	무엇에 얽매이지 아니하고 자기 마음대로 할 수 있는 상태
	속박	강압적으로 얽어매거나 제한함
적대(敵對)－우호(友好)	적대	마주 대하여 버팀. 또는 적으로 여김
	우호	벗으로 사귐 또는 국가나 개인 사이가 서로 좋음
중시(重視)－경시(輕視)	중시	가볍게 여길 수 없을 만큼 매우 크고 중요하게 여김
	경시	대수롭지 않게 보거나 업신여김
집중(集中)－분산(分散)	집중	어떤 일·현상·대상 등 한 곳이나 한정된 짧은 시간에 몰리거나 쏠리게 함
	분산	따로따로 흩어짐. 또는 따로따로 흩어지게 함
찰나(刹那)－영원(永遠)	찰나	매우 짧은 시간
	영원	어떤 상태가 끝없이 이어짐
퇴화(退化)－진화(進化)	퇴화	진보 이전의 상태로 되돌아감. 퇴행(退行)
	진화	진보(進步)하여 차차 더 나은 것이 됨
특수(特殊)－보편(普遍)	특수	특별히 다름
	보편	모든 것에 공통되거나 들어맞음
표면(表面)－이면(裏面)	표면	겉으로 나타나거나 눈에 띄는 부분
	이면	겉으로 나타나거나 눈에 보이지 않는 부분
허가(許可)－불가(不可)	허가	법률이 정한 범위에서 허락하는 일
	불가	어떤 일을 해서는 안되는 상태에 있는 것
호재(好材)－악재(惡材)	호재	증권 거래에서 시세 상승의 요인이 되는 재료
	악재	증권 거래에서 시세 하락의 원인이 되는 조건
후대(厚待)－냉대(冷待)	후대	아주 잘 대접함. 또는 그런 대접
	냉대	정성을 들이지 않고 아무렇게나 하는 대접

3) 다의어 : 두 가지 이상의 뜻을 가진 단어

<table>
<tr>
<td>걸다</td>
<td>
1. 벽이나 못 따위에 어떤 물체를 떨어지지 않도록 매달아 올려놓다.
예 금메달을 목에 <u>걸다</u>.
2. 자물쇠, 문고리를 채우거나 빗장을 지르다.
예 대문에 빗장을 <u>걸다</u>.
3. 솥이나 냄비 따위를 이용할 수 있도록 준비하여 놓다.
예 아궁이에 냄비를 <u>걸다</u>.
4. 기계 따위가 작동하도록 준비하여 놓다. 혹은 작동되도록 하다.
예 전축에 음반을 <u>걸다</u>. / 차에 시동을 <u>걸다</u>.
5. 어느 단체에 속한다고 이름을 내세우다.
예 문단에 이름을 <u>걸어</u> 놓은 작가는 많지만 작품 활동을 하는 작가는 그렇게 많지 않다.
</td>
</tr>
<tr>
<td>굳다</td>
<td>
1. 무른 물질이 단단하게 되다.
예 떡이 <u>굳어서</u> 먹기 힘들어졌다.
2. 근육이나 뼈마디가 뻣뻣하게 되다.
예 퇴근할 때는 항상 어깨 근육이 <u>굳어</u> 있다.
3. 표정이나 태도 따위가 부드럽지 못하고 딱딱하여지다.
예 긴장이 돼서 면접관에게 <u>굳은</u> 표정으로 인사했다.
4. 몸에 배어 버릇이 되다.
예 <u>굳어</u> 버린 세 살 버릇을 고치기는 힘들다.
5. 돈이나 쌀 따위가 헤프게 없어지지 아니하고 자기의 것으로 계속 남게 되다.
예 교복을 물려 입어서 교복 살 돈이 <u>굳었다</u>.
</td>
</tr>
<tr>
<td>그리다</td>
<td>
1. 연필, 붓 따위로 어떤 사물의 모양을 그와 닮게 선이나 색으로 나타내다.
예 방학 숙제로 그림을 <u>그렸다</u>.
2. 생각, 현상 따위를 말이나 글, 음악 등으로 나타내다.
예 이 영화는 직장인의 애환을 <u>그리고</u> 있다.
3. 어떤 모양을 일정하게 나타내거나 어떤 표정을 짓다.
예 별똥별이 포물선을 <u>그리며</u> 떨어졌다.
4. 상상하거나 회상하다.
예 그녀는 할아버지와의 추억을 <u>그리며</u> 잠이 들었다.
</td>
</tr>
<tr>
<td>나누다</td>
<td>
1. 여러 가지가 섞인 것을 구분하여 분류하다.
예 선생님은 학생들을 청군과 백군으로 <u>나누어</u> 편을 갈랐다.
2. 몫을 분배하다.
예 이익금을 모두에게 공정하게 <u>나누어야</u> 불만이 생기지 않는다.
3. 음식 따위를 함께 먹거나 갈라 먹다.
예 나는 그녀와 술을 한잔 <u>나누면서</u> 여러 가지 이야기를 했다.
4. 말이나 이야기, 인사 따위를 주고받다.
예 두 사람이 서로 인사를 <u>나누다</u>.
5. 즐거움이나 고통, 고생 따위를 함께하다.
예 고통은 주위 사람과 <u>나누면</u> 작아지고, 즐거움은 <u>나누면</u> 커진다고 한다.
6. 같은 핏줄을 타고나다.
예 나는 그와 피를 <u>나눈</u> 형제이다.
</td>
</tr>
</table>

날리다	1. 공중에 띄워서 어떤 위치에서 다른 위치로 움직이게 하다. **예** 아이들은 종이비행기를 하늘로 <u>날리며</u> 놀았다. 2. 어떤 물체가 바람에 나부끼어 움직이게 하다. **예** 그녀는 외투 자락을 <u>날리면서</u> 재빠르게 달려왔다. 3. 명성을 떨치다. **예** 그녀는 1960년대에 명성을 <u>날리던</u> 영화배우였다. 4. 가지고 있던 재산이나 자료 따위를 잘못하여 모두 잃거나 없애다. **예** 노름으로 사업 밑천을 <u>날리다</u>. 5. 아이를 잃다. **예** 이름 모를 병으로 아이를 <u>날리고</u> 슬픈 얼굴로 돌아온 사람들도 있었다. 6. 정성을 들이지 아니하고 일을 대강대강 아무렇게나 하다. **예** 만일 이 일을 <u>날려</u> 한다면 월급을 받지 못할 것이다. 7. 웃음을 띠다. **예** 그녀는 눈에 웃음을 방긋이 <u>날렸다</u>.
당기다	1. 좋아하는 마음이 일어나 저절로 끌리다. **예** 마음이 <u>당겨</u> 그를 따라갔다. 2. 입맛이 돋우어지다. **예** 가을은 입맛이 <u>당기는</u> 계절이다. 3. 물건 따위를 힘을 주어 자기 쪽이나 일정한 방향으로 가까이 오게 하다. **예** 문을 너무 세게 <u>당겨</u> 다칠 뻔했다. 4. 정한 시간이나 기일을 앞으로 옮기거나 줄이다. **예** 장마 때문에 공사 기간을 <u>당겨</u> 일찍 공사를 끝내기로 결정했다.
듣다	1. 사람이나 동물이 소리를 감각 기관을 통해 알아차리다. **예** 당신의 목소리를 <u>듣고</u> 싶습니다. 2. 다른 사람의 말이나 소리에 스스로 귀 기울이다. **예** 정치인은 국민의 소리를 <u>들을</u> 줄 알아야 한다. 3. 다른 사람의 말을 받아들여 그렇게 하다. **예** 학교에 가면 선생님 말씀을 잘 <u>들어라</u>. 4. 기계, 장치 따위가 정상적으로 움직이다. **예** 운전 중에 브레이크가 말을 <u>듣지</u> 않아 사고가 날 뻔했다. 5. 어떤 것을 무엇으로 이해하거나 받아들이다. **예** 그는 고지식해서 농담까지도 진담으로 <u>듣는다</u>. 6. 주로 약 따위가 효험을 나타내다. **예** 두통에 잘 <u>듣는</u> 약
띠다	1. 물건을 몸에 지니다. **예** 추천서를 <u>띠고</u> 회사를 찾아가도록 해라. 2. 용무나 직책, 사명 따위를 지니다. **예** 중요한 임무를 <u>띠고</u> 있는 그의 행보에 눈길이 간다. 3. 빛깔이나 색채 따위를 가지다. **예** 사과가 홍조를 <u>띠면서</u> 굵어질 채비를 하고 있다. 4. 감정이나 기운 따위를 나타내다. **예** 그의 얼굴은 미소를 <u>띠고</u> 있었다. 5. 어떤 성질을 가지다. **예** 그 모임은 정치적 성격을 <u>띠고</u> 있다.

맵다	1. 고추나 겨자와 같이 맛이 알알하다. 　예 라면이 <u>맵다</u>. 2. 성미가 사납고 독하다. 　예 어머니는 <u>매운</u> 시집살이를 하셨다. 3. 날씨가 매우 춥다. 　예 겨울바람이 <u>맵고</u> 싸늘하게 불어왔다. 4. 연기 따위가 눈이나 코를 아리게 하다. 　예 연기 때문에 눈이 <u>매웠다</u>. 5. 결기가 있고 야무지다. 　예 그녀는 하는 일마다 <u>맵게</u> 잘 처리한다.
밀다	1. 일정한 방향으로 움직이도록 반대쪽에서 힘을 가하다. 　예 수레를 뒤에서 <u>밀다</u>. 2. 나무 따위의 거친 표면을 반반하고 매끄럽게 깎다. 　예 대패로 통나무를 <u>밀다</u>. 3. 허물어 옮기거나 깎아 없애다. 　예 불도저로 야산을 <u>밀다</u>. 4. 뒤에서 보살피고 도와주다. 　예 아무래도 누군가 그를 <u>밀고</u> 있다. 5. 바닥이 반반해지도록 연장을 누르면서 문지르다. 　예 구겨진 바지를 다리미로 한 번 <u>밀어라</u>. 6. 눌러서 얇게 펴다. 　예 밀가루 반죽을 밀개로 <u>밀었다</u>.
바르다	1. 풀칠한 종이나 헝겊 따위를 다른 물건의 표면에 고루 붙이다. 　예 이참에 벽지를 새로 <u>바르자</u>. 2. 차지게 이긴 흙 따위를 다른 물체의 표면에 고르게 덧붙이다. 　예 벽에 흙을 <u>발랐다</u>. 3. 물이나 풀, 약, 화장품 따위를 물체의 표면에 문질러 묻히다. 　예 약을 <u>바르지</u> 않으면 상처가 덧날 수도 있다.
쌓다	1. 물건을 차곡차곡 포개어 얹어서 구조물을 이루다. 　예 장작을 <u>쌓아</u> 불을 붙였다. 2. 밑바탕을 닦아서 든든하게 마련하다. 　예 책을 쓰기 위해서는 학문의 기초부터 <u>쌓아야</u> 한다. 3. 경험, 기술, 업적, 지식 따위를 거듭 익혀 많이 이루다. 　예 그는 경험을 <u>쌓기</u> 위해 떠났다. 4. 재산, 명예 또는 불명예, 신뢰 또는 불신 따위를 많이 얻거나 가지다. 　예 약속을 어기지 않아야 신뢰를 <u>쌓을</u> 수 있다.
쏘다	1. 활이나 총, 대포 따위를 일정한 목표를 향해 발사하다. 　예 과녁을 향해 화살을 정확하게 <u>쏘다</u>. 2. 말이나 시선으로 상대편을 매섭게 공격하다. 　예 예의없는 그에게 따끔한 말을 한마디 <u>쏘아</u> 주었다. 3. 벌레가 침과 같은 것으로 살을 찌르다. 　예 벌이 손등을 <u>쏘아</u> 퉁퉁 부었다. 4. 매운맛이나 강한 냄새가 사람의 입 안이나 코를 강하게 자극하다. 　예 톡 <u>쏘는</u> 양파 냄새에 눈이 시큰거린다.

쓰다	1. 어떤 일을 하는 데에 재료나 도구, 수단을 이용하다. 　예 빨래하는 데 세제를 많이 <u>쓴다</u>고 빨래가 깨끗하게 되는 것은 아니다. 2. 어떤 일에 마음이나 관심을 기울이다. 　예 정말 괜찮으니까 그 일에 신경 <u>쓰지</u> 마. 3. 어떤 일을 하는 데 시간이나 돈을 들이다. 　예 아르바이트에 시간을 많이 <u>써서</u> 공부할 시간이 없다. 4. 힘이나 노력 따위를 들이다. 　예 아이에게 애를 <u>쓴</u> 보람도 없이 아이는 결국 나쁜 길로 들어서고 말았다. 5. 붓, 펜과 같은 도구로 종이 따위에 획을 그어서 일정한 글자가 이루어지게 하다. 　예 오늘 배운 데까지 공책에 두 번 <u>써</u> 오는 게 숙제다. 6. 모자 따위를 머리에 얹어 덮다. 　예 머리에 가발을 <u>쓰다</u>.
열다	1. 닫히거나 잠긴 것을 트거나 벗기다. 　예 문을 <u>열다</u>. 2. 모임이나 회의 따위를 시작하다. 　예 국회를 <u>열다</u>. 3. 사업이나 경영 따위의 운영을 시작하다. 　예 형은 집에서 가까운 네거리에 가게를 <u>열었다</u>. 4. 새로운 기틀을 마련하다. 　예 이 땅에 새 시대를 <u>열다</u>. 5. 어떤 관계를 맺다. 　예 두 나라가 경제적인 협력을 위하여 국교를 <u>열었다</u>. 6. 자기의 마음을 다른 사람에게 터놓거나 다른 사람의 마음을 받아들이다. 　예 그는 결국에는 굳게 닫혔던 마음을 <u>열었다</u>. 7. ('입'을 목적어로 하여) 다른 사람에게 어떤 일에 대하여 터놓거나 이야기를 시작하다. 　예 용의자는 마침내 형사에게 입을 <u>열었다</u>.
울다	1. 기쁨, 슬픔 따위의 감정을 억누르지 못하거나 아픔을 참지 못하여 눈물을 흘리다. 또는 그렇게 눈물을 흘리면서 소리를 내다. 　예 그는 서러운 마음이 들어 슬피 <u>울었다</u>. 2. 짐승, 벌레, 바람 따위가 소리를 내다. 　예 첫닭이 <u>울었다</u>. 3. 물체가 바람 따위에 흔들리거나 움직여 소리가 나다. 　예 전깃줄이 바람에 <u>운다</u>. 4. 종이나 천둥, 벨 따위가 소리를 내다. 　예 천둥이 <u>우는</u> 소리에 잠에서 깼다.
지내다	1. 사람이 어떤 장소에서 생활을 하면서 시간이 지나가는 상태가 되게 하다. 　예 그동안 어떻게 <u>지내셨습니까</u>? 2. 서로 사귀어 오다. 　예 우리 부부는 행복하게 <u>지낸답니다</u>. 3. 과거에 어떤 직책을 맡아 일하다. 　예 그는 장관을 <u>지낸</u> 사람이다. 4. 혼인이나 제사 따위의 관혼상제 같은 어떤 의식을 치르다. 　예 제사를 <u>지내다</u>. 5. 계절, 절기, 방학, 휴가 따위의 일정한 시간을 보내다. 　예 아이들은 시골집에서 여름 방학을 <u>지냈다</u>.

취하다	1. 자기 것으로 만들어 가지다.
	  예 그는 휴가를 떠나 휴식을 <u>취했다</u>.
	2. 어떤 일에 대한 방책으로 어떤 행동을 하거나 일정한 태도를 가지다.
	  예 선생님은 나에 대하여 쭉 관망하는 태도를 <u>취해</u> 왔다.
	3. 어떤 특정한 자세를 취하다
	  예 나는 사진을 찍기 위해 여러 가지 자세를 <u>취하고</u> 있었다.

파다	1. 구멍이나 구덩이를 만들다.
	  예 땅을 <u>파다</u>.
	2. 그림이나 글씨를 새기다.
	  예 그는 도장을 <u>파는</u> 것이 직업이다.
	3. 천이나 종이 따위의 한 부분을 도려내다.
	  예 목둘레선을 깊이 <u>파서</u> 목 부분이 허전하다.
	4. 어떤 것을 알아내거나 밝히기 위하여 몹시 노력하다.
	  예 사건의 진상을 <u>파다</u>.
	5. 전력을 기울이다.
	  예 그는 지금까지 자기 전공 분야만을 <u>파서</u> 다른 분야에 대해선 거의 아는 것이 없다.
	6. 문서나 서류 따위에서 어떤 부분을 삭제하다.
	  예 호적을 <u>파다</u>.

하다	1. 사람이나 동물, 물체 따위가 행동이나 작용을 이루다.
	  예 사람은 생각을 <u>하고</u> 말을 <u>하고</u> 사랑을 <u>하는</u> 존재다.
	2. 장신구나 옷 따위를 갖추거나 차려입다.
	  예 목걸이를 <u>하다</u>. / 가면을 <u>하다</u>.
	3. 어떠한 결과를 이루어 내다.
	  예 반에서 일등을 <u>하다</u>. / 장원 급제를 <u>하다</u>.
	4. 값이 어느 정도에 이르다.
	  예 이 가방은 얼마나 <u>해요</u>?
	5. 어떤 일을 그렇게 정하다.
	  예 우리는 그곳에서 다시 만나기로 <u>하고</u> 헤어졌다.
	6. 생각하거나 추측하다.
	  예 알아서 하겠거니 <u>했다</u>가 낭패를 보는 경우가 있다.
	7. 음식물 따위를 먹거나 마시거나 담배 따위를 피우다.
	  예 커피 한잔 <u>하실래요</u>? / 그는 술을 좀 <u>한다</u>.

🔖 예제 2

다음 중 연결된 어휘의 관계가 다른 하나를 고르면?

① 숙명(宿命) — 운명(運命) 　② 제압(制壓) — 압도(壓倒)

③ 격려(激勵) — 고무(鼓舞) 　④ 중시(重視) — 경시(輕視)

🔖 해설

①~③은 유의어 관계인 반면, ④ '중시(重視) — 경시(輕視)'는 반의어 관계이다.

정답   ④

예제 3

다음 밑줄 친 어휘 중 제시문에서 설명하지 않은 것은?

쓰다³ 「동사」

1. 【…에 …을】
   「1」 어떤 일을 하는 데에 재료나 도구, 수단을 이용하다.
   「2」【…을 …으로】 사람에게 어떤 일을 하게 하다.

2. 【…에/에게 …을】
   「1」 (흔히, '한턱', '턱' 따위와 함께 쓰여) 다른 사람에게 베풀거나 내다.
   「2」 어떤 일에 마음이나 관심을 기울이다.
   「3」 합당치 못한 일을 강하게 요구하다.
   「4」【…을 …으로】 어떤 일을 하는 데 시간이나 돈을 들이다.
   「5」【−려고/−기 위하여】 힘이나 노력 따위를 들이다.

3. 【…을】
   「1」 몸의 일부분을 제대로 놀리거나 움직이다.
   「2」【…을 …으로】 어떤 건물이나 장소를 일정 기간 사용하거나 임시로 다른 일을 하는 곳으로
       이용하다.
   「3」【…에/에게 …을】【…을 …으로】 어떤 말이나 언어를 사용하다.

4. ('−아서 / −면 쓰−' 구성으로 쓰여) (주로 반어적인 표현에 쓰여)
   「1」 도리에 맞는 바른 상태가 되다.

---

① 마음의 병에는 쓸 약도 없다.
② 나 정말 괜찮으니까 그 일에 신경 쓰지 마.
③ 광부들이 온몸에 석탄가루를 까맣게 쓰고 일을 한다.
④ 우리 집 창고를 공장으로 쓰겠다고 해서 세를 주었다.

해설

③ '…… 쓰고 …… '는 '먼지나 가루 따위를 몸이나 물체 따위에 덮은 상태가 되다'라는 의미이다. 따라서 제시
문에서 설명하고 있는 '쓰다'의 다의어에 해당하지 않는다.
① 1. 「1」 어떤 일을 하는 데에 재료나 도구, 수단을 이용하다.
② 2. 「2」 어떤 일에 마음이나 관심을 기울이다.
④ 3. 「2」 어떤 건물이나 장소를 일정 기간 사용하거나 임시로 다른 일을 하는 곳으로 이용하다.

정답 ③

❸ 혼동하기 쉬운 어휘

1) 기본 어휘

1	가늠/ 가름/ 갈음	가늠	사물을 어림잡아 헤아림 예 **가늠**이 안 되는 높이
		가름	1. 쪼개거나 나누어 따로따로 되게 함 　예 편을 **가름** 2. 승부나 등수 따위를 정함 　예 승패의 **가름**은 가위바위보로 하자.
		갈음	다른 것으로 바꾸어 대신함 예 제 소개는 춤으로 **갈음**하겠습니다.
2	갱신/ 경신	갱신(更新)	이미 있던 것을 고쳐 새롭게 함(계약, 기간, 서류·문서, 증명서, 컴퓨터 등 관련) 예 여권 **갱신**을 받다.
		경신(更新)	이미 있던 것을 고쳐 새롭게 함(기록, 실적, 수치 등 관련) 예 세계 기록을 **경신**하다.
3	껍질/ 껍데기	껍질	물체의 겉을 싸고 있는 단단하지 않은 물질 예 양파의 **껍질**을 벗기다.
		껍데기	1. 달걀이나 조개 따위의 겉을 싸고 있는 단단한 물질 　예 바위에 굴 **껍데기**가 달라붙어 있다. 2. 알맹이를 빼내고 겉에 남은 물건 　예 베개 **껍데기**를 벗겼다.
4	결재/ 결제	결재(決裁)	결정할 권한이 있는 상관이 부하가 제출한 안건을 검토하여 허가하거나 승인함 예 **결재** 서류
		결제(決濟)	증권 또는 대금을 주고받아 매매 당사자 사이의 거래 관계를 끝맺는 일 예 **결제** 자금
5	고안/ 착안	고안(考案)	연구하여 새로운 안을 생각해 냄 예 신제품 **고안**
		착안(着眼)	어떤 일을 주의하여 봄. 또는 어떤 문제를 해결하기 위한 실마리를 잡음 예 **착안** 사항
6	곤욕/ 곤혹	곤욕(困辱)	심한 모욕 또는 참기 힘든 일 예 구설수로 **곤욕**을 치르다.
		곤혹(困惑)	곤란한 일을 당하여 어찌할 바를 모름 예 갑작스런 질문에 **곤혹**을 느끼다.
7	금일/ 익일	금일(今日)	오늘 예 **금일** 중으로 방문해야 한다.
		익일(翌日)	어느 날 뒤에 오는 날 예 **익일** 오전에 만나자.
8	너비/ 넓이	너비	평면이나 넓은 물체의 가로로 건너지른 거리(폭) 예 도로의 **너비**를 재다.
		넓이	일정한 평면에 걸쳐 있는 공간이나 범위의 크기(면적) 예 땅의 **넓이**가 넓다.

언어논리력

9	독선/ 독단	독선(獨善)	자기 혼자만이 옳다고 믿고 행동하는 일 예 독선에 빠지다.
		독단(獨斷)	남과 상의하지 않고 혼자서 판단하거나 결정함 예 독단으로 일을 처리하다.
10	동의/ 동조	동의(同意)	다른 사람의 행위를 승인하거나 시인함 예 동의를 구하다.
		동조(同調)	남의 주장에 자기의 의견을 일치시키거나 보조를 맞춤 예 그녀는 그의 말에 동조하는 듯했다.
11	막역/ 막연	막역(莫逆)	'허물이 없이 아주 친하다'의 어근 예 막역한 친구
		막연(漠然)	'갈피를 잡을 수 없게 아득하다' 또는 '뚜렷하지 못하고 어렴풋하다'의 어근 예 막연한 기대
12	반드시/ 반듯이	반드시	틀림없이 꼭 예 약속은 반드시 지켜라.
		반듯이	기울거나 굽지 않고 바르게 예 고개를 반듯이 들어라.
13	반증/ 방증	반증(反證)	어떤 사실이나 주장이 옳지 않음을 그에 반대되는 근거를 들어 증명함 예 그의 주장에 반증을 대기가 어렵다
		방증(傍證)	직접적인 증거가 되지는 않지만, 간접적으로 증명에 도움을 줌 예 방증 자료
14	불가피/ 불가결	불가피 (不可避)	피할 수 없음 예 정치의 개혁이 불가피하다.
		불가결 (不可缺)	없어서는 안 됨 예 그 조건은 필수 불가결이다.
15	상승/ 향상	상승 (上昇/上升)	낮은 데서 위로 올라감 예 신분 상승
		향상(向上)	실력, 수준, 기술 따위가 나아짐. 또는 나아지게 함 예 생활 수준 향상
16	수리/ 수선	수리(修理)	도구, 공구, 기구 등으로 고치는 것 예 자전거를 수리하다.
		수선(修繕)	실과 바늘 따위로 고치는 것 예 옷을 수선하다.
17	실용성/ 실효성	실용성 (實用性)	실제적인 쓸모가 있는 성질이나 특성 예 예쁘지만 실용성이 떨어진다.
		실효성 (實效性)	실제로 효과를 나타내는 성질 예 실효성 있는 대책
18	실재/ 실제	실재(實在)	실제로 존재함 예 실재의 인물
		실제(實際)	사실의 경우나 형편 예 실제 상황

언어논리력

19	안갚음/ 앙갚음	안갚음	자식이 커서 부모를 봉양하는 일 예 이제는 안갚음을 할 나이가 되었다.
		앙갚음	남이 저에게 해를 준 대로 저도 그에게 해를 줌 예 내가 당한 수모를 앙갚음할 날이 와야 하는데.
20	운영/ 운용	운영(運營)	(경영) 1. 조직이나 기구, 사업체 따위를 운용하고 경영함 　　예 조직 운영에 대한 책임을 지다. 2. 어떤 대상을 관리하고 운용하여 나감 　　예 대학의 학사 운영
		운용(運用)	(사용) 무엇을 움직이게 하거나 부리어 씀 예 법의 운용을 멋대로 하다.
21	임대/ 임차	임대(賃貸)	돈을 받고 자기의 물건을 남에게 빌려줌 예 임대 아파트
		임차(賃借)	돈을 내고 남의 물건을 빌려 씀 예 사무실을 임차하였다.
22	증가/ 증감	증가(增加)	양이나 수치가 늚 예 운전자가 증가했다.
		증감(增減)	많아지거나 적어짐 예 세액의 증감
23	증강/ 증진	증강(增強)	수나 양을 늘리어 더 강하게 함 예 국력의 증강에 힘쓰다.
		증진(增進)	기운이나 세력 따위가 점점 더 늘어 가고 나아감 예 식욕 증진
24	지그시/ 지긋이	지그시	슬며시 힘을 주는 모양 예 지그시 밟다.
		지긋이	나이가 비교적 많아 듬직하게 예 그는 나이가 지긋이 들어 보인다.
25	지양/ 지향	지양(止揚)	더 높은 단계로 오르기 위하여 어떠한 것을 하지 아니함 예 갈등을 지양하다.
		지향(志向)	어떤 목표로 뜻이 쏠리어 향함. 또는 그 방향이나 그쪽으로 쏠리는 의지 예 평화를 지향하다.
26	-째/ 채/ 체	-째	'그대로' 또는 '전부'의 뜻을 더하는 접미사 예 껍질째 먹어라.
		채	'이미 있는 상태 그대로 있다'는 뜻을 나타내는 말 예 앉은 채로 잠들다.
		체	그럴듯하게 꾸미는 거짓 태도나 모양 예 그는 모르는 체를 했다.
27	출연/ 출현	출연(出演)	연기, 공연, 연설 따위를 하기 위하여 무대나 연단에 나감 예 신인 배우를 출연시키다.
		출현(出現)	나타나거나 또는 나타나서 보임 예 문명의 출현

28	한참/ 한창	한참	시간이 상당히 지나는 동안 예 한참 동안 기다리다.
		한창	어떤 일이 가장 활기 있고 왕성하게 일어나는 때. 또는 어떤 상태가 가장 무르익은 때 예 축제가 한창인 대학가
29	혼돈/ 혼동	혼돈(混沌)	마구 뒤섞여 있어 갈피를 잡을 수 없음. 또는 그런 상태 예 외래문화의 무분별한 수입은 가치관의 혼돈을 초래했다.
		혼동(混同)	구별하지 못하고 뒤섞어서 생각함 예 그는 현실과 꿈 사이에서 혼동을 일으켰다.
30	홀몸/ 홑몸	홀몸	배우자나 형제가 없는 사람 예 그는 홀몸이 되었다.
		홑몸	아이를 배지 아니한 몸 예 홑몸이 아니다.

2) 심화 어휘

1	가르치다/ 가리키다	가르치다	지식이나 기능, 이치 따위를 깨닫게 하거나 익히게 하다. 예 저는 지금 학교에서 학생들을 가르치고 있습니다.
		가리키다	손가락 따위로 어떤 방향이나 대상을 집어서 보이거나 말하거나 알리다. 예 시곗바늘이 오후 네 시를 가리키고 있었다.
2	거치다/ 걷히다	거치다	1. 무엇에 걸리거나 막히다. 　예 칡덩굴이 발에 거치다. 2. 오가는 도중에 어디를 지나거나 들르다. 　예 대구를 거쳐 부산으로 가다. 3. 어떤 과정이나 단계를 겪거나 밟다. 　예 학생들은 초등학교부터 중학교, 고등학교를 거쳐 대학에 입학하게 된다.
		걷히다	1. 구름이나 안개 따위가 흩어져 없어지다. / 비가 그치고 맑게 개다. 　예 안개가 걷히다. / 장마가 걷힌 뒤 갑자기 쌀쌀해졌다. 2. 늘어진 것이 말아 올려지다. / 널거나 깐 것이 다른 곳으로 치워지다. 　예 그물이 걷히다. / 이불이 걷히다. 3. 여러 사람에게서 돈이나 물건 따위가 거두어지다. 　예 세금이 잘 걷힌다.
3	걷잡다/ 겉잡다	걷잡다	1. 한 방향으로 치우쳐 흘러가는 형세 따위를 붙들어 잡다. 　예 불길이 걷잡을 수 없이 번져 나갔다. 2. 마음을 진정하거나 억제하다. 　예 걷잡을 수 없이 흐르는 눈물
		겉잡다	겉으로 보고 대강 짐작하여 헤아림 예 겉잡아서 한 달은 걸릴 일
4	그러므로/ 그럼으로(써)	그러므로	(이유, 원인) '그렇기 때문에, ~한 까닭에'의 의미를 갖는 접속 부사 예 그는 부지런하다. 그러므로 잘 산다.
		그럼으로(써)	(수단) '~을 가지고, ~을 통해서, ~을 이용하여' 등의 의미를 가짐 예 그는 열심히 일한다. 그럼으로써 삶에 보람을 느낀다.

		느리다	속도가 빠르지 못하다. 예 진도가 <u>느리다</u>.
5	느리다/ 늘이다/ 늘리다	늘이다	1. 본디보다 더 길어지게 하다. 예 고무줄을 <u>늘이다</u>. 2. 아래로 길게 처지게 하다. 예 거미줄같이 <u>늘여진</u> 밧줄 3. 넓게 벌여 놓다. 예 경계망을 <u>늘였다</u>.
		늘리다	'물체의 넓이, 부피 따위를 본디보다 커지게 하다'는 뜻으로, '늘다'의 사동사 예 그 배역을 맡기 위해 체중을 30kg이나 <u>늘렸다</u>.
6	다리다/ 달이다	다리다	다리미나 인두로 문지르다. 예 <u>다리지</u> 않은 와이셔츠라 온통 구김살이 가 있다.
		달이다	1. 액체 따위를 끓여서 진하게 만들다. 　예 간장을 <u>달이다</u>. 2. 약제 따위에 물을 부어 우러나도록 끓이다. 　예 보약을 <u>달이다</u>.
7	들르다/ 들리다	들르다	지나는 길에 잠깐 들어가 머무름 예 친구 집에 <u>들르다</u>.
		들리다	'사람이나 동물이 소리를 감각 기관을 통해 알아차리다'의 피동사 예 노래 소리가 <u>들린다</u>.
8	맞추다/ 맞히다	맞추다	1. 둘 이상의 일정한 대상들을 나란히 놓고 비교하여 살피다. 　예 시험이 끝나면 학생들은 서로 답을 <u>맞추어</u> 보았다. 2. 서로 떨어져 있는 부분을 제자리에 맞게 대어 붙이다. 　예 깨진 조각을 본체와 <u>맞추어</u> 붙이다. 3. 어떤 기준이나 정도에 어긋나지 아니하게 하다. 　예 시간에 <u>맞추어</u> 전화를 하다.
		맞히다	'문제에 대한 답을 틀리지 않게 하다'는 뜻으로, '맞다'의 사동사 예 정답을 <u>맞히다</u>.
9	바치다/ 받치다/ 받히다/ 밭치다	바치다	1. 신이나 웃어른에게 정중하게 드리거나 아낌없이 내놓다. 　예 신에게 제물을 <u>바쳤다</u>. 2. 반드시 내거나 물어야 할 돈을 가져다주다. 　예 관청에 세금을 <u>바치다</u>.
		받치다	1. 물건의 밑이나 옆 따위에 다른 물체를 대다. 　예 쟁반에 커피를 <u>받치고</u> 조심조심 걷다. 2. 화 따위의 심리적 작용이 강하게 일어나다. 　예 그녀는 감정이 <u>받쳐서</u> 끝내는 울음을 터뜨렸다. 3. 먹은 것이 잘 소화되지 않고 위로 치밀다. 　예 아침에 먹은 것이 자꾸 <u>받쳐서</u> 점심을 굶었다. 4. 단단한 곳에 닿아 몸의 일부분이 아프게 느껴지다. 　예 맨바닥에서 잠을 자서 등이 <u>받친다</u>.
		받히다	'머리나 뿔 따위에 세차게 부딪히다'는 뜻으로, '받다'의 피동사 예 신호를 무시하고 달려오는 승용차에 <u>받혀</u> 크게 다쳤다.
		밭치다	구멍이 뚫린 물건 위에 국수나 야채 따위를 올려 물기를 빼다. 예 잘 삶은 국수를 찬물에 헹군 후 체에 <u>밭쳐</u> 놓았다.

10	벌리다/ 벌이다	벌리다	둘 사이를 넓히거나 멀게 함 예 줄 간격을 <u>벌리다</u>.
		벌이다	일을 계획하여 시작하거나 펼쳐 놓음 예 잔치를 <u>벌이다</u>.
11	부치다/ 붙이다	부치다	1. 모자라거나 미치지 못하다. 　예 그 일은 힘에 <u>부친다</u>. 2. 편지나 물건 따위를 상대에게로 보내다. 　예 아들에게 학비와 용돈을 <u>부치다</u>. 3. 어떤 문제를 다른 곳이나 다른 기회로 넘기어 맡기다. 　예 안건을 회의에 <u>부치다</u>. 4. 어떤 일을 거론하거나 문제 삼지 않는 상태에 있게 하다. 　예 회의 내용을 극비에 <u>부치다</u>. 5. 원고를 인쇄에 넘기다. 　예 접수된 원고를 편집하여 인쇄에 <u>부쳤다</u>. 6. 먹고 자는 일을 제집이 아닌 다른 곳에서 하다. 　예 삼촌 집에 숙식을 <u>부치다</u>. 7. 논밭을 이용하여 농사를 짓다. 　예 남의 논을 <u>부친다</u>. 8. 번철이나 프라이팬 따위에 기름을 바르고 빈대떡, 저냐, 전병(煎餅) 따위의 음식을 익혀서 만들다. 　예 빈대떡을 <u>부친다</u>. 9. 부채 따위를 흔들어서 바람을 일으키다. 　예 부채를 <u>부치다</u>.
		붙이다	1. 맞닿아 떨어지지 않게 하다. 　예 봉투에 우표를 <u>붙이다</u>. 2. 불을 일으켜 타게 하다. 　예 연탄에 불을 <u>붙이다</u>. 3. 조건, 이유, 구실 따위를 딸리게 하다. 　예 계약에 조건을 <u>붙이다</u>. 4. 식물이 뿌리를 내리게 하다. 　예 땅에 뿌리를 <u>붙이다</u>. 5. 내기를 하는 데 돈을 태워 놓다. 　예 내기에 1000원을 <u>붙이다</u>. 6. 물체와 물체 또는 사람을 서로 바짝 가깝게 하다. 　예 땅에 발을 <u>붙이고</u> 서 있었다. 7. 어떤 감정이나 감각을 생기게 하다. 　예 공부에 흥미를 <u>붙이다</u>. 8. 목숨이나 생명 따위를 끊어지지 않게 하다. 　예 하루하루 목숨을 <u>붙이고</u> 산다는 것 9. 겨루는 일 따위를 서로 어울려 시작하게 하다. 　예 주인과 손님을 흥정을 <u>붙이다</u>.
12	붇다/ 붓다	붇다	1. 물에 젖어서 부피가 커지다. 　예 오래되어 <u>불은</u> 국수는 맛이 없다. 2. 분량이나 수효가 많아지다. 　예 체중이 <u>붇다</u>.

언어논리력

12	붙다/ 붓다	붓다	1. 살가죽이나 어떤 기관이 부풀어 오르다. 예 울어서 눈이 <u>붓다</u>. 2. 성이 나서 뾰로통해지다. 예 화가 나서 잔뜩 <u>부어</u> 있었다. 3. 액체나 가루 따위를 다른 곳에 담다. 예 어머니는 냄비에 물을 <u>붓고</u> 끓였다.
13	불구하다/ 불고하다	불구(不拘) 하다	'~에도, ~음에도 불구하고' 구성으로 쓰여, 얽매여 거리끼지 아니하다. 예 몸살에도 <u>불구하고</u> 출근하다.
		불고(不顧) 하다	돌아보지 않다. / 돌보지 않다. 예 체면을 <u>불고하다</u>. / 처자식을 <u>불고하다</u>.
14	비추다/ 비치다	비추다	1. (타동사) 빛을 내는 대상이 다른 대상에 빛을 보내어 밝게 하다. 예 손전등을 방 안에 <u>비추다</u>. 2. (타동사) 빛을 반사하는 물체에 어떤 물체의 모습이 나타나게 하다. 예 거울에 얼굴을 <u>비추다</u>. 3. '~에 비추어' 형태로 쓰여, 어떤 것과 관련하여 견주어 보다. 예 내 경험에 <u>비추어</u> 볼 때 이 사업은 성공하기가 어렵다.
		비치다	1. 빛이 나서 환하게 되다. 예 어둠 속에 달빛이 <u>비치다</u>. 2. 무엇으로 보이거나 인식되다. 예 내 눈에는 그의 행동이 상사에 대한 아부로 <u>비쳤다</u>. 3. 의향을 떠보려고 슬쩍 말을 꺼내거나 의사를 넌지시 깨우쳐 주다. 예 그는 이번 선거에 출마할 의향을 어느 정도 <u>비쳤다</u>.
15	삭이다/ 삭히다	삭이다	1. 긴장이나 화를 풀어 마음을 가라앉히다. 예 분을 <u>삭이다</u>. 2. 먹은 음식물을 소화시키다. 예 돌도 <u>삭일</u> 나이에 그렇게 소화를 못 시켜서 어떻게 하냐.
		삭히다	김치나 젓갈 따위의 음식물을 발효시켜 맛이 들게 하다. 예 멸치젓을 <u>삭히다</u>.
16	안치다/ 앉히다	안치다	1. 밥, 떡, 찌개 따위를 만들기 위하여 그 재료를 솥이나 냄비 따위에 넣고 불 위에 올리다. 예 솥에 쌀을 <u>안치러</u> 부엌으로 갔다. 2. 어려운 일이 앞에 밀리다. 예 당장 눈앞에 <u>안친</u> 일이 많아 어찌할 바를 모르겠다. 3. 앞으로 와 닥치다. 예 언덕에 오르니 전경이 눈에 <u>안쳐</u> 왔다.
		앉히다	1. '앉다'의 사동사 예 그는 딸을 앞에 <u>앉혀</u> 놓고 잘못을 타일렀다. 2. 어떤 직위나 자리를 차지하게 하다. 예 사장이 자기 아들을 부장 자리에 <u>앉혔다</u>. 3. 무엇을 올려놓거나 설치하다. 예 사장은 새로운 기계를 공장에 <u>앉혔다</u>. 4. 문서에 어떤 줄거리를 따로 적어 놓다. 예 그는 책을 읽다가 중요한 것을 여백에 <u>앉히는</u> 습관이 있다. 5. 어떤 일에 적극적으로 나서지 않게 하고 수수방관하게 하다. 예 다 큰 아들을 가만히 <u>앉혀</u> 놓고 늙은 부모가 생계를 맡고 있다.

17	여위다/ 여의다	여위다	몸의 살이 빠져 파리하게 되다. 예 얼굴은 홀쭉하게 <u>여위고</u> 두 눈은 퀭하였다.
		여의다	1. 부모나 사랑하는 사람이 죽어서 이별하다. 예 그는 일찍이 부모를 <u>여의고</u> 고아로 자랐다. 2. 딸을 시집보내다. 예 중매쟁이를 통해 막내딸을 <u>여의다</u>.
18	이따가/ 있다가	이따	(부사) 조금 지난 뒤에 예 <u>이따가</u> 단둘이 있을 때 얘기하자.
		있다	(동사) 어느 곳에서 떠나거나 벗어나지 아니하고 머물다. 예 그는 내일 집에 <u>있는</u>다고 했다.
19	저리다/ 절이다	저리다	1. 가슴이나 마음 따위가 못 견딜 정도로 아프다. 예 그리움으로 가슴이 <u>저리다</u>. 2. 뼈마디나 몸의 일부가 오래 눌려서 피가 잘 통하지 못하다. 예 다친 다리가 <u>저리다</u>.
		절이다	'생선이나 야채 따위를 소금에 간이 들거나 숨이 죽도록 소금기가 배어들게 하다'는 뜻으로, '절다'의 사동사 예 갈치를 사다가 소금에 <u>절였다</u>.
20	조리다/ 졸이다	조리다	1. 양념을 한 고기나 생선, 채소 따위를 국물에 넣고 바짝 끓여서 양념이 배어들게 하다. 예 멸치와 고추를 간장에 <u>조렸다</u>. 2. 식물의 열매나 뿌리, 줄기 따위를 꿀이나 설탕물 따위에 넣고 계속 끓여서 단맛이 배어들게 하다. 예 토마토를 설탕에 <u>조려</u> 냉장고에 넣어 두었다.
		졸이다	1. '찌개, 국, 한약 따위의 물을 증발시켜 분량을 적어지게 하다'는 뜻으로, '졸다'의 사동사 예 찌개를 <u>졸이다</u>. 2. 속을 태우다시피 초조해하다. 예 가슴을 <u>졸이다</u>.
21	좇다/ 쫓다	좇다	목표 · 이상 · 행복 따위를 추구함 예 이상을 <u>좇는</u> 젊은이
		쫓다	어떤 대상을 잡거나 만나기 위하여 뒤를 급히 따름 예 그의 뒤를 <u>쫓아</u> 건물로 들어갔다.
22	주리다/ 줄이다	주리다	먹을 만큼 먹지 못하여 배곯다. 예 여러 날을 <u>주렸다</u>.
		줄이다	'수 · 분량, 규모 · 크기, 시간 · 기간 등을 본디보다 작게 하다'는 뜻으로, '줄다'의 사동사 예 비용을 <u>줄이다</u>.
23	−(으)러/ −(으)려	−(으)러	목적 예 친구를 <u>만나러</u> 간다.
		−(으)려	의도 예 친구를 <u>만나려</u>(고) 한다.
24	−(으)로서/ −(으)로써	−(으)로서	1. 자격 · 지위 · 신분 예 자식<u>으로서</u> 마땅히 할 일 2. 어떤 동작이 일어나거나 시작되는 곳 예 이 문제는 너<u>로서</u> 시작되었다.

24	−(으)로서/ −(으)로써	−(으)로써	1. 재료 · 원료, 도구 · 수단 예 말로써 천 냥 빚을 갚는다고 한다. 2. 시간을 셈하거나 어떤 일의 기준이 되는 시간임을 나타냄 예 시험을 치는 것이 이로써 세 번째입니다.
25	−(으)므로/ (−ㅁ, −음) 으로(써)	−(으)므로	까닭이나 근거를 나타내는 어미 예 비가 오므로 외출하지 않았다.
		(−ㅁ, −음) 으로(써)	어떤 일의 이유를 나타내는 조사 예 인솔자의 안내를 따르지 않음으로써 발생하는 문제는 책임지지 않습니다.

예제 4

다음 밑줄 친 어휘의 쓰임이 적절하지 않은 것을 고르면?

① 김장용 배추를 사다 소금물에 **절여** 두었다.
② 딸기를 설탕물에 넣고 **졸여**서 잼을 만들었다.
③ 할머니의 제사상에 올릴 떡을 시루에 **안쳤**다.
④ 민속주는 곡식을 **삭혀**서 만드는 경우가 많다.

해설

'조리다'에는 '식물의 열매나 뿌리, 줄기 따위를 꿀이나 설탕물 따위에 넣고 계속 끓여서 단맛이 배어들게 하다.'라는 의미가 있다. 따라서 '딸기를 설탕물에 넣고 <u>조려</u>서 잼을 만들었다.'가 올바르다.

정답 ②

예제 5

다음 중 밑줄 친 어휘의 쓰임이 올바른 것을 고르면?

① 과일은 껍질**채** 먹는 게 몸에 더 좋습니다.
② 분위기가 **한참** 무르익는 동안 하늘엔 별이 총총히 떠올랐다.
③ 미정과 민정은 이름도 비슷하고 외모도 비슷해서 사람들이 많이 **혼돈**하곤 한다.
④ 그녀는 취직 후 처음으로 부모님께 용돈을 **부쳐** 드렸다.

해설

'부치다'에는 '편지나 물건 따위를 상대에게 보내다'는 뜻이 있으므로 옳게 쓰인 것은 ④이다.
① 그대로 또는 전부를 뜻하는 접미사 '째'를 써서 '껍질째'가 되어야 한다.
② 어떤 상태가 가장 무르익은 때는 '한창'이다.
③ 구별하지 못하고 뒤섞어서 생각함을 뜻하는 '혼동'을 써야 한다.

정답 ④

④ 한자성어 / 외래어

1) 주요 한자성어

각골난망(刻骨難忘)	남에게 입은 은혜가 뼈에 새길 만큼 커서 잊히지 아니함
각주구검(刻舟求劍)	융통성 없이 현실에 맞지 않는 낡은 생각을 고집하는 어리석음
감탄고토(甘呑苦吐)	달면 삼키고 쓰면 뱉는다는 뜻. 자신의 비위에 따라서 사리의 옳고 그름을 판단함
견강부회(牽強附會)	이치에 맞지 않는 말을 억지로 끌어 붙여 자기에게 유리하게 함
견문발검(見蚊拔劍)	모기를 보고 칼을 뺀다는 뜻. 사소한 일에 크게 성내어 덤빔
결초보은(結草報恩)	죽은 뒤에라도 은혜를 잊지 않고 갚음
고식지계(姑息之計)	우선 당장 편한 것만을 택하는 꾀나 방법
고장난명(孤掌難鳴)	외손뼉만으로는 소리가 울리지 않는다는 뜻. 혼자의 힘만으로 어떤 일을 이루기 어려움
곡학아세(曲學阿世)	바른 길에서 벗어난 학문으로 세상 사람에게 아첨함
괄목상대(刮目相對)	눈을 비비고 상대편을 본다는 뜻. 남의 학식이나 재주가 놀랄 만큼 부쩍 늚
구밀복검(口蜜腹劍)	입에는 꿀이 있고 배 속에는 칼이 있다는 뜻. 말로는 친한 듯하나 속으로는 해칠 생각이 있음
교각살우(矯角殺牛)	소의 뿔을 바로잡으려다가 소를 죽인다는 뜻. 잘못된 점을 고치려다가 그 방법이나 정도가 지나쳐 오히려 일을 그르침
낭중지추(囊中之錐)	주머니 속의 송곳이라는 뜻. 재능이 뛰어난 사람은 숨어 있어도 저절로 사람들에게 알려짐
만시지탄(晚時之歎)	시기에 늦어 기회를 놓쳤음을 안타까워하는 탄식
면종복배(面從腹背)	겉으로는 복종하는 체하면서 내심으로는 배반함
사면초가(四面楚歌)	사방에서 초나라 노랫소리가 들린다는 뜻. 적에게 완전히 포위당하여 고립되어 있음
상전벽해(桑田碧海)	뽕밭이 푸른 바다로 바뀔 정도로 세상이 변함
순망치한(脣亡齒寒)	입술이 없으면 이가 시리다는 뜻. 서로 이해관계가 밀접한 사이에 어느 한쪽이 망하면 다른 한쪽도 그 영향을 받아 온전하기 어려움
식자우환(識字憂患)	학식이 있는 것이 오히려 근심을 사게 됨
양두구육(羊頭狗肉)	양의 머리를 걸어 놓고 개고기를 판다는 뜻. 겉보기만 그럴듯하게 보이고 속은 변변하지 아니함
어부지리(漁父之利)	조개와 도요새가 서로 다투며 버티는 틈에 그 싸움과는 전혀 관계가 없는 어부가 둘을 다 잡아서 이득을 보았다는 뜻. 엉뚱한 제3자가 이익을 가로챔
자가당착(自家撞着)	같은 사람의 말이나 행동이 앞뒤가 서로 맞지 아니하고 모순됨
타산지석(他山之石)	다른 산의 나쁜 돌도 산의 옥돌을 가는 데 쓸 수 있다는 뜻. 본이 되지 않는 남의 말과 행동도 인격을 수양하는 데 도움이 될 수 있음
하석상대(下石上臺)	아랫돌 빼서 윗돌 괴고 윗돌 빼서 아랫돌 괸다는 뜻. 임시변통으로 이리저리 둘러맞춤
환부작신(換腐作新)	썩은 것을 싱싱한 것으로 바꿈

2) 의미별 한자성어

(1) 자기의 속마음까지 알아주는 진정한 친구나 그 사귐	
① 간담상조(肝膽相照)	간과 쓸개를 비추어 보일 정도의 사이라는 데서 나온 말
② 관포지교(管鮑之交)	옛 중국의 관중과 포숙 사이처럼 돈독한 관계를 이르는 말
③ 문경지교(刎頸之交)	'목을 벨 수 있는 벗'이라는 뜻으로, 생사를 같이 할 수 있는 매우 소중한 친구
④ 수어지교(水魚之交)	물과 물고기 사이와 같이 떼려야 뗄 수 없는 친구 사이
⑤ 지기지우(知己之友)	자기를 가장 잘 알아주는 친한 친구

(2) 무척 위태로운 일의 형세	
① 누란지세(累卵之勢)	알을 쌓아 놓은 듯이 위급한 상황
② 명재경각(命在頃刻)	금방 숨이 끊어질 듯이 위태로움
③ 백척간두(百尺竿頭)	백 척 높이의 장대 끝에 있듯이 위태로워 보임
④ 위기일발(危機一髮)	위기가 바로 머리맡에 있는 듯한 형세
⑤ 일촉즉발(一觸卽發)	한 번 스치기만 해도 폭발할 것 같은 위태위태한 형세
⑥ 풍전등화(風前燈火)	바람 앞의 등불과 같이 위태함

(3) 시절이 무척 태평함	
① 강구연월(康衢煙月)	'강구의 거리에서 연기가 나고 달빛이 비친다'는 뜻으로, 태평한 세상의 평화로운 풍경
② 고복격양(鼓腹擊壤)	'배를 두드리며 흙덩이를 친다'는 뜻으로, 의식이 풍족한 상황
③ 비옥가봉(比屋可封)	충신, 효자, 열녀가 많은 까닭에 벼슬에 봉할 만한 집들이 줄지어 있을 정도로 세상이 평안함
④ 태평성대(太平聖代)	어질고 착한 임금이 다스리는 태평한 세상
⑤ 함포고복(含哺鼓腹)	음식을 먹으며 배를 두드릴 정도로 태평해 즐거운 모양

(4) 평범한 사람들	
① 갑남을녀(甲男乙女)	갑이라는 남자와 을이라는 여자와 같이 평범함
② 장삼이사(張三李四)	장 서방네 셋째 아들과 이 서방네 넷째 아들이란 뜻으로 특별히 신분을 일컬을 정도가 못 되는 사람
③ 초동급부(樵童汲婦)	나무하는 아이와 물 긷는 아낙네처럼 평범함
④ 필부필부(匹夫匹婦)	짝을 이룬 지아비와 지어미는 세상 천지에 흔하다는 데서 나온 말

(5) 부모님께 효도를 다함	
① 반포보은(反哺報恩)	자식이 부모가 길러준 은혜에 보답하는 것
② 반포지효(反哺之孝)	'까마귀 새끼가 자란 뒤에 늙은 어미에게 먹이를 물어다 주는 효성'이라는 뜻으로, 자식이 자라서 부모를 봉양함
③ 백유지효(伯俞之孝)	'백유(伯俞)의 효도'라는 뜻으로, 어버이에 대한 지극한 효심을 일컫는 말
④ 오조사정(烏鳥私情)	'까마귀가 새끼 적에 어미가 길러 준 은혜를 갚는 사사로운 애정'이라는 뜻으로, 자식이 부모에게 효성을 다하려는 마음
⑤ 풍수지탄(風樹之歎(嘆))	'나무가 고요하고자 하나 바람이 그치지 않는다'는 뜻으로, 부모에게 효도를 하려고 할 때에는 이미 돌아가셨음
⑥ 혼정신성(昏定晨省)	저녁에는 부모님의 잠자리를 정해 드리고 아침에는 부모님께서 안녕히 주무셨는지를 살필 정도로 효성이 지극함

(6) 학문에 전념함	
① 수불석권(手不釋卷)	'손에서 책을 놓지 않는다'는 뜻으로, 늘 책을 가까이 함
② 일취월장(日就月將)	'날마다 달마다 성장하고 발전한다'는 뜻으로, 학업이 갈수록 진보함
③ 자강불식(自强(彊)不息)	스스로 힘을 쓰고 몸과 마음을 가다듬어 쉬지 아니함
④ 주경야독(晝耕夜讀)	'낮에는 농사짓고 밤에는 공부한다'는 뜻으로, 바쁜 틈을 타서 어렵게 공부함
⑤ 절차탁마(切磋琢磨)	'옥돌을 자르고 줄로 쓸고 끌로 쪼고 갈아 빛을 내다'는 뜻으로, 학문이나 인격을 갈고 닦음
⑥ 형설지공(螢雪之功)	'반딧불과 눈빛으로 이룬 공'이라는 뜻으로, 가난을 이겨내며 고생 속에서 공부하여 이룬 공을 일컫는 말

(7) 우선 그 순간만 모면하겠다는 얄팍한 계책	
① 미봉책(彌縫策)	임시변통으로 이리저리 꾸며 맞추기 위한 계책
② 고식지계(姑息之計)	자기의 계집과 자식만을 생각하듯이 당장 눈앞의 안일함만 취하는 계책
③ 동족방뇨(凍足放尿)	언 발에 오줌을 누어 봐야 따뜻함은 그 순간일 뿐이라는 데서 나온 말
④ 임기응변(臨機應變)	그때그때의 형편에 따라 변통성 있게 그 자리에서 처결함
⑤ 하석상대(下石上臺)	대충 눈가림으로 아랫돌을 위의 대에 받쳐 놓음

(8) 나라가 망함을 탄식함	
① 망국지탄(亡國之歎(嘆))	나라가 망함에 대한 탄식
② 망국지한(亡國之恨)	나라가 망함에 대한 탄식
③ 맥수서유(麥秀黍油)	'보리의 이삭과 기장의 윤기'라는 뜻으로, 고국의 멸망을 탄식함
④ 맥수지탄(麥秀之歎(嘆))	'보리만 무성하게 자란 것을 탄식함'이라는 뜻으로, 고국의 멸망을 탄식함

(9) 개인적인 후회나 한탄	
① 만시지탄(晚時之歎(嘆))	'때늦은 한탄'이라는 뜻으로, 시기가 늦어 기회를 놓친 것이 원통해서 탄식함
② 망양지탄(望洋之歎(嘆))	'넓은 바다를 보고 탄식한다'는 뜻으로, 1. 남의 원대함에 감탄하고, 나의 미흡함을 부끄러워함 2. 제힘이 미치지 못할 때 하는 탄식
③ 비육지탄(髀肉之嘆)	'넓적다리에 살이 붙음을 탄식한다'는 뜻으로, 1. 자기의 뜻을 펴지 못하고 허송세월하는 것을 한탄하다 성공할 기회를 잃고 공연히 허송세월만 보냄을 탄식 2. 영웅이 때를 만나지 못하여 싸움에 나가지 못하고 넓적다리에 헛된 살만 쪄 가는 것을 한탄한다는 말에서 나옴
④ 연목구어(緣木求魚)	'나무에 인연하여 물고기를 구한다'는 뜻으로, 1. 목적이나 수단이 일치하지 않아 성공이 불가능함 2. 허술한 계책으로 큰일을 도모함

(10) 교훈적 의미	
① 근묵자흑(近墨者黑)	'먹을 가까이하면 검어진다'는 뜻으로, 나쁜 사람을 가까이하면 그 버릇에 물들기 쉬움
② 사필귀정(事必歸正)	처음에는 그릇되더라도 모든 일은 결국 반드시 정리로 돌아감
③ 읍참마속(泣斬馬謖)	'눈물을 머금고 마속의 목을 벤다'는 뜻으로, 사랑하는 신하를 법대로 처단하여 질서를 바로잡음

④ 인과응보(因果應報)	'원인과 결과는 서로 물고 물린다'는 뜻으로, 1. 과거 또는 전생의 선악의 인연에 따라서 뒷날 길흉 화복의 갚음을 받게 됨을 이르는 말 2. 좋은 일에는 좋은 결과가, 나쁜 일에는 나쁜 결과가 따름
⑤ 타산지석(他山之石)	다른 산의 돌이라는 뜻으로, 다른 산에서 나는 거칠고 나쁜 돌이라도 숫돌로 쓰면 자기의 옥을 갈 수가 있으므로, 다른 사람의 하찮은 언행이라도 자기의 지덕을 닦는 데 도움이 됨을 비유해 이르는 말

3) 주요 외래어 표기

X	O	X	O
그라데이션	그러데이션	고로케, 크로케트	크로켓
나레이션	내레이션	넌센스	난센스
다이나믹	다이내믹	도너츠	도넛
런닝셔츠	러닝셔츠	레몬에이드	레모네이드
레인보우	레인보	레크레이션	레크리에이션
렌트카	렌터카	레포트	리포트
로보트	로봇	랍스타, 롭스터	로브스터, 랍스터
로케트	로켓	리더쉽	리더십
리모콘	리모컨	링겔, 링게르, 닝겔	링거
매니아	마니아	메세지	메시지
매커니즘, 메카니즘	메커니즘	멤버쉽	멤버십
미스테리	미스터리	밀크쉐이크	밀크셰이크
바디랭기지	보디랭귀지	바베큐	바비큐
발렌타인데이	밸런타인데이	밧데리	배터리
뱃지, 뺏지	배지	발란스, 배런스	밸런스
부저	버저	불독	불도그
비지니스	비즈니스	삐에로	피에로
산타크로스	산타클로스	샹들리에	샹들리에
샌달	샌들	샵	숍
소세지	소시지	쇼파	소파
수퍼마켓	슈퍼마켓	쉬림프	슈림프
스넥	스낵	스노우보드	스노보드
스케쥴	스케줄	스탭	스태프
스텐리스, 스텐레스	스테인리스	스테미나, 스태미너	스태미나
스포이드, 스푸이트	스포이트	스폰지	스펀지
싱가폴	싱가포르	아울렛	아웃렛

X	O	X	O
악세사리	액세서리	알콜	알코올
아답터, 어답터	어댑터	알러지, 알레지	알레르기
앵콜, 앵코르, 앙콜	앙코르	액센트, 엑센트	악센트
어플리케이션	애플리케이션	엠블란스, 엠뷸런스	앰뷸런스
엔돌핀	엔도르핀	옥스포드	옥스퍼드
워크샵	워크숍	윈도우	윈도
잠퍼	점퍼, 잠바	쥬니어	주니어
쥬라기	쥐라기	쥬스	주스
째즈	재즈	초콜렛	초콜릿
카운셀러	카운슬러	카톨릭	가톨릭
카페트	카펫	캬라멜	캐러멜
커텐	커튼	컨닝	커닝
캐롤	캐럴	칼라	컬러
컨텐츠	콘텐츠	컴플렉스	콤플렉스
커피샵	커피숍	컨닝	커닝
콘테이너	컨테이너	콘트롤	컨트롤
콜렉션	컬렉션	컨테스트	콘테스트
케익	케이크	케찹	케첩
콩쿨, 콩쿠르스	콩쿠르	쿠테타	쿠데타
크리스찬	크리스천	크리스탈	크리스털
클라이막스	클라이맥스	크락션, 클락션	클랙슨
타겟	타깃	타올	타월
텔레비젼	텔레비전	팡파레, 빵빠르	팡파르
팜플렛	팸플릿	프리젠테이션	프레젠테이션
페스티발	페스티벌	프로포즈	프러포즈
플래쉬	플래시	플룻	플루트

예제 6

다음 제시된 속담과 관련 있는 한자성어를 고르면?

> 10년이면 강산(江山)도 변한다.

① 절차탁마(切磋琢磨)　　　　② 형설지공(螢雪之功)
③ 풍수지탄(風樹之嘆)　　　　④ 상전벽해(桑田碧海)

해설

상전벽해(桑田碧海)는 '뽕나무밭이 푸른 바다가 되었다'는 뜻으로, 세상이 몰라 볼 정도로 바뀐 것 또는 세상의 모든 일이 엄청나게 변해버린 것을 의미한다.

정답 ④

예제 7

다음 외래어 표기 중 옳지 않은 것은?

① lobster — 랍스터　　　　② propose — 프로포즈
③ caramel — 캐러멜　　　　④ shrimp — 슈림프

해설

'propose'의 외래어 표기는 '프러포즈'이다.

정답 ②

⑤ 한글 맞춤법 / 표준어 규정

1) 한글 맞춤법 제5장 띄어쓰기

• 제1절 조사

제41항	조사는 그 앞말에 붙여 쓴다. 예 꽃이, 꽃으로만, 꽃이나마, 꽃이다, 꽃입니다, 꽃마저, 꽃밖에, 꽃에서부터, 꽃처럼 또한, 조사가 둘 이상 연속되거나 어미 뒤에 붙을 때에도 앞말에 붙여 쓴다. 예 학교에서처럼, 사과하기는커녕

• 제2절 의존 명사, 단위를 나타내는 명사 및 열거하는 말 등

제42항	의존 명사는 띄어 쓴다. 예 아는 것이 힘이다, 할 수 있다, 먹을 만큼 먹어라, 뜻한 바를 알겠다
제43항	단위를 나타내는 명사는 띄어 쓴다. 예 한 개, 차 한 대, 금 서 돈, 소 한 마리, 옷 한 벌, 열 살 다만, 순서를 나타내는 경우나 숫자와 어울리어 쓰이는 경우에는 붙여 쓸 수 있다. 예 두시 삼십분 오초, 제일과, 삼학년, 육층, 1446년 10월 9일, 2대대
제44항	수를 적을 적에는 '만(萬)' 단위로 띄어 쓴다. 예 십이억 삼천사백오십육만 칠천팔백구십팔, 12억 3456만 7898
제45항	두 말을 이어 주거나 열거할 적에 쓰이는 말들은 띄어 쓴다. 예 국장 겸 과장, 열 내지 스물, 청군 대 백군, 사과, 배, 귤 등등
제46항	단음절로 된 단어가 연이어 나타날 적에는 붙여 쓸 수 있다. 예 그때 그곳, 좀더 큰것, 이말 저말, 한잎 두잎

• 자주 틀리는 띄어쓰기

1	뿐	조사	체언 뒤에 붙어서 한정의 뜻을 나타내는 경우 예 남자뿐이다, 셋뿐이다
		의존 명사	용언의 관형사형 뒤에 나타날 경우 예 웃을 뿐이다, 만졌을 뿐이다
2	만	조사	체언에 붙어서 한정 또는 비교의 뜻을 나타내는 경우 예 하나만 알고 둘은 모른다, 이것은 그것만 못하다
		의존 명사	시간의 경과나 횟수를 나타내는 경우 예 떠난 지 사흘 만에 돌아왔다, 세 번 만에 시험에 합격했다
3	만큼	조사	체언 뒤에 붙어 '앞말과 비슷한 정도로'라는 뜻을 나타내는 경우 예 중학생이 고등학생만큼 잘 안다, 키가 전봇대만큼 크다
		의존 명사	용언의 관형사형 뒤에 나타날 경우 예 볼 만큼 보았다, 애쓴 만큼 얻는다

4	대로	조사	체언 뒤에 붙어 '그와 같이'라는 뜻을 나타내는 경우 예 법대로, 약속대로
		의존 명사	용언의 관형사형 뒤에 나타날 경우 예 아는 대로 말한다, 약속한 대로 하세요
5	바	어미	어떤 사실을 말하기 위하여 그 사실이 있게 된 것과 관련된 상황을 제시할 경우 주로 '-ㄴ바' 구성으로 쓰임 예 서류를 검토한바 몇 가지 미비한 사항이 발견되었다
		의존 명사	일의 기회나 그리된 형편의 뜻을 나타내는 경우 주로 '-은, -는, -을 바에(는)' 구성으로 쓰임 예 어차피 매를 맞을 바에는 먼저 맞겠다
6	듯	어미	용언의 어간 뒤에 쓰일 때 예 구름에 달이 흘러가듯
		의존 명사	용언의 관형사형 뒤에 쓰일 경우 예 그가 먹은 듯
7	지	어미	어미 '(으)ㄴ지, ㄹ지'의 일부 예 집이 큰지 작은지 모르겠다, 어떻게 할지 모르겠다
		의존 명사	시간의 경과를 나타내는 경우 예 그가 떠난 지 보름이 지났다, 그를 만난 지 한 달이 지났다
8	차(次)	접미사	명사 뒤에 붙어 '목적'의 뜻을 더하는 경우 예 인사차 들렀다, 사업차 외국에 나갔다
		의존 명사	1. 용언의 관형사형 뒤에 나타날 경우 　예 고향에 갔던 차에 선을 보았다, 마침 가려던 차였다 2. '번', '차례'의 뜻. 혹은 주기나 경과의 해당 시기를 나타내는 경우 　예 제일 차 세계 대전
9	들	접미사	복수를 나타내는 경우 예 남자들, 학생들
		의존 명사	두 개 이상의 사물을 열거하는 구조에서 '그런 따위'라는 뜻을 나타내는 경우 (이때의 '들'은 의존 명사 '등(等)'으로 바꾸어 쓸 수 있다.) 예 쌀, 보리, 콩, 조, 기장 들을 오곡(五穀)이라 한다
10	판	합성어	예 노름판, 씨름판, 웃음판
		의존 명사	수 관형사 뒤에서 승부를 겨루는 일을 세는 단위를 나타낼 경우 예 바둑 두 판, 장기를 세 판이나 두었다

• 제3절 보조 용언

제47항	보조 용언은 띄어 씀을 원칙으로 하되, 경우에 따라 붙여 씀도 허용한다(ㄱ을 원칙으로 하고, ㄴ을 허용함). | ㄱ	ㄴ
불이 꺼져 간다.	불이 꺼져간다.
어머니를 도와 드린다.	어머니를 도와드린다.
그릇을 깨뜨려 버렸다.	그릇을 깨뜨려버렸다.
비가 올 듯하다.	비가 올듯하다.
그 일은 할 만하다.	그 일은 할만하다.
잘 아는 척한다.	잘 아는척한다. | 다만, 앞말에 조사가 붙거나 앞말이 합성 동사인 경우, 그리고 중간에 조사가 들어갈 적에는 그 뒤에 오는 보조 용언은 띄어 쓴다. 예 잘도 놀아만 <u>나는구나</u>!, 책을 읽어도 <u>보고</u>, 그가 올 듯도 <u>하다</u>

• 제4절 고유 명사 및 전문 용어

제48항	성과 이름, 성과 호 등은 붙여 쓰고, 이에 덧붙는 호칭어, 관직명 등은 띄어 쓴다. 예 윤동주, 채영신 씨, 최치원 선생, 충무공 이순신 장군 다만, 성과 이름, 성과 호를 분명히 구분할 필요가 있을 경우에는 띄어 쓸 수 있다. 예 남궁억/남궁 억, 독고준/독고 준
제49항	성명 이외의 고유 명사는 단어별로 띄어 씀을 원칙으로 하되, 단위별로 띄어 쓸 수 있다(ㄱ을 원칙으로 하고, ㄴ을 허용함). | ㄱ	ㄴ
대한 중학교	대한중학교
한국 대학교 사범 대학	한국대학교 사범대학	
제50항	전문 용어는 단어별로 띄어 씀을 원칙으로 하되, 붙여 쓸 수 있다(ㄱ을 원칙으로 하고, ㄴ을 허용함). | ㄱ	ㄴ
만성 골수성 백혈병	만성골수성백혈병
중거리 탄도 유도탄	중거리탄도유도탄	

2) 표준어 규정 제2장 발음 변화에 따른 표준어 규정

• 제5절 복수 표준어

<table>
<tr><td rowspan="10">제18항</td><td colspan="4">다음 단어는 ㄱ을 원칙으로 하고, ㄴ도 허용한다.</td></tr>
<tr><td>ㄱ</td><td>ㄴ</td><td colspan="2">비고</td></tr>
<tr><td>네</td><td>예</td><td colspan="2"></td></tr>
<tr><td>쇠-</td><td>소-</td><td colspan="2">-가죽, -고기, -기름, -머리, -뼈</td></tr>
<tr><td>괴다</td><td>고이다</td><td colspan="2">물이 ~, 밑을 ~</td></tr>
<tr><td>꾀다</td><td>꼬이다</td><td colspan="2">어린애를 ~, 벌레가 ~</td></tr>
<tr><td>쐬다</td><td>쏘이다</td><td colspan="2">바람을 ~</td></tr>
<tr><td>죄다</td><td>조이다</td><td colspan="2">나사를 ~</td></tr>
<tr><td>쬐다</td><td>쪼이다</td><td colspan="2">볕을 ~</td></tr>
<tr><td colspan="4">단, '괴이다, 꾀이다, 쐬이다, 죄이다, 쬐이다'와 같은 말은 자주 쓰이기는 하나, 국어의 일반적인 음운 현상으로 설명하기 어려우므로 표준어로 인정하지 않는다.</td></tr>
<tr><td rowspan="9">제19항</td><td colspan="4">어감의 차이를 나타내는 단어 또는 발음이 비슷한 단어들이 다 같이 널리 쓰이는 경우에는, 그 모두를 표준어로 삼는다(ㄱ, ㄴ을 모두 표준어로 삼음).</td></tr>
<tr><td>ㄱ</td><td>ㄴ</td><td colspan="2">비고</td></tr>
<tr><td>거슴츠레-하다</td><td>게슴츠레-하다</td><td colspan="2"></td></tr>
<tr><td>고까</td><td>꼬까</td><td colspan="2">~신, ~옷</td></tr>
<tr><td>고린-내</td><td>코린-내</td><td colspan="2"></td></tr>
<tr><td>교기(驕氣)</td><td>갸기</td><td colspan="2">교만한 태도</td></tr>
<tr><td>구린-내</td><td>쿠린-내</td><td colspan="2"></td></tr>
<tr><td>꺼림-하다</td><td>께름-하다</td><td colspan="2"></td></tr>
<tr><td>나부랭이</td><td>너부렁이</td><td colspan="2">'너부렝이'는 비표준어</td></tr>
</table>

3) 표준어 규정 제3장 어휘 선택의 변화에 따른 표준어 규정

• 제5절 복수 표준어

<table>
<tr><td rowspan="7">제26항</td><td colspan="2">한 가지 의미를 나타내는 형태 몇 가지가 널리 쓰이며 표준어 규정에 맞으면, 그 모두를 표준어로 삼는다.</td></tr>
<tr><td>복수 표준어</td><td>비고</td></tr>
<tr><td>가는-허리/잔-허리</td><td></td></tr>
<tr><td>가락-엿/가래-엿</td><td></td></tr>
<tr><td>갱-엿/검은-엿</td><td></td></tr>
<tr><td>가뭄/가물</td><td>가뭄철/가물철, 왕가뭄/왕가물</td></tr>
<tr><td>가엾다/가엽다</td><td>가엾어/가여워, 가엾은/가여운</td></tr>
</table>

제26항		
	감감-무소식/감감-소식	
	개수-통/설거지-통 개숫-물/설거지-물	설거지하다 '설겆다'는 비표준어
	-거리다/-대다	가물-, 출렁-
	게을러-빠지다/게을러-터지다	
	고깃-간/푸줏-간	'고깃-관, 푸줏-관'은 비표준어
	관계-없다/상관-없다	
	극성-떨다/극성-부리다	
	기세-부리다/기세-피우다	
	기승-떨다/기승-부리다	
	귀퉁-머리/귀퉁-배기	'귀퉁이'의 비어
	깃-저고리/배내-옷/배냇-저고리	
	꼬까/때때/고까	~신, ~옷
	넝쿨/덩굴	'덩쿨'은 비표준어
	녘/쪽	동~, 서~
	눈-대중/눈-어림/눈-짐작	
	느리-광이/느림-보/늘-보	
	늦-모/마냥-모	종래 '만이앙(晩移秧)모'에서 온 말 '만양모'는 비표준어
	다달-이/매-달	
	-다마다/-고말고	
	댓-돌/툇-돌	
	되우/된통/되게	
	들락-날락/들랑-날랑 들락-거리다/들랑-거리다	
	딴-전/딴-청	
	땅-콩/호-콩	
	땔-감/땔-거리	
	-뜨리다/-트리다	깨-, 떨어-, 쏟-
	마-파람/앞-바람	
	-만큼/-만치	
	말-동무/말-벗	
	먹-새/먹음-새	'먹음-먹이'는 비표준어
	면-치레/외면-치레	
	멀찌감치/멀찌가니/멀찍-이	
	모쪼록/아무쪼록	

제26항		
	물–봉숭아/물–봉선화	
	민둥–산/벌거숭이–산	
	밑–층/아래–층	
	바깥–벽/밭–벽	바깥사돈/밭사돈, 바깥주인/밭주인
	바른/오른[右]	～손, ～쪽, ～편
	발–모가지/발–목쟁이	'발목'의 비속어
	벌레/버러지	'벌거지, 벌러지'는 비표준어
	변덕–스럽다/변덕–맞다	
	보–조개/볼–우물	
	보통–내기/여간–내기/예사–내기	'행–내기'는 비표준어
	부침개–질/부침–질/지짐–질	'부치개–질'은 비표준어
	뾰두라지/뾰루지	
	삽살–개/삽사리	
	생–뿔/새앙–뿔/생강–뿔	'쇠뿔'의 형용
	서럽다/섧다	서럽게 운다/섧게 운다 '설다'는 비표준어
	–(으)세요/–(으)셔요	
	–스레하다/–스름하다	거무–, 발그–
	시늉–말/흉내–말	
	심술–꾸러기/심술–쟁이	
	씁쓰레–하다/씁쓰름–하다	
	아무튼/어떻든/어쨌든/하여튼/여하튼	
	알은–척/알은–체	
	애꾸눈–이/외눈–박이	'외대–박이, 외눈–퉁이'는 비표준어
	어이–없다/어처구니–없다	
	어저께/어제	
	언덕–바지/언덕–배기	
	여왕–벌/장수–벌	
	여쭈다/여쭙다	여쭈어(여쭤)/여쭤워
	여태/입때	'여직'은 비표준어
	여태–껏/이제–껏/입때–껏	'여직–껏'은 비표준어
	역성–들다/역성–하다	'편역–들다'는 비표준어
	연–달다/잇–달다	
	옥수수/강냉이	～떡, ～묵, ～밥, ～튀김
	외겹–실/외올–실/홑–실	'홑겹–실, 올–실'은 비표준어
	외손–잡이/한손–잡이	
	우레/천둥	'우뢰(雨雷)'는 비표준어

제26항	−이에요/−이어요	
	일찌감치/일찌거니	
	장가−가다/장가−들다	'서방−가다'는 비표준어
	제−가끔/제−각기	
	좀−처럼/좀−체	'좀−체로, 좀−해선, 좀−해'는 비표준어
	중신/중매	
	척/체	모르는~, 잘난~
	천연덕−스럽다/천연−스럽다	
	철−따구니/철−딱서니/철−딱지	'철−때기'는 비표준어
	추어−올리다/추어−주다	
	추켜−올리다	

4) 새롭게 인정된 주요 표준어

기존 표준어	추가된 표준어	기존 표준어	추가된 표준어
간질이다	간지럽히다	거치적거리다	걸리적거리다
−고 싶다	−고프다	괴발개발	개발새발
굽실	굽신	~기에	~길래
까다롭다	까탈스럽다	꺼림칙하다	꺼림직하다
께름칙하다	께름직하다	꾀다	꼬시다
끼적거리다	끄적거리다	날개	나래
남우세스럽다	남사스럽다	냄새	내음
두루뭉술하다	두리뭉실하다	딴죽	딴지
뜰	뜨락	마을	마실
만날	맨날	묏자리	묫자리
복사뼈	복숭아뼈	삐치다	삐지다
새치름하다	새초롬하다	섬뜩	섬찟
손자	손주	실몽당이	실뭉치
쌉싸래하다	쌉싸름하다	아옹다옹	아웅다웅
어수룩하다	어리숙하다	예쁘다	이쁘다
오순도순	오손도손	잎사귀	잎새
자장면	짜장면	주책없다	주책이다
찌뿌듯하다	찌뿌둥하다	차지다	찰지다
추어올리다/추켜올리다	치켜올리다	치켜세우다	추켜세우다
푸르다	푸르르다	태껸	택견
허섭스레기	허접쓰레기	허접스럽다	허접하다

예제 8 다음 중 띄어쓰기가 옳은 것을 고르면?

1) 갈림길이 나오는 구간은 [여기서부터입니다 / 여기서부터 입니다 / 여기서 부터입니다 / 여기서 부터 입니다].
2) 그는 나와 [동창인바 / 동창인 바] 그를 잘 알고 있다.
3) 결혼 [10년차 / 10년 차]에 내 집을 장만했다.

해설

1) '부터'와 '입니다'는 모두 조사로, 앞말에 붙여 쓴다.
2) 어떤 사실과 관련된 상황을 말하고 있는 '−ㄴ바'는 어미이므로, 앞말에 붙여 쓴다.
3) '번', '차례' 혹은 주기나 경과 등 시기를 나타내는 경우 의존 명사로, 앞말과 띄어 쓴다.

정답 1) 여기서부터입니다 / 2) 동창인바 / 3) 10년 차

예제 9 다음 중 표준어끼리 연결되지 않은 것을 고르면?

① 맨날 − 만날
② 국거리 − 국감
③ 복숭아뼈 − 복사뼈
④ 딴지 − 딴죽

해설

'땔감/땔거리'는 불을 때는 데 필요한 재료를 말하는데, 이와 비슷한 예로 '바느질감/바느질거리', '반찬감/반찬거리', '양념감/양념거리', '일감/일거리'가 있다. 그러나 모든 '거리'와 '감'이 대치될 수 있는 것은 아니다. '국거리'는 '국감'이라고 하지 않고 '장난감'은 '장난거리'라고 하지 않는다.

정답 ②

예제 10 다음 중 맞춤법이 옳은 것을 고르면?

1) 흡연구역에서 담배를 [피다 / 피우다].
2) 책을 읽느라고 밤을 [새다 / 새우다].
3) 객차 뒤에 화물칸을 [잇달다 / 연달다].

해설

1) '피다'는 자동사인 반면, '피우다'는 타동사이다.
2) '새다'는 자동사인 반면, '새우다'는 타동사이다.
3) '움직이는 물체가 다른 물체의 뒤를 이어 따르다' 혹은 '어떤 사건이나 행동 따위가 이어 발생하다'의 의미를 나타내는 '연달다', '잇달다', '잇따르다'는 모두 복수 표준어이다. 이때 이 말들은 자동사로 쓰인다. 그러나 '사물을 다른 사물에 이어서 달다'의 뜻을 나타낼 때에는 '잇달다'만 표준어이다. 이때 '잇달다'는 타동사로 쓰인다.

정답 1) 피우다 / 2) 새우다 / 3) 잇달다

Chapter 01 언어논리력 실전 연습 문제

출제 포인트!

언어논리력의 출제 유형은 기본 어휘력, 어휘 유추력, 맞춤법·어법·한자성어 등으로 구분된다.
유의어·반의어 고르기, 밑줄 친 말과 같은 의미로 쓰인 단어 찾기, 한글 맞춤법 및 어법, 한자성어 등 어휘에서 파생되는 다양한 유형의 문제가 두루 출제되고 있다.
A : B 형태로 제시된 단어의 관계와 같은 것을 고르는 어휘 유추 유형은 교육공무직 시험에서 기본적으로 출제되는 유형이므로, 문제를 통해 다양한 어휘 관계를 익혀두도록 한다.
특히, 최근에는 다의어에서 유사한 의미로 사용된 것을 고르는 문제가 많이 출제되고 있으므로 교재에 수록된 이론 부분과 함께 충분한 대비를 해두는 것이 필요하다.

01 ╲ 기본 어휘력(단어의 의미)

[01~10] 다음 제시된 단어와 의미가 같거나 유사한 것을 고르시오.

01 ▶

감탄

① 탄성　　　　② 낙담　　　　③ 감개
④ 탄복　　　　⑤ 희열

해설

'감탄(感歎)'은 '마음속 깊이 느끼어 탄복함'이란 뜻의 명사이다. '탄복(歎服)'은 '매우 감탄하여 마음으로 따름'이란 뜻의 명사로 '감탄'과 유의어 관계이다.

💡 Plus 해설

① 탄성(歎聲) : 탄식하는 소리, 감탄하는 소리(소리이므로 '감탄'과 유의어는 아니다.)
② 낙담(落膽) : 바라던 일이 뜻대로 되지 않아 마음이 몹시 상함.
③ 감개(感慨) : 어떤 느낌이 마음 깊은 곳에서 배어 나옴.
⑤ 희열(喜悅) : 기쁨과 즐거움. 또는 기뻐하고 즐거워함.

02

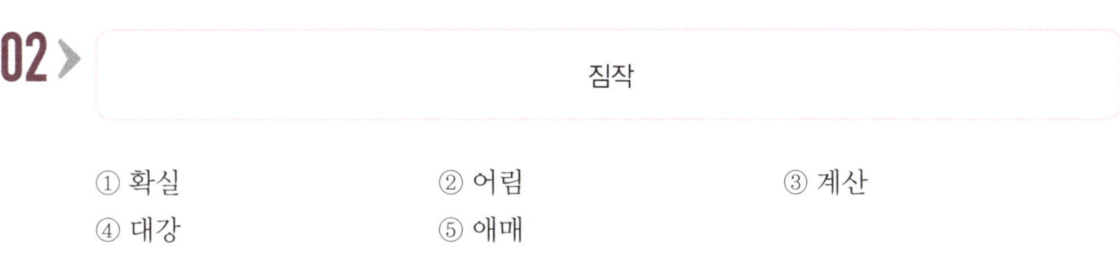

짐작

① 확실　　　　② 어림　　　　③ 계산
④ 대강　　　　⑤ 애매

해설

'짐작(斟酌)'은 '사정이나 형편 등을 어림잡아 헤아림'이란 뜻으로, '대강 짐작으로 헤아림'이란 뜻의 '어림'과 유의어 관계이다.

Plus 해설

④ 대강(大綱) : 자세하지 않게 기본적인 부분만 들어 보이는 정도로.
⑤ 애매(曖昧) : 희미하여 분명하지 아니함.

03

구속

① 방임　　　　② 박탈　　　　③ 방치
④ 방면　　　　⑤ 억류

해설

'구속(拘束)'은 '행동이나 의사의 자유를 제한하거나 속박함'이란 뜻으로, '억지로 머무르게 함'이란 뜻의 '억류(抑留)'와 유의어 관계이다.

Plus 해설

① 방임(放任) : 돌보거나 간섭하지 않고 내버려 둠.
② 박탈(剝奪) : 남의 재물이나 권리 등을 빼앗음.
③ 방치(放置) : 내버려 둠.
④ 방면(放免) : 붙잡아 가두어 두었던 사람을 놓아줌.

01 ④　02 ②　03 ⑤

04 ▶

주선

① 개방   ② 협상   ③ 중개
④ 제시   ⑤ 연결

해설

'주선(周旋)'은 '일이 잘되도록 여러 방법으로 힘씀'을 뜻하며 '제삼자로서 두 당사자 사이에 서서 일을 주선함'이란 뜻의 '중개(仲介)'와 유의어 관계이다.

05 ▶

고무

① 고취   ② 고성   ③ 칭송
④ 담화   ⑤ 갈채

해설

'고무(鼓舞)'와 '고취(鼓吹)'는 '힘을 내도록 격려하며 용기를 북돋움'을 뜻하는 유의어 관계이다.

Plus 해설

③ 칭송(稱頌) : 칭찬하여 일컬음.
④ 담화(談話) : 서로 이야기를 주고받음. 공적인 자리에 있는 사람이 어떤 문제에 대한 견해를 밝히는 말
⑤ 갈채(喝采) : 외침이나 박수 등으로 환영의 뜻을 나타냄.

06 ▶

갈무리

① 보관   ② 햇무리   ③ 갈망
④ 마무리   ⑤ 짜임새

해설

'갈무리'는 '물건 등을 잘 정리하거나 간수함, 일을 처리하여 마무리함'이란 뜻으로 '저장, 정돈, 마무리' 등의 단어와 유의어 관계이다.

07 ▶

고갱이

① 강냉이 ② 중심부 ③ 곡식
④ 낱알 ⑤ 열매

해설

'고갱이'는 '풀이나 나무의 줄기 한가운데에 있는 연한 심, 사물의 중심이 되는 부분을 비유적으로 이르는 말'을 뜻하며 '알, 속, 중심부, 핵심' 등의 단어와 유의어 관계이다.

08 ▶

달뜨다

① 침착하다 ② 기쁘다 ③ 환하다
④ 샘솟다 ⑤ 덤벙거리다

해설

'달뜨다'는 '마음이 가라앉지 않고 조금 흥분되다'를 뜻하며 '덤벙거리다, 들뜨다' 등의 단어와 유의어 관계이다.

09 ▶

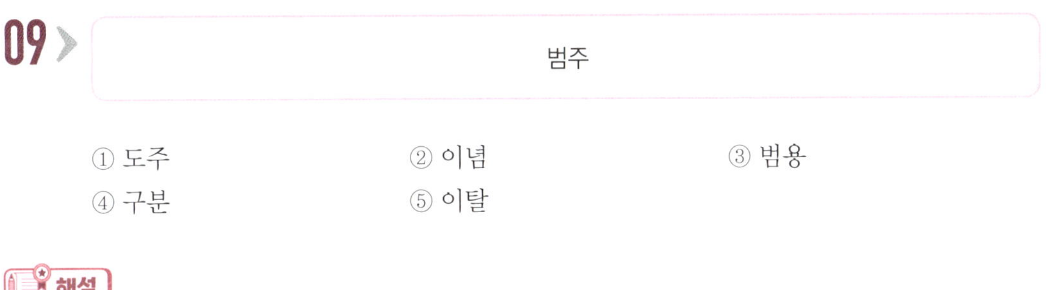

범주

① 도주 ② 이념 ③ 범용
④ 구분 ⑤ 이탈

해설

'범주(範疇)'는 '동일한 성질을 가진 부류나 범위'를 뜻하며 '일정한 기준에 따라 전체를 몇 개로 갈라 나눔'이란 뜻의 '구분(區分)'과 유의어 관계이다.

04 ③ **05** ① **06** ④ **07** ② **08** ⑤ **09** ④

Plus 해설

③ 범용(汎用) : 여러 분야나 용도로 널리 쓰는 것
⑤ 이탈(離脫) : 어떤 범위나 대열 등에서 떨어져 나감.

10 ▶

해임

① 사임　　　　② 사직　　　　③ 면직
④ 임명　　　　⑤ 해명

해설

'해임(解任)'은 '어떤 지위나 맡은 임무를 그만두게 함'을 뜻하며 '일정한 직위나 직무에서 물러나게 함'을 뜻하는 '면직(免職)'과 유의어 관계이다.

Plus 해설

① 사임(辭任) : 맡아보던 일자리를 스스로 그만두고 물러남.
② 사직(辭職) : 맡은 직무를 내놓고 물러남.
④ 임명(任命) : 일정한 지위나 임무를 남에게 맡김.
⑤ 해명(解明) : 까닭이나 내용을 풀어서 밝힘.

[11~20] 다음 제시된 단어와 의미가 반대되거나 상대되는 것을 고르시오.

11 ▶

잘다

① 길다　　　　② 작다　　　　③ 굵다
④ 째째하다　　⑤ 옹졸하다

해설

'잘다'는 '과일이나 글씨 따위의 크기가 작다', '길이가 있는 물건의 몸피가 가늘고 작다', '세밀하고 자세하다', '일이 작고 소소하다', '생각이나 성질이 좀스럽다' 등의 의미를 가진 형용사이며 '굵다, 너그럽다' 등의 단어와 반의어 관계이다.

Plus 해설

④ 째째하다 : 너무 하찮아서 시시하고 신통치 않다. 사람이 잘고 인색하다.
⑤ 옹졸하다 : 성품이 너그럽지 못하고 생각이 좁다.

12 ▶

엔간하다

① 가깝다   ② 유난스럽다   ③ 무난하다
④ 평범하다   ⑤ 어지간하다

해설

'엔간하다'는 '대중으로 보아 정도가 표준에 꽤 가깝다'를 뜻하며 '언행이나 상태가 보통과 달리 특별한 데가 있다'를 뜻하는 '유난스럽다'와 반의어 관계이다. ① 가깝다, ④ 평범하다, ⑤ 어지간하다는 모두 '엔간하다'와 유의어 관계이다.

13 ▶

정착

① 유목   ② 안착   ③ 변동
④ 유람   ⑤ 유랑

해설

'정착(定着)'은 '일정한 곳에 자리를 잡아 붙박이로 있거나 머물러 삶'을 뜻하며 '일정한 거처가 없이 떠돌아다님'을 뜻하는 '유랑(流浪)'과 반의어 관계이다.

Plus 해설

① 유목(遊牧) : 일정한 거처를 정하지 않고 옮겨 다니면서 목축을 하여 삶.
② 안착(安着) : 어떤 곳에 무사하게 잘 도착함.
③ 변동(變動) : 바뀌어 달라짐.
④ 유람(遊覽) : 돌아다니며 구경함.

14 ▶

기민하다

① 예민하다   ② 날래다   ③ 느리다
④ 덧없다   ⑤ 재빠르다

10 ③ 11 ③ 12 ② 13 ⑤

해설

'기민하다'는 '눈치가 빠르고 동작이 날쌔다'를 뜻하는 말로 '느리다, 둔하다' 등의 단어와 반의어 관계이며, '날래다, 재빠르다, 민첩하다, 약삭빠르다' 등의 단어와는 유의어 관계이다.

15 〉

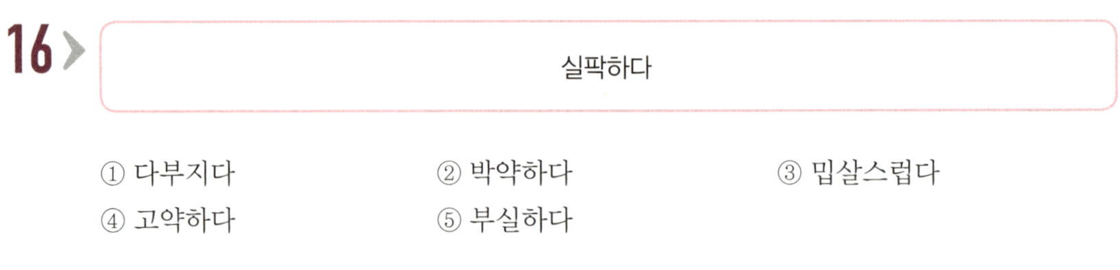

생경하다

① 단조롭다　　　　② 생소하다　　　　③ 평이하다
④ 익숙하다　　　　⑤ 단출하다

해설

'생경하다'는 '익숙하지 않아 어색하다', '글의 표현이 세련되지 못하고 어설프다', '세상 물정에 어둡고 완고하다' 등의 의미를 가진 형용사로 '익숙하다, 낯익다, 친숙하다' 등의 단어와 반의어 관계이며, '생소하다'와는 유의어 관계이다.

16 〉

실팍하다

① 다부지다　　　　② 박약하다　　　　③ 밉살스럽다
④ 고약하다　　　　⑤ 부실하다

해설

'실팍하다'는 '사람이나 물건 등이 보기에 매우 실하다'라는 뜻으로 '몸, 마음, 행동 등이 튼튼하지 못하고 약하다'라는 뜻의 '부실하다'와 반의어 관계이다.

💡 Plus 해설

① 다부지다 : 벅찬 일을 견뎌낼 만큼 굳세고 야무지다. 생김새가 옹골차다.
② 박약하다 : 의지나 체력 등이 굳세지 못하고 약하다. 불충분하거나 모자란 데가 있다.
③ 밉살스럽다 : 말이나 행동이 남에게 미움을 받을 만한 데가 있다.
④ 고약하다 : 맛, 냄새 등이 비위에 거슬리게 나쁘다. 얼굴 생김새가 흉하거나 험상궂다.

17 ▶ 내리사랑

① 외사랑   ② 치사랑   ③ 건넌사랑
④ 윗사랑   ⑤ 갑작사랑

해설

'내리사랑'은 '손윗사람이 손아랫사람을 사랑함'을 뜻하는 말로 자식에 대한 부모의 사랑을 나타내며, '치사랑'은 '손아랫사람이 손윗사람을 사랑함'을 뜻하는 말로 부모에 대한 자식의 사랑을 나타낸다.

Plus 해설

① 외사랑 : 자신을 사랑하지 않는 사람을 혼자 사랑하는 일
③ 건넌사랑 : 사랑(집의 안채와 떨어져 있는 손님을 접대하는 곳)으로 쓰는 건넌방
④ 윗사랑 : 위채에 있는 사랑(손님을 접대하는 곳)
⑤ 갑작사랑 : 갑작스럽게 느끼는 사랑

18 ▶ 겸양하다

① 위축되다   ② 겸손하다   ③ 오만하다
④ 미천하다   ⑤ 귀중하다

해설

'겸양하다'는 '겸손한 태도로 남에게 양보하거나 사양하다'라는 뜻으로 '태도나 행동이 건방지거나 거만하다'란 뜻의 '오만하다'와 반의어 관계이다.

Plus 해설

① 위축되다 : 마르거나 시들어서 우그러지고 쭈그러들게 된다. 어떤 힘에 눌리어 기를 펴지 못하게 된다.
④ 미천하다 : 신분이나 지위 등이 하찮고 천하다.

14 ③   15 ④   16 ⑤   17 ②   18 ③

19 ▶

경망

① 신중   ② 기망   ③ 중대

④ 방정   ⑤ 경박

해설

'경망(輕妄)'은 '행동이나 말이 가볍고 조심성이 없음'을 뜻하는 말로 '매우 조심스러움'을 뜻하는 '신중(愼重)'과 반의어 관계이며, '방정, 경박' 등의 단어와는 유의어 관계이다.

Plus 해설

② 기망(欺罔) : 남을 속여 넘김.

20 ▶

토로하다

① 술회하다   ② 피력하다   ③ 비난하다

④ 은폐하다   ⑤ 누설하다

해설

'토로하다'는 '마음에 있는 것을 죄다 드러내어서 말하다'라는 뜻으로 '덮어 감추거나 가리어 숨기다'라는 뜻의 '은폐하다'와 반의어 관계이며, '술회하다, 피력하다' 등의 단어와 유의어 관계이다.

Plus 해설

① 술회하다 : 마음속에 품고 있는 여러 가지 생각을 말하다.
② 피력하다 : 생각하는 것을 털어놓고 말하다.
⑤ 누설하다 : 비밀이 새어 나가다. 새어 나가게 하다.

[21~22] 다음 중 서로 유의어 관계가 아닌 것을 고르시오.

21 ▶ ① 하여간 ② 가부간 ③ 어지간
④ 여하간 ⑤ 아무튼

 **해설**

'어지간'은 '수준이 보통에 가깝거나 그보다 약간 더하다, 정도나 형편이 기준에 크게 벗어나지 아니한 상태에 있다'라는 뜻인 '어지간하다'의 어근이며, ① · ② · ④ · ⑤는 서로 유의어 관계이다.

💡 **Plus 해설**

① 하여간(何如間) · ④ 여하간(如何間) : 어찌하든지 간에
② 가부간(可否間) : 옳거나 그르거나, 찬성하거나 반대하거나 어쨌든
⑤ 아무튼 : 의견이나 형편, 상태 등이 어떻게 되어 있든

22 ▶ ① 추렴 ② 수렴 ③ 갹출
④ 염출 ⑤ 토렴

해설

'토렴'은 '밥이나 국수에 뜨거운 국물을 부었다 따랐다 하여 덥게 함'을 뜻하는 말이며, ①~④는 서로 유의어 관계이다.

💡 **Plus 해설**

① 추렴 : 모임이나 놀이 또는 잔치 따위의 비용으로 여럿이 각각 얼마씩의 돈을 내어 거둠.
② 수렴 : 돈이나 물건 따위를 거두어들임. 의견이나 사상 등이 여럿으로 나뉘어 있는 것을 하나로 모아 정리함.
③ 갹출 : 같은 목적을 위하여 여러 사람이 돈을 나누어 냄.
④ 염출 : 필요한 비용 따위를 어렵게 걷거나 모음.

19 ① 20 ④ 21 ③ 22 ⑤

[23~24] 다음 밑줄 친 단어와 의미가 유사한 것을 고르시오.

23 ▶

> 그녀는 마음이 **어질다**.

① 너그럽다　　② 고약하다　　③ 괴팍하다
④ 다정하다　　⑤ 어리숙하다

해설

'어질다'는 '마음이 너그럽고 착하며 슬기롭고 덕행이 높다'라는 뜻의 형용사이다. '어질다'와 유사한 의미를 가진 단어는 '너그럽다'이다.

Plus 해설

② 고약하다 : 성미 또는 언행이 사납다.
③ 괴팍하다 : 붙임성 없이 까다롭고 별나다.
④ 다정하다 : 정이 많다. 또는 정분이 두텁다.
⑤ 어리숙하다 : 겉모습이나 언행이 순진하고 어리석은 데가 있다.

24 ▶

> 그는 잘못 쓰인 문장을 **고쳤다**.

① 개신하다　　② 수습하다　　③ 정정하다
④ 개조하다　　⑤ 치유하다

해설

밑줄 친 단어는 '잘못되거나 틀린 것을 바로잡다'라는 의미로 '글자나 글 따위의 잘못을 고쳐서 바로잡는다'의 의미를 가진 '정정하다'와 유사하다.

Plus 해설

① 개신하다 : 제도나 관습 따위를 새롭게 고치다.
② 수습하다 : 흩어진 재산이나 물건을 거두어 정돈하다. 어수선한 사태를 거두어 바로잡다.
④ 개조하다 : 고쳐 만들거나 바꾸다.
⑤ 치유하다 : 치료하여 병을 낫게 하다.

[25~30] 다음 밑줄 친 단어와 같거나 유사한 의미로 사용된 것을 고르시오.

25 ▶

그는 얼른 자세를 <u>고쳐</u> 앉았다.

① 고장난 카메라를 <u>고쳐</u> 왔다.
② 병을 잘 <u>고친다고</u> 소문이 난 병원은 늘 붐빈다.
③ 그는 틀린 답을 <u>고쳐</u> 오답노트를 만들었다.
④ 그녀는 화장을 얼른 <u>고친</u> 후 자리에 앉았다.
⑤ 로또에 당첨된다고 신세가 <u>고쳐지는</u> 건 아니다.

해설

밑줄 친 '고치다'는 '모양이나 내용 따위를 바꾸다'라는 의미로 쓰였다. 따라서 유사한 의미로 쓰인 것은 ④이다.

Plus 해설

① 고장이 나거나 못 쓰게 된 물건을 손질하여 제대로 되게 하다.
② 병 따위를 낫게 하다.
③ 잘못되거나 틀린 것을 바로잡다.
⑤ 처지를 바꾸다.

26 ▶

새벽에 천둥 번개가 심하게 쳐서 겁을 <u>먹었다</u>.

① 새로운 자격증 시험을 위해 마음을 독하게 <u>먹었다</u>.
② 시험 결과가 좋지 않아 충격을 <u>먹었다</u>.
③ 장마철에는 물<u>먹은</u> 솜처럼 몸이 무겁다.
④ 주문을 잘못 받아 하루 종일 욕을 <u>먹었다</u>.
⑤ 처음 출전인데도 무려 1등을 <u>먹었다</u>.

해설

밑줄 친 '먹었다'는 '겁, 충격 따위를 느끼게 된다'는 의미로 쓰였다. 따라서 같은 의미로 사용된 것은 ②이다.

Plus 해설

① 어떤 마음이나 감정을 품다.
③ 물이나 습기 따위를 빨아들이다.
④ 욕, 핀잔 따위를 듣거나 당하다.
⑤ 어떤 등급을 차지하거나 점수를 따다.

23 ①   24 ③   25 ④   26 ②

 **TIP** 다의어

제시된 말과 유사한 의미로 쓰인 것을 고르는 문제가 최근 어휘 문제에서 빈번하게 출제되고 있다. 이러한 문제는 제시문의 밑줄 친 말을 다른 말로 바꾸어 보고, 대체한 말을 각 선택지에 적용했을 때 의미가 자연스러우면 정답일 확률이 높다.
예를 들어 25번 "자세를 고쳐 앉았다."에서 '고치다' 대신 '바꾸다'나 '바로잡다'로, 26번 "겁을 먹었다."에서 '먹다' 대신 '느끼게 되다'로 대체해보면 정답 역시 의미가 자연스럽게 연결됨을 알 수 있다.

27 ▶

> 그는 들고 있던 우산을 **넘겼다**.

① 그는 사전을 한 장씩 **넘기면서** 단어를 찾고 있었다.
② 그는 나무를 찍어 앞으로 **넘겼다**.
③ 그는 범인을 경찰에게 **넘겼다**.
④ 목이 부어 밥을 목구멍으로 **넘기지** 못한다.
⑤ 그는 아이의 부탁을 가볍게 **넘겼다**.

해설

주어진 문장에서의 '넘겼다'는 '물건, 권리, 책임, 일 따위를 맡기다'라는 의미로 쓰였다. 따라서 유사한 의미로 쓰인 것은 ③이다.

Plus 해설
① 종이, 책장 따위를 젖히다.
② 서 있는 것을 넘어지게 하다.
④ 음식물, 침 따위를 목구멍으로 넘어가게 하다.
⑤ 지나쳐 보내다.

28 ▶

> 최근 천연 섬유에 대한 관심이 **뜨겁다**.

① 여름 한낮의 태양은 정말 **뜨거웠다**.
② 그녀는 얼굴이 **뜨거워** 고개를 들 수 없었다.
③ 이 난로는 매우 **뜨거우니** 조심해서 다루어야 한다.
④ 그들의 신앙은 너무나 **뜨거웠고** 간절했다.
⑤ 열이 올라 불덩이처럼 **뜨거워진** 몸으로 출근할 수밖에 없었다.

해설

주어진 문장에서의 '뜨겁다'는 비유적으로 사용되어 '감정이나 열기가 격렬하다'라는 의미로 쓰였다. 따라서 유사한 의미로 쓰인 것은 ④이다.

Plus 해설

① · ③ 손이나 몸에 상당한 자극을 느낄 정도로 온도가 높다.
② 무안하거나 부끄러워 얼굴이 화끈거리다.
⑤ 사람의 몸이 정상보다 열이 높다.

29 ▶

> 점심을 짜게 먹어서 그랬는지 물을 많이 **켰다**.

① 넓은 숲에서는 나무를 **켜는** 톱 소리로 요란했다.
② 그는 막걸리 한 사발을 단숨에 쭉 **켜고** 땀을 닦았다.
③ 그녀는 일어나 기지개를 한번 **켜고** 나서 창문을 열었다.
④ 어두운 방에 등잔불을 **켜니** 주위가 환해졌다.
⑤ 집에 들어와 TV를 **켜고** 드라마를 보면서 저녁을 먹었다.

해설

제시된 문장의 '켜다'는 '갈증이 나서 물을 자꾸 마시다'라는 의미로, ②의 '물이나 술 따위를 단숨에 들이마시다.'를 의미하는 '켜다'와 비슷한 의미이다.

Plus 해설

① 나무를 세로로 톱질하여 쪼개다.
③ 팔다리나 네 다리를 쭉 뻗으며 몸을 펴다.
④ 등잔이나 양초 따위에 불을 붙이거나 성냥이나 라이터 따위에 불을 일으키다.
⑤ 전기나 동력이 통하게 하여 전기 제품 따위를 작동하게 하다.

27 ③　28 ④　29 ②

30

> 출품된 원고는 심사 기준에 **맞추어** 검토되었다.

① 그는 그녀의 기분을 **맞추기** 위해 주말마다 영화를 보러 갔다.

② 이 많은 부품 중에서 어떤 것들을 **맞추어야** 하는지 막막하기만 했다.

③ 우리는 합숙을 하면서 서로 마음을 **맞추었다**.

④ 시험이 끝나면 아이들은 서로 답을 **맞추어** 보느라고 정신이 없었다.

⑤ 대학교를 선택할 때에는 점수보다 자신의 적성에 **맞추어** 결정하도록 해라.

해설

주어진 문장에서의 '맞추다'는 '어떤 기준이나 정도에 어긋나지 않게 하다'의 의미로 쓰였다. 따라서 유사한 의미로 쓰인 것은 ⑤이다.

Plus 해설

① 다른 사람의 의도나 의향 따위에 맞게 행동하다.

② 서로 떨어진 부분을 자리에 맞게 대어 붙이다.

③ 서로 어긋남이 없이 조화를 이루다.

④ 둘 이상의 일정한 대상들을 나란히 놓고 비교하여 살피다.

31 > **다음 중 밑줄 친 단어의 의미와 동일하게 쓰인 것은?**

> 흔히들 경제는 심리라고 합니다. 1997년 외환 위기에 의해 IMF 구제 금융을 받기 전까지 한국 경제는 활기찼습니다. 누가, 어느 그룹이 신사업 분야, 신시장에 먼저 진출하여 선점하느냐, 어느 기업이 매출과 점유율 면에서 앞서고 있느냐 등 양적 경쟁이 치열했습니다. 따라서 투자 면에서도 과열된 분위기를 **띠고** 있었고, 자연히 투자 실패로 인한 경영 부실도 많았습니다.

① 이야기를 잘해 두었으니 정성스럽게 작성한 추천서를 **띠고** 회사를 찾아가도록 해라.

② 일을 하다 보니까 더 배우고 싶은 것들이 생기고 이 분야에 대해서 전문성을 **띠고** 싶다.

③ 어떤 정부 수행원보다 중요한 임무를 **띠고** 있는 송 장관의 이번 방북 행보에 눈길이 간다.

④ 들판 여기저기 보이는 과수원에는 사과가 슬쩍 홍조를 **띠면서** 굵어질 채비를 하고 있다.

⑤ 서류 가방을 직접 챙겨 든 총수들은 시종일관 미소를 **띤** 채 북한 경제인들과 인사를 나누었다.

해설

'분위기를 띠고 있었고'에서 '띠다'는 '감정이나 기운 따위를 나타내다'라는 의미이다. 선택지에서 동일한 의미로 쓰인 것은 ⑤ '미소를 띤 채'의 '띠다'이다.

언어논리력

💡 **Plus 해설**

① '추천서를 띠고'의 '띠다'는 '물건을 몸에 지니다'라는 의미이다.
② '전문성을 띠고'의 '띠다'는 '어떤 성질을 가지다'라는 의미이다.
③ '임무를 띠고'의 '띠다'는 '용무나 직책, 사명 따위를 지니다'라는 의미이다.
④ '홍조를 띠면서'의 '띠다'는 '빛깔이나 색채 따위를 가지다'라는 의미이다.

32 ▶ 다음 글을 읽고 본문의 밑줄 친 부분의 의미와 가장 가까운 것을 고르면?

> 어둠에서 빛으로. 이는 계몽을 가리키는 표현 중 하나이다. 계몽은 흔히 빛을 통한 비유로 이해된다. 빛을 통한 비유는 낯선 것이 아니었다. 중세 시대에 신의 상징 혹은 진리의 상징으로 여겨지던 빛은 르네상스를 거쳐 근대에 이르러 이성의 빛으로 전환되었다. 근대 계몽의 빛으로서 이성은 도덕, 종교, 예술 그리고 일상사의 영역에서 미망과 혼란에 사로잡힌 상상력, 광적인 열광, 공상에의 몰입, 스스로 생각할 힘을 잃어버린 정신없는 상태 등에서 기인하는 혼돈과 어둠을 밝게 비추었다. 계몽의 빛은 미성년을 성숙한 청년으로 인도하는 빛이었다. 그러기에 계몽주의 철학자 칸트는 계몽을 미성숙 상태에서 **벗어나는** 것이라고 하였다. 이성의 빛을 향한 동정은 이제 "과감히 알려고 하라!", 곧 자신의 지성을 주저 없이 사용할 것을 주문하는 데까지 이르렀다.
> 근대의 계몽은 당시 비약적인 발전을 이룬 자연 과학의 성과와 맞물리면서 이성의 각성을 통해 세계를 직시하고자 하였다. 이성은 세계와 현실을 비추는 강력한 추동력으로 간주되었다.

① 손흥민 선수는 지난 준결승전의 부진에서 **벗어나** 결승전에서 3골을 몰아쳤다.
② 이 동굴을 **벗어나면** 푸른 바다가 보일 것이다.
③ 그는 바쁜 일상에서 **벗어나** 세계 여행을 떠났다.
④ 조직에서는 상사의 눈을 **벗어나는** 행동을 해서는 안 된다.
⑤ 김철호 씨는 회사 미팅에서 자주 주제에서 **벗어나는** 이야기를 한다.

📕 **해설**

'미성숙 상태에서 벗어나는 것'에서 '벗어나다'는 '어려운 일이나 처지에서 헤어나다'의 의미이다. '손흥민 선수는 지난 준결승전의 부진에서 벗어나'에서의 '벗어나'도 '어려운 일이나 처지에서 헤어나다'의 의미를 가진다.

💡 **Plus 해설**

② '공간적 범위나 경계 밖으로 빠져나오다'라는 의미이다.
③ '맡은 일에서 놓여나다'라는 의미이다.
④ '남의 눈에 들지 못하다'라는 의미이다.
⑤ '이야기의 흐름에서 빗나가다'라는 의미이다.

30 ⑤   31 ⑤   32 ①

33 ▶ 밑줄 친 ㉠~㉤ 중 맥락상 쓰임이 적절하지 않은 것은?

정부 예산 투입을 통해 덕진공원을 휴양형 휴식공간으로 만들겠다는 전주시의 계획이 더욱 ㉠**구체화**될 수 있을 것으로 보인다. 후백제 시대에 ㉡**편성**된 것으로 알려진 덕진연못은 역사·문화적 가치가 우수한 대표 관광지로 손꼽혀왔다. 그러나 주변 지역의 도시화에 따른 개발과 유입 수량 부족으로 수질이 악화돼 대책이 필요한 상황이었지만 ㉢**준설** 등을 위해서는 막대한 예산이 소요돼 연못을 정비하는 데 어려움을 겪었다. 언제나 필요한 것은 예산이다. 처음 환경부에 국비 지원을 건의할 때만 해도 가능하리라 생각한 이는 없었다. 전국 첫 사례가 그렇듯이 그동안 어떤 자치단체도 중점관리저수지로 ㉣**지정**돼 정부로부터 예산을 ㉤**타다** 쓴 사례가 없었기 때문이다.

① ㉠　　　② ㉡　　　③ ㉢　　　④ ㉣　　　⑤ ㉤

해설

'편성'은 '엮어 모아서 책, 신문, 영화 따위를 만듦'이란 의미이므로 ㉡에 쓰이는 것은 적절하지 않다. 그러므로 '무엇을 만들어서 이룸'의 뜻을 지닌 '조성'으로 수정하는 것이 옳다.

Plus 해설

③ '준설'은 '물의 깊이를 깊게 하여 배가 잘 드나들 수 있도록 하천이나 항만 등의 바닥에 쌓인 모래나 암석을 파내는 일'을 의미하며 맥락상 쓰임이 적절하다.

④ '지정'은 '가리키어 확실하게 정함'이라는 뜻으로 적절하게 사용되었다.

⑤ '타다'는 여러 가지 뜻이 있지만 여기서는 '몫으로 주는 돈이나 물건 따위를 받다'라는 의미로 사용되었으며 맥락상 쓰임이 적절하다.

34 ▶ 다음 빈칸에 들어갈 말로 적절한 것끼리 순서대로 짝지어진 것은?

도시 내 미세먼지를 비롯한 환경 문제와 대응과제를 모색하는 정책세미나가 국회의원회관 제1세미나실에서 열릴 예정이다. 이번 세미나의 주요 (㉠)은(는) 미세먼지 저감대책에 관한 것이며, 미세먼지 발생 현황과 농도 저감을 위한 기술동향도 함께 살펴보는 자리가 될 것으로 기대된다. 이번 세미나에서는 △△연구원 박사와 ㅁㅁ대학교 교수 두 명의 발표자가 공동(㉡)을(를) 맡았고, 환경 관련 전문가 5명이 함께 토론자로 참석한다.

	㉠	㉡			㉠	㉡
①	의제	발제		②	발제	논제
③	입론	발제		④	발제	의제
⑤	의제	논제				

 **해설**

㉠에는 '회의에서 의논할 문제'라는 뜻의 '의제'가, ㉡에는 '토론회나 연구회 따위에서 어떤 주제를 맡아 조사하고 발표함'이라는 뜻의 '발제'가 들어가야 한다.

💡 Plus 해설

- 논제 : 논설이나 논문, 토론 따위의 주제나 제목
- 입론 : 의논하는 취지나 순서 따위의 체계를 세움. 또는 그 의논

언어논리력

35 ▷ 다음 ㉠~㉢에 들어갈 단어를 바르게 연결한 것은?

> - 희소금속은 매장량이 적지만 산업적 수요가 큰 금속원소로, 극소수 국가에 (㉠)한 금속을 말한다.
> - 어느 폐자원재활용업체의 대표는 2100년이 되면 지하자원이 거의 사라질 것이므로 나머지 부분을 도시 곳곳에 (㉡)한 지상자원(스마트폰 같은 '도시광산')이 채울 것이라고 예견했다.
> - 많은 전문가들이 투자에는 투기적 성격이 (㉢)되어 있고, 투기 역시 투자적 기능을 가지고 있어서 상호 교집합적 성격의 투자와 투기를 구별하는 것은 별 의미가 없다고 말한다.

	㉠	㉡	㉢
①	㉠ 혼재(混在)	㉡ 편재(偏在)	㉢ 산재(散在)
②	㉠ 편재(偏在)	㉡ 산재(散在)	㉢ 혼재(混在)
③	㉠ 혼재(混在)	㉡ 산재(散在)	㉢ 편재(偏在)
④	㉠ 편재(偏在)	㉡ 혼재(混在)	㉢ 잔재(殘在)
⑤	㉠ 잔재(殘在)	㉡ 산재(散在)	㉢ 혼재(混在)

해설

㉠에는 '한 곳에 치우쳐 있다'라는 뜻의 '편재'가 들어가야 하고 ㉡에는 '여기저기 흩어져 있다'라는 뜻의 '산재'가 들어가야 한다. ㉢에는 '뒤섞여 있다'라는 뜻의 '혼재'가 들어가야 한다.

💡 Plus 해설

잔재(殘在) : 남아 있음

02 \ 어휘 유추력(단어의 관계)

[01~15] 제시된 단어와 같은 관계가 되도록 빈칸에 들어갈 알맞은 단어를 고르시오.

01 ▶
여름 : 대서 = 가을 : (   )

① 처서　　　　② 동지　　　　③ 우수　　　　④ 입하　　　　⑤ 곡우

해설

사계절 중 하나와 그 계절에 해당하는 절기를 연결한 것이다. 처서(處暑)는 입추와 백로 사이에 들며 양력 8월 23일경을 가리키므로 가을과 관련이 있다.

Plus 해설

② 동지(冬至)는 양력 12월 21일경이므로 겨울, ③ 우수(雨水)는 양력 2월 18일경이므로 봄, ④ 입하(立夏)는 양력 5월 5일경이므로 여름, ⑤ 곡우(穀雨)는 양력 4월 20일경이므로 봄과 관련이 있다.

02 ▶
현악기 : (   ) = (   ) : 심벌즈

① 바이올린, 관악기　　　　② 해금, 타악기　　　　③ 금관악기, 가야금
④ 줄, 금속　　　　⑤ 단소, 드럼

해설

주어진 단어는 포함 관계를 나타낸다. 해금은 현악기에 포함되고, 심벌즈는 타악기에 포함된다.

03 ▶
고희(古稀) : (   ) = (   ) : 71세

① 60세, 환갑(還甲)　　　　② 61세, 종심(從心)　　　　③ 70세, 망구(望九)
④ 70세, 망팔(望八)　　　　⑤ 70세, 이순(耳順)

해설

고희(古稀)는 뜻대로 행해도 어긋나지 않는다는 의미로 70세를 뜻하며, 망팔(望八)은 여든을 바라보는 나이로 71세를 뜻한다.

Plus 해설

- 이순(耳順) : 60세를 뜻하는 말로, 공자가 예순 살부터 생각하는 것이 원만하여 어떤 일을 들으면 곧 이해가 된다고 한 데서 유래하였다.
- 환갑(還甲) : 육십갑자의 갑(甲)으로 되돌아온다는 의미로 61세를 뜻한다.
- 종심(從心) : 마음대로 한다는 의미로 70세를 뜻한다.
- 망구(望九) : 사람의 나이가 아흔을 바라본다는 의미로 81세를 뜻한다.

04

길이 : 피트 = 부피 : (   )

① 갤런 ② 파스칼 ③ 마일
④ 바이트 ⑤ 와트

해설

피트(ft)는 길이의 단위이고, 갤런(gal)은 부피의 단위이다.

Plus 해설

② 파스칼(Pa)은 압력의 단위이다.
③ 마일(mile)은 길이의 단위이다.
④ 바이트(B)는 데이터양을 나타내는 단위이다.
⑤ 와트(W)는 일률을 나타내는 전력 단위이다.

05

(   ) : 소나무 = 낙엽수 : (   )

① 산, 등산 ② 여름, 가을 ③ 상록수, 은행나무
④ 활엽수, 침엽수 ⑤ 겨울, 자작나무

해설

주어진 단어는 포함 관계를 나타낸다. 상록수는 계절에 관계없이 잎의 색이 항상 푸른 나무를 뜻하므로 소나무가 포함된다. 반면에 낙엽수는 잎의 수명이 1년이 채 안 되어 잎을 가지지 않는 계절이 있는 수목을 가리키므로 은행나무가 포함된다.

01 ①　02 ②　03 ④　04 ①　05 ③

💡 Plus 해설

④ 활엽수는 잎의 모양이 평평하고 넓은 나무를 가리키고 느티나무 · 단풍나무 · 참나무 등이 포함된다. 침엽수는 잎이 대개 바늘같이 뾰족한 나무로 소나무 · 잣나무 · 향나무 등이 포함된다.

06 >

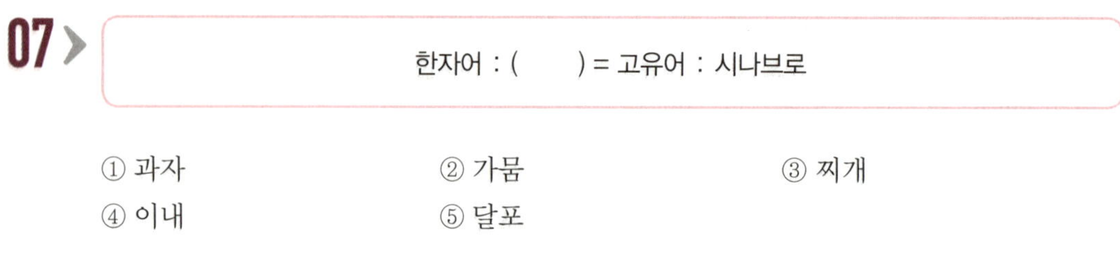

복합어 : 책가방 = 단일어 : (   )

① 맨발　　　　　② 가방　　　　　③ 풋사과
④ 늦잠　　　　　⑤ 첫사랑

해설

복합어는 하나의 실질 형태소에 접사가 붙거나 두 개 이상의 실질 형태소가 결합하여 만들어진 단어이며, 파생어와 합성어로 나뉜다. 반면에 단일어는 형태소 분석이 더이상 안 되는 단어로서 낱말을 쪼개었을 때 각각 아무 뜻을 가지지 못하여 더이상 나눌 수 없는 낱말이다.

07 >

한자어 : (   ) = 고유어 : 시나브로

① 과자　　　　　② 가뭄　　　　　③ 찌개
④ 이내　　　　　⑤ 달포

해설

한자어란 한자에 기초하여 만들어진 말이고, 고유어란 해당 언어에 본디부터 있던 말이나 그것에 기초하여 새로 만들어진 말을 뜻한다. 따라서 과자는 '菓(과자 과, 실과 과)'와 '子(아들 자)'가 합쳐진 한자어이고, 나머지는 모두 고유어에 속한다.

💡 Plus 해설

④ 이내 : 해 질 무렵 멀리 보이는 푸르스름하고 흐릿한 기운
⑤ 달포 : 한 달이 조금 넘는 기간

08 ▶

$$해수어 : (\quad) = (\quad) : 미꾸라지$$

① 고등어, 담수어 ② 붕어, 민물고기 ③ 연어, 특산어
④ 물고기, 수중 생물 ⑤ 상어, 진흙

해설

해수어는 바다에 사는 물고기를, 담수어는 민물에 사는 물고기를 뜻한다. 고등어는 해수어, 미꾸라지는 담수어이다.

Plus 해설

② 붕어는 담수어이다.
③ 연어는 바닷물고기이지만 가을에 강 상류에 올라와 모랫바닥에 알을 낳고 죽으므로 해수와 담수 사이를 왕래하는 물고기이다.

09 ▶

$$미(美) : 아프로디테 = 지혜 : (\quad)$$

① 포세이돈 ② 아테나 ③ 아폴론
④ 데메테르 ⑤ 아르테미스

해설

아프로디테는 그리스 신화에 나오는 미와 사랑의 여신이다. 아테나는 그리스 신화에 나오는 지혜의 여신이다.

Plus 해설

① 포세이돈은 그리스 신화에 나오는 바다의 신이다.
③ 아폴론은 그리스 신화에 나오는 의술 · 예언 · 가축 · 궁술의 신이다.
④ 데메테르는 그리스 신화에 나오는 땅의 여신이자 농경과 곡물, 수확의 여신이다.
⑤ 아르테미스는 그리스 신화에 나오는 사냥의 여신이자 야생의 동물을 수호하는 여신이다.

10 ▶

$$공중전화 : 핸드폰 = (\quad) : 자동차$$

① 마차 ② 버스 ③ 지하철
④ 신호등 ⑤ 비행기

06 ② 07 ① 08 ① 09 ②

해설

제시된 단어는 과거에서 현재로 오면서 대체되는 물건의 관계로 괄호 안에는 자동차를 대체하는 마차가 들어가야 한다.

11 ▶

인도 : 뉴델리 = 포르투갈 : (   )

① 바르샤바　　② 마드리드　　③ 코펜하겐
④ 리스본　　⑤ 스톡홀름

해설

인도의 수도는 뉴델리로 제시된 단어가 나라와 수도의 관계임을 알 수 있다. 따라서 괄호 안에는 포르투갈의 수도인 리스본이 들어가야 한다.

Plus 해설

① 폴란드의 수도, ② 에스파냐의 수도, ③ 덴마크의 수도, ⑤ 스웨덴의 수도이다.

12 ▶

길이 : cm = 온도 : (   )

① °F　　② kn　　③ oz
④ ha　　⑤ lb

해설

cm는 길이를 나타내는 단위이므로 괄호 안에는 온도를 나타내는 단위인 °F(화씨온도)가 들어가야 한다.

Plus 해설

② 속도를 나타내는 단위 : kn(노트), 1kn = 1.852km/h
③ 부피를 나타내는 단위 : oz(온스), 1oz ≒ 28.3g
④ 넓이를 나타내는 단위 : ha(헥타르), 1ha = 10,000m^2
⑤ 무게를 나타내는 단위 : lb(파운드), 1lb ≒ 0.45kg

13 >

충청북도 : 제천 = 경상남도 : (   )

① 천안   ② 함안   ③ 목포
④ 과천   ⑤ 상주

해설

제천은 충청북도에 속하므로 포함 관계이다. 따라서 빈칸에는 경상남도에 속하는 함안이 들어가야 한다.

Plus 해설

① 천안은 충청남도, ③ 목포는 전라남도, ④ 과천은 경기도, ⑤ 상주는 경상북도에 속한다.

14 >

계절 : (   ) = 태양계 : (   )

① 사계절, 행성   ② 겨울, 혜성   ③ 온도, 지구
④ 여름, 우주   ⑤ 절기, 왜소행성

해설

제시된 단어는 부분 관계로 겨울은 계절의 한 부분이고, 혜성은 태양계의 한 부분이다.

15 >

(   ) : 빗자루 = 가구 : (   )

① 걸레, 나무   ② 청소부, 침대   ③ 청소도구, 옷장
④ 청소기, 식탁   ⑤ 쓰레받기, 의자

해설

제시된 단어는 포함 관계로 빗자루는 청소도구에 포함되고, 옷장은 가구에 포함된다.

10 ① 11 ④ 12 ① 13 ② 14 ② 15 ③

[16~28] 다음 중 단어의 관계가 나머지와 다른 하나를 고르시오.

16 ① 변상 : 보상　　② 수영 : 헤엄　　③ 판매 : 구입
④ 결재 : 재결　　⑤ 소산 : 결과

해설

①·②·④·⑤는 모두 유의 관계이지만, ③은 반의 관계이다.

Plus 해설
- 결재(決裁) : 결정할 권한을 가진 상관이 부하가 제출한 안건을 검토하여 허가하거나 승인함.
- 재결(裁決) : 옳고 그름을 가려 결정함.
- 소산(所産) : 어떤 행위나 상황 등에 따른 결과로 나타나는 현상

17 ① 영국 : 빅 벤　　② 프랑스 : 에펠탑　　③ 이집트 : 피라미드
④ 멕시코 : 멕시코시티　　⑤ 이탈리아 : 트레비분수

해설

①·②·③·⑤는 나라와 그 나라의 랜드마크가 연결되었지만, ④는 나라와 그 나라의 수도가 연결되었다.

18 ① 파랑 : 청록　　② 연두 : 보라　　③ 노랑 : 남색
④ 주황 : 파랑　　⑤ 자주 : 녹색

해설

①은 유사색이고, 나머지는 모두 보색 관계이다. 유사색이란 색상환 배열에서 서로 이웃하고 그 색의 바탕에 공통된 성질을 가지고 있는 색들을 가리킨다. 반면에 보색이란 색상이 다른 두 색의 물감을 적당한 비율로 혼합하여 무채색이 되는 경우로 색상환에서 서로 대응하는 위치의 색을 가리킨다.

19 ① 생산 : 소비　　② 출생 : 사망　　③ 반납 : 환급
④ 상상 : 경험　　⑤ 매입 : 매각

해설

① · ② · ④ · ⑤는 모두 반의 관계이지만, ③은 유의 관계이다. 반납은 도로 돌려줌을 뜻하고, 환급 또한 같은 의미로 쓰인다. 따라서 반납과 환급은 유의 관계이다.

20 ① 보리 : 맥주　　② 밀 : 빵　　③ 파라핀 : 양초
　　④ 사진 : 액자　　⑤ 막걸리 : 쌀

해설

① · ② · ③ · ⑤는 모두 원료와 제품의 관계이지만, ④는 포함 관계이다.

21 ① 변호사 : 변론　　② 의사 : 진찰　　③ 교수 : 강의
　　④ 가수 : 노래　　⑤ 카메라 : 촬영

해설

① · ② · ③ · ④는 모두 행위 관계가 성립하지만, ⑤는 용도 관계이다.

22 ① 정월대보름 : 쥐불놀이　　② 단오 : 그네뛰기　　③ 한가위 : 강강술래
　　④ 동지 : 지신밟기　　⑤ 설날 : 널뛰기

해설

각 명절의 이름과 그 명절에 하는 전통놀이가 연결된 것이다. 지신밟기는 정월대보름에 하는 놀이이다.

23 ① 제인 오스틴 : 오만과 편견　　② 헤르만 헤세 : 데미안
　　③ 표도르 도스토옙스키 : 죄와 벌　　④ 빅토르 위고 : 보바리 부인
　　⑤ 알베르 카뮈 : 이방인

16 ③　17 ④　18 ①　19 ③　20 ④　21 ⑤　22 ④

해설

①·②·③·⑤는 작가와 그 작가의 대표 작품이 연결된 것이다. '보바리 부인'의 작가는 '구스타브 플로베르'이고, '빅토르 위고'의 대표 작품은 '레 미제라블'이다.

24 ① 문방사우 : 붓　　② 화강암 : 현무암　　③ 사군자 : 국화
④ 사물놀이 : 징　　⑤ 타악기 : 팀파니

해설

①·③·④·⑤는 모두 포함 관계가 성립하지만, ②는 동위 관계이다. 여기서 동위 관계란 두 단어가 동일한 상위 개념에 포함되는 단어의 관계를 뜻한다.

25 ① 대중교통 : 지하철　　② 언어 : 영어　　③ 몸 : 머리
④ 예술 : 음악　　⑤ 식물 : 소나무

해설

①·②·④·⑤는 모두 상하 관계가 성립하지만, ③은 전체와 부분 관계이다.

26 ① 결정 : 보류　　② 입증 : 증명　　③ 개화 : 낙화
④ 혼돈 : 질서　　⑤ 임의 : 강제

해설

①·③·④·⑤는 반의 관계이지만, ②는 유의 관계이다. 입증은 어떤 증거를 내세워 증명하는 것이고, 증명은 어떤 사항이나 판단에 대하여 그것이 진실인지 아닌지 증거를 들어 밝히는 것이다.

27 ① 행성 : 별　　② 소설 : 사건　　③ 악기 : 피아노
④ 채소 : 시금치　　⑤ 의복 : 드레스

해설

사건은 소설의 구성요소 중 하나이며, 나머지는 모두 상하 관계가 성립한다.

28 ① 쌀 : 떡　　② 나무 : 종이　　③ 우유 : 치즈
④ 자동차 : 엔진　　⑤ 고무 : 타이어

해설

엔진은 자동차를 이루는 구성요소 중 하나이며, 나머지는 모두 원료 관계가 성립한다.

[29~30] 다음 제시된 단어 중 연관되는 3개의 단어와 공통으로 연상되는 단어를 고르시오.

29

> 물, 전등, 스킨, 키보드, 로션, 접시, 택배, 보청기, 크림

① 컴퓨터　　② 옷　　③ 화장품
④ 연필　　⑤ 여행

해설

'스킨, 로션, 크림'을 통해 '화장품'을 연상할 수 있다.

30

> 텔레비전, 그릇, 교복, 달력, 공부, 저울, 시험, 신발, 옥수수

① 학생　　② 필기구　　③ 체중계
④ 아파트　　⑤ 비행기

해설

'교복, 공부, 시험'을 통해 '학생'을 연상할 수 있다.

23 ④　24 ②　25 ③　26 ②　27 ②　28 ④　29 ③　30 ①

03 | 어법, 맞춤법, 한자성어

01 ▶ 다음 중 의미의 전달이 정확하지 않은 문장은?

① 초대한 손님들이 전부는 오지 않았다.

② 세 사람이 각각 송어 두 마리를 낚았다.

③ 아직 아이가 신발을 신는 중입니다.

④ 그녀가 화사한 꽃 한 다발을 가지고 왔습니다.

⑤ 누가 그 책을 좋아합니까?

해설

그 책을 좋아하는 사람이 누구인지를 묻는 질문일 수도 있고, 그 책을 좋아하는 사람은 아무도 없다는 것을 강조하는 표현일 수도 있다.

02 ▶ 다음 중 경어법의 표현이 바르지 않은 문장은?

① 아버지께서는 이제 연세가 높아 점점 귀가 먹으신다.

② 어머니 표정을 보니 무슨 깊은 고민이 계신 것 같다.

③ 할머니, 아빠가 저녁 8시에 공항에 도착한대요.

④ 지원아, 선생님께서 쉬는 시간에 교무실로 오라셔.

⑤ 할아버지 말씀만 하지 마시고 제 말씀도 들어보셔요.

해설

높여야 할 대상의 신체 부분이나 소유물 등과 관련한 말에는 '-(으)시-'를 결합시켜 높이는 간접높임법을 사용해야 한다. 따라서 ②에서는 높이는 대상이 '고민'이 아닌 '어머니'이므로, '고민이 계신 것 같다'를 '고민이 있으신 것 같다'로 고쳐야 한다.

Plus 해설

① 간접 높임법이 바르게 사용되었다.
③·④ 압존법은 문장 행위의 주체가 듣는 사람보다 낮은 위치에 있을 경우 '-(으)시-'를 쓸 수 없음을 말한다.
⑤ '말씀'은 높임말과 낮춤말 모두 쓸 수 있으므로 바르게 사용되었다.

[03~04] 다음 중 관용어가 사용되지 않은 문장을 고르시오.

03 ① 와, 저 녀석 간이 부은 모양인데?

② 조건을 이렇게나 따지니, 저렇게 눈이 높아서야.

③ 우리 엄마는 손이 커서 음식 하나를 만들면 며칠씩이나 먹어야 해.

④ 우리 아들은 발이 매우 커서 어지간한 신발들은 맞지 않는다.

⑤ 우리 학교 아이들이 경기에서 우승하는 것은 식은 죽 먹기다.

해설

④에서의 '발이 크다'는 단어의 기본적 의미로 사용되었다. 관용어(慣用語)는 둘 이상의 단어가 결합하여 특별한 의미로 사용되는 관습적인 말이므로 ④는 관용어가 사용되었다고 볼 수 없다.

Plus 해설

① 간이 붓다 : 지나치게 대담해지다.

② 눈이 높다 : 정도 이상의 좋은 것만 찾는 버릇이 있다.

③ 손이 크다 : 씀씀이가 후하고 크다.

⑤ 식은 죽 먹기 : 매우 쉬운 일이다.

04 ① 그 손님은 툭하면 꼬투리를 잡고 까다롭게 굴어서 직원들이 다 학을 뗐어.

② 회의가 예상보다 길어졌는데 이제 그만 아퀴를 짓도록 합시다.

③ 언니가 미안하다고 사과했지만 오래도록 잊히지 않고 옹이가 졌다.

④ 어쩜 그렇게 표정 하나 안 바뀌고 입에 발린 말을 잘하니?

⑤ 아이가 하도 시끄럽게 굴어서 엄마는 아예 손으로 아이의 입을 막았다.

해설

⑤에서의 '입을 막다'는 관용어가 아닌 단어의 기본적 의미로 사용되었다. 관용어로 쓰이는 '입을 막다'는 '자기에게 불리한 말을 하지 못하게 하다'의 의미로 쓰인다.

Plus 해설

① 꼬투리를 잡다 : 트집을 잡다. 빌미를 잡다.

  학을 떼다 : 괴로운 상황을 벗어나느라 진땀을 빼거나 거의 질려 버리다.

  (학[瘧] : 말라리아. 말라리아 병원충을 가진 학질모기에게 물려서 감염되는 법정 전염병으로, 갑자기 고열 증상이 나타나고 구토 및 발작을 일으킨다.)

② 아퀴를 짓다 : 일이나 말을 마무리짓다.

③ 옹이가 지다 : 마음에 언짢은 감정이 있다.

④ 입에 발리다 : 남의 비위를 맞추기 위해 아부하다.

01 ⑤ **02** ② **03** ④ **04** ⑤

05 다음 중 밑줄 친 부분의 맞춤법이 잘못된 것은?

① 나는 또 **객쩍은** 생각을 했다.
② 대표치는 **대푯값**과 같은 말이다.
③ 회사에 소문이 **불거져** 나왔다.
④ 주차장의 규모를 **늘려** 달라는 건의가 들어왔다.
⑤ 그들은 간단한 **인삿말**을 주고받았다.

해설

한글 맞춤법 사이시옷 규정에 따르면 순우리말과 한자어로 된 합성어로서 앞말이 모음으로 끝난 경우, 뒷말의 첫소리가 된소리로 나거나 뒷말의 첫소리 'ㄴ, ㅁ' 앞에서 'ㄴ' 소리가 덧나거나 뒷말의 첫소리 모음 앞에서 'ㄴㄴ' 소리가 덧나는 것에 한하여 사이시옷을 사용한다. '인사말'의 표준 발음은 'ㄴ' 소리가 덧나지 않으므로 '인사말'로 써야 한다.

Plus 해설

① 객쩍다 : 행동이나 말, 생각이 쓸데없고 싱겁다.
② 대푯값 : 자료의 특징이나 경향을 가리키는 수의 값
③ 불거지다 : 어떤 사물이나 현상이 두드러지게 커지거나 갑자기 생겨나다.
④ 늘리다 : 물체의 넓이, 부피 따위를 본디보다 커지게 하다.

06 다음 중 밑줄 친 부분의 띄어쓰기가 잘못된 것은?

저는 올해 ① **서른두 살**이며, 부산에서 직장 생활을 하다가 ② **5년차**일 때 일을 그만두고 서울에서 제빵 공부를 ③ **시작한 지** 2년이 되었습니다. 서울과 ④ **부산 간**을 오가는 것이 힘들 때도 있지만 열심히 배워서 꼭 ⑤ **뜻한 바**를 이루고 싶습니다.

해설

②에서 '차'는 일정한 기간을 나타내는 명사구 뒤에 쓰여 주기나 경과의 해당 시기를 나타내는 말로 의존명사이다. 따라서 '5년 차'와 같이 띄어 써야 한다.

07 ▸ 다음 중 밑줄 친 부분의 띄어쓰기가 옳지 않은 것은?

① 아무리 그렇게 말해도 **좋은 걸** 어떡해?
② **제 3장**의 내용을 요약해 주시기 바랍니다.
③ 공사를 **진행한 지** 꽤 오래되었다.
④ 결혼 **10년 차**에 내 집을 장만했다.
⑤ 처벌하려면 **법대로** 하세요.

해설

'제(第)'는 '그 숫자에 해당되는 차례'의 뜻을 나타내는 접두사이므로 붙여서 '제3장'으로 써야 한다.

Plus 해설

①·③·④ 의존명사 '것', '지', '차'는 앞에 있는 관형사와 띄어 쓴다.
⑤ '법대로'에서 '대로'는 의존명사가 아닌 보조사로 쓰였으므로 붙여 쓰는 것이 맞다.

08 ▸ 다음 중 올바른 맞춤법이 쓰인 문장은?

① 접은 셔츠를 서랍에 오래 두었더니 구김이 가서 달여야겠다.
② 이번에는 쉬운 문제를 낼 테니 틀리지 말고 꼭 마쳐야 해.
③ 그 방법보다는 이렇게 하는 게 더 낳을 것 같아요.
④ 연락이 계속 닿지 않아 그녀는 저녁 내 마음을 졸였다.
⑤ 그 외투에는 갈색 구두가 문안하게 어울리겠다.

해설

'졸이다'는 '속을 태우다시피 초조해하다'라는 의미로 ④에서의 '졸였다'는 올바른 표현이다.

Plus 해설

① '달이다'는 '약이나 액체 등을 끓여서 진하게 만들다'를 의미하며, '옷이나 천 등의 주름이나 구김을 펴기 위해 다리미 등으로 문지르다'의 의미를 나타낼 때에는 '다리다'를 쓴다.
② '마치다'는 '어떤 일이나 절차 등이 끝나다'를 의미하며, '문제에 대한 답이 틀리지 아니하다'의 의미를 나타낼 때에는 '맞히다'를 쓴다.
③ '낳다'는 '배 속의 아이, 새끼, 알을 몸 밖으로 내놓다', '어떤 결과를 이루거나 가져오다' 등을 의미하며, '보다 더 좋거나 앞서 있다'의 의미를 나타낼 때에는 '낫다'를 쓴다.
⑤ '이렇다 할 단점이나 흠잡을 만한 것이 없다'의 의미를 나타낼 때에는 '무난하다'를 쓴다.

05 ⑤ 06 ② 07 ② 08 ④

09 ▶ 다음 중 띄어쓰기가 바르게 된 것은?

① 이제 내게 남은 것은 이것 뿐입니다.
② 너무 반가운통에 맨발로 나가 맞이했다.
③ 그는 자기 이름 조차 쓸 줄 모르는 까막눈이다.
④ 우리 앞으로 자주 만납시다그려.
⑤ 그 이벤트는 4시 부터 시작될 예정이에요.

해설

'그려'는 청자에게 문장의 내용을 강조할 때 쓰는 보조사로 앞말과 붙여 쓰는 것이 원칙이다. 보조사는 체언, 부사, 활용 어미 등에 붙어서 어떤 특별한 의미를 더해 주는 조사를 말한다.

Plus 해설

① · ③ · ⑤ '뿐'은 '그것만이고 더는 없음'을, '조차'는 '이미 어떤 것이 포함되고 그 위에 더함'의 뜻을, '부터'는 '어떤 일의 시작'을 나타내는 보조사이므로, 앞말과 붙여서 '이것뿐', '이름조차', '4시부터'로 써야 한다.
② '통'은 '어떤 일이 벌어진 환경이나 판국'을 나타내는 의존명사로 앞말과 띄어서 '반가운 통에'로 써야 한다.

10 ▶ 다음 중 복수 표준어로 사용되지 않는 것은?

① 딴죽 – 딴지   ② 마을 – 마실
③ 쌉싸래하다 – 쌉싸름하다   ④ 생뚱맞다 – 쌩뚱맞다
⑤ 거치적거리다 – 걸리적거리다

해설

'생뚱맞다'는 '행동이나 말이 상황에 맞지 않고 엉뚱하다'는 뜻으로, '쌩뚱맞다'는 비표준어이다.

11 ▶ 다음 중 표준어로 인정된 말이 아닌 것은?

① 희안하다   ② 짜장면   ③ 삐지다
④ 남사스럽다   ⑤ 께름직하다

해설

짜장면은 자장면과, 삐지다는 삐치다와, 남사스럽다는 남우세스럽다와, 께름직하다는 께름칙하다와 함께 쓸 수 있는 새롭게 인정된 복수표준어이다. 그러나 '희안하다'는 '희한하다'의 비표준어이다.

12 ▶ **다음 중 외래어 표기가 바르게 된 것은?**

① 조립식 장난감으로 로봇을 그럴듯하게 만들었어요.
② 영화 마지막에 나오는 배우의 나레이션이 정말 감동적이었다.
③ 전화를 받을 수 없으니 메세지를 남겨 주세요.
④ 그는 이마의 흉터가 컴플렉스여서 앞머리로 가리고 다닌다.
⑤ 여느 때보다 사장님의 현명한 리더쉽이 필요한 시기야.

해설

'로보트'가 아닌 '로봇'이 맞는 외래어 표기이므로 바르게 쓰였다.

Plus 해설

② 나레이션(×) → 내레이션(○)
③ 메세지(×) → 메시지(○)
④ 컴플렉스(×) → 콤플렉스(○)
⑤ 리더쉽(×) → 리더십(○)

13 ▶ **다음 중 문장의 표현이 바르게 된 것은?**

① 그의 뒤를 바짝 좇아 건물로 들어갔다.
② 쌓인 낙엽들을 지긋이 밟으니 사그락 소리가 났다.
③ 사과는 껍질채 먹어야 건강에 더 좋아.
④ 이렇게 성대한 잔치를 벌릴 줄이야.
⑤ 알면서도 모르는 체를 하면 어떻게 해?

해설

'체'는 '그럴듯하게 꾸미는 거짓 태도나 모양'을 뜻하므로 ⑤는 맞게 표기되었다.

Plus 해설

① '좇아'는 '이상을 좇는 청년'처럼 '목표, 행복 등을 추구함'을 나타낼 때 쓰는 말이며, '어떤 대상을 잡거나 만나기 위해 뒤를 급히 따름'을 나타낼 때에는 '쫓아'를 쓴다.
② '지긋이'는 '나이가 비교적 많아 듬직하게'를 나타낼 때 쓰는 말이며, '슬며시 힘을 주는 모양'을 나타낼 때에는 '지그시'를 쓴다.
③ '채'는 '앉은 채 잠들었다'처럼 '이미 있는 상태 그대로'를 나타낼 때 쓰는 말이며, '그대로' 또는 '전부'의 뜻을 나타낼 때에는 '째'를 쓴다.
④ '벌리다'는 '둘 사이를 넓히거나 멀게 함'을 나타낼 때 쓰는 말이며, '일을 계획하여 시작하거나 펼쳐 놓음'의 뜻을 나타낼 때에는 '벌이다'를 쓴다.

09 ④ **10** ④ **11** ① **12** ① **13** ⑤

14 〉 다음 중 글의 내용과 어울리지 않는 문장을 고르면?

> 면역력을 높이는 방법 중 가장 효과적인 것은 체온을 올리는 것이다. **(가) 체온이 상승하면 기혈의 순환이 원활해져 건강한 혈관과 혈액을 유지시킬 수 있다.** 또한 따뜻한 체온은 세포 활동을 촉진시키기 때문에 신진대사가 활발해지는 효과도 있다. **(나) 면역체계가 약화되면 다양한 신호가 감지된다.** 이런 효과들은 결국 면역력으로 이어져 세균이나 바이러스 등 외부의 침입으로부터 우리 몸을 건강하게 지켜준다. 몸을 따뜻하게 하는 방법은 규칙적으로 운동을 하는 것이다. **(다) 약간 땀이 날 정도로 유산소 운동을 하는 것이 가장 도움이 된다.** 따뜻한 성질을 가진 마늘, 대추, 계피 등을 먹어주는 것도 좋다. **(라) 반신욕이나 족욕도 체온을 올리며 몸의 순환을 도와준다.**

① (가)   ② (나)   ③ (다)   ④ (라)   ⑤ 없음

해설

(나)의 뒷문장에 '이런 효과들'은 (나)의 앞문장 '신진대사가 활발해지는 효과'와 관련된 것이다. 따라서 (나)는 글의 내용에 어울리지 않는 문장이다.

15 〉 다음 중 밑줄 친 부분을 어법에 맞도록 수정한 방안으로 적절하지 않은 것은?

> ㉠ 6월 말부터 농수산물에서 **시작한** 물가 상승은 연말에도 계속됐다.
> ㉡ 며칠간 밤을 새우며 팀원들과 공모전을 준비하는 것은 여간 힘든 일이 **많았다.**
> ㉢ 사업 비용이 초기에 많이 투입되어야 하는 안건은 사장의 **제가를** 받기 어렵다.
> ㉣ 그녀의 눈동자는 밝은 달이 빛을 뿌리고 있는 밤하늘을 그대로 **투영하고** 있었다.
> ㉤ 아이가 제 물건을 잃어버리고 들어온 날이면, 어머니는 애가 **칠칠맞다고** 타박을 주었다.

① ㉠ 시작된   ② ㉡ 아니었다   ③ ㉢ 재가
④ ㉣ 투영시키고   ⑤ ㉤ 칠칠맞지 못하다고

해설

㉣은 어법에 맞는 문장이므로 수정할 필요가 없다.

💡 Plus 해설

② '여간'은 주로 부정어와 함께 쓰인다. '여간이 아니다'는 '보통이 아니고 대단하다'라는 의미이다.
③ '제가'는 '집안을 잘 다스려 바로잡음'이라는 의미이다. 따라서 '안건을 결재하여 허가함'이라는 뜻을 가진 '재가'로 고쳐야 한다.
⑤ '칠칠맞다'는 '칠칠맞지 못하다', '칠칠맞지 않다'와 같이 '못하다', '않다'와 함께 쓰인다.

16 ▶ 밑줄 친 ㉠~㉤을 수정한 것으로 바르지 않은 것은?

언어
논
리
력

벤담은 국민들이 행복하게 사는 것에 관심이 많았다. 그래서 인생의 목적이 쾌락에 있다고 생각했다. 그에게 행복은 쾌락이고 불행은 고통이었기 때문이다.

㉠ **그리고 그는 행복이 한 사람 차원에서 그치면 안 된다고 생각했다.** 여러 사람이 행복을 누리는 '공중적 쾌락주의'로 발전해야 한다고 주장한 것이다. 그는 많은 사람들이 행복을 느끼면 그게 바로 옳은 것이라고 생각하였다. 이런 이유로 벤담은 가장 많은 사람에게 최대의 행복을 주는 '최대 다수의 최대 행복'을 외쳤다. 이런 그의 철학을 '공리주의'라고 한다.

그 시대에는 많은 철학자가 무엇이 옳고 그른지, 또 무엇이 선이고 악인지를 명쾌하게 풀기 위해 ㉡ **오랜동안 골머리를 앓았다.** 하지만 벤담은 대담하게 그런 논의는 불필요하다고 생각했다. "진리와 도덕을 멀리서 찾지 말라!"고 하면서 말이다. 그는 도덕에 무슨 원인이 있어야 하냐고 반박하며, 그냥 결과가 좋고 많은 사람이 행복하면 도덕적인 것이라고 했다. '최대 다수의 최대 행복!'이란 그의 생각이 ㉢ **오롯이 담겨 있는 말이 아닐 수 없다.**

벤담은 올바른 행동이란 쾌락의 양을 늘리고 고통의 양을 줄이는 것이라고 하며, 쾌락의 양을 객관적으로 계산할 수 있는 쾌락 계산법을 내놓았다. 그는 쾌락을 평가하는 기준으로 '강도, 확실성, 근접성, 다산성, 지속성, 순수성, 범위'라는 7가지를 꼽았다.

강도는 어떤 행동으로 인한 쾌락의 정도가 ㉣ **얼마나 큰 지를,** 확실성은 그 행동이 얼마나 확실하게 쾌락을 주는지를 평가하는 것이다. 근접성은 쾌락을 얼마나 빨리 얻을 수 있는지를, 다산성은 쾌락이 단지 ㉤ **일회적인것인지,** 다른 쾌락들을 동반하는지를 측정하는 것이다. 지속성은 쾌락이 얼마나 지속될 수 있는지를, 순수성은 쾌락 속에 혹시 고통의 요소가 섞여 있지는 않은지를, 범위는 쾌락이 얼마나 많은 사람에게 미치는지를 묻는 것이다. 벤담은 이 7가지 기준마다 쾌락을 '+'로, 고통을 '—'로 정해 쾌락을 계산하였다.

① ㉠ : 문맥상 앞의 내용과 전환되는 부분이므로 '그리고'를 '그런데'로 수정한다.

② ㉡ : 맞춤법에 맞도록 '오랜동안'을 '오랫동안'으로 수정한다.

③ ㉢ : 문맥에 따라 '오롯이'를 '온전히'로 수정한다.

④ ㉣ : '－지'가 연결어미이기 때문에 붙여 쓴다.

⑤ ㉤ : '것'은 의존명사이므로 앞 어절과 띄어 쓴다.

해설

㉢에 사용된 '오롯이'는 '모자람이 없이 온전하게'라는 뜻으로 문맥에 맞는 적절한 단어이다. 따라서 유의어인 '온전히'로 수정할 필요가 없다.

14 ② 15 ④ 16 ③

17 ▶ 다음 ㉠~㉤의 밑줄 친 부분을 맞춤법에 맞게 고친 사람을 |보기|에서 고르면 모두 몇 명인가?

> ㉠ 오늘은 아침부터 **웬지** 김 과장님의 표정이 좋지 않았다.
> ㉡ 이미 미팅은 끝이 났고, 그 프로젝트는 폐기하기로 **돼어** 있다는 것을 알았다.
> ㉢ 내가 우리 회사 대표로 뽑히**던지** 말**던지** 전혀 관심이 없다.
> ㉣ 사장님의 모습이 회사 내에서 **간간이** 사라지는 경우가 많이 생겼다.
> ㉤ 그 아파트는 전세 3억 원에 **임차**되었다.

| 보기 |

미연 : ㉠의 '웬 –'은 '어떠한'을 의미하는 관형사이므로, '왜 그런지'의 뜻을 나타내는 부사인 '왠지'로 수정해야 한다.

성수 : ㉡의 '돼어'는 어간 '되 –'에 연결 어미 '– 어'가 붙어서 이루어진 말이므로 '되어'로 수정해야 한다.

상민 : ㉢의 '– 던지'는 물건이나 일의 내용을 가리지 아니한다는 뜻을 나타내는 '– 든지'로 수정해야 한다.

지수 : ㉣의 '간간이'는 '드문드문, 듬성듬성, 이따금씩'을 나타내는 부사어인 '간간히'로 고쳐 써야 한다.

영지 : ㉤의 '임차'는 돈을 받고 물건을 빌려주는 일을 뜻하는 '임대'로 수정해야 한다.

① 1명   ② 2명   ③ 3명   ④ 4명   ⑤ 5명

해설

㉠ '웬 –'은 '어떠한'을 의미하는 관형사이므로 명사와 함께 쓰여야 한다. '왠지'는 '왜 그런지'의 뜻을 나타내는 부사이므로 ㉠의 '웬지'는 '왠지'로 고쳐 써야 한다.

㉡ '되어'는 어간 '되 –'에 연결 어미 '– 어'가 붙어 이루어진 말이다. 따라서 '되어'로 수정해야 한다.

㉢ '– 던지'는 지난일을 나타내는 선어말 어미 '– 더'에 어미 '– ㄴ지'가 결합한 형태이고, '– 든지'는 물건이나 일의 내용을 가리지 아니하는 뜻을 나타내는 조사이다. 따라서 문맥상 '– 든지'로 고쳐 써야 한다.

㉤ '임차'는 '돈을 주고 물건을 빌리는 일'이고 '임대'는 '돈을 받고 물건을 빌려 주는 일'이다. 따라서 문맥상 '임대'로 고쳐 써야 한다.

Plus 해설

㉣ '간간이'는 '드문드문, 듬성듬성, 이따금씩'을 의미하는 부사어이므로 옳게 쓰였다. 따라서 '간간히'로 고쳐 쓰는 것은 적절하지 않다.

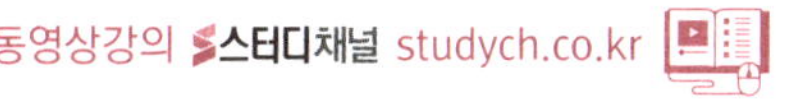

18 다음 괄호 안에 들어갈 한자성어로 알맞지 않은 것은?

> 그는 좌우명인 (　　　　)에 따라, 꾸준히 준비하여 좋은 성과를 내었다.

① 우공이산(愚公移山)　　　　② 주경야독(晝耕夜讀)

③ 절차탁마(切磋琢磨)　　　　④ 결자해지(結者解之)

⑤ 자강불식(自强不息)

해설

포기하지 않고 꾸준히 하여 이룬다는 표현을 나타내는 고사성어로 '결자해지'는 알맞지 않다. '결자해지'는 '자기가 저지른 일은 자기가 해결하여야 함'을 이르는 말이다.

Plus 해설

① 우공이산(愚公移山) : 어떤 일이든 끊임없이 노력하면 반드시 이루어짐을 이르는 말이다.
② 주경야독(晝耕夜讀) : 어려운 여건 속에서도 꿋꿋이 공부함을 이르는 말이다.
③ 절차탁마(切磋琢磨) : 학문이나 자신의 이상을 갈고 닦아 목표에 이름을 뜻한다.
⑤ 자강불식(自强不息) : 스스로 힘써 행하여 쉬지 않음을 뜻한다.

19 다음 중 의미가 다른 한자성어는?

① 미봉책(彌縫策)　　　　② 고식지계(姑息之計)

③ 임기응변(臨機應變)　　　　④ 하석상대(下石上臺)

⑤ 한강투석(漢江投石)

해설

①·②·③·④는 '그 순간만 모면하겠다는 얄팍한 계책'을 가리키는 한자성어이며, '한강투석(漢江投石)'은 '아무리 한강에 돌을 던져 보아야 한강을 메울 수 없다'는 뜻으로 아무리 애써도 그 뜻을 이루기 어려움을 나타낼 때 쓰는 한자성어이다.

Plus 해설

① 미봉책(彌縫策) : 임시변통으로 이리저리 꾸며 맞추기 위한 계책
② 고식지계(姑息之計) : 당장 눈앞의 안일함만 취하는 계책
③ 임기응변(臨機應變) : 그때그때의 형편에 따라 변통성 있게 처리함.
④ 하석상대(下石上臺) : 대충 눈가림으로 아랫돌을 위의 대에 받쳐 놓음.

---

17 ④　**18** ④　**19** ⑤

20 ▶ 다음 제시된 각 속담과 연결되는 한자성어가 아닌 것은?

> ㉠ 10년이면 강산도 변한다.
> ㉡ 변덕이 죽 끓듯 한다.
> ㉢ 물에 빠진 놈 건져 놓으니 봇짐 내놓으라 한다.
> ㉣ 백지장도 맞들면 낫다.
> ㉤ 낫 놓고 기역자도 모른다.

① 상전벽해(桑田碧海) 　② 조령모개(朝令暮改)
③ 주객전도(主客顚倒) 　④ 고장난명(孤掌難鳴)
⑤ 일자무식(一字無識)

해설

㉠은 상전벽해, ㉡은 조령모개, ㉢은 주객전도, ㉤은 일자무식과 연결되며 ㉣과 연결되는 한자성어는 '십시일반(十匙一飯)'이다.
고장난명(孤掌難鳴)은 '손바닥 하나만으로는 소리가 나지 않는다'는 뜻으로, 혼자의 힘으로 어떤 일을 이루기 어려움을 의미한다.

💡 Plus 해설
① 상전벽해(桑田碧海) : 뽕밭이 푸른 바다로 바뀔 정도로 세상이 변함.
② 조령모개(朝令暮改) : 아침에 내린 명령을 저녁에 또 바꿀 정도로 이랬다저랬다 함.
③ 주객전도(主客顚倒) : 주인과 손님이 뒤바뀐 형세
⑤ 일자무식(一字無識) : 글자 한 자도 모를 정도로 무식함.

21 ▶ 다음 문장의 빈칸에 들어갈 한자어로 적절한 것은?

> 　정부는 이번 개각에서 ○○○ 교수를 법무부장관에 기용하기 위해 사전 검증작업에 들어간 것으로 확인되었다. ○○○ 교수가 법무부장관 (　　) 에 오르내리는 배경에는 현 정부가 검찰 개혁을 궁극적으로 완수할 적임자로 적합하다고 판단한 신뢰가 작용했기 때문으로 보인다.

① 등용문(登龍門) 　② 하마평(下馬評)
③ 미증유(未曾有) 　④ 풍문(風聞)
⑤ 미봉책(彌縫策)

해설

하마평(下馬評)은 관직의 인사이동이나 관직에 임명될 후보자에 관하여 세간에 떠도는 풍설을 가리키는 말이다.

Plus 해설

① 등용문(登龍門) : 용문(龍門)에 오른다는 뜻으로, 어려운 관문을 통과하여 크게 출세함을 의미한다.
③ 미증유(未曾有) : 지금까지 한 번도 있어 본 적이 없음을 의미한다.
④ 풍문(風聞) : 바람처럼 떠도는 소문을 말한다.
⑤ 미봉책(彌縫策) : 눈가림만 하는 일시적인 계책을 의미한다.

22 ▶ 다음 기사문의 내용을 토대로 빈칸에 들어갈 알맞은 한자성어를 고르면?

> 이번 일본의 수출 보복에 대해 국무총리는 현명한 선택이 아니라고 비판하며 외교적인 노력이 여러 방면에서 진행되고 있다고 밝혔다. 국무총리는 "자유무역의 최대 수혜자가 일본인데, 바로 그 일본이 자유무역을 제약하는 조치를 취했다."며 일본이 의장국으로 G20 선언문을 채택한 다음날 그에 반하는 조치를 발표한 것은 크나큰 (   )이라고 비판했다.

① 위기일발(危機一髮) 　　② 자가당착(自家撞着)
③ 정저지와(井底之蛙) 　　④ 견위치명(見危致命)
⑤ 맥수지탄(麥秀之嘆)

해설

자유무역의 최대 수혜자인 일본이 자유무역을 제약하는 조치를 취한 것은 앞뒤가 맞지 않는 모순이므로, 이를 비판하는 데 어울리는 한자성어로는 '자기가 한 말이나 행동의 앞뒤가 모순됨'을 뜻하는 '자가당착(自家撞着)'이 적절하다.

Plus 해설

① 위기일발(危機一髮) : 위기가 바로 머리맡에 있는 듯한 형세를 가리킨다.
③ 정저지와(井底之蛙) : 우물 안의 개구리처럼 식견이 좁아 세상의 넓은 형편을 모르는 경우를 가리킨다.
④ 견위치명(見危致命) : 나라의 위태로움을 보고 목숨을 버림을 의미한다.
⑤ 맥수지탄(麥秀之嘆) : 고국의 멸망을 한탄함을 이르는 말이다.

Chapter 02 이해력 기본 이론 학습

❶ 글의 서술 방식

1) 글의 서술 방식 : 글을 전개하는 과정에서 필자가 자신의 생각을 효과적으로 표현하고 전개하기 위해 사용하는 서술상의 특징을 말한다.

2) 서술 방식

(1) 정의	대상이나 용어의 범위, 개념을 규정지음으로써 그 본질적 특성을 명확하게 이해시켜 서술하는 방법
(2) 예시	일반적인 원리나 추상적인 진술 내용에 대해 구체적인 사례를 들어 생생하게 서술하는 방법
(3) 인과	어떤 결과를 가져오게 한 원인을 분석하거나 어떤 원인에 의해 결과적으로 일어난 일을 분석하여 서술하는 방법
(4) 분류	어떤 대상들이나 생각들을 공통적인 특성에 근거하여 나누거나 묶어 서술하는 방법
(5) 분석	복잡한 것을 단순한 요소나 부분들로 나누어 더욱 세밀하게 구체화시켜 서술하는 방법
(6) 묘사	감각적 인상에 의존하여 대상을 세부적으로 나누어 그림을 그리듯이 서술하는 방법
(7) 비교 · 대조	대상 간의 유사점이나 차이점에 근거하여 대상의 특성을 서술하는 방법
(8) 유추	어렵고 복잡한 대상이나 현상을 이와 유사성이 있는 다른 범주의 쉽고 단순한 것에 빗대어 서술하는 방법

❷ 독해 기본 원리

1) 독해 핵심 원리

(1) 문단 요약하기

① 한 문단엔 하나의 생각(중심 문장)이 들어있다. 그 중심 문장의 위치를 빠르게 찾아 간략히 메모하는 연습을 한다.

② 문단 요약은 요지(핵심어에 대한 추상적 진술)를 기록하는 것이다.

③ 처음에는 독해를 하면서 문단 요약을 하는 것에 시간이 오래 걸리는 것 같으나, 점차 이로 인해 독해 시간이 단축되고 정확도가 높아진다.

(2) 문단 간 관계 파악하기

① 앞선 문단 요약이 정확해질수록 문단 간 관계를 파악하는 것도 용이해진다.

② 각 문단이 시작하는 부분에 있는 접속어나 지시어에 유의한다.

③ 접속어나 지시어가 없으면 생략된 것이므로, 그 생략된 접속어나 지시어를 추리해서 채워 넣으면 문단 간 관계를 더욱 분명하게 파악할 수 있다.

> 예 '그러나' → 앞 문단에 대한 대립 / 반론과 주장 / 긍정과 부정
> '그러므로' → 앞 문단에 대한 전제와 결론(주장) / 예시와 결론 / 열거와 종합

(3) 중심 문장(주제 혹은 요지)의 위치 파악하기

① 중심 문장은 대개 처음에 오거나(두괄식) 마지막에 오는(미괄식) 경우가 많다.

② 정의, 예시, 인과, 비교·대조, 유추 등 다양한 표현 방식(설명 방법, 전개 방법)이 사용되는 문장들은 모두 뒷받침 내용이며, 그 앞에 중심 내용이 있다.

③ 다양한 표현 방식을 통해 중심 내용과 뒷받침 내용의 관계를 파악하면, 그 중심 내용을 보다 쉽고 분명하게 파악할 수 있다.

2) 효율적인 독해 방법

(1) 기호 표시로 시각화하기

> 예 ○ : 중심 화제(핵심어) 및 주요 대상 표시
> △ : 주요 접속사 표시 → '그러나', '그런데' (전환과 역접)
> '그러므로' (결론)
> : 핵심 정보나 중심 문장에 밑줄 긋기
> ① : 나열된 정보나 특징들에 번호 표시

(2) 접속어의 뒤 주목하기

다음과 같은 접속어가 나오면 그 앞이 뒷받침 내용이고, 그 뒤가 중심 내용이므로 접속어의 뒷부분을 밑줄 쳐 시각화한다.

> 예 '그러나', '그런데', '따라서', '결국', '그러므로', '그래서', '이것은', '이처럼', '요컨대' …

(3) 접속어의 앞 주목하기

다음과 같은 접속어가 나오면 그 앞이 중심 내용이므로 앞부분을 밑줄 쳐 시각화한다.

> 예 '왜냐하면', '다시 말하면', '가령', '예를 들면' …

(4) 예시 · 부연 · 유추(비유)의 앞 주목하기

무엇에 대한 예시 · 부연 · 유추(비유)에서 그 '무엇'이 핵심 정보이다. 예시 · 부연 · 유추(비유)는 중요한 정보인 '무엇'을 설명하고 이해시키기 위해 동원한 설명 방법이다.

(5) 가장 많이 반복된 어휘가 핵심어이고, 그 핵심어에 대한 추상적 진술(서술어)이 요지(중심 문장)이다.

3) 일반적인 독해 원리

(1) 더 길게 말하는 것이 필자가 강조하는 것이다.

필자는 본인의 입장이나 의견이 담긴 화제에 대해 더 길게 언급하며 강조한다. 예를 들어, 어떤 대상에 대한 장 · 단점, 긍정적 · 부정적 측면을 함께 설명할 때 단점이나 부정적 측면에 대한 설명이 길다면, 필자는 화제에 대해 비판적인 의견과 태도를 갖고 있는 것이다.

(2) 다양한 종류의 화제가 나올 때는 마지막 것이 핵심 화제이다.

특히 마지막 화제가 앞서 나온 화제에 대한 상위어(추상어)일 때에는 반드시 마지막 상위어가 핵심 화제이다. 예를 들어, 첫째 '마고자', 둘째 '짚신', 셋째 '송편'을 화제로 올리고 마지막에 '마고자', '짚신', '송편'을 포괄해 설명할 수 있는 상위어 '전통'이라는 화제가 나오면, 앞의 세 화제는 마지막 '전통'이라는 화제를 끌어내기 위한 전제나 예시인 것이다.

(3) 물음표(?)가 있는 경우에는 그에 대한 답변(주로 해결 방안)이 있다.

필자가 '?' 형식으로 문제 제기를 할 경우 반드시 그에 대한 답변을 내리는 부분이 나온다. 바로 그 부분이 글 전체의 주제(핵심 정보)가 된다. 대개 답변은 마지막 문단의 첫 문장에 있는 경우가 많지만, '?'가 나온 다음 문단에서 바로 답하면서 두괄식으로 논의를 심화시키는 경우도 있다. 그러므로 서론에서 '?'로 문제 제기를 한 글을 독해할 때엔 반드시 그에 대한 대답을 먼저 찾아야 글 전체가 한눈에 보인다.

의문문이든 설의적인 문장이든 '?'가 있는 모든 문장은 핵심 내용이거나 핵심 내용을 안내하는(바로 뒤에 핵심 내용이 이어지는) 문장이므로 주목해야 한다. 묻고 답하는 것이나 설의적인 물음도 강조의 한 방법이기 때문에 중요하지 않으면 '?'를 사용하지 않는다.

(4) 서술어를 꼼꼼하게 읽어야 한다.

핵심어에 대한 서술어에는 대상에 대한 속성이나, 대상과 상황에 대한 작가의 관점·정서·태도 등이 담겨 있으므로 중심 내용이 된다. 따라서 독해에서 서술어는 접속사와 더불어 가장 중요한 성분이다. 문장 구조가 복잡할수록 '주어, 목적어, 보어, 서술어'를 골라 읽으면 보다 쉽게 문장의 전체 내용을 파악할 수 있다.

(5) 접속어 역할을 하는 어미에 주목해야 한다.

긴 문장 가운데에 있는 어미는 접속어와 같은 역할을 하므로 다음과 같은 어휘가 나오면 그 뒤의 중심 내용을 밑줄 쳐 시각화하는 것이 좋다.

> **예** '~하지만', '~보다도', '~되면', '~아니고', '~이므로', '~때문에', '~하므로', '~처럼', '~와 같이', '~와 달리', '그 결과', '그럼으로써' …

(6) 부연의 접속어('다시 말하면')가 나오면 더 쉬운 쪽을 통해 이해할 수 있다.

부연은 앞의 내용을 다시 설명하는 내용이므로 부연 앞의 중심 문장을 통해 내용이 파악되었다면 다시 읽을 필요가 없다. 그러나 부연 앞의 중심 문장을 이해하지 못했다면, 부연의 접속어 이하 문장을 통해 다시 한번 중심 문장을 이해할 수 있다.

(7) 헷갈리는 오답에 주의해야 한다.

출제자는 의도적으로 헷갈리는 선택지를 두 개 이상 둔다. 그러므로 단순히 답을 찾는 자세에서 더 나아가 정답과 오답의 근거를 지문에서 발견하는 연습을 해야 한다.

일반적으로 오답은 전체보다는 부분적인 내용(일부분의 사실)을, 상식적으로는 이치에 맞지만 지문의 관점과는 거리가 있는 내용을 진술한다.

❸ 유형 1 – 중심 내용 파악하기

1) 문제 유형 : 필자의 주장이나 중심 생각을 파악하는 유형으로, 글의 주제나 목적, 전반적인 흐름에 대해 묻는 문제이다.

2) 해결 방식

① 글에서 언급한 소재나 화제 중 글의 핵심 내용과 관련된 중심 화제를 파악한다.

② 중심 화제는 글에서 반복되는 어휘일 가능성이 높으며, 이러한 핵심어는 필자의 관심을 반영하므로 글의 주제와 밀접한 관련을 갖고 있다.

③ 핵심어에 대한 필자의 태도, 설명 등이 드러나는 부분이 중심 문장일 가능성이 높으므로, 핵심어를 찾으면 중심 문장을 찾기 쉽다.

④ 중심 문장은 세부적이고 상세한 구체적 진술이 아닌 일반적 진술이 대부분이므로, 핵심어를 포함하면서 일반적 진술로 이루어진 문장을 찾는다.

⑤ 문단이나 지문에서 중심 문장 간의 관계를 살펴보고, 필자의 주장·의도·관점·설명 등이 두드러지게 나타나는 문장을 찾은 후 글 전체의 주제나 중심 내용을 도출한다.

예제 1 이 글의 주제로 가장 적절한 것을 고르면?

> 헌팅턴 무도병은 선천적인 유전성 질환이며, 뇌신경계를 침범하여 점점 퇴행에 이르게 한다. 주요 근육의 조절능력이 상실되며, 정신건강에도 영향을 미친다. 진행성 질환으로서 시간이 경과할수록 증상은 점점 악화된다. 1872년 미국 의사 조지 헌팅턴(George Huntington)이 처음 이 질병을 '헌팅턴 무도병'이라고 명명했는데, 이는 이 질환에 걸린 사람들이 춤추는 것과 같이 흔들거리는 동작을 취하기 때문이었다. 헌팅턴 무도병의 3대 증상은 무도증, 정신증상 및 치매이다. 병의 초기 단계에서는 무도증이 비교적 신체 일부에 국한되어 나타나지만, 질환이 진행됨에 따라 무도증이 전신으로 퍼진다. 진단이 이루어진 후 사망에 이르기까지 15~20년 정도가 소요되며, 오랜 기간에 걸쳐 병이 진행되면 결국 과다 근육긴장증과 심한 경직 상태에 이르게 된다.

① 헌팅턴 무도병의 어원 　② 헌팅턴 무도병의 원인
③ 헌팅턴 무도병의 증상 　④ 헌팅턴 무도병의 유전성

해설

이 글은 선천적 유전성 질환인 헌팅턴 무도병의 증상에 관하여 기술하고 있다. 헌팅턴 무도병은 진행성 질환으로 시간이 경과함에 따라 신체 일부에서 전신으로 퍼지며 악화된다. 3대 증상은 무도증, 정신증상 및 치매이다.

정답 ③

④ 유형 2 – 문장 순서 배열하기

1) 문제 유형 : 글의 분석 능력과 종합 능력을 파악하는 유형으로, 문장들 간의 논리적 관계를 이해하고 있는지 묻는 문제이다.

2) 해결 방식

① 주어진 글을 읽고 무엇에 관한 글인지, 전개 방식이 어떠한지 파악한다.

② 글의 요지를 파악하고, 순서를 찾는 데 도움이 될 만한 단서들을 찾는다.

③ 문장 간 유기적인 관계를 보여주는 접속어와 지시어에 유의한다. 때로 난도를 높이기 위해 문장 사이를 연결하는 접속어를 생략하기도 한다는 점에 주의한다.

④ 내용의 흐름이 자연스러워지도록 문장을 배열한다.

⑤ 배열한 문장 순서에 따라 글을 다시 읽어보고 논리적 순서에 맞는지 검토한다.

예제 2 주어진 문장에 이어질 내용을 순서에 맞게 나열한 것은?

중국의 담벼락은 집보다 높다.

(가) 그러나 일본의 초가집에는 숫제 담이란 것이 없고, 설령 담이 있다 하더라도 내부가 환히 보이는 아주 낮은 담이다.

(나) 한편, 우리나라의 담은 중국의 담보다 낮지만, 일본의 담보다 높다. 우리나라의 돌담은 바로 폐쇄와 개방의 중간에 위치해 있다.

(다) 아무리 발돋움을 하여도 그 내부를 들여다볼 수 없다. 완전히 폐쇄적인 것이며, 외계와의 단절을 의미하는 성벽인 셈이다.

(라) 그것은 개방되어 있는 것과 다름이 없다.

① (나) - (가) - (다) - (라)　　② (나) - (라) - (다) - (가)
③ (다) - (가) - (나) - (라)　　④ (다) - (가) - (라) - (나)

해설 

(다) 중국의 담 높이에 대해 설명하는 제시문에 대한 부연 설명
(가) 접속 부사 '그러나'를 사용해 일본의 담 높이에 대한 설명으로 화제전환
(라) 일본의 담 높이에 대한 설명으로, (가)에 대한 부연 설명
(나) 우리나라의 담 높이에 대한 설명으로, 우리나라·중국·일본이 모두 언급되어 있기 때문에 3개국의 담에 대한 설명이 나온 뒤 마지막에 위치해야 하는 문장

정답 ④

❺ 유형 3 – 빈칸 채워 넣기

1) 문제 유형 : 글의 통일성과 일관성을 구성할 수 있는지 파악하는 유형으로, 제시된 글을 바르게 이해하고 논리적 추론을 통해 주어진 단어나 문장을 적절하게 배치할 수 있는지 묻는 문제이다.

2) 해결 방식

(1) 어휘를 넣는 문제

어휘는 사전적·지시적 의미 외에 전의적, 문맥적, 비유적·함축적 의미 등을 가지며, 글 속에서 다양한 의미를 갖게 된다. 글에 사용된 어휘의 의미를 파악하기 위해서는 사전적 의미를 바탕으로 생각하되 글 속에서의 실제적 의미가 무엇인지 살펴보아야 하며, 사전적 의미를 정확하게 모를 경우에도 그 앞뒤 문맥과 정황, 분위기 속에서 유추해 의미를 이끌어내야 한다.

사전적 의미(중심적 의미)	기본적이고 핵심적인 의미
전의적 의미	본래의 지시적 의미와 다른 뜻으로 쓰이는 것
문맥적 의미(주변적 의미)	문맥이나 상황 속에서 중심적 의미의 범위가 확장되어 다른 뜻으로 쓰이는 것
비유적 의미	주어진 단어(보조관념)가 그와 유추 관계에 있는 다른 대상(원관념)을 나타내는 것

(2) 접속어 · 연결어를 넣는 문제

빈칸 앞뒤 문장의 내용을 읽으면서 그 내용의 상반, 인과, 강조, 예시, 설명, 비교, 요약 등 관계를 확인한 후 적절한 접속어나 연결어를 넣는다.

예컨대	앞 문장에 덧붙여 설명할 때
그러면	• 앞의 내용이 뒤의 내용의 조건이 될 때 • 앞의 내용을 받아들이거나 그것을 전제로 새로운 주장을 할 때
그런데	• 화제를 앞의 내용과 관련시키면서 다른 방향으로 이끌어나갈 때 • 앞의 내용과 상반된 내용을 이끌 때
그러나	앞 문장과 뒤 문장이 상반되는 관계일 때
그리고 · 또(는/한)	앞 문장과 뒤 문장이 병렬 관계이거나 점층적 구조일 때
그러므로 · 따라서	앞의 내용이 뒤의 내용의 이유나 원인, 근거가 될 때

(3) 문장을 넣는 문제

글의 주제, 중심 내용 등을 통해 글의 구조와 전체 흐름을 파악한 뒤 연결어, 지시어, 대명사 등을 이용해 앞뒤 문장과의 관계를 확인하여 논리적인 공백을 찾는다.

[衷] 예제 3 다음 글의 흐름에 따라 빈칸에 들어갈 내용으로 적절한 것을 고르면?

사회가 급변하면 사람들은 이전의 생활을 그대로 수긍하지 못한다. 새로운 생활에 맞는 새로운 언어 또한 필요로 하게 된다. 그 언어가 자연스럽게 육성되기를 기다릴 수도 있지만 사람들은 대개 외국으로부터 필요한 개념의 언어를 빌려오고는 한다. 돈이나 기술을 빌리는 것에 비하면 언어는 대가 없이 빌려 쓸 수 있으므로 제한 없이 외래어를 차용한다. 이처럼 외래어의 증가는 □□□□ 와(과) 함께 진행된다. 광복 이후 우리 사회에서 외래어가 넘쳐나는 것은 그간 우리나라의 고도성장과 결코 무관하지 않다.

① 국제화
② 사회의 팽창
③ 언어의 다양성
④ 언어의 보편성

[★] 해설

광복 이후 우리 사회에서 외래어가 증가한 이유는 우리나라가 고도성장하면서 사회가 팽창했기 때문이다.

정답 ②

[衷] 예제 4 다음 글의 (㉠)과 (㉡)에 들어갈 접속어로 가장 적절한 것은?

히포크라테스가 분류한 네 가지 기질이나 성격 유형에 대한 고대의 개념으로 성격에 대한 논의를 시작하는 것이 일반적인 방식이지만, 나는 여기에서 1884년『포트나이트리 리뷰』에 실렸던 프랜시스 골턴 경의 논문 성격의 측정으로 이야기를 시작하겠다.
찰스 다윈의 사촌이었던 골턴은 초기 진화론자로서 진화가 인간에게도 영향을 끼쳤다고 주장한 사람이다. (㉠) 그의 관념은 빅토리아 시대적 편견을 가지고 있었고, (㉡) 그의 주장이 오늘날에는 설득력이 떨어진다. 그럼에도 불구하고 결국에는 자연 선택 이론이 인간을 설명하는 지배적인 학설이 될 것이라는 그의 직관은 옳았다.

	㉠	㉡		㉠	㉡
①	그래서	그리하여	②	그리고	그래서
③	그러나	따라서	④	그런데	그리고

[★] 해설

위 글은 초기 진화론자인 골턴의 이론을 소개하면서, 그가 시대적 편견을 가지고 있었기 때문에 오늘날 그의 주장은 설득력이 떨어지지만, 그럼에도 결국 그의 직관과 학설이 옳다는 내용을 서술하고 있다. 따라서 ㉠은 앞 문장과 상반되는 관계를 나타내는 접속어가, ㉡은 앞의 내용이 뒤의 내용의 근거가 됨을 나타내는 접속어를 쓰는 것이 적절하다.

정답 ③

⑥ 유형 4 – 내용 일치·불일치

1) 문제 유형 : 글의 전반적인 흐름과 맥락에 따른 내용 이해도를 평가하는 유형으로, 문단별 세부적인 내용을 정확하게 파악했는지 묻는 문제이다.

2) 해결 방식

(1) 설명문의 경우

① 독자가 모르는 대상이나 사실에 대해 쉽게 이해할 수 있도록 알려주는 글이므로, 설명의 대상이 무엇인지, 즉 화제를 파악하는 것이 우선이다.

② 글에서 제시된 주요 용어, 이론, 개념 등에 주의하고 그에 대한 설명을 살펴보면 핵심 정보를 파악하는 데 도움이 된다.

③ 글의 전개 방법(정의, 예시, 인과, 비교·대조, 유추 등)에 대한 이해를 바탕으로 세부 정보와 그 관계를 파악한다.

(2) 논설문의 경우

① 필자가 의견을 제시하여 독자들을 설득하는 것을 목적으로 하는 글이므로, 필자가 문제 삼고 있는 것이 무엇인지 그에 대한 태도나 제시한 해결책은 어떠한지를 파악한다.

② 필자가 의견을 객관화하기 위해 제시한 근거(논거)의 타당성과 논지 전개의 적절성, 주장의 수용 가능성 등에 대해 올바르게 판단한다.

③ 주장을 뒷받침하기 위한 근거(논거)들이 타당성을 가지고 서로 유기적인 관계를 맺고 있는지 여부를 판단한다. 이때 접속어 등 연결어에 주목하고, 특히 글의 핵심이 집약되어 있는 부분을 잘 살펴본다.

票 예제 5 다음 글을 이해한 내용으로 옳지 않은 것은?

즐거움을 얻기 위해 책을 읽을 때 우리는 메모를 하지 않고 넋을 잃은 상태로 몰입하는 것이 가장 바람직하다. 정보를 얻거나 시험을 치르기 위해 독서를 할 경우에는 메모를 하는 편이 낫다. 깨달음을 위해 독서할 경우에는 책의 종류에 따라 메모를 해도 좋고 안 해도 좋다. 이처럼 세 경우의 독서는 극적으로 다른 경험이 될 수 있다. 독서의 목적에 따라 우리는 때로 책에 푹 빠져들고 싶을 때도 있고, 우리 의도와 상관없이 책에 사로잡힐 때도 있으며, 분석을 위해 냉정한 상태를 유지하려고 노력할 때도 있다.

① 독서의 목적에 따라 책을 읽는 방식이 달라질 수 있다.
② 다양한 방식의 독서는 서로 다른 극적인 경험을 안겨준다.
③ 정보를 얻기 위해 책을 읽을 때에는 메모를 하는 편이 낫다.
④ 즐거움을 위해 독서를 할 때에도 냉정을 유지하려고 노력해야 한다.

해설

이 글에 따르면 '즐거움'을 위해 독서를 할 때에는 넋을 잃은 상태로 몰입하는 것이 가장 바람직하다. 냉정을 유지하도록 노력해야 할 때는 분석을 위해 독서를 할 때이다.

정답 ④

예제 6 다음 글을 통해 알 수 있는 글쓴이의 주장으로 가장 적절한 것은?

우리에게 친숙한 동물들의 사소한 행동을 살펴보면 그들이 자신의 환경을 개조한다는 것을 알 수 있다. 가장 단순한 생명체는 먹이가 그들에게 헤엄쳐 오게 만들고, 고등동물은 먹이를 구하기 위해 땅을 파거나 포획 대상을 추적하기도 한다. 이처럼 동물들은 자신의 목적을 위해 행동함으로써 환경을 변형시킨다. 이러한 생존 방식을 흔히 환경에 적응하는 것으로 설명한다. 그러나 이러한 설명은 생명체들이 그들의 환경 개변(改變)에 능동적으로 행동한다는 중요한 사실을 놓치고 있다.
가장 고등한 동물인 인간도 다른 생명체와 마찬가지로 생존이나 적응을 넘어서 환경에 대해 적극성을 보인다. 이는 인간의 세 가지 충동 ― 사는 것, 잘 사는 것, 더 잘 사는 것 ― 으로 인하여 가능하다. 잘 살기 위한 노력은 순응적이기 보다는 능동적인 모습으로 나타나게 된다. 인간도 생명체이다. 더 잘 살기 위해서는 환경에 순응할 수만은 없다.

① 인간은 환경에 적응해 왔다.
② 삶의 기술은 생존을 위한 것이다.
③ 생명체는 환경을 능동적으로 변형한다.
④ 인간은 잘 사는 것을 삶의 목표로 한다.

해설

첫 번째 문단에서 동물이 자신의 목적을 위해 환경을 변형시킨다는 내용과 두 번째 문단에서 인간도 생존과 적응을 넘어 환경에 대해 적극성을 보인다는 내용을 종합할 때 '생명체는 환경을 능동적으로 변형한다'는 내용이 궁극적인 주장임을 알 수 있다.

정답 ③

❼ 유형 5 – 추론하여 파악하기

1) 문제 유형 : 논리적으로 글을 파악하고 분석할 수 있는지 평가하는 유형으로, 지문에서 직접적으로 언급되지 않은 사항을 앞뒤 문맥과 문장을 통해 유추할 수 있는지 묻는 문제이다.

2) 해결 방식

(1) 새로운 내용의 추론은 주어진 정보에 대한 이해를 바탕으로 논리적인 인과관계를 따져서 얻어내거나 새로운 내용을 재구성하고 추리하여 얻어낸다. 이때, 글에 주어진 내용뿐만 아니라 글을 읽는 사람이 가지고 있는 배경지식의 도움을 받을 수도 있다.

(2) 제시된 글에서 사용된 추론 방식을 파악하기 위해서는 전제와 논지, 논지와 논거를 구분해야 한다. 그리고 핵심이 되는 전제, 논지, 논거를 추려내어 그것들을 재구조화해야 한다.

(3) 논증적인 글은 논지와 그에 따른 논거로 구성된다. 논거는 크게 사실논거와 소견논거로 나눌 수 있다.

　　① **사실논거** : 객관적인 지식이나 정보, 통계적 수치나 사실, 사료(史料), 실제로 있었던 사건 등을 내용으로 하는 논거

　　② **소견논거** : 일반적으로 인정되는 상식이나 특정 분야의 권위자의 의견 등을 내용으로 하는 논거

예제 7 다음 글을 통해 추론할 수 있는 내용으로 적절하지 않은 것은?

> 언어 지도는 일정 지역의 언어적인 차이를 한눈에 알아보도록 지도 형식을 빌려 표시한 것으로, 시간의 흐름에 따라 변화하는 언어를 공간적으로 투영한 것이다. 이것은 동일한 의미를 지닌 단어가 지역에 따라 형태가 어떻게 달리 나타나는가, 동일한 형태의 한 단어가 지역에 따라 의미가 어떻게 분화되는가 등을 시각적으로 일목요연하게 보여준다.
>
> 언어 지도는 현재 언어 상태의 생생한 모습을 보여주고, 국어의 역사적인 변화에 관한 정보를 드러내주며, 해당 지역의 역사나 문화를 반영하여 민속학적, 문화사적 연구에 도움을 준다. 또 지도에 담긴 방언형을 통해 이전 시기의 언어를 재구성하거나, 문학 작품에 나타난 방언 어휘를 이해하는 데에도 도움을 준다.
>
> 언어 지도는 자료를 기입해 넣는 방식에 따라 몇 가지로 나누는데, 그중 한 분류법이 진열 지도와 해석 지도로 나누는 방식이다. 전자가 원자료를 해당 지점에 직접 기록하는 기초 지도라면, 후자는 원자료를 언어학적 관점에 따라 분석, 가공하여 지역적인 분포 상태를 제시하고 설명하는 지도를 말한다.
>
> 진열 지도는 각 지점에 해당하는 방언형을 지도에 직접 표시하거나 적절한 부호로 표시하는데, 언어학적으로 비슷한 어형은 비슷한 모양의 부호를 사용한다. 가령 '누룽지'의 방언형으로 '누렁기, 누룽지, 소데끼, 소디끼' 등이 있다면, '누렁기, 누룽지'와 '소데끼, 소디끼'를 각각 비슷한 부호로 사용하는 것이다. 한편, 해석 지도는 방언형이 많지 않을 때 주로 이용하며, 연속된 지점에 동일한 방언형이 계속 나타나면 등어선(等語線)을 그어 표시한다.

① 언어 지도를 이용하면 언어의 통시적 연구에서 미흡한 부분을 보완할 수 있다.

② 언어 지도를 보면 김소월 시에 있는 토속적 어휘를 이해하는 데 도움이 된다.

③ 해석 지도로 나누는 방식은 원자료를 가공하여 지역적인 분포상태를 설명할 수 있다.

④ 여러 방언형 중 하나를 표준어로 정할 때, 방언형의 분포를 보여주는 지도를 활용할 수 있다.

해설

지문 내에서 언어 지도를 표준어를 정하는 데 이용할 수 있다는 근거를 찾을 수 없다.

① 1문단 첫째 줄에 따르면 '언어 지도는 … 시간의 흐름에 따라 변화하는 언어를 공간적으로 투영한 것이다.'라고 했으므로, 언어 지도를 활용하면 통시적으로 변화하는 언어 현상을 공간적으로 확인할 수 있다는 것을 알 수 있다.

② 2문단 마지막 줄에 따르면 ' … 문학 작품에 나타난 방언 어휘를 이해하는 데에도 도움을 준다.'고 했으므로, 언어 지도는 김소월 시에 있는 방언을 이해하는 데 도움이 될 것이라는 것을 알 수 있다.

③ 3문단을 통해 알 수 있는 내용이다.

정답 ④

예제 8 (가)를 바탕으로 (나)에 담긴 글쓴이의 생각을 적절히 추론한 것은?

(가) 철학사에서 합리론의 전통은 감각에 대해 매우 비판적이었다. 예컨대 플라톤은 감각이 보여주는 세계를 끊임없이 변화하는, 전적으로 불안정한 세계로 간주하고 이에 근거하여 지식을 얻는 것은 불가능하다고 생각했다. 반대로 경험론자들은 우리의 모든 관념과 판단은 감각 경험에서 출발한다고 주장하면서 어떤 지식도 절대적으로 확실할 수는 없다고 결론짓는다.

(나) 모든 사람은 착시 현상 등을 경험해 본 적이 있기에 감각이 우리를 속일 수 있다는 것을 분명히 알고 있고 감각에 대한 어느 정도의 경계심을 지니고 있다. 하지만 그렇다고 해서 일상생활에서 자신의 감각을 신뢰하고 이에 따라 행동하는 것은 잘못이 아니다. 모든 감각적 정보를 검증 절차를 거친 후 받아들이다가는 정상적 생활을 영위하는 것 자체가 불가능해질 것이기 때문이다. 반대로, 실용적 기술 개발이나 평범한 일상적 행동과는 달리 과학적 연구는 상당한 정도의 정확성을 요구하므로 경험적 자료에 대해 어느 정도의 경계심을 유지하는 것도 당연하다.

① 실용적 기술을 개발하는 것은 일차적으로 경험론적 사고에 토대를 둔다.
② 세계는 끊임없이 변화하므로 일상생활에서는 합리론적 사고를 우선하여야 한다.
③ 과학 연구는 합리론을 버리고 철저히 경험론을 바탕으로 이루어져야 한다.
④ 감각에 대한 신뢰는 어느 분야에나 전적으로 차별 없이 요구된다.

해설

(가)에서는 전통적 합리론이 감각을 비판적으로 받아들인 반면, 경험론은 인간의 관념과 판단이 감각 경험의 영향을 받기 때문에 어떤 지식도 절대적일 수 없다고 하였다.
(나)의 마지막 문장 "실용적 기술 개발이나 평범한 일상적 행동과는 달리 과학적 연구는 상당한 정도의 정확성을 요구하므로 경험적 자료에 대해 어느 정도의 경계심을 유지하는 것도 당연하다."를 보면, 과학적 연구는 합리론을 바탕으로, 실용적 기술개발이나 일상생활은 경험론을 바탕으로 두는 것이 타당하다는 글쓴이의 생각을 추론할 수 있다. 따라서 (가)를 바탕으로 (나)에 담긴 글쓴이의 주장으로 적절한 것은 ①이다.

 정답 ①

Chapter 02 이해력 실전 연습 문제

 **출제 포인트!**

이해력은 주로 독해능력을 측정하는 문제로 구성된다. 주어진 글의 내용을 얼마나 정확하게 파악하고, 중요한 내용을 선별할 수 있는지를 묻는 문제들이 출제되고 있다. 또한, 순서가 섞인 문장 또는 문단을 글의 맥락에 맞게 배열하는 문제도 자주 출제되는 유형이므로, 글의 흐름을 논리적으로 파악할 수 있는 충분한 연습이 필요하다.
주제 및 중심내용 찾기, 지문을 통해 옳고 그름 판단하기, 지문을 바탕으로 유추할 수 있는 내용 찾기, 논리적으로 배열하기 등 다양한 유형 연습을 통해 대응력을 향상시키도록 한다.

01 \ 글의 이해

01 ▶ 다음 글의 제목으로 가장 적절한 것을 고르면?

> 우리나라는 어린이 국가예방접종 지원사업으로 영유아·소아의 예방접종률이 90%를 넘을 정도로 예방접종이 잘 실시되고 있다. 반면 성인의 경우 예방접종을 여러 가지 이유로 빠뜨리는 경우가 많다. 하지만 성인 중에서도 각종 만성질환을 가지고 있거나 전염병에 항체가 없는 경우라면 바이러스에 취약할 수 있다.
>
> 우리나라 성인에게 권장되는 예방접종에는 우선 독감(인플루엔자)백신이 있다. 독감은 매년 유행하는 바이러스가 달라 매년 백신접종이 필요하다. 폐렴과 뇌수막염을 일으키는 폐렴구균도 예방접종을 통해 어느 정도 예방이 가능하다. 최근 50대 이상뿐만 아니라 젊은 층에서도 발병률이 높아지고 있는 대상포진도 백신접종을 권장하는 질환 중 하나이다.
>
> 질병관리본부 관계자는 "그동안 예방접종 사업은 영유아·소아에 집중되었지만 성인의 예방접종 역시 중요하다."며 "특히 만 65세 이상의 경우 인플루엔자와 폐렴구균 백신 비용을 지원하고 있는 만큼 적극적으로 예방접종에 참여해주길 바란다."고 말했다.

① 예방접종의 효과
② 성인 예방접종의 필요성
③ 성인에게 권장하는 예방접종의 종류
④ 젊은 층에서 증가하고 있는 전염질환 종류
⑤ 영유아·소아에 집중되어 있는 예방접종의 문제점

 해설

이 글은 영유아와 소아의 예방접종률이 90%를 넘는 것에 비해 성인의 예방접종률이 낮다고 언급하며, 성인에게 예방접종의 필요성을 설명하고 권하고 있다. 따라서 글의 제목으로 가장 적절한 것은 '② 성인 예방접종의 필요성'이다.

02 ▶ 다음 글의 제목으로 가장 적절한 것을 고르면?

'공공(公共)'은 공평하고 치우치지 않으며, 드러내어 놓고 여럿이 널리 한 가지로 베푼다는 의미로 해석이 가능하다. 이런 공공의 뜻과 성질을 의미하는 '성(性)'을 결합한 복합어인 '공공성(公共性)'은 '사적인 것(private)'과 구분되는 '공동체(common), 공동(public), 공개(open)'된 성질로 정의할 수 있으며 이 세 가지 요소가 유동적으로 결합되어 상황에 따라 변화하는 특성을 가지고 있다.

'공공재(Public Goods)'는 어느 한 사람이 어떤 재화나 서비스를 사용하더라도 다른 사람이 그것을 똑같이 사용할 수 있고, 심지어 비용을 지불하지 않은 사람도 함께 사용할 수 있는 것을 의미한다. 국가도로망은 도시건설에 있어 국민들의 이동권 보장을 위해 기본적으로 요구되며 사유재로 시작한 철도와는 달리 처음부터 공공재로 시작하였다.

국가도로망인 고속도로는 엄연한 공공재이며 공공성이 충분히 확보되어야 하는 대국민 교통서비스이다. 따라서 고속도로의 공공성은 도로건설이나 운영을 통해 국민 모두에게 이익이 발생하는 공익성과, 이러한 이익이 지역뿐만 아니라 도로운영 여건에 상관없이 골고루 돌아가는 형평성, 그리고 이러한 과정이 도로의 공공성을 확보하고 있는가에 대한 국민의 검증 절차를 거치는 국민과의 소통, 정책참여 등을 확보해야 한다.

① 공공재의 의의
② 공공성의 특성
③ 고속도로의 검증 절차
④ 대국민 교통서비스의 확대
⑤ 고속도로 공공성의 의미

해설

윗글은 공공성과 공공재에 대한 개념과 특성을 설명하고, 국가도로망인 고속도로가 가지는 공공성의 의미에 대해 설명하고 있다.

03 ▷ 다음 글의 내용과 일치하지 않는 것을 고르면?

> 고객 미수령금이란 부실화된 금융기관의 예금자 등이 찾아가지 않은 예금보험금, 파산배당금, 개산지급금 정산금을 의미한다.
>
> 이를 세부적으로 살펴보면 예금보험금은 부보금융회사의 영업 인·허가의 취소 등 보험사고로 인하여 고객의 예금을 지급할 수 없을 때 공사가 해당 금융회사를 대신하여 지급하는 금액을 뜻한다. 파산배당금은 금융기관이 파산하는 경우 남는 자산을 현금화해 채권 순위 및 채권액에 따라 채권자들에게 배분하는 금액이다. 공사가 미리 지급한 금액(개산지급금)보다 파산배당금이 많을 경우 그 초과금액을 예금자에게 추가로 지급하는데, 이를 개산지급금 정산금이라 한다. 여기서 개산지급금은 부실 저축은행의 5,000만 원 초과 예금자가 파산배당금을 장기 분할 수령함에 따르는 불편함을 해소하기 위해 공사가 파산배당 예상액을 먼저 지급해 주는 금액이다.

① 부실화된 금융기관의 예금자 등이 찾아가지 않은 예금보험금은 고객 미수령금에 해당한다.
② 파산배당금은 고객 미수령금에 해당한다.
③ 예금보험금은 공사가 해당 금융회사를 대신해 지급한다.
④ 개산지급금은 공사가 파산배당 예상액을 선지급해 주는 금액이다.
⑤ 파산배당금은 금융기관 파산 시, 자산을 현금화하여 채권자들에게 동일하게 배분하는 금액이다.

 **해설**

파산배당금은 금융기관이 파산하는 경우, 남는 자산을 현금화해 채권 순위와 채권액에 따라 채권자들에게 배분하는 금액이다. 따라서 파산배당금이 채권자들에게 동일하게 배분하는 금액이라는 ⑤의 설명은 옳지 않다.

04 ▶ 다음 글의 제목으로 가장 적절한 것을 고르면?

우리나라는 질병으로 인하여 발생할 수 있는 경제적 위험에 대비하기 위해 사회보험방식의 건강보험제도를 운영하고 있다. 1977년 제도 도입 이후 국민의 건강 수준과 의료 접근성이 획기적으로 향상되었으며, 건강보험 급여 혜택을 통해 질병 예방과 치료는 물론 국민건강 증진에 기여해 왔다.

그러나 그간 건강보험 혜택을 확대하기 위해 지속적으로 노력해 왔음에도 불구하고 건강보험 보장률은 지난 10년간 60% 초반에 정체되어 있는 등 국민이 체감하는 효과가 미흡하였다. 또한 우리나라 건강보험 보장률은 주요 OECD 국가들 평균에 비하여 다소 낮아 선진국에 비해 국민들이 직접 부담하는 의료비가 높은 수준이어서 의료비 지출은 가계경제의 부담으로 작용하고 있다.

더불어 건강보험이 적용되지 않는 비급여 항목의 비중이 높아, 국민들이 직접 부담하는 의료비 비율은 36.8%로 OECD 평균인 19.6% 대비 1.9배이며, 40.8%인 멕시코에 이어 두 번째로 높은 수준이다. 이는 결국 중증질환으로 인한 고액 의료비 발생 위험에 대비하는 책임이 많은 부분 개인에게 맡겨져 있다는 것을 의미한다. 실제 재난적 의료비가 발생하는 비율은 4.49%에 이르며 최근에는 발생 비율이 증가하고 있다. 특히 저소득층은 재난적 의료비 발생 등 위험에 더욱 크게 노출되어 있으나, 소득 대비 건강보험 의료비 상한금액 비율은 고소득층보다 더 높아 이들에 대한 보호 장치 마련이 시급한 상황이다.

① 건강보험 보장성 강화의 개념
② 건강보험 보장성 강화 정책의 의의와 필요성
③ 국민 의료보장 실현을 위한 정책
④ 우리나라 건강보험 정책의 문제점
⑤ 우리나라 건강보험 보장률

해설

우리나라에 건강보험제도가 도입된 이유와 도입 이후의 문제점을 나열하면서, 이를 보완할 수 있는 건강보험 보장성 강화 정책의 의의와 필요성에 대해서 이야기하고 있다.

05 ▶ 다음 글을 읽고 유추할 수 있는 내용이 아닌 것은?

정부와 한국은행, 민간 연구기관, 글로벌 신용평가사가 발표한 올해 한국의 경제 성장률 전망치가 제각각이지만 그 수치는 점점 줄어 지난해보다 더 나빠질 것으로 예측하고 있다. 연초 경제 전문가들은 미·중 무역전쟁, 중국 성장 둔화 여파로 시장에는 '회색 코뿔소'의 그림자가 짙게 드리울 것으로 전망했었다. 실제로 한국 경제는 주력 산업의 수출이 악화되고, 고용·투자·소비도 부진한 모습을 보이고 있다.

회색 코뿔소는 갑작스럽게 발생하는 것이 아니라 지속적으로 위기 경고음이 울리는데도 현실화하기 전까지 간과하다가 더 큰 위험에 빠지는 것을 말한다. 미셸 부커 세계정책연구소장이 2013년 스위스 다보스포럼에서 처음 제기한 용어로, 코뿔소는 덩치가 커 움직임을 포착할 수 있지만 정작 마주치면 두려움 때문에 적절한 대처를 하지 못하거나 회피하게 되는 상황을 비유한 것이다.

회색 코뿔소와 비슷한 용어로는 그레이 스완·블랙 스완·화이트 스완이 있다. 그레이 스완이란 예측할 수 없었던 상황에서 발생해 시장에 커다란 충격을 주는 '블랙 스완'에서 파생된 말로 시장에는 이미 알려져 있고 예측 가능한 악재이지만, 마땅한 해결책이 없어 위험이 상존하는 상태를 일컫는다. 그레이 스완은 경제에 지속적으로 악영향을 줌으로써 주요 경제지표의 움직임을 제한하는 요인으로 작용한다. 경제에 미치는 파급 면에서는 그레이 스완이 블랙 스완보다는 덜하다. 화이트 스완은 과거 경험에 따라 예상할 수 있는 악재임에도 불구하고 대책을 마련하지 않고 있다가 위기를 막지 못하는 상황에 빠지는 것이다. 회색 코뿔소·그레이 스완과 비슷한 개념이지만 위험 예측 가능성이 좀 더 높다는 점에서 차이가 있다.

① 회색 코뿔소는 지속적으로 위기임을 알려주는 신호이다.
② 그레이 스완은 블랙 스완보다 경제에 미치는 파급력이 덜하다.
③ 블랙 스완에서 파생된 말이 그레이 스완이다.
④ 블랙 스완은 예측이 가능하지만 대책을 마련하지 않아 발생한다.
⑤ 화이트 스완은 과거의 경험에 따라 악재를 예상할 수 있다.

해설

3문단 두 번째 줄을 보면 블랙 스완은 예측할 수 없었던 상황에서 발생해 시장에 커다란 충격을 준다고 했으므로 ④의 내용은 적절하지 않다.

04 ②　05 ④

06 > 다음 글이 전달하고자 하는 핵심 내용을 가장 바르게 파악한 것은?

우리 사회는 과연 어느 정도의 민주주의를 하고 있는가. 집권당과 야당을 포함한 정치 지도자들은 어떤 수준의 정치를 하고 있다고 느끼고 있을까. 국민들은 집권당과 정치 지도자들에 대해서 어떻게 생각하고 있는가. 오늘날의 상황은 이러한 물음을 반복하지 않을 수 없게 만들었다.

어떤 정치학자는 정치란 아무렇게나 움직이는 것이 아니라 체계적으로 움직이는 행태 체계라고 주장한다. 정치는 투입과 산출이 유기적으로 연계되어 균형적으로 작용하게 되는 경우 정상적으로 운영된다. 특히 민주 정치 제도의 경우는 다른 정치 제도들에 비해서 그 투입과 산출 과정이 원활하게 작동되어 간다. 이러한 명제가 민주 정치 제도의 특징적 기능을 가장 잘 설명해 주고 있다.

이러한 기본적 명제에 비추어서 우리 사회의 저변과 정치 현실에서 일어났던 일련의 사건들과 그 흐름을 분석해 본다면 앞에서 제기했던 물음에 대한 해답이 당연히 나오게 되리라고 본다. 먼저 집권당을 비롯한 정치 지도자들은 우리 사회에서 정치가 만족할 만한 수준에서 운영되고 있다고 생각하지 않을 것이다. 균형 감각을 가진 사람이라면 정치 지도자들이 민주 정치를 더 확실하게 제도화시키기 위한 노력을 해야 한다고 느끼고 있다. 우리 정치에 국민의 요구들이 어느 정도 투입되고 있고, 또 산출될 것인지 누구도 확실하게 말할 수 없는 상황이 아닌가라고 생각할 수밖에 없다.

행정적 차원이든 또는 정치적 차원이든 간에 어떤 과오나 실책은 즉시 밝혀지고 책임 소재가 추궁되고 또한 그에 대한 가시적 조치가 취해져야 한다. 책임 행정 없이 책임 정치가 있을 수 없고, 책임 정치 없이 민주 정치가 실현될 수 없다. 그러므로 우리는 최근 한두 달 간에 일어났던 대형사고, 범죄사고, 부정사고 그리고 다른 예기치 않았던 종류의 사태가 앞으로도 일어날 수 있다는 사실에 대한 인식을 가져야 한다.

① 정치란 국민을 정치가의 의도대로 다스리는 것이다.
② 정치란 국민들의 요구가 투입되고 산출되는 과정이다.
③ 정치란 집권당과 야당 지도자들 간의 투쟁 과정이다.
④ 정치란 국민들이 잘 살 수 있도록 제도화하는 것이다.
⑤ 정치란 과오에 대한 책임 소재를 분명히 밝히는 것이다.

해설

윗글에서 정치란 국민들의 요구가 실현될 수 있게 하는 것이라고 보았기 때문에 '정치는 국민들의 요구가 투입되고 산출되는 과정'이라고 정의하는 것이 가장 적절하다.

글의 첫 부분에서는 오늘날 우리 사회의 상황에 대한 문제를 제기하고, 민주 정치 제도가 다른 정치 제도에 비해 투입과 산출 과정이 원활하게 작동되고 있음을 보여 준다. 따라서 현 상황에서 정치 지도자들이 해야 할 임무와 균형 감각의 필요성을 강조하고 정치 지도자들의 과오나 실책에 대한 명확한 가시적 조치가 필요함을 역설하고 있다.

07 다음 글의 내용과 일치하지 않는 것은?

> 우리는 하루에 차를 얼마나 타는가? 우리나라 자동차 수는 약 2,000만 대로, 국민 2.3명당 자동차 1대를 보유하고 있다. 그러나 하루 평균 차량 이용 시간은 불과 1시간밖에 안 된다고 한다. 나머지 시간은 주차장에 방치되어 있는 것이다. 카셰어링 서비스 대표업체인 한 업체는 이러한 점에 착안하여 차량공유서비스를 도입하였고, 공유를 통해 무인 차량 대여서비스를 제공하는 이 회사는 지난해 말 기준으로 회원수가 600만 명에 육박하는 등 급속한 성장세를 보였다. 이는 기존의 소유중심에서 공유중심으로 경제모델의 패러다임이 전환되고 있음을 보여주는 대표적 사례이다.
>
> 공유경제는 자원낭비와 환경오염을 줄이고자 하는 지속가능한 성장 패러다임의 등장과 함께 유휴자원을 활용하여 부가가치를 창출하는 새로운 방식의 경제형태로 많은 관심을 받기 시작했다. 2000년대 중반 하버드대학의 로런스 레싱 교수는 소유중심의 기존 자본주의 경제와 구분하여, 이미 생산된 재화를 공유하며 가치를 극대화하는 새로운 소비 형태로 공유경제를 개념화하였다.
>
> 공유경제는 사실 인류가 공동생활을 시작하면서 발달되어온 생활방식의 한 형태로, 전통적으로는 두레나 품앗이가 있었다. 그리고 오늘날에는 ICT 기술을 접목한 온라인 플랫폼 서비스가 도입되면서 거침없는 성장세를 보이고 있다. 이러한 유휴자원 공유를 통한 경제활동은 제공자에게는 새로운 수익 창출을, 이용자에게는 비용부담을 줄여 주는 Win-Win효과로 많은 관심을 받고 있다.
>
> 공유경제는 공간, 물건, 지식을 공유하는 세 가지 형태로 나눌 수 있다. '공간'을 공유하는 형태로 셰어하우스, 공유주방, 공유사무실, 공유미용실 등이 운영되고 있고, '물건'을 공유하는 형태로는 공유자동차, 공유자전거, 공유킥보드 등이 있으며, 강의 및 문화강좌, 체험교실 등을 통해 재능 및 지적재산을 공유하는 '지식' 공유 사례 등이 있다. 이처럼 사회 전반에 걸쳐 불고 있는 공유의 바람은 공공부문에까지 영역을 넓히고 있다. 작년 추석 연휴기간 동안 전국 공공기관 주차장 1만6천여 곳을 무료로 개방하였던 사례와 같이 공공기관, 지자체에서 보유하고 있는 공유자원을 유휴시간에 개방하여 주민이 이를 활용할 수 있도록 하는 것이다.
>
> 출처 : 전라일보, '같이의 가치, 공유경제'

① 차량공유서비스는 기존의 소유중심에서 공유중심으로 경제모델의 패러다임이 전환되고 있음을 보여주는 대표적인 사례이다.

② 공유경제는 인류가 공동 생활을 시작하면서 발달되어온 생활방식 중 한 형태이다.

③ 공유경제는 자원 낭비와 환경오염을 줄이고자 하는 지속가능한 성장 패러다임의 등장과 함께 많은 관심을 받기 시작했다.

④ 셰어하우스, 공유주방, 체험교실 등은 공유경제에서 '공간'을 공유하는 형태이다.

⑤ 하버드대 로런스 레싱 교수는 공유경제를 소유중심의 기존 자본주의 경제와 구분하여 새로운 소비 형태로 개념화하였다.

해설

4문단을 통해 체험교실은 '지식' 공유의 사례임을 알 수 있다.

06 ②   07 ④

08 ▶ 다음 글의 내용과 일치하지 않는 것을 고르면?

한 사회의 발전 과정에서는 할 일이 많다. 그리고 많은 일을 해내야 한다. 그래서 이 과정에서는 자연스럽게 일을 훌륭하게 많이 해내는 능력이 요구된다. 이에 따라 실력이 있는 사람을 찾고, 그런 사람이 사회적으로 더 진출하고 출세하고 득세하게 되는 능력주의 풍토가 형성되게 마련이다.

능력주의는 실은 전통사회에서의 귀속주의에 비하면 아주 근대화된 사회 풍토의 모습이다. 즉, 한 개인의 사회적 진출·지위·보수가 그 개인의 능력이나 업적보다는 그가 속해 있는 생득적(生得的)인 계급·가문·지연에 따라 결정되는 귀속주의보다는 근대화된 모습이라는 것이다. 아직도 여러 기관에서 때로는 능력 자체를 평가하기보다는 학벌을 따져서 직원을 채용하는 예가 있는데, 이것도 능력주의의 방향으로 졸업해야 할 일종의 귀속주의의 응어리라고 할 수 있다.

또 한편 우리는 '실력껏, 능력껏, 마음대로, 생각대로'라는 능력주의의 가치가 정치적 민주주의의 자유의 개념과 경제적 자본주의에서의 자유 경쟁의 원리와도 원칙적으로 불가분의 관계가 있다는 점에도 생각이 미쳐야 한다. 즉, 능력주의가 바탕을 두고 있는 자유 없이는 정치적 민주주의도 그 빛을 잃고, 자유 경쟁 없이는 경제적 자본주의도 그 힘을 잃는다. 따라서 전통적 귀속주의의 청산을 위해서만이 아니라 우리가 선택한 민주적, 자본주의적 정치, 경제 체제를 발전시키기 위해서라도 능력주의는 적절하게 옹호될 수밖에 없다.

그러나 귀속주의적 지향에서 탈피한 능력주의, 자본주의 경제의 원동력인 능력주의도 그것이 너무 팽배해 감에 따라서는 또 다른 지향과 맞부딪히게 되어 자신의 재조정을 요구받게 된다. 평등주의와의 문제가 그것이다. 점점 벌어지는 있는 자와 없는 자의 격차, 권력층과 서민층의 격차, 서울과 지방의 격차 등이다. 이런 각종 커지는 격차는 마침내 이 사회의 여러 가지 위화감을 조성하게 되어 정치적 안정에도 그리고 경제적 발전에도 점점 역기능적으로 되어 가고 있는 것을 우리는 여러 상황에서 목격하고 있다.

능력주의는 전통적 귀속주의도 청산하면서 발전 초기에는 아주 기능적이고 필요한 지향이었다. 그러나 점점 짙어 가는 능력주의가 여러 가지 역기능을 수반하기에 이르러서는 어떤 형태로든 재조정 또는 재지향이 불가피하다. 능력주의를 통해 정치, 경제면에서 효율성을 잃지 않으면서도 평등주의를 통해 정치, 경제면에서의 공평성을 조화시켜 나가는 일이야말로 지금 우리에게 주어진 시급한 과제인 것이다.

① 능력주의만 고집하는 사회는 계층 간의 갈등에 빠질 수가 있다.
② 사회 발전의 과정에서 능력주의 풍토가 만들어진다.
③ 자본주의 체제의 유지를 위해서는 능력주의가 필요하다.
④ 자본주의 사회에서는 공평성보다는 효율성을 중시해야 한다.
⑤ 근대화된 사회에서는 개인의 능력에 의해 지위가 결정된다.

해설

능력주의를 통해 정치·경제면에서 효율성을 잃지 않으면서도 평등주의를 통해 정치·경제면에서 공평성을 조화시켜 나가는 것이 시급한 과제라고 하였으므로, 자본주의 사회에서 공평성보다 효율성을 중시해야 한다는 내용은 적절하지 않다.

💡 Plus 해설

① 능력주의만 고집하는 사회는 있는 자와 없는 자의 격차, 권력층과 서민층의 격차, 서울과 지방의 격차 등 사회의 여러 가지 위화감을 조성하게 되어 계층 간의 갈등에 빠질 수가 있다.

② 사회 발전의 과정에서는 일을 훌륭하게 많이 해내는 능력, 실력이 있는 사람을 찾고 그런 사람이 사회적으로 더 진출하고 출세하고 득세하게 되는 능력주의 풍토가 형성된다.

③ 능력주의가 바탕을 두고 있는 자유 경쟁 없이는 경제적 자본주의도 그 힘을 잃고, 민주적 · 자본주의적 정치, 경제 체제를 발전시키기 위해서라도 능력주의는 필요하다.

⑤ 귀속주의보다 근대화된 사회에서는 한 개인의 사회적 진출, 지위, 보수가 그 개인의 능력이나 업적에 의해 결정된다.

09 ▶ 다음 글의 내용을 통해 알 수 있는 것은?

> 구글의 디지털도서관은 출판된 모든 책을 디지털화하여 온라인을 통해 제공하는 프로젝트이다. 이는 전 세계 모든 정보를 취합하여 정리한다는 목표에 따라 진행되며, 이미 1,500만 권의 도서를 스캔하였다. 덕분에 셰익스피어 저작집 등 저작권 보호 기간이 지난 책들이 무료로 서비스되고 있다.
>
> 이에 대해 미국 출판업계가 소송을 제기하였고, 2008년에 구글이 1억 2,500만 달러를 출판업계에 지급하는 것으로 양자 간 합의안이 도출되었다. 그러나 연방법원은 이 합의안을 거부하였다. 디지털도서관은 많은 사람들에게 혜택을 줄 수 있지만, 이는 구글의 시장독점을 초래할 우려가 있으며, 저작권 침해의 소지도 있기에 저작권자도 소송에 참여하라고 주문하였다.
>
> 구글의 지식 통합 작업은 많은 이점을 가져오겠지만, 모든 지식을 한곳에 집중시키는 것이 옳은 방향인가에 대해서는 숙고가 필요하다. 문명사회를 지탱하고 있는 사회계약이란 시민과 국가 간의 책임과 권리에 관한 암묵적 동의이며, 집단과 구성원 간, 또는 개인 간의 계약을 의미한다. 이러한 계약을 위해서는 쌍방이 서로에 대해 비슷한 정도의 지식을 가지고 있어야 한다는 전제조건이 충족되어야 한다. 그런데 지식 통합 작업을 통한 지식의 독점은 한쪽 편이 상대방보다 훨씬 많은 지식을 가지는 지식의 비대칭성을 강화한다. 따라서 사회계약의 토대 자체가 무너질 수 있다. 또한 지식 통합 작업은 지식을 수집하여 독자들에게 제공하고자 하는 것이지만, 더 나아가면 지식의 수집뿐만 아니라 선별하고 배치하는 편집 권한까지 포함하게 된다. 이에 따라 사람들이 알아도 될 것과 그렇지 않은 것을 결정하는 막강한 권력을 구글이 갖게 되는 상황이 초래될 수 있다.

① 구글의 저작권자의 갈등은 소송을 통해 해결되었다.

② 구글의 지식 통합 작업은 사회계약의 전제조건을 더 공고하게 할 것이다.

③ 구글의 지식 통합 작업은 독자들과 구글 사이에 평등한 권력 관계를 확대할 것이다.

④ 구글의 디지털도서관은 지금까지 스캔한 1,500만 권의 책을 무료로 서비스하고 있다.

⑤ 구글의 지식 통합 작업은 지식의 수집에서 편집권을 포함하는 것까지 확대될 수 있다.

해설

3문단의 '또한 지식 통합 작업은 지식을 수집하여 독자들에게 제공하고자 하는 것이지만, 더 나아가면 지식의 수집뿐만 아니라 선별하고 배치하는 편집 권한까지 포함하게 된다.'를 통해 알 수 있다.

Plus 해설

① 2문단에 미국 출판업계와 구글 간의 합의안이 도출되었으나, 연방법원이 이 합의안을 거부하였다고 나와 있으므로 소송을 통해 갈등이 해결되지 않았음을 알 수 있다.
② 3문단에 지식 통합 작업으로 지식의 비대칭성이 강화되고, 사회계약의 토대 자체가 무너질 수 있다고 나와 있다.
③ 3문단에 구글의 지식 통합 작업으로 사람들이 알아도 될 것과 그렇지 않은 것을 결정하는 막강한 권력을 구글이 갖게 되는 상황이 초래될 수 있다고 나와 있다.
④ 1문단에 저작권 보호 기간이 지난 책들이 무료로 서비스되고 있다고 나와 있다.

10 ▶ 다음 글의 내용과 일치하지 않는 것은?

고사성어 '형설지공(螢雪之功)'은 가난 때문에 불을 밝힐 기름이 없는 진(晉)나라 사람 차윤(車胤)이 반딧불이를 잡아 그 빛으로 책을 비춰 읽었다는 데서 유래되었다. 이는 당장의 여건이 좋지 않아도 의지가 굳은 사람에게는 방법이 있다는 뜻이다. 보통 사람들에게 이 고사성어는 환경을 탓하지 말라는 교훈적인 얘기일 뿐이다. 하지만 현대의 과학자들은 이 얘기에서 언뜻 허무맹랑해 보이는 '반딧불이를 모아 그 빛을 이용했다'는 내용에 흥미를 가진다. 반딧불이는 오랫동안 여름날 아이들의 놀이 도구요, 낭만의 대상이며 시각적인 아름다움과 함께 교훈을 주는 존재였다. 수많은 시와 소설, 노래가 반딧불을 통해 자연의 아름다움과 서정을 노래했다.

개똥벌레라고도 불리는 반딧불이는 자기 몸에서 스스로 빛을 내는 곤충이다. 일본에서는 '호따루'로 불리며, 영어로는 '파이어플라이(Firefly)' 즉, 빛을 내는 파리라는 뜻을 가지고 있다. 북극과 남극을 제외한 전 세계에 1,900여 종의 반딧불이가 서식하고 있는데, 이 중 동남아에서 약 920여 종, 아메리카에서 약 430여 종이 확인되었으며, 우리나라에서는 '늦반딧불이', '애반딧불이', '운문산반딧불이', '파파리반딧불이' 등 6종류가 서식하는 것으로 확인되었다.

반딧불이의 꽁무니에서 나오는 반딧불은 사랑을 위한 신호라는 설이 일반적이다. 반딧불이의 성비는 보통 수컷과 암컷이 50 : 1로 암컷 쟁탈전이 치열한데 암컷이 빛을 내 위치를 알리면 수컷은 날아가 빛을 밝히며 구애하는 것이다. 반딧불이의 구애는 성충이 된 후 2~3일 후부터 시작된다. 빛은 배에 있는 발광세포의 '루시페린(Luciferin)'이 산화하는 과정에서 나온다. 반딧불은 대개 500~600μm(마이크로미터)의 황색 또는 황록색의 파장을 갖지만 빛의 세기와 간격은 종에 따라 다르고 온도의 영향을 받는다. 반딧불의 밝기는 보통 한 마리가 3lx(럭스)로 이론상 80마리를 모으면 쪽당 20자가 인쇄된 천자문을 읽을 수 있고, 200마리를 모으면 신문을 읽을 수 있는 밝기가 된다. 하지만 반딧불은 동시에 반짝이지 않기 때문에 여러 마리를 잡아도 고사성어에 나오는 이야기처럼 책을 읽기에는 어려움이 있다. 반딧불의 특징 중 하나는 빛을 내지만 뜨겁지는 않다는 데 있다. 보통 전구는 전기의 10%만을 빛으로 바꾸고 나머지는 열로 발산한다. 이에 비해 반딧불의 효율은 98%에 이른다. 게다가 이 차가운 고효율의 화학전구는 바람이 불거나 물에 닿아도 꺼지지 않는다. 이상적인 빛이다.

이러한 반딧불의 성격은 현대 과학, 특히 유전자 연구에 기여한 바가 크다. 반딧불이의 발광 유전자는 루시퍼라제라는 유전자인데 이 루시퍼라제 유전자를 누에 등 다른 곤충의 세포주에 이식하면, 유전자를 이식받은 곤충 세포주가 반딧불이처럼 빛을 내는 것을 확인할 수 있다. 또한 발광 유전자를 바이러스에 집어넣어 각종 유해 세균을 검출하는 데에도 쓰인다. 몇 주일 동안 박테리아를 배양하는 대신 발광 유전자가 삽입된 바이러스를 감염시키면 해당 바이러스에 대한 감염 여부를 몇 시간 만에 빛의 밝기로 알 수 있는 것이다. 특히 우리나라 자생종인 '늦반딧불이'는 외국의 종보다 상대적으로 빛이 세고 큰 발광 기관을 가지고 있어 활용도가 더욱 높다.

① 반딧불이의 발광 유전자를 다른 곤충의 세포에 이식하면 반딧불이처럼 발광 현상을 경험할 수 있다.
② 반딧불이의 발광세포인 루시페린이 산화하는 과정에서 빛이 나오게 되는데, 이 빛의 세기와 간격은 종에 따라 상이하다.
③ 현재까지 밝혀진 바에 의하면 반딧불이는 아메리카에 서식하고 있는 종이 동남아에 서식하고 있는 종의 2배가 넘는다.
④ 반딧불이를 200마리 정도 모으면 이론상 600lx(럭스) 정도까지 밝아져서 신문을 읽을 수 있다.
⑤ 보통 전구와 비교하면 반딧불이는 90% 이상 고효율의 빛을 발산한다.

해설

2문단의 세 번째 문장 '북극과 남극을 제외한~'을 보면, 동남아에서 약 920여 종, 아메리카에서 약 430여 종이 확인되었다고 했으므로 동남아에서 확인된 종이 아메리카에서 확인된 종의 2배가 넘는다. 따라서 ③은 잘못된 내용이다.

Plus 해설
① 4문단의 두 번째 문장을 통해 알 수 있는 내용이다.
② 3문단의 네 번째, 다섯 번째 문장을 통해 알 수 있는 내용이다.
④ 3문단의 여섯 번째 문장을 통해 알 수 있는 내용이다.
⑤ 3문단의 아홉 번째, 열 번째 문장을 보면, 보통 전구는 전기의 10%만을 빛으로 바꾸고 나머지는 열로 발산하지만 반딧불이는 98%의 효율을 갖고 있다고 했으므로, 반딧불이가 보통 전구보다 90% 이상의 고효율을 갖고 있음을 알 수 있다.

09 ⑤ 10 ③

11 ▷ 다음 글을 읽고 유추할 수 있는 내용이 아닌 것은?

농업의 가치를 논하면서 빠지지 않는 것이 식량 안보이다. 가장 중요한 농업의 가치는 국민 먹거리를 안정적이고 건강하게 공급한다는 취지에 있을지도 모른다. 하지만 경지면적은 지속적으로 감소하고 있고, 식량 자급률도 여전히 개선되지 않고 있다. 이런 가운데 안전하고 건강한 농산물에 대한 국민적 요구는 증가하고 있는 상황이다. 식량 자급률을 높이는 것도 어려운데, '안전하고 건강한 농산물 생산'이라는 두 마리 토끼를 동시에 잡아야 하는 상황이다.

논과 밭을 합쳐 지난 2008년 175만 9,000ha이던 국내 경지면적은 지난해 162만 1,000ha로 8%가량 감소했다. 면적으로 따지면 13만 8,000ha로 여의도 면적(8.4km²)의 약 164배가량의 경지가 지난 10년 사이 사라진 것이다.

국민 1인당 경지면적으로 환산해도 열악하기는 마찬가지다. 지난 8월 기준 국내 인구는 5,181만 2,153명으로 지난해 경지면적을 기준으로 1인당 돌아가는 땅은 94평가량이다. 이는 1인당 100평이 안 되는 면적임을 뜻하고, 자급률 차원에서도 식량 안보는 취약하다는 것이다.

실제 농식품부가 집계하고 있는 식량 자급률에 따르면 지난 2016년 잠정치에서 쌀·보리쌀·밀·옥수수·콩·서류 및 기타 등의 식량 자급률은 50.9%로 절반을 겨우 넘기고 있다. 이는 사료용 곡물 자급률을 제외한 것으로 사료용 곡물 자급률까지 포함할 경우 자급률은 20%대로 떨어진다.

지난달 말 한국생명공학연구원은 '4차 산업 혁명 시대, 식량 안보 R&D 추진전략'을 주제로 콘퍼런스를 개최하고, 한국의 곡물 자급률이 국가 식량 안보를 위협하는 수준이라는 지적을 내놓기도 했다. 연구원은 이 콘퍼런스에서 '현재 한국의 곡물 자급률은 사료용 곡물을 포함해 24%로 국가 식량 안보를 위협하는 수준'이라고 지적했다.

또 세계적 관점에서 'UN 식량농업기구(FAO)는 2050년 세계 인구는 97억 명이 될 것으로 추정하고 있는데, 지금 추세대로 식량을 소비하면 2050년에는 지금의 1.7배가량의 식량이 필요할 것으로 전망하고 있으며, 또 현재 75억 인구 가운데 약 10억 명이 만성적인 식량부족과 영양결핍으로 고통받고 있다'고 밝혔다. 머지않아 전 세계가 심각한 식량 문제에 봉착할 것이라는 지적인 셈이다.

① 경지면적이 계속해서 감소하고 있다.
② 10년 사이에 13만 8,000ha의 경지면적이 사라졌다.
③ 국민 1인당 경지면적은 100평이 되지 않는다.
④ 2016년도의 식량 자급률은 사료용 곡물 자급률까지 포함하여 절반을 겨우 넘긴다.
⑤ 우리나라는 현재 곡물 자급률이 국가의 식량 안보를 위협하는 수준에 봉착했다.

📖 해설

4문단을 보면, 2016년 잠정치에서 쌀·보리쌀·밀·옥수수·콩·서류 및 기타 등의 식량 자급률은 50.9%로 사료용 곡물 자급률을 제외한 것이고, 사료용 곡물 자급률까지 포함할 경우 지급률은 20%대로 떨어짐을 알 수 있다.

💡 Plus 해설

① 1문단 세 번째 문장을 보면, 경지면적이 지속적으로 감소하고 있음을 알 수 있다.

② 2문단 두 번째 문장을 보면, 지난 10년 사이 여의도 면적의 약 164배가량에 해당하는 13만 8,000ha의 경지가 사라졌음을 알 수 있다.

③ 3문단 두 번째 문장과 세 번째 문장을 보면, 국민 1인당 경지면적은 94평가량으로 100평이 되지 않음을 알 수 있다.

⑤ 5문단의 내용을 통해 알 수 있다.

12 ▶ 다음 (가)~(마) 문단의 중심 내용으로 가장 적절하지 않은 것은?

(가) 정부는 기후변화 대응을 위하여 제1차 기후변화대응 기본 계획을 수립하였다. 기존의 감축정책 실현에 중점을 둔 계획이 아닌 감축, 기후변화 적응, 국제협력 등을 총망라한 종합계획이며, 2030년 온실가스 국가감축목표 달성 및 기후변화적응대책 추진 등을 통해 저탄소 이행을 준비하는 계획이다.

(나) 정부는 제1차 기후변화대응 기본 계획의 추진 방향으로 전 국민의 참여를 유도하며, 에너지 신산업 육성 및 확산으로 신시장 선점을 위해 ① 경제적 온실가스 감축수단 활용, ② 신산업 육성으로 경제성장 지원, ③ 기후변화에 안전한 사회건설, ④ 범사회적 실천 기반 구축 등 세부 추진 방향 및 주요 과제 7가지를 수립했다. 정부는 신 기후체제를 앞두고 국제사회에서 기후변화대응에 선도적 역할을 해온 점 등을 감안하여 2030년 국가 온실가스 감축목표를 배출전망치 대비 37% 감축하기로 결정하였다.

(다) 이에 따라 정부는 2030 국가 온실가스 감축 기본 로드맵을 발표하고, 2030년 감축량 31,500만 톤 중 국내에서는 발전, 산업, 건물 등 8개 부문에서 21,900만 톤을 감축하고 발전부문은 국내에서 가장 많은 6,450만 톤, 산업부문은 5,640만 톤을 감축토록 했다.

(라) 다만 집단에너지업종은 발전 업종에서 분리하였다. 높은 에너지 효율에도 불구하고 발전 업종과 동일하게 높은 감축률을 적용받던 집단에너지 업계의 애로를 해소하고, 산업부문은 국가경제에 미치는 영향을 감안해 감축량을 12% 이내로 고려했다. 이에 따라 건물부문 3,580만 톤, 에너지신산업부문 2,820만 톤, 수송부문 2,590만 톤, 공공/기타부문 360만 톤, 폐기물부문 360만 톤, 농축산부문 100만 톤을 각각 감축할 계획이다. 국외에서는 파리협정에서 제시한 국제시장 메커니즘을 통해 9,600만 톤을 감축할 방침이다.

(마) 국외감축은 감축 관련 국제사회 합의와 글로벌 배출권 거래시장 확대, 재원조달 방안 마련 등 전제조건 충족이 필요한 사항으로 제반 조건 진행 현황 및 감축수단별 세부 사업 발굴 결과 등을 반영해 2020년까지 온실가스 국외감축 세부 추진 계획을 마련할 예정이다. 정부는 기본 로드맵을 토대로 국제 동향 및 국내 여건 등을 반영해 매년 지속적으로 수정·보완한 '이행 로드맵'을 NDC 제출 전까지 마련해 나갈 예정이다.

① (가) : 정부의 기후변화대응 기본 계획 수립

② (나) : 기후변화대응 추진 방향 및 주요 과제

③ (다) : 국가 온실가스 감축 목표량

④ (라) : 집단에너지업종 온실가스 감축 방법

⑤ (마) : 국외감축 추진 계획 및 이행 로드맵 마련 계획

11 ④

 해설

(라)에서는 (다)에서 설명한 각 부문의 감축 목표 중 예외 사항과 구체적인 사항을 설명하고 있다. 감축 방법에 대한 내용은 나타나 있지 않으므로 답은 ④이다.

13 다음 글의 (가)~(마)를 요약한 내용으로 적절하지 않은 것은?

(가) '스튜어드십'이란 영국 중세시대에 정원의 자산을 관리하던 집사를 가리킨다. 소액 투자자들로부터 자금을 집적하여 만들어진 대규모 자금을 자본시장에서 운용하는 법인 형태의 투자 주체를 기관 투자자라고 하는데, 스튜어드십 코드는 이들에게 마치 '집사'와도 같은 의무를 부여하는 지침을 의미한다. 따라서 스튜어드십 코드가 적용될 경우, 기관 투자자들은 투자가 이루어진 기업의 의사결정에 적극적으로 참여하는 의무를 부여받게 된다.

(나) 2010년 영국에서 처음 제정된 스튜어드십 코드는 한국에서 아직 생소한 개념이다. 이 용어는 국내법에서 한 번도 사용된 바 없으며 스튜어드십 코드의 형식인 '연성규범'과 '원칙 준수 및 예외 설명', '원칙과 지침' 등 그 형식도 우리나라에 익숙한 법률의 형태가 아니다. 따라서 스튜어드십 코드는 도입 당시에 한국에서 모든 부분이 생소한 규범이었다.

(다) 스튜어드십 코드와 비슷한 한국 법률상의 책임으로는 '수탁자 책임'이 있다. 기존의 수탁자 책임이 고객과 수익자의 이익을 고려하는 것에 그쳤다면 스튜어드십 코드는 고객, 수익자뿐만 아니라 회사의 중장기적 가치 향상에 기여하여 최종적으로 자본시장과 경제의 내실 있는 발전을 도모하는 것이다. 따라서 기존의 수탁자 책임보다 그 내용이 추가되고, 구체화된 것이라고 할 수 있다. 그리고 스튜어드십 코드는 수탁자 책임이 규율할 수 없는 투자연쇄 속에서 자산소유자, 자산운용자, 의결권자문기관 등에게 포괄적으로 적용할 수 있는 특징이 있다.

(라) 한국에서는 생소한 규범이지만 스튜어드십 코드는 이미 10개국 이상이 도입한 국제적인 규범이 되었다. 비록 스튜어드십 코드는 여러 지역에서 도입되었지만 같은 스튜어드십 코드라도 그 도입 배경, 도입 내용이 지역마다 다르다. 스튜어드십 코드의 대략적인 내용은 비슷하지만 그 국가에 맞게 수정해서 수용했다는 것이 특징이다. 영국의 경우 2008년 금융위기 당시 기관 투자자가 주주의 권리를 행사하지 않고 침묵해왔다는 것에 반성하는 차원에서 제정하였으며, 일본의 경우 디플레이션과 경기 침체에서 벗어나기 위하여 제정되었다. 한국의 경우 기업 지배구조 위험의 극복을 위해서 스튜어드십 코드를 도입하였다.

(마) 한국의 스튜어드십 코드는 아직 걸음마 단계에 있다. 따라서 스튜어드십 코드가 한국에 맞지 않는 것이라고 말하기에는 너무 이른 시기이고, 관련된 개선 방안을 고민해 보아야 한다고 생각한다. 특히 한국의 스튜어드십 코드는 국민연금의 참여 전과 후로 나뉠 것이다. 왜냐하면 국민연금은 자산 운용 규모가 막대하기 때문에 외부 자산운용자에게 운용을 위탁하는 경우가 많아서 국민연금이 스튜어드십 책임을 이행하게 되면 국민연금의 자산을 운용하는 자산운용자도 국민연금의 지시에 따라 결국 스튜어드십 책임을 이행하기 때문이다. 우리나라 스튜어드십 코드의 문제점을 잘 파악해서 개선해나가고 참여자들이 책임을 잘 이행할 수 있도록 자문 등의 지원을 해나간다면 최종적으로 기업지배구조 개선이라는 목표를 달성해서 한국 자본시장의 활성화를 견인하는 역할을 해나갈 것으로 기대된다.

① (가) : '스튜어드십 코드'의 어원과 정의
② (나) : '스튜어드십 코드'가 한국에서 생소한 개념으로 인식되는 이유
③ (다) : '스튜어드십 코드'와 '수탁자 책임' 개념의 공통점과 차이점
④ (라) : 국가별 '스튜어드십 코드'의 도입 배경과 목적
⑤ (마) : 국민연금의 '스튜어드십 코드' 도입을 위한 제도 개선 방안 소개

해설

국민연금의 스튜어드십 코드 참여에 대한 설명과 스튜어드십 코드에 대한 기대의 내용이 나와 있을 뿐 국민연금의 스튜어드십 코드 도입을 위한 제도 개선 방안에 대한 소개 내용은 나와 있지 않다.

14 다음 글을 통해 추론할 수 있는 내용이 아닌 것은?

모든 이미지는 기호이다. 무언가가 다른 무언가를 의미적으로 가리키게 되면 기호가 된다. 이런 의미에서 모든 그림은 기호이다. 그것이 무언가를 상징하든 아니든 화면 속 이미지는 반드시 다른 무언가를 '지시'하기 때문이다. 그런데 그림이 지나치게 추상적이면 기호로서의 기능이 굉장히 약해진다. 그림 속 이미지가 특정 의미나 대상과 정확히 매칭이 되면 명료해지는 것은 사실이지만, 한정적인 문맥에서 해석되어질 수밖에 없다는 한계를 지닌다. 마찬가지로 그려진 대상이 표현적으로나 의미적으로 열려 있게 되면 해석의 확장 가능성은 확보가 되지만, 반작용으로 해석의 모호함이 수반되기 마련이다.

피카소와 브라크는 그림 속 대상을 면으로 분할하고 시점을 파괴함으로써 전혀 새로운 방식의 추상적인 이미지를 얻었다. 그런데 다중적인 시점이 공간의 새로운 질서를 만들어 버리고나니 그림 속 이미지의 기호적 기능이 현저히 떨어져 버렸다. 그래서 고안해 낸 것이 글자를 집어넣어 그려진 대상을 명시하거나 혹은 실제 사물의 이미지를 화면에 오려 붙이는 방법이다. 이렇게 생겨난 기법이 바로 '풀칠한다는 의미'를 가진 '콜라주(collage)'이다.

공간과 형태를 반자연주의적 방식으로 '재단'하여 추상에 이르렀던 것을 '분석적 단계'라고 한다. 분석적 단계를 거쳐 이미지가 추상화되자 브라크와 피카소가 선택한 방식은 화면에다 다시금 대상을 재현하고 있는 이미지를 오려 붙이는 방식이다. 입체주의의 이 단계를 '종합적 단계'라고 한다. 재현에서 추상으로, 추상에서 다시 재현으로 돌아오는 것이다.

피카소와 브라크는 모두 콜라주 기법을 사용했지만, 방법적으로는 차이를 보인다. 나무 문양의 종이를 오려 만돌린과 기타를 표현하는 방식을 보면 두 사람의 차이가 현저히 드러난다. 브라크는 몸통이 나무로 이루어진 만돌린을 나타내기 위해 나무 문양의 벽지를 오려 붙이면서, 재현된 대상의 재료적 특징을 강조한다. 반면 피카소의 기타에서 나무 문양의 벽지는 악기의 몸통이기도 하면서 배경으로 나타나기도 한다. 두 악기의 형태적 특징을 나타내기 위해 구멍을 낸 방식도 다르다. 브라크의 구멍은 그냥 구멍일 뿐이지만, 피카소의 구멍은 배경보다 한 층 위에 붙여져 있으면서 깊이감을 나타낸다. 피카소의 콜라주에는 공간의 자연적 질서가 뒤섞여 있다.

① 추상적 그림은 필연적으로 지시성이 떨어질 수밖에 없다.

② 피카소와 브라크는 모두 새로운 질서의 공간을 창조한 화가들이다.

③ 피카소와 브라크는 추상성을 극복하기 위해서 콜라주 기법을 고안했다.

④ 재현에서 추상으로 재현하는 단계를 분석적 단계, 추상에서 재현으로 돌아오는 단계를 종합적 단계로 설명하고 있다.

⑤ 피카소와 브라크의 콜라주 기법은 방법적 측면에서는 차이가 없지만, 공간을 창조하는 방식은 같다고 할 수 있다.

해설

4문단에서 '피카소와 브라크는 모두 콜라주 기법을 사용했지만, 방법적으로는 차이를 보인다.'라고 하였으므로 ⑤는 추론할 수 없는 내용이다.

Plus 해설

① 1문단에서 모든 이미지는 기호이므로 지시성을 갖는다고 하였는데, 그림이 지나치게 추상적이면 기호로서의 기능이 약해진다고 하였으므로 추론할 수 있는 내용이다.

② 2문단에서 피카소와 브라크가 다중적 시점으로 새로운 공간을 창조했다고 했으므로 추론할 수 있는 내용이다.

③ 2문단에서 피카소와 브라크는 그림 속 이미지의 기호적 기능을 보완하기 위해서 콜라주 기법을 생각해 냈다고 하였으므로 추론할 수 있는 내용이다.

④ 3문단의 내용을 통해서 분석적 단계와 종합적 단계의 개념을 알 수 있으므로 추론할 수 있는 내용이다.

15 〉 다음 글에 대한 내용으로 적절하지 않은 것은?

주변과의 갈등이나 폭력 같은 스트레스를 받을 때 툭툭 털어내기도 하지만, 때로는 심각한 우울증에 빠지기도 한다. 스트레스로 인한 우울증은 이처럼 개인차가 있는 것이다. 국내 연구팀이 우울증의 개인차를 부르는 유전자를 찾아냈다. 우울증 이해에 다가가면서 증상을 완화하는 새로운 치료제를 개발할 길을 열 것으로 보인다. 최근 한국뇌연구원 뇌질환연구부 책임연구원과 선임연구원, 미국 마운트시나이대 공동 연구팀은 쥐 모델 연구를 통해 사회적인 스트레스를 받는 상황에서 우울증을 일으키는 유전자를 발견했다고 밝혔다.

우울증은 유전에 의한 문제보다는 후천적 요인에 의해 많이 발생한다. 개인 간의 갈등이나 폭력 같은 사회적 스트레스 현상이 주된 원인이다. 하지만 같은 스트레스를 받아도 누군가는 우울증에 빠지는 데 반해 누군가는 쉽게 떨쳐내기도 하는 이유는 밝혀지지 않았다. 연구팀은 과거 연구를 통해 뇌 속 뉴런의 성장에 관여하는 뇌성장유래인자(BDNF)가 우울 행동을 유발하는 것은 확인했으나 자세한 원리는 파악하지 못했었다.

연구팀은 쥐에게 스트레스를 준 후 스트레스를 잘 견디지 못하는 쥐를 조사했다. 쥐에게 10일 동안 자신보다 공격적인 쥐에게 공격당해 패배한 이후 하루 격리당하는 식의 장기 사회패배 스트레스(CSDS)를 줬다. 이는 군대나 학교처럼 폐쇄적이고 수직적인 관계에 장기간 노출됐을 때 나타나는 스트레스로 우울증의 원인 중 하나다. 연구팀은 CSDS로 인해 다른 쥐들과의 상호작용 빈도가 정상 때의 3분의 1 수준으로 떨어지는 우울 증상이 나타난 쥐들을 스트레스 취약군으로 분류했다.

　연구팀은 취약군 쥐의 유전자를 조사한 결과 'Gadd45b' 유전자가 우울증의 개인차를 부르는 요소임을 발견했다. 스트레스 취약군 쥐들은 이 유전자의 발현 빈도가 일반 쥐보다 약 30% 높은 것으로 나타났다. 또 이 유전자가 평소에는 억제된 유전자에서 활성을 억제하는 메틸(CH)기를 떼어내 스트레스에 따른 우울 행동을 증가시키는 것으로 나타났다. 연구진은 Gadd45b 발현을 억제했더니 우울 행동이 줄어드는 것도 발견했다. 연구팀은 스트레스 취약군 쥐들에게 바이러스를 통한 유전자 조절 기법을 활용해 유전자의 발현을 줄였다. 유전자 조절을 받은 쥐들은 다른 쥐들과 상호작용을 하는 빈도가 치료 전에 비해 2배가량 증가했다. 유전자 발현을 억제해 쥐들의 우울 증상을 어느 정도 해소한 것이다.
　책임연구원은 "후속 연구를 통해 특정 개인이 사회적 스트레스와 우울증에 취약한 이유와 이 성향이 자식에게 유전되는지를 밝힐 것"이라며 "우울증 진단과 치료제를 개발하는 연구에 보탬이 되길 바란다."고 말했다.

① 한국뇌연구원 뇌질환연구부, 미국 마운트시나이대 공동 연구팀은 쥐 모델 연구를 통해 사회적인 스트레스를 받는 상황에서 우울증을 일으키는 유전자를 발견했다.

② 연구팀이 스트레스 취약군에 속하는 사람의 유전자를 조사한 결과 'Gadd45b' 유전자가 우울증의 개인차를 부르는 요소임을 발견했다.

③ 연구팀은 과거 연구를 통해 뇌 속 뉴런의 성장에 관여하는 뇌성장유래인자(BDNF)가 우울 행동을 유발하는 것은 확인했으나 자세한 원리는 파악하지 못했었다.

④ 유전자 조절을 받은 쥐들은 다른 쥐들과 상호작용을 하는 빈도가 치료 전에 비해 2배가량 증가했다.

⑤ 군대나 학교처럼 폐쇄적이고 수직적인 관계에 장기간 노출됐을 때 나타나는 스트레스를 '장기 사회패배 스트레스'라고 한다.

해설

4문단 첫 번째 줄에 따르면, 연구팀은 사람이 아닌 쥐의 유전자를 조사한 결과 'Gadd45b' 유전자가 우울증의 개인차를 부르는 요소임을 발견했다.

Plus 해설
① 1문단 네 번째 줄에서 알 수 있는 내용이다.
③ 2문단 네 번째 줄에서 알 수 있는 내용이다.
④ 4문단 끝에서 두 번째 줄에서 알 수 있는 내용이다.
⑤ 3문단 세 번째 줄에서 알 수 있는 내용이다.

14 ⑤　15 ②

[16~17] 다음 글을 읽고 각 물음에 답하시오.

> 미국 버지니아 대학 의과대학, 예일 대학, 캘리포니아 대학의 연구진은 토양과 퇴적물에 존재하는 박테리아가 전기를 어떻게 전도하는지에 대한 새로운 연구결과를 발표하였다. 이 박테리아는 자연에서 결코 찾아볼 수 없는 생물학적 구조를 가지고 있는데, 이 구조는 전자 장치를 최적화하고 매우 작은 배터리와 와이어 없는 심장 박동기를 제조하는 데 적용될 수 있다.
>
> 과학자들은 지오박터 설퍼레두신스(Geobacter sulfurreducens)가 선모(pili)라고 불리는 머리카락 같은 부속물을 통해서 전기를 전달한다고 알고 있었다. 그러나 이번 연구진은 선모가 아니라 완벽하게 정렬된 단백질 섬유를 통해서 전기를 전달한다는 것을 밝혀냈다. 이러한 단백질은 금속을 함유하는 분자 코어로 둘러싸여 있고 단백질 나노와이어는 사람의 머리카락 폭보다 10만 배 더 작다.
>
> 지오박터(Geobacter) 박테리아는 미네랄 회전율을 높이고 방사성 폐기물을 청소하는 것 등과 같이 토양에서 중요한 역할을 한다. 산소가 없는 환경에서 생존하고 과잉 전자를 제거하기 위해 나노와이어로 형성된다. 저온 전자 현미경의 해상도가 높아진 약 5년 전부터 나노와이어를 본격적으로 조사할 수 있게 되었고, 원자 수준에서 이러한 단백질 필라멘트 나노와이어의 구조를 실제로 이해할 수 있게 하였다.
>
> 이 연구는 매우 작은 크기의 생체 구조를 이해하게 함으로써 자연계 전체에 대한 새로운 통찰력과 유용한 아이디어를 얻을 수 있게 한다. 한 가지 예로 거미줄을 들 수 있다. 거미줄은 이번에 조사된 나노와이어와 같이 단백질로 만들어졌지만 강철보다 강하다. 이런 생체 물질과 유사한 물질을 만들 수 있다면 새로운 분야의 발전에 크게 기여할 수 있을 것이다.
>
> 이번 연구는 생물 에너지를 이용하는 것부터 오염 제거, 생물학적 센서 제조까지 다양한 분야에서 매우 유용하게 적용될 수 있을 것이다. 또한 박테리아로 전자 장치의 소형화를 이끌어낼 수 있을 것이다.

16 ▶ 윗글의 주제로 가장 적절한 것을 고르면?

① 단백질 필라멘트 나노와이어 구조의 연구
② 작은 크기의 생체 구조에 대한 이해
③ 새로운 생체 물질과 발전 분야
④ 단백질 나노와이어의 적용
⑤ 전기 전도성을 가진 박테리아의 새로운 발견

해설

이 글은 기존에 존재하던 박테리아의 새로운 전기 전도 방법의 발견에 대한 글이다. 기존의 연구 결과와 다르게 새롭게 발견된 연구 결과에 대한 내용이므로 ⑤가 글의 주제로 가장 적절하다.

17 윗글을 읽고 유추할 수 있는 내용이 아닌 것은?

① 지오박터 박테리아는 과잉 전자 제거를 위해 나노와이어로 형성된다.

② 과학자들은 지오박터 설퍼레두신스가 선모라 불리는 부속물을 통해 전기를 전달한다고 알고 있었다.

③ 저온 전자 현미경 해상도가 높아진 때부터 나노와이어의 구조를 실제로 이해할 수 있게 되었다.

④ 작은 크기의 생체 구조를 이해하게 되어 자연계 전체에 대한 새로운 통찰력을 얻을 수 있게 되었다.

⑤ 이번 연구를 통해 토양과 퇴적물에 존재하는 박테리아가 선모를 통해 단백질 섬유로 전기를 전달한다는 사실을 밝혀냈다.

해설

과학자들은 기존 연구를 통해 지오박터 설퍼레두신스가 선모라 불리는 부속물을 통해 전기를 전달한다고 알고 있었으나, 새로운 연구를 통해 완벽하게 정렬된 단백질 섬유를 통하여 전기를 전달한다는 것을 밝혀냈다.

[18~19] 다음 글을 읽고 이어지는 물음에 답하시오.

일반적으로 블록체인 컴퓨터의 대표적인 기능은 4가지로 요약할 수 있다. 암호화폐 발행, 스마트계약, 디지털 자산, 탈중앙화된 P2P 기반 자동화조직(DAO ; Decentralized Autonomous Organization)이다. 그리고 이러한 4가지 기능을 가지고 만들어지는 생태계를 암호경제라고 한다.

암호화폐 발행 기능은 암호경제의 지불 수단으로서의 역할을 담당하고, 블록체인 컴퓨터의 활용법을 알면 누구든지 쉽게 다양한 특성 및 기능을 가진 암호화폐를 만들 수 있다. 스마트계약은 블록체인 컴퓨터에서 실행되는 소프트웨어로 정의한다. 스마트계약의 주요 목적은 스마트 자산, 즉 디지털 자산을 통제하기 위함이다. 스마트계약의 주요 기능으로는 디지털 자산의 거래를 하는 것이다. 이런 의미에서 스마트계약이라고 명명한 것이다.

그렇다면 디지털 자산이란 무엇인가? 디지털 자산이란 한마디로 가치가 있는 데이터를 말하는데, 여기서 짚고 넘어가야 할 중요한 사실이 하나 있다. 일반적으로 데이터를 제4차 산업혁명의 원유라고 한다. 즉, 데이터는 제4차 산업혁명의 핵심 요소라는 것이다. 향후에는 데이터를 단순한 데이터로 보는 것이 아니라 데이터가 가지고 있는 가치를 더 중요하게 생각하는 관점으로 변화할 것이다. 우리가 다루고자 하는 데이터들은 가치가 있는 데이터를 의미하고, 가치가 있는 데이터를 디지털 자산이라고 하는 것이다. 이러한 의미가 이해되면 가치 있는 데이터를 거래하는 시장이 생길 것이다. 이때 데이터를 거래할 시 사용되는 기능을 스마트계약이라 한다. 이런 측면에서 블록체인 컴퓨터가 창출하는 암호경제는 디지털 자산을 거래하는 디지털 자산 거래시장을 의미한다. 암호화폐 발행 기능이 필요한 이유는 디지털 자산 거래 시 필요한 지불수단이기 때문이다. 즉, 암호화폐 없이는 디지털 자산 거래 시장을 활성화하는 데 있어 많은 제약이 따를 수밖에 없다. 이러한 의미에서 암호화폐와 블록체인은 분리할 수 없는 것이다. 마지막으로 탈중앙화된 P2P 기반 자동화조직의 의미는 암호경제에 참여하는 플레이어들조차도 P2P 조직으로 만들자는 것이다.

16 ⑤ 17 ⑤

가장 중요한 것은 디지털 자산이 되는 데이터의 범위 및 종류를 한정하지 않았다는 것이다. 이는 현재 우리가 대상으로 삼는 모든 데이터를 의미한다. 금융관련 데이터인 경우에는 금융생태계를 블록체인 기반의 암호경제로, 자본관련 데이터인 경우 블록체인 기반 암호경제로 모두 블록체인 생태계로 혁신할 수 있다는 것이다.

실질적으로 우리는 데이터를 기반으로 모든 일을 하고 있고, 이는 현재의 모든 생태계를 블록체인 기반의 암호경제로 혁신할 수 있다는 것을 의미한다. 이러한 생태계 혁신 흐름을 블록체인 패러다임(Blockchain paradigm)이라고 한다. 즉, 현재 전 세계는 블록체인 패러다임을 추진하고 있다는 것이다. 이러한 기반 위에 현재의 모든 생태계는 암호화폐가 지불수단으로 사용되는 암호경제로 혁신되고 있으며, 암호화폐의 중요성을 강조하기 위해 토큰생태계라고 부르기도 한다.

18 ▶ 윗글의 주제로 가장 적절한 것을 고르면?

① 암호경제의 창출
② 암호화폐의 중요성
③ 블록체인 컴퓨터의 주요 기능
④ 암호경제와 블록체인 패러다임
⑤ 디지털 자산 거래시장의 도래

해설

블록체인 컴퓨터의 대표적인 기능 4가지에 대한 설명과 이것을 통해 만들어지는 암호경제에 대한 설명이 이어지는 글이다. 또한 이러한 흐름을 블록체인 패러다임으로 명명하고 있음을 언급하고 있다. 따라서 이 글의 주제로 가장 적절한 것은 '④ 암호경제와 블록체인 패러다임'이다.

19 ▶ 윗글의 내용과 일치하지 않는 것은?

① 블록체인 컴퓨터의 기능으로 만들어지는 생태계를 암호경제라고 한다.
② 블록체인 컴퓨터가 창출하는 암호경제는 디지털 자산을 거래하는 디지털 자산 거래시장을 의미한다.
③ 디지털 자산이 되는 데이터들은 가치가 있는 것들로 디지털 자산 거래 시 범위와 종류에는 제약이 따를 수 있다.
④ 데이터를 기반으로 하고 있는 모든 일들은 현재의 모든 생태계를 블록체인 기반의 암호경제로 혁신할 수 있다는 것을 의미한다.
⑤ 스마트계약의 주요 기능은 디지털 자산의 거래를 하는 것이다.

해설

4문단 첫 번째 줄을 보면, 디지털 자산이 되는 데이터의 범위 및 종류를 한정하지 않는다고 하였으므로 ③의 내용은 적절하지 않다.

[20~21] 다음 글을 읽고 질문에 답하시오.

여느 나라와 마찬가지로 호주에서도 차는 소유자의 라이프스타일, 취향, 지위를 보여주는 상징적인 도구가 되어 왔다. 하지만 최근 호주에서 차는 개인의 전유물에서 시민들이 공유하는 교통수단으로 인식이 변화하고 있다. 호주 카셰어링 시장이 가히 폭발적이라 현지 미디어에서는 이를 '위험한 속도'에 비유하고 있다. 한 산업보고서에 따르면, 2013년 4,560만 호주달러에 불과하던 카셰어링 시장 규모는 지난 5년간 연평균 22.4%씩 성장해 2018년에는 1억 2,070만 호주달러에 이를 것으로 보인다. 5년 후인 2023년에는 지금보다 2배 이상 성장해 2억 6,490만 호주달러 규모로 증가할 것으로 전망되고 있다. 그렇다면 호주 시장에서 카셰어링 서비스가 가파르게 성장한 배경은 무엇일까?

그 첫 번째 이유는 도심으로의 인구 유입을 들 수 있다. 이민자들의 국가인 호주는 해외에서 유입되는 인구의 지속적인 증가와 도심으로의 인구 유입 현상을 동시에 겪고 있다. 호주 정부에서는 교통 인프라 구축 차원에서 시민들이 편리하게 카셰어링 서비스를 이용할 수 있도록 적극적으로 지원한다. 카셰어링 차량 1대는 도로상의 개인소유 차량 10대를 줄이는 효과가 있어 교통 정체와 주차 문제를 해결하는 데 도움을 줄 것으로 예상된다.

또한 호주의 높은 물가는 카셰어링 서비스의 이용도를 높이는 주요한 원인이 된다. 호주의 물가는 세계 최고 수준이다. 따라서 생활비가 많이 들어 차량을 소유하는 것에 대한 부담이 큰 편이다. 특히 도시에 거주하는 이들에게는 카셰어링 서비스를 이용하는 편이 훨씬 저렴하다. 여기에 더해 주차 공간을 찾는 데 소요되는 시간을 줄일 수 있다는 장점도 있다.

호주의 인터넷 환경 발달 역시 카셰어링 서비스의 확산에 큰 영향을 끼쳤다. 호주는 불과 몇 년 전까지만 해도 세계 최하위 수준의 인터넷 속도를 보여주는 등 인터넷 환경이 매우 열악했다. 그러나 최근 호주 정부의 광통신망 구축사업으로 카셰어링 플랫폼과 같은 온·오프라인을 융합한 서비스 시장이 빠르게 성장하고 있다. 호주에서 카셰어링 서비스를 이용한 다수의 사람들은 휴대전화를 통한 온라인 플랫폼 이용에 익숙하다. 또한 소유보다는 공유를 선호하는 세대로 환경문제에도 관심이 높아 온실가스 배출 제로 차량을 이용할 수 있다면 기꺼이 돈을 더 지급할 의사가 있는 것으로 나타났다.

호주를 비롯한 전 세계는 소유에서 공유의 시대로 나아가고 있다. 호주의 카셰어링 서비스 시장은 지속 성장하고 있지만, 미국·유럽의 대도시에 비하면 아직 갈 길이 멀다. 현지의 카셰어링 서비스는 여전히 부족하기 때문에 호주는 잠재력이 높은 시장이다. 특히 차별화된 온라인 서비스 플랫폼을 보유한 국내 기업들에게는 지금이 호주 시장 진출을 시도해볼 만한 적기라고 할 수 있다.

20 ▶ 윗글의 제목으로 가장 적절한 것은?

① 호주 카셰어링 서비스와 미래 산업의 향방

② 인터넷 기술의 발전과 카셰어링 서비스의 관계

③ 이민자들의 나라 호주, 카셰어링 시장 진출의 방안

④ 호주의 카셰어링 시장을 통해 본 공유경제의 가능성

⑤ 진화하는 호주의 카셰어링 시장, 그 성장 배경과 전망

18 ④   19 ③

해설

이 글은 호주의 카셰어링 시장이 가파르게 성장한 배경과 전망에 대한 글이다. 글에서 호주의 카셰어링 시장이 성장한 배경은 도심으로의 인구 유입, 높은 물가, 인터넷 환경의 발달 등에 의한 것이라고 나와 있다. 또한 호주의 카셰어링 시장은 계속해서 성장하고 있지만, 미국이나 유럽의 대도시에 비하면 갈 길이 멀어 잠재력이 높은 시장이라고 나와 있다. 따라서 이 글의 제목으로는 '진화하는 호주의 카셰어링 시장, 그 성장 배경과 전망'이 가장 적절하다.

21 ▶ 윗글의 논지 전개 방식으로 적절한 것은?

① 예를 사용하여 어려운 개념을 쉽게 설명하고 있다.
② 공간의 이동에 따른 대상의 변화과정을 서술하고 있다.
③ 구체적인 근거를 제시하여 현상의 원인을 분석하고 있다.
④ 일반적인 견해를 비판하면서 현실에 대한 문제를 제기하고 있다.
⑤ 사건의 결말을 밝히고 그 진행 과정을 역순행적으로 서술하고 있다.

해설

첫 번째 문단 마지막 문장 '그렇다면 호주 시장에서 카셰어링 서비스가 가파르게 성장한 배경은 무엇일까?'를 통해 다음 문단부터 카셰어링 서비스가 가파르게 성장한 현상에 대한 원인을 분석할 것임을 알 수 있다. 다음 문단들을 살펴보면 도심으로의 인구 유입, 높은 물가, 인터넷 환경의 발달, 환경문제 등의 근거를 제시하고 있으므로 ③이 정답이다.

02 \ 글의 추론

01 ▶ 다음은 '고속도로의 공공성 강화 방안'에 대한 글 중 일부분이다. 논리적 순서대로 알맞게 배열한 것을 고르면?

> (가) 개인이나 기업에서 독단적으로 제공할 수 있는 재화가 아니며, 수익을 기대하기도 어렵다.
> (나) 또한, 국민의 삶의 질을 향상시키는 데 큰 역할을 해왔으며, 국토 공간 발전에 있어 도로의 기능은 지금도 중시되고 있다. 앞으로도 중추적인 역할을 수행할 것으로 판단된다.
> (다) 먼저, 국가의 예산이 절대적으로 거대한 규모로 투입된다는 것이다. SOC 사업은 말 그대로 사회간접자본이며, 이로 인해 막대한 국가의 예산이 투입된다.
> (라) 도로의 특징을 살펴보면 다른 재화나 서비스와 다른 몇 가지 특징이 있다.
> (마) 하지만 도로가 가지고 있는 특성은 우리 사회에 꼭 필요한 요소이다. 도로의 공급으로 인해 물류 및 산업이 발전하고 국가 경제 발전에 큰 이바지를 한 역사는 이미 많은 전문가로부터 증명되었다.

① (다) – (나) – (가) – (라) – (마)
② (다) – (라) – (마) – (가) – (나)
③ (라) – (가) – (나) – (다) – (마)
④ (라) – (다) – (나) – (마) – (가)
⑤ (라) – (다) – (가) – (마) – (나)

📖 **해설**

이 글은 '고속도로의 공공성 강화 방안' 중 도로 부문 공공성의 평가 기준에 대한 내용으로 먼저 '(라) 공공성을 지닌 도로의 특징'으로 시작하여 '(다), (가) 도로의 특징에 대한 부연 설명'으로 이어지고, (마)와 (나)의 순서로 '도로가 공적으로 필요한 이유'에 대해 설명하고 있다.
따라서 논리적 순서대로 알맞게 배열한 것은 '⑤ (라) – (다) – (가) – (마) – (나)'이다.

20 ⑤   21 ③ | 01 ⑤

02 ▶ 다음 문단을 글의 흐름에 맞게 순서대로 배열한 것은?

(가) 비슷한 지수로는 '스타벅스지수'를 들 수 있다. 스타벅스지수는 스타벅스 카페라테(톨 사이즈 · 355mL)의 가격을 이용해 실제 환율과 적정 환율과의 관계를 알아보기 위해 고안해 낸 구매력 평가 환율 지수다. 이른바 '라테지수'로도 불린다.

(나) 빅맥이 특정국에서 미국보다 싸다면 그 나라의 통화는 저평가된 것이고 균형 시장을 위해 앞으로 오르게 된다는 식이다. 올해 1월을 기준으로 한국의 빅맥 가격은 4.11달러, 미국은 5.28달러다. 빅맥 가격이 가장 비싼 곳은 스위스로 6.76달러에 달한다.

(다) 빅맥지수는 각국의 맥도날드에서 팔리는 빅맥 햄버거 가격을 분기별로 비교해 한 국가의 통화가치와 물가수준을 가늠하는 척도로 사용되어 왔다. '환율은 두 나라에서 동일한 상품과 서비스의 가격이 비슷해질 때까지 움직인다'는 이론(구매력 평가설)을 근거로 적정 환율을 산출하는 데 활용된다.

(라) 한편 햄버거 판매의 위축과 함께 국가별로 가격 할인 상품이 등장하면서 빅맥이 더 이상 국가별 물가수준 등을 가늠하는 기준 상품으로 적당하지 않다는 지적도 나오고 있다.

(마) 빅맥지수는 1986년 영국 경제 주간지 이코노미스트가 개발한 지수로 매년 1월과 7월 두 차례에 걸쳐 발표된다.

① (마) – (다) – (나) – (라) – (가) ② (다) – (마) – (나) – (가) – (라)
③ (마) – (나) – (다) – (가) – (라) ④ (다) – (나) – (마) – (라) – (가)
⑤ (마) – (가) – (나) – (다) – (라)

해설

이 글은 빅맥지수에 대한 내용이다. 가장 먼저 (마) 빅맥지수에 대한 개념과 발표 일정에 관한 내용이 나오고, (다) 빅맥지수의 활용법에 대한 내용이 이어진다. 그리고 (나) 빅맥지수를 활용한 평가 방법에 대한 내용이 나오고, (라) 빅맥지수 사용에 대한 부당성의 제기에 대한 내용이 나온다. 마지막으로 (가) 빅맥지수와 비슷하게 사용되는 경제 용어에 대한 설명이 이어지며 글을 끝맺는다. 따라서 주어진 문단을 글의 흐름에 맞게 바르게 배열한 것은 '① (마) – (다) – (나) – (라) – (가)'이다.

03 다음 글의 내용 흐름상 가장 적절한 문단 배열의 순서는?

(가) 회전문의 축은 중심에 있다. 축을 중심으로 통상 네 짝의 문이 계속 돌게 되어 있다. 마치 계속 열려 있는 듯한 착각을 일으키지만, 사실은 네 짝의 문이 계속 안 또는 밖을 차단하도록 만든 것이다. 실질적으로는 열려 있는 순간 없이 계속 닫혀 있는 셈이다.

(나) 문은 열림과 닫힘을 위해 존재한다. 이 본연의 기능을 하지 못한다는 점에서 계속 닫혀 있는 문이 무의미하듯이, 계속 열려 있는 문 또한 그 존재 가치와 의미가 없다. 그런데 현대 사회의 문은 대부분의 경우 닫힌 구조로 사람들을 맞고 있다. 따라서 사람들을 환대하는 것이 아니라 박대하고 있다고 볼 수 있다. 그 대표적인 예가 회전문이다. 가만히 회전문의 구조와 그 기능을 머릿속에 그려보라. 그것이 어떤 식으로 열리고 닫히는지 알고는 놀랄 것이다.

(다) 회전문은 인간이 만들고 실용화한 문 가운데 가장 문명적이고 가장 발전된 형태로 보일지 모르지만, 사실상 열림을 가장한 닫힘의 연속이기 때문에 오히려 가장 야만적이며 가장 미개한 형태의 문이다.

(라) 또한 회전문을 이용하는 사람들은 회전문의 구조와 운동 메커니즘에 맞추어야 실수 없이 문을 통과해 안으로 들어가거나 밖으로 나올 수 있다. 어린아이, 허약한 사람, 또는 민첩하지 못한 노인은 쉽게 그것에 맞출 수 없다. 더구나 휠체어를 탄 사람이라면 더 말할 나위도 없다. 이들에게 회전문은 문이 아니다. 실질적으로 닫혀 있는 기능만 하는 문은 문이 아니기 때문이다.

① (가) – (나) – (라) – (다)
② (가) – (라) – (나) – (다)
③ (나) – (가) – (라) – (다)
④ (나) – (다) – (라) – (가)
⑤ (다) – (가) – (라) – (나)

해설

(가)는 회전문의 구조를, (나)는 문의 의미를, (다)는 회전문에 대한 글쓴이의 견해를 나타태므로 가장 포괄적이고 일반적인 내용인 (나)가 가장 첫 문단으로 와야 한다. 또한 (나)의 마지막 문장에서 회전문이 어떤 식으로 열리고 닫히는지 알면 놀랄 것이라고 했으므로, 첫 문장에서 회전문의 축을 중심으로 작동 원리에 관해 설명하는 (가)가 이어져야 한다. (가)의 마지막 문장에서 회전문은 열려 있는 순간 없이 계속 닫혀 있는 셈이라고 했으므로, 이러한 구조를 가진 회전문이 일부의 사람들에게는 문의 기능을 하지 못한다는 내용인 (라)가 오고, 결과적으로 회전문은 야만적이며 미개한 형태의 문임을 설명하는 (다)가 오는 것이 적절하다. 따라서 '(나) – (가) – (라) – (다)'의 순서로 배열하는 것이 가장 적절하다.

04 ▷ 다음은 A 씨가 '합리적인 사고를 생활화하자'라는 주제로 쓴 글이다. ㉠~㉤의 문장들을 논리적 구성에 맞게 재배열한 것으로 옳은 것은?

우리는 철학적인 사고, 특히 합리적인 사고라 하면 서양에서나 적용 가능한 것으로 치부하는 경향이 있다.

㉠ 예컨대 공직자가 부정한 수입을 제의받았을 때, 그는 자신의 물질적인 이익뿐만 아니라 공직자로서의 사회적 책임과 직업의식을 고려하여 이를 거부할 수 있어야 한다.

㉡ 우리나라에서는 어떤 일을 할 때 한 쪽에 속하지 않는 사람을 배척하고, 오히려 이상한 사람으로 몰아붙이기도 한다.

㉢ 즉, 내가 어떤 일을 할 때 그 일을 통해 얻는 이익뿐만 아니라, 치러야 할 대가까지도 충분히 고려해서 결정해야 한다는 것이다.

㉣ 그러나 이런 풍토는 사람의 행동을 흑백 논리로 재단하는 것으로, 삶의 균형과 조화를 위해서도 바람직하지 않다.

㉤ 한편, 합리적인 사고의 핵심은 자신의 이익에만 사로잡히지 않고 전체의 차원에서 문제를 파악하고 판단하는 데 있다.

이렇듯 합리적 사고는 우리들의 생활 어디에라도 적용할 수 있으며, 그렇게 할 때 균형 잡힌 삶이 실현될 수 있다.

① ㉠-㉡-㉢-㉣-㉤   ② ㉡-㉠-㉢-㉣-㉤

③ ㉡-㉣-㉤-㉢-㉠   ④ ㉤-㉡-㉣-㉠-㉢

⑤ ㉣-㉤-㉢-㉠-㉡

해설

이 문제는 문맥에 맞도록 글의 흐름을 바로잡는 문제 유형이다. 우선 선택지를 보고 문단의 첫 부분에 올 수 있는 문장을 먼저 정한다. 그리고 첫 문장의 핵심어 또는 핵심 내용을 이어받을 수 있는 다음 문장을 고려하면 된다. 제시문의 첫 문장은 우리나라 사람들이 합리적인 사고방식을 무시하는 경향이 있다는 내용이다. 그러므로 다음에 이어지는 문장은 실제 생활에서 그러한 경향이 어떻게 나타나는지를 밝히고, 문제점을 지적한 다음 대안으로서 합리적 사고가 무엇인지 규정하고, 그 예를 들어 보이는 것이 가장 자연스럽다. 따라서 ㉡-㉣-㉤-㉢-㉠의 순서로 연결되는 것이 가장 자연스럽다.

05 다음 글의 논리적 순서로 적절한 것을 고르면?

(가) 다만 그전에 소득을 파악하는 방법에도 개선이 있어야 할 것이다. 그리고 전체적으로 3단계에 걸쳐 소득 보험료 비중을 현재의 50%에서 75%로 높이고, 고령층 등 특정 계층의 부담이 한꺼번에 늘어나지 않도록 소득과 재산이 많은 피부양자부터 단계적으로 축소할 방침이다.

(나) 이처럼 소득에 부과하는 보험료 비중이 높아지게 되면, 퇴직 후 지역 가입자로 전환된 사람 대다수는 보험료가 약 45% 정도로 하락하는 효과가 있다. 또한 한 직장에서 1년 이상을 근무하다 퇴사하면, 퇴사 후 2년 동안은 직장에서 근로자 몫으로 부담하던 보험료를 그대로 내도록 하는 임의계속가입제도 이용도 가능하다.

(다) 그리고 저소득 지역 가입자의 부담을 줄이고, 고소득 피부양자의 무임승차를 막을 수 있다. 기본적으로는 서민들의 부담을 덜어주고 형평성을 강화하겠다는 것이 이번 건강보험료 부과 체계 개편의 핵심인 것이다. 이번 부과 체계 개편이 서민들의 적정급여를 가능하게 하고 국민들 간의 형평성을 줄이는 데 기여하기를 바란다.

(라) 우리나라 건강보험 제도의 시초는 1972년 200인 이상 사업장 근로자를 대상으로 시작한 것이었다. 이후 약 40여 년 동안 건강보험 제도는 수많은 변화와 개선의 역사를 이루어 왔다. 최근 국민건강보험제도는 다시 전환점을 맞이하였다. 기존과 달리 건강보험료 부과 체계가 소득 중심으로 달라질 예정이다. 즉, 수익이 높고 재산이 많은 이들에게 더 많은 보험료를 부과하겠다는 의미이다. 그 방법과 효과는 다음과 같다.

(마) 지금까지는 높은 소득과 재산이 있어도 피부양자로 등재되어 있으면 보험료를 내지 않았다. 앞으로 이러한 사람들을 지역 가입자로 전환해 보험료를 납부하게 할 방침이다. 소득의 경우 연간 최대 1억 원 기준에서 4천만 원 초과, 재산은 과표 6억 원에서 3억 5천만 원 및 연소득 3천만 원 이상부터 적용이 된다. 직장 가입자 역시 마찬가지이다. 월급 외 고소득 직장인도 단계적으로 부과를 확대한다.

① (라) - (나) - (다) - (가) - (마)
② (라) - (마) - (가) - (나) - (다)
③ (라) - (가) - (나) - (다) - (마)
④ (나) - (다) - (라) - (마) - (가)
⑤ (마) - (라) - (다) - (가) - (나)

해설

제시된 글은 건강보험료 부과 체계의 개편에 대해 말하고 있다. 따라서 전체적인 개편의 방향을 소개하고 있는 (라)가 첫째 문단으로 가장 적절하다. (라)에서 개편의 방법과 효과를 알아보고자 하였으므로 (라)의 다음으로는 개편의 방법에 해당하는 (마) - (가)가 오는 것이 적절하다. 그리고 개편으로 인한 효과를 설명하는 (나), (다)가 오는 것이 적절한데, (다)는 부과 체계 개편의 의의를 다시 한 번 정리하고 있으므로 마지막 문단으로 적절하다. 따라서 논리적 순서에 맞게 배열한 것은 '② (라) - (마) - (가) - (나) - (다)'이다.

06 다음 글의 순서를 바르게 배열한 것은?

(가) 이러니 산재 피해자 가족들이 안전관리 의무를 다하지 않아 노동자를 죽음에 이르게 한 기업을 직접 처벌할 수 있는 '중대재난기업처벌법'의 제정을 촉구하는 것 아니겠는가. 한국은 노동자 1만 명당 사고로 숨지는 사망 만인율이 0.51로 경제협력개발기구(OECD) 최고 수준이다. 한 해 1,000명 가까운 노동자가 '일터에서의 사고'로 목숨을 잃고 있다는 사실을 잊으면 안 된다. 정부와 기업은 모든 역량을 동원하여 '안전한 일터' 만들기에 집중해야 한다.

(나) 그럼에도 산재 사고가 급증하는 것은 산재 인정 문턱을 낮춰 더 많은 피해자를 '보호망'으로 끌어안았기 때문만은 아닐 것이다. 대한민국의 일터가 '후진국형'에 머물고 있기 때문이라는 것은 부정할 수 없다. 노동자의 주의 태만도 있겠으나 "2022년까지 산재 사망사고를 절반으로 줄이겠다."던 정부의 책임을 묻지 않을 수 없다. 기업의 관리 책임은 더 크다.

(다) 고용노동부는 지난해 산업현장에서 재해를 당한 노동자가 10만 2,305명으로 전년도보다 14% 늘었다고 발표했다. 산재 사망자는 10% 가까이 증가했다. 사고로 971명이, 질병으로 1,171명이 각각 숨졌다. 산재 노동자가 증가한 것은 적용 사업장을 확대하고, 신청·심사 과정 등을 개선해 승인이 쉽도록 한 덕분이라고 정부는 말했다. 일터에서 사고를 당하거나 질병을 얻은 노동자가 산재 피해자로 인정받으면 배·보상 등을 통해 최소한의 삶을 유지할 수 있다는 점에서 그나마 다행스러운 일이다.

(라) 사정이 이런데도 최근 산업안전보건법 시행령이 입법 예고되자, 한국경영자총협회 등 경영계가 반발하고 있다. '중대 재해가 발생했거나, 발생할 급박한 위험이 있는 경우' 정부가 작업중지를 명령할 수 있도록 한 조항을 두고, 작업중지 명령권이 남발되면 수백억~수천억 원의 피해가 우려된다는 것이다. 원청업체에 산재사고의 책임을 일부 물리도록 한 조항에 대해서도 "기업을 범법자로 만들겠다는 것이냐."며 불만을 토로했다고 한다. 중대 재해가 일어나면 작업을 중지하고 일터가 안전한지를 살피는 일은 정부와 기업의 의무이자 책임이다. 경영계의 반발은 "위험과 함께 책임도 외주화하겠다."는 것이나 다를 바 없다.

① (라) － (가) － (나) － (다)
② (라) － (가) － (다) － (나)
③ (다) － (나) － (라) － (가)
④ (다) － (나) － (가) － (라)
⑤ (다) － (라) － (가) － (나)

해설

(다)를 제외한 문단은 연결어로 시작되기 때문에 글의 맨 처음에 올 수 없다. 따라서 (다)의 고용노동부가 발표한 결과가 제일 앞에 제시되는 것이 적절하다. (다)에서 승인이 쉽도록 한 덕분에 산재 노동자가 늘었다고 한 정부의 발표가 나왔으므로, (나)의 그럼에도 그것 때문만은 아닐 것이라는 내용이 이어지는 것이 자연스럽다. 남은 (라)와 (가)의 내용을 살펴보면 내용상 (라)가 앞에 나와야 하며, 정부와 기업의 역할을 상기시키며 글을 마무리 짓는 (가)가 마지막에 나오는 것이 적절하다. 따라서 정답은 '③ (다)－(나)－(라)－(가)'이다.

07 ▶ 다음 (가)~(라) 단락을 맥락에 맞게 순서대로 배열한 것은?

정부 주도의 주택 보급이 활성화되던 1970년대에서 1990년대는 '벽돌의 시대'였다. 그러나 이후 구조와 건축 재료의 발달로 벽돌은 저렴한 저층 건축 재료로 낙인찍혔다. 하지만 벽돌은 최근 개성 넘치는 새로운 옷으로 다시금 주목받고 있다.

(가) 과거 벽돌은 근대성을 상징하는 재료였다. 또한 벽돌은 재활용이 가능한 재료로 광복 후 전란으로 폐허가 된 서울을 신속하게 복구하는 데에도 쓰였다. 근대화와 함께 도입된 벽돌은 1970년대까지 활발하게 사용되었는데, 소규모 주택을 공급하는 건축업자들이 만드는 '블란서 2층 양옥집'이 유행했을 때에도, 대부분이 붉은 벽돌집이었다. 이후에 '집' 하면 자연스레 '붉은 벽돌집'을 떠올릴 정도로 많은 벽돌집이 지어졌다.

(나) 최근엔 구조재가 아닌 치장재로 새롭게 주목받기 시작하며 다양한 색깔과 독특한 쌓기 방식으로 건물의 외벽에서 개성을 드러내고 있다. 여기에는 크게 두 가지 이유가 있다. 우선 건축 기술의 발달로 벽돌이 건물의 힘을 받는 구조체로부터 독립해 외장재로 자유롭게 사용할 수 있게 되었다는 점이다. 벽돌을 활용한 다양한 쌓기 방법이 개발되고 철물의 개발로 높이 쌓는 것이 가능해지면서 고층 건물의 외부를 벽돌로 장식하여 얻는 시각적 독특함이 눈길을 끌 수 있게 된 것이다.

(다) 1980~90년대 이후 아파트 시장의 활황으로 대형 건설업자들이 콘크리트로 아파트를 수없이 짓고 있을 때, 소규모 주택 시장의 건축업자들은 공동주택에 '빌라'라는 이름을 붙이고 콘크리트 내력벽 위에 화강석을 건식으로 붙인 저품질 주택을 양산했고, 자연스레 대중은 붉은 벽돌집은 싸구려 집이라는 인식을 갖게 되었다. 기술의 발달과 재료의 다양화 역시 벽돌을 멀어지게 만든 원인 중 하나다. 어떤 건축가들은 물성을 드러내는 재료로써 노즐 콘크리트를 진지하게 탐구하기 시작했으며, 어떤 건축가들은 건물의 '스킨'이라 하여 건물 외벽을 금속 패널로 치장하는 데 몰두하기도 했다. 이 사이에 벽돌건축은 점차 건축가들의 관심에서도 멀어져 갔다.

(라) 그러나 무엇보다 가장 중요한 것은 벽돌에는 자연스럽고 친숙한 이미지와 느낌이 있다는 것이다. 벽돌은 흙을 구워서 만든다. 그리고 천연 재료라는 이미지와 더불어 가지런한 줄눈은 안정감을 준다. 게다가 한국처럼 다습하며 기온 변화가 심한 곳에선 건축 재료의 오염이 많은 편인데 벽돌은 다른 건축 재료에 비해 변형이나 오염으로 인한 문제가 상대적으로 적다. 이것이 많은 사람들이 벽돌 외벽을 선호하는 이유다.

① (가) – (나) – (다) – (라)　　② (가) – (다) – (나) – (라)
③ (가) – (다) – (라) – (나)　　④ (나) – (라) – (가) – (다)
⑤ (라) – (나) – (가) – (다)

해설

이 글은 시간 순서대로 진행되고 있다. (가)에서 1970년대까지 벽돌의 쓰임이 활발했음을 말하고 있고 (다)에서 1980~90년대 이후에 벽돌에 대한 인식이 변화했음을 이야기하고 있다. (나)와 (라)는 최근 이야기를 하고 있는데, (나)에서 최근에 벽돌이 다시 주목받기 시작했음을 알리고 (라)에서 '무엇보다 중요한 것은'으로 문장을 시작하며 (나)의 내용을 보충하고 있다. 따라서 정답은 (가)－(다)－(나)－(라)이다.

06 ③　07 ②

08 ▸ 다음의 문단을 순서대로 가장 바르게 배열한 것은?

(가) 연구내용에 따르면 지난 세기 네덜란드에선 작은표범나비를 비롯해 상제나비, 높은 산점배기숫돌나비 등 15종의 나비가 멸종하였다. 또 개체 수가 급감한 종이 71여 종에 달했다. 실제론 이보다 훨씬 많은 종의 나비들이 개체 수 감소 현상을 겪고 있다고 연구팀은 확신했다. 나비보호협회의 크리스 반 스와이예와 그의 연구팀은 1890년부터 1980년 사이에 수집가들이 잡은 12만 마리의 나비와 200만 건의 목격을 과학적 데이터로 분석했다. 연구팀은 "이번 연구는 곤충의 총 질량이 해마다 2.5% 감소하고 있다는 국제 보고에 이은 또 다른 경고"라고 강조했다.

(나) '튤립의 땅'이라고 불리는 네덜란드에서 사라지는 나비의 수가 엄청난 것으로 나타났다. 영국 가디언은 지난 130년 동안 네덜란드의 나비 개체 수가 84%나 감소했다는 네덜란드 나비보호협회(Dutch Butterfly Conservation)의 연구 결과를 최근 보도했다.

(다) 이에 연구팀은 "향후 2년 안에 유럽연합은 새로운 정책을 고안해 자연을 파괴하는 농업에 대한 대응책을 마련해야 한다."면서 "아직까진 기존 농업방식을 유지하려는 대규모 농장이 더 많지만 생물다양성을 보장하는 방식으로 바꿔보려는 소규모 농업인들도 점차 늘고 있어 희망이 아주 없진 않다."고 전했다.

(라) 네덜란드에서 이처럼 나비 종이 급감하는 이유는 농업의 발달이 큰 영향을 미쳤다. 이번 연구를 이끈 스와이예 연구원은 "비슷한 시기에 영국에서도 나비 다섯 종이 멸종했는데, 높은산점배기숫돌나비는 스웨덴에서 채취한 유충을 통해 성공적으로 복원되었다."면서 "영국과 달리 네덜란드에서 나비가 급격히 모습을 감춘 이유는 농업이 발달하면서 나비를 위한 공간이 얼마 남지 않았기 때문"이라고 설명했다. 연구팀에 따르면 1950년 이전 네덜란드의 초원은 흡사 현재의 자연보호구역과도 같았다. 토양은 충분히 젖어 있었고, 풍부한 개체의 꽃이 자랐으며, 1년에 1회 또는 2회 정도만 가축들이 풀을 뜯었을 뿐 그 외 농업의 영향을 전혀 받지 않았다.

(마) 그러나 1950년대 이후 20년 동안 시골마을이 재건되면서 초원은 물에 잠겼고, 단 한 종의 풀만 자라나기 시작했으며, 가축은 이전보다 6배 더 자주 풀을 뜯어 먹었다. 게다가 어마어마한 양의 비료까지 땅에 뿌려지면서 네덜란드에는 나비를 위한 공간이 얼마 남지 않게 되었다. 결국 나비가 설 자리는 도로변이나 자연보호구역을 제외하고는 전부 사라진 것이다. 한 종의 멸종은 먹이사슬에 영향을 미치기 때문에 결국 나비의 멸종은 연쇄적으로 새, 포식자까지 부정적인 영향을 가져올 위험이 있다.

① (가) – (다) – (라) – (마) – (나)　　② (나) – (가) – (다) – (라) – (마)
③ (나) – (가) – (라) – (마) – (다)　　④ (나) – (라) – (마) – (다) – (가)
⑤ (라) – (마) – (다) – (나) – (가)

해설

네덜란드에서 나비의 개체 수가 크게 감소한 이유와 영향에 대해 설명하는 글이다. (나) 나비 개체 수가 감소했다는 연구 결과에 이어 (가) 상세한 연구 내용이 나온다. (라), (마)에서 네덜란드에서 나비의 개체 수가 급감한 이유를 설명하고 있고, (다)에서 앞서 말한 원인에 대한 대응 방안의 필요성에 대해 말하고 있다.
따라서 문단을 순서대로 바르게 배열한 것은 '③ (나) – (가) – (라) – (마) – (다)'이다.

09 4차 산업혁명의 도래를 주제로 다음 문단을 순서대로 가장 바르게 배열한 것은?

(가) 4차 산업혁명 시대에서 기술 및 산업 간 경계가 붕괴하게 될 것이며, 제품과 서비스의 부가가치를 누가 창출할 것인가를 두고 기업 간 치열한 경쟁이 있을 것으로 보인다. 전통적인 산업이라 하더라도 AI, IoT 등의 미래기술에서 벗어날 수는 없으며, 특히 타 산업 또는 타 기술의 발전으로 인해 기업이나 산업이 소멸될 수도 있다.

(나) 선진국들의 경우 우리나라만큼 '4차 산업혁명'이라는 단어에 집중하고 있지 않으나, 기업 또는 국가 단위에서 미래를 대비하고 있다. 예를 들어, 미국은 실리콘밸리의 'FANG(Facebook, Apple, Netflix, Google)' 중심, 일본은 Society 5.0, AI 산업화 로드맵 등 중심, 독일은 첨단기술전략 2020 산업 4.0 & Labor 4.0을 동시에 계획하거나 추진 중에 있다. 특히 빠른 속도로 성장하고 있는 중국은 AI와 빅데이터를 중심으로 4차 산업혁명 시장을 선도하고 있다.

(다) 최근 기술발전으로 인해 아날로그 시대의 장인 정신은 디지털 시대의 현명한 시행착오로 변화하고 있다. 전통적인 방식의 PDS(plan-do-see)는 자동차 산업의 충격시험, 전자제품 테스트 등과 같은 완전한 데이터 또는 경험을 중심으로 결정되거나 실행되었다. 하지만 미래에서는 린 스타트업(lean start-up) 중심이 될 것이며, 이는 plan(계획)이 없어진 Learn(학습)-Build(실행)-Measure(평가)의 형태로 변화할 것이다.

(라) 예를 들어, 알리바바의 4억 개의 광군제 광고는 전통적인 방식으로 만들어진 것이 아닌 자체적으로 개발한 AI인 '루반'을 통해 광고를 제작하였다. 이는 일정 수준으로 노출한 뒤, 반응이 있으면 발전시킨 형태의 광고를 제작하는 형태로서 철저한 계획보다는 인공지능을 통해 일정한 학습을 하여 서비스를 발전시키는 전형적인 4차 산업혁명의 실질적인 예라고 할 수 있다.

(마) 우리나라는 4차 산업혁명의 늦은 추진을 만회하기 위해 방향성을 '지능화 혁명'에 두고 집중하고 있다. 2016년 다보스포럼에서 제기된 4차 산업혁명의 범위는 바이오, 에너지, 데이터 등을 포함하였으나 늦은 출발과 복잡한 산업구조로 인하여 효율적 선택을 하였다. '지능화 혁명'은 인공지능을 주축으로 데이터, 네트워크, IoT 등을 연계하는 것을 의미하며 발전 속도와 범위에 따라 좀 더 넓은 범위로 확장될 수 있다.

① (나) – (라) – (가) – (다) – (마) ② (다) – (라) – (나) – (가) – (마)
③ (다) – (마) – (가) – (나) – (라) ④ (마) – (가) – (나) – (라) – (다)
⑤ (마) – (다) – (라) – (가) – (나)

해설

4차 산업혁명의 도래를 주제로 한 글이다. 가장 먼저 (마) 우리나라가 현재 4차 산업혁명에서 집중하고 있는 분야와 (다) 전통적인 방식에서 미래로 나아가며 변화하는 기술 방식에 대한 설명이 이어지고, (라) 그 방식에 대한 예를 들어 설명하고 있다. 이어서 (가) 변화된 4차 산업혁명 시대의 기술과 산업에 대한 내용이 나오고, 마지막으로 (나) 4차 산업혁명을 대비하는 선진국들에 대한 내용이 나와야 한다.
따라서 정답은 (마) – (다) – (라) – (가) – (나)이다.

08 ③ 09 ⑤

10 다음 문단을 문맥의 흐름에 맞게 순서대로 바르게 배열한 것을 고르면?

(가) 따라서 기존 방식의 '사회적 책임 활동'은 기업이 창출한 수익의 일정 부분을 재분배하여 사회로 환원하는 방식으로 진행되기 때문에 수익성이 악화되면 '사회적 책임 활동' 관련 지출액이 감소되는 문제점을 가지고 있다. 실제로 우리나라 대기업들의 사회공헌 활동 지출 금액은 2012년 3조 2,500억 원에서 2013년 2조 7,700억 원, 2014년 2조 6,708억 원 등 해마다 줄어들고 있으며, 기업의 사회공헌 활동은 기업의 이익에서 일부를 통해 금액이 지출되기 때문에 기업의 수익성이 악화될 경우 지출액이 줄어들 수 있다는 한계가 있다.

(나) 하지만 일부는 '공유가치 창출'이 '사회적 책임 활동'을 대체하는 새로운 패러다임이 아니며 실제 업계에서도 큰 반응을 보이지 않는다는 점에서 부정적인 견해를 제시하기도 한다. '공유가치 창출'의 개념 자체가 모호하고 '공유가치 창출'을 위한 구체적인 전략이 무엇인지, 그리고 '공유가치 창출'이 '사회적 책임 활동'과 어떻게 차별화되는지 구분하기란 쉽지 않다. 따라서 현재 '사회적 가치' 실현에 대한 요구가 증대되어 기업의 '공유가치 창출'에 대한 관심이 높아지고 있는 상황에서 어떠한 활동을 해야 하는지 다양한 시각에서 검토할 필요성이 있다.

(다) 새 정부가 들어서면서부터 '사회적 가치'가 주목을 받기 시작하였지만, 이것은 우리나라만의 특이한 현상이 아니다. 전 세계적으로 기업의 '사회적 책임 활동(Corporate Social Responsibility ; CSR)'으로 대표되는 사회공헌 활동이 주목을 받고 있다. 기업 이미지 개선과 지속가능경영 그리고 기업이 외부요인에 대응하는 기회비용 차원에서 기업의 '사회적 책임 활동'이 점점 중요해지고 있다. 기업과 정부는 전통적으로 수익 창출과 공익 창출이라는 상충되는 목표를 가지고 있는 배타적인 관계이지만 독립적으로 비대칭적 빈부 격차와 지구 온난화를 해결할 수 없다는 한계점을 공통으로 인식하고 있다.

(라) 하지만 기업의 '사회적 책임 활동'은 많은 제약 사항을 가지고 있다. 대부분의 기업들이 기부와 후원을 통해 적극적인 사회공헌 활동을 진행하고 있는데, 이러한 행위가 궁극적으로 기업이 '사회적 책임 활동'을 비용으로 인식하게 하여 이윤 추구에 제약 요인으로 간주하게 되었다.

(마) 이렇듯 기존의 사회적 기여 방식의 한계가 나타남에 따라 기업은 사회적 문제 해결을 위해 이전과는 다른 방식의 접근이 필요하게 되었고, 이때 등장한 개념이 바로 '공유가치 창출(Creating Shared Value ; CSV)'이란 개념이다. '공유가치 창출'은 '사회적 책임 활동'과 같은 기존 사회공헌 활동이 기업에 있어 일종의 자선 행위였던 것에 반해, 기업 자신의 이익을 위한 활동으로 '사회적 가치' 창출을 통한 기업 수익 증진을 목표로 하는 새로운 경영 방식이다. Porter&Kramer가 처음 제기한 것으로 기업은 새로운 사회적 문제해결 방식을 통해 '사회적 가치'를 창출하고 동시에 경제적 수익도 창출한다는 점이 특징이다.

① (다) – (나) – (가) – (라) – (마)　　② (다) – (가) – (마) – (나) – (라)
③ (다) – (나) – (마) – (가) – (라)　　④ (다) – (라) – (가) – (마) – (나)
⑤ (다) – (라) – (마) – (나) – (가)

 **해설**

이 글은 사회적 가치 실현에 대한 기업의 역할에 대한 내용으로 (다) 우리나라뿐만 아니라 전 세계적으로 중요해지고 있는 '사회적 책임 활동'과 그 한계점을 설명하고, (라) 기업의 사회적 책임 활동의 제약 사항과 (가) 제약 사항의 문제점과 한계, 이어서 (마) 문제를 해결하기 위한 새로운 방식의 '공유가치 창출' 개념과 기존 사회적 책임 활동과의 차이점, (나) 공유가치 창출 개념의 부정적 견해에 대해서 설명하고 있다.

따라서 문맥의 흐름에 맞게 순서대로 바르게 배열한 것은 '④ (다) - (라) - (가) - (마) - (나)'이다.

11 다음 |보기|에 이어질 내용을 논리적 순서에 맞게 배열한 것은?

분식(粉飾)은 '실제보다 좋게 보이도록 거짓으로 꾸미는 것'을 의미한다. 즉, 분식회계는 회사의 실적을 좋게 보이게 하기 위해 회사의 회계장부를 조작하는 것이다.

(가) 여기에 투자자나 채권자가 분식 결산된 재무제표를 보고 투자한 후 손해를 보면 손해배상 청구소송을 할 수도 있다. 여기서 끝이 아니다. 회계감사 보고서를 금융감독원이 다시 한 번 조사해 분식회계 여부를 밝혀내는 '감리'라는 장치도 존재한다.

(나) 예를 들면 가공의 매출을 기록한다거나 발생한 비용을 적게 계상해 누락시키는 등의 방법으로 재무제표상의 수치를 고의로 왜곡할 수 있다.

(다) 한편 분식회계와 반대로 세금 부담이나 노동자에 대한 임금 인상을 피하기 위해 실제보다 이익을 적게 계상하는 것을 '역분식회계'라고 한다.

(라) 따라서 기업은 분식회계를 막기 위한 감사를 둬야 한다. 또 외부감사인인 공인회계사로부터 회계감사를 받도록 되어 있다. 분식회계를 제대로 적발하지 못한 회계법인에는 불이익이 돌아간다. 영업정지나 설립 인가 취소 결정을 받을 수 있다.

(마) 팔지도 않은 물품의 매출 전표를 끊어 매출 채권을 부풀리거나 창고에 쌓인 재고의 가치를 장부에 과대 계상하는 수법도 많이 사용된다. 이는 주주와 채권자들의 판단을 왜곡함으로써 그들에게 손해를 끼치는 것은 물론 탈세와도 관련이 있어 법으로 금지되었다.

① (나) - (라) - (가) - (다) - (마)
② (나) - (마) - (라) - (가) - (다)
③ (가) - (나) - (마) - (라) - (다)
④ (마) - (가) - (라) - (다) - (나)
⑤ (마) - (나) - (라) - (가) - (다)

해설

이 글은 분식회계에 대한 내용으로 |보기|에서 분식회계의 정의를 설명하고, (나) 분식회계에 대한 예시가 나온다. 그다음 (마) 분식회계의 수법과 금지에 대한 내용이 차례로 이어지고, (라), (가)의 분식회계를 막기 위한 방안이 나오며, (다) 분식회계의 반대 개념인 '역분식회계'에 대한 내용이 나온다.

따라서 |보기|에 이어질 내용을 논리적 순서에 맞게 배열한 것은 '② (나) - (마) - (라) - (가) - (다)'이다.

10 ④ 11 ②

12 ▶ 다음 |보기|에 이어질 내용을 논리적 순서대로 알맞게 배열한 것은?

| 보기 |

학생들은 시험 기간과 숙제를 위해 밤을 새우는 경우가 많으며, 직장인들은 늦게까지 업무를 보는 경우가 적지 않다. 이에 대부분의 사람들은 카페인이 함유된 음료를 찾아 마시고, 순간적으로 집중력을 강화시켜 주어진 과제를 처리하지만 그에 대한 부작용도 심심치 않게 발견된다.

(가) 카페인은 중추 신경 자극제로, 피로감을 느끼게 하는 '아데노신' 물질의 분비를 차단시킴으로써 뇌의 각성상태를 유지시키는 효과가 있고, 신경전달물질인 도파민의 분비량을 늘리기도 한다.

(나) 카페인 부작용을 방지하기 위해서는 구매 및 섭취 과정에서 소비자들의 주의가 요구된다. 카페인 함유 제품에는 '고 카페인 함유'라는 주의 문구와 함께 '총 카페인 함유량'이 표시되어 있으므로 소비자들은 이를 꼭 확인하여 권장 섭취량에 맞는 적당한 카페인을 섭취해야 한다.

(다) 또한, 카페인은 지방산의 이용을 촉진하여 긴 시간 운동 시 지구력을 증가시켜주고, 근육에서는 에너지 대사를 활발하게 하는 효과가 있다. 카페인을 적절하게 섭취한다면 뇌를 각성시켜 잠을 쫓는 효과와 함께 집중력을 순간적으로 높일 수 있는 긍정적인 효과를 누릴 수 있지만, 과다하게 섭취할 경우 오히려 역효과를 불러일으키기도 한다.

(라) 또한, 카페인의 과잉섭취는 위염과 '속 쓰림' 현상을 일으키고, 칼슘을 배출시키기 때문에 위나 뼈가 약한 사람들은 주의를 기울여야만 한다. 카페인을 함유하고 있는 식품에는 우리가 주변에서 쉽게 구할 수 있는 탄산음료를 비롯해, 에너지 음료, 커피, 진통제, 감기약, 피로회복제, 다이어트 보조 식품 등이 있으며, 현대인들이 자주 섭취하는 아메리카노에는 기본 사이즈 한 컵을 기준으로 약 100mg에서 200mg의 카페인이 함유되어 있다.

(마) 식품의약품안전처가 발표한 자료에 따르면 카페인 일일 섭취 권장량은 성인 남성의 경우 400mg, 임산부 300mg, 어린이 75mg 수준이다. 개인마다 민감도에 차이가 있어 기준이 절대적이지 않지만, 권장량 이상의 카페인을 섭취할 경우 혈관을 수축시켜 혈액순환을 방해하고 두통을 일으키기도 하며, 심장박동 수를 증가시키기 때문에 가슴이 두근거리는 현상과 함께 혈압을 상승시킨다.

① (가) – (다) – (나) – (라) – (마) 　② (가) – (다) – (마) – (라) – (나)
③ (나) – (라) – (마) – (다) – (가) 　④ (나) – (마) – (라) – (가) – (다)
⑤ (마) – (라) – (가) – (다) – (나)

해설

이 글은 카페인의 장점과 부작용에 대한 내용이다. |보기|에서 카페인 섭취로 인한 부작용에 대하여 문제 제기를 하고, (가) 카페인의 효과에 대한 내용이 나오고 나서 (다) 카페인 섭취 시 나타나는 효과에 대한 설명이 나온다. 그 다음에 (마) 카페인의 일일 섭취 권장량과 과잉 섭취 시 나타나는 증상에 대한 내용이 나오고, (라) 과잉 섭취 시 나타나는 증상들을 추가로 설명하고 음식에 포함되어 있는 카페인 함유량에 대한 설명이 이어진

다. 마지막으로 (나) 카페인에 의한 부작용을 방지하기 위하여 소비자들이 주의해야 하는 것이 무엇인지에 대한 내용이 나온다.
따라서 |보기|에 이어질 내용을 논리적 순서에 맞게 배열한 것은 '② (가)–(다)–(마)–(라)–(나)'이다.

13 ▶ 다음 |보기|에 이어질 내용을 순서대로 가장 바르게 배열한 것은?

| 보기 |

> 미국 상·하원이 법인세 최고 세율을 35%에서 21%로 인하하는 감세법안 처리를 마무리하였다. 1986년 레이건 행정부 이후 31년 만의 최대 감세다. 내년부터 세계 최대 경제국인 미국의 법인세율이 22.7% 수준인 경제협력개발기구(OECD) 회원국의 평균보다 낮아진다.
> 미 대통령은 "재정적자가 늘고 복지 지출이 축소될 것"이라는 비판에도, 기업투자를 늘리고 경제 활성화를 위해 감세안을 밀어붙였다. 파격적인 감세 정책이 가져올 긍정적인 효과가 부작용보다 훨씬 클 것으로 보고 있다는 얘기다. 미국은 개인소득세 최고 세율도 39.6%에서 내년부터 37%로 인하한다.

(가) 세계는 지금 감세 전쟁을 벌이고 있다. '기업하기 좋은 나라' 경쟁에서 뒤처지지 않아야 경제를 성장시키고 일자리도 늘릴 수 있다는 게 각국의 판단이다. 강력한 노동개혁을 추진 중인 프랑스 정부는 33.33%인 법인세율을 2022년까지 단계적으로 25%까지 내릴 계획이다. 영국은 2020년까지 19%인 법인세율을 17%로 낮출 방침이고, 일본은 실질 법인세율을 29.97%에서 최저 20%로 내리는 방안을 추진 중이다. 미국으로의 기업 이탈을 우려하는 중국 정부도 기업비용 경감 방안을 검토하고 있다.

(나) 미국 레이건 행정부는 최적 수준보다 훨씬 높던 세율을 인하하여 경제를 부흥시킨 대표 사례이다. 월스트리트저널 보도에 따르면 1980년대 레이건 행정부의 법인세율 인하(48%→34%)를 포함한 대규모 감세 정책은 1983~1988년 연평균 성장률을 4.42%까지 끌어올렸다. 감세 후유증을 우려했던 의회예산국(CBO)의 예상보다 1.3%P 높았다. 법인세 등 세수도 증가세를 나타내면서 10년 동안 추가로 4조 4,000억 달러(현재 가치 기준)의 재정수입을 창출했다고 한다. 과거 우리나라도 법인세율을 인하(27%→25%)하였지만, 법인세 수입은 경제성장률 이상으로 증가하였다. 반면에 오바마 행정부의 증세 정책은 성장률을 끌어내렸고 세수도 기대에 못 미쳤다.

(다) 하지만 우리나라는 이 같은 세계 흐름과는 정반대이다. 법인세 최고 세율이 내년부터 22%에서 25%(과세표준 3,000억 원 초과 대기업)로 되레 올라간다. 기업의 해외 이탈과 경쟁력 약화라는 우려가 제기되었지만, 양극화 해소 및 복지재원 확보 등을 이유로 국회에서 증세 법안이 통과되었다. 한국 기업들은 불리한 조건에서 경쟁할 수밖에 없는 처지인 것이다.

(라) 미국은 점점 더 '기업하기 좋은 나라'가 되어가고 있다. 시장은 넓고 정부 간섭은 적으면서 노동시장의 유연성은 세계 최고이다. 거기다 세금까지 인하하면서 한국을 포함한 세계 기업을 유인하고 있다. 래퍼 곡선의 기본 전제는 세율이 낮을수록 노동의욕, 저축의욕 및 투자의욕이 제고된다는 것이다. 법인세 경쟁에서 한국만 외톨이 신세이다.

12 ②

> (마) 세계 각국이 재정 압박 속에서 법인세율 인상이 아니라 인하를 선택하는 데에는 이유
> 가 있다. 법인세율 인하가 일자리의 원천인 기업 투자를 유인할 뿐 아니라, 성장률을
> 높이고 세수를 늘리는 데도 도움이 되기 때문이다. 미국 경제학자인 아서 래퍼가 세
> 율과 조세 수입의 관계를 정리한 '래퍼 곡선(Laffer curve)'에서 알 수 있듯, 세율이 일
> 정 구간보다 높으면 조세 저항과 경제활동 유인 저하로 총 세수는 줄어든다.

① (가) – (라) – (마) – (나) – (다) 　② (가) – (마) – (다) – (나) – (라)
③ (가) – (다) – (마) – (나) – (라) 　④ (마) – (나) – (라) – (다) – (가)
⑤ (라) – (마) – (나) – (다) – (가)

해설

이 글은 법인세 래퍼 곡선을 주제로 하여 미국이 여러 비판에도 불구하고 앞으로의 긍정적인 효과를 기대하며 법인세 감세법안 처리를 마무리 지었으며, 세계적으로도 법인세율을 감소하는 추세이지만 우리나라의 경우는 반대로 법인세 최고 세율이 올라갔음을 언급하고 있다. 또한 세계 각국이 법인세율 인하를 선택하는 이유와 과거의 대표적인 성공 사례를 보여주고, 법인세 경쟁에서 한국의 현재 상황을 이야기하며 글을 마무리 짓고 있다. 따라서 |보기|의 미국의 감세 정책에 대한 내용에 이어 (가) 세계의 감세 추세, (다) 우리나라의 최고 세율 증세, (마) 세계 각국이 법인세율 인하를 선택한 이유, (나) 세율 인하의 성공적인 사례, (라) 세계의 감세 흐름과 현재 우리나라의 모습 순으로 연결되어야 하므로 '③ (가) – (다) – (마) – (나) – (라)'가 정답이다.

14 ▷ 다음 |보기|에 이어질 내용을 순서대로 가장 바르게 배열한 것은?

| 보기 |

> 햇빛을 인위적으로 차단해 지구의 온도 상승을 막는 '태양 지구공학'이 기후변화를 막을 대안으로 새롭게 떠올랐다. 국제학술지 네이처에는 대기에 에어로졸(미세한 입자)을 뿌려 햇빛을 차단하면 지구의 0.4%만 기후변화를 겪을 것이라는 미국 하버드대 연구팀의 연구 결과를 최근 게재하였다. 태양 지구공학은 지구 생태계나 기후순환 시스템을 물리·화학적 방법을 통해 의도적으로 조작하여, 온난화 속도를 늦추는 기술이다.

> (가) 연구를 이끈 데이비드 키스 하버드대 교수는 올 여름 거대한 풍선을 상공에 띄워 빛
> 을 잘 반사하는 탄산칼슘 미세입자 1kg을 지상 20km 높이의 성층권에 뿌릴 예정이
> 다. 적도 남위·북위 10도 상공에서 성층권에 탄산칼슘을 뿌리면 대기가 극지방으로
> 순환하기 때문에 전 지구에 적당한 양이 분포된다. 게다가 성층권에 뿌려진 탄산칼슘
> 은 2년 정도만 잔류하기 때문에 양을 조절하거나 통제하는 일도 가능하다. 성층권에
> 뿌려진 탄산칼슘 미세입자는 가로 1km, 세로 100m의 얼음 반사 층을 만들어 땅에 도
> 달하는 일사량을 차단해 지구를 식히게 된다. 실험 과정에서 연구팀은 지구로 들어
> 오는 햇빛 양의 변화 및 온도 변화를 측정한다. 미세입자와 대기 중 화학물질의 상호
> 작용도 관측해 대기오염을 줄이는 효과가 있을지 알아볼 예정이다. 이 프로젝트에는
> 2,000만 달러(약 2,200억 원)가 투입된다.

(나) 하지만 환경론자들은 인위적으로 만든 갑작스러운 기후변화가 어떤 부작용을 일으킬지 예측하기 어렵다고 지적하였다. 피나투보 화산 분출이 일어난 이듬해 이뤄진 조사에 따르면 남아프리카는 20%, 남아시아 지역은 15%가량 강우량이 줄었다. 일사량이나 온도 변화가 특정 지역에 한해 국지적으로 일어나더라도 지구의 물 순환 시스템은 전체가 바뀌어 강수량이 불균형해질 수 있다는 것이다.

(다) 기후전문가들은 "연구팀의 실험 결과에 따라 향후 지구공학 발전 방향이 결정될 것"이라고 말했다. 지구공학은 '기후변화에 대응하는 마지막 수단'으로 여겨졌으나 점점 더 대안으로 떠오르고 있다. 기후전문가들도 "온실가스 배출량을 줄이려는 노력만으론 지구의 기후를 이전 상태로 되돌리기에 역부족"이라며 "지구온난화의 속도가 더 빠르게 일어나고 있기 때문"이라고 밝혔다. 키스 교수는 "온실기체 배출을 제거하거나 줄이는 방법에 비해 변화가 빠르고, 상대적으로 비용도 적게 든다는 것이 지구공학의 장점"이라고 설명했다.

(라) 하버드대 연구팀은 1991년 필리핀 피나투보 화산 폭발로 인한 '피나투보 효과'에서 이 같은 아이디어를 얻었다고 밝혔다. 당시 화산 폭발은 2,000만 톤의 이산화황을 성층권으로 방출했다. 이산화황 입자들이 햇빛을 10% 가려 3년간 지구 평균기온을 0.5도 떨어트렸다. 이와 마찬가지로 대기에 미세한 입자를 뿌려 지구가 태양 빛을 반사하는 비율을 높이면 지구온난화와 온실가스 효과를 반감시킬 수 있다는 게 연구팀의 주장이다.

(마) 이 같은 지적에 연구팀은 부작용이 없으면서 기후변화를 줄일 수 있는 적정한 수준을 찾는 연구를 진행했다. 이들은 온도에 따른 강수량 변화와 허리케인의 생성을 컴퓨터 시뮬레이션을 통해 분석했다. 분석 결과, 연구팀은 성층권에 탄산칼슘을 뿌려 햇빛을 차단하면 오존층에 거의 영향을 주지 않을 뿐더러 온도 상승을 절반 수준으로 억제하고, 강수량의 불균형도 없앤단 사실을 확인했다. 허리케인의 강도도 85% 이상 상쇄할 수 있는 것으로 나타났다. 연구팀은 기후변화의 부작용을 상쇄하면서 지구공학 적용에 따른 부작용도 동시에 줄일 수 있는 열쇠가 '탄산칼슘'에 있었다는 사실을 처음 확인했다.

① (가) – (마) – (다) – (라) – (나) 　　② (나) – (마) – (가) – (라) – (다)

③ (다) – (나) – (마) – (가) – (라) 　　④ (라) – (가) – (다) – (나) – (마)

⑤ (라) – (나) – (마) – (가) – (다)

해설

태양 빛을 차단하여 지구 온난화를 막는 '태양 지구공학' 기술을 주제로 한 글이다. (라) 이 기술의 아이디어를 얻게 된 '피나투보 효과'에 대한 설명이 이어지고, (나) 해당 기술의 부작용과 (마) 부작용을 피할 수 있는 연구의 진행에 대한 내용이 나온다. 그리고 (가) 앞선 연구에서 열쇠가 되는 '탄산칼슘'의 효과를 설명하고, (다) 해당 실험 결과 및 지구공학 기술에 대한 기대와 장점에 대한 내용이 이어진다.
따라서 |보기|에 이어질 내용이 순서대로 바르게 배열된 것은 '⑤ (라) – (나) – (마) – (가) – (다)'이다.

13 ③　**14** ⑤

15 ▷ 다음 |보기에 이어질 내용을 순서대로 가장 바르게 배열한 것은?

| 보기 |

스마트 복지 4.0시대의 3대 기술로 인공지능, 플랫폼, 블록체인을 제시한다. 인공지능과 빅데이터를 기반으로 보건복지 분야의 공급과 수요 예측이 가능하므로 맞춤형 서비스 중심의 혁신적인 복지전달 체계구축이 가능하고, 현재 사회적 안전망의 문제점(공공사회 복지 지출 증가, 복지 사각지대, 의료 공공성 등)을 극복할 수 있을 것이다. 경력을 유지하기 어려운 사람들을 위한 안전망으로써 연금제도 및 사회보장제도가 이미 마련되어 있으나 사회·경제적 활동에 재편입될 수 있는 안전망은 미흡하므로 일자리 매칭 탐색, 매칭 시간 및 비용 감소를 위한 플랫폼 기술을 활용할 수 있는데 궁극적으로 이는 일자리 안전망 구축에 기여할 것이다. 마지막으로 신뢰의 기술, 블록체인의 활용으로 복지수당의 부정수급을 막고, 안전한 복지수당 지급실현에 기여할 수 있다.

(가) 먼저 4차 산업혁명은 인간을 위한 가상과 현실의 융합 과정이며, 이 과정은 데이터화(데이터수집), 정보화(클라우드), 지능화(인공지능 기반 예측과 맞춤), 스마트화(현실 최적화)라는 4단계로 구현될 수 있는데, 이를 '스마트 트랜스폼'이라 명명하기로 한다. 그런데 이 과정은 마치 인간의 두뇌에서 이루어지는 4단계와 유사하다. 인간의 뇌는 현실세계가 아니라 데이터로 이루어진 가상세계라 할 수 있다. 인간의 뇌와 4차 산업혁명은 현실세계를 가상화해 구조화된 모델을 만들어 예측과 맞춤을 통해 현실을 최적화한다는 측면에서 같다.

(나) 스마트 복지 4.0시대로 가기 위해서는 1단계로 데이터를 수집해야 한다. 이는 기존 데이터를 수집하는 것이다. 2단계로 이것을 클라우드에 저장한다. 우리의 문제는 클라우드의 활용이 어렵다는 것으로, 클라우드 개인정보 규제 개혁이 필요하다. 3단계로 이것을 활용할 인재를 육성하고, 이를 통해 다양한 서비스를 만들어 주어야 한다. 4단계 공공조직의 한계 극복을 위해 소셜벤처 등의 적극적 참여가 필요하다.

(다) 그렇다면 우리가 꿈꾸는 스마트 복지 4.0시대는 어떻게 구현될 수 있을까? 기존에도 스마트 복지에 관한 연구는 끊임없이 진행되었고, 다양한 혁신적인 기술과 복지의 융합으로 사회적 약자를 위한 유용한 서비스가 제공되고 있다. 그러나 개별 기술과 문제의 대응을 통한 해결보다는 4차 산업혁명 시대의 성장과 복지의 선순환과 3대 안전망을 뒷받침할 수 있는 방법을 제시하고자 한다.

(라) 이때 현실을 가상화하는 디지털 트랜스폼 기술과 가상세계를 최적화하는 인공지능, 그 결과를 현실에 옮기는 아날로그 트랜스폼 기술이 필요하다. 그래서 4차 산업혁명은 단순한 디지털 전환 과정이 아니라 디지털 트랜스폼과 아날로그 트랜스폼의 순환인 스마트 트랜스폼 과정인 것이다.

(마) 아직 우리가 해야 할 일은 너무 많다. 저출산 문제는 단지 인구의 감소만이 아니다. 출산 및 양육 등 많은 부분과 연결고리가 있으며, 고령화 문제 역시 일자리와 사회적 비용 상승 등 다양하게 맞물려 있다. 이렇게 숱한 문제들을 풀어가기 위해 공간정보를 보다 체계적으로 수집 및 저장하고 어떻게 분석하고 활용할지 고민이 필요하다. 그리고 이러한 때 빅데이터, 클라우드 플랫폼, 인공지능과 같은 4차 산업혁명 기술도 적재적소에 결합되어야 한다. 스마트 복지 4.0시대는 바로 곁에 와 있는 듯 하지만 어떻게 다가가는지 그 발걸음에 달려 있다.

① (가) – (나) – (라) – (다) – (마) 　　② (나) – (가) – (다) – (라) – (마)
③ (나) – (다) – (가) – (라) – (마) 　　④ (다) – (가) – (라) – (나) – (마)
⑤ (다) – (나) – (라) – (가) – (마)

해설

이 글은 4차 산업혁명 기술이 만드는 스마트 복지사회에 대한 내용으로 |보기|에서 스마트 복지시대의 3대 기술을 제시하였다. 먼저 (다) 스마트 복지시대 구현을 위해 제공되고 있는 서비스와 4차 산업혁명 시대에서의 성장에 대한 방법 제시에 대한 내용이 이어지고, (가) 4차 산업혁명의 스마트 트랜스폼과 인간 두뇌와의 유사점에 대한 내용이 나온다. 그리고 (라) 4차 산업혁명에 필요한 트랜스폼의 과정에 대한 내용이 이어지고, (나) 스마트 복지 시대를 위한 4단계의 과정에 관한 내용, (마) 스마트 복지 시대에 해결해야 할 많은 복지 문제에 대한 내용이 차례로 이어진다.

따라서 |보기|에 이어질 내용을 순서대로 배열한 것은 '④ (다) – (가) – (라) – (나) – (마)'이다.

15 ④

16 ▶ 다음 |보기|에 이어질 내용을 논리적 순서에 맞도록 배열한 것은?

| 보기 |

전문가들은 영화 '마션'처럼 인간이 탐사기지 같은 시설물 속에 거주하는 것이 가능하다고 보고 있다.

(가) 그 결과, 현재 인류의 기술로는 화성의 이산화탄소를 모두 증발시켜도 지구 대기압의 200분의 1에 불과한 화성 대기압을 3배 정도밖에 높이지 못했다. 또 평균 영하 60도 이하인 화성 온도를 10도밖에 올리지 못했다. 연구진에 따르면, 무엇보다 극지 얼음과 광물 속 이산화탄소를 증발시킬 기술이 부족했다. 극지 이산화탄소 얼음은 폭발물을 터뜨려 증발시킬 순 있었으나 모두 증발해도 대기압을 높이기가 어려웠던 것이다.

(나) 이러한 연구를 해온 연구진은 지난 20년간 화성 탐사선, 탐사로봇 등이 확보한 자료를 분석해 화성 땅속과 극지 얼음층 등에 들어 있는 이용 가능한 이산화탄소 총량을 계산했다. 이 이산화탄소를 증발시켜 온난화를 유발하는 방식의 화성 지구화가 가능한지 살펴봤으며, 이 과정에서 화성 대기 바깥층에서 이산화탄소가 계속 우주 공간으로 빠져나가는 현상도 고려했다.

(다) 화성의 '지구화'를 위해서는 화성 대기압과 기온을 액체상태 물이 존재할 수 있는 수준으로 높이는 등 환경을 바꿔야 한다. 때문에 과학자들은 그 방안으로 화상 땅속과 극지 얼음 등에 다량 포함된 이산화탄소를 증발시켜 대기 중 이산화탄소 밀도를 높임으로써 온난화를 유발해 온도와 대기압을 높이는 방식을 검토해왔다.

(라) 50억 년 후의 일이지만 태양은 수명이 다하면 적색 거성이 돼 급격히 팽창하면서 지구를 삼키게 된다. 인류가 그때까지 살아남는다면 다른 행성으로 이주할 수밖에 없다. 이에 지구와 가장 비슷한 환경을 가진 화성을 '지구화'한다면 인류의 대규모 이주가 가능할 것이다.

(마) 결론적으로 현재 화성에는 대기압과 온도를 크게 끌어올릴 만큼 이산화탄소가 충분히 존재하지 않았다. 연구진은 "예측 가능한 미래에 화성의 이산화탄소를 이용해 화성을 지구화하는 것은 불가능하다."고 설명했다. 하지만 이 연구결과는 하나의 가능성에 지나지 않은 것이라고 보는 시각도 존재한다. 미국 항공우주국(NASA)은 화성 '지구화' 기간을 500년 정도로 제시하고 있는 것으로 전해졌다.

① (나) – (라) – (다) – (마) – (가) ② (다) – (라) – (가) – (마) – (나)
③ (라) – (나) – (다) – (가) – (마) ④ (라) – (다) – (나) – (가) – (마)
⑤ (마) – (라) – (나) – (가) – (다)

해설

이 글은 미국 연구팀의 화성의 지구화에 대한 내용이다. (라) 지구와 가장 비슷한 환경을 가진 화성으로의 이주 가능성에 대한 내용이 나오고, (다) 화성의 지구화를 위한 방법과 (나) 이산화탄소를 통한 화성의 지구화의 방법과 과정에 대한 내용이 나온다. 뒤이어 (가) 이산화탄소를 통한 기술의 어려움과 (마) 결론적으로 이산화탄소를 통한 화성 지구화의 불가능성에 대한 내용이 이어진다.

따라서 |보기|에 이어질 내용을 논리적 순서에 맞게 배열한 것은 '④ (라) – (다) – (나) – (가) – (마)'이다.

17 ▶ 다음 글을 읽고 본문의 빈칸 Ⓐ에 들어갈 적절한 내용을 고르면?

'집단 지성'은 다수의 개체들이 협동하는 과정에서 알게 된 집단의 지적 능력을 의미한다. 이는 캐나다의 곤충학자인 스탠튼이 개체로는 보잘것없는 개미가 공동체를 만들어 협업하여 커다란 개미집을 만드는 장면을 관찰하는 과정에서 착안한 개념으로, 여러 마리의 개미가 모인다면 한 마리의 개미보다 높은 지능을 형성할 수 있다는 논의로 발전된다.

개미뿐만 아니라 인간에게서도 이러한 집단 지성을 찾아낼 수 있다. 인터넷 공간 내에서 사람들이 서로 의견을 나누고 그 결과물을 공유하는 것은 집단 지성이 구현되고 있는 대표적인 예라고 할 수 있다. 누구나 자유롭게 글을 써서 올릴 수 있고 고쳐 쓸 수 있는 방식으로 만들어지는 온라인 백과사전은 집단 지성의 대표적인 산물이다. 과거에는 백과사전을 만드는 데 참여할 수 있는 사람들이 몇몇 학자들로 제한될 수밖에 없었고, 한 번 수록된 항목이나 내용을 고치기 위해서는 꽤 오랜 시간이 필요했다. 그러나 온라인 백과사전을 만드는 데에는 비전문가도 참여할 수 있으며, 수정 또한 실시간으로 가능하다. 한두 명에 국한되지 않고 여러 명이 한 번에 참여할 수 있기 때문에, 잘못된 정보는 다수의 협업으로 수정이 가능하게 되었다. 이렇게 온라인 백과사전은 집단 지성의 협업과 참여로 만들어진다.

그러나 누구나 참여할 수 있다는 속성으로 인해 오히려 온라인 백과사전은 신뢰성을 의심받기도 한다. 접근의 용이성과 개방성으로 인해 온라인 백과사전 고유의 장점을 의도적으로 악용하는 사례도 나타나는 것이다. (Ⓐ   ) 이러한 점으로 인해 온라인 백과사전이 백과사전으로서 가지는 지위에는 논란이 있을 수밖에 없는 한계도 지니고 있다.

① 이를 구체적으로 살펴보면, 온라인 백과사전 전체 내용의 80% 정도는 소수의 사람이 서술하고 있음을 확인할 수 있다. 이용자는 엄청난 수에 이르지만 그것을 작성하는 사람은 몇몇에게 집중되어 있는 것이다.

② 이를 반증하듯, 전 세계의 수많은 사람이 온라인 백과사전의 내용 서술에 참여하고 있다. 온라인 백과사전은 누구에게나 열려 있는 우리 모두의 백과사전의 지위를 가지게 되는 것이다.

③ 이를 방증하듯, 온라인 백과사전의 내용을 서술하는 참여자는 현재 진행 중인 사안이나 확실하게 결론이 내려지지 않은 항목에 대해서도 서술하고 고쳐 쓰면서 온라인 백과사전의 집단 지성을 보여 준다.

④ 이를 증명하듯, 온라인 백과사전을 운영하는 단체는 최근 수백 개의 가짜 계정으로 백과사전에 실린 특정 단체에 대한 정보를 조직적으로 수정한 사례가 발견되었다고 발표하였다.

⑤ 이를 예로 들어 보면, 온라인 백과사전은 영어는 물론 한국어, 중국어, 스페인어부터 아프리카의 지방 언어에 이르기까지 300여 개 이상의 언어로 존재함을 확인할 수 있다.

16 ④

해설

빈칸 Ⓐ에는 온라인 백과사전 고유의 장점을 의도적으로 악용한 사례인 정보를 조직적으로 수정한 내용을 제시하여, 온라인 백과사전이 백과사전으로서의 지위를 가지는 것에 논란이 있을 수 있다는 의미가 와야 하므로 ④가 가장 적절하다.

Plus 해설

① 온라인 백과사전을 몇몇 소수의 사람이 작성한다는 것은 온라인 백과사전의 장점이 아니며, 장점을 의도적으로 악용하는 사례도 아니다.
② 온라인 백과사전의 항목 서술에 전 세계의 수많은 사람이 참여한다는 것은 온라인 백과사전 고유의 장점을 보여주는 사례이다.
③ 온라인 백과사전이 현재 진행 중인 사안이나 확실하게 결론이 내려지지 않은 항목에 대해서도 서술한다는 것은 온라인 백과사전의 고유의 장점을 보여주는 사례이다.
⑤ 온라인 백과사전이 전 세계 300여 개 이상의 언어로 존재한다는 것은 온라인 백과사전 고유의 장점을 잘 보여주는 사례이다.

18 ▶ 다음 글을 읽고 사원들이 내린 판단으로 가장 적절하지 않은 것은?

한 국가가 배타적으로 주권을 행사할 수 있는 지리적 범위를 일컬어 영역이라 하며 여기에는 영토, 영해, 영공이 포함된다. 이 가운데 가장 중요한 것은 영토로서 국민이 발을 딛고 생활하는 터전이자 역사의 무대이다. 우리 영토가 압록강과 두만강으로 확정된 국경 이남의 반도부와 3,900여 개의 크고 작은 섬으로 구성된다는 뜻이다. 남북한을 합한 면적은 약 22.1만 제곱킬로미터로서 영국과 비슷한 크기이다. 남한의 면적만 해도 약 10만 제곱킬로미터에 달해 오스트리아, 헝가리와 비슷한 크기이다.

우리나라는 영해 및 접속 수역법에 따라 '기선으로부터 측정하여 그 외측 12해리 선까지에 이르는 수역'을 영해로 규정하고 있다. 그런데 기선은 대축척 해도에 표시된 한반도 해안의 저조선을 의미하는 통상 기선과 영일만의 달만갑에서 서해상의 소령도까지 대통령령으로 정한 23개의 기점을 연결하는 직선 기선으로 나뉜다. 해안선이 평활하고 섬이 거의 없는 동해안을 포함해 제주도, 울릉도, 독도는 통상 기선을, 해안선의 굴곡이 심하고 섬이 많은 서해안과 남해안은 직선 기선을 적용하여 12해리 선까지를 영해의 범위로 설정한다. 그러나 대한해협의 경우 생도와 홍도를 잇는 직선 기선으로부터 3해리 안쪽을 영해의 범위로 설정한다. 이는 일본 영토인 쓰시마가 가까이 있어 수역이 좁기 때문이다.

구속력은 영해에 미치지 못하지만 접속 수역과 배타적 경제 수역도 매우 중요하다. 접속 수역은 관세, 재정, 출입국 관리, 보건에 관한 권익의 침해 방지를 위해 설치하며 기선으로부터 24해리 내에서 영해를 제외한 수역을 지칭한다. 배타적 경제 수역은 기선으로부터 200해리 수역 가운데 영해를 제외한 부분에 해당한다. 천연 자원의 탐사, 개발, 보존, 관리와 해수, 해류, 해풍을 이용한 에너지 생산 등 제반 활동의 권리를 주장할 수 있는 수역이다.

영공은 영토와 영해 상공의 배타적 관할 구역으로서 영해에서 상공을 향해 수직으로 그은 선의 내부에 해당한다. 주권이 미치는 고도에 특별한 제한은 없으나 일반적으로 대기권으로 한정한다. 최근 한반도 주변 상공과 관련해 1951년에 설정한 한국 방공 식별 구역이 국민적 관심을 끌었다. 1969년에 설정된 일본 방공 식별 구역과 2013년에 발표된 중국 방공 식별 구역에 이어도의 상공이 포함된 반면 정작 우리나라의 방공 식별 구역에는 빠져 있었기 때문이다.

> 이에 따라 우리나라는 인천의 비행 정보 구역과 일치되게 기존의 방공 식별 구역을 확대하는 조정안을 발표하였는데, 인접국의 구역과 중첩되지 않고 국제적으로 통용되어 군사, 외교적인 마찰을 피할 수 있고 무엇보다 우리의 권한 아래 이어도를 관찰할 수 있는 조치로 평가받는다.

① "동해안과 마찬가지로 서해안과 남해안의 경우도 통상 기선을 적용하여 영해의 범위를 설정하면 지금보다 영해의 크기가 줄어들겠군요."

② "접속 수역이나 배타적 경제 수역 상공을 외국 국적의 비행기가 비행할 경우, 우리나라는 영공을 침범한 이 비행기가 수역 상공 밖으로 나갈 것을 요구할 수 있겠네요."

③ "영토와 영해 상공의 대기권 바깥을 외국 국적의 인공위성이 지나가도 우리나라에서는 인공위성을 운행하는 나라에 어떤 조치를 취하거나 권리를 주장하기 어렵겠군요."

④ "전염병 감염 환자가 탄 외국 국적의 배가 접속 수역으로 진입했을 경우, 우리나라는 우리 국민을 보호하기 위해 이 배가 접속 수역 밖으로 이동할 것을 요구할 수 있겠네요."

⑤ "외국 국적의 탐사선이 우리나라의 배타적 경제 수역 내에서 해양 자원을 탐사할 경우, 우리나라는 탐사권을 주장하며 이 배가 탐사 행위를 중단할 것을 요구할 수 있겠군요."

해설

3문단에 따르면 접속 수역이나 배타적 경제 수역은 영해에 해당되지는 않는다. 따라서 접속 수역이나 배타적 경제 수역은 영공이 아니므로 영공을 침범했다고 볼 수 없다.

💡 Plus 해설

① 2문단에 따르면 동해안과 제주도는 통상 기선을, 서해안과 남해안은 직선 기선을 적용한다. 통산 기선은 해안의 저조선을 의미하기 때문에 섬이 많은 서해안과 남해안에 통상 기선을 적용하면 영해의 크기가 줄어들게 된다.

③ 4문단을 보면, 영공은 일반적으로 대기권으로 한정된다. 따라서 대기권 바깥은 영공이 아니기 때문에 대기권 바깥을 지나는 인공위성에 대해서 어떤 조치를 취할 수 없다.

④ 3문단에 따르면 접속 수역은 '보건에 관한 권익의 침해 방지'가 설정의 한 이유로 나와 있다. 따라서 전염병 감염 환자가 탄 외국 국적의 배에 접속 수역 바깥으로 이동할 것을 요구할 수 있다.

⑤ 3문단에 따르면 배타적 경제 수역은 '천연 자원의 탐사'에 대한 권리를 주장할 수 있는 곳이다. 따라서 해양 자원을 탐사하는 외국 국적의 배에 탐사 행위를 중단할 것을 요구할 수 있다.

17 ④　18 ②

[19~20] 다음 글을 읽고 이어지는 물음에 답하시오.

- 글의 목적 : 대상포진의 증상과 치료 및 예방 방법에 대한 정보를 전달하여 독자들이 대상포진을 정확히 알고 치료·예방할 수 있도록 돕는다.
- 예상 독자 : 병원에 방문하는 환자와 일반 국민

(가) 대상포진의 초기 증상은 감기와 비슷하다. 두통과 함께 몸살이 난 것처럼 팔과 다리가 쑤시고 나른하다. 1주일이 지나면 몸통이나 팔, 다리 등 신경이 분포한 곳에 작은 물집(수포)이 여러 개씩 무리지어 나타난다. 처음에는 고름이 차면서 색이 탁해졌다가 2주 정도 지나면 딱지가 생기면서 증상이 나아진다. 통증과 감각 이상 증상도 나타나고, 특징이 있다면 오른쪽이나 왼쪽 등 증상이 한쪽으로만 나타난다는 것이다.

(나) 또 통증을 느끼는 감각이 예민해지면서 사소한 통증에도 극심한 고통을 느끼기도 한다. 마취통증의학과 전문의들은 "환자 중에는 옷에 닿기만 해도 쓰라려 하고 선풍기나 에어컨 바람에도 아파서 어쩔 줄 몰라하는 환자도 많다."고 전했다.

(다) 마취통증의학과 전문의들은 "대상포진을 심하게 앓은 사람이 아니더라도 갑작스럽게 신경통이 생겼다면 대상포진 후 신경통을 의심해 볼 필요가 있다."라며 "수포가 생기기 전 혹은 수포 없이 대상포진이 발병했다가 스스로 없어진 경우에도 신경손상이 있을 수 있기 때문"이라고 설명했다.

(라) 대상포진을 앓는 환자들에게 신경통이 나타나는 이유는 대상포진 바이러스가 피부 표면에 수포를 만들 때 신경관을 타고 올라오는데 이때 신경을 손상시키기 때문이다. 따라서 치료가 늦어질수록, 수포의 범위가 넓을수록, 대상포진을 앓을 때 통증이 심했던 경우일수록 신경통이 나타날 확률이 높다.

(마) 대상포진 후 신경통은 지난 5년간 매년 만 명씩 환자 수가 증가해 지난 2009년 약 8만 명에서 2013년 약 13만 명까지 늘었다. 신경통을 호소하는 연령층은 주로 50~70대로 전체의 74%를 차지한다. 보통 60세 이상의 경우, 2명 중 1명꼴로 신경통이 나타나는 것으로 알려졌다. 20~30대는 대상포진 환자는 많지만, 다행히 신경통으로 이어지는 경우는 드물다.

19 ▶ **윗글에서 구성이 잘못된 부분과 위치를 옮겨야 하는 이유, 그리고 적절한 위치를 옳게 말한 것은?**

① (가)는 대상포진의 특징과 관련된 내용이므로 (마)의 뒤로 옮긴다.
② (나)는 대상포진의 통증과 고통에 관하여 설명하는 내용이므로 (다)의 뒤로 옮긴다.
③ (다)는 대상포진을 앓을 때의 신경통에 관한 전문가의 견해이므로 (라)의 뒤로 옮긴다.
④ (라)는 대상포진을 앓을 때 환자들이 신경통을 겪는 원인에 관한 내용이므로 (마)의 뒤로 옮긴다.
⑤ (마)는 대상포진 후의 신경통에 관한 내용이므로 (나)의 뒤로 옮긴다.

 **해설**

(다)는 대상포진에 걸렸을 때 앓을 수 있는 신경통에 관한 전문가의 견해를 이야기하는 부분인데, (나)에서 신경통에 관한 언급이 없었으므로 (나)의 뒤에 오는 것은 구성상 적절하지 않다. 따라서 위치를 이동하여야 하는데, 신경통에 관하여 처음으로 정보를 전달하는 부분은 (라)이므로, (라)의 뒤로 이동하는 것이 구성상 적절하다.

💡 **Plus 해설**

① (가)는 대상포진의 초기 증상과 특징에 관하여 서술하고 있다. 이 글의 목적이 대상포진의 증상과 치료 및 예방 방법에 관한 정보 전달이므로 글의 처음 부분에 초기 증상과 특징을 설명하는 내용은 구성상 적절하다.

② (나)는 대상포진을 앓는 환자들이 통증을 느끼는 원인과 그 고통이 얼마나 큰지를 전문가의 말을 빌려 서술하고 있다. (가)의 마지막 부분에서 대상포진의 통증에 관하여 언급하고 있으므로 (나)는 (가)의 뒤에 오는 것이 구성상 적절하다.

⑤ (마)는 연령대에 따른 대상포진 후 신경통을 앓는 환자들에 대한 정보를 전달하므로 구성상 마지막에 오는 것이 적절하다.

20 ▷ 다음 중 윗글의 목적을 고려할 때 (마)의 뒤에 이어질 내용으로 적절하지 않은 것은?

① 대상포진은 현재로서는 예방 접종이 유일한 예방 방법이다.

② 과거에는 대상포진을 앓는 환자가 대부분 노년층이었다면 현재는 20~30대 환자들도 어렵지 않게 찾을 수 있다.

③ 대상포진은 신경 손상을 최소화하는 데 치료 목적을 두므로 항바이러스제가 주로 쓰인다.

④ 대상포진 예방 접종을 했다고 하더라도 연령대에 따라서 그 효과가 달라질 수 있음을 알아야 한다.

⑤ 대상포진은 통증이 나타나고 두 달 내 치료해야 만성 신경통으로 갈 가능성이 작아지고, 시기가 늦을수록 그만큼 효과가 감소한다.

해설

글의 목적은 대상포진의 증상과 치료 및 예방 방법에 대한 정보를 전달하여 독자들이 대상포진을 정확히 알고 치료·예방할 수 있도록 돕는 것이다. 그런데 글의 내용을 보면 증상에 대한 정보만 있지 치료 방법이나 예방 방법에 관련된 내용은 찾을 수 없다. 따라서 (마)의 뒤에 이어질 내용은 대상포진의 치료 및 예방 방법에 관한 내용이라는 것을 유추할 수 있다. 선택지 중에서 대상포진의 치료 및 예방 방법에 관련된 내용이 아닌 것은 ②이다.

19 ③ **20** ②

Chapter 03 수리력 기본 이론 학습

① 기초연산

1) 사칙연산

(1) 괄호 순서 : (소괄호) → {중괄호} → [대괄호]

> 예 $48 \div \{2(4+2)\} = 48 \div (2 \times 6) = 48 \div 12 = 4$

(2) 연산자 순서 : 곱셈 · 나눗셈 → 덧셈 · 뺄셈

> 예 $4 + 2 \times 4 - 2 = 4 + 8 - 2 = 10$

(3) 동급 연산자 : 앞에서부터 뒤로

> 예 $4 \times 2 \div 2 \times 4 = 8 \div 2 \times 4 = 4 \times 4 = 16$

(4) 생략된 곱하기 : 앞에서부터 뒤로

> 예 $4 \div 2(4+2) = 4 \div 2 \times 6 = 2 \times 6 = 12$

2) 분수 간 크기 비교

(1) 곱셈을 이용하여 비교

> 예 $\dfrac{b}{a}$ 와 $\dfrac{d}{c}$ 의 비교 (단, $a, b, c, d > 0$)
>
> → $bc > ad$ 이면, $\dfrac{b}{a} > \dfrac{d}{c}$

(2) **어림셈하여 비교**

> 예 $\dfrac{43}{150}$ 과 $\dfrac{111}{270}$ 의 비교
>
> → $\dfrac{43}{150}$ 은 $\dfrac{1}{3}$ 보다 작고, $\dfrac{111}{270}$ 은 $\dfrac{1}{3}$ 보다 크므로, $\dfrac{43}{150} < \dfrac{111}{270}$

(3) **분모와 분자의 배율로 비교**

> 예 $\dfrac{351}{127}$ 과 $\dfrac{3,429}{1,301}$ 의 비교
>
> → 3,429는 351의 10배보다 작고, 1,301은 127의 10배보다 크므로 $\dfrac{351}{127} > \dfrac{3,429}{1,301}$

(4) **분모와 분자의 차이로 비교**

> 예 $\dfrac{b}{a}$ 와 $\dfrac{b+d}{a+c}$ 의 비교 (단, $a, b, c, d > 0$)
>
> → $\dfrac{b}{a} > \dfrac{d}{c}$ 이면, $\dfrac{b}{a} > \dfrac{b+d}{a+c}$ $\dfrac{b}{a} < \dfrac{d}{c}$ 이면, $\dfrac{b}{a} < \dfrac{b+d}{a+c}$

② 약수 · 배수

1) 공약수 · 최대 공약수

(1) **공약수** : 두 정수의 약수 중 공통으로 들어 있는 약수

(2) **최대 공약수** : 공약수 중 가장 큰 수

> 예 4의 약수 : 1, 2, 4
> 12의 약수 : 1, 2, 3, 4, 6, 12
> 4와 12의 공약수 : 1, 2, 4
> 4와 12의 최대 공약수 : 4
>
> > * 서로소 : 공약수가 1뿐인 둘 이상의 자연수
> > 예 7의 약수 : 1, 7
> > 10의 약수 : 1, 2, 5, 10
> > 7과 10의 공약수 : 1
> > ∴ 7과 10은 서로소이다.

2) 공배수 · 최소 공배수

(1) **공배수** : 두 정수의 배수 중 공통으로 들어 있는 배수

(2) **최소 공배수** : 공배수 중 가장 작은 수

> **예** 4의 배수 : 4, 8, 12, 16, 20, 24, 28, 32, 36, …
> 12의 배수 : 12, 24, 36, 48, …
> 4와 12의 공배수 : 12, 24, 36, …
> 4와 12의 최소 공배수 : 12

❸ 비와 비율

1) 비 : 두 수의 양을 기호 ' : '을 사용해 나타낸 것

> 비례식에서 내항의 곱과 외항의 곱은 항상 같다.
> **예** $A : B = C : D$일 때, $A \times D = B \times C$

2) 비율 : 기준량(원래의 양)에 대한 비교량(비교하는 양)의 크기

(1) **비율** $= \dfrac{비교량}{기준량}$

(2) **비교량** $=$ 비율 $\times$ 기준량

(3) **기준량** $=$ 비교량 $\div$ 비율

> **예** • 비율 : $\dfrac{1}{2} = 0.5$ • 비교량 : $0.5 \times 2 = 1$ • 기준량 : $1 \div 0.5 = 2$

> * 백분율(%) : 기준량이 100일 때의 비율
> * 할푼리 : 소수 첫째 자리, 둘째 자리, 셋째 자리를 각각 이르는 말

소수	분수	백분율	할푼리
0.1	$\dfrac{1}{10}$	10%	1할
0.01	$\dfrac{1}{100}$	1%	1푼
0.25	$\dfrac{25}{100} = \dfrac{1}{4}$	25%	2할5푼
0.375	$\dfrac{3}{10} + \dfrac{7}{100} + \dfrac{5}{1,000} = \dfrac{375}{1,000}$	37.5%	3할7푼5리

④ 단위 환산

구분	단위	구분	단위
길이	1cm = 10mm 1m = 100cm 1km = 1,000m	무게	1kg = 1,000g 1t = 1,000kg = 1,000,000g
넓이	$1cm^2 = 100mm^2$ $1m^2 = 10,000cm^2$ $1km^2 = 1,000,000m^2$	들이	$1ml = 1cm^3$ $1dl = 100cm^3 = 100ml$ $1L = 1,000cm^3 = 10dl$
부피	$1cm^3 = 1,000mm^3$ $1m^3 = 1,000,000cm^3$ $1km^3 = 1,000,000,000m^3$	시간	1분 = 60초 = $\dfrac{1}{60}$ 시간 1시간 = 60분 = 3,600초

⑤ 거리 · 속력 · 시간

1) 공식

(1) **거리** $=$ 속력 $\times$ 시간

(2) **속력** $= \dfrac{거리}{시간}$

(3) **시간** $= \dfrac{거리}{속력}$

2) 유형

(1) 직선 거리

① 속력이 다를 때 평균 속력 구하기 : 구하고자 하는 평균 속력을 x로 둘 것

$$\dfrac{1}{갈\ 때\ 속력} + \dfrac{1}{올\ 때\ 속력} = \dfrac{2}{x}$$

② 왕복을 하는 경우 : 중간에 소요되는 시간은 한 번만 계산할 것

$$갈\ 때\ 걸린\ 시간 + 올\ 때\ 걸린\ 시간(갈\ 때\ 걸린\ 시간 + 중간에\ 소요된\ 시간) = 왕복시간$$

(2) 원형 거리

① 같은 방향으로 출발하는 경우 : 빠른 사람이 따라 잡을 때 만나게 됨

> 원형 거리의 둘레 = 빠른 사람이 간 거리 − 느린 사람이 간 거리
>
> 속력이 다른 두 사람이 처음 만나는 시간 $= \dfrac{\text{원형 거리의 둘레}}{\text{빠른 속력} - \text{느린 속력}}$

② 반대 방향으로 출발하는 경우 : 두 사람은 같은 시간 동안 움직이는 것임

> 원형 거리의 둘레 = 속력이 다른 두 사람이 각자 이동한 거리의 합
>
> 속력이 다른 A, B 두 사람이 처음 만나는 시간 $= \dfrac{\text{원형 거리의 둘레}}{\text{A 속력} + \text{B 속력}}$

(3) 중간에 속력이 바뀌는 경우

> A 지점에서 B 지점까지 p시간 이내에 가는 중에 속력이 바뀌는 경우
>
> 시속 $a$km로 갈 때 걸린 시간 + 시속 $b$km로 갈 때 걸린 시간 $\leq p$
>
> $= \dfrac{x}{a} + \dfrac{\text{총거리} - x}{b} \leq p$ (이때, x는 시속 $a$km로 간 거리)

❻ 농도

(1) 소금물의 농도(%) $= \dfrac{\text{소금의 양}(g)}{\text{소금물의 양}(g)} \times 100$

(2) 소금의 양(g) $= \dfrac{\text{소금물의 농도}}{100} \times \text{소금물의 양}$

❼ 일의 양

(1) 전체 일의 양 = 시간 × 시간당 일의 양

(2) 시간당 일의 양 $= \dfrac{\text{전체 일의 양}}{\text{시간}}$

(3) 시간 $= \dfrac{\text{전체 일의 양}}{\text{시간당 일의 양}}$

 **Tips**

1. 전체 일을 1로 둔다.
2. 단위 시간당 일의 양을 분수로 나타낸다.
   예 전체 일을 마치는 데 일주일이 걸릴 때, 1일 동안의 일의 양(단위 시간당 일의 양)은 $1 \div 7 = \dfrac{1}{7}$ 이다.

⑧ 금액

(1) **정가** $=$ 원가 $+$ 이익 $=$ 원가 $\times \left(1 + \dfrac{\text{이익률}}{100}\right)$

(2) **이익** $=$ 원가 $\times \dfrac{\text{이익률}}{100}$

(3) **할인가** $=$ 정가 $-$ 할인액 $=$ 정가 $\times \left(1 - \dfrac{\text{할인율}}{100}\right)$

(4) **할인율(%)** $= \dfrac{\text{정가} - \text{할인가(판매가)}}{\text{정가}} \times 100$

> * 단리 : 원리 합계 $=$ 원금 $\times$ (1+이율$\times$기간)
> * 복리 : 원리 합계 $=$ 원금 $\times$ (1+이율)^{기간}

 **Tips**

1. 정가가 원가보다 a% 비싸다. → 정가 $=$ 원가 $\times \left(1 + \dfrac{a}{100}\right)$

2. 판매가가 정가보다 b% 싸다. → 판매가 $=$ 정가 $\times \left(1 - \dfrac{b}{100}\right)$

⑨ 간격

(1) **직선 거리에 나무를 심는 경우 :** 나무의 수 $=$ 간격 수 $+ 1$

(2) **원형 거리에 나무를 심는 경우 :** 나무의 수 $=$ 간격 수

⑩ 나이

(1) 시간이 흘러도 대상 간 나이 차이는 동일하다.

(2) x년이 흐르면, 모든 사람은 x살씩 나이가 든다.

(3) 구하고자 하는 값을 x로 두고 방정식을 세운다.

⑪ 시계

(1) 시간 단위 환산 시 주의한다.

> 예 1분 $= \dfrac{1}{60}$ 시간, 1시간 $= 3,600$초

(2) 시침은 1시간에 $(360° \div 12 =)30°$, 1분에 $(30° \div 60 =)0.5°$씩 움직인다.
분침은 1분에 $(360° \div 60 =)6°$씩 움직인다.

(3) 시계산 문제를 해결할 때는 시침과 분침의 각도 차가 1분에 $5.5°$라는 것을 이용한다. 분침이 시침보다 빠르기 때문에 1분에 $5.5°$씩 간격이 좁아진다.

> 예 a시 b분일 때, 시침과 분침이 이루는 각도
> $\rightarrow |(30° \times a + 0.5° \times b) - 6° \times b| = |30° \times a - 5.5° \times b|$

⑫ 경우의 수

1) 기본 법칙

(1) **합의 법칙 :** 두 사건 A, B가 동시에 일어나지 않을 때, 사건 A 또는 B가 일어날 경우의 수는 $m+n$(가지)이다.

> 예 숫자 1부터 10까지 적힌 10장의 카드 중 2장을 선택해, 카드에 적힌 두 수의 합이 7의 배수가 되는 경우의 수는?
> 2장의 카드 합의 크기 범위 : $3 \leq \square + \square \leq 19$
> 가능한 7의 배수 : 7, 14
> 두 수의 합이 7이 되는 경우 : (1, 6) (2, 5) (3, 4) $= 3$(가지)
> 두 수의 합이 14가 되는 경우 : (4, 10) (5, 9) (6, 8) $= 3$(가지)
> $\therefore 3 + 3 = 6$(가지)

(2) 곱의 법칙 : 사건 A, B가 동시에 일어날 경우의 수는 $m \times n$(가지)이다.

> **예** 주사위 2개를 동시에 던질 때 나올 수 있는 경우의 수는?
> → 6(첫 번째 주사위 경우의 수) × 6(두 번째 주사위 경우의 수) = 36(가지)

2) 조합

(1) 조합 : 서로 다른 n개에서 순서를 고려하지 않고, r개를 택하는 경우의 수

$$_nC_r = \frac{n!}{r!\,(n-r)!} \text{ (단, } 0 < r \le n)$$

> **예** 서로 다른 6개의 공 중에서 순서에 상관없이 2개를 고를 때 가능한 경우의 수는?
> → $_6C_2 = \frac{6 \times 5}{2 \times 1} = 15$ (가지)

(2) 중복조합 : 서로 다른 n개에서 순서를 고려하지 않고, 중복을 허용하여, r개를 택하는 경우의 수

$$_nH_r = {}_{n+r-1}C_r$$

> **예** 서로 다른 3개의 공 중에서 순서에 상관없이 5개를 고를 때 가능한 경우의 수는? (단, 같은 공을 중복하여 고를 수 있다.)
> → $_3H_5 = {}_{3+5-1}C_5 = {}_7C_5 = {}_7C_2 = \frac{7 \times 6}{2 \times 1} = 21$ (가지)

3) 순열

(1) 순열 : 서로 다른 n개에서 중복을 허용하지 않고, r개를 골라, 순서를 고려해 나열하는 경우의 수

$$_nP_r = \frac{n!}{(n-r)!} \text{ (단, } 0 < r \le n)$$

> **예** 문자 a, b, c, d, e 중 3개를 골라 일렬로 나열하는 경우의 수는?
> → $_5P_3 = 5 \times 4 \times 3 = 60$(가지)

(2) 중복순열 : 서로 다른 n개에서 중복을 허용하고, r개를 골라, 순서를 고려해 나열하는 경우의 수

$$_n\Pi_r = n^r$$

> 예 문자 a, b, c 중 4개를 골라 일렬로 나열하는 경우의 수는? (단, 같은 문자를 중복하여 고를 수 있다.)
> $\rightarrow {}_3\Pi_4 = 3^4 = 81$(가지)

(3) 원순열

① 서로 다른 n개를 원형으로 나열하는 경우의 수

$$\frac{n!}{n} = (n-1)!$$

> 예 문자 a, b, c, d, e를 원형으로 나열하는 경우의 수는?
> $\rightarrow \dfrac{5!}{5} = (5-1)! = 4! = 4 \times 3 \times 2 \times 1 = 24$ (가지)

② 서로 다른 n개에서 r개를 골라, 원형으로 나열하는 경우의 수

$$\frac{{}_nP_r}{r}$$

> 예 문자 a, b, c, d, e 중 3개를 골라 원형으로 나열하는 경우의 수는?
> $\rightarrow \dfrac{{}_5P_3}{3} = \dfrac{5 \times 4 \times 3}{3} = 20$(가지)

 **Tips**

원순열에서 회전하여 일치하는 것은 모두 같은 것으로 본다.

 **Tips**

다각형 모양의 탁자에 둘러앉는 경우의 수 (다각형 순열)
1. 원순열 이용하기 : 원순열의 수 × 서로 다른 기준이나 위치의 수
2. 대칭성 이용하기 : 순열의 수 ÷ 반복되거나 대칭되는 수

예 삼각형 모양의 탁자에 다음과 같이 9명이 둘러앉는 방법의 수는?

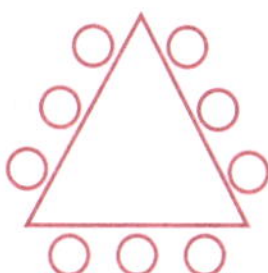

1. 원순열 × 위치 수 = $(9-1)! \times 3 = (8 \times 7 \times 6 \times 5 \times 4 \times 3 \times 2 \times 1) \times 3 = 40,320 \times 3 = 120,960$

2. 순열 ÷ 대칭 수 = $\dfrac{9!}{3} = \dfrac{9 \times 8 \times 7 \times 6 \times 5 \times 4 \times 3 \times 2 \times 1}{3} = 120,960$

예 정사각형 모양의 탁자에 다음과 같이 8명이 둘러앉는 방법의 수는?

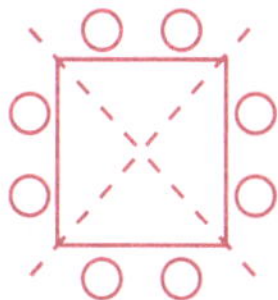

1. 원순열 × 위치 수 = $(8-1)! \times 2 = (7 \times 6 \times 5 \times 4 \times 3 \times 2 \times 1) \times 2 = 5,040 \times 2 = 10,080$

2. 순열 ÷ 대칭 수 = $\dfrac{8!}{4} = \dfrac{8 \times 7 \times 6 \times 5 \times 4 \times 3 \times 2 \times 1}{4} = 10,080$

(4) 같은 것이 있는 순열 : n개 중에 같은 것이 각각 p개, q개, r개일 때, n개의 원소를 모두 택하여 만든 순열의 수

$$\frac{n!}{p!\,q!\,r!} \ (\text{단, } p+q+r=n)$$

예 a, b, b, c, c, c를 일렬로 나열하는 경우의 수는 모두 몇 가지인가?

$$\rightarrow \frac{6!}{2!\,3!} = \frac{6 \times 5 \times 4 \times 3 \times 2 \times 1}{2 \times 6} = 5 \times 4 \times 3 = 60 \, (\text{가지})$$

 **Tips**

최단 경로 문제는 '같은 것이 있는 순열' 문제로 간주한다.

예 다음 그림과 같은 도로가 있다. A 지점에서 출발해 B 지점까지 가는 최단 경로의 수는?

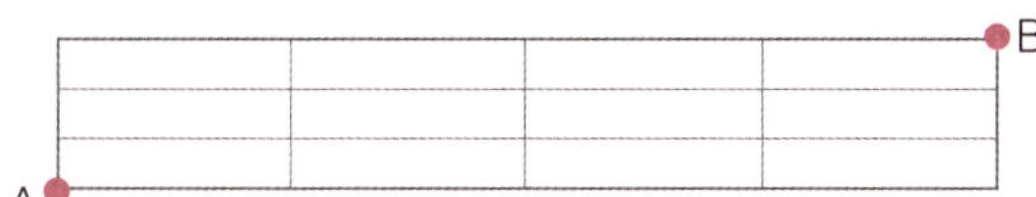

→ A 지점에서 B 지점까지 가기 위해서는 가로 4칸, 세로 3칸 최소 7칸을 이동해야 한다.

따라서 $\dfrac{7!}{4! \times 3!} = \dfrac{7 \times 6 \times 5 \times 4 \times 3 \times 2 \times 1}{(4 \times 3 \times 2 \times 1) \times (3 \times 2 \times 1)} = 7 \times 5 = 35 \, (\text{가지})$

⑬ 확률과 통계

1) 확률

(1) 일어날 수 있는 모든 경우의 수를 n가지, 사건 A가 일어날 경우의 수를 a가지라고 할 때,

　① 사건 A가 일어날 확률 : $P \times \dfrac{a}{n}$

　② 사건 A가 일어나지 않을 확률 : $P'=1-P$

(2) 두 사건 A, B가 배반사건(두 사건이 동시에 일어나지 않을 때)인 경우

$$P(A \cup B) = P(A) + P(B)$$

(3) 두 사건 A, B가 독립(두 사건이 서로 영향을 주지 않을 때)인 경우

$$P(A \cap B) = P(A)\,P(B)$$

(4) **조건부확률** : 확률이 0이 아닌 두 사건 A, B에 대하여 사건 A가 일어났다고 가정할 때, 사건 B가 일어날 확률

$$P(B \mid A) = \frac{P(A \cap B)}{P(A)} \text{ (단, } P(A)>0)$$

 **Tips**

- '적어도 ~'라는 표현이 있으면 여사건(어떠한 사건이 일어나지 않을 사건)으로 접근한다.
- '~일 때, ~일 확률'이라는 표현이 있으면 조건부확률로 접근한다.

2) 통계

(1) **평균** : 여러 수나 같은 종류의 양의 중간 값

> 예 ○○초등학교 4학년 1반 학생 3명의 수학시험 점수가 각각 56, 78, 82점일 때, 이 학생들의 수학시험 점수 평균은?
>
> $\rightarrow \dfrac{56 + 78 + 82}{3} = \dfrac{216}{3} = 72$ (점)

(2) **분산 :** 변량이 평균으로부터 떨어져 있는 정도를 나타내는 값, 즉 변수의 흩어진 정도

(3) **표준편차 :** 자료가 평균을 중심으로 얼마나 퍼져 있는지를 나타내는 수치. 표준편차가 0
에 가까우면 자료 값들이 평균 근처에 집중되어 있다는 것을 의미하고, 표준편차가 클수
록 자료 값들이 널리 퍼져 있다는 것을 의미한다.

(4) **도수분포표 :** 주어진 자료를 몇 개의 구간으로 나누고, 각 계급에 속하는 도수를 조사하
여 나타낸 표

① 변량 : 자료를 수량으로 나타낸 것

② 도수 : 각 계급에 속하는 자료의 개수

③ 계급 : 변량을 일정한 간격으로 나눈 구간

④ 계급의 개수 : 변량을 나눈 구간의 수

⑤ 계급의 크기 : 변량을 나눈 구간의 너비, 즉 계급 양 끝 값의 차

⑥ 계급값 : 계급을 대표하는 값, 즉 계급의 중앙값 $= \dfrac{\text{계급 양 끝 값의 합}}{2}$

---

* **최빈값** : 자료 중 빈도수가 가장 높은 자료 값

* **중앙값** : 자료를 크기순으로 나열했을 때 한가운데 위치하는 자료 값

예 다음 ○○초등학교 4학년 1반 학생 10명의 키를 조사한 도수분포표를 보고, 질문에 답
하시오.

키(cm)	학생 수(명)
145~150	1
150~155	1
155~160	4
160~165	3
165~170	1
합계	10

• 계급의 개수는 몇 개인가? → 5개

• 계급의 크기는 얼마인가? → 5(cm)

• 도수가 가장 큰 계급의 계급값은?

$$\rightarrow \dfrac{155 + 160}{2} = 157.5$$

⑭ 방정식

1) 등식 (A = B)

(1) 양변에 같은 수 m을 더해도 등식은 성립한다.

$$A + m = B + m$$

(2) 양변에 같은 수 m을 빼도 등식은 성립한다.

$$A - m = B - m$$

(3) 양변에 같은 수 m을 곱해도 등식은 성립한다.

$$A \times m = B \times m$$

(4) 양변에 0이 아닌 같은 수 m을 나누어도 등식은 성립한다.

$$A \div m = B \div m \ (단, m \neq 0)$$

2) 일차방정식

(1) 일차방정식 풀이 순서

① 분수나 소수를 정수로 고친다.

② 괄호를 푼다.

③ 미지수 x를 포함한 항은 좌변으로, 상수항은 우변으로 이항한다.

④ $ax = b \ (a \neq 0)$ 꼴로 양변을 정리한다.

⑤ x의 계수인 a로 양변을 나눈다.

(2) 응용문제 풀이 순서

① 구하고자 하는 값을 x로 둔다.

② 문제에서 제시하고 있는 수를 미지수 x를 사용해 나타낸다.

③ 두 x간의 관계를 찾아 방정식을 만든다.

④ 방정식을 풀어 해를 구한다.

⑤ 구한 해가 문제의 답이 맞는지 확인한다.

3) 연립 일차방정식

(1) 연립 일차방정식 풀이 순서

① 계수가 분수인 경우 : 양변에 분모의 최소 공배수를 곱해 정수로 고친다.

　계수가 소수인 경우 : 양변에 10, 100, … 을 곱해 정수로 고친다.

② 괄호가 있는 경우 : 괄호를 풀고, 동류항을 간단히 한다.

③ A=B=C 꼴인 경우 : (A=B. A=C), (B=A, B=C), (C=A, C=B) 중 하나를 택해 푼다.

(2) 응용문제 풀이 순서

① 미지수 x, y를 사용하여 나타낼 것을 정한다.

② x, y의 관계에 적절한 연립 방정식을 세운다.

③ 연립 방정식을 풀어 해를 구하고, 문제의 답이 맞는지 확인한다.

⑮ 부등식

(1) a < b일 때

$$a + c < b + c$$
$$a - c < b - c$$

(2) a < b, c > 0일 때

$$ac < bc$$
$$\frac{a}{c} < \frac{b}{c}$$

(3) a < b, c < 0일 때

$$ac > bc$$
$$\frac{a}{c} > \frac{b}{c}$$

⑯ 자료해석

1) 풀이 방법

(1) 자료의 소재와 제목을 확인한다.
무엇에 대한 자료인지 살펴봄으로써 자료의 내용과 계산법 등을 미리 추론해볼 수 있다.

(2) 여러 항목의 시점을 확인한다.
여러 항목에 대한 같은 시점의 자료인지, 같은 항목에 대한 여러 시점의 자료인지 파악한다.
여러 항목에 대한 여러 시점의 자료일 수도 있다. → 각 자료에 따라 묻는 내용이 달라진다.

(3) 절대 수치인지 상대 수치인지 파악한다.
① 절대 수치 : 각 수치가 실제 값을 나타냄

〈총 인구수와 아동 인구수〉

구분	2018년	2019년	2020년	2021년
총 인구수(천 명)	51,529	51,696	51,778	51,826
아동 인구수(천 명)	8,961	8,736	8,480	8,176

② 상대 수치 : 비율 수치와 같은 말. 자료 전체에서 차지하는 비중이나 기준이 되는 수치에 대한 상대적인 값을 나타냄

〈총인구 중 아동 인구 구성비〉

구분	2018년	2019년	2020년	2021년
아동 인구 비율(%)	17	17	16	16

(4) 지문을 확인한다.
계산이 필요 없는 지문부터 확인하여 처리하고, 계산이 필요한 지문은 계산 과정을 줄여 계산한다. 계산하려는 숫자 간의 차이가 클 경우 일의 자리 숫자까지 계산할 필요가 없다.

2) 빈출 공식

(1) 증감률 : 증가하거나 감소하는 비율

$$A(\text{기준}) \text{ 대비 } B(\text{비교대상})\text{의 증감률} = \frac{B(\text{비교대상}) - A(\text{기준})}{A(\text{기준})} \times 100$$

> **예** 2020년 대비 2021년의 아동 인구수 증감률
>
> | 구분 | 2020년 | 2021년 |
> |---|---|---|
> | 아동 인구수(천 명) | 8,480 | 8,176 |
>
> $\rightarrow \dfrac{8,176 - 8,480}{8,480} \times 100 \fallingdotseq -3.6\%$

 **Tips**

• % 수치 사이의 증가폭은 그 차이를 의미한다. 이때 단위는 %p 로 표시한다.

예 2018년 ~ 2021년의 아동 인구 비율 증가폭

구분	2018년	2021년
아동 인구 비율(%)	17	16

$\rightarrow 16 - 17 = -1\%\text{p}$

* %p : % 간의 차이를 나타내는 단위

(2) 구성비(비중) : 전체에서 부분이 차지하는 크기

$$\dfrac{\text{부분}}{\text{전체}} \times 100$$

> **예** 2020년 총인구 중 아동 인구의 구성비
>
> | 구분 | 2020년 |
> |---|---|
> | 총 인구수(천 명) | 51,826 |
> | 아동 인구수(천 명) | 8,176 |
>
> $\rightarrow \dfrac{8,176}{51,826} \times 100 \fallingdotseq 16\%$

(3) 평균

① 산술평균 : 여러 수의 합을 수의 개수로 나눈 값

$$\dfrac{x_1 + x_2 + \cdots + x_n}{n}$$

> **예** 2019년 ~ 2021년 아동 인구수 평균
>
> | 구분 | 2019년 | 2020년 | 2021년 |
> |---|---|---|---|
> | 아동 인구수(천 명) | 8,736 | 8,480 | 8,176 |
>
> $\rightarrow \dfrac{8,736 + 8,480 + 8,176}{3} = 8,464$ 천 명

② **가평균** : 자료의 수가 많은 경우의 평균을 구할 때, 간단하게 계산하기 위해 임의로 정한 평균값

> 예 다섯 과목의 평균 점수
>
> | 구분 | 국어 | 수학 | 국사 | 물리 | 체육 |
> |---|---|---|---|---|---|
> | 점수(점) | 80 | 76 | 80 | 83 | 86 |
>
> → 80이 많으므로 80을 가평균으로 정하고, 80을 기준으로 남거나 모자라는 수를 계산한다.
>
> $$\frac{80 + (80 - 4) + 80 + (80 + 3) + (80 + 6)}{5} = \frac{80 \times 5}{5} + \frac{5}{5} = 81 \, 점$$

③ **가중평균** : 각 항의 수치에 그 중요도에 비례하는 계수를 곱한 다음 산출한 평균

$$\frac{각각(관찰값 \times 가중치)의 \; 합}{가중치의 \; 총합}$$

> 예 다섯 과목의 가중평균 점수
>
> | 구분 | 국어 | 수학 | 국사 | 물리 | 체육 |
> |---|---|---|---|---|---|
> | 점수(점) | 80 | 76 | 80 | 83 | 86 |
> | 가중치(%) | 40 | 30 | 15 | 10 | 5 |
>
> → $$\frac{(80 \times 0.4) + (76 \times 0.3) + (80 \times 0.15) + (83 \times 0.1) + (86 \times 0.05)}{0.4 + 0.3 + 0.15 + 0.1 + 0.05}$$
>
> $$= 32 + 22.8 + 12 + 8.3 + 4.3 = 79.4 \, 점$$

수리력 실전 연습 문제

출제 포인트!

수리력은 사칙연산을 토대로 단순한 계산을 얼마나 정확하게 할 수 있는지를 측정하는 기초연산, 방정식 · 속도/
시간/거리 · 농도 · 원가/정가 · 경우의 수/확률 등 수리 개념을 접목한 응용계산, 도표 및 그래프 등 여러 형태의
자료를 보고 옳게 분석하거나 특정 값을 계산하는 자료해석으로 구분된다.
교육공무직의 수리력 유형은 일반 대기업이나 공사/공단에서 출제되는 수리 범위에서 크게 벗어나지 않으므로,
유형의 생소함이나 부담은 크지 않을 것이다. 그러나 주어진 시간 내 문제를 정확하게 풀어야 하므로, 여러 가지
유형의 문제 연습을 충분히 해두어야 한다.

01 　 기초연산

[01~10] 다음 제시된 식의 값을 구하시오.

01 ▶

$$684 + 371 + 11$$

① 1,055　　　　② 1,066　　　　③ 1,077
④ 1,056　　　　⑤ 1,076

해설

덧셈의 나열이므로 순차적으로 더하면 된다. 이때 계산 후 나오게 될 일의 자리 6을 먼저 확인하고, 선택지 중
에서 끝자리가 6이 아닌 것을 소거하면 더 빠르게 답을 찾아낼 수 있다.

02 ▶

$$47 \times 7 - 28$$

① 329　　　　② 311　　　　③ 301
④ 893　　　　⑤ −893

01 ②

 **해설**

사칙연산은 곱셈과 나눗셈을 먼저 하고, 덧셈과 뺄셈을 나중에 한다. 따라서 순서대로 계산하면 301이 정답이다. 이 문제도 역시 계산 후 오게 될 일의 자리 1을 먼저 확인한 후 답을 찾으면 시간을 줄일 수 있다.

03 ▶
$$654 \div 3 + 97$$

① 315 ② 6.54 ③ 754
④ 335 ⑤ 325

해설

나눗셈을 먼저 하고 덧셈을 하면 되므로, 순차적으로 계산하면 315가 정답이다.

04 ▶
$$12.27 + 39.34 + 9.54$$

① 52.15 ② 61.75 ③ 59.35
④ 58.75 ⑤ 61.15

해설

소수점 이하 자리를 먼저 계산하면 끝이 15가 되므로 선택지를 좁힌 후 답을 구하면 시간을 단축할 수 있다.

05 ▶
$$\left\{ \left(\frac{4}{5} - \frac{5}{10} \right) + \frac{1}{3} \right\} \times \frac{2}{5}$$

① $\dfrac{23}{50}$ ② $\dfrac{18}{65}$ ③ $\dfrac{19}{55}$
④ $\dfrac{19}{75}$ ⑤ $\dfrac{39}{75}$

해설

소괄호, 중괄호 순으로 괄호 안을 먼저 계산한다.

$$\left\{\left(\frac{4}{5}-\frac{5}{10}\right)+\frac{1}{3}\right\}\times\frac{2}{5}=\left\{\left(\frac{8}{10}-\frac{5}{10}\right)+\frac{1}{3}\right\}\times\frac{2}{5}=\left(\frac{3}{10}+\frac{1}{3}\right)\times\frac{2}{5}=\left(\frac{9}{30}+\frac{10}{30}\right)\times\frac{2}{5}=\frac{19}{75}$$

---

06 ▶

$$4\frac{3}{5}\div\frac{1}{3}\times\frac{5}{3}$$

① $9\frac{7}{15}$　　　　② $\frac{13}{15}$　　　　③ 23

④ $5\frac{13}{25}$　　　　⑤ 207

해설

$$4\frac{3}{5}\div\frac{1}{3}\times\frac{5}{3}=\frac{23}{5}\times3\times\frac{5}{3}=\frac{69}{5}\times\frac{5}{3}=23$$

---

07 ▶

$$\sqrt{3}\times(5\sqrt{9}\times\sqrt{3})$$

① $15\sqrt{3}$　　　　② 15　　　　③ $5\sqrt{3}$

④ 45　　　　⑤ 75

해설

$$\sqrt{3}\times(5\times3\times\sqrt{3})=\sqrt{3}\times15\sqrt{3}=15\times3=45$$

---

02 ③　**03** ①　**04** ⑤　**05** ④　**06** ③　**07** ④

수 리 력

08 ▶

$$17 \times (-21) + 39$$

① 318   ② 357   ③ -306

④ -318 ⑤ 396

해설

곱셈을 먼저 하고 덧셈을 나중에 한다. $-357 + 39 = -318$

09 ▶

$$5.3 + (17.2 \times 1.9) \div 0.4$$

① 81.7   ② 78   ③ 82.4

④ 83   ⑤ 87

해설

괄호 안, 나눗셈, 덧셈 순으로 계산한다.
$$5.3 + (17.2 \times 1.9) \div 0.4 = 5.3 + (32.68 \div 0.4) = 5.3 + 81.7 = 87$$

10 ▶

$$5 \times (-3)^3 \div \frac{9}{10}$$

① -135 ② 135   ③ 150

④ -150 ⑤ $5\frac{3}{5}$

해설

$$5 \times (-3)^3 \div \frac{9}{10} = 5 \times (-27) \times \frac{10}{9} = -135 \times \frac{10}{9} = -150$$

[11~13] 기호의 연산을 다음과 같이 가정할 때 제시된 식의 값을 구하시오.

$$A ☆ B = (A + B) \times (A - B)$$

11 ▸

$$6 ☆ 7$$

① 11   ② 13   ③ −11
④ −13   ⑤ 169

해설

$6 ☆ 7 = (6 + 7) \times (6 - 7) = 13 \times (-1) = -13$

12 ▸

$$-5 ☆ 8$$

① 13   ② 19   ③ −19
④ 39   ⑤ −39

해설

$-5 ☆ 8 = (-5 + 8) \times (-5 - 8) = 3 \times (-13) = -39$

13 ▸

$$(4 ☆ 7) + (11 ☆ 3)$$

① −33   ② 79   ③ 112
④ −79   ⑤ 145

08 ④   **09** ⑤   **10** ④   **11** ④   **12** ⑤

 **해설**

$\{11 \times (-3)\} + (14 \times 8) = -33 + 112 = 79$

[14~15] 기호의 연산을 다음과 같이 가정할 때 제시된 식의 값을 구하시오.

$$A \odot B = A^2 + B$$
$$A \diamond B = A \times B^2$$

14 ▶

$$(6 \odot 7) \diamond 3$$

① 126 ② 189 ③ -287
④ 369 ⑤ 387

해설

$(36 + 7) \times 9 = 387$

15 ▶

$$(3 \diamond -2) \odot 8$$

① 131 ② 152 ③ -131
④ -152 ⑤ 208

해설

$(3 \times 4)^2 + 8 = 152$

02 \ 응용계산

01 ▶ A 회사의 남자 직원 수는 전년 대비 20% 증가하였고, 여자 직원 수는 전년 대비 10% 증가하여 전체 직원 수는 전년 대비 25명 증가하였다. 작년에 남자 직원이 여자 직원보다 20명 더 많았다고 할 때, 올해 여자 직원의 수를 구하면?

① 75명 ② 77명 ③ 79명
④ 81명 ⑤ 83명

해설

작년 남자 직원 수를 x, 여자 직원 수를 y라고 하면,
$0.2x + 0.1y = 25$ …… ㉠
$x - y = 20$ …… ㉡
㉠과 ㉡을 연립하여 풀면, $x = 90$, $y = 70$이다. 따라서 올해 여자 직원의 수는 $70 \times 1.1 = 77$명이다.

02 ▶ A 씨와 B 씨의 나이 합은 두 사람의 나이 차의 두 배이고, A 씨의 나이는 B 씨의 나이보다 20살이 더 많다. A 씨의 나이를 구하면?

① 26살 ② 28살 ③ 30살
④ 32살 ⑤ 34살

해설

A 씨의 나이를 x, B 씨의 나이를 y라 하면,
$x + y = 2(x - y)$ …… ㉠
$x = y + 20$ …… ㉡
㉡을 ㉠에 대입하여 풀면, $x = 30$, $y = 10$이므로 A 씨의 나이는 30살이다.

13 ② 14 ⑤ 15 ② | 01 ② 02 ③

03 체육대회에서 1반이 농구에서 우승하지 못할 확률은 30%이고, 축구에서 우승할 확률은 60%라고 한다. 이때 1반이 농구와 축구 모두 우승할 확률을 구하면?

① 26% ② 32% ③ 38%
④ 42% ⑤ 46%

 **해설**

1반이 농구에서 우승할 확률은 $1 - 0.3 = 0.7$이고, 축구에서 우승할 확률은 0.6이다.
따라서 1반이 농구와 축구 모두 우승할 확률은 $0.7 \times 0.6 = 0.42$이므로 42%이다.

04 K 씨는 회사에서 차를 타고 시속 52km로 달려 18분 뒤에 집에 도착하였다. 집에 도착한 후 자전거를 타고 시속 12km로 달려 17분 후에 마트에 도착했다면, K 씨가 이동한 거리는 총 몇 km인가?

① 13km ② 15km ③ 17km
④ 19km ⑤ 21km

해설

'거리 = 시간 × 속력'이므로 K 씨가 이동한 거리는 총 $52 \times \dfrac{18}{60} + 12 \times \dfrac{17}{60} = 19$km이다.

05 신제품 개발을 위해 여러 부서에서 한 자리에 모여 회의를 하게 되었다. 같은 부서 사람이 서로 이웃하게 앉지 않는 경우의 수는?

- 3개 부서에서 각 2명씩 총 6명이 회의에 참석하였다.
- 회의 참석자들은 하나의 원형 테이블에 둘러 앉아 회의를 한다.

① 12가지 ② 16가지 ③ 24가지
④ 36가지 ⑤ 48가지

같은 부서 사람 2명을 한 묶음으로 보고 경우의 수를 구하면 된다. 그러면 경우의 수는 3!인데 원형 테이블이므로 1을 빼면 $(3-1)!$이다. 여기서 같은 부서 사람이 서로 자리를 바꿔 앉을 경우를 곱하면 식이 완성된다. 세 부서가 있으므로 2를 세 번 곱하면 같은 부서 사람이 서로 이웃하게 앉는 경우의 수는 $(3-1)! \times 2 \times 2 \times 2 = 16$가지이다.

06 한 공장에서 두 개의 생산라인을 이용하여 10시간 동안 4,500개의 물품을 생산하였다. A 생산라인이 20분 동안 65개의 물품을 생산할 수 있다고 할 때, B 생산라인이 1시간 동안 생산할 수 있는 물품은 몇 개인가?

① 235개   ② 240개   ③ 245개
④ 250개   ⑤ 255개

A 생산라인이 1시간 동안 생산할 수 있는 물품의 개수는 $65 \times 3 = 195$개이다.
B 생산라인이 1시간 동안 생산할 수 있는 물품의 개수를 x라고 하면,
$(195 + x) \times 10 = 4,500$
$x = 255$이므로 B 생산라인이 1시간 동안 생산할 수 있는 물품은 255개이다.

07 A 회사는 오후 2시, 5시에 직원 교육을 진행하고 있고, 직원들은 이 중 한 타임을 자유롭게 선택하여 교육을 들어야 한다. 6명의 직원이 교육 시간을 선택하는 경우의 수를 구하면?

① 6가지   ② 12가지   ③ 32가지
④ 48가지   ⑤ 64가지

1명의 직원이 선택할 수 있는 교육 시간은 2가지이며, 6명의 직원 모두 2가지 중 하나를 선택할 수 있다. 따라서 6명의 직원이 교육 시간을 선택하는 경우의 수는 $2 \times 2 \times 2 \times 2 \times 2 \times 2 = 64$가지이다.

03 ④   04 ④   05 ②   06 ⑤   07 ⑤

08 ▶ 어머니, 아버지, 자녀 3명으로 구성된 가족을 일렬로 세울 때 부모를 이웃해서 세우는 경우의 수는?

① 12가지 ② 24가지 ③ 36가지
④ 48가지 ⑤ 50가지

해설

어머니, 아버지를 묶어 한 명으로 생각할 때 4명을 한 줄로 세우는 경우의 수는 4!이다.
이때, 이웃하는 어머니와 아버지의 순서를 바꾸는 경우는 2!이므로 $4! \times 2! = (4 \times 3 \times 2 \times 1) \times (2 \times 1) = 48$(가지)이다.

09 ▶ K 씨의 생일이 표시된 12월 달력이 있다. K 씨의 생일에서 위쪽으로 1칸 이동한 후 오른쪽으로 2칸 이동한 날짜와 생일에서 아래쪽으로 2칸 이동한 날짜를 더했더니 29가 되었다. K 씨의 생일은 언제인가?

① 12월 2일 ② 12월 5일 ③ 12월 7일
④ 12월 10일 ⑤ 12월 15일

해설

K 씨의 생일을 12월 x일이라고 하면, 생일에서 위쪽으로 1칸, 오른쪽으로 2칸 이동한 날짜는 $x - 7 + 2 = x - 5$이고, 생일에서 아래쪽으로 2칸 이동한 날짜는 $x + 14$이다.
$(x - 5) + (x + 14) = 29$이므로 $x = 10$이다. 따라서 K 씨의 생일은 12월 10일이다.

10 ▶ ○○교육청의 필기시험 응시자는 400명이었다. 응시자 전체의 필기시험 평균 점수는 60점, 합격자의 평균 점수는 74점, 불합격자의 평균 점수는 54점이라고 할 때, 합격자는 모두 몇 명인가?

① 100명 ② 110명 ③ 120명
④ 130명 ⑤ 140명

해설

합격자 수를 x명이라 하면, $60 \times 400 = 74 \times x + 54 \times (400 - x)$의 식을 세울 수 있다.
식을 계산하면 $x = 120$이므로 합격자는 120명이다.

11 A 작물과 B 작물을 기르는 농장에서 지난달에 A, B 작물을 합하여 1,000포기를 재배하였다. 이번 달에 재배한 양은 지난달에 비하여 A 작물은 10% 증가하고, B 작물은 5% 감소하여 전체적으로 7% 증가하였다. 이번 달에 재배한 A 작물은 몇 포기인가?

① 680포기 ② 720포기 ③ 780포기
④ 830포기 ⑤ 880포기

해설

지난달 재배한 A 작물의 수를 a포기, B 작물의 수를 b포기라 하면 다음 식을 세울 수 있다.

$$\begin{cases} a + b = 1,000 \\ 0.1a - 0.05b = 1,000 \times 0.07 \end{cases}$$

식을 풀면 $a = 800$, $b = 200$이고, 이번 달에 재배한 A 작물의 양은 $800 \times 1.1 = 880$포기이다.

수
리
력

12 A와 B는 제비뽑기를 하려고 한다. A가 당첨 제비를 뽑을 확률은 $\dfrac{1}{4}$이고, B가 당첨 제비를 뽑을 확률은 $\dfrac{2}{5}$일 때, 두 사람 중 한 사람만 당첨 제비를 뽑을 확률은?

① $\dfrac{1}{4}$ ② $\dfrac{3}{7}$ ③ $\dfrac{3}{10}$

④ $\dfrac{9}{20}$ ⑤ $\dfrac{7}{23}$

해설

- A만 당첨 제비를 뽑을 확률 : $\dfrac{1}{4} \times \dfrac{3}{5} = \dfrac{3}{20}$
- B만 당첨 제비를 뽑을 확률 : $\dfrac{3}{4} \times \dfrac{2}{5} = \dfrac{6}{20}$

따라서 두 사람 중 한 사람만 당첨 제비를 뽑을 확률은 $\dfrac{3}{20} + \dfrac{6}{20} = \dfrac{9}{20}$이다.

08 ④ **09** ④ **10** ③ **11** ⑤ **12** ④

13 동전 한 개와 주사위 한 개를 동시에 던졌을 때, 동전은 뒷면이 나오고, 주사위는 짝수의 눈이 나오는 경우의 수를 구하면?

① 3가지   ② 5가지   ③ 6가지
④ 8가지   ⑤ 12가지

 **해설**

동전의 뒷면이 나오는 경우의 수는 1가지이고, 주사위의 짝수 눈이 나오는 경우의 수는 3가지이다.
따라서 $1 \times 3 = 3$가지이다.

14 공장에서 생산한 제품이 정상 제품이면 500원의 수익이 발생하고, 불량 제품이면 300원의 손실이 발생한다. 520개의 제품을 생산할 때, 이익을 얻으려면 불량 제품은 최대 몇 개 이하여야 하는가?

① 320개   ② 322개   ③ 324개
④ 326개   ⑤ 328개

해설

불량 제품의 개수를 x라고 하면, 정상 제품의 개수는 $520 - x$이다.
$(520 - x) \times 500 > x \times 300$이므로 $325 > x$이다.
따라서 불량 제품의 개수는 최대 324개여야 한다.

15 P 씨와 Q 씨가 함께 하면 8일 만에 완료할 수 있는 일이 있다. 이 일을 P 씨가 혼자 하면 12일이 걸린다고 할 때, Q 씨가 혼자 할 경우 걸리는 기간은 얼마인가?

① 16일   ② 20일   ③ 24일
④ 28일   ⑤ 30일

해설

전체 일의 양을 1이라고 하면, P 씨가 혼자 할 때 걸리는 기간은 12일이므로, P 씨가 하루 동안 할 수 있는 일의 양은 $\frac{1}{12}$ 이다.

Q 씨가 하루 동안 할 수 있는 일의 양을 $\frac{1}{x}$ 이라고 하면, P 씨와 Q 씨가 함께 할 때 걸리는 기간은 8일이므로 $\left(\frac{1}{12} + \frac{1}{x}\right) \times 8 = 1$ 이다. 계산하면 $x = 24$이므로 Q 씨가 혼자 할 때 걸리는 기간은 24일이다.

16 ▶ 신입사원연수 운영을 맡은 A 사원은 방 배정을 하고 있다. 신입사원이 사용할 수 있는 방을 다음과 같이 조정하고 있다면, 신입사원을 배정할 수 있는 방은 최대 몇 개인가?

> • 4명씩 방을 배정하면, 12명이 방을 배정받지 못한다.
> • 6명씩 방을 배정하면, 방이 2개 남는다.

① 12개　　　　　② 14개　　　　　③ 16개
④ 24개　　　　　⑤ 26개

해설

방의 개수를 x(개)라 하면 신입사원 인원은 $4x + 12$(명)이다. 6명씩 방을 배정할 경우 2개의 방이 남았으므로 $x - 2$개의 방에 모두 6명씩 배정되었거나, $x - 3$개의 방에는 6명씩 배정되고 하나의 방에 6명 미만의 신입사원이 배정되었을 수 있다. 따라서 6명씩 배정했을 때의 신입사원 수는 최소 $6(x-3) + 1$명에서 최대 $6(x-2)$명이다. 이를 부등식으로 나타내면 $6(x-3) + 1 \leq 4x + 12 \leq 6(x-2)$이고, 연립부등식을 풀면 $12 \leq x \leq 14.5$이다. 따라서 신입사원을 배정할 수 있는 방은 최대 14개이다.

수리력

17 ▶ 30m/s의 속력으로 달리는 기차가 있다. 길이가 330m인 다리를 기차가 완전히 건너는 데 걸린 시간이 20초라고 할 때, 길이가 1,350m인 다리를 완전히 건너는 데 걸리는 시간을 구하면?

① 43초　　　　　② 45초　　　　　③ 49초
④ 52초　　　　　⑤ 54초

해설

다리를 완전히 건너는 데 이동한 거리는 다리의 길이와 기차의 길이를 더한 것이다.

기차의 길이를 x라고 하면, $\dfrac{330 + x}{30} = 20$ 이므로 $x = 270$이다.

따라서 길이가 1,350m인 다리를 기차가 완전히 건너는 데 걸리는 시간은 $\dfrac{1,350 + 270}{30} = 54$ 초이다.

13 ① 　**14** ③ 　**15** ③ 　**16** ② 　**17** ⑤

18 5%의 소금물 300g에 소금과 물을 더 넣어 농도가 7% 이상 10% 이하인 소금물 500g을 만들려고 한다. 더 넣어야 할 물의 양은 최소 얼마인가?

① 155g ② 160g ③ 165g
④ 170g ⑤ 180g

해설

더 넣어야 할 소금물의 양이 200g이므로 더 넣을 물의 양을 xg이라 하면, 더 넣을 소금의 양은 $(200 - x)$g이다. 현재 5%의 소금물 300g에 들어 있는 소금의 양은 $\frac{5}{100} \times 300 = 15$g 이므로,

식을 세우면 $7 \leq \frac{15 + (200 - x)}{500} \times 100 \leq 10$ 이고 식을 풀면 $165 \leq x \leq 180$이다.

따라서 더 넣어야 할 물의 양은 최소 165g 최대 180g이다.

COOL TIP 소금물의 농도와 소금의 양

1. 농도(%) = $\dfrac{\text{소금}}{\text{소금} + \text{물}} \times 100$ 2. 소금의 양(g) = $\dfrac{\text{농도}}{100} \times$ 소금물의 양

19 사과 1개의 원가는 1,200원이다. 원가에 25%의 이윤이 남도록 정가를 정하였는데, 사과가 잘 팔리지 않아 정가에서 30% 할인하여 팔기로 결정하였다. 사과 1개의 판매가격을 구하면?

① 1,050원 ② 1,250원 ③ 1,450원
④ 1,650원 ⑤ 1,850원

해설

사과 1개의 정가는 $1,200 \times (1 + 0.25) = 1,500$원이다. 정가에서 30%를 할인하여 판매한다고 하였으므로 사과 1개의 판매가격은 $1,500 \times (1 - 0.3) = 1,050$원이다.

20 ▶ A 학교의 전교생은 360명으로 남녀 학생의 비는 7:5이다. 전체 학생 중 $\dfrac{2}{5}$는 안경을 썼으며, 안경을 쓴 학생 중 $\dfrac{1}{4}$은 여학생이다. A 학교에서 안경을 쓰지 않는 남학생의 수를 구하면?

① 134명   ② 139명   ③ 143명
④ 102명   ⑤ 152명

 **해설**

A 학교의 전교생 360명의 남녀 학생의 비는 7:5이므로 남학생 수는 $360 \times \dfrac{7}{12} = 210$ 명이고, 안경을 쓴 남학생 수는 $360 \times \dfrac{2}{5} \times \dfrac{3}{4} = 108$ 명이다. 따라서 A 학교에서 안경을 쓰지 않는 남학생 수는 $210 - 108 = 102$ 명이다.

21 ▶ 수진이가 등산을 하는데 올라갈 때에는 시속 3km, 내려올 때에는 같은 길을 시속 6km로 걸어서 전체 걸리는 시간을 3시간 이내로 하려고 한다. 최대 몇 km 지점까지 올라갔다 올 수 있는가?

① 9km   ② 8km   ③ 7km
④ 6km   ⑤ 5km

해설

등산로의 거리를 $x$km라 하면 식은 $\dfrac{x}{3} + \dfrac{x}{6} \leq 3$ 이므로 $3x \leq 18$, $\therefore x \leq 6$
따라서 등산로의 최대 거리는 6km이다.

COOL TIP 속력 / 거리 / 시간

1. 속력(km/h) $= \dfrac{거리}{시간}$ 2. 거리(km) $=$ 시간 $\times$ 속력   3. 시간(h) $= \dfrac{거리}{속력}$

---

18 ③   **19** ①   **20** ④   **21** ④

22 ▶ 직사각형 모양의 탁자에 다음과 같이 8명이 둘러앉는 방법의 수는?

① 12,460가지   ② 18,160가지   ③ 20,160가지
④ 24,000가지   ⑤ 40,320가지

해설

다음과 같이 대각선을 기준으로 양쪽에서 반복된다.

따라서 직사각형 모양의 식탁에 8명이 둘러앉는 방법의 수는 $\dfrac{8!}{2} = \dfrac{8 \times 7 \times 6 \times 5 \times 4 \times 3 \times 2 \times 1}{2} = 20,160$ 가지이다.

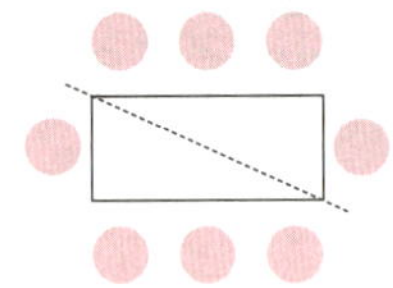

23 ▶ A 매장에서 작년 한 해 동안 판매한 책상과 의자는 총 2,700개이고, 올해 판매한 책상과 의자 수는 작년보다 각각 40%, 50% 증가하였다. 증가한 책상과 의자의 판매량의 비가 2:5일 때, 올해 책상의 판매량을 구하면?

① 1,140개   ② 1,180개   ③ 1,260개
④ 1,290개   ⑤ 1,370개

해설

작년 책상 판매량을 x, 의자 판매량을 y라 하면,
$x + y = 2,700$ ······ ㉠
$0.4x : 0.5y = 2:5 \Rightarrow y = 2x$ ······ ㉡
㉡을 ㉠에 대입하여 풀면, $3x = 2,700$이므로 $x = 900$, $y = 1,800$이다.
따라서 올해 책상의 판매량은 $900 \times 1.4 = 1,260$개이다.

24 한 개의 주사위를 던질 때, 5 이상의 홀수 또는 3 이하의 짝수가 나오는 경우의 수를 구하면?

① 1가지   ② 2가지   ③ 3가지

④ 4가지   ⑤ 5가지

해설

5 이상의 홀수가 나오는 경우의 수는 1가지이고, 3 이하의 짝수가 나오는 경우의 수는 1가지이다. 따라서 5 이상의 홀수 또는 3 이하의 짝수가 나오는 경우의 수는 $1 + 1 = 2$가지이다.

25 대형 수조에 들어 있는 물의 깊이를 알아보기 위해 길이가 20cm 차이 나는 두 막대를 수조에 수직으로 넣었다. 다 넣었을 때 짧은 막대의 $\dfrac{5}{7}$가 물에 잠겼고, 긴 막대의 $\dfrac{2}{3}$가 물에 잠겼다면 수조에 들어 있는 물의 깊이는 얼마인가?

① 120cm   ② 140cm   ③ 160cm

④ 180cm   ⑤ 200cm

해설

짧은 막대의 길이를 x라고 하면, 긴 막대의 길이는 $x + 20$이다.

수조에 수직으로 넣은 두 막대의 물에 잠긴 길이는 서로 같으므로 $\dfrac{5}{7}x = \dfrac{2}{3}(x + 20)$

$x = 280$이므로 물의 깊이는 $\dfrac{5}{7} \times 280 = 200\,\text{cm}$이다.

22 ③   **23** ③   **24** ②   **25** ⑤

26 서울 ○○기업에 입사한 C 사원은 처음으로 회사 소유의 자동차를 타고 대구로 출장을 갔다. 회사 소유의 자동차인 만큼 제한 속도를 잘 지켜서 안전하게 운전했다. C 사원이 한 번도 쉬지 않고 운전했으며 출발한 지 3시간 만에 대구에 도착했다고 할 때, 구간단속구간의 제한 속도는 얼마인가?

- 서울에서 대구까지 거리는 280km이며, 30km 구간단속구간이 있다.
- 일반구간에서 시속 100km/h를 유지하며 운전하였다.
- 구간단속구간에서는 제한 속도를 유지하며 운전하였다.

① 50km/h ② 55km/h ③ 60km/h
④ 65km/h ⑤ 70km/h

해설

일반구간의 거리는 280－30 ＝ 250km이고, 일반구간 거리를 가는 데 걸린 시간은 250 ÷ 100 ＝ 2.5시간이다. 대구에 가는 데 3시간이 걸렸으므로 구간단속구간 30km를 가는 데는 0.5시간이 걸렸음을 알 수 있다. 속도 ＝ 거리 ÷ 시간이고, C 사원은 구간단속구간에서 제한 속도를 유지하며 운전하였으므로, 구간단속구간의 제한 속도는 30 ÷ 0.5 ＝ 60km/h이다.

27 △△기업은 다음과 같이 월급을 지급했다고 한다. 현재 사원들에게 지급하고 있는 월급의 총액은 얼마인가?

- 현재 모든 사원에게 모두 동일한 금액의 월급을 지급하고 있다.
- 만약 사원이 10명 늘어났을 때 각 사원들의 월급을 기존 월급에서 100만 원씩 줄이면 모든 사원들에게 지급하는 월급의 총액은 처음의 80%가 된다.
- 만약 사원이 20명 줄었을 때 각 사원들의 월급을 기존 월급과 동일하게 유지하면, 모든 사원들에게 지급하는 월급의 총액은 처음의 60%가 된다.

① 1억 5,000만 원 ② 1억 6,000만 원 ③ 1억 8,000만 원
④ 2억 1,000만 원 ⑤ 2억 4,000만 원

해설

사원 수를 x라 하고 월급을 y라 했을 때 현재의 총 월급은 xy이다.
사원이 10명 늘고 각 사원들의 월급을 100만 원씩 줄였을 경우의 식은 다음과 같다.
$xy + 10y - 1{,}000{,}000(x + 10) = 0.8xy$ …… ㉠
사원이 20명 줄었을 경우의 식은 다음과 같다.
$xy - 20y = 0.6xy$ …… ㉡
㉡의 식을 풀면 $x - 20 = 0.6x, 0.4x = 20, x = 50$ 이다.
x를 대입해서 ㉠의 식을 풀면
$50y + 10y - 60{,}000{,}000 = 40y$
$20y = 60{,}000{,}000$
$\therefore y = 3{,}000{,}000$
따라서 현재 사원 수는 50명, 월급은 300만 원이고, 현재 지급하고 있는 월급의 총액은 $50 \times 3{,}000{,}000$
$= 150{,}000{,}000$원, 즉 1억 5,000만 원이다.

28 ▶ 어느 해에 ○○기업 채용에서 전체 지원자 중 880명이 합격하였을 때, 지원자 남녀의 비는 8:13, 합격자 남녀의 비는 4:7, 불합격자 남녀의 비는 2:3이었다. ○○기업의 합격률을 $\dfrac{b}{a}$ 라고 할 때, $a - b$ 의 값을 구하면? (단, a, b는 서로소인 자연수이다.)

① 2　　　　　② 4　　　　　③ 6
④ 8　　　　　⑤ 10

해설

합격자 남녀의 비가 4:7이고 합격자 수가 880명이므로 비례배분에 의해
남자는 $880 \times \dfrac{4}{4 + 7} = 320$ 명, 여자는 $880 \times \dfrac{7}{4 + 7} = 560$ 명이 합격하였다.
불합격자 남녀의 비가 2:3이므로 각각을 $2y$명, $3y$명으로 놓으면
지원자의 남녀의 비가 8:13이므로
$(320 + 2y) : (560 + 3y) = 8 : 13$
$(320 + 2y) \times 13 = (560 + 3y) \times 8$
$\therefore y = 160$
따라서 총 지원자 수는 $880 + 320 + 480 = 1{,}680$명이므로 ○○기업의 합격률은 $\dfrac{880}{1{,}680} = \dfrac{11}{21}$ 이고,
$a - b$ 의 값을 구하면 $21 - 11 = 10$이다.

26 ③　27 ①　28 ⑤

29 ▷ 휴대폰 케이스 생산 공장을 운영하는 A 씨는 기계 3대로 주어진 |조건|과 같이 제품을 생산하고 있다. **이 공장의 전체 불량률은 얼마인가?** (단, 모든 불량률 계산은 소수 셋째 자리에서 반올림한다.)

| 조건 |

- 첫 번째 기계는 하루에 5,000개의 제품을 생산한다.
- 두 번째 기계는 첫 번째 기계보다 10% 더 많은 제품을 생산하며, 세 번째 기계는 두 번째 기계보다 500개 더 많은 제품을 생산한다.
- 첫 번째, 두 번째, 세 번째 기계의 하루 생산량의 불량률은 순서대로 0.7%, 1%, 0.3%이다.

① 0.5% ② 0.55% ③ 0.65%
④ 0.7% ⑤ 0.75%

해설

전체 불량률을 구하려면 전체 기계가 생산하는 제품의 수와 그중에서 불량이 나는 제품의 수를 알아야 한다. 첫 번째 기계는 5,000개의 제품을 생산하고 두 번째 기계는 10% 더 많은 5,500개의 제품을 생산한다. 세 번째 기계는 두 번째 기계보다 500개 더 많은 6,000개의 제품을 생산하므로 전체 기계는 총 16,500개의 제품을 생산한다. 각각 불량이 나는 제품의 수를 구하면 다음과 같다.

첫 번째 기계 : $5,000 \times \dfrac{0.7}{100} = 35$ 개

두 번째 기계 : $5,500 \times \dfrac{1}{100} = 55$ 개

세 번째 기계 : $6,000 \times \dfrac{0.3}{100} = 18$ 개

따라서 전체 제품에서 불량이 나는 제품의 수는 $35 + 55 + 18 = 108$개이고,

전체 불량률은 $\dfrac{108}{16,500} \times 100 = 0.6545\cdots\%$이므로 소수 셋째 자리에서 반올림하면 정답은 0.65%이다.

30 ▶ 둘레의 길이가 2km인 호수공원을 A, B 두 사람이 같은 지점에서 동시에 출발하여 서로 반대 방향으로 돌면 10분 후에 처음으로 다시 만나고, 서로 같은 방향으로 돌면 40분 후에 처음으로 다시 만난다고 한다. 이때 B의 속력은 분속 얼마인가? (단, A의 속력은 B의 속력보다 빠르다.)

① 70m   ② 75m   ③ 80m

④ 85m   ⑤ 90m

📖 **해설**

A의 속력을 분속 xm, B의 속력을 분속 ym라 하면
호수공원을 서로 반대 방향으로 돌 때 (A가 움직인 거리) + (B가 움직인 거리) = 2,000m이므로
$10x + 10y = 2,000$이다.
호수공원을 서로 같은 방향으로 돌 때 (A가 움직인 거리) − (B가 움직인 거리) = 2,000m이므로
$40x - 40y = 2,000$이다.
두 식을 정리하면 $\begin{cases} x + y = 200 \\ x - y = 50 \end{cases}$ 이고, 연립방정식을 풀면 $x = 125$, $y = 75$이다.
따라서 B의 속력은 분속 75m이다.

수
리
력

03 \ 자료해석

01 ▶ 두 도시의 주민들이 아래의 연도별 예산현황 자료를 보고 토론하고 있다. 다음 중 자료를 잘못 이해한 주민은?

S 시, A 시의 연도별 예산현황

(단위 : 백만 원)

구분	S 시			A 시		
	합계	일반회계	특별회계	합계	일반회계	특별회계
2015년	917,000	695,000	222,000	803,040	696,400	106,640
2016년	1,117,265	800,000	317,265	776,600	697,000	79,600
2017년	1,242,037	984,000	258,037	866,000	754,500	111,500
2018년	1,503,338	1,132,000	371,338	1,020,000	897,800	122,200
2019년	1,551,611	1,155,000	396,611	1,070,000	966,200	103,800

① D 주민 : S 시의 예산액 합계는 꾸준히 증가하고 있지만 A 시는 그렇지 않아요.

② R 주민 : S 시의 특별회계 예산액은 항상 A 시의 특별회계 예산액보다 2배 이상 더 많아요.

③ I 주민 : 2018년 S 시의 일반회계 예산액은 A 시의 일반회계 예산액보다 1.2배 이상 더 많네요.

④ N 주민 : 2017년 A 시 전체 예산액에서 특별회계 예산액이 차지하는 비중은 12% 이상이에요.

⑤ K 주민 : 2016년 S 시 전체 예산액 중에서 일반회계 예산액은 70% 미만을 차지해요.

🔖 해설

2016년 S 시 전체 예산액에서 일반회계 예산액이 차지하는 비중은 $\frac{800,000}{1,117,265} \times 100 = 71.6\cdots$으로 70% 이상이다.

💡 Plus 해설

① S 시의 예산액 합계는 꾸준히 증가하고 있고, A 시는 2016년에 감소했다가 다시 증가하고 있다.

② S 시 특별회계 예산액과 A 시 특별회계 예산액 2배를 비교하면 다음과 같다.
2015년 : 222,000 > 213,280 / 2016년 : 317,265 > 159,200 / 2017년 : 258,037 > 223,000 / 2018년 : 371,338 > 244,400 / 2019년 : 396,611 > 207,600

③ 2018년 A 시 일반회계 예산액의 1.2배는 897,800×1.2 = 1,077,360으로 S 시의 일반회계 예산액이 더 많다.

④ 2017년 A 시 전체 예산액에서 특별회계 예산액이 차지하는 비중은 $\frac{111,500}{866,000} \times 100 = 12.8\cdots$로 12% 이상이다.

02 ▷ 다음은 어느 기관 직원의 평균 보수를 나타낸 표이다. 이에 대한 설명으로 적절하지 않은 것은?

직원 평균 보수

(단위 : 천 원)

구분	2014년	2015년	2016년	2017년	2018년
기본급	31,140	31,652	31,763	32,014	34,352
고정수당	13,387	13,868	13,434	12,864	12,068
실적수당	2,158	2,271	2,220	2,250	2,129
급여성 복리후생비	963	946	1,056	985	1,008
경영평가 성과급	1,129	733	1,264	1,117	862
기타 성과상여금	5,987	5,935	5,985	6,979	5,795
1인당 평균 보수액	54,764	55,405	55,722	56,209	56,214

① 2014년~2018년의 기본급과 1인당 평균 보수액은 모두 꾸준히 증가하고 있다.

② 2017년의 기본급은 전년 대비 1% 이하로 증가하였다.

③ 2018년 고정수당은 2014년에 비해 약 10% 감소하였다.

④ 조사 기간 동안 급여성 복리후생비는 증감을 반복하고 있다.

⑤ 조사 기간 중 경영평가 성과급이 가장 높은 해는 가장 낮은 해의 1.5배 미만이다.

해설

조사 기간 중 경영평가 성과급이 가장 높은 해는 2016년으로 1,264천 원이고, 가장 낮은 해는 2015년으로 733천 원이다. $1{,}264 \div 733 ≒ 1.72$이므로 1.5배 이상이다.

Plus 해설

② 2017년 기본급의 전년 대비 증가율은 $\dfrac{32{,}014 - 31{,}763}{31{,}763} \times 100 ≒ 0.8\%$ 로, 1% 이하이다.

③ 2018년의 고정수당은 2014년에 비해 $\dfrac{12{,}068 - 13{,}387}{13{,}387} \times 100 ≒ -9.9\%$, 약 10% 감소하였다.

01 ⑤ 02 ⑤

03 ▶ 다음은 한 기관의 유연근무 현황이다. 이에 대한 설명으로 옳은 것은?

유연근무 현황

(단위 : 명)

구분		2014년	2015년	2016년	2017년	2018년 남	2018년 여
탄력근무제	시차출퇴근형	279	259	447	420	134	163
탄력근무제	근무시간선택형	252	258	247	1,078	333	305
탄력근무제	집약근무형	3	5	14	11	10	0
원격근무제	재택근무형	0	0	0	0	0	0
원격근무제	스마트워크근무형	6	15	20	28	31	15

- 시차출퇴근형 : 주 5일 근무, 1일 8시간 근무, 출근시간 자율 조정
- 근무시간선택형 : 주 5일 근무, 1일 8시간에 구애받지 않고 근무시간 자율 조정
- 집약근무형 : 주 5일 미만 근무, 주 40시간 유지 (예 : 주 4일, 하루 10시간)

① 조사 기간 동안 스마트워크근무를 이용한 사람은 집약근무를 이용한 사람보다 항상 2배 이상으로 많았다.

② 2018년 유연근무제의 모든 형태를 남자가 여자보다 많이 이용하였다.

③ 2014년부터 2018년까지 스마트워크근무를 이용한 사람은 꾸준히 늘어나다가 감소하였다.

④ 2017년에 시차출퇴근을 이용한 사람은 2014년에 비해 50% 이상 증가하였다.

⑤ 조사 기간 동안 1일 8시간에 구애받지 않고 근무시간을 자율 조정한 사람이 제일 많았던 해는 제일 적었던 해의 5배 이상이다.

해설

2017년 시차출퇴근 탄력근무제를 이용한 사람은 2014년에 비해 $\frac{420 - 279}{279} \times 100 ≒ 50.5\%$ 로, 50% 이상 증가하였다.

Plus 해설

① 2014년, 2015년, 2017년, 2018년에 스마트워크근무를 이용한 사람은 집약근무를 이용한 사람보다 두 배 이상 많지만, 2016년에는 약 1.4배 많으므로 틀린 설명이다.

② 시차출퇴근형 유연근무제는 여자가 남자보다 많이 이용하였다.

③ 2014년부터 2018년까지 스마트워크근무를 이용한 사람은 꾸준히 늘어나고 있다.

	2014	2015	2016	2017	2018
스마트워크근무형	6	15	20	28	46(31＋15)

⑤ 1일 8시간에 구애받지 않고 근무시간을 자율 조정하는 것은 근무시간선택형에 대한 설명이다. 근무시간선택을 이용한 사람이 가장 많았던 해는 2017년으로 1,078명 이용하였고, 가장 적었던 해는 2016년으로 247명 이용하였다. 따라서 1,078 ÷ 247 ≒ 4.4이므로, 5배 미만이다.

04 ▷ 다음은 공항철도 여객 수송실적을 나타낸 자료이다. 이에 대한 해석으로 옳은 것은?

2016년 월별 여객 수송실적

(단위 : 천 명)

월	수송인원	승차인원	유입인원
1월	5,822	2,843	2,979
2월	5,520	2,703	(A)
3월	6,331	3,029	3,302
4월	6,237	3,009	3,228
5월	6,533	3,150	3,383
6월	6,361	3,102	3,259
7월	6,431	3,164	3,267
8월	(B)	3,103	3,617
9월	6,333	2,853	3,480
10월	6,875	3,048	3,827
11월	6,717	(C)	3,794
12월	6,910	3,010	3,900

- 유입인원 : 다른 철도를 이용하다가 공항철도로 환승하여 최종 종착지에 내린 승객의 수
- 수송인원 = 승차인원 + 유입인원

① 2016년 공항철도의 수송인원은 매월 증가하고 있다.

② 2016년 3분기 공항철도 총 수송인원은 1,950만 명 이상이다.

③ 2월 공항철도 유입인원은 1월에 비해 16만 2천 명 감소하였다.

④ 11월은 승차인원이 가장 적은 달로, 6월보다 18만 1천 명이 더 적었다.

⑤ 8월은 수송인원이 가장 많았던 달로, 12월보다 19만 명 더 많았다.

해설

2월 공항철도 유입인원은 $5,520 - 2,703 = 2,817$천 명이고, 1월 공항철도 유입인원은 2,979천 명이다. 따라서 2월 공항철도 유입인원은 1월에 비해 $2,979 - 2,817 = 162$천 명, 즉 162,000명 감소하였다.

💡 Plus 해설

① 2016년 공항철도의 수송인원은 증가와 감소를 반복하고 있다.

② 2016년 3분기 공항철도 총 수송인원은 $6,431 + 6,720 + 6,333 = 19,484$천 명, 즉 19,484,000명으로 1,950만 명 이하이다.

④ 11월 승차인원은 2,923천 명$(6,717 - 3,794)$이므로 승차인원이 가장 적은 달은 2월이다.

⑤ 8월의 수송인원은 6,720천 명$(3,103 + 3,617)$이므로 수송인원이 가장 많은 달은 12월이다.

05 ▷ **다음 농가 소득현황을 분석한 내용 중 옳은 것을 │보기│에서 모두 고른 것은?** (단, 농가 소득은 소수 첫째 자리에서, 농업 의존도는 소수 둘째 자리에서 반올림한다.)

농가 소득현황

(단위 : 천 원, %)

	2013	2014	2015	2016	2017
농가 소득	ⓐ	34,950	37,215	37,197	38,239
└ 40~49세	43,135	45,083	50,043	48,170	48,976
└ 50~59세	54,745	57,816	60,703	63,151	65,082
└ 60~69세	34,223	35,533	40,133	42,637	44,551
└ 70세 이상	22,088	22,616	24,368	24,476	26,223
농업 소득	10,035	10,303	11,257	10,068	10,047
└ 농업 의존도	29.1	29.5	ⓑ	27.1	26.3
농업 이외 소득	24,489	24,647	25,959	27,130	28,193
도시근로자 가구 소득 대비 농가 소득 비율	62.5	61.5	64.4	63.5	-

• 농업 의존도 : 농업 소득이 농가 소득에서 차지하는 비중

│보기│

ㄱ ⓐ에 들어갈 값은 34,485이다.
ㄴ ⓑ에 들어갈 값은 28.2이다.
ㄷ 조사 기간 동안 50~59세의 농가 소득이 가장 높았다.
ㄹ 조사 기간 동안 농업 이외 소득이 가장 높았던 해는 가장 낮았던 해 대비 약 15.1% 증가하였다.
ㅁ 도시근로자 가구 소득 대비 농가 소득 비율이 가장 높았던 해는 농업 소득도 가장 높다.

① ㄱ, ㄷ
② ㄷ, ㄹ
③ ㄴ, ㄷ, ㅁ
④ ㄴ, ㄹ, ㅁ
⑤ ㄱ, ㄷ, ㄹ, ㅁ

해설

ㄱ (○) 2013년 농가 소득을 x라 하면, ⓐ에 들어갈 값을 구하는 식은 $\dfrac{10,035}{x} \times 100 = 29.1$ 이다.

계산하면 $x = 34,484.5 \cdots$이고, 소수 첫째 자리에서 반올림하면 34,485이다.

ㄴ (×) ⓑ에 들어갈 값은 $\dfrac{11,257}{37,215} \times 100 = 30.24 \cdots$이고, 소수 둘째 자리에서 반올림하면 30.2이다.

ㄷ (○) 조사 기간 동안 50~59세의 농가 소득이 항상 가장 높다.

ㄹ (○) 조사 기간 동안 농업 이외 소득이 가장 높았던 해는 2017년이고, 가장 낮았던 해는 2013년이다. 둘의

증감률을 구하면 $\dfrac{28,193 - 24,489}{24,489} \times 100 ≒ 15.1\%$ 이다.

ㅁ (○) 도시근로자 가구 소득 대비 농가 소득 비율이 가장 높았던 해는 2015년으로, 같은 해의 농업 소득 또한 조사 기간 중 가장 높다.

따라서 옳은 것을 모두 고른 것은 ㄱ, ㄷ, ㄹ, ㅁ이다.

06 》 아래 자료는 국내 바이오 의약산업의 국내 판매 및 수출 규모를 2016년부터 2018년까지 정리한 자료이다. 이에 대한 내용으로 옳지 않은 것은?

바이오 의약산업 국내 판매 및 수출 규모

(단위 : 백만 원)

구분	2016		2017		2018	
	국내 판매액	수출액	국내 판매액	수출액	국내 판매액	수출액
항생제	60,262	63,520	67,367	68,133	77,902	65,301
항암제	33,126	16,347	36,298	22,408	40,157	26,050
백신	102,534	56,541	116,339	72,321	132,320	79,665
호르몬제	43,684	15,651	79,758	67,515	88,053	71,485
면역제제	20,221	698	26,004	716	42,069	11,153
혈액제제	210,148	27,514	148,077	17,451	165,231	20,019
저해제	57,857	1,293	37,221	725	46,718	1,501
성장인자	3,930	0	2,650	100	2,915	500
신개념치료제	1,512	271	6,593	577	17,138	2,300
진단키트	41,317	13,905	41,900	13,497	45,759	18,782
동물약품	52,623	6,530	67,603	8,551	68,418	10,356
기타바이오의약제	26,421	4,050	66,434	4,838	75,371	5,900

① 2016년 국내 판매액이 가장 높은 바이오 의약품은 '혈액제제'이다.
② 2017년 '백신'의 국내 판매액은 같은 해 수출액의 2배 이하이다.
③ 2018년 '항암제'의 수출액은 2016년 '항생제' 수출액의 40% 이상이다.
④ 2016년과 2017년의 국내 판매액 최하위 의약품의 수출액의 차는 1,000(백만 원) 이상이다.
⑤ 2018년 '면역제제'의 수출액은 2017년에 비해 10배 이상 급증했다.

✏️ **해설**

2016년의 국내 판매액 최하위 의약품 '신개념치료제'의 수출액은 271(백만 원)이고, 2017년의 국내 판매액 최하위 의약품 '성장인자'의 수출액은 100(백만 원)이다. 따라서 두 금액의 차는 171(백만 원)이다.

💡 **Plus 해설**

① 표에서 2016년 국내 판매액이 가장 높은 바이오 의약품은 '혈액제제'임을 알 수 있다.
② 2017년 '백신'의 국내 판매액 116,339(백만 원)은 같은 해 수출액 72,321(백만 원)의 1.608…배이다.
③ 2018년 '항암제'의 수출액 26,050(백만 원)은 2016년 '항생제' 수출액 63,520(백만 원)의 약 41% 이다.
⑤ '면역제제'의 수출액은 2017년 716(백만 원)에서 2018년 11,153(백만 원)으로 약 15.57배 이상 급증했다.

07 ▶ 다음은 2008~2016년 A국의 국세 및 지방세에 관한 자료이다. 이에 대한 설명으로 옳지 않은 것은?

국세 및 지방세 징수액과 감면액

(단위 : 조 원)

구분	연도	2008	2009	2010	2011	2012	2013	2014	2015	2016
국세	징수액	138	161	167	165	178	192	203	202	216
	감면액	21	23	29	31	30	30	33	34	33
지방세	징수액	41	44	45	45	49	52	54	54	62
	감면액	8	10	11	15	15	17	15	14	11

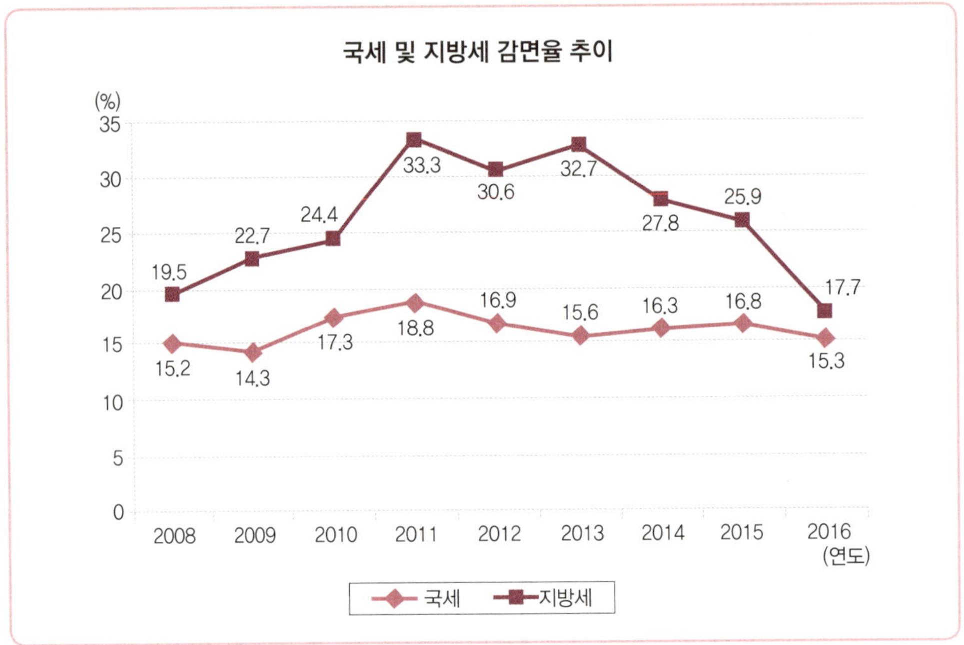

① 감면액은 국세가 지방세보다 매년 많다.

② 감면율은 지방세가 국세보다 매년 높다.

③ 2008년 대비 2016년 징수액 증가율은 국세가 지방세보다 높다.

④ 국세 징수액과 지방세 징수액의 차이가 가장 큰 해에는 국세 감면율과 지방세 감면율의 차이도 가장 크다.

⑤ 2014~2016년 동안 국세 감면액과 지방세 감면액의 차이는 매년 증가한다.

 해설

국세 징수액과 지방세 징수액의 차이는 2016년에 216 − 62 = 154조 원으로 가장 크고, 국세 감면율과 지방세 감면율의 차이는 2013년에 32.7 − 15.6 = 17.1%p로 가장 크다.

 **Plus 해설**

③ 2008년 대비 2016년 징수액 증가율은 국세가 $\dfrac{216-138}{138} \times 100 ≒ 56.52\%$ 이고,

지방세가 $\dfrac{62-41}{41} \times 100 ≒ 51.21\%$ 이므로 국세가 지방세보다 높다.

⑤ 국세 감면액과 지방세 감면액의 차이는 2014년에 $33-15=18$조 원, 2015년에 $34-14=20$조 원, 2016년에 $33-11=22$조 원으로 매년 증가한다.

---

08 ▶ 다음은 세계 주요 터널화재 사고에 관한 자료이다. 이에 대한 설명으로 옳은 것은?

세계 주요 터널화재 사고 통계

사고 \ 구분	터널길이(km)	화재규모(MW)	복구비용(억 원)	복구기간(개월)	사망자(명)
A	50.5	350	4,200	6	1
B	11.6	40	3,276	36	39
C	6.4	120	72	3	12
D	16.9	150	312	2	11
E	0.2	100	570	10	192
F	1.0	20	18	8	0

※ 사고비용(억 원) = 복구비용(억 원) + 사망자(명)×5(억 원/명)

① 터널길이가 길수록 사망자가 많다.
② 화재규모가 클수록 복구기간이 길다.
③ 사고 A를 제외하면 복구기간이 길수록 복구비용이 크다.
④ 사망자가 가장 많은 사고 E는 사고비용도 가장 크다.
⑤ 사망자가 30명 이상인 사고를 제외하면 화재규모가 클수록 복구비용이 크다.

해설

사망자가 30명 이상인 사고 B와 E를 제외하면, 화재규모가 큰 사고 A, D, C, F 순으로 복구비용도 크다.

Plus 해설

① 터널길이는 사고 A가 가장 길지만, 사망자는 사고 E가 가장 많다.
② 화재규모는 사고 A가 가장 크지만, 복구기간은 사고 B가 가장 길다.
③ 사고 A를 제외하고 복구기간이 긴 순서는 B, E, F, C, D이고, 복구비용이 큰 순서는 B, E, D, C, F이다.
④ 사고 E의 사고비용은 $570+192×5=1,530$억 원이고, 사고 A의 사고비용은 $4,200+1×5=4,205$억 원이다. 따라서 사고 E의 사고비용이 가장 크다는 설명은 옳지 않다.

---

07 ④ 08 ⑤

09 ▶ 다음은 약품 A~C 투입량에 따른 오염물질 제거량을 측정한 자료이다. 이에 대한 |보기의 설명 중 옳은 것만을 모두 고르면?

약품 A~C 투입량에 따른 오염물질 제거량

※ 약품은 혼합하여 투입하지 않으며, 측정은 모든 조건이 동일한 가운데 이루어짐.

| 보기 |

㉠ 각 약품의 투입량이 20g일 때와 60g일 때를 비교하면, A의 오염물질 제거량 차이가 가장 작다.
㉡ 각 약품의 투입량이 20g일 때, 오염물질 제거량은 A가 C의 2배 이상이다.
㉢ 오염물질 30g을 제거하기 위해 필요한 투입량이 가장 적은 약품은 B이다.
㉣ 약품 투입량이 같으면 B와 C의 오염물질 제거량 차이는 7g 미만이다.

① ㉠, ㉡   ② ㉡, ㉣   ③ ㉢, ㉣
④ ㉠, ㉡, ㉢   ⑤ ㉡, ㉢, ㉣

해설

㉠ 각 약품의 투입량이 20g일 때와 60g일 때, 오염물질 제거량 차이는 A가 $45 - 35 = 10g$, B가 $37 - 25 = 12g$, C가 $30 - 15 = 15g$으로 A의 오염물질 제거량 차이가 가장 작다.
㉡ 각 약품의 투입량이 20g일 때, 오염물질 제거량은 A가 35g, C가 15g으로 A가 C의 2배 이상이다.

Plus 해설

㉢ 오염물질 30g을 제거하기 위해 필요한 투입량은 A가 10g, B가 30g, C가 60g으로 A가 가장 적다.
㉣ 약품 투입량이 20g일 때, B와 C의 오염물질 제거량 차이는 $25 - 15 = 10g$이므로 옳지 않은 설명이다.

10 ▷ 다음은 댐 저수 현황에 대한 자료이다. 자료를 분석한 내용으로 적절하지 않은 것은?

댐 저수 현황

(단위 : mm, 백만㎥, %)

	2013	2014	2015	2016	2017
강수량(mm)	1,169	1,042	846	1,193	962
유입량(백만㎥)	14,458	11,329	7,832	12,581	9,944
방류량(백만㎥)	15,985	11,598	8,842	11,275	10,579
평균 저수량(백만㎥)	7,037	5,885	5,474	6,108	6,093
평균 저수율(%)	55.7	46.6	43.1	47.9	43.5

① 조사 기간 동안 모든 항목의 증감 추세가 일정한 패턴을 보인다.

② 평균 저수량이 가장 낮은 해는 다른 항목의 수치도 모두 가장 적다.

③ 2015년의 강수량은 전년 대비 20% 이상 감소하였다.

④ 2017년의 방류량은 2013년에 비해 약 34% 감소하였다.

⑤ 평균 저수율이 가장 높았던 해와 가장 낮았던 해의 수치는 10%p 이상 차이가 난다.

🎀 해설

2015년의 강수량은 전년 대비 $\dfrac{846 - 1{,}042}{1{,}042} \times 100 ≒ -19\%$ 감소하였으므로 20% 미만으로 감소하였다.

💡 Plus 해설

① 모든 항목의 증감 패턴이 감소 → 감소 → 증가 → 감소로 일정하다.

② 평균 저수량이 가장 낮은 해는 2015년으로 다른 항목의 수치도 모두 가장 적다.

④ 2017년의 방류량은 2013년에 비해 $\dfrac{10{,}579 - 15{,}985}{15{,}985} \times 100 ≒ -34\%$ 감소하였다.

⑤ 평균 저수율이 가장 높았던 해는 2013년으로 55.7%이고, 가장 낮았던 해는 2015년으로 43.1%이다.
　 $55.7 - 43.1 = 12.6\%$p이므로, 10%p 이상 차이가 난다.

09 ①   10 ③

11 ▷ 다음은 농림축산식품 수출입 동향을 나타낸 표이다. 자료에 대한 설명으로 적절하지 않은 것은?

농림축산식품 수출입 동향

(단위 : 백만 달러)

구분		2014	2015	2016	2017	2018
수출	소계	6,183	6,105	6,464	6,827	6,926
	농산물	5,224	5,221	5,581	6,047	5,985
	축산물	470	497	458	341	417
	임산물	489	387	425	439	524
수입	소계	31,634	30,222	29,673	32,294	35,302
	농산물	19,308	17,902	17,666	18,594	19,903
	축산물	5,622	5,728	5,807	6,603	7,522
	임산물	6,704	6,592	6,200	7,097	7,877
무역수지		−25,451	−24,117	−23,209	−25,467	−28,376

• 무역수지 = 수출 − 수입

① 조사 기간 동안 무역수지의 적자폭은 줄어들었다가 다시 늘어나는 추세를 보이고 있다.

② 2016년 축산물 수입액이 전체 수입액에서 차지하는 비율은 20% 미만이다.

③ 2018년 농림축산식품 전체 수출액의 2014년 대비 증감률은 약 12%이다.

④ 2017년의 전년 대비 임산물 수입 증감률은 2018년의 전년 대비 증감률과 5%p 이상 차이 난다.

⑤ 농산물 수출액이 가장 많았던 해의 수출액은 가장 적었던 해보다 826백만 달러 더 많았다.

해설

2017년의 전년 대비 임산물 수입 증감률은 $\frac{7,097 - 6,200}{6,200} \times 100 ≒ 14.47\%$ 이고, 2018년의 전년 대비 임산물 수입 증감률은 $\frac{7,877 - 7,097}{7,097} \times 100 ≒ 10.99\%$ 이다.

둘의 차이는 약 3.48%p로, 5%p 미만의 차이를 보이고 있다.

Plus 해설

② 2016년 축산물 수입액은 5,807백만 달러로 전체 수입액에서 $\frac{5,807}{29,673} \times 100 ≒ 19.57\%$ 를 차지한다.

③ 2018년 농림축산식품 전체 수출액의 2014년 대비 증감률은 $\frac{6,926 - 6,183}{6,183} \times 100 ≒ 12\%$ 이다.

⑤ 농산물 수출액이 가장 많았던 해는 2017년으로 6,047백만 달러였고, 가장 적었던 해는 2015년으로 5,221백만 달러였다. 둘의 차이는 826백만 달러로, 농산물 수출액이 가장 많았던 2017년의 수출액이 826백만 달러 더 많았다.

12 〉 다음 수자원 현황에 대한 자료를 분석한 내용으로 옳은 것은?

수자원 현황

(단위 : mm, 억m³/년)

구분		1994	1998	2003	2007
수자원 총량		1,267	1,276	1,240	1,294
이용 현황	총 이용량	301	331	337	333
	생활용수	62	73	76	75
	공업용수	26	29	26	21
	농업용수	149	158	160	159
	유지용수	64	71	75	78
당해 연도 강수량		923	1,630	1,756	1,380

① 조사 기간 동안 수자원 총량은 꾸준히 증가하고 있다.

② 당해 연도 강수량이 많은 해일수록 수자원의 총 이용량이 많다.

③ 2007년 농업용수로 사용된 수자원은 공업용수로 사용된 수자원의 8배 이상이다.

④ 1998년 수자원 총 이용량의 약 22%가 생활용수로 사용되었다.

⑤ 2007년 유지용수로 사용된 수자원은 1994년에 비해 약 14% 증가하였다.

해설

1998년 수자원 총 이용량 중 생활용수로 사용된 비율은 $\dfrac{73}{331} \times 100 ≒ 22\%$ 이다.

Plus 해설

① 2003년의 수자원 총량은 1998년에 비해 감소하였다.

② 당해 연도 강수량이 두 번째로 많은 해는 1998년이지만, 총 이용량이 두 번째로 많은 해는 2007년이므로 틀린 설명이다.

③ 2007년 농업용수로 사용된 수자원은 공업용수로 사용된 수자원의 $159 ÷ 21 ≒ 7.6$배이다.

⑤ 2007년 유지용수로 사용된 수자원은 1994년에 비해 $\dfrac{78 - 64}{64} \times 100 ≒ 22\%$ 증가하였다.

11 ④ 12 ④

13 ▶ 다음의 농업 기계화 현황 자료를 보고 해석한 것으로 적절하지 않은 것은?

농업 기계화 현황

(단위 : 천 대, %)

		2013	2014	2015	2016	2017
보유대수	소계	1,233	1,183	1,173	1,147	1,130
	트랙터	278	277	283	286	290
	콤바인	79	76	79	77	77
	이앙기	236	220	213	202	196
	경운기	640	610	598	582	567
기계화율	벼농사	94.1	97.8	97.8	97.9	98.4
	밭농사	55.7	56.3	56.3	58.3	60.2

• 기계화율 : 농업기계 작업 면적/전체 농작업 면적×100

① 조사 기간 동안 벼농사의 농업 기계화율이 밭농사의 농업 기계화율보다 항상 높았다.

② 2014년 전체 보유대수 중 이앙기가 차지하는 비율은 약 18.6%이다.

③ 조사 기간 동안 전체 보유대수 중 경운기가 차지하는 비율은 항상 50%를 넘는다.

④ 2017년 전체 밭농사 작업 면적이 150평이었다고 가정하면, 그중 농업기계 작업 면적은 90.3평이었을 것이다.

⑤ 2016년의 전년 대비 콤바인 보유대수 증감률은 약 −5.2%이다.

해설

2016년의 전년 대비 콤바인 보유대수 증감률은 $\dfrac{77-79}{79} \times 100 ≒ -2.5\%$ 이다.

Plus 해설

② 2014년 전체 보유대수 중 이앙기가 차지하는 비율은 $\dfrac{220}{1,183} \times 100 ≒ 18.6\%$ 이다.

③ 보유대수 소계의 50%보다 경운기 보유대수가 더 많은지를 확인하면 된다. 2013년 616.5<640, 2014년 591.5<610, 2015년 586.5<598, 2016년 573.5<582, 2017년 565<567로 조사 기간 동안 전체 보유대수 중 경운기가 차지하는 비율은 항상 50%를 넘는다.

④ 2017년 전체 밭농사 작업 면적이 150평일 경우, 농업기계 작업 면적을 구하는 식은 다음과 같다.

$$\dfrac{x}{150} \times 100 = 60.2 \quad \therefore x = 90.3$$

따라서 농업기계 작업 면적은 90.3평이었을 것이다.

14 다음은 지하수 및 지표수의 연간 취수량에 대한 자료이다. 자료를 분석한 내용으로 적절하지 않은 것은?

지하수 및 지표수의 연간 취수량

(단위 : 백만m³/년)

		2014	2015	2016
합계		7,300	6,552	6,672
지하수		163	170	146
지표수	소계	7,137	6,382	6,526
	하천표류수	3,235	2,599	2,635
	하천복류수	437	450	445
	댐	3,404	3,269	3,377
	기타 저수지	61	64	70

① 조사 기간 동안 지하수와 지표수의 증감 패턴은 반대이다.

② 2015년 지표수의 연간 취수량 중 하천복류수가 차지하는 비율은 약 7%이다.

③ 2016년 댐의 연간 취수량은 기타 저수지의 연간 취수량보다 약 48배 많다.

④ 2016년 지하수의 연간 취수량은 2014년에 비해 약 10% 감소하였다.

⑤ 2015년의 하천표류수 연간 취수량은 전년 대비 20% 이상 감소하였다.

해설

2015년 하천표류수의 연간 취수량은 전년 대비 $\dfrac{2,599 - 3,235}{3,235} \times 100 ≒ -19.7\%$ 로 20% 미만으로 감소하였다.

Plus 해설

① 지하수는 증가 → 감소의 패턴을 보이고, 지표수는 감소 → 증가의 패턴을 보이므로 둘의 증감 패턴은 반대이다.

② 2015년 지표수의 연간 취수량 중 하천복류수가 차지하는 비율은 $\dfrac{450}{6,382} \times 100 ≒ 7\%$ 이다.

③ 2016년 댐의 연간 취수량은 3,377백만m³로, 기타 저수지의 연간 취수량 70백만m³보다 $3,377 \div 70 ≒ 48$배 많다.

④ 2016년 지하수의 연간 취수량은 2014년에 비해 $\dfrac{146 - 163}{163} \times 100 ≒ -10\%$ 로 약 10% 감소하였다.

13 ⑤　**14** ⑤

[15~16] 다음 생활시간조사에 관한 자료를 보고 질문에 답하시오.

〈자료 1〉 18세 이상 전체 인구의 생활 행동별 요일 내 평균 시간 추이

(단위 : 분)

행동 분류별		1999년	2004년	2009년	2014년
필수시간	수면	442	445	450	480
	식사	94	111	116	127
	건강관리	8	8	7	6
의무시간	근로시간	206	187	183	180
	가정관리	110	106	105	109
	학습시간	33	17	15	23
여가시간	게임시간	5	13	10	10
	여가활동	217	275	248	259

• 생활시간조사는 18세 이상의 국민이 각자 주어진 24시간을 보내는 양상을 파악하기 위한 것으로, 24시간을 필수시간, 의무시간, 여가시간으로 구분하여 행동 분류별 시간 사용량을 파악하고 있다.

〈자료 2〉 18세 이상 행위자 인구의 생활 행동별 요일 평균 시간

(단위 : 분)

행동 분류별		1999년	2004년	2009년	2014년
필수시간	수면	442	445	450	480
	식사	94	111	116	127
	건강관리	8	60	47	43
의무시간	근로시간	385	343	334	341
	가정관리	146	137	131	134
	학습시간	222	327	294	232
여가시간	게임시간	85	80	73	64
	여가활동	220	276	250	261

• 행위자 인구 : 18세 이상의 성인 중 하루 24시간 중 1분 이상이라도 필수시간, 의무시간, 여가시간에 속한 특정 행위를 한 사람들을 의미한다. 따라서 〈자료 2〉는 해당 생활 행동 행위자만을 대상으로 계산한 요일 평균 행위시간을 나타낸다.

15 〈자료 1〉에 대한 해석으로 적절한 것은?

① 수면과 식사, 게임시간은 증가하고, 학습시간, 가정관리, 근로시간은 감소하는 추세에 있다.

② 2014년 식사시간은 1999년에 비해 130% 이상 증가하여 가장 큰 증가폭을 보였다.

③ 가정관리에 시간을 투입하는 인구가 증가했는데, 1999년 54%에서 2014년 65%로 증가했다.

④ 전체적으로 필수시간의 총합은 증가하고, 근로시간은 감소한 경향이 있다.

⑤ 건강관리에 시간을 투자하는 인구가 계속 감소하고 있음을 알 수 있다.

해설

전체 인구의 필수시간 총합은 1999년 442 ＋ 94 ＋ 8 ＝ 544분, 2004년 445 ＋ 111 ＋ 8 ＝ 564분, 2009년 450 ＋ 116 ＋ 7 ＝ 573분, 2014년 480 ＋ 127 ＋ 6 ＝ 613분으로 점점 증가하고 있다. 반면 근로시간은 점점 감소하고 있으므로 정답은 ④이다.

Plus 해설

① 수면과 식사시간이 증가하고 근로시간은 감소한 것이 맞지만, 게임시간, 학습시간, 가정관리 시간은 증감 추세가 일정하지 않다.

② 2014년 식사시간은 127분으로 1999년 식사시간인 94분에 비해 $\frac{127}{94} \times 100 \fallingdotseq 135\%$ 증가하였으므로 130% 이상 증가한 것이 맞지만, 게임시간의 증가폭이 더 크다.

③ 주어진 자료 이외에는 인구에 대한 수치가 따로 제공된 것이 없으므로 가정관리에 시간을 투입하는 인구가 증가했는지, 얼마나 증가했는지에 대한 내용을 확인할 수 없다.

⑤ 건강관리에 투자하는 시간은 감소한 것이 맞지만 건강관리에 시간을 투자하는 인구가 감소하고 있는지는 알 수 없다.

16 > 다음 중 〈자료 1〉과 〈자료 2〉를 통해서 알 수 있는 사실이 아닌 것은?

① 건강관리를 하는 사람들이 건강관리에 투자하는 시간이 2004년부터 상당히 늘어났다.

② 수면과 식사시간을 제외한 모든 항목에서 행위자 평균이 전체 인구 평균보다 높게 나타났다.

③ 2014년 학습시간은 전체 인구 평균과 행위자 간 평균이 10배 이상의 차이를 보였다.

④ 게임시간의 경우 행위자 평균 시간은 계속 줄었지만 전체 인구가 게임을 하는 총 시간은 늘었다.

⑤ 2014년 건강관리 행위자의 평균 시간은 전체 인구 평균에 비해 7배 이상이다.

해설

1999년 건강관리 항목은 행위자 평균과 전체 인구 평균이 8분으로 같다.

Plus 해설

① 건강관리 행위자 인구가 건강관리에 투자하는 시간은 1999년 8분에서 2004년 60분으로 상당히 늘어났다.

③ 2014년 학습시간의 전체 인구 평균은 23분이고, 행위자 인구 평균은 232분으로 10배 이상의 차이를 보인다.

④ 행위자 인구의 게임시간은 계속 줄고 있고 전체 인구가 게임을 하는 총 시간은 5분에서 10분으로 늘었다.

⑤ 2014년 건강관리 행위자의 평균 시간은 43분으로 전체 인구 평균 시간인 6분에 비해 7배 이상이다.

15 ④ 16 ②

17 귀하는 본사 기획실에 국내 경기에 대한 최근 동향을 분석하여 보고해 줄 것을 주문받았고, 첫 번째 보고서를 위해 국내 경기의 흐름을 쉽게 알아볼 수 있는 건설경기를 먼저 분석하고자 한다. 아래 자료는 건설수주액에 대한 경상자료 중 발주자/공종별 자료만 조사해둔 자료이다. 다음 중 자료를 분석한 내용으로 옳지 않은 것은?

발주자/공종별 건설수주액(경상)

(단위 : 백만 원)

발주자별	공종별	1월	2월	3월	4월	5월
수주총액	계	11,885,120	7,946,447	10,509,180	9,193,856	12,090,487
	건축	6,120,240	5,174,489	8,897,938	7,999,396	8,269,327
	토목	5,764,880	2,771,958	1,611,242	1,194,460	3,821,160
공공부문	계	1,324,652	2,271,086	1,225,083	1,448,248	2,710,364
	건축	466,932	282,650	536,908	613,221	891,730
	토목	857,720	1,988,436	688,175	835,027	1,818,634
민간부문	계	6,339,121	5,659,828	9,183,405	7,476,576	9,285,468
	건축	5,649,084	4,889,111	8,361,002	7,136,830	7,377,018
	토목	690,037	770,717	822,403	339,746	1,908,450
국내 외국기관	계	358	3,716	42	227,083	579
	건축	100	2,728	28	227,083	579
	토목	258	988	14	0	0
민자	계	4,220,989	11,817	100,650	41,949	94,076
	건축	4,124	0	0	22,262	0
	토목	4,216,865	11,817	100,650	19,687	94,076

① 조사 기간 동안 '수주총액'의 합계금액은 매월 등락을 반복하는 형태를 보인다.

② 조사 기간 동안 '민간부문'의 '건축' 수주액이 가장 높았던 달은 같은 달 '토목'의 수주액과 비교할 때 10배 이상의 수주액을 기록하고 있다.

③ 조사 기간 동안 '민자' 합계금액이 가장 큰 달은 나머지 달들의 합계보다 20배 이상이다.

④ 조사 기간 동안 '국내 외국기관' 합계금액은 4월의 수주액이 최고치였고 이는 두 번째로 많았던 2월의 50배 이상이다.

⑤ 5월을 제외한 나머지 조사 기간 동안 공공부문과 민간부문의 건설수주총액 증감 추이는 매월 다른 양상을 보인다.

해설

조사 기간 동안 '민자' 합계금액이 가장 큰 달인 1월(4,220,989)을 뺀 나머지 달의 합계는 248,492백만 원(11,817 + 100,650 + 41,949 + 94,076)이며, '민자' 합계금액이 가장 큰 달은 나머지 달 합계의 약 17배이다.

Plus 해설

② 조사 기간 동안 '민간부문'의 '건축' 수주액이 가장 높았던 달은 3월(8,361,002)이고, 같은 달 '토목'의 수주액(822,403)과 비교할 때 10배 이상의 수주액을 기록하고 있다.

④ 조사 기간 동안 '국내 외국기관' 합계금액은 4월의 수주액(227,083)이 최고치였고, 이는 두 번째로 많았던 2월(3,716)의 약 61배이므로 50배 이상은 맞는 설명이다.

18 ▶ 다음은 농가 및 농가 인구에 대한 자료이다. 자료에 대한 설명으로 적절한 것은?

농가 및 농가 인구

(단위 : 천 호, %, 천 명)

	2013	2014	2015	2016	2017
농가 수	1,142	1,121	1,089	1,068	1,042
└총가구 중 비중	6.3	6.1	5.7	5.5	5.3
농가 인구	2,847	2,752	2,569	2,496	2,422
└총인구 중 비중	5.7	5.5	5.0	4.9	4.7
└65세 이상 비중	37.3	39.1	38.4	40.3	42.5

① 조사 기간 동안 모든 데이터의 값이 꾸준히 감소하고 있다.

② 조사 기간 중 농가 인구가 가장 많이 감소한 해는 2014년이다.

③ 총가구 중 농가 수의 비중과 총인구 중 농가 인구의 비중은 5~6% 사이를 차지한다.

④ 2016년의 총가구는 약 1,941만 8천 호였다.

⑤ 2013년의 농가 인구 중 65세 이상 인구수는 백만 명 이하였다.

📖 해설

2016년의 총가구 중 농가 수의 비중이 5.5%이므로, 총가구 수를 x라 하면 다음과 같은 식이 성립한다.

$$\frac{1,068}{x} \times 100 = 5.5 \quad \therefore x ≒ 19,418 \text{천 호}$$

💡 Plus 해설

① 나머지는 모두 꾸준히 감소하고 있지만, 농가 인구의 65세 이상 비중은 2015년을 제외하고 증가하고 있다.

② 조사 기간 동안의 농가 인구는 2014년에는 전년 대비 95천 명(2,847 − 2,752), 2015년에는 전년 대비 183천 명(2,752 − 2,569), 2016년에는 전년 대비 73천 명(2,569 − 2,496), 2017년에는 전년 대비 74천 명(2,496 − 2,422)이 감소하였다. 따라서 농가 인구가 가장 많이 감소한 해는 2015년이다.

③ 2013년과 2014년의 총가구 중 농가 수의 비중은 6%를 넘고, 2016년과 2017년의 총인구 중 농가 인구의 비중은 5%가 되지 않으므로 틀린 설명이다.

⑤ 2013년의 농가 인구 중 65세 이상 인구수는 $\frac{x}{2,847} \times 100 = 37.3 \quad \therefore x ≒ 1,062$천 명, 즉 106만 2천 명이었다. 따라서 백만 명 이상이다.

[19~20] 다음은 국내 인구 이동 현황이다. 자료를 보고 질문에 답하시오.

국내 인구 이동

(단위 : 천 명, %)

구분		2013년	2014년	2015년	2016년	2017년
총 이동	이동자 수	7,412	7,629	7,755	7,378	7,154
	이동률(%)	14.7	15.0	15.2	14.4	14.0
	전입신고건수	4,505	4,657	4,761	4,570	4,570
	이동자 성비(여자=100)	102.3	102.9	103.2	103.9	104.1

- 이동률 : (연간 이동자 수/주민등록 연앙인구)×100
- 주민등록 연앙인구 : 한 해의 중앙일(7월 1일)에 해당하는 인구로 당해년 평균인구의 개념으로 활용함.
- 전입신고건수 : 동일시점에 동일세대 구성원이 동시에 전입신고한 경우 함께 신고한 세대원 수에 상관없이 한 건으로 집계

권역별 순이동자 수

(단위 : 천 명)

구분	2013년	2014년	2015년	2016년	2017년
수도권	−4	−21	−33	−1	16
중부권	28	39	49	41	42
호남권	−7	−6	−8	−16	−18
영남권	−25	−23	−22	−40	−54

- 순이동 : 전입 − 전출
  - 전입 : 행정 읍면동 경계를 넘어 다른 지역에서 특정 지역으로 이동해 온 경우
  - 전출 : 행정 읍면동 경계를 넘어 특정 지역에서 다른 지역으로 이동해 간 경우

19 › 다음 중 위 자료에 대해 바르게 해석한 것은?

① 2015년에는 남자 100명이 이동할 때, 여자 103.2명이 이동했다.
② 국내 인구 이동률은 2014년 이후 계속해서 감소하고 있는 추세이다.
③ 2013년~2016년까지 수도권으로 전입한 인구가 전출한 인구보다 많다.
④ 2016년 수도권, 호남권, 영남권 전출자들은 모두 중부권으로 전입했다.
⑤ 2017년 국내 이동자 수는 총 715만 4천 명으로 전년 대비 약 3% 감소하였다.

해설

2017년 국내 이동자 수는 총 715만 4천 명이고 2016년 국내 이동자 수는 총 737만 8천 명이다. 감소율을 계산하면, $\dfrac{7,154 - 7,378}{7,378} \times 100 = -3.036\cdots$이므로 약 3% 감소하였다.

💡 **Plus 해설**

① 이동자 성비는 여자가 100일 때의 비율이므로 2015년에는 여자 100명이 이동할 때, 남자 103.2명이 이동했다.
② 국내 인구 이동률은 2015년에 2014년보다 증가했다.
③ 2013~2016년까지 수도권의 순이동자 수는 모두 '―'이므로 전출 인구가 더 많다.
④ 2016년 수도권, 호남권, 영남권 전출자들이 어디로 갔는지 알 수 있는 자료가 없다.

20 〉 위 자료를 토대로 할 때, 2014년 주민등록 연앙인구(7월 1일 자 기준인구)는 몇 명인가?

① 48,145,000명 ② 50,860,000명 ③ 52,725,000명

④ 54,380,000명 ⑤ 56,460,000명

📖 **해설**

주민등록 연앙인구를 당해년 평균인구의 개념으로 활용한다고 하였으므로 이동률과 이동자 수로 구할 수 있다.

2014년의 주민등록 연앙인구를 x라고 하면, $x \times \dfrac{15}{100} = 7,629$ 천 명이다.
$0.15x = 7,629$
$x = 50,860$
따라서 2014년 주민등록 연앙인구는 50,860천 명, 즉 50,860,000명이다.

19 ⑤   20 ②

Chapter 04 문제해결력 기본 이론 학습

❶ 수 · 문자 추리

1) 수 추리

(1) 반복 규칙 : 반복되는 사칙연산의 규칙을 찾아 문제를 해결한다.

> 예 3, 9, 27, 9, 27, 81, 27, 81, …
> → $\times 3$, $\times 3$, $\times \dfrac{1}{3}$ …이 반복되는 규칙을 보인다.

(2) 피보나치 수열 : 첫 번째 항의 수와 두 번째 항의 수를 더하면 세 번째 항의 수가 나온다.

> 예 1, 1, 2, 3, 5, 8, 13, …
> → $1+1=2$, $1+2=3$, $2+3=5$, $3+5=8$, $5+8=13$, …

2) 문자 추리

(1) 한글 자음 순서 : 일반 자음 순서 14개를 순환 패턴으로 규칙을 가지는 문제가 있고, 쌍자음이 포함된 자음 순서 19개의 순환 패턴 규칙을 적용하는 문제도 있다.

ㄱ	ㄴ	ㄷ	ㄹ	ㅁ	ㅂ	ㅅ	ㅇ	ㅈ	ㅊ	ㅋ	ㅌ	ㅍ	ㅎ
1	2	3	4	5	6	7	8	9	10	11	12	13	14

ㄱ	ㄲ	ㄴ	ㄷ	ㄸ	ㄹ	ㅁ	ㅂ	ㅃ	ㅅ	ㅆ	ㅇ	ㅈ	ㅉ	ㅊ	ㅋ	ㅌ	ㅍ	ㅎ
1	2	3	4	5	6	7	8	9	10	11	12	13	14	15	16	17	18	19

(2) 한글 모음 순서 : 일반 모음 순서 10개를 순환 패턴으로 규칙을 가지는 문제가 있고, 사전에 실리는 모음 순서 21개의 순환 패턴 규칙을 적용하는 문제도 있다.

ㅏ	ㅑ	ㅓ	ㅕ	ㅗ	ㅛ	ㅜ	ㅠ	ㅡ	ㅣ
1	2	3	4	5	6	7	8	9	10

ㅏ	ㅐ	ㅑ	ㅒ	ㅓ	ㅔ	ㅕ	ㅖ	ㅗ	ㅘ	ㅙ	ㅚ	ㅛ	ㅜ	ㅝ	ㅞ	ㅟ	ㅠ	ㅡ	ㅢ	ㅣ
1	2	3	4	5	6	7	8	9	10	11	12	13	14	15	16	17	18	19	20	21

(3) 알파벳 순서

A	B	C	D	E	F	G	H	I	J	K	L	M
1	2	3	4	5	6	7	8	9	10	11	12	13
N	O	P	Q	R	S	T	U	V	W	X	Y	Z
14	15	16	17	18	19	20	21	22	23	24	25	26

예제 1

다음 제시된 문자의 규칙을 찾아 ?에 들어갈 알맞은 문자를 고르면?

ㅠ ㅏ ㅛ ㅓ (?)

① ㅏ   ② ㅑ

③ ㅠ   ④ ㅡ

해설

한글의 일반 모음 순서를 숫자로 변환한 후 수 추리의 규칙을 찾아낸다.

$$\underset{-7}{\overset{ㅠ \to}{8}} \quad \underset{-5}{\overset{ㅏ \to}{1}} \quad \underset{-3}{\overset{ㅛ \to}{6}} \quad \underset{-1}{\overset{ㅓ \to}{3}} \quad \overset{?}{?}$$

따라서 ?에 들어갈 숫자는 2가 되므로 정답은 두 번째 모음인 'ㅑ'이다.

정답 ②

❷ 논증

1) 연역추론 : 전제에서 시작하여 논리적인 주장을 통해 특정 결론에 도달한다.

> **예** ㉠ 모든 사람은 죽는다. (대전제)
> ㉡ 소크라테스는 사람이다. (소전제)
> ㉢ 소크라테스는 죽는다. (결론)

2) 귀납추론 : 관찰이나 경험에서 시작하여 일반적인 결론에 도달한다.

> **예** ㉠ 소크라테스는 죽었다. 플라톤도 죽었다. 아리스토텔레스도 죽었다.
> ㉡ 이들은 모두 사람이다.
> ㉢ 그러므로 모든 사람은 죽는다.

🔲 예제 2

다음을 읽고 밑줄 친 부분에 들어갈 말로 적절한 것을 고르면?

> ㉠ 새끼를 낳아 수유를 하는 동물은 포유류이다.
> ㉡ 인간은 새끼를 낳아 수유를 한다.
> ㉢ ____________________________.

① 포유류는 동물을 분류하는 기준이다. ② 포유류만 새끼를 낳는 것은 아니다.
③ 포유류는 척추동물이다. ④ 인간은 포유류이다.

📖 해설

'포유류는 새끼를 낳아 수유를 한다'는 일반적인 사실이나 원리를 전제로 하여 '인간 또한 포유류'라는 개별적이고 특수한 사실을 결론으로 이끌어 낸 연역추론의 한 예시이다.

💡 Plus 해설

삼단논법은 연역추론의 한 방법으로, 2개의 전제와 1개의 결론으로 구성된다. 대전제는 일반적·추상적 원칙이고, 소전제는 구체적 사실이다. 이와 같은 두 개의 전제에서 구체적인 결론을 이끌어 내는 방법이 삼단논법이다. 첫 번째 전제 ㉠에서 '새끼를 낳아 수유를 하는 동물' → '포유류'라고 했고, 두 번째 전제 ㉡에서 '인간' → '새끼를 낳아 수유를 한다'고 했다. 삼단논법으로 추리할 때 '인간' → '새끼를 낳아 수유를 하는 동물' → '포유류'가 되므로 결론인 '인간은 포유류이다'를 도출할 수 있다.

정답 ④

❸ 명제 추리

1) 명제의 정의

(1) 명제 : 어떤 문제에 대한 하나의 논리적 판단 내용과 주장을 언어 또는 기호로 표시한 것이다. 참과 거짓을 판단할 수 있다는 점이 특징이다.

> **예** 상상력이 풍부한 사람은 독서를 좋아한다.

(2) 명제의 역·이·대우

① **명제의 역 :** 원 명제($P \rightarrow Q$)의 가정과 결론을 바꾼 명제($Q \rightarrow P$)이다.

② **명제의 이 :** 원 명제($P \rightarrow Q$)의 가정과 결론을 둘 다 부정한 명제($\sim P \rightarrow \sim Q$)이다.

③ **명제의 대우 :** 원 명제($P \rightarrow Q$)의 '역'의 '이'인 명제($\sim Q \rightarrow \sim P$)이다.

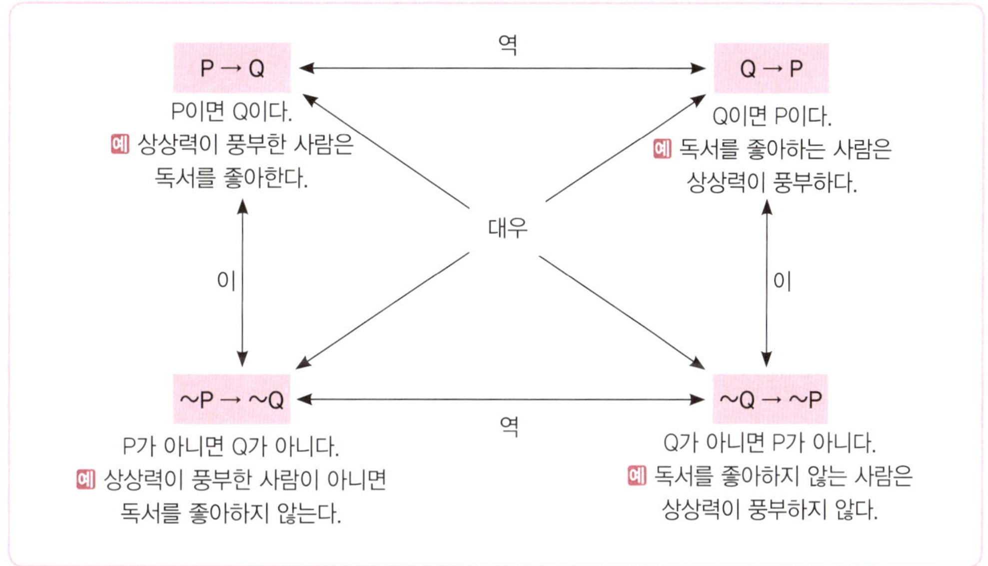

 **Tips**

원 명제가 참일 때 그 '역'과 '이' 또한 반드시 참이라고 할 수 없지만, '대우'는 반드시 참이다. 즉 원 명제와 '대우'의 진위는 반드시 일치한다.

2) 명제의 집합관계와 부정

명제		부정	
• 모든 P는 Q이다.	예 모든 사탕은 달다.	• 어떤 P는 Q가 아니다.	예 어떤 사탕은 달지 않다.
• 어떤 P는 Q이다.	예 어떤 사탕은 달다.	• 모든 P는 Q가 아니다.	예 모든 사탕은 달지 않다.

3) 삼단논법 : 두 명제를 전제로 하여 하나의 결론을 이끌어내는 추리 방법이다.

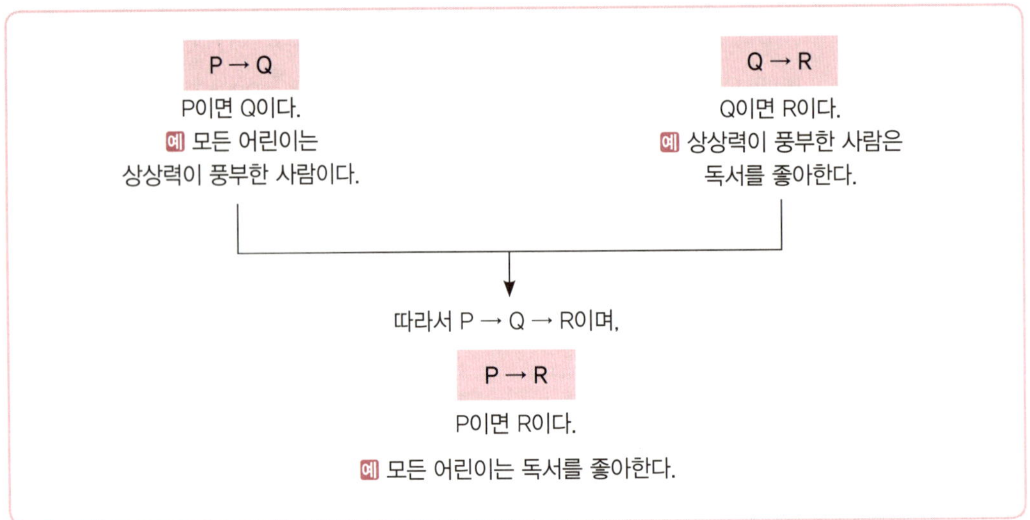

4) 문제 풀이 순서

(1) 문제를 핵심 단어나 기호로 간략히 나타낸다.

(2) 명제 사이의 관계가 잘 드러나도록 표시해둔다.

(3) 명제가 참(거짓)이면 반드시 참(거짓)인 대우 명제를 간단히 적어둔다.

(4) 삼단논법을 활용하여 문제를 푼다.

(5) 정리한 것을 선택지에 대입하여 확인한다.

🐚 예제 3

다음 명제가 모두 참일 때, 언제나 참인 것은?

> - 수영을 좋아하는 사람은 등산을 좋아한다.
> - 달리기를 좋아하는 사람은 등산을 좋아한다.
> - 줄넘기를 좋아하는 사람은 수영을 좋아한다.

① 수영을 좋아하는 사람은 달리기를 좋아한다.
② 줄넘기를 좋아하는 사람은 달리기를 좋아한다.
③ 줄넘기를 좋아하는 사람은 등산을 좋아한다.
④ 달리기를 좋아하는 사람은 수영을 좋아한다.
⑤ 수영을 좋아하지 않는 사람은 등산도 좋아하지 않는다.

📖 해설

명제 추리의 문제 풀이 순서에 따른 해결은 다음과 같다.
(1) '수영을 좋아하는 사람=P, 등산을 좋아하는 사람=Q, 달리기를 좋아하는 사람=R, 줄넘기를 좋아하는 사람=S'와 같이 명제를 기호로 간략히 표시한다.
(2) 'P → Q, R → Q, S → P'와 같이 명제 사이의 관계를 정리한다.
(3) 명제가 참이므로 항상 참이 되는 대우 명제를 '~Q → ~P, ~Q → ~R, ~P → ~S'와 같이 표시해둔다.
(4) 삼단논법이 적용되는 경우를 'S → P → Q(S → Q), ~Q → ~P → ~S(~Q → ~S)'와 같이 정리해둔다.
(5) 정리한 내용을 바탕으로 선택지를 확인한다.
① 'P → R', ② 'S → R', ④ 'R → P', ⑤ '~P → ~Q'는 정리한 내용에 없으므로 참·거짓을 판단할 수 없다.
③ 'S → Q'는 (4)에서 삼단논법으로 확인한 내용이므로 항상 참이다. 따라서 답은 ③이다.

정답 ③

문제해결력

④ 참·거짓 추론

1) 참·거짓의 정의

(1) 참 : 명제가 진리인 것을 이른다.

(2) 거짓 : 명제가 진리가 아닌 것을 이른다.

2) 문제 유형

여러 명의 진술 중 거짓을 말하는 사람과 진실을 말하는 사람을 구분하여 해결하는 문제이다. 이러한 문제는 거짓 진술과 참인 진술 사이에 발생하는 모순을 찾는 것이 중요하다.

3) 문제 풀이 순서

(1) 동시에 참일 수 없거나 동시에 거짓일 수 없는 모순점이 있는 명제를 찾는다. 혹은 동시에 참이거나 동시에 거짓일 수밖에 없는 명제를 찾아 분류한다.

(2) 분류한 내용을 기준으로 한 가지 경우가 옳다고 가정한 후 문제를 풀어본다.

(3) 가정이 틀렸을 경우 다른 경우를 옳다고 가정한 후 문제를 풀어나간다.

※ 만약 분류할 수 있는 내용이 없을 경우 각각의 진술을 참 또는 거짓이라 가정 후 검토해본다.

예제 4

A~D 중 한 명이 취업을 했다. 이 중 한 명만 진실을 말하고 있다고 할 때, 취업을 한 사람은 누구인가?

> A : 취업을 한 사람은 C입니다.
> B : 저는 취업을 하지 않았습니다.
> C : A는 거짓말을 하고 있습니다.
> D : A가 취업을 한 것이 확실합니다.

① 알 수 없음   ② A

③ B   ④ C

해설

참 · 거짓 추론 문제 유형의 문제 풀이 순서에 따른 추론은 다음과 같다.
(1) A와 C의 진술이 모순되므로 둘 중 한 명이 진실을 말하고 있음을 알 수 있다.
(2) A가 진실을 말하고 있다고 가정해본다.

A	B – 취업	C – 취업	D
진실	거짓	거짓	거짓

→ B의 말이 거짓이면 B가 취업을 했다는 뜻이므로, 취업을 한 사람이 C라는 A의 진술과 모순된다. 따라서 틀린 가정이다.
(3) C가 진실을 말하고 있다고 가정해본다.

A	B – 취업	C	D
거짓	거짓	진실	거짓

→ 모순되는 진술이 없으므로 취업을 한 사람은 B이다. 따라서 답은 ③이다.

정답 ③

❺ 순서 · 위치 · 방향 추론

1) 문제 유형

다각형 테이블에 둘러앉은 사람들의 위치나 방향, 마라톤과 같은 경기에서 경기 도중의 순서나 최종 순위, 건물과 건물 혹은 인물과 건물 간의 위치나 방향 등을 조건에 따라 추론하는 문제이다. 이러한 문제는 주어진 조건에 따라 가능한 가정을 모두 세우는 것이 중요하다.

2) 문제 풀이 순서

(1) 다른 사람들과 관련된 순서나 위치 관련 정보가 가장 많은 사람을 파악한다.

(2) 주어진 조건을 통해서 순서나 위치를 확실하게 고정할 수 있는 사람을 찾는다.

(3) 고정한 사람과 관련된 사람의 순서나 위치 정보를 파악한다.

(4) 주어진 조건을 정리해 가능한 순서나 위치 관계를 모두 정리한다.

(5) 정리한 가정을 문제와 조건에 대입하며 소거한 후 답을 찾는다.

🗐 예제 5

5인용 원형 테이블에 A, B, C, D가 둘러앉아 있다. 아래 제시된 조건을 모두 고려했을 때, A, B, C, D 4명의 자리 배치로 옳은 것을 고르면?

- B의 오른쪽 옆자리는 비어 있다.
- C는 B의 옆자리에 앉지 않는다.
- D의 맞은편 한 자리는 비어 있고, 한 자리는 B가 앉아 있다.

① 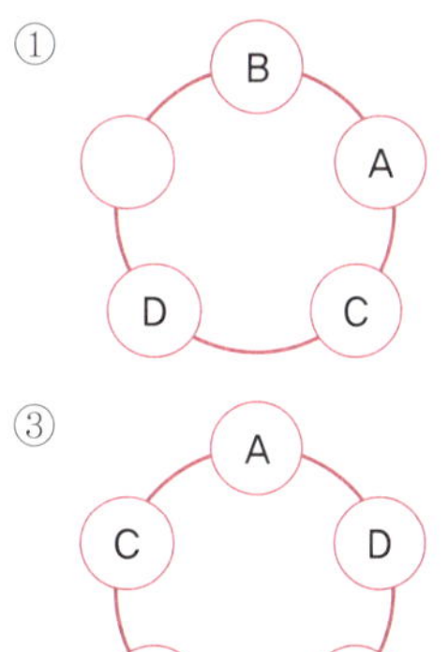

② ③ ④

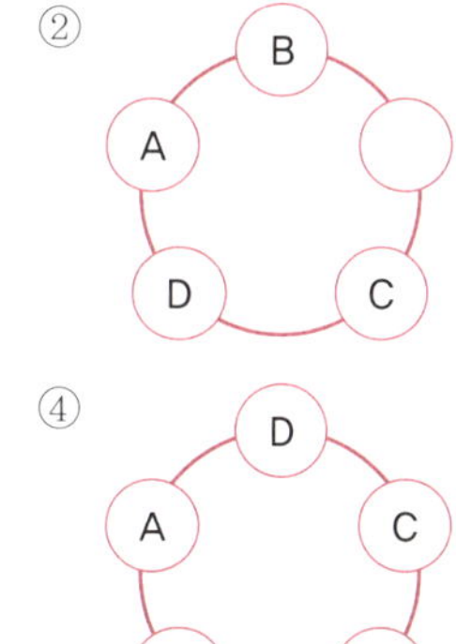

해설

제시된 조건에 따르면 5인용 원형 테이블에 4명이 둘러앉았으므로, 1개의 빈자리가 있다는 것을 알 수 있다. 이 때, 순서·위치·방향 추론 문제 유형의 문제 풀이 순서에 따른 추론은 다음과 같다.

(1) 다른 사람들과 관련된 순서나 위치 관련 정보가 가장 많은 사람은 B이다. B의 오른쪽 옆자리는 비어 있고, C는 B의 옆자리에 앉지 않으므로, B의 오른쪽과 왼쪽에는 C가 앉지 않는다.

(2) 주어진 조건을 통해서 위치를 확실하게 고정할 수 있는 사람인 B를 기준으로 4명의 자리 배치를 가정한다.

(3)~(4) 이때, B를 기준으로 C의 위치를 다음 두 가지로 배정할 수 있다.

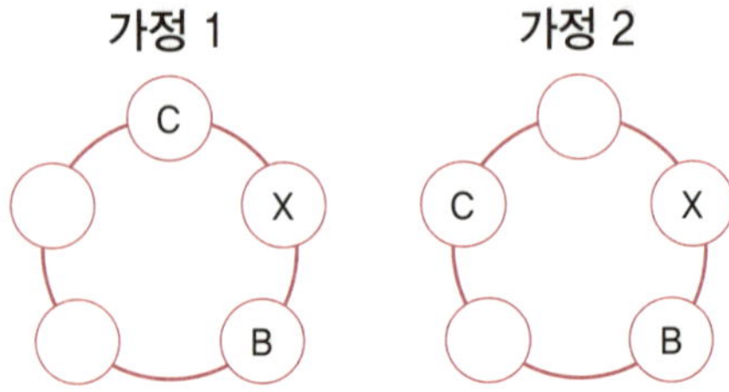

(5) 또한 D의 맞은편 한 자리는 비어 있고 한 자리는 B가 앉아 있다고 했으므로, C의 위치는 가정 2가 아닌 가정 1이 되어야 한다. B의 오른쪽 옆자리는 비어 있다고 했으므로. 이에 근거해 A의 위치 또한 추론할 수 있다.

정답 ④

Chapter 04 문제해결력 실전 연습 문제

출제 포인트!

문제해결력은 나열된 숫자 또는 문자의 규칙을 찾아 빈칸에 들어갈 알맞은 숫자·문자를 고르는 수·문자 추리 문제와 참·거짓 문제, 조건 추리 문제가 함께 출제된다.

수·문자 추리 문제는 단순 나열에 그치지 않고 도형과 접목한 경우도 있으므로 다양한 유형의 문제를 접하는 것이 중요하다. 참·거짓 문제와 조건 추리 문제의 경우 다소 복잡하게 느껴질 수 있는 문제 유형이지만, 주어진 조건을 통해 확실히 알 수 있는 내용부터 하나씩 적용해 나가면 오히려 쉽게 풀 수 있는 문제이므로 충분한 연습이 필요하다.

01 수·문자 추리

[01~11] 다음 나열된 숫자의 규칙을 찾아 (?)에 들어갈 알맞은 수를 고르시오.

01 >

11　7　12　8　13　9　14　(?)

① 10　　　　② 11　　　　③ 12
④ 13　　　　⑤ 14

해설

−4, +5 …가 반복되는 규칙을 보이고 있다.

$$11 \rightarrow 7 \rightarrow 12 \rightarrow 8 \rightarrow 13 \rightarrow 9 \rightarrow 14 \rightarrow (?)$$
$$\quad -4 \quad +5 \quad -4 \quad +5 \quad -4 \quad +5 \quad -4$$

따라서 괄호에 들어갈 알맞은 숫자는 10이다.

01 ①

02

> 7   4   12   9   27   24   (?)

① 21   ② 24   ③ 37
④ 72   ⑤ 84

해설

7   →   4   →   12   →   9   →   27   →   24   →   (?)
　　　−3　　×3　　−3　　×3　　−3　　×3

따라서 괄호에 들어갈 알맞은 숫자는 72이다.

03

> 8   11   17   29   44   65   (?)

① 53   ② 77   ③ 89
④ 94   ⑤ 102

해설

8   →   11   →   17   →   29   →   44   →   65   →   (?)
　+3　→　+6　→　+12　→　+15　→　+21　→　+24
　　+3　　　+6　　　+3　　　+6　　　+3

따라서 괄호에 들어갈 알맞은 숫자는 89이다.

04

> 4   7   13   21   37   (?)

① 51   ② 52   ③ 55
④ 56   ⑤ 59

해설

$$4 \quad \to \quad 7 \quad \to \quad 13 \quad \to \quad 21 \quad \to \quad 37 \quad \to \quad (\ ? \ )$$
$$+3 \quad \to \quad +6 \quad \to \quad +8 \quad \to \quad +16 \quad \to \quad +18$$
$$\times 2 \qquad +2 \qquad \times 2 \qquad +2$$

따라서 괄호에 들어갈 알맞은 숫자는 55이다.

05

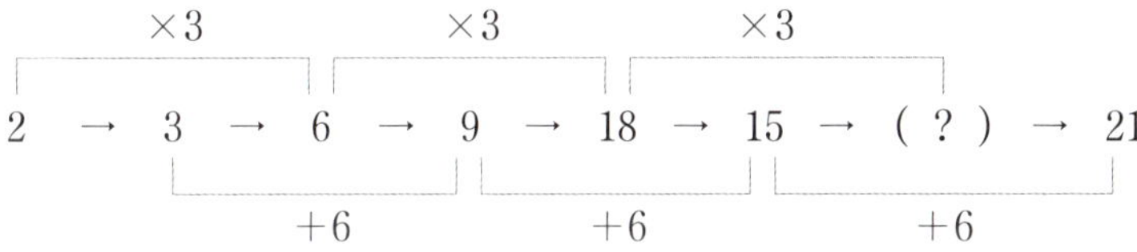

$$2 \quad 3 \quad 6 \quad 9 \quad 18 \quad 15 \quad (\ ? \ ) \quad 21$$

① 17   ② 24   ③ 36
④ 48   ⑤ 54

해설

$$\times 3 \qquad \times 3 \qquad \times 3$$
$$2 \ \to \ 3 \ \to \ 6 \ \to \ 9 \ \to \ 18 \ \to \ 15 \ \to \ (\ ? \ ) \ \to \ 21$$
$$+6 \qquad +6 \qquad +6$$

따라서 괄호에 들어갈 알맞은 숫자는 54이다.

06

$$-9 \quad -4 \quad 8 \quad 13 \quad -26 \quad (\ ? \ )$$

① -21 ② -18 ③ 11
④ 19   ⑤ 23

해설

나열된 수는 $+5$와 $\times(-2)$가 반복되고 있다. 즉, $(-9)+5=(-4)$, $(-4)\times(-2)=8$, $8+5=13$, $13\times(-2)=(-26)$ 이므로 괄호에 들어갈 알맞은 숫자는 '$(-26)+5=(-21)$'이다.

02 ④　03 ③　04 ③　05 ⑤　06 ①

07 ▶

$$\frac{2}{7} \quad \frac{6}{9} \quad \frac{8}{15} \quad \frac{14}{23} \quad \frac{22}{37} \quad (\ ?\ )$$

① $\dfrac{23}{51}$ ② $\dfrac{32}{53}$ ③ $\dfrac{34}{54}$

④ $\dfrac{36}{59}$ ⑤ $\dfrac{39}{61}$

해설

앞의 항이 $\dfrac{B}{A}$ 일 때, 다음 항은 $\dfrac{A-1}{A+B}$ 의 규칙이 있다.

나열된 수를 차례로 살펴보면 $\dfrac{7-1}{7+2} = \dfrac{6}{9}$, $\dfrac{9-1}{9+6} = \dfrac{8}{15}$, $\dfrac{15-1}{15+8} = \dfrac{14}{23}$, $\dfrac{23-1}{23+14} = \dfrac{22}{37}$ 이므로

괄호에 들어갈 알맞은 숫자는 $\dfrac{37-1}{37+22} = \dfrac{36}{59}$ 이다.

08 ▶

$$5 \quad 7 \quad 11 \quad 19 \quad 35 \quad 67 \quad (\ ?\ )$$

① 93   ② 105   ③ 117

④ 129   ⑤ 131

해설

주어진 수는 $(+2^1) \rightarrow (+2^2) \rightarrow (+2^3) \rightarrow (+2^4) \rightarrow \cdots$의 규칙을 갖고 있다. 따라서 빈칸에 들어갈 숫자는 $67 + 2^6 = 131$이다.

09 ▶

$$3 \quad 6 \quad 13 \quad 26 \quad 53 \quad 106 \quad (\ ?\ )$$

① 165   ② 183   ③ 204

④ 213   ⑤ 225

해설

주어진 수는 $(\times 2) \rightarrow (\times 2 + 1) \rightarrow (\times 2) \rightarrow (\times 2 + 1)$이 반복되는 규칙을 갖고 있다. 따라서 빈칸에 들어갈 숫자는 $106 \times 2 + 1 = 213$이다.

10 ▶

| 4 9 13 23 | 6 5 11 19 | 8 3 (?) 13 |

① 3   ② 7   ③ 9
④ 11   ⑤ 15

해설

그룹에 나열된 숫자를 각각 $\underline{A\ B\ C\ D}$라 하면, '$(A \times B) - C = D$'의 일정한 규칙을 가지고 있다.
따라서 '$(8 \times 3) - (\ ?\ ) = 13$'이므로 괄호에 들어갈 알맞은 숫자는 11이다.

11 ▶

| 7 3 40 | 8 5 39 | 4 −4 (?) |

① 0   ② 4   ③ 7
④ 16   ⑤ −16

해설

그룹 안에 나열된 숫자를 각각 $\underline{A\ B\ C}$라고 하면, $A^2 - B^2 = C$의 일정한 규칙이 있다.
따라서 빈칸에 들어갈 알맞은 숫자는 $4^2 - (-4)^2 = 0$이다.

문제해결력

12 ▶ 다음 화살표(⇩)가 가리키는 자리를 기준으로 반시계 방향으로 회전할 경우 ?에 들어갈 알맞은 숫자를 고르면?

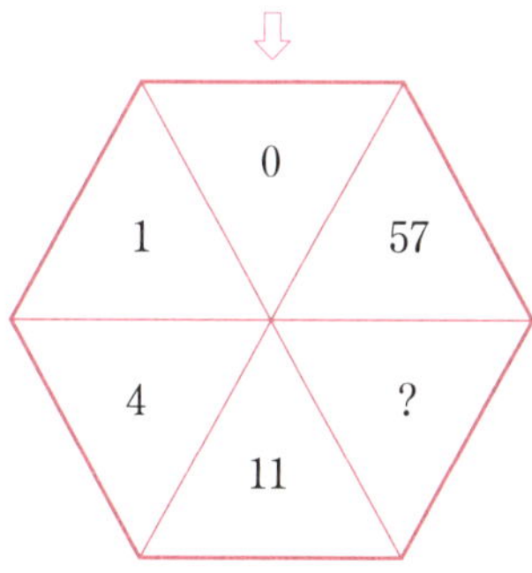

① 26   ② 27   ③ 28
④ 29   ⑤ 30

해설

$$0 \quad \rightarrow \quad 1 \quad \rightarrow \quad 4 \quad \rightarrow \quad 11 \quad \rightarrow \quad (\ ?\ ) \quad \rightarrow \quad 57$$
$$\times 2+1 \quad\ \times 2+2 \quad\ \ \times 2+3 \quad\ \ \times 2+4 \quad\quad \times 2+5$$

따라서 ?에 들어갈 알맞은 숫자는 26이다.

13 ▶ 다음 화살표(⇩)가 가리키는 자리를 기준으로 시계 방향으로 회전할 경우 ?에 들어갈 알맞은 숫자를 고르면?

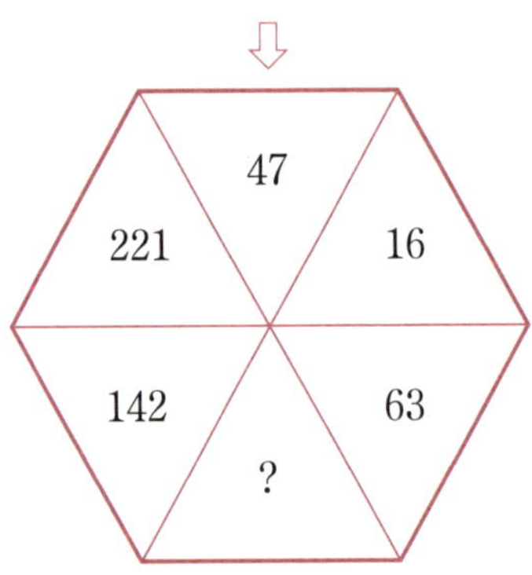

① 69　　　　② 75　　　　③ 79

④ 98　　　　⑤ 112

해설

첫 번째 항과 두 번째 항의 수를 더하면 세 번째 항의 수가 나오는 '피보나치 수열'에 해당한다.

$$47 \quad \rightarrow \quad 16 \quad \rightarrow \quad 63 \quad \rightarrow \quad (\ ?\ ) \quad \rightarrow \quad 142 \quad \rightarrow \quad 221$$

$$\qquad\qquad\quad 47+16 \quad 16+63 \quad 63+79 \quad 79+142$$

따라서 ?에 들어갈 알맞은 숫자는 79이다.

[14~15] 다음 ?에 들어갈 알맞은 숫자를 고르시오.

14 ▶

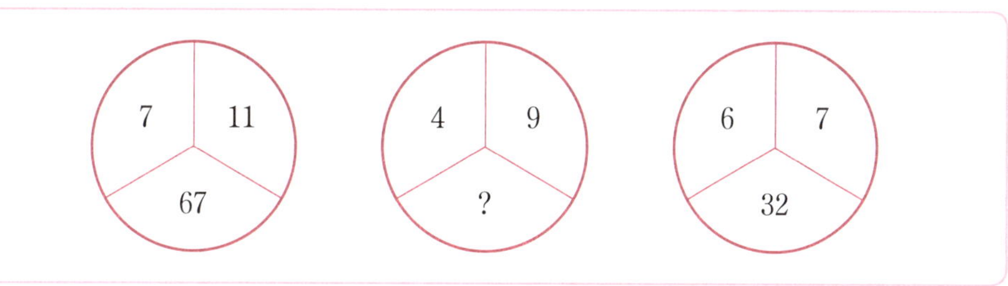

① 12

② 24

③ 26

④ 45

⑤ 51

해설

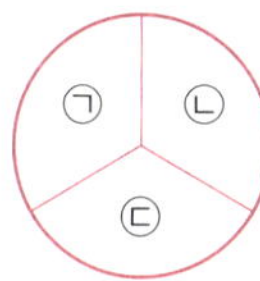

원 안의 각 부분을 위와 같이 ㉠~㉢으로 표시하였을 때, '㉠×㉡ − 10 = ㉢'이란 규칙이 성립한다. 따라서 ?에 들어갈 알맞은 숫자는 '$4 \times 9 - 10 = 26$'이다.

15 ▶

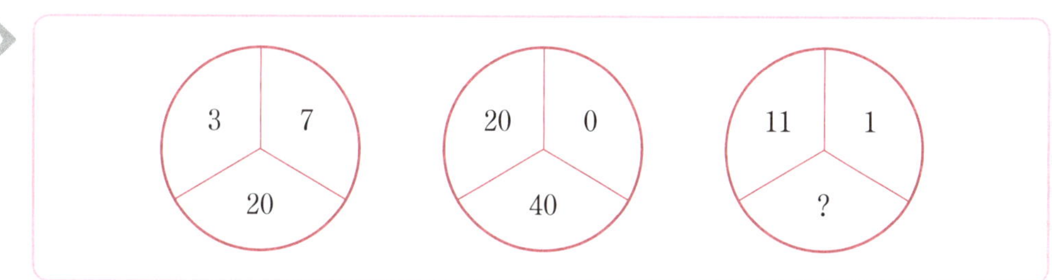

① 4

② 17

③ 21

④ 24

⑤ 31

해설

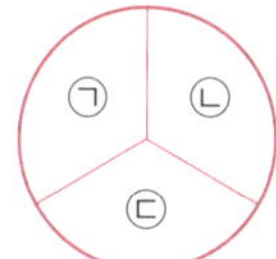

원 안의 각 부분을 위와 같이 ㉠~㉢으로 표시하였을 때, '(㉠×2) + (㉡×2) = ㉢'이란 규칙이 성립한다. 따라서 ?에 들어갈 알맞은 숫자는 '$(11 \times 2) + (1 \times 2) = 22 + 2 = 24$'이다.

12 ① **13** ③ **14** ③ **15** ④

[16~19] 다음 나열된 문자의 규칙을 찾아 (?)에 들어갈 알맞은 문자를 고르시오.

16 ▶

ㅊ　ㅁ　ㅍ　ㅈ　(?)　ㅍ

① ㄱ　　　② ㄴ　　　③ ㄷ　　　④ ㄹ　　　⑤ ㅁ

해설

제시된 한글 자음 순서를 숫자로 바꿔보면 다음과 같다.

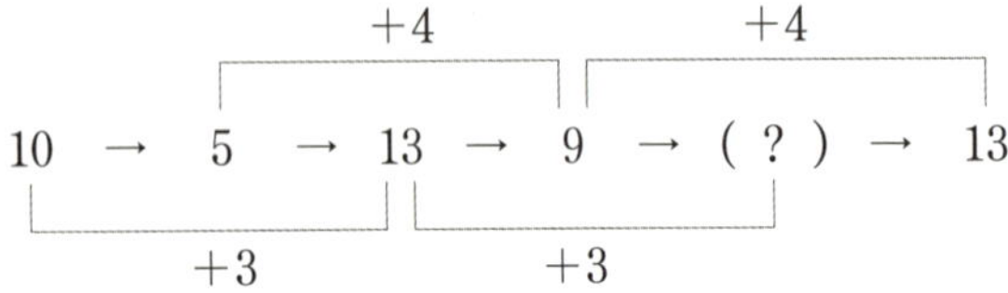

따라서 괄호에 올 숫자는 16이고, 한글 자음은 14를 기점으로 돌아가는 순환 패턴을 보이므로, 16번째에 해당하는 ㄴ(16 − 14 ＝ 2)이 들어가야 한다.

COOL TIP 한글 자음 순서

ㄱ	ㄴ	ㄷ	ㄹ	ㅁ	ㅂ	ㅅ	ㅇ	ㅈ	ㅊ	ㅋ	ㅌ	ㅍ	ㅎ
1	2	3	4	5	6	7	8	9	10	11	12	13	14

17 ▶

A　B　C　(?)　H　M　U

① D　　　② E　　　③ F　　　④ G　　　⑤ K

해설

제시된 알파벳 순서를 숫자로 바꿔보면 다음과 같다.
1 → 2 → 3 → (?) → 8 → 13 → 21
나열된 숫자의 규칙을 살펴보면, 첫째 항과 둘째 항의 합이 셋째 항이 되는 '피보나치 수열'을 이루고 있다.
따라서 괄호에 들어갈 숫자는 '2＋3＝5'이고, 5에 대응하는 알파벳은 E이다.

 **알파벳 순서**

A	B	C	D	E	F	G	H	I	J	K	L	M
1	2	3	4	5	6	7	8	9	10	11	12	13
N	O	P	Q	R	S	T	U	V	W	X	Y	Z
14	15	16	17	18	19	20	21	22	23	24	25	26

18 ▶

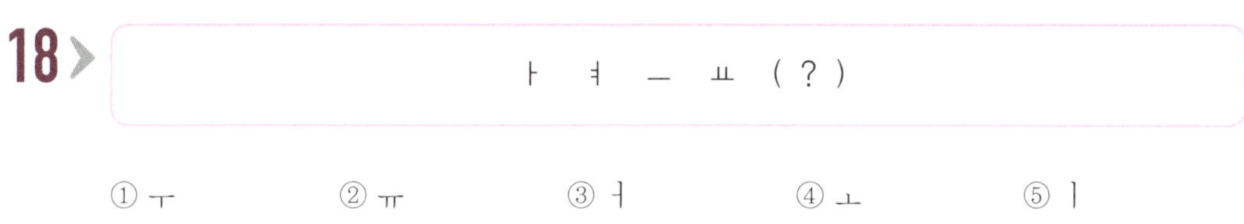

① ㅜ   ② ㅠ   ③ ㅓ   ④ ㅗ   ⑤ ㅣ

 **해설**

먼저 제시된 한글 모음을 숫자로 치환하면 다음과 같다.

$$1 \quad 4 \quad 9 \quad 16 \quad (\,?\,)$$

나열된 숫자를 살펴보면 $1^2, 2^2, 3^2, 4^2, \cdots$과 같은 거듭제곱수임을 알 수 있다. 따라서 괄호 안에 들어갈 숫자는 $5^2 = 25$이고, 25에 대응하는 한글 모음은 'ㅗ'이다.

 **한글 모음 순서**

ㅏ	ㅑ	ㅓ	ㅕ	ㅗ	ㅛ	ㅜ	ㅠ	ㅡ	ㅣ
1	2	3	4	5	6	7	8	9	10

19 ▶

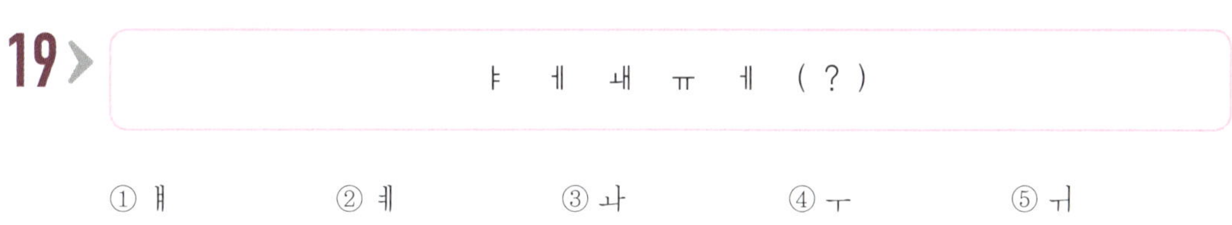

① ㅐ   ② ㅔ   ③ ㅘ   ④ ㅜ   ⑤ ㅟ

16 ②   17 ②   18 ④

해설

먼저 제시된 한글 모음을 숫자로 치환하면 다음과 같다.

$$3 \rightarrow 6 \rightarrow 11 \rightarrow 18 \rightarrow 27 \rightarrow (\ ?\ )$$
$$+3 \rightarrow +5 \rightarrow +7 \rightarrow +9 \rightarrow +11$$
$$+2 \quad\quad +2 \quad\quad +2 \quad\quad +2$$

따라서 괄호에 들어갈 알맞은 숫자는 38이고, 38에 대응하는 한글 모음은 'ㅟ'이다.

 한글 모음 순서

ㅏ	ㅐ	ㅑ	ㅒ	ㅓ	ㅔ	ㅕ	ㅖ	ㅗ	ㅘ	ㅙ	ㅚ	ㅛ	ㅜ	ㅝ	ㅞ	ㅟ	ㅠ	ㅡ	ㅢ	ㅣ
1	2	3	4	5	6	7	8	9	10	11	12	13	14	15	16	17	18	19	20	21

[20~21] 다음 화살표(⇩)가 가리키는 자리를 기준으로 시계 방향으로 돌 경우 ?에 들어갈 알맞은 숫자를 고르시오.

20 ▶

⇩		
?	4	7
60		21
63	21	18

① 63　　　　② 66　　　　③ 71

④ 120　　　　⑤ 132

해설

규칙을 살펴보면 $+3$, $\times 3$, -3이 차례로 반복되고 있음을 알 수 있다.

$$4 \rightarrow 7 \rightarrow 21 \rightarrow 18 \rightarrow 21 \rightarrow 63 \rightarrow 60 \rightarrow (\ ?\ )$$
$$+3 \quad \times 3 \quad -3 \quad +3 \quad \times 3 \quad -3 \quad +3$$

따라서 ?에 들어갈 알맞은 숫자는 '60 + 3 = 63'이다.

21

110	132	6
90		L
?		T
D	42	30

① P   ② 72   ③ Q   ④ 115   ⑤ Y

해설

숫자와 문자가 혼용된 문제가 출제되었을 경우, 먼저 문자를 숫자로 치환한 다음 규칙을 찾는 것이 유리하다. 주어진 숫자와 문자를 일렬로 나열하여 살펴보면 '$2\times3,\ 3\times4,\ 4\times5,\ 5\times6,\ \cdots,\ 10\times11,\ 11\times12$'와 같은 규칙이 있음을 발견할 수 있다.

$$6 \rightarrow L \rightarrow T \rightarrow 30 \rightarrow 42 \rightarrow D \rightarrow (?) \rightarrow 90 \rightarrow 110 \rightarrow 132$$

$$2\times3 \quad 3\times4 \quad 4\times5 \quad 5\times6 \quad 6\times7 \quad 7\times8 \quad 8\times9 \quad 9\times10 \quad 10\times11 \quad 11\times12$$

따라서 ?에 들어갈 알맞은 숫자는 '$8\times9=72$'이다.

[22~23] 다음 그림의 ?에 들어갈 알맞은 수를 구하시오.

22

① 55   ② 59   ③ 62   ④ 70   ⑤ 73

19 ⑤   20 ①   21 ②

해설

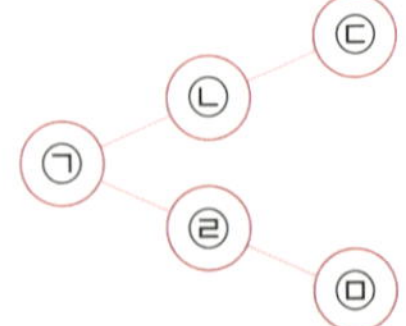

그림의 각 부분을 ㉠~㉤으로 표시하였을 때, '㉠ + ㉣ = ㉤' 또는 '㉤ − ㉣ = ㉠'의 규칙이 있음을 알 수 있다.
따라서 ?에 들어갈 알맞은 숫자를 구하면 '23 + 50 = 73'이다.

23

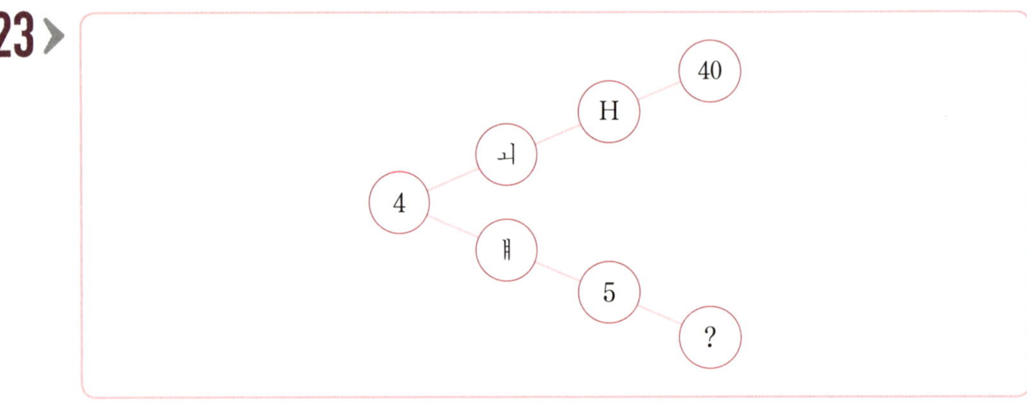

① 10 ② S ③ ㅕ
④ K ⑤ 15

해설

먼저 숫자와 문자가 섞여 있으므로 문자를 숫자로 치환하는 작업부터 진행하면 다음과 같은 결과를 얻을 수 있다.

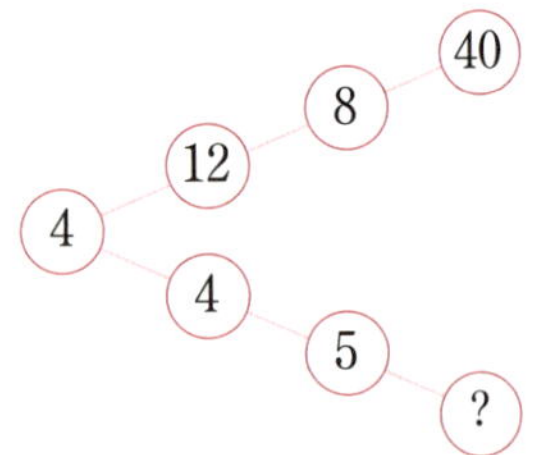

대각선 위쪽의 숫자를 일렬로 나열하면 '4 − 12 − 8 − 40'이고, 이는 '4×12 − 8 = 40'이란 규칙이 있다.
따라서 ?에 들어갈 알맞은 숫자를 구하면 '4×4 − 5 = 11'이고, 11에 대응하는 알파벳은 'K'이다.

02 | 명제·삼단논법

[01~02] 다음 제시문을 읽고 각 문제가 항상 참이면 ①, 거짓이면 ②, 알 수 없으면 ③을 고르시오.

- 효능이 없는 어떤 한약은 입에 쓰지 않다.
- 좋은 한약은 모두 입에 쓰다.

01 ▷ 효능이 없는 어떤 한약은 좋은 한약이 아니다.

① 참 ② 거짓 ③ 알 수 없음

해설

주어진 조건의 명제를 p, q, r로 정리하면,
p : 효능이 있다. / q : 입에 쓰다. / r : 좋은 한약
$\sim$p → $\sim$q, r → q가 성립하고 $\sim$p → $\sim$r을 확인하는 문제이다.
$\sim$p → $\sim$q와 r → q의 대우인 $\sim$q → $\sim$r을 적용하면 삼단논법에 의해 $\sim$p → $\sim$q → $\sim$r이 성립한다.
따라서 $\sim$p → $\sim$r은 참이다.

명제의 대우
명제 p → q가 참이면, 대우인 명제 $\sim$q → $\sim$p도 참이다.

삼단논법
p → q이고 q → r이면, p → q → r이다. 따라서 p → r이다.

02 ▷ 입에 쓰다면 좋은 한약이거나 효능이 없다.

① 참 ② 거짓 ③ 알 수 없음

해설

주어진 조건의 명제를 p, q, r로 정리하면,
p : 효능이 있다. / q : 입에 쓰다. / r : 좋은 한약
$\sim$p → $\sim$q, r → q가 성립하고 q → r 또는 q → $\sim$p를 확인하는 문제이다.
$\sim$p → $\sim$q의 대우는 q → p이므로 q → $\sim$p는 거짓이다.
q → r은 r → q의 역이다. 명제가 참이더라도 그 명제의 역이 참인지는 알 수 없으므로 답은 ③이다.

22 ⑤   23 ④ | 01 ①   02 ③

[03~04] 다음 제시문을 읽고 각 문제가 항상 참이면 ①, 거짓이면 ②, 알 수 없으면 ③을 고르시오.

- 요리를 좋아하는 사람은 커피도 좋아한다.
- 운동을 좋아하지 않는 사람은 커피도 좋아하지 않는다.
- 그림을 좋아하지 않는 사람은 운동도 좋아하지 않는다.

03 ▶ 커피를 좋아하는 사람은 요리도 좋아한다.

① 참 　　　　　　　② 거짓 　　　　　　　③ 알 수 없음

해설

조건을 p, q, r, s로 정리하면,

- p : 요리를 좋아한다.
- q : 운동을 좋아한다.
- r : 커피를 좋아한다.
- s : 그림을 좋아한다.

$p \rightarrow r$, $\sim q \rightarrow \sim r$, $\sim s \rightarrow \sim q$가 성립하고 $r \rightarrow p$를 확인하는 문제이다.
여기서 $r \rightarrow p$는 제시된 $p \rightarrow r$의 역·이·대우 중에서 이에 해당한다. 명제가 참인 경우 그 대우는 반드시 참이지만, 명제가 참이라고 하여 그 명제의 역과 이가 반드시 참인 것은 아니다. 따라서 '커피를 좋아하는 사람은 요리도 좋아한다.'는 참·거짓을 판단할 수 없다.

COOL TIP 명제의 역·이·대우

명제 'p이면 q이다' $p \rightarrow q$를 통해 다음 관계를 나타낼 수 있다.
- 역 : q이면 p이다. $q \rightarrow p$
- 이 : p가 아니면 q가 아니다. $\sim p \rightarrow \sim q$
- 대우 : q가 아니면 p가 아니다. $\sim q \rightarrow \sim p$ (명제가 참이면, 그 명제의 대우는 반드시 참)

04 ▶ 그림을 좋아하지 않는 학생은 요리를 좋아하지 않는다.

① 참 　　　　　　　② 거짓 　　　　　　　③ 알 수 없음

 **해설**

제시된 명제에서 포인트가 되는 말을 사용하여 간략하게 줄여서 나타낸다. 이때 각 명제의 대우까지 함께 표시한 후 문제를 풀면 더 도움이 될 수 있다.

- 요○ → 커○   대우   커✕ → 요✕
- 운✕ → 커✕   ↔   커○ → 운○
- 그✕ → 운✕   운○ → 그○

문제에 제시된 명제는 그✕ → 요✕를 확인하는 문제이고, 이 명제의 대우인 요○ → 그○의 참·거짓을 판단해도 된다. 그런데 요○ → 커○, 커○ → 운○, 운○ → 그○이므로 요○ → 커○ → 운○ → 그○이 성립한다. 따라서 요○ → 그○은 참이다.

05 다음 밑줄 친 부분에 들어갈 결론으로 옳은 것은?

> [전제 1] 모든 소설가는 글을 잘 쓴다.
> [전제 2] 어떤 드라마 작가는 소설가이다.
> [결론] 그러므로 _______________________

① 글을 못 쓰는 모든 사람은 드라마 작가가 아니다.
② 글을 잘 쓰는 모든 사람은 작가이다.
③ 모든 드라마 작가는 글을 잘 쓴다.
④ 어떤 드라마 작가는 글을 잘 쓴다.
⑤ 모든 소설가는 드라마 작가이다.

해설

제시된 두 전제를 벤다이어그램으로 나타내면 다음과 같다.
소설가＝P, 글을 잘 씀＝Q, 드라마 작가＝R

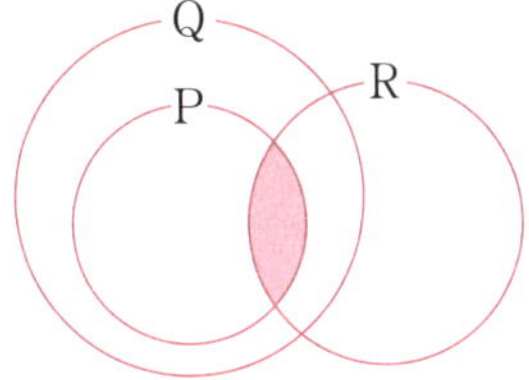

따라서 선택지 중 옳은 결론은 '④ 어떤 드라마 작가는 글을 잘 쓴다.'이다.

03 ③ 04 ① 05 ④

06 > 전제가 다음과 같을 때, 반드시 참인 결론으로 옳은 것은?

> [전제 1] 색연필을 구입한 사람은 크레파스도 구입하였다.
> [전제 2] 물감을 구입한 사람 중에는 색연필을 구입한 사람도 있다.
> [결론] 그러므로 _______________________________________

① 색연필을 구입한 사람은 모두 물감을 구입하였다.
② 색연필과 크레파스, 물감을 모두 구입한 사람이 있다.
③ 크레파스를 구입한 모든 사람은 색연필을 구입하였다.
④ 크레파스를 구입한 모든 사람은 물감을 구입하지 않았다.
⑤ 물감을 구입한 모든 사람은 색연필과 크레파스도 구입하였다.

해설

제시된 두 전제를 벤다이어그램으로 나타내면 다음과 같다.
색연필을 구입함＝P, 크레파스를 구입함＝Q, 물감을 구입함＝R

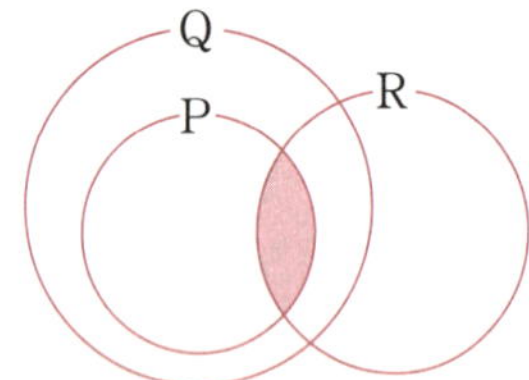

따라서 반드시 참인 결론은 '② 색연필과 크레파스, 물감을 모두 구입한 사람이 있다.'이다.

07 > 다음 명제가 모두 참이라고 가정할 때 참인 명제는?

> • 자율학습을 열심히 하는 학생은 수학을 잘한다.
> • 수업시간에 집중해서 공부하지 않으면 수학을 잘 못한다.

① 수학을 잘하는 학생은 자율학습을 열심히 한다.
② 자율학습을 열심히 하지 않는 학생은 수학을 잘 못한다.
③ 수학을 잘 못하는 학생은 수업시간에 집중해서 공부하지 않는다.
④ 자율학습을 열심히 하는 학생은 수업시간에 집중해서 공부한다.
⑤ 수업시간에 집중해서 공부하는 학생은 자율학습을 열심히 한다.

해설

주어진 조건을 p, q, r로 정리하면

- p : 자율학습을 열심히 하는 학생
- q : 수학을 잘한다.
- r : 수업시간에 집중해서 공부한다.

p → q, ~r → ~q가 성립하고 ~r → ~q의 대우인 q → r도 성립한다. 따라서 삼단논법에 의해 p → q → r이 성립하므로 ④의 p → r은 참인 명제이다.

08 ▶ 다음 명제가 모두 참이라고 할 때, 항상 옳은 문장은?

- 수영을 좋아하는 사람은 다이빙을 좋아한다.
- 수영을 좋아하지 않는 사람은 스노클링을 좋아하지 않는다.
- 스노클링을 좋아하는 사람은 낚시를 좋아한다.

① 수영을 좋아하는 사람은 스노클링을 좋아한다.
② 낚시를 좋아하는 사람은 수영을 좋아한다.
③ 스노클링을 좋아하는 사람은 다이빙을 좋아한다.
④ 스노클링을 좋아하지 않는 사람은 수영을 좋아하지 않는다.
⑤ 다이빙을 좋아하지 않는 사람은 스노클링을 좋아한다.

해설

각 명제와 그 대우를 간단하게 나타내면 다음과 같다.
- 수영 → 다이빙, ~다이빙 → ~수영
- ~수영 → ~스노클링, 스노클링 → 수영
- 스노클링 → 낚시, ~낚시 → ~스노클링
그러므로 삼단논법에 따라 명제와 대우를 정리하면 다음과 같다.
1) ~다이빙 → ~수영 → ~스노클링
2) 스노클링 → 수영 → 다이빙
따라서 항상 옳은 문장은 ③이다.

09 〉 아래의 명제가 모두 참일 때, 다음 중 항상 참인 것은?

> • 빨간색을 좋아하는 사람은 파란색을 좋아하지 않는다.
> • 노란색을 좋아하는 사람은 초록색도 좋아한다.
> • 초록색을 좋아하는 사람은 파란색을 좋아하지 않는다.

① 노란색을 좋아하는 사람은 파란색도 좋아한다.
② 빨간색을 좋아하는 사람은 초록색을 좋아하지 않는다.
③ 파란색을 좋아하지 않는 사람은 초록색을 좋아한다.
④ 노란색을 좋아하지 않는 사람은 빨간색도 좋아하지 않는다.
⑤ 파란색을 좋아하는 사람은 노란색을 좋아하지 않는다.

해설

주어진 명제와 그 대우를 간략히 정리하면 다음과 같다.
• 빨강 → ~파랑, 파랑 → ~빨강
• 노랑 → 초록, ~초록 → ~노랑
• 초록 → ~파랑, 파랑 → ~초록
∴ 노랑 → 초록 → ~파랑
  파랑 → ~초록 → ~노랑
따라서 항상 참인 명제는 '파란색을 좋아하는 사람은 노란색을 좋아하지 않는다.'이다.

10 〉 아래의 명제가 모두 성립할 때, 다음 중 항상 참인 것은?

> • 액션 영화를 좋아하는 사람은 스릴러 영화를 즐겨 보지 않는다.
> • 전쟁 영화와 탐정 영화를 좋아하는 사람은 공포 영화를 즐겨 본다.
> • 멜로 영화를 좋아하는 사람은 코미디 영화와 액션 영화도 좋아한다.
> • 판타지 영화를 좋아하거나 멜로 영화를 좋아하지 않는 사람은 공포 영화를 즐겨 보지
>   않는다.

① 전쟁 영화와 탐정 영화를 좋아하는 사람은 판타지 영화와 멜로 영화를 좋아하지 않는다.
② 스릴러 영화를 즐겨 보는 사람은 전쟁 영화를 좋아하지 않거나 탐정 영화를 좋아하지
   않는다.
③ 코미디 영화를 좋아하지 않는 사람은 멜로 영화를 즐겨 본다.
④ 공포 영화를 즐겨 보는 사람은 판타지 영화도 즐겨 본다.
⑤ 판타지 영화를 좋아하는 사람은 탐정 영화도 좋아한다.

해설

주어진 명제와 그 대우를 간략히 정리하면 다음과 같다.
- 액션 → ~스릴러, 스릴러 → ~액션
- 전쟁 and 탐정 → 공포, ~공포 → ~전쟁 or ~탐정
- 멜로 → 코미디 and 액션, ~코미디 or ~액션 → ~멜로
- 판타지 or ~멜로 → ~공포, 공포 → ~판타지 and 멜로

위에서 간략히 정리한 명제와 대우 간의 관계를 삼단논법을 활용하여 정리해보면 다음과 같다.
1) 스릴러 → ~액션 → ~멜로 → ~공포 → ~전쟁 or ~탐정
2) 전쟁 and 탐정 → 공포 → ~판타지 and 멜로
3) 판타지 or ~멜로 → ~공포 → ~전쟁 or ~탐정

따라서 항상 참인 명제는 '스릴러 → ~전쟁 or ~탐정'이다.

11 ▷ 아래의 명제가 모두 참일 때, 다음 중 항상 거짓인 것은?

> - 치킨을 먹은 사람은 피자도 먹었다.
> - 떡볶이를 먹은 사람은 초밥도 먹었다.
> - 피자를 먹은 사람은 라면을 먹지 않았다.
> - 떡볶이를 먹지 않은 사람은 라면을 먹었다.

① 치킨을 먹은 사람은 라면을 먹지 않았다.
② 피자를 먹은 사람은 초밥도 먹었다.
③ 떡볶이를 먹지 않은 사람은 치킨도 먹지 않았다.
④ 초밥을 먹지 않은 사람은 라면도 먹지 않았다.
⑤ 라면을 먹은 사람은 치킨을 먹지 않았다.

해설

주어진 명제와 그 대우를 간략히 정리하면 다음과 같다.
- 치킨 → 피자, ~피자 → ~치킨
- 떡볶이 → 초밥, ~초밥 → ~떡볶이
- 피자 → ~라면, 라면 → ~피자
- ~떡볶이 → 라면, ~라면 → 떡볶이

∴ 치킨 → 피자 → ~라면 → 떡볶이 → 초밥
　~초밥 → ~떡볶이 → 라면 → ~피자 → ~치킨

따라서 항상 거짓인 명제는 '초밥을 먹지 않은 사람은 라면도 먹지 않았다.'이다.

12 〉 아래의 명제가 모두 참일 때, 다음 중 항상 참인 것은?

> - 정일이와 화사 둘 중 한 명이라도 영어 공부를 했다면 화사는 문제집을 샀다.
> - 화사가 국어 공부를 했다면 그 날은 문제집을 사지 않았을 것이다.
> - 화사가 국어 공부를 하지 않았다면 정일이도 수학 공부를 하지 않았다.

① 정일이가 영어 공부를 했으면 화사는 국어 공부를 했다.

② 정일이가 수학 공부를 했다면 정일이와 화사 둘 다 영어 공부를 하지 않았다.

③ 화사가 국어 공부를 했다면 정일이와 화사 둘 다 영어 공부를 했다.

④ 화사가 문제집을 샀다면 정일이가 영어 공부를 하지 않았거나 화사가 영어 공부를 하지 않았다.

⑤ 정일이가 영어 공부를 했거나 화사가 영어 공부를 했으면 정일이는 수학 공부를 했다.

해설

정일이를 P, 화사를 Q라고 하고, 주어진 명제와 그 대우를 간략히 정리하면 다음과 같다.
- P영어 or Q영어 → Q문제집, ~Q문제집 → ~P영어 and ~Q영어
- Q국어 → ~Q문제집, Q문제집 → ~Q국어
- ~Q국어 → ~P수학, P수학 → Q국어

위에서 간략히 정리한 명제와 대우 간의 관계를 삼단논법을 활용하여 정리해보면 다음과 같다.
1) P영어 or Q영어 → Q문제집 → ~Q국어 → ~P수학
2) P수학 → Q국어 → ~Q문제집 → ~P영어 and ~Q영어
따라서 P(정일이)가 수학 공부를 했다면 P(정일이)와 Q(화사) 모두 영어 공부를 하지 않았다는 ②가 항상 참인 문장이다.

13 〉 다음 명제가 모두 참일 때, 언제나 참인 것은?

> - 수영을 좋아하는 사람은 등산을 좋아한다.
> - 달리기를 좋아하는 사람은 등산을 좋아한다.
> - 줄넘기를 좋아하는 사람은 수영을 좋아한다.

① 수영을 좋아하는 사람은 달리기를 좋아한다.

② 줄넘기를 좋아하는 사람은 달리기를 좋아한다.

③ 줄넘기를 좋아하는 사람은 등산을 좋아한다.

④ 달리기를 좋아하는 사람은 수영을 좋아한다.

⑤ 수영을 좋아하지 않는 사람은 등산도 좋아하지 않는다.

해설

수영을 좋아하는 사람 P, 등산을 좋아하는 사람 Q, 달리기를 좋아하는 사람 R, 줄넘기를 좋아하는 사람 S와
같이 명제를 기호로 간략히 표시한 다음 주어진 명제와 그 대우를 간략히 정리하면 다음과 같다.
- $P \to Q$, $\sim Q \to \sim P$
- $R \to Q$, $\sim Q \to \sim R$
- $S \to P$, $\sim P \to \sim S$

위에서 간략히 정리한 명제와 대우 간의 관계를 삼단논법을 활용하여 정리해보면 다음과 같다.
1) $S \to P \to Q$
2) $\sim Q \to \sim P \to \sim S$

따라서 줄넘기를 좋아하는 사람(S)은 등산을 좋아한다(Q)는 명제가 항상 참이므로 정답은 ③이다.

Plus 해설

'① $P \to R$, ② $S \to R$, ④ $R \to P$, ⑤ $\sim P \to \sim Q$'는 참 · 거짓을 판단할 수 없다.

14 ▶ 다음의 명제가 모두 성립할 때, 선택지 중 거짓인 것은?

- 장미를 좋아하면 개나리를 좋아한다.
- 해바라기를 좋아하면 수선화를 좋아한다.
- 수선화를 좋아하면 개나리를 좋아하지 않는다.
- 나팔꽃을 좋아하지 않으면 장미를 좋아한다.

① 장미를 좋아하면 해바라기도 좋아한다.
② 개나리를 좋아하지 않으면 나팔꽃을 좋아한다.
③ 해바라기를 좋아하면 나팔꽃을 좋아한다.
④ 수선화를 좋아하면 장미를 싫어한다.
⑤ 나팔꽃을 좋아하지 않으면 개나리를 좋아한다.

해설

주어진 명제와 그 대우를 간략히 정리하면 다음과 같다.
- 장미 → 개나리, $\sim$개나리 → $\sim$장미
- 해바라기 → 수선화, $\sim$수선화 → $\sim$해바라기
- 수선화 → $\sim$개나리, 개나리 → $\sim$수선화
- $\sim$나팔꽃 → 장미, $\sim$장미 → 나팔꽃

위에서 간략히 정리한 명제와 대우 간의 관계를 삼단논법을 활용하여 정리해보면 다음과 같다.
1) $\sim$나팔꽃 → 장미 → 개나리 → $\sim$수선화 → $\sim$해바라기
2) 해바라기 → 수선화 → $\sim$개나리 → $\sim$장미 → 나팔꽃

따라서 거짓인 명제는 ①이다.

12 ②   13 ③   14 ①

15 ▶ 상호, 은화, 원도, 지영, 미식 다섯 명 중 한 명이 회사 회의실에서 물품을 훔쳤고 이들을 심문했더니 다음과 같이 진술하였다. 이 중 두 명은 진실을 말하고 범인을 포함한 나머지 세 명은 거짓을 말하고 있다고 할 때, 다음 중 범인을 고르면?

> 상호 : 은화와 지영이 회의실에 들어가는 것을 봤다. 둘 중 한 명이 범인이다.
> 은화 : 나는 회의실에 들어가지 않았다. 상호나 지영이 범인이다.
> 원도 : 지영과 나는 사무실에 있었다. 우리 둘은 범인이 아니다.
> 지영 : 범인은 미식이다.
> 미식 : 지영의 말은 거짓말이다. 나는 물품을 훔치지 않았다.

① 상호   ② 은화   ③ 원도
④ 지영   ⑤ 미식

해설

지영과 미식의 진술이 모순되지만, 진실을 말하는 사람이 두 명이므로 나머지 한 명이 누군지 알기 힘들다. 이런 경우 한 명씩 범인으로 가정하면 쉽게 답을 찾을 수 있다.

가정 1) 상호가 범인일 경우

상호−범인	은화	원도	지영	미식
거짓	진실	진실	거짓	진실

→ 진실을 말하는 사람이 세 명이 되므로 틀린 가정이다.

가정 2) 은화가 범인일 경우

상호	은화−범인	원도	지영	미식
진실	거짓	진실	거짓	진실

→ 진실을 말하는 사람이 세 명이 되므로 틀린 가정이다.

가정 3) 원도가 범인일 경우

상호	은화	원도−범인	지영	미식
거짓	거짓	거짓	거짓	진실

→ 진실을 말하는 사람이 한 명이므로 틀린 가정이다.

가정 4) 지영이 범인일 경우

상호	은화	원도	지영−범인	미식
진실	진실	거짓	거짓	진실

→ 진실을 말하는 사람이 세 명이 되므로 틀린 가정이다.

가정 5) 미식이 범인일 경우

상호	은화	원도	지영	미식−범인
거짓	거짓	진실	진실	거짓

→ 진실을 말하는 사람이 두 명, 거짓을 말하는 사람이 세 명이므로 맞는 가정이다.
따라서 범인은 미식이다.

16 ▶ A~C는 각각 사과와 포도 중 한 가지를 먹었다. 이들의 진술은 다음과 같으며 각각의 진술 중 한 문장은 참이고, 한 문장은 거짓이다. 다음 |보기|의 내용 중 옳은 것들끼리 짝지어진 것은?

> A : 나는 포도를 먹었다. B는 사과를 먹었다.
> B : 나는 사과를 먹었다. C도 사과를 먹었다.
> C : 나는 사과를 먹었다. B도 사과를 먹었다.

| 보기 |

> ㉠ 한 사람만 포도를 먹은 경우가 있다.
> ㉡ 두 사람이 포도를 먹은 경우가 있다.
> ㉢ 모두 함께 포도를 먹은 경우가 있다.

① ㉠　　　　　　② ㉡　　　　　　③ ㉢
④ ㉠, ㉡　　　　⑤ ㉡, ㉢

 해설

B의 첫 번째 진술이 참일 경우, A와 C의 두 번째 진술이 참이 된다. 반대로 B의 첫 번째 진술이 거짓일 경우, A와 C의 두 번째 진술도 거짓이 된다. 두 가지 가정을 표로 나타내면 다음과 같다.

가정 1) B의 첫 번째 진술이 참일 경우

A	B	C
거짓/참	참/거짓	거짓/참
사과	사과	포도

→ |보기| 중 ㉠의 경우에 해당한다.

가정 2) B의 첫 번째 진술이 거짓일 경우

A	B	C
참/거짓	거짓/참	참/거짓
포도	포도	사과

→ |보기| 중 ㉡의 경우에 해당한다.
다른 경우는 존재하지 않으므로 정답은 ④이다.

15 ⑤　　16 ④

17 ▶ 체육대회 이어달리기 시간에 1반~6반 학생들이 경기를 하고 있다. 미림, 명진, 연아, 소연, 재진은 각각 경기 결과를 예측하였고 이 중 단 한 명의 예측만이 맞았다. 다음 진술을 보고 이어달리기에서 1등을 한 반을 고르면? (단, 공동 1등이 아니다.)

> 미림 : 3반은 1등을 못할 것 같아.
> 명진 : 1반이나 2반 중 한 반이 1등을 할 것 같아.
> 연아 : 이대로라면 무조건 2반이 1등이야.
> 소연 : 4, 5, 6반 중 한 반이 1등을 할 것 같아.
> 재진 : 4, 5, 6반은 1등을 못할 거야.

① 1반　　　② 2반　　　③ 3반　　　④ 4반　　　⑤ 5반

해설

소연과 재진의 예측이 모순되므로 둘 중 한 명의 예측이 맞을 것이다.

가정 1) 소연의 예측이 맞았을 경우

1	2	3	4	5	6
		1등		1등	

→ 미림과 소연의 진술에 의해 1등이 두 반이 되므로 틀린 가정이다.

가정 2) 재진의 예측이 맞았을 경우

1	2	3	4	5	6
		1등			

→ 미림의 진술이 거짓이므로 3반이 1등을 했음을 알 수 있다.
따라서 답은 ③이다.

18 ▶ A~D는 한 달에 한 번씩 다 함께 봉사활동을 가기로 약속했다. 하지만 한 명이 약속을 어겼고 네 명은 다음과 같은 진술을 하였다. 한 명만 진실을 말하고 있다고 할 때, 네 명 중 진실을 말하고 있는 사람과 약속을 어긴 사람을 순서대로 고르면?

A : C가 약속을 어겼어.
B : 나는 약속을 어기지 않았어.
C : A의 말은 거짓말이야.
D : A가 약속을 어겼어.

① A − C ② B − A ③ C − A
④ C − B ⑤ D − A

해설

A와 C의 진술이 모순되고 있으므로 둘 중 한 명이 진실을 말하고 있다.

가정 1) A가 진실을 말하는 경우

A	B	C	D
진실	거짓−약속 어김	거짓−약속 어김	거짓

→ A의 말이 진실일 경우 약속을 어긴 사람은 C인데, B의 말이 거짓이므로 약속을 어긴 사람이 두 명이 된다. 따라서 모순된다.

가정 2) C가 진실을 말하는 경우

A	B	C	D
거짓	거짓−약속 어김	진실	거짓

→ 모순되는 점이 없으므로 약속을 어긴 사람은 B이다.
따라서 진실을 말한 사람이 C이고, 약속을 어긴 사람이 B이므로 답은 ④이다.

19 갑, 을, 병, 정 네 사람이 다음과 같은 방침에 따라 해외 출장을 가기로 했다. 다음 중 반드시 참이 아닌 것은?

> - 갑이 출장을 간다면, 을도 간다.
> - 병이 출장을 간다면, 정도 간다.
> - 갑과 병 중 적어도 한 명은 출장을 간다.

① 을이 출장을 가지 않는다면, 병은 출장을 간다.
② 적어도 두 명은 출장을 간다.
③ 갑이 출장을 가지 않는다면, 출장을 가는 사람은 두 명이다.
④ 정이 출장을 가지 않게 되었다면, 다른 세 사람의 출장 여부가 모두 정해진다.
⑤ 갑, 을, 병, 정 네 사람이 모두 출장을 가는 경우도 있다.

해설

첫 번째, 두 번째 명제와 그 대우를 간략히 나타내면 다음과 같다.
- 갑 → 을, ∼을 → ∼갑
- 병 → 정, ∼정 → ∼병

그리고 세 번째 명제를 보면 다음과 같이 세 가지 가정이 가능함을 알 수 있다.

가정 1) 갑이 출장을 가고, 병이 출장을 가지 않는 경우

갑	을	병	정
○	○	×	○ / ×

가정 2) 병이 출장을 가고, 갑이 출장을 가지 않는 경우

갑	을	병	정
×	○ / ×	○	○

가정 3) 갑과 병이 모두 출장을 가는 경우

갑	을	병	정
○	○	○	○

따라서 갑이 출장을 가지 않는다면, 출장을 가는 사람은 두 명 또는 세 명이므로 ③은 반드시 참이 아니다.

20 ▸ 학교 도서관에서 책이 사라졌고, 거짓말을 못하는 사람 두 명과 거짓말만 하는 사람 세 명이 있다. 책이 교실, 운동장, 식당 중 한 곳에 있다고 할 때, 다음 진술을 보고 거짓말을 못하는 사람, 거짓말만 하는 사람, 책의 위치로 가능한 조합을 고르면?

> 은지 : 책은 운동장에 있어.
> 준성 : 여기서 책이 어디 있는지 아는 사람은 나뿐이야.
> 영은 : 은지는 거짓말만 하는 사람이야.
> 민수 : 나는 책의 위치를 알고 있어.
> 명길 : 책은 교실에 있어.

	책의 위치	거짓말을 못하는 사람	거짓말만 하는 사람
①	교실	민수	은지
②	교실	명길	영은
③	운동장	은지	민수
④	식당	준성	민수
⑤	식당	은지	명길

해설

은지와 영은의 진술이 모순된다. 은지의 말이 진실일 경우와 달리 영은의 말이 진실일 경우에는 여러 가지 가능성이 생겨나므로, 이런 경우 책의 위치를 가정해보는 것이 좋다.

가정 1) 책이 교실에 있는 경우

은지	준성	영은	민수	명길
거짓	거짓	참	거짓	참

가정 2) 책이 운동장에 있는 경우 (은지의 말이 참인 경우)

은지	준성	영은	민수	명길
참	거짓	거짓	참	거짓

가정 3) 책이 식당에 있는 경우

은지	준성	영은	민수	명길
거짓	참/거짓	참	참/거짓	거짓

따라서 총 네 가지의 조합이 가능하며 책이 식당에 있을 경우 준성이 참이면 민수가 거짓이므로, 답은 ④이다.

19 ③ **20** ④

21 ▶ 신입사원(A, B, C, D, E)이 각각 두 개 항목의 물품 구매를 신청했다. 5명 중 2명은 모든 진술이 거짓이라고 할 때, 신청한 사람과 신청 항목이 바르게 짝지어진 것은?

> 신청한 항목은 4개이며, 각 항목별로 신청한 사원 수는 다음과 같다.
> - 필기구 2명, 복사용지 2명, 의자 3명, 사무용 전자제품 3명
> - A : 나는 필기구 구매를 신청했고, E는 거짓말을 하고 있습니다.
> - B : 나는 의자를 신청하지 않았고, D는 진실을 말하고 있습니다.
> - C : 나는 의자를 신청하지 않았고, E는 진실을 말하고 있습니다.
> - D : 나는 필기구와 사무용 전자제품을 신청하였습니다.
> - E : 나는 복사용지를 신청하였고, B와 D는 거짓을 말하고 있습니다.

① A : 복사용지 ② A : 의자 ③ C : 필기구
④ C : 사무용 전자제품 ⑤ E : 필기구

해설

A의 말이 거짓이면, E의 말은 진실이고, B와 D의 말은 거짓이 된다. 이 경우, 다섯 명 중 A, B, D 세 명의 말이 거짓이 되므로, A의 말은 거짓이 될 수 없다.

A의 말이 진실이면, E의 말은 거짓이고, B와 D의 말은 진실이 된다. 또한 E가 진실을 말하고 있다고 진술한 C의 말은 거짓이 된다. 따라서 A, B, C, D, E 중 거짓을 말하고 있는 신입사원은 C, E이고, 진실을 말하고 있는 신입사원은 A, B, D이다.

A~E는 각각 두 개 항목의 물품 구매를 신청했고, 신청 항목은 필기구 2명, 복사용지 2명, 의자 3명, 사무용 전자제품 3명이므로 A~E의 진술을 표로 정리하면 다음과 같다.

A	필기구, 의자
B	복사용지, 사무용 전자제품
C	의자, 복사용지
D	필기구, 사무용 전자제품
E	의자, 사무용 전자제품

따라서 정답은 ②이다.

22 ▷ 수박을 먹은 두 명은 거짓말을 하고 있고 나머지 세 명은 진실을 이야기하고 있다고 할 때, 수박을 먹은 두 사람은 누구인가?

> - 영은 : 미나가 수박을 먹었다.
> - 은지 : 수민이가 수박을 먹었다.
> - 수민 : 은지가 수박을 먹었다.
> - 미나 : 은지와 수민이는 수박을 먹지 않았다.
> - 보배 : 수민이와 미나 중 한 명만 수박을 먹었다.

① 영은, 은지   ② 은지, 수민   ③ 은지, 미나
④ 수민, 미나   ⑤ 미나, 보배

해설

은지의 말이 참일 경우 수민의 말이 거짓이 되고, 수민의 말이 참일 경우 은지의 말이 거짓이 된다.

가정 1) 은지의 말이 참일 경우

영은	은지	수민-수박	미나-수박	보배
참	참	거짓	거짓	거짓

→ 거짓을 말한 사람이 세 명이 되므로 잘못된 가정이다.

가정 2) 수민의 말이 참일 경우

영은	은지-수박	수민	미나-수박	보배
참	거짓	참	거짓	참

→ 모순되는 점이 없으므로 옳은 가정이다.
따라서 수박을 먹은 사람은 은지와 미나이다.

23 ▶ 가온, 나래, 다솜, 라온, 마루, 바론 여섯 명 중 세 명은 산으로, 세 명은 바다로 휴가를 떠났다. 이때 각 장소로 떠난 세 명은 각각 20대, 30대, 40대 1명씩으로 구성되었다. 여섯 명이 다음과 같이 진술하였는데 산으로 떠난 세 명은 진실을 말하고 바다로 떠난 세 명은 거짓을 말하고 있다. 바다로 떠난 30대는 누구인가?

> 가온 : 바론은 바다로 떠났다.
> 나래 : 마루는 산으로 떠났다.
> 다솜 : 나래는 30대이다.
> 라온 : 마루가 30대이다.
> 마루 : 나는 가온과 동갑이다.
> 바론 : 나래와 라온의 나이대가 같다.

① 가온　　　　② 나래　　　　③ 다솜　　　　④ 라온　　　　⑤ 바론

해설

가온의 말이 진실이라면 바론의 말은 거짓이고, 가온의 말이 거짓이라면 바론의 말은 진실이다. 따라서 둘은 같은 곳으로 휴가를 떠났을 수 없다. 또한 나래의 말이 참이면 마루의 말도 참이고, 나래의 말이 거짓이면 마루의 말도 거짓이다. 따라서 둘은 같은 곳으로 휴가를 떠났을 것이다.

가정 1) 가온과 나래의 말이 모두 진실일 경우

산			바다		
가온	나래	마루	다솜	라온	바론

→ 가온과 동갑이라는 마루의 말이 진실이 될 수 없으므로 틀린 가정이다.

가정 2) 가온의 말이 진실이고, 나래의 말이 거짓일 경우

산			바다		
가온	다솜	라온	나래－30대	마루－30대	바론

→ 다솜과 라온의 말이 동시에 진실이 될 수 없으므로 틀린 가정이다.

가정 3) 가온의 말이 거짓이고 나래의 말이 진실일 경우

산			바다		
나래－30대 ✕	마루－30대 ✕	바론－30대	가온－30대 ✕	다솜－30대	라온－30대 ✕

→ 모순되는 진술이 없다.

따라서 진실을 말하는 사람은 나래, 마루, 바론 세 사람이고 바다로 떠난 30대는 다솜이다.

24 ○○공사의 신입사원 A~E는 각자 희망하는 부서가 달랐고, 그중 한 명만 희망하는 부서에 배치되었다. 인사부, 총무부, 홍보부, 기획부, 영업부에 각각 한 명씩 배치되었고 직원 한 명이 거짓말을 하고 있다고 할 때, 희망하는 부서에 배치된 직원과 그 부서로 맞게 짝지어진 것은?

- A : B는 희망하는 부서에 배치되었고, 나는 기획부를 희망했어.
- B : 나는 D가 희망했던 기획부에 배치되었어.
- C : 내가 희망한 부서에 D가 배치되었어.
- D : 나는 인사부를 희망하지 않았고, C의 희망 부서는 총무부였어.
- E : 난 영업부를 희망했지만 인사부에 배치되었어.

① A - 기획부 　　② A - 홍보부 　　③ B - 기획부
④ B - 홍보부 　　⑤ C - 총무부

해설

A의 말이 참이면 B의 말이 거짓이 되고 B의 말이 참이면 A의 말이 거짓이 된다.

가정 1) A의 말이 참일 때(B가 거짓)

	A	B	C	D	E
희망	기획부	홍보부	총무부	인사부	영업부
실제	영업부	홍보부	기획부	총무부	인사부

→ D가 인사부를 희망하지 않았으므로 틀린 가정이다.

가정 2) A의 말이 거짓일 때(B가 참)

	A	B	C	D	E
희망	홍보부	인사부	총무부	기획부	영업부
실제	홍보부	기획부	영업부	총무부	인사부

→ 모순되는 점이 없으므로 맞는 가정이다.
따라서 희망하는 부서에 배치된 직원은 A이고, 그 부서는 홍보부이다.

03 \ 조건 추리

01 ▶ 신입사원 A, B, C, D, E는 다음의 조건에 따라 기획부, 총무부, 인사부, 영업부, 개발부에 배치되었다. 아래의 조건을 모두 고려하였을 때, 옳은 설명은?

- 한 부서에는 신입사원이 한 명씩만 배치되었다.
- A 사원은 기획부와 영업부에 배치되지 않았다.
- B 사원은 기획부나 총무부에 배치되었다.
- C 사원은 기획부나 인사부에 배치되지 않았다.
- D 사원은 영업부에 배치되었다.
- E 사원은 총무부나 영업부에 배치되었다.

① A 사원은 인사부에 배치되었다.
② B 사원은 총무부에 배치되었다.
③ C 사원은 총무부에 배치되었다.
④ D 사원은 기획부에 배치되었다.
⑤ E 사원은 영업부에 배치되었다.

해설

주어진 조건에 따르면, 한 부서에는 신입사원이 한 명씩만 배치되고 D 사원이 영업부에 배치되었으므로 E 사원은 총무부에 배치되고, B 사원은 기획부에 배치되었음을 알 수 있다. C 사원은 기획부나 인사부에 배치되지 않았다고 했으므로 개발부에 배치되었음을 알 수 있고, 남은 A 사원은 인사부에 배치되었음을 알 수 있다.
따라서 A 사원은 인사부, B 사원은 기획부, C 사원은 개발부, D 사원은 영업부, E 사원은 총무부에 배치되었다.

02

○○공단 인사부장은 전국의 A, B, C, D, E, F(순서대로 서울, 경기, 충북, 대전, 대구, 부산) 지사에 방문해야 할 일이 생겼다. 다음의 조건을 고려했을 때, 인사부장은 어떤 순서로 각 지사를 방문하는가?

- B는 첫 번째로 방문하거나 마지막으로 방문해야 한다.
- A와 B 사이에 두 개 이상의 지사를 방문해야 한다.
- A와 E는 연속으로 방문하지 않고, B와 C는 연속으로 방문한다.
- D를 방문했다면, 남은 방문 일정은 한 가지이다.
- A의 순서가 정해지면, 나머지 순서가 모두 정해진다.

① 대구 – 부산 – 서울 – 대전 – 충북 – 경기
② 경기 – 충북 – 부산 – 대구 – 대전 – 서울
③ 경기 – 충북 – 부산 – 서울 – 대전 – 대구
④ 경기 – 충북 – 대구 – 부산 – 대전 – 서울
⑤ 서울 – 부산 – 대구 – 대전 – 충북 – 경기

 **해설**

주어진 조건을 통해 확실하게 정해지는 순서를 먼저 정리해야 한다. 네 번째 조건을 보면 인사부장은 D를 다섯 번째로 방문함을 알 수 있고, 이에 따라 C와 연속으로 방문하는 B는 마지막에 방문할 수 없게 되므로 첫 번째로 방문하게 된다. 표로 정리하면 다음과 같다.

첫 번째	두 번째	세 번째	네 번째	다섯 번째	여섯 번째
B	C			D	

마지막 조건을 통해 A의 순서가 중요한 역할을 함을 추측해볼 수 있다. A와 B 사이에 두 개 이상의 지사를 방문해야 하므로 A를 방문하는 순서는 네 번째 또는 여섯 번째일 것이다. 두 경우를 가정해보면 다음과 같다.

가정 1) A를 네 번째로 방문할 경우

첫 번째	두 번째	세 번째	네 번째	다섯 번째	여섯 번째
B	C	F	A	D	E

→ A와 E를 연속으로 방문하지 않으므로 모든 방문 순서가 정해진다.

가정 2) A를 여섯 번째로 방문할 경우

첫 번째	두 번째	세 번째	네 번째	다섯 번째	여섯 번째
B	C	E	F	D	A
		F	E		

→ 세 번째와 네 번째 방문 순서가 정해지지 않는다.

따라서 '가정 1'이 옳은 가정이며, 인사부장은 B(경기) – C(충북) – F(부산) – A(서울) – D(대전) – E(대구) 순서로 각 지사를 방문한다.

03 다음은 ○○은행의 K 회장과 H 이사의 대화이다. 대화를 읽고 3층에 배치될 수 있는 부서끼리 짝지어진 것을 고르면?

> K 회장 : 이번에 새로 지은 4층짜리 건물로 부서 몇 개를 이동하는 것이 좋을 것 같아요.
>
> H 이사 : 신입 사원이 많이 입사해 사무실 자리가 좁다고 한 감사부, 인사부, 영업부, 기획부, 총무부 5개 부서를 옮기는 게 어떻겠습니까?
>
> K 회장 : 좋은 생각입니다. 아, 그런데 짝수 층에는 한 부서씩만 배치될 수 있어요.
>
> H 이사 : 홀수 층은요?
>
> K 회장 : 최대 두 개 부서씩 배치될 수 있습니다.
>
> H 이사 : 그렇군요. 인사부는 2층에 배치하는 것이 좋을 것 같습니다.
>
> K 회장 : 그렇게 합시다. 제 생각에는 영업부가 기획부보다 아래층에 배치되어야 할 것 같습니다.
>
> H 이사 : 제 생각도 그렇습니다. 감사부는 기획부보다 위층에 배치하고요.
>
> K 회장 : 좋습니다.

① 감사부, 인사부   ② 감사부, 영업부   ③ 인사부, 총무부

④ 영업부, 기획부   ⑤ 기획부, 총무부

 해설

주어진 대화를 읽고 조건을 적용하여 표로 나타내면 다음과 같다.

4층	감사부	
3층	기획부	
2층	인사부	
1층	영업부	

정해지지 않은 부서는 총무부뿐이며 총무부는 두 개 부서가 배치될 수 있는 홀수 층에 배치될 것이다. 따라서 3층에 배치될 수 있는 부서는 기획부와 총무부이다.

04

다음은 사내 워크숍을 준비하기 위해 조사한 내역이다. 다음의 조사를 바탕으로 C가 반드시 참석하는 경우, 참석 인원을 타당하게 추론한 것은? (단, 부서의 총 인원은 5명이다.)

[정보 1] B가 워크숍에 참여하면 E는 참여할 수 없다.
[정보 2] D는 B와 E 모두가 참여하지 않을 경우에만 참석한다.
[정보 3] A가 워크숍에 갈 경우 B 혹은 D 중의 한 명이 함께 참석한다.
[정보 4] C가 워크숍에 참석하면 D는 참석하지 않는다.
[정보 5] C가 워크숍에 참여하면 A도 참여한다.

① A, B, C ② A, C, D ③ A, C, D, E ④ A, B, C, D ⑤ A, B, C, E

 해설

[정보 5]를 보면 C가 참석하는 경우, A도 참석한다. [정보 3]을 보면 A가 참석하는 경우 B와 D 중 한 명이 함께 참석한다고 하였는데, [정보 4]에서 C가 참석하면 D는 참석하지 않는다고 하였으므로 B가 참석한다. [정보 1]을 보면 B가 참석하면 E는 참석할 수 없다고 하였으므로 참석 인원은 A, B, C이다.

05

○○공사 기획부에는 총 6명이 근무하고 있다. 다음 조건을 보고, 두 번째로 근무 기간이 긴 사람을 고르면?

- ○○공사 기획부에는 A, B, C, D, E, F가 근무하고 있다.
- A, B, F는 같은 날에 입사하였다.
- D는 A, B, F가 근무한 기간을 합친 것보다 10개월 더 일했다.
- A와 B의 근무 기간을 합친 것은, C와 F의 근무 기간을 합친 것보다 크다.
- E는 A와 F가 근무한 기간을 합친 것보다 7개월 더 일했다.

① A ② C ③ D ④ E ⑤ F

해설

두 번째 조건으로 A＝B＝F임을 알 수 있다. 세 번째 조건(D＝A＋B＋F＋10)에서 D가 A, B, F보다 먼저 입사했음을 알 수 있다. 네 번째 조건(A＋B＞C＋F)에서 C는 A, B, F보다 늦게 입사했음을 알 수 있다. 다섯 번째 조건(E＝A＋F＋7)에서 E는 A, B, F보다 먼저 입사했음을 알 수 있다. 세 번째 조건과 다섯 번째 조건으로 D가 E보다 먼저 입사했음을 알 수 있다. 따라서 A~F의 근무 기간이 긴 순서는 D, E, A＝B＝F, C이고, 두 번째로 근무 기간이 긴 사람은 E이다.

03 ⑤ 04 ① 05 ④

06 > 순환근무의 조건이 |보기 1|과 같다고 할 때, |보기 2|에서 옳은 것만 묶은 것은?

| 보기 1 |

2018년부터 A, B, C, D는 각각 동부지점, 남부지점, 서부지점, 북부지점에 배치되었다.
이들은 동부 · 남부 · 서부 · 북부 순서로 순환 배치된다.
A는 1년에 1회, B는 2년에 1회, C는 3년에 1회, D는 4년에 1회 순환 배치된다.

| 보기 2 |

㉠ 2023년 B와 C는 같은 지점에 근무하게 된다.
㉡ C와 D가 같은 지점에 근무하는 일은 2030년까지 일어나지 않는다.
㉢ 2022년에는 A, B, C, D 모두 북부지점에 근무하게 된다.
㉣ 2021년에는 A, B, C, D 중에서 세 사람이 같은 지점에 근무하게 된다.
㉤ 2019년에 A와 B는 남부지점에 함께 근무하게 된다.

① ㉠, ㉣
② ㉣, ㉤
③ ㉠, ㉡, ㉢
④ ㉠, ㉣, ㉤
⑤ ㉡, ㉢, ㉣

해설

|보기 1|의 내용을 표로 정리하면 다음과 같다.

	동부지점	남부지점	서부지점	북부지점
2018년	A	B	C	D
2019년		A, B	C	D
2020년			A, B, C	D
2021년			B	A, C, D
2022년	A, D			B, C
2023년	D	A		B, C

따라서 옳은 것은 ㉠, ㉣, ㉤이다.

💡 Plus 해설

㉡ C와 D는 2021년에 북부지점에서 같이 근무하게 된다.
㉢ 2022년에 A와 D는 동부지점에서, B와 C는 북부지점에서 근무하게 된다.

07 ▷ ○○공사에는 기획부, 인사부, 총무부, 마케팅부, 홍보부, 영업부가 있다. 다음의 조건을 모두 고려하였을 때, 홍보부는 몇 층에 위치하는가?

- ○○공사는 건물의 6~10층을 사용하고 있다.
- 모든 층에는 적어도 1개의 부서가 존재한다.
- 기획부와 총무부는 같은 층을 사용한다.
- 마케팅부에서 인사부로 가기 위해서는 한 층을 올라가야 한다.
- 마케팅부에서 홍보부로 가기 위해서는 2개 층을 올라가야 한다.
- 영업부에서 기획부로 가기 위해서는 4개 층을 이동해야 한다.
- 총무부에서 인사부와 마케팅부로 가기 위해서는 위층으로 올라가야 한다.

① 6층   ② 7층   ③ 8층   ④ 9층   ⑤ 10층

해설

○○공사는 총 6개의 부서가 있고, 기획부와 총무부는 같은 층을 사용한다고 했으므로, 기획부와 총무부를 제외한 나머지 부서는 한 개의 층을 하나의 부서가 사용하고 있음을 알 수 있다. 네 번째와 다섯 번째 조건을 통해 '마케팅부—인사부—홍보부'의 순으로 건물을 사용하고 있음을 알 수 있고, 여섯 번째 조건을 통해 영업부와 기획부(=총무부)는 각각 6층 또는 10층을 사용하고 있음을 알 수 있다. 마지막 조건을 보면, 총무부(=기획부)에서 인사부와 마케팅부로 가기 위해서는 위층으로 올라가야 한다고 했으므로, 총무부(=기획부)가 6층을 사용하고 있음을 알 수 있다.

10층	영업부
9층	홍보부
8층	인사부
7층	마케팅부
6층	기획부, 총무부

따라서 홍보부는 9층에 있다.

08 ▶ 한 노인의 집 선반 위에 노인의 유년, 소년, 청년, 장년, 중년, 노년 시절 그림이 걸려 있다. 다음 |조건|을 보고 A~F 중 유년 시절 그림이 걸려 있는 위치를 고르면?

A	B	C
D	E	F
왼쪽	**선반**	**오른쪽**

| 조건 |

- 소년 시절 그림은 선반 바로 위에 걸려 있다.
- 중년 시절 그림은 노년 시절 그림 바로 위에 걸려 있다.
- 장년 시절 그림은 중년 시절 그림과, 청년 시절 그림은 노년 시절 그림과 같은 줄에 걸려 있다.
- 청년 시절 그림은 노년 시절 그림 바로 옆 자리에 걸려 있지 않으며, 제일 오른쪽에 걸려 있다.
- 유년 시절 그림은 장년 시절 그림 바로 옆에 걸려 있으며 다른 쪽에는 아무 그림도 걸려 있지 않다.

① A   ② C   ③ D   ④ E   ⑤ F

해설

|조건|을 보고 그림 위치를 추측해보면 다음과 같다.

중년(노년 바로 위)	장년(중년과 같은 줄)	유년(장년 옆, 다른 쪽에 그림 없음)
노년(청년 바로 옆 아님)	소년(선반 바로 위)	청년(노년과 같은 줄, 제일 오른쪽)
왼쪽	**선반**	**오른쪽**

따라서 유년 시절 그림이 걸려 있는 위치는 C이다.

09 ▶ A~F 6명이 원탁에 일정한 간격으로 둘러앉아 있다. 다음 조건을 보고 A의 오른쪽에 있는 사람부터 순서대로 배열한 것을 고르면? (단, A~F는 각각 다른 색깔의 옷을 입고 있다.)

- F는 C와 D 사이에 앉아 있다.
- B는 노란색 옷을 입고 있다.
- 빨간색 옷을 입은 사람은 파란색 옷을 입은 사람과 서로 마주보고 있다.
- D와 E는 이웃하여 앉아 있다.
- F는 보라색 옷을 입고 있다.
- C 옆에는 빨간색 옷을 입은 사람이 앉아 있다.
- 노란색 옷을 입은 사람은 F와 서로 마주보고 있다.
- D의 오른쪽에는 F가 앉아 있다.

① B-E-D-F-C   ② B-F-E-D-C   ③ C-F-D-E-B

④ C-E-F-D-B   ⑤ E-D-F-C-B

해설

F는 C와 D 사이에 앉아 있다고 하였고, D의 오른쪽에 F가 앉아 있다고 하였다. 또 D와 E가 이웃하여 앉아 있다고 하였으므로 D의 왼쪽에 E가 앉아 있는 것을 알 수 있다. 따라서 'E-D-F-C'의 순서로 앉아 있는 것을 알 수 있다. C 옆에는 빨간색 옷을 입은 사람이 앉아 있다고 했고, F는 보라색 옷을 입고 있다고 하였으므로, 'E-D-F(보라색 옷)-C-빨간색 옷'까지 추리해볼 수 있다. 빨간색 옷을 입은 사람과 파란색 옷을 입은 사람이 마주보고 있고, 노란색 옷을 입은 B가 F와 마주보고 있다고 하였으므로 그림으로 나타내면 다음과 같다.

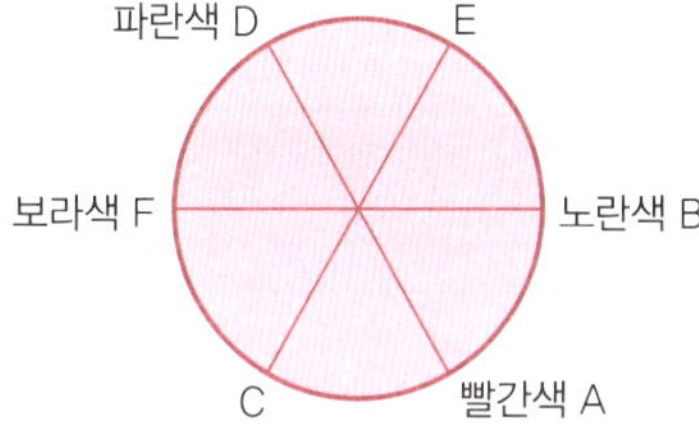

따라서 A의 오른쪽에 있는 사람부터 순서대로 배열하면 B-E-D-F-C가 된다.

10 ○○기업의 기획부는 투표로 회식 메뉴를 정하고 있다. 한식, 일식, 중식, 양식, 분식을 대상으로 투표를 하였고, 다음과 같은 투표 결과가 나왔다. 다음 중 옳은 설명만을 모두 고른 것은?

- 일식과 분식에 투표한 사람은 한식에 투표한 사람보다 적다.
- 분식에 투표한 사람은 양식에 투표한 사람보다 많고, 중식에 투표한 사람보다 적다.
- 양식에 투표한 사람은 일식에 투표한 사람보다 많고, 분식에 투표한 사람보다 적다.

㉠ 양식에 투표한 사람의 수가 두 번째로 적다.
㉡ 가장 많은 표를 받은 메뉴는 한식이다.
㉢ 분식에 투표한 사람의 수가 두 번째로 많다.
㉣ 표를 제일 적게 받은 메뉴는 일식이다.

① ㉠, ㉣ 　　② ㉡, ㉢ 　　③ ㉡. ㉣
④ ㉠, ㉡, ㉢ 　　⑤ ㉠, ㉢, ㉣

 **해설**

위의 내용을 표로 나타내면 다음과 같다.

1위	2위	3위	4위	5위
한식 or 중식	한식 or 중식	분식	양식	일식

따라서 양식에 투표한 사람의 수가 두 번째로 적고, 표를 제일 적게 받은 메뉴는 일식이라는 설명은 옳은 설명이다.

💡 Plus 해설

㉡ 가장 많은 표를 받은 메뉴가 한식인지 중식인지는 자료를 통해 알 수 없다.
㉢ 분식에 투표한 사람의 수는 세 번째로 많다.

11 A~F가 원탁에 둘러앉아 상담을 하고 있다. 이 중 세 명은 직원, 세 명은 고객이라고 할 때, 다음 상황을 보고 세 명의 고객을 찾으면?

- B 고객과 D 직원은 마주보고 앉아 있다.
- A는 D 직원 오른쪽에 앉아 있다.
- E와 F는 마주보고 앉아 있다.
- F 직원의 양옆에는 고객이 앉아 있다.
- C의 오른쪽에는 직원이 앉아 있다.

① A, B, C   ② A, B, E   ③ A, C, E
④ B, C, E   ⑤ B, C, F

상황을 적용하여 그림으로 나타내면 다음과 같다.

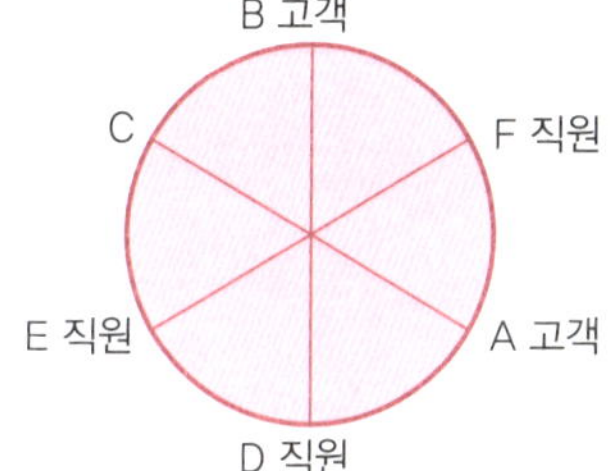

따라서 D, E, F가 직원이고, A, B, C가 고객이다.

12 신입사원 A, B, C, D, E, F 6명은 서로 일정한 간격으로 원탁에 앉아있다. 다음을 보고 A의 왼쪽에 앉아있는 사람을 고르면?

- F와 D는 서로 마주 보고 앉아있다.
- C는 E의 옆에 앉아있다.
- D의 오른쪽에는 B가 앉아있다.

① B   ② C   ③ D   ④ E   ⑤ F

10 ①   **11** ①

해설

F와 D는 서로 마주 보고 앉아있고, D의 오른쪽에는 B가 앉아있으므로, C와 E는 두 자리가 연속으로 비어있는 D의 왼쪽에 앉아있음을 알 수 있다. 따라서 남는 자리인 B와 F의 사이에 A가 앉아있음을 알 수 있고, A의 오른쪽에는 F, 왼쪽에는 B가 앉아있음을 알 수 있다.

13 ○○회사에 다니는 A, B, C, D, E는 연봉이 각각 다르다. 다음 내용을 통해 알 수 있는 사실 중 옳은 것만 고른 것은?

작년

- C는 A보다 연봉이 500만 원 더 높다.
- A는 D보다 연봉이 200만 원 더 낮고, E보다 400만 원 더 높다.
- B는 연봉이 가장 높고 연봉이 가장 낮은 사람보다 1,100만 원 더 높다.
- 연봉이 가장 낮은 사람의 연봉은 2,200만 원이다.

올해

- D는 진급하여 연봉 600만 원이 올랐다.
- E는 D보다 연봉 200만 원이 적고, B보다는 800만 원이 적다.
- A는 연봉이 동결되었다.

㉠ 작년 A의 연봉은 2,600만 원이다.
㉡ 올해 연봉이 가장 높은 사람은 작년과 똑같다.
㉢ B, D, E는 올해 연봉이 500만 원 이상씩 올랐다.

① ㉡ 　　② ㉠, ㉡ 　　③ ㉠, ㉢

④ ㉡, ㉢ 　　⑤ ㉠, ㉡, ㉢

해설

㉠ (○) 작년 기준으로 연봉은 A가 2,600만 원, B가 3,300만 원, C가 3,100만 원, D가 2,800만 원, E가 2,200만 원이었다.

㉡ (×) 작년에 연봉이 가장 높은 사람은 B(3,300만 원)였지만, 올해 C의 연봉을 알 수 없으므로 연봉이 가장 높은 사람이 누구인지 알 수 없다.

㉢ (○) 올해 기준으로 연봉은 A가 2,600만 원, B가 4,000만 원, D가 3,400만 원, E가 3,200만 원이고, C의 연봉 액수는 알 수 없다. 따라서 B, D, E는 모두 작년보다 연봉이 500만 원 이상씩 올랐음을 알 수 있다.

14 ▶ |보기|는 원자력 발전소의 순찰 순서에 대해 적어놓은 것이다. A팀 4명, B팀 4명의 사람이 새벽 1시~8시까지 40분 간격으로 출발했다고 할 때, 5시 40분에 순찰한 사람은 누구인가?

|보기|

- 마지막에 출발한 사람은 7시에 출발하였다.
- A팀 3번이 출발한 시각은 3시이다.
- A팀 4번보다 일찍 간 사람은 4명이다.
- B팀 1번보다 늦게 출발한 사람은 4명이다.
- B팀 4번은 B팀 3번보다 늦게 출발하였지만 마지막은 아니었다.
- B팀이 처음과 끝에 순찰하였다.
- A팀 1번은 A팀 중 가장 마지막으로 순찰하였다.
- A팀 2번은 B팀 3번보다 늦게 순찰하였지만, B팀 4번보다는 먼저 돌았다.
- B팀 2번은 A팀 1번보다 늦게 순찰하였다.
- A팀 4번과 B팀 4번은 연달아 순찰하지 않았다.

① A팀 3번   ② B팀 1번   ③ A팀 2번
④ B팀 4번   ⑤ A팀 1번

 **해설**

마지막에 출발한 사람이 7시이므로 아래 표의 시간에 순찰했음을 알 수 있다.

2:20	3:00	3:40	4:20	5:00	5:40	6:20	7:00
1번째	2번째	3번째	4번째	5번째	6번째	7번째	8번째

A팀 3번이 출발한 시각은 3시이므로 2번째에 순찰하였고, A팀 4번보다 일찍 간 사람은 4명이므로 A팀 4번은 5번째, B팀 1번보다 늦게 출발한 사람은 4명이므로 B팀 1번은 4번째에 순찰하였다. B팀 4번은 B팀 3번보다 늦게 출발하였지만 마지막은 아니므로 B팀 3번, B팀 4번, B팀 2번 순으로 순찰했을 것이다. 또한, B팀이 처음과 끝에 순찰하였기 때문에 B팀 3번이 1번째, B팀 2번이 8번째에 순찰하였다. A팀 1번은 A팀 중 가장 마지막으로 순찰하였고 A팀 4번과 B팀 4번은 연달아 순찰하지 않았으므로 A팀 1번이 6번째, B팀 4번이 7번째에 순찰하였다.

2:20	3:00	3:40	4:20	5:00	5:40	6:20	7:00
B팀 3번	A팀 3번	A팀 2번	B팀 1번	A팀 4번	A팀 1번	B팀 4번	B팀 2번

따라서 5시 40분에 순찰한 사람은 A팀 1번이다.

12 ①   13 ③   14 ⑤

15 ▶ 영업팀에 근무하는 김 대리, 박 과장, 최 대리, 이 주임 4명은 컴퓨터능력을 향상시키기 위하여 다음과 같이 스프레드시트 과정, 데이터베이스 과정, 포토샵 과정, 자바베이직 과정을 배운다. 주어진 조건을 보고 항상 옳은 것을 고르면?

> ㉮ 네 사람은 각각 최소 한 가지 과정, 최대 세 가지 과정을 배운다.
> ㉯ 스프레드시트 과정을 배우는 사람은 한 사람이다.
> ㉰ 데이터베이스 과정을 배우는 사람은 두 사람이다.
> ㉱ 포토샵 과정을 배우는 사람은 최소 두 명이다.
> ㉲ 자바베이직 과정을 배우는 사람은 모두 세 명이다.
> ㉳ 김 대리와 박 과장이 배우는 어떤 과정도 최 대리는 배우지 않는다.
> ㉴ 최 대리가 배우는 어떤 과정도 이 주임은 배우지 않는다.
> ㉵ 김 대리가 배우는 과정은 모두 이 주임도 배운다.
> ㉶ 이 주임이 배우는 과정 중에서 김 대리는 배우지만 박 과장은 배우지 않는 과정이 있다.

① 최 대리는 자바베이직 과정을 배운다.
② 최 대리는 스프레드시트 과정과 데이터베이스 과정을 배운다.
③ 박 과장은 포토샵 과정과 자바베이직 과정을 배운다.
④ 이 주임은 데이터베이스 과정, 포토샵 과정, 자바베이직 과정을 배운다.
⑤ 김 대리는 스프레드시트 과정, 데이터베이스 과정, 포토샵 과정을 배운다.

해설

조건 ㉳와 조건 ㉴에서 최 대리가 배우는 과정은 김 대리, 박 과장, 이 주임 모두 배우지 않는다는 것을 알 수 있다. 따라서 최 대리는 한 사람만이 배우는 스프레드시트 과정을 배워야 하고(조건 ㉯), 자바베이직 과정은 김 대리, 박 과장, 이 주임이 배운다(조건 ㉲).
조건 ㉵와 조건 ㉰, 조건 ㉶와 조건 ㉱에 의해서 김 대리와 이 주임은 데이터베이스 과정 또는 포토샵 과정을 배울 수 있다. 이를 표로 정리하면 다음과 같다.

	스프레드시트	데이터베이스		포토샵			자바베이직
김 대리		○	×	○	○	×	○
박 과장		×	○	○	×	○	○
최 대리	○						
이 주임		○		○			○
인원	1명	2명		2명 이상			3명

따라서 조건에 따라 선택지 중에서 항상 옳은 것은 ④이다.

16 ▷ 그린 포럼의 일정을 조정하고 있는 A 행정관이 고려해야 할 사항들이 다음과 같을 때, 항상 옳다고 볼 수 없는 것은?

> - 포럼은 개회사, 발표, 토론, 휴식으로 구성하며, 휴식은 생략할 수 있다.
> - 포럼은 오전 9시에 시작하여 늦어도 당일 정오까지는 마쳐야 한다.
> - 개회사는 포럼 맨 처음에 10분 또는 20분으로 한다.
> - 발표는 3회까지 계획할 수 있으며, 각 발표시간은 동일하게 40분으로 하거나 동일하게 50분으로 한다.
> - 각 발표마다 토론은 10분으로 한다.
> - 휴식은 최대 2회까지 가질 수 있으며, 1회 휴식은 20분으로 한다.

① 발표를 2회 계획한다면, 휴식을 2회 가질 수 있는 방법이 있다.
② 발표를 2회 계획한다면, 오전 11시 이전에 포럼을 마칠 방법이 있다.
③ 발표를 3회 계획하더라도, 휴식을 1회 가질 수 있는 방법이 있다.
④ 각 발표를 50분으로 하더라도, 발표를 3회 가질 수 있는 방법이 있다.
⑤ 각 발표를 40분으로 하고 개회사를 20분으로 하더라도, 휴식을 2회 가질 수 있는 방법이 있다.

해설

두 번째 정보에 따라 포럼시간은 최대 180분임을 알 수 있다. 발표를 50분씩 3회 하면 발표와 토론시간은 $(50+10) \times 3 = 180$분이고, 개회사를 하게 되면 전체 포럼시간을 초과하게 된다. 따라서 각 발표를 50분으로 하였을 때, 발표를 3회 가질 수 있는 방법은 없다.

Plus 해설

① 각 발표를 40분씩 하는 경우, $10+(40+10) \times 2 = 110$분이므로 70분이 남는다. 각 발표를 50분씩 하는 경우, $10+(50+10) \times 2 = 130$분이므로 50분이 남는다. 따라서 휴식을 2회 가질 수 있는 방법이 있다.
② 휴식을 생략하면 $10+(40+10) \times 2 = 110$분이므로, 오전 9시에 포럼을 시작해서 오전 11시 이전에 포럼을 마칠 수 있는 방법이 있다.
③ $10+(40+10) \times 3 = 160$분이므로 20분이 남는다. 따라서 휴식을 1회 가질 수 있는 방법이 있다.
⑤ $20+(40+10) \times 1 = 70$분이므로 110분이 남는다. 따라서 휴식을 2회 가질 수 있는 방법이 있다.

15 ④ **16** ④

17 ▶ 12명의 사람에게 꽃을 한 송이씩 나누어 주었다. 다음 정보를 바탕으로 하였을 때, |보기| 중 옳은 것을 모두 고르면?

- 꽃은 총 12송이로 수국, 작약, 장미, 카라 4가지였으며, 1송이 이상씩 있었다.
- 작약을 받은 사람은 카라를 받은 사람보다 적다.
- 수국을 받은 사람은 작약을 받은 사람보다 적다.
- 장미를 받은 사람은 수국을 받은 사람보다 많고, 작약을 받은 사람보다 적다.

| 보기 |

㉠ 카라를 받은 사람이 4명이라면, 수국을 받은 사람은 1명이다.
㉡ 카라와 작약을 받은 사람이 각각 5명과 4명이라면, 장미를 받은 사람은 2명이다.
㉢ 수국을 받은 사람이 2명이라면, 작약을 받은 사람은 수국을 받은 사람보다 2명 더 많다.

① ㉠　　　　　　② ㉡　　　　　　③ ㉢
④ ㉠, ㉡　　　　　⑤ ㉡, ㉢

해설

정보를 조합하면 꽃을 받은 사람 수는 카라＞작약＞장미＞수국 순으로 많음을 알 수 있다. 카라와 작약을 받은 사람이 각각 5명, 4명이라면, 꽃은 3송이가 남고 장미를 받은 사람이 2명, 수국을 받은 사람이 1명일 것이다. 따라서 옳은 것은 ㉡이다.

Plus 해설

㉠ 카라를 받은 사람이 4명이고 작약, 장미, 수국을 받은 사람이 각각 3명, 2명, 1명이라고 했을 때, 총합이 12송이가 되지 않는다. 따라서 틀린 설명이다.

㉢ 수국을 받은 사람이 2명이고 장미, 작약, 카라를 받은 사람이 각각 3명, 4명, 5명이라고 했을 때, 작약을 받은 사람이 수국을 받은 사람보다 2명 더 많기는 하지만 총합이 14송이가 된다. 따라서 틀린 설명이다.

18 ○○공사에 근무하는 6명의 신입사원 A, B, C, D, E, F는 서로 일정이 겹치지 않도록 휴가 일정을 정하려고 한다. |조건|이 다음과 같을 때 항상 옳은 것을 고르면?

| 조건 |

- A, B, C, D, E, F의 휴가 일정은 겹치지 않는다.
- D는 세 번째로 휴가를 간다.
- A와 D는 연달아서 휴가를 간다.
- B는 A보다 먼저 휴가를 간다.
- 네 번째로 휴가를 가는 사람은 B 또는 F이다.
- C는 D보다 늦게 휴가를 간다.
- E는 D보다 늦게 휴가를 간다.

① B가 가장 먼저 휴가를 간다.
② C가 가장 마지막으로 휴가를 간다.
③ E는 다섯 번째로 휴가를 간다.
④ F는 두 번째로 휴가를 간다.
⑤ C와 E는 연달아 휴가를 가지 않는다.

해설

두 번째 조건에 따라 세 번째로 휴가를 가는 사람은 D이다. 세 번째 조건에서 A와 D는 연달아서 휴가를 간다고 했으므로 A는 두 번째나 네 번째로 휴가를 가야 한다. 하지만 다섯 번째 조건에서 네 번째로 휴가를 가는 사람은 B 또는 F라고 했으므로, A는 두 번째로 휴가를 가게 된다. 네 번째 조건에서 B는 A보다 먼저 휴가를 간다고 했으므로 B는 첫 번째로 휴가를 가게 되고, B가 첫 번째로 휴가를 가므로 네 번째로 휴가를 가는 사람은 F이다. C와 E는 D보다 늦게 휴가를 간다고 했으므로, 다섯 번째나 여섯 번째로 휴가를 가게 된다.

첫 번째	두 번째	세 번째	네 번째	다섯 번째	여섯 번째
B	A	D	F	C/E	E/C

따라서 항상 옳은 것은 ①이다.

문제해결력

17 ② 18 ①

19 ▶ A, B, C, D, E가 키를 측정한 후 키가 큰 순서대로 나란히 서 있다. 측정을 도와준 네 사람이 다음과 같이 진술했다고 할 때, 두 번째로 키가 큰 사람은 누구인가?

> 갑 : E는 A와 D 사이에 서 있다.
> 을 : A는 B와 C 사이에 서 있다.
> 병 : D는 키가 제일 작지 않다.
> 정 : A와 E는 바로 옆에 서 있지 않다.

① A　　　② B　　　③ C　　　④ D　　　⑤ E

해설

각각의 진술을 간략하게 나타내면 다음과 같다.
갑 · 정 → A-( )-E-D 또는 D-E-( )-A
＋을 → B(C)-A-C(B)-E-D 또는 D-E-B(C)-A-C(B)
＋병 → D-E-B(C)-A-C(B)
따라서 두 번째로 키가 큰 사람은 E이다.

20 ▶ A, B, C, D, E 다섯 약국은 공휴일마다 2지점씩만 영업을 한다. 알려진 사실이 다음과 같을 때 항상 옳은 것은? (단, 한 달간 각 약국의 공휴일 영업일수는 같다.)

> - 이번 달 공휴일은 총 5일이다.
> - 오늘은 세 번째 공휴일이며 A약국, C약국이 영업을 한다.
> - D약국은 오늘을 포함하여 이번 달에는 더 이상 공휴일에 영업을 하지 않는다.
> - E약국은 마지막 공휴일에 영업을 한다.
> - A약국과 E약국은 이번 달에 한 번씩 D약국과 영업을 했다.

① A약국은 이번 달에 두 번의 공휴일을 연달아 영업한다.
② 이번 달에 B약국, E약국이 함께 영업하는 공휴일은 없다.
③ B약국은 두 번째, 네 번째 공휴일에 영업을 한다.
④ 네 번째 공휴일에 영업하는 약국은 B약국과 C약국이다.
⑤ E약국은 첫 번째, 다섯 번째 공휴일에 영업을 한다.

해설

한 달간 각 약국의 공휴일 영업일수가 같으므로 5일의 공휴일 동안 각각 두 번씩 영업한다. 세 번째 공휴일인 오늘은 A약국, C약국이 영업을 하며 D약국은 오늘을 포함하여 이번 달에는 더 이상 공휴일 영업을 하지 않는다고 하였으므로 이미 두 번 영업을 했다고 할 수 있다. A약국과 E약국이 D약국이 영업할 때 함께 영업을 했고, E약국은 마지막 공휴일에 영업을 한다고 했으므로 표로 나타내면 다음과 같다.

첫 번째 공휴일	D약국, A(E)약국
두 번째 공휴일	D약국, E(A)약국
세 번째 공휴일	A약국, C약국
네 번째 공휴일	
다섯 번째 공휴일	E약국

그러므로 한 번도 영업하지 않은 B약국이 남은 공휴일에 모두 영업을 하고, 한 번 영업한 C약국이 네 번째 공휴일에 영업을 한다.

첫 번째 공휴일	D약국, A(E)약국
두 번째 공휴일	D약국, E(A)약국
세 번째 공휴일	A약국, C약국
네 번째 공휴일	B약국, C약국
다섯 번째 공휴일	E약국, B약국

따라서 항상 옳은 것은 ④이다.

💡 Plus 해설

① A약국은 이번 달에 공휴일 영업을 두 번 연달아 했을 수도 있고 그렇지 않을 수도 있다.
② 이번 달에 B약국과 E약국이 함께 영업하는 공휴일은 다섯 번째 공휴일이다.
③ B약국은 네 번째, 다섯 번째 공휴일에 영업을 한다.
⑤ E약국은 첫 번째, 다섯 번째 공휴일 또는 두 번째, 다섯 번째 공휴일에 영업을 한다.

Chapter 05 공간지각력 기본 이론 학습

① 도형 개수

1) 평면도형 개수 세기 : 삼각형 또는 사각형의 개수를 세는 문제

 **Tips**

1. 한 변의 길이가 가장 작은 것부터 센다.
2. 도형을 중복해서 세지 않도록 주의한다.

예제 1

다음 그림에서 만들 수 있는 크고 작은 사각형을 모두 구하면 몇 개인가?

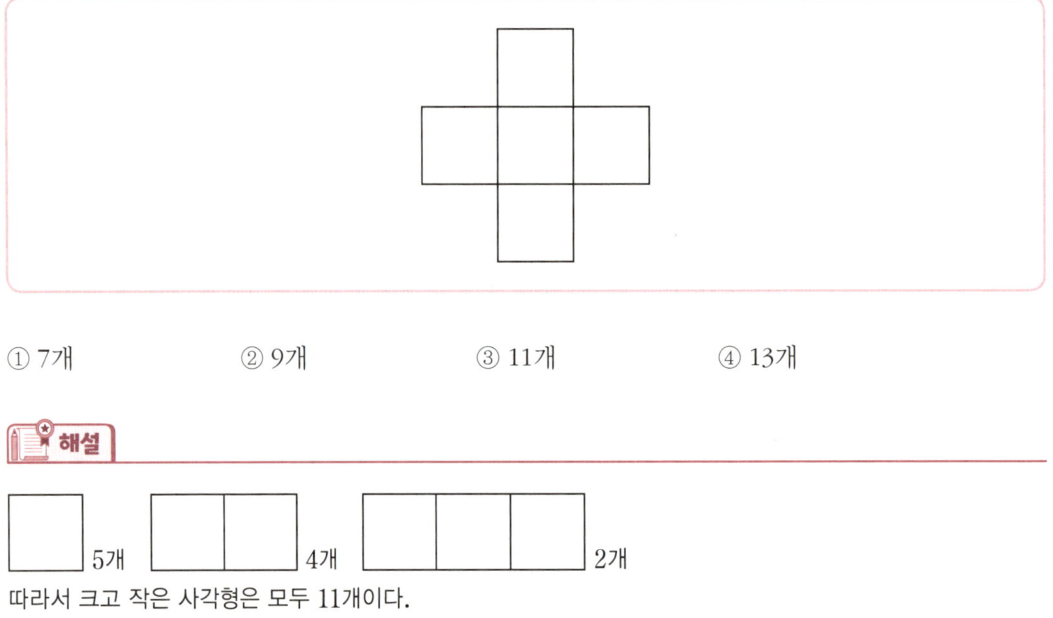

① 7개　　　　② 9개　　　　③ 11개　　　　④ 13개

해설

5개　　4개　　2개

따라서 크고 작은 사각형은 모두 11개이다.

정답　③

2) 입체도형(블록) 개수 세기 : 가로, 세로, 높이가 있는 3차원 도형의 개수를 세는 문제

 **Tips**

1. 주어진 그림에서 보이지 않는 숨어 있는 도형의 면을 파악한다.
2. 접촉하고 있는 면을 셀 때는 좌→우, 상→하, 전→후의 일정한 기준과 순서에 따라 개수를 세는 것이 효율적이다.
3. 도형의 면을 정확히 구분하는 것이 중요하다.

예제 2

다음과 같이 쌓여 있는 블록의 개수를 구하면?

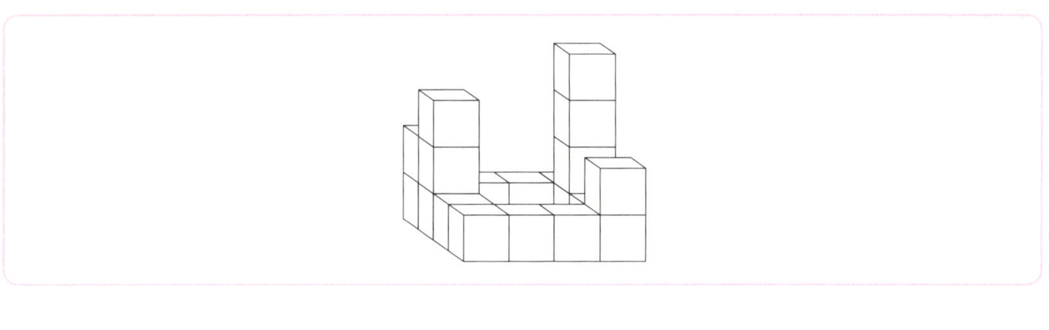

① 16개　　　　② 17개　　　　③ 18개　　　　④ 19개

해설

1층에 있는 블록은 12개이고 2층에 있는 블록은 4개, 3~4층에 있는 블록은 2+1=3개이다. 따라서 블록의 개수는 총 12+4+3 = 19개이다.

정답 ④

② 도형 회전

1) 도형 회전 : 제시된 도형이 시계 방향이나 반시계 방향으로 회전하는 규칙

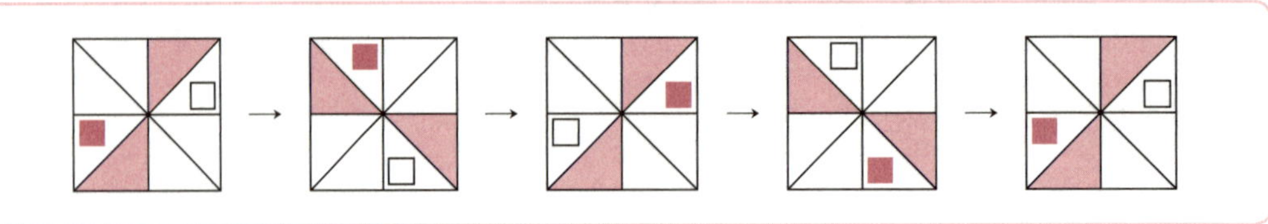

→ 제시된 도형이 시계 방향으로 90°씩 회전하고 있다.

2) 내부 도형 회전 : 제시된 도형의 내부 도형이 시계 방향이나 반시계 방향으로 회전하는 규칙

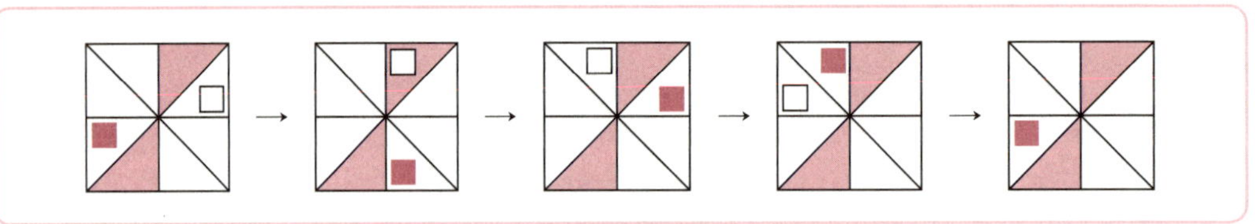

→ 제시된 도형의 내부 도형 중 □은 반시계 방향으로 한 칸씩, ■은 두 칸씩 움직이고 있다.

3) 대칭 · 반전 : 제시된 도형이 좌 · 우나 상 · 하로 대칭하며 회전하는 규칙

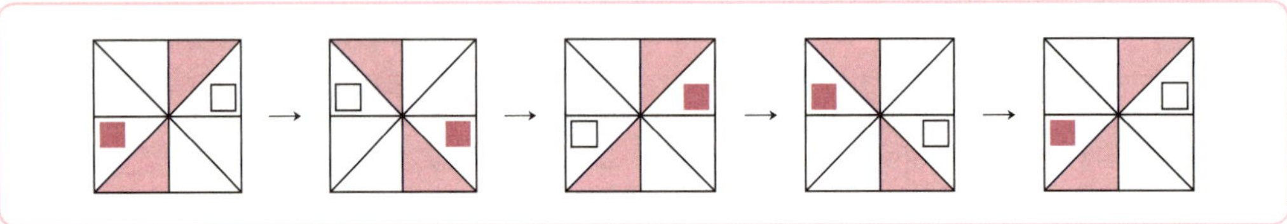

→ 제시된 도형은 좌우대칭, 상하대칭을 반복하고 있다.

4) 색 반전 : 제시된 도형이나 내부 도형의 색이 반전하는 규칙

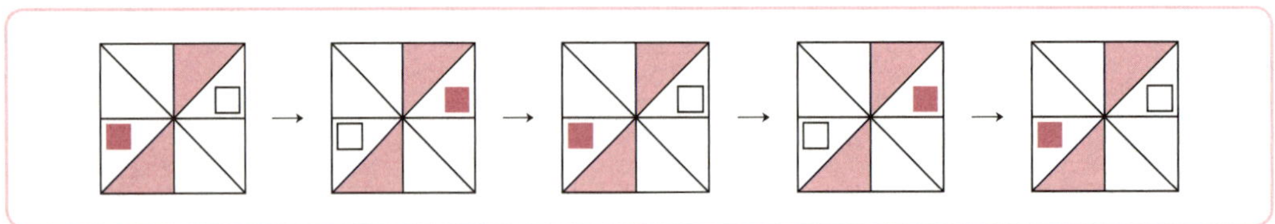

→ 제시된 도형의 내부 도형의 색깔이 반전하고 있다.

5) 선 삭제 · 합체 : 제시된 도형의 선 일부를 삭제하거나 합치는 규칙

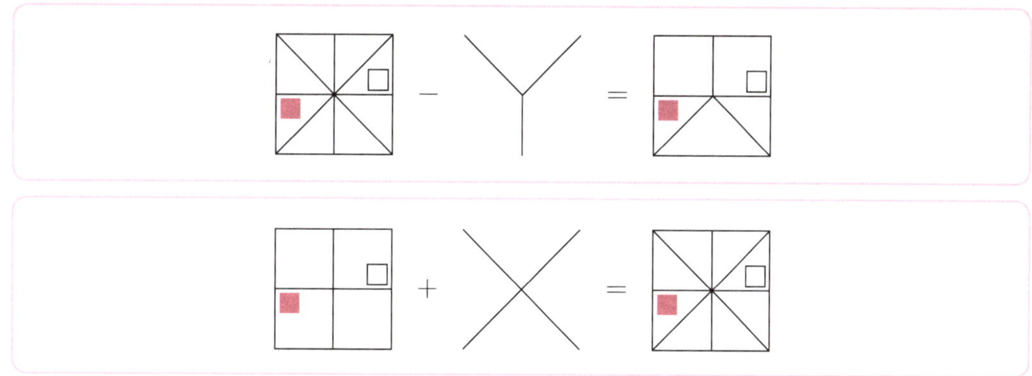

예제 3

다음 도형 변화의 규칙을 찾아 ?에 들어갈 알맞은 그림을 고르면?

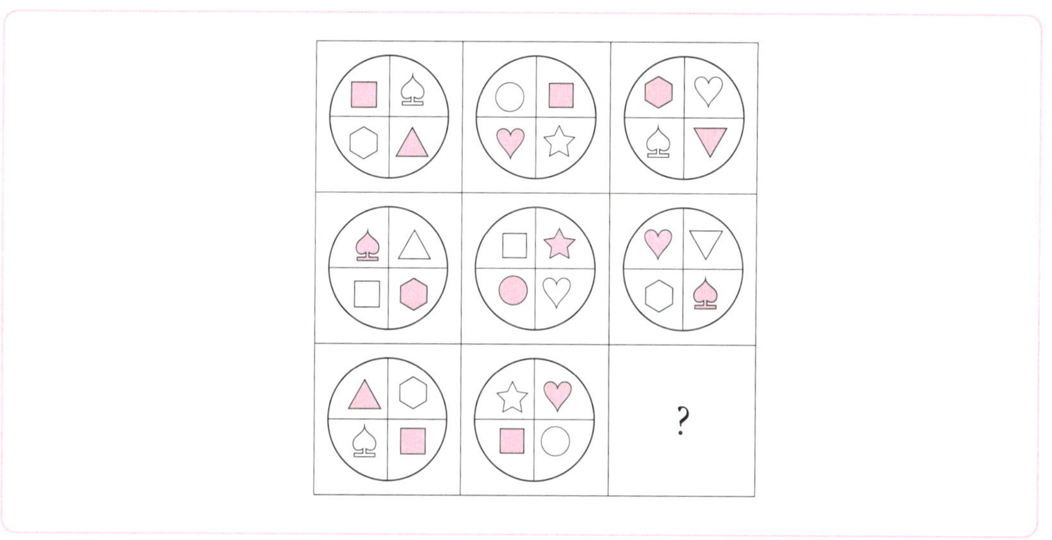

① 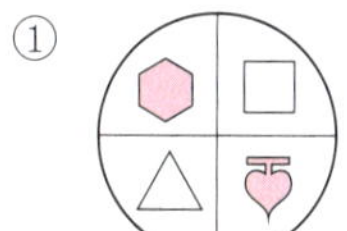　② 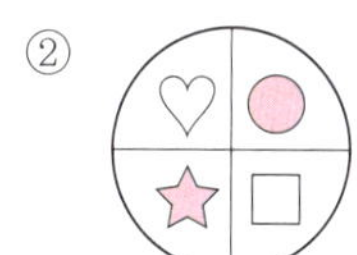　③ 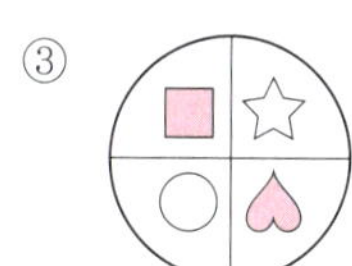　④ 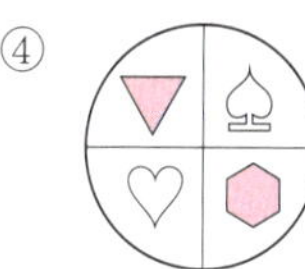

해설

세로 줄을 기준으로 동그라미 안의 작은 도형들의 색이 번갈아 바뀌고 있고, 가로줄을 기준으로 반시계 방향으로 한 칸씩 움직이고 있다. 따라서 ?에 들어갈 알맞은 그림은 ④이다.

정답 ④

❸ 거울에 비친 모양이나 도장을 찍었을 때의 모양

1) 문제 유형 : 주어진 그림을 대칭하여 회전시킨 후 일치하지 않는 모양을 찾는 문제이다. 이러한 문제는 거울에 비친 상 또는 도장을 찍었을 때의 모양은 좌우대칭되어 나타난다는 것이 중요하다.

2) 문제 풀이 : 거울에 비쳤을 때 모양이 변하지 않는 형태나 특징적인 부분을 표시해둔다.

📋 예제 4

다음과 같은 도장을 빈 종이에 찍었을 때 나올 수 없는 모양은?

① 　② 　③ 　④ 

📖 해설

도장을 찍으면 도장 내 이미지는 좌우대칭으로 나타난다. 따라서 도장 내 이미지를 좌우대칭하지 않은 채 왼쪽으로 90° 회전시킨 보기 ④의 모양은 나올 수 없다.
① : 제시된 이미지를 좌우대칭한 후 180° 회전시킨 모양이다.
② : 제시된 이미지를 좌우대칭한 후 왼쪽으로 90° 회전시킨 모양이다.
③ : 제시된 이미지를 좌우대칭한 후 오른쪽으로 90° 회전시킨 모양이다.

정답 ④

④ 다면체

다각형(삼각형, 사각형, 오각형, …)인 면으로만 둘러싸인 입체도형이다.

1) 정다면체 : 모든 면이 합동인 정다각형이고, 각 꼭짓점에 모인 면의 개수가 모두 같은 다면체

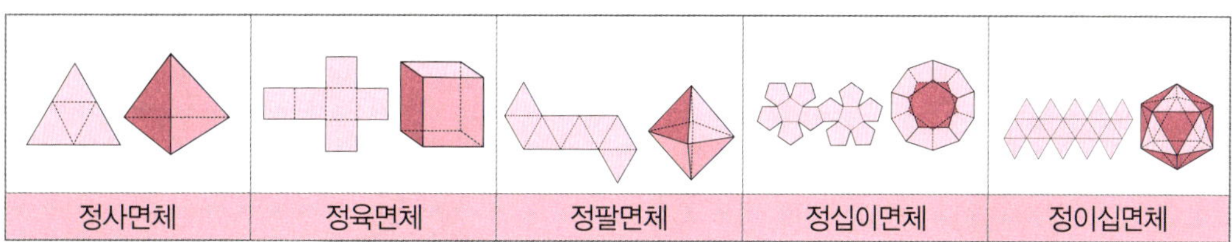

 **Tips**

정다면체는 정4면체, 정6면체, 정8면체, 정12면체, 정20면체 총 5가지이다.

구별하기

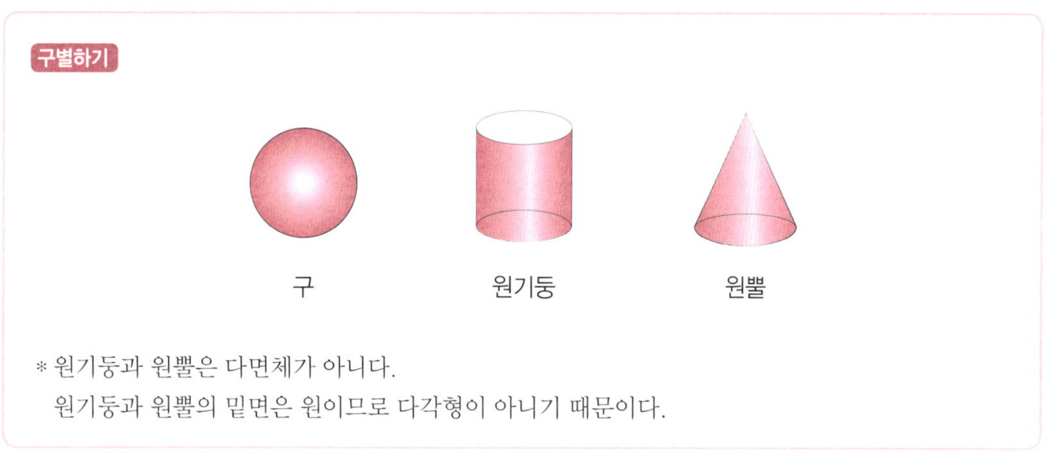

* 원기둥과 원뿔은 다면체가 아니다.
  원기둥과 원뿔의 밑면은 원이므로 다각형이 아니기 때문이다.

2) 각기둥 · 각뿔 · 각뿔대

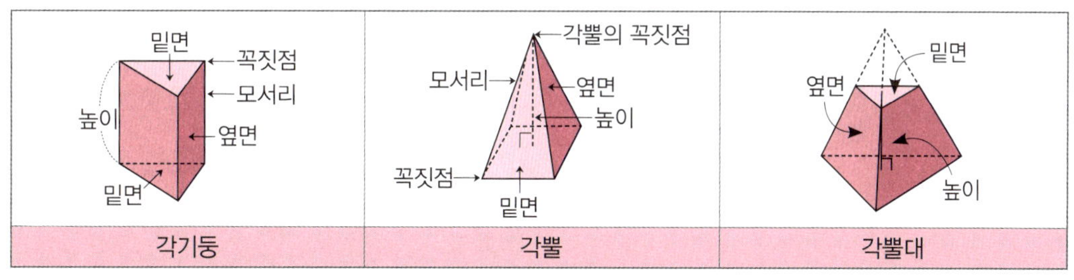

(1) **각기둥** : 위와 아래에 있는 면이 서로 평행이고 합동인 다각형으로 이루어진 입체도형이다.

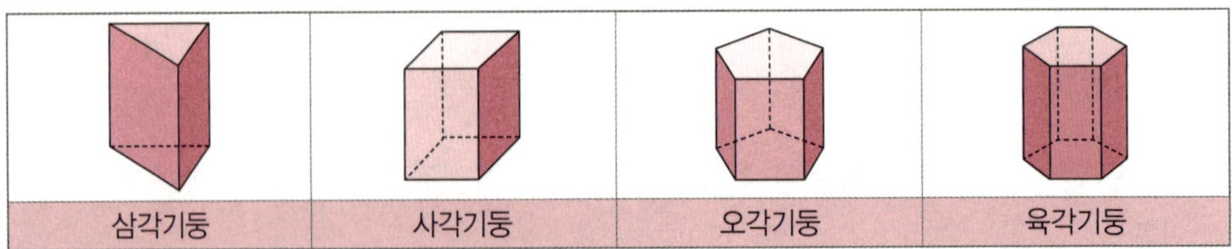

(2) **각뿔** : 밑면이 다각형이고, 옆면은 모두 삼각형인 뿔 모양의 입체도형이다.

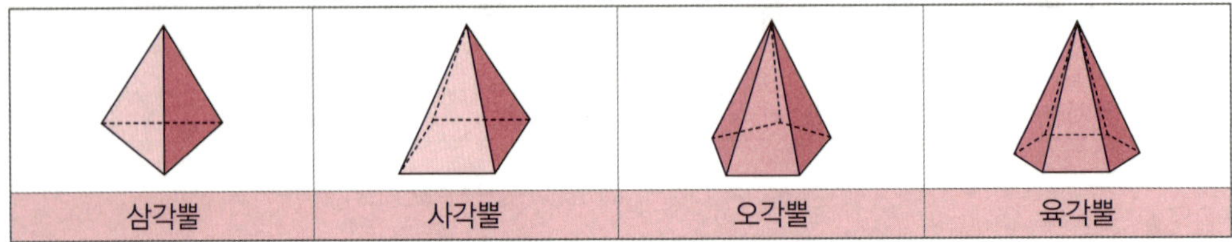

(3) **각뿔대** : 각뿔을 밑면에 평행인 평면으로 잘랐을 때 생기는 입체도형 중 각뿔이 아닌 도형으로, 각뿔대의 두 밑면의 크기는 다르고, 옆면의 모양은 사다리꼴이다.

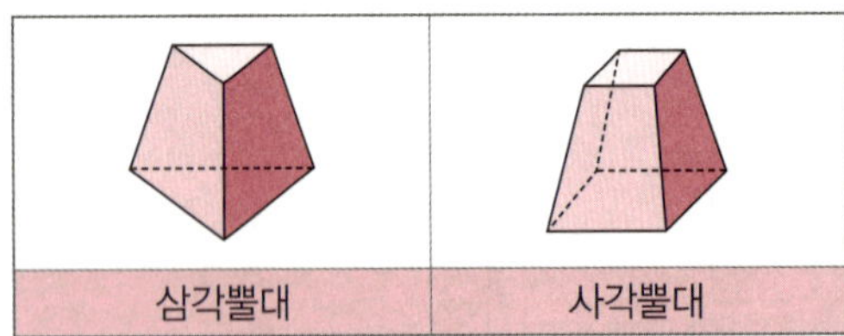

(4) **특징**

구분	n각기둥	n각뿔	n각뿔대
면의 수	$n + 2$	$n + 1$	$n + 2$
꼭짓점의 수	$2n$	$n + 1$	$2n$
모서리의 수	$3n$	$2n$	$3n$

> **예** 사각기둥의 면의 수 : $4 + 2 = 6$(개)
> 꼭짓점의 수 : $2 \times 4 = 8$(개)
> 모서리의 수 : $3 \times 4 = 12$(개)

예제 5

다음 입체도형의 모서리는 모두 몇 개인가?

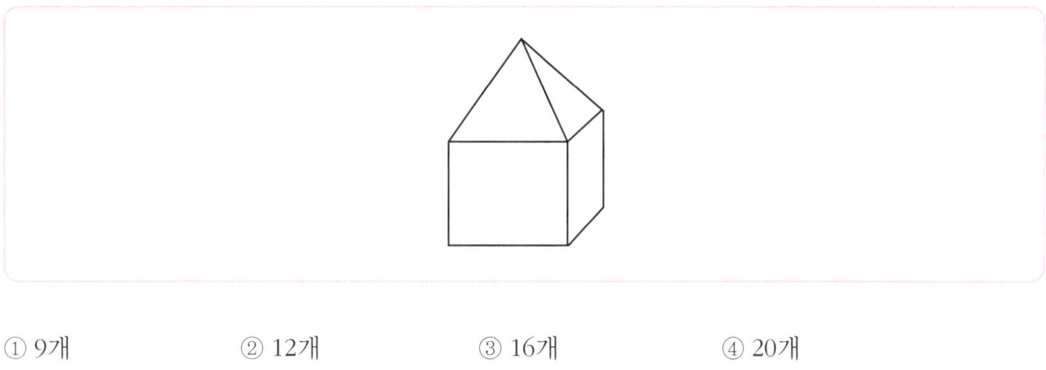

① 9개   ② 12개   ③ 16개   ④ 20개

해설

각기둥이나 각뿔의 모서리는 직선이다.
각기둥의 모서리 수를 구하는 공식은 '밑면 변의 수×3'이다. 따라서 사각기둥 모서리 수는 $4 \times 3 = 12$이다.
각뿔의 모서리 수를 구하는 공식은 '밑면 변의 수×2'이므로, 사각뿔 모서리 수는 $4 \times 2 = 8$이다.
사각기둥과 사각뿔의 모서리 수를 더한 $12 + 8 = 20$에서 위 입체 도형의 겹쳐지는 부분의 모서리 수 4를 빼면 제시된 도형의 모서리 수는 총 16개이다.

정답 ③

⑤ 전개도

입체도형을 펼쳐서 평면에 나타낸 그림이다.

 **Tips**

1. 서로 마주 보는 면은 합동이 되도록 나타낸다.
2. 접히는 부분은 점선으로, 나머지 부분은 실선으로 나타낸다.
3. 같은 입체도형이라도 전개도의 모양이 다를 수 있다.

1) 정사면체 전개도 : 정사면체의 전개도는 두 가지이며, 평행 관계에 위치한 면은 없다.

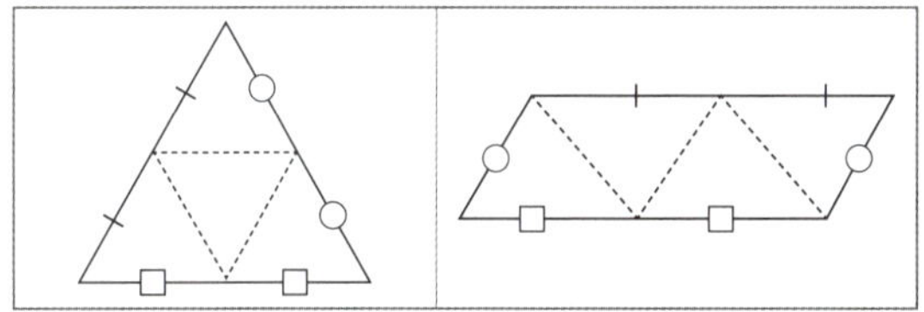

2) 정육면체 전개도 : 정육면체의 전개도는 11가지이며, 대개 상단 1면·중단 4면·하단 1면의 구조가 되면 정육면체의 전개도가 성립한다.

(1) 전개도의 인접하는 면

① 90°를 이루는 변은 겹쳐진다.

② 90°를 이루는 변의 이웃한 변은 겹쳐진다.

③ 인접하는 면의 이웃한 변으로 면을 이동시킬 수 있다.

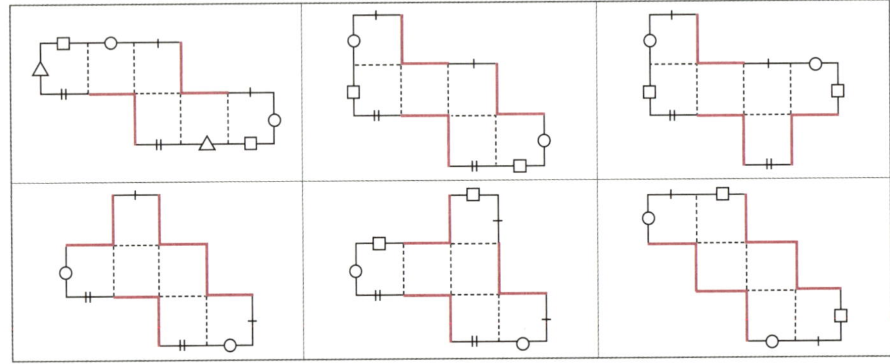

(2) 전개도의 변형(면의 이동)

① 인접하는 면의 방향으로 회전하며 이동한다.

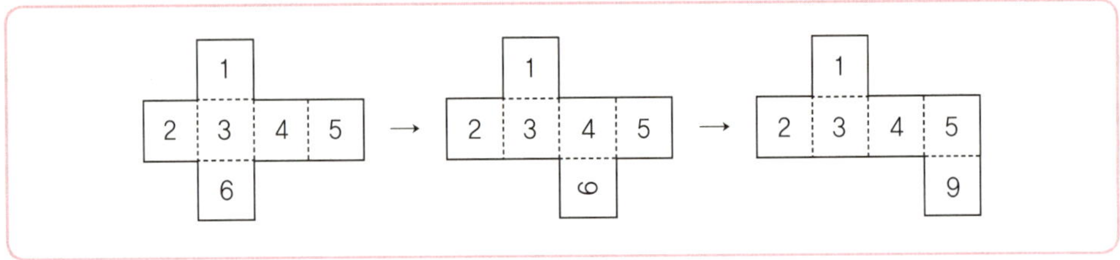

② 여러 개를 한꺼번에 이동할 수 있다.

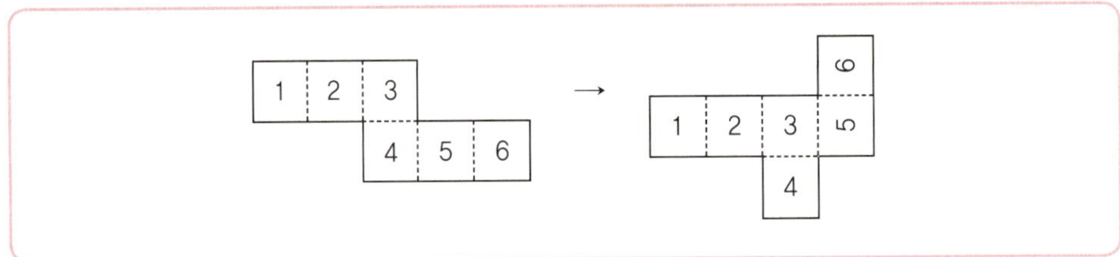

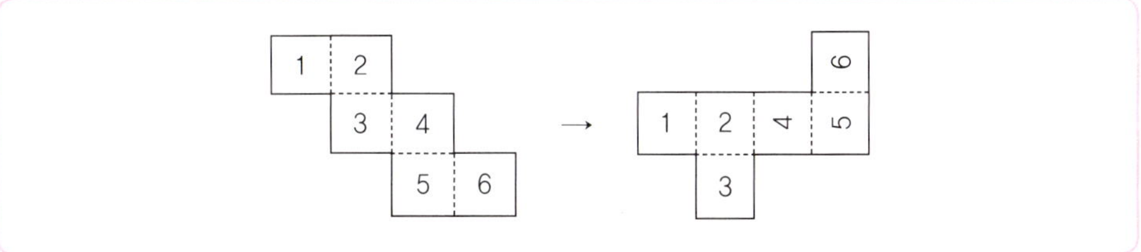

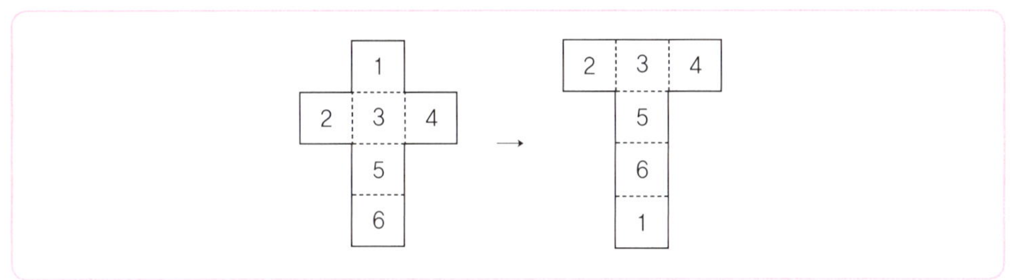

③ 4칸이 이어진 전개도의 경우, 같은 형태 그대로 이동할 수 있다.

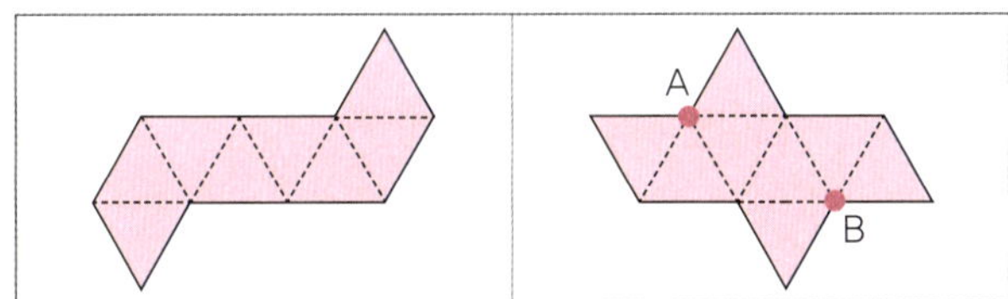

3) 정팔면체 전개도 : 정팔면체의 전개도는 상단 1면·중단 6면(△와 ▽을 번갈아 배열)·
하단 1면의 구조가 되거나, 꼭짓점 A와 B를 중심으로 4개의 정삼각형이 모이게 된다.

예제 6

다음 전개도를 접었을 때 나올 수 있는 입체도형을 고르면?

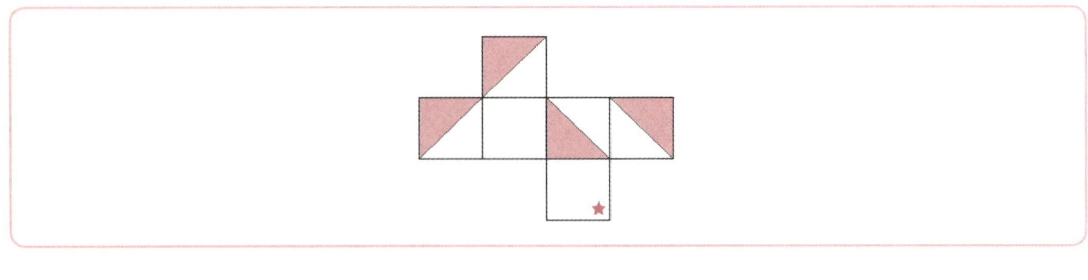

① 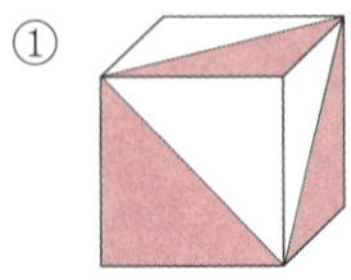   ② 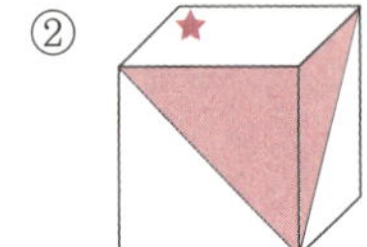   ③ 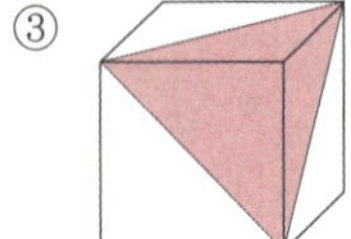   ④ 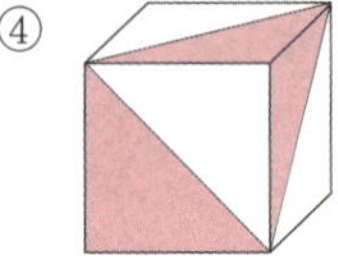

 해설

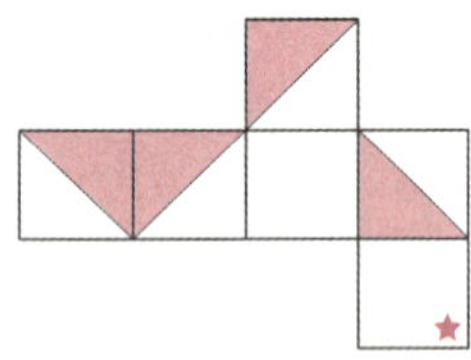

오른쪽 한 면을 왼쪽으로 옮기면 세 면이 만나는 부분을 파악할 수 있다. 따라서 정답은 ③이다.

정답 ③

6 회전체와 절단면

1) 회전체 : 평면도형의 한 직선을 축으로 하여 1회전 시킨 입체도형

(1) 원기둥

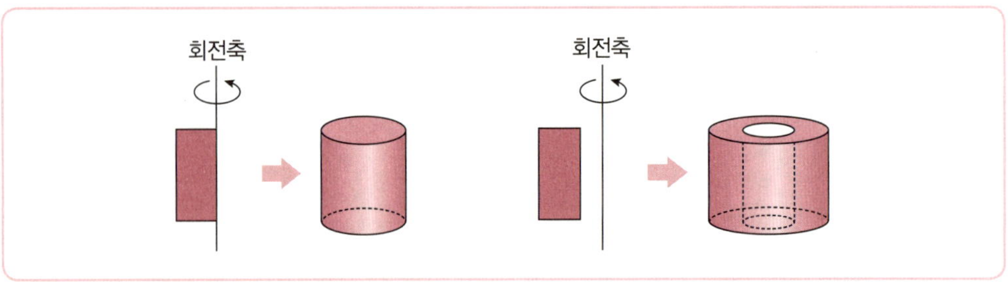

(2) 원뿔

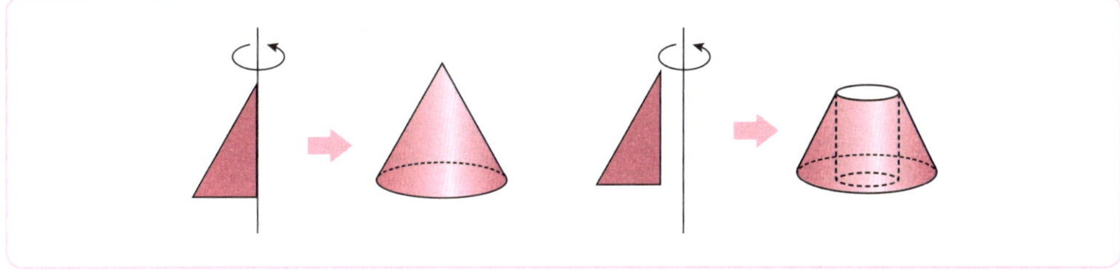

(3) 원뿔대

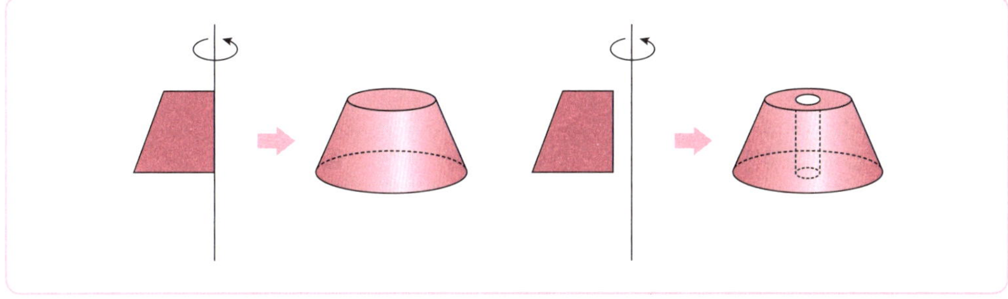

(4) 구

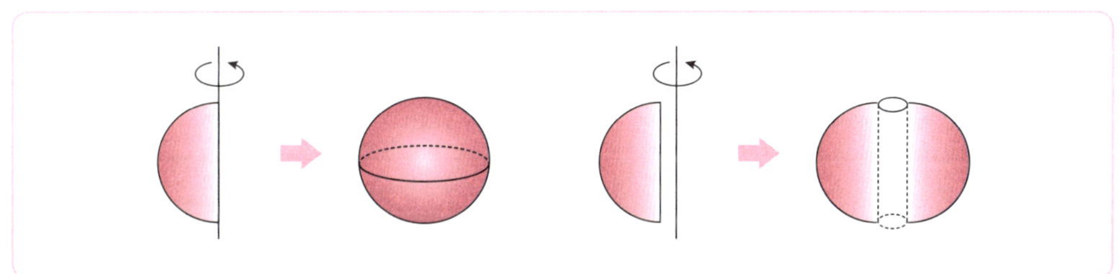

Tips

축으로 사용한 직선을 '회전축'이라고 한다. 회전축이 평면도형과 떨어져 있는 경우에는 속이 비어 있는 회전체가 되며, 회전체는 반드시 원을 포함하고 있다.

2) 절단면 : 회전체를 평면으로 잘랐을 때 생기는 도형의 단면

구분	(1) 원기둥	(2) 원뿔	(3) 원뿔대	(4) 구
회전축에 수직인 평면으로 자르기				
	원	원	원	원
회전축을 포함한 평면으로 자르기				
	직사각형	이등변삼각형	등변사다리꼴	원
그 외 여러 가지 방향으로 자르기				
속이 비어 있는 회전체의 단면				

 **Tips**

같은 회전체라도 자르는 방향에 따라 단면의 모양이 달라진다. 회전축에 수직인 평면으로 자른 단면은 항상 원이다.

📘 예제 7

다음 정사각뿔을 평면으로 한 번 잘랐을 때 나올 수 없는 단면은?

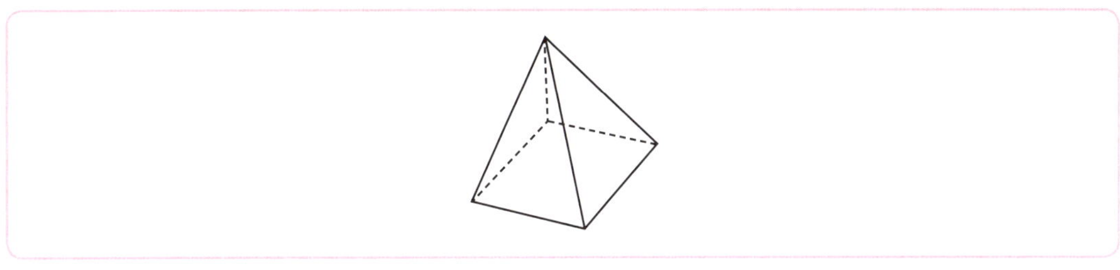

①  ② 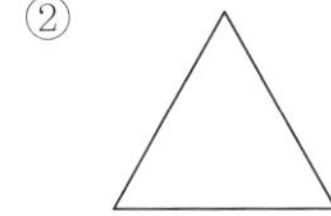 ③ 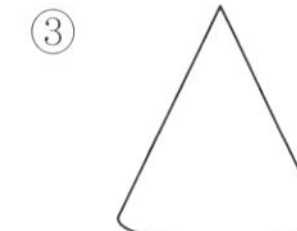 ④ 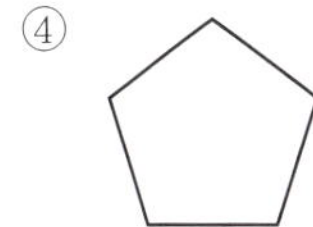

📒 해설

n각뿔을 잘랐을 때 나올 수 있는 최대 단면은 (n+1)각형이다.
정사각뿔은 4+1=5이므로 모든 면을 지나도록 자른 단면은 5각형이 된다. 따라서 위 정사각뿔을 평면으로 한 번 잘랐을 때 삼각형, 사각형, 오각형이 나올 수 있다.

💡 Plus 해설

다음과 같이 정사각뿔의 높이를 다르게 자르면 ①과 같은 사다리꼴이 나온다.

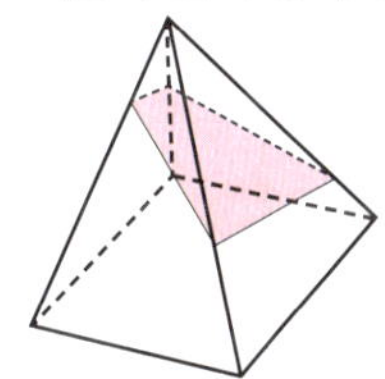

정답 ③

📋 Tips

다면체를 평면으로 잘랐을 때 나올 수 있는 단면의 최대 개수
1. n각기둥을 잘랐을 때 나올 수 있는 최대 단면은 (n+2)각형이다.
2. n각뿔을 잘랐을 때 나올 수 있는 최대 단면은 (n+1)각형이다.
📕 사각기둥을 평면으로 자르면 삼각형, 사각형, 오각형, 육각형의 단면이 나올 수 있다.

Chapter 05 공간지각력 실전 연습 문제

출제 포인트!

공간지각력은 지각속도, 도형추리, 그림유추, 종이접기, 블록, 전개도 등의 유형으로 구성된다. 문자나 도형 등을 얼마나 빠르게 지각할 수 있는지, 도형의 규칙을 찾아 도형의 모양을 예상할 수 있는지, 쌓여 있는 블록의 개수를 유추해낼 수 있는지, 입체 도형과 전개도의 관계를 파악할 수 있는지 등을 확인하는 문제들이 출제되고 있다.
최대한 빠른 시간 내에 문제를 푸는 것이 중요하며, 정답이 아닌 선택지를 하나씩 제거해나가며 푸는 것이 도움이 된다. 여러 유형의 문제를 반복적으로 풀어보며 문제 풀이 시간을 단축해 보도록 한다.

01 지각속도

[01~05] 다음 제시된 문자와 같은 것의 개수를 구하시오.

01 ▶

하구

소구	가구	오구	배구	치구	소구	배구	체구	나구	미구	소구	다구
치구	호구	자구	다구	명구	마구	가구	다구	미구	자구	체구	나구
가구	배구	명구	소구	미구	배구	마구	자구	소구	오구	마구	하구
미구	마구	치구	하구	가구	자구	명구	오구	배구	호구	자구	명구

① 1개 　　② 2개 　　③ 3개 　　④ 4개 　　⑤ 5개

해설

소구	가구	오구	배구	치구	소구	배구	체구	나구	미구	소구	다구
치구	호구	자구	다구	명구	마구	가구	다구	미구	자구	체구	나구
가구	배구	명구	소구	미구	배구	마구	자구	소구	오구	마구	하구
미구	마구	치구	하구	가구	자구	명구	오구	배구	호구	자구	명구

 **지각속도 풀이비법**

1. 비슷한 글자와 혼동하지 않도록 손가락으로 짚어가며 푼다.
2. 많은 글자가 있는 가로 열보다는 적은 글자가 있는 세로 열 기준으로 확인하는 것이 시간 단축에 도움이 될 수 있다.

02 ▶ 차타

① 1개　② 2개　③ 3개　④ 4개　⑤ 5개

해설

마하 라아 하마 마바 바마 아사 라아 마하 사아 바마 아라 가나
바마 사아 아라 나라 마하 사아 바마 하마 마바 마하 가나 하마
가나 하마 마하 아사 **차타** 아라 마하 가나 타파 나라 **차타** 사아
아라 **차타** 마바 타파 라아 하마 마바 아사 마하 마바 나라 마하

03 ▶ 참

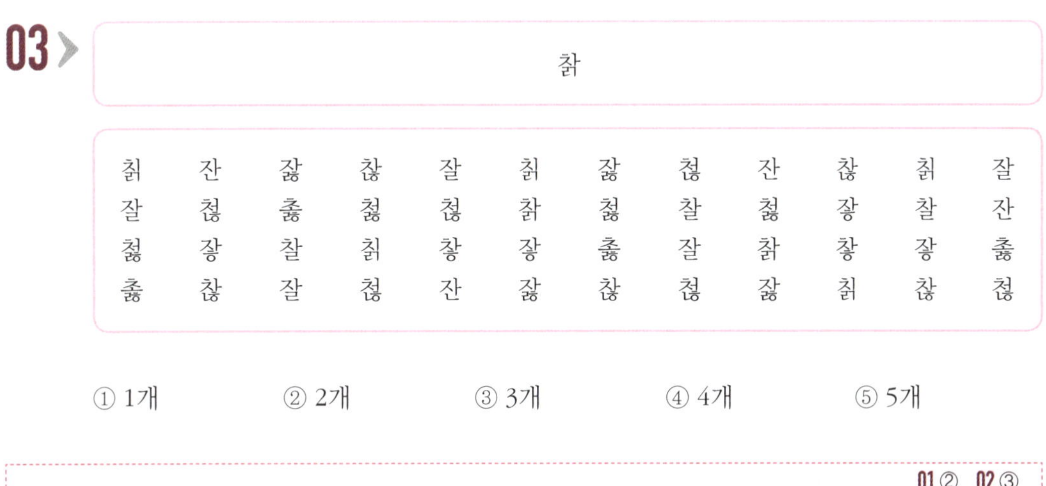

① 1개　② 2개　③ 3개　④ 4개　⑤ 5개

01 ②　02 ③

해설

칡	잔	잚	찱	잘	칡	잚	쳥	잔	찱	칡	잘
잘	쳥	춞	쳥	쳥	**찱**	쳥	찰	쳥	잚	찰	잔
쳥	잚	찰	칡	찰	잚	춞	잘	**찱**	찱	잚	춞
춞	찱	잘	쳥	잔	잚	찱	쳥	잚	칡	찱	쳥

04 ▶

88

84	28	37	87	07	48	38	29	07	87	38	37
48	07	23	91	88	84	91	28	23	28	84	28
29	23	38	29	37	28	87	88	84	91	07	48
91	38	87	28	84	48	23	07	38	29	23	87

① 1개　　② 2개　　③ 3개　　④ 4개　　⑤ 5개

해설

84	28	37	87	07	48	38	29	07	87	38	37
48	07	23	91	**88**	84	91	28	23	28	84	28
29	23	38	29	37	28	87	**88**	84	91	07	48
91	38	87	28	84	48	23	07	38	29	23	87

05 ▶

許樂

懇肝	苛甘	鑑疳	迦苛	甘懇	迦助	迦苛	鑑疳	肝曷	曷迦	奸瘤	許樂
迦苛	苛束	肝曷	曷角	懇肝	幹奴	苛束	苛甘	懇肝	幹奴	曷角	迦助
鑑疳	迦助	苛束	甘懇	鑑疳	肝曷	迦苛	甘懇	苛束	鑑疳	迦苛	苛束
許樂	甘懇	幹奴	奸瘤	許樂	苛甘	曷角	肝曷	曷迦	迦苛	懇肝	甘懇

① 1개　　② 2개　　③ 3개　　④ 4개　　⑤ 5개

 **해설**

懇肝	苛甘	鑑疳	迦苛	甘懇	迦助	迦苛	鑑疳	肝曷	曷迦	奸瘤	許樂
迦苛	苛柬	肝曷	曷角	懇肝	幹奴	苛柬	苛甘	懇肝	幹奴	曷角	迦助
鑑疳	迦助	苛柬	甘懇	鑑疳	肝曷	迦苛	甘懇	苛柬	鑑疳	迦苛	苛柬
許樂	甘懇	幹奴	奸瘤	許樂	苛甘	曷角	肝曷	曷迦	迦苛	懇肝	甘懇

[06~10] 다음 표에 제시되지 않은 문자 또는 도형을 고르시오.

06

거	효	초	진	지	제	조	샤	네	겨	노	냐
도	고	다	보	듀	처	호	쿄	버	표	포	게
너	마	지	두	드	디	도	채	페	셔	비	래
츠	츄	툐	야	요	어	초	슈	수	투	텨	보

① 쿄   ② 효   ③ 포   ④ 예   ⑤ 처

해설

거	효	초	진	지	제	조	샤	네	겨	노	냐
도	고	다	보	듀	처	호	쿄	버	표	포	게
너	마	지	두	드	디	도	채	페	셔	비	래
츠	츄	툐	야	요	어	초	슈	수	투	텨	보

 **시간 단축이 생명인 지각속도 풀이비법**

1. 선택지 ①~⑤에 표기된 문자 중심으로 박스 안에 있는 문자들을 비교하며 답이 되지 않는 선택지는 바로바로 지워가면서 푼다.
2. 동그라미, 세모, 사선 등 자신만의 기호로 확실하게 표시하면서 푸는 요령도 익히도록 한다.

03 ② 04 ② 05 ③ 06 ④

공간지각력

07

시기	재기	안기	보기	수기	야기	가기	용기	축기	차기	사기	서기
앙기	속기	삼기	족기	배기	공기	마기	영기	자기	미기	망기	농기
잔기	방기	달기	해기	중기	하기	혼기	오기	삼기	종기	세기	선기
고기	나기	항기	출기	송기	호기	지기	피기	한기	상기	빙기	주기

① 경기 ② 송기 ③ 종기 ④ 속기 ⑤ 농기

해설

시기	재기	안기	보기	수기	야기	가기	용기	축기	차기	사기	서기
앙기	**속기**	삼기	족기	배기	공기	마기	영기	자기	미기	망기	**농기**
잔기	방기	달기	해기	중기	하기	혼기	오기	삼기	**종기**	세기	선기
고기	나기	항기	출기	**송기**	호기	지기	피기	한기	상기	빙기	주기

08

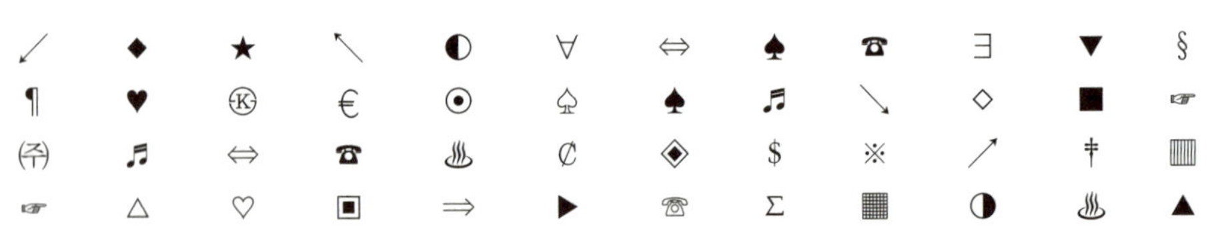

① ∞ ② ◑ ③ ♫ ④ $ ⑤ ■

해설

09 ▶

머지	머자	묘치	며지	머자	머지	먀지	머자	며지	미지	며초	머지
머자	미자	머지	머피	뮤지	며초	미지	뮤자	뮤지	머자	머자	무지
뮤지	먀지	미지	머지	며초	머피	머자	미지	먀지	머지	머자	며지
며지	며추	므지	미지	머피	며지	머피	모지	머자	머지	먀지	뮤지

① 무지　　② 마자　　③ 묘치　　④ 모지　　⑤ 므지

해설

머지	머자	**묘치**	며지	머자	머지	먀지	머자	며지	미지	며초	머지
머자	미자	머지	머피	뮤지	며초	미지	뮤자	뮤지	머자	머자	**무지**
뮤지	먀지	미지	머지	며초	머피	머자	미지	먀지	머지	머자	며지
며지	며추	**므지**	미지	머피	며지	머피	**모지**	머자	머지	먀지	뮤지

10 ▶

218	849	249	387	808	213	102	348	876	808	117	328
615	632	883	102	339	119	357	321	244	532	114	348
215	618	420	255	880	392	344	802	244	436	329	714
323	394	234	505	296	808	213	115	223	503	548	244

① 883　　② 420　　③ 296　　④ 119　　⑤ 931

해설

218	849	249	387	808	213	102	348	876	808	117	328
615	632	**883**	102	339	**119**	357	321	244	532	114	348
215	618	**420**	255	880	392	344	802	244	436	329	714
323	394	234	505	**296**	808	213	115	223	503	548	244

07 ①　08 ①　09 ②　10 ⑤

[11~17] 다음 제시된 좌우의 문자 또는 도형 중 다른 것의 개수를 구하시오.

11 ▶

(ㅊ) (ㅂ) (ㅍ) (ㅁ) (ㅂ) (ㅈ) (ㅊ) (ㅋ) ― (ㅁ) (ㅂ) (ㅍ) (ㅂ) (ㅁ) (ㅈ) (ㄴ) (ㅁ)

① 1개　　② 2개　　③ 3개　　④ 4개　　⑤ 5개

해설

(ㅊ) (ㅂ) (ㅍ) (ㅁ) (ㅂ) (ㅈ) (ㅊ) (ㅋ) ― (ㅁ) (ㅂ) (ㅍ) (ㅂ) (ㅁ) (ㅈ) (ㄴ) (ㅁ)

12 ▶

4 8 2 4 9 7 0 8 9 3 1 4 3 ― 3 8 2 9 4 7 0 8 3 9 1 3 4

① 3개　　② 4개　　③ 5개　　④ 6개　　⑤ 7개

해설

4 8 2 4 9 7 0 8 9 3 1 4 3 ― 3 8 2 9 4 7 0 8 3 9 1 3 4

13 ▶

① 1개　　② 2개　　③ 3개　　④ 4개　　⑤ 5개

해설

14 ▶

↗ ↓ ↘ ↘ ↓ ↓ ↑ ↘ ― ↔ ↗ ↔ ↘ ↓ ↑ ↑ ↕

① 3개　　② 4개　　③ 5개　　④ 6개　　⑤ 7개

해설

15

① 3개 ② 4개 ③ 5개 ④ 6개 ⑤ 7개

해설

16

① 2개 ② 3개 ③ 4개 ④ 5개 ⑤ 6개

해설

공간지각력

17

① 2개 ② 3개 ③ 4개 ④ 5개 ⑤ 6개

해설

---

11 ⑤ 12 ⑤ 13 ④ 14 ④ 15 ⑤ 16 ② 17 ⑤

[18~20] 다음 문자배열의 좌우 양쪽을 비교하여 서로 다른 것을 고르시오.

18 ▷
① 갸샤퍄챠쟈뱌댜뱌먀 — 갸샤퍄챠쟈뱌댜댜먀
② ◆■⊙♥♤♣◆▶◁ — ◆■⊙♥♠♣◆◀◁
③ PRQNVCTYEWQP — PRQNVCTYEWQP
④ (ㅇ)(ㅍ)(ㅎ)(ㄷ)(ㅈ)(ㅂ)(ㄴ)(ㄱ)(ㅁ) — (ㅇ)(ㅍ)(ㅎ)(ㄷ)(ㅈ)(ㅂ)(ㄴ)(ㄱ)(ㅁ)
⑤ boasrccdkkstwory — boasrccdkkstwory

해설

② ◆■⊙♥<u>♤</u>♣◆<u>▶</u>◁ — ◆■⊙♥<u>♠</u>♣◆<u>◀</u>◁

19 ▷
① 가교구겨갸고그갸기 — 가교구겨갸고구갸기
② 13978824533271 — 13978824533271
③ 다보지사아교나러쿠 — 다보지사아교나러쿠
④ ㄹㅂㅇㅍㄱㄱㅌㅎㄷ — ㄹㅂㅇㅍㄱㄱㅌㅎㄷ
⑤ UywEbBNmksTZaa — UywEbBNmksTZaa

해설

① 가교구겨갸고<u>그</u>갸기 — 가교구겨갸고<u>구</u>갸기

20 ▷
① ⓉⓌⓏⓅⓃⒸⒸⒺⒺ — ⓉⓌⓏⓅⓃⒸⒸⒺⒺ
② ★§▼◆◎○◇우☆■ — ★§▼◆◎○◇우☆■
③ 강선27공3칠9상6합 — 강선27공3칠9상6합
④ ♪◐⊙▷♠♤♫♩◁△◎ — ♪◐⊙▷♠♤♫♩◁△◎
⑤ 신탕편좌친고경검강 — 신탕편좌천고경건강

해설

⑤ 신탕편좌<u>친</u>고경<u>검</u>강 — 신탕편좌<u>천</u>고경<u>건</u>강

[21~23] 제시된 문자 및 숫자, 기호를 오른쪽부터 왼쪽으로 다시 배열한 것을 고르시오.

21

00102397048291

① 19284009320100
② 19824097320100
③ 19284079320100
④ 19284079230100
⑤ 19284079320010

 **해설**

주어진 숫자를 오른쪽에서 왼쪽으로 다시 배열하면 '③ 19284079320100'이다.

Plus 해설

① 1928400**9**320100　② 19**82**40**97**320100　④ 1928407**92**30100　⑤ 192840793200**1**0

22

bnyesamcnptrx

① xrtbncmaseynb
② xrtpncmaseynb
③ xrtpmcnaseynb
④ xtrpncmaseynb
⑤ xrtpncmasenyb

해설

주어진 알파벳을 오른쪽에서 왼쪽으로 다시 배열하면 '② xrtpncmaseynb'이다.

Plus 해설

① xrt**b**ncmaseynb　③ xrtp**mcn**aseynb　④ xt**r**pncmaseynb　⑤ xrtpncmase**ny**b

공간지각력

23

가교너모푸더사라바코미히

① 히미코비라사더푸모너교가
② 히미코바라사더푸무너교가
③ 히미코바러사더푸모너교가
④ 히미코바라사더푸모너교가
⑤ 히미코바라시더푸모너교가

해설

주어진 한글을 오른쪽에서 왼쪽으로 다시 배열하면 '④ 히미코바라사더푸모너교가'이다.

Plus 해설

① 히미코**비**라사더푸모너교가   ② 히미코바라사더푸**무**너교가
③ 히미코바**러**사더푸모너교가   ⑤ 히미코바라**시**더푸모너교가

[24~25] 다음 주어진 단어 중 가장 많이 사용된 단어의 개수를 고르시오.

24

강우	환자	선물	장소	연필	가위	고무	오류	종이	박스
오류	한복	개울	종이	바지	거울	빙하	오염	여행	발전
남자	녹음	성악	수선	눈물	바위	성악	선물	음식	방지
거울	발전	거울	박스	오류	거울	한복	연필	고무	거울

① 1개   ② 2개   ③ 3개   ④ 4개   ⑤ 5개

해설

강우	환자	선물	장소	연필	가위	고무	오류	종이	박스
오류	한복	개울	종이	바지	**거울**	빙하	오염	여행	발전
남자	녹음	성악	수선	눈물	바위	성악	선물	음식	방지
거울	발전	**거울**	박스	오류	**거울**	한복	연필	고무	**거울**

25

바람	점심	상장	수첩	한우	건강	동료	점심	처서	한우
파도	한우	친구	파도	약속	회의	인사	파도	회사	사돈
건강	동의	한우	동료	직장	바람	검진	동의	친분	건강
약속	상장	건강	처서	저녁	회사	한우	한우	수첩	상장

① 3개   ② 4개   ③ 5개   ④ 6개   ⑤ 7개

해설

바람	점심	상장	수첩	**한우**	건강	동료	점심	처서	**한우**
파도	**한우**	친구	파도	약속	회의	인사	파도	회사	사돈
건강	동의	**한우**	동료	직장	바람	검진	동의	친분	건강
약속	상장	건강	처서	저녁	회사	**한우**	**한우**	수첩	상장

02 도형추리

01 ▷ 다음 도형을 시계방향으로 90° 회전했을 때의 모양은?

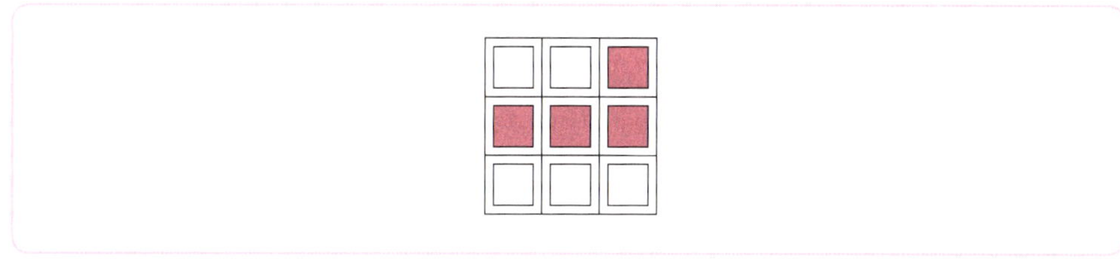

①  ②  ③ 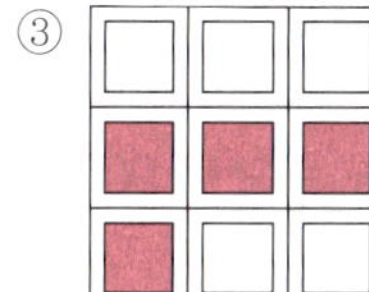 ④ 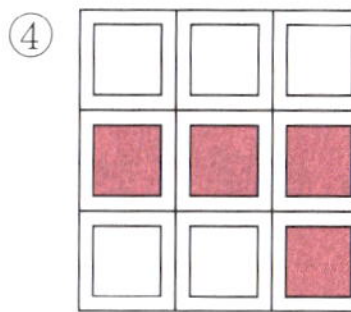

해설

제시된 도형을 보면 가로 두 번째 줄은 세 개의 사각형이 모두 ■로 되어 있고, 세 번째 줄은 모두 □로 되어 있으므로, 이를 시계방향으로 90° 회전시키면 이 사각형의 나열이 세로로 바뀌어야 한다. 따라서 정답은 ②이다.

02 ▷ 다음 도형을 시계방향으로 90° 회전했을 때의 모양은?

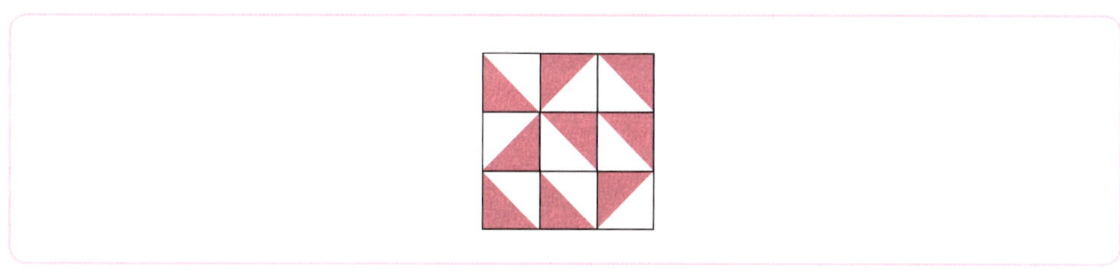

① 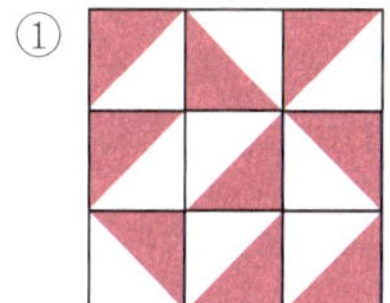 ② 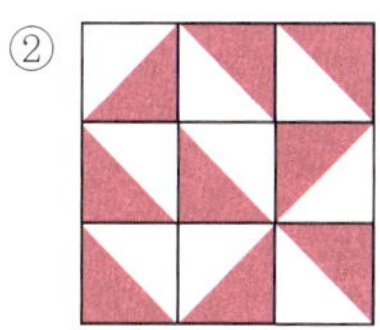 ③ 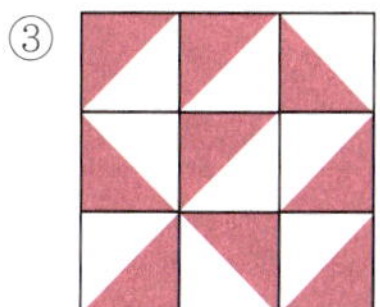 ④ 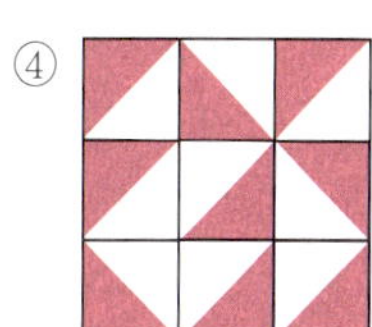

해설

제시된 도형의 세 번째 줄인 을 기준으로 했을 때, 시계방향으로 90˚ 회전하면 해당 부분이 바닥으로 내려와 이 되어야 한다. 따라서 이런 식으로 부분의 특징을 통해 회전 후 모양을 유추하면 ①이 정답임을 알 수 있다.

COOL TIP 도형 회전

1. 회전 방향이 시계방향인지 반시계방향인지 파악한다.
2. 제시된 도형의 특정 부분을 기준으로 잡고, 그 부분이 움직인 후의 모양을 먼저 확인한다.
3. 특정 부분의 회전 후 모양을 통해 전체 도형을 유추한다.

03 〉 다음 도형을 반시계방향으로 90˚ 회전했을 때의 모양은?

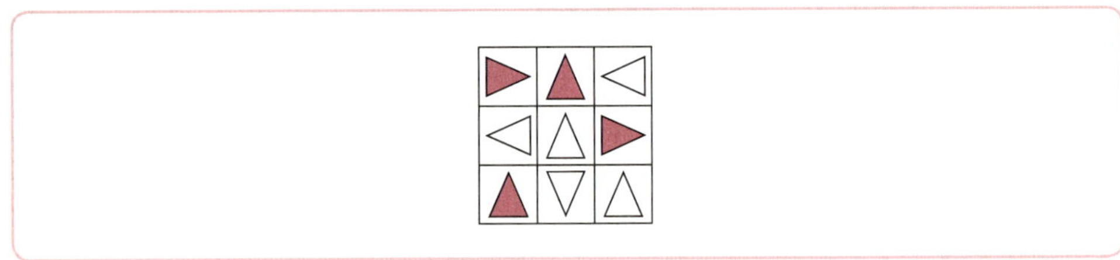

① 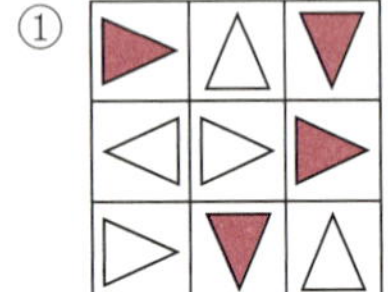 ② 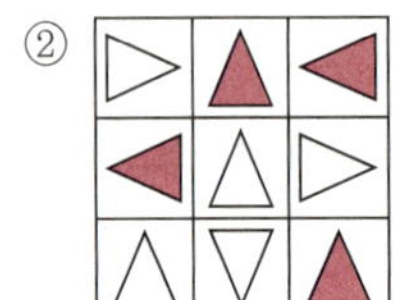 ③ 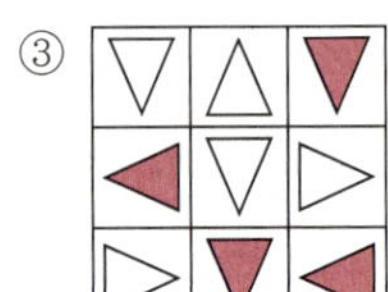 ④ 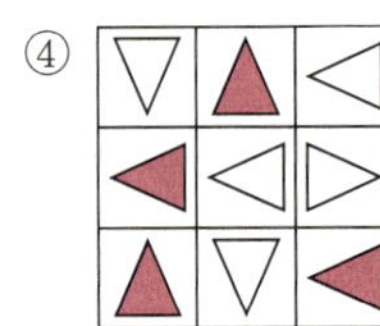

해설

제시된 도형을 반시계방향으로 90˚ 회전하면 맨 윗줄에 있는 이 왼쪽으로 내려와 세로열 첫 번째 줄이 된다. 따라서 이를 기준으로 유추하면 정답은 ④이다.

04 다음 도형을 반시계방향으로 90° 회전했을 때의 모양은?

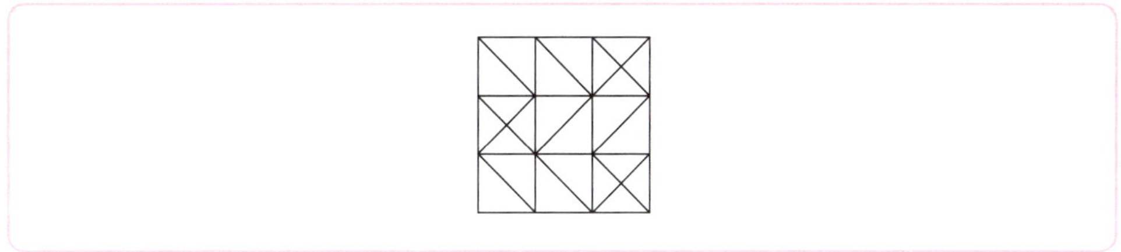

① 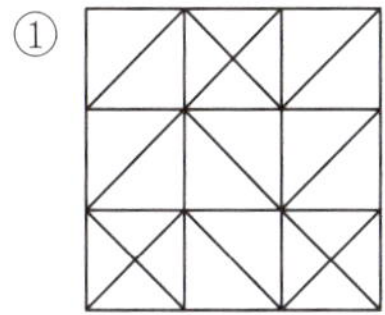　② 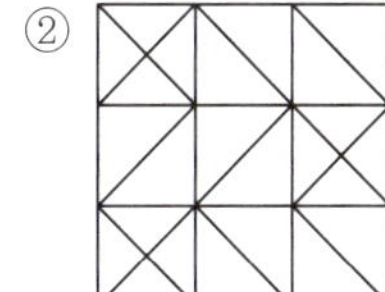　③ 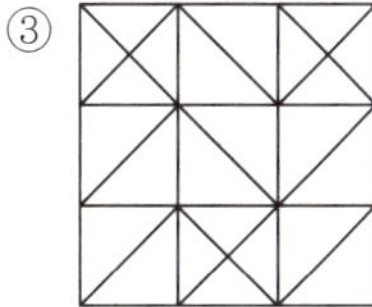　④ 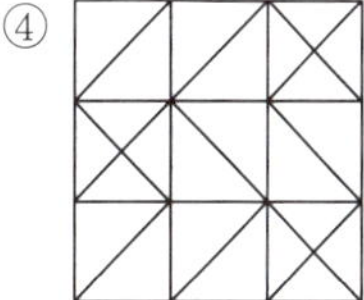

해설

제시된 도형을 반시계방향으로 90° 회전하면 맨 윗줄에 있는 ◻◻이 왼쪽으로 내려와 세로열 첫 번째 줄이 된다. 따라서 이를 기준으로 유추하면 정답은 ③이다.

05 다음 도형을 180° 회전했을 때의 모양은?

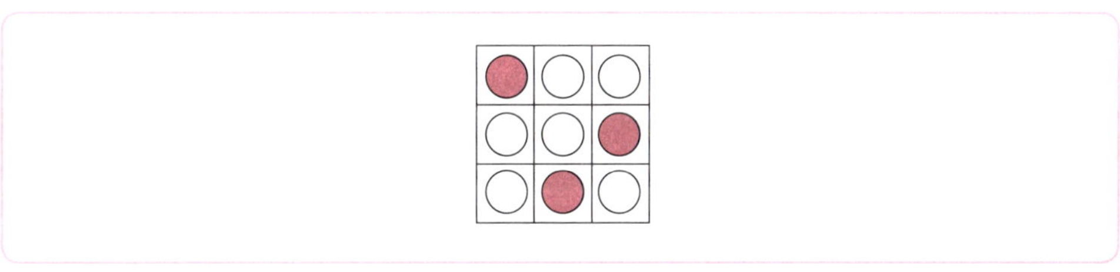

① 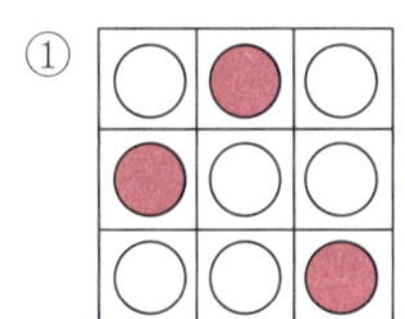　② 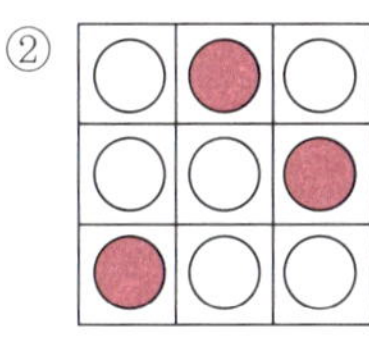　③ 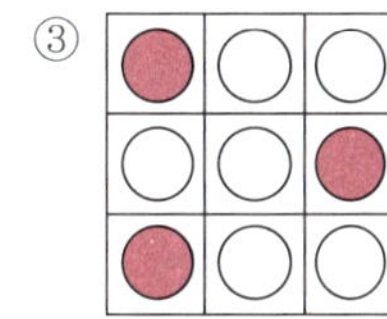　④ 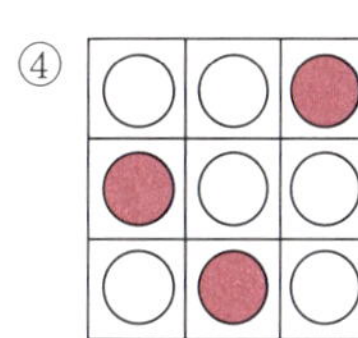

02 ①　03 ④　04 ③

 해설

180° 회전은 시계방향으로 90° 회전을 두 번 하면 된다.

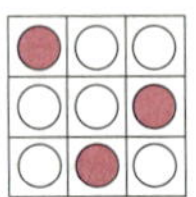 → 시계방향으로 90° 회전 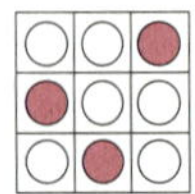 → 시계방향으로 90° 회전 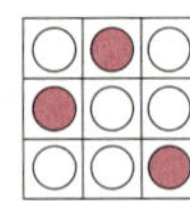

06 다음 도형을 180° 회전했을 때의 모양은?

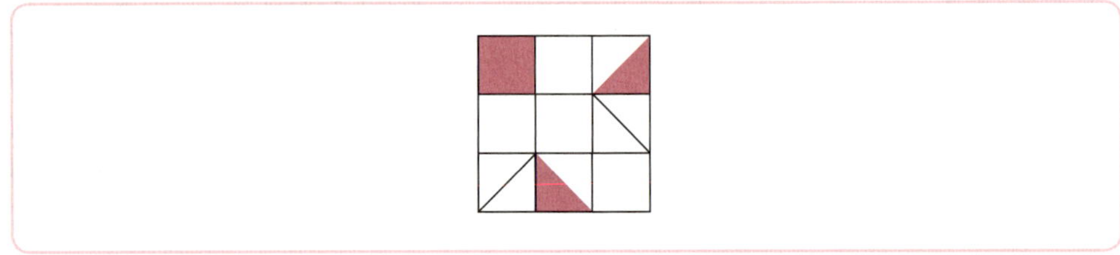

① 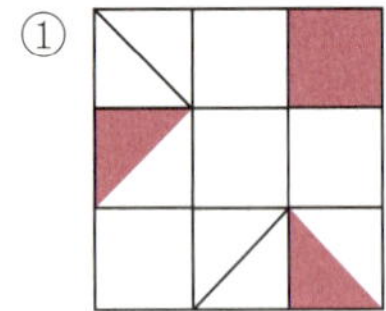 ② 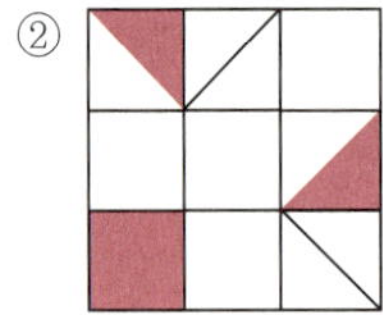 ③ 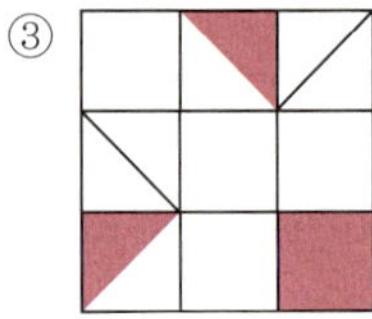 ④ 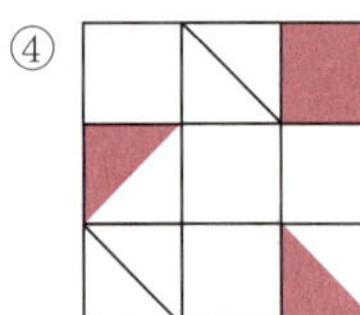

해설

180° 회전은 시계방향으로 90° 회전을 두 번 하면 된다.

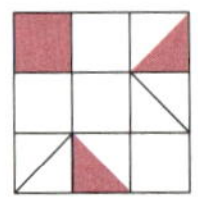 → 시계방향으로 90° 회전 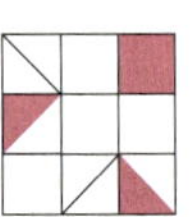 → 시계방향으로 90° 회전 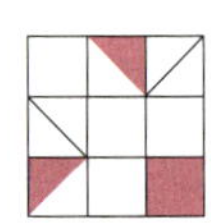

[07~16] 다음 제시된 도형을 보고 규칙을 찾아 적용했을 때 '?'에 들어갈 도형으로 적절한 것을 고르시오.

07 ▶

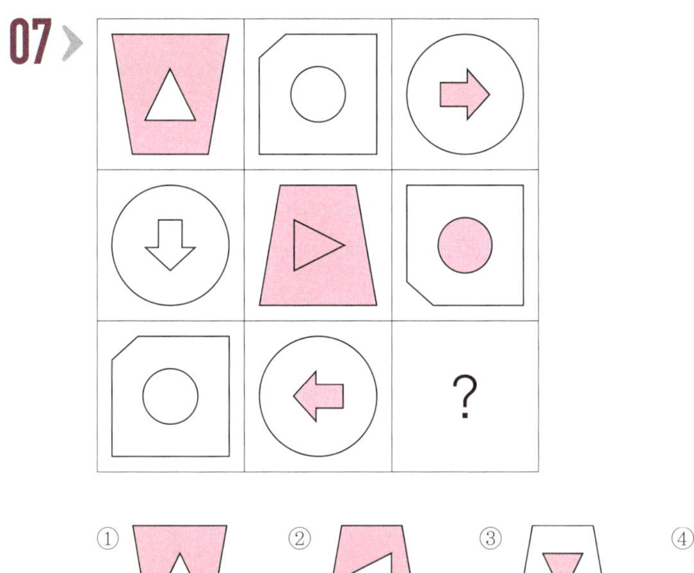

① 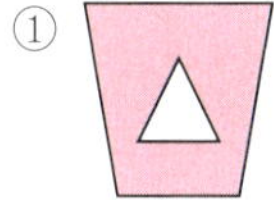　② 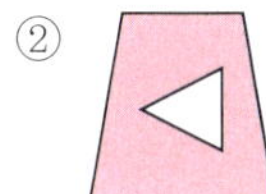　③ 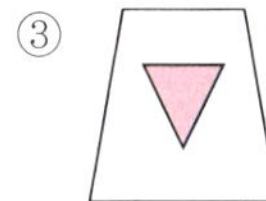　④ 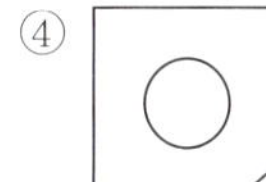　⑤ 

 **해설**

각 행에 제시된 도형은 다음 행에서 오른쪽으로 한 칸씩 이동하고 있다. 이때 외부 도형은 상하 대칭으로 모양이 바뀌며 내부 도형은 시계 방향으로 90도 회전하면서 색이 반전됨을 알 수 있다.

따라서 2열 도형 에서 외부 도형은 상하 대칭으로 모양이 바뀌고, 내부 도형은 시계 방향으로 90도 회전하면서 색이 반전된 ⑤가 정답이다.

08 ▶

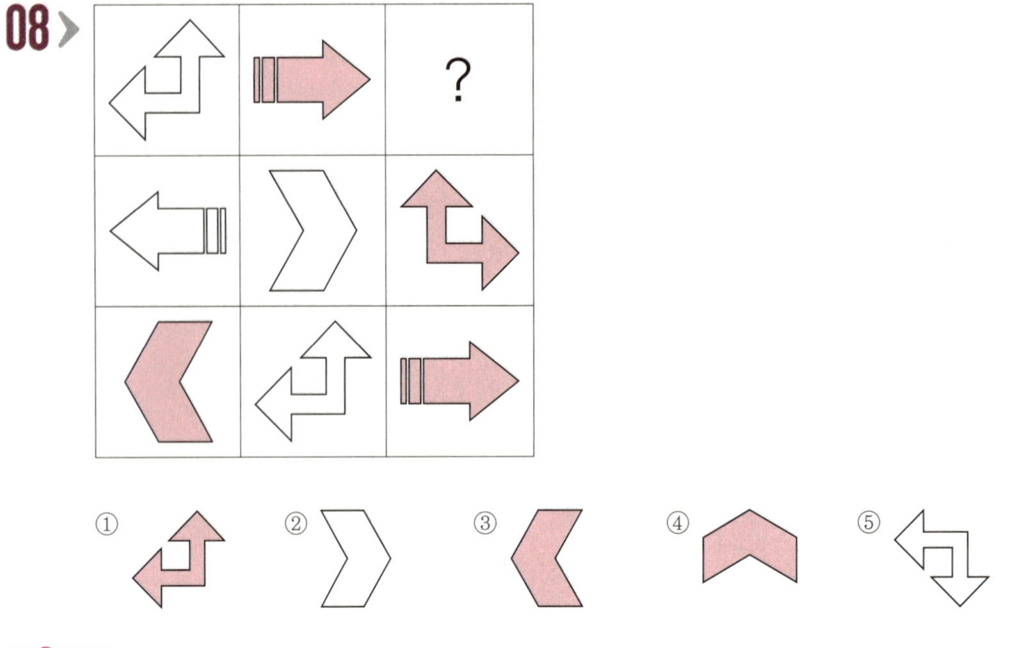

해설

각 행에 제시된 도형은 다음 행에서 왼쪽으로 한 칸씩 이동하고 좌우 반전, 색 반전이 이루어지고 있다. 따라서 도형 〉에서 좌우 반전, 색 반전이 된 ③이 정답이다.

09 ▶

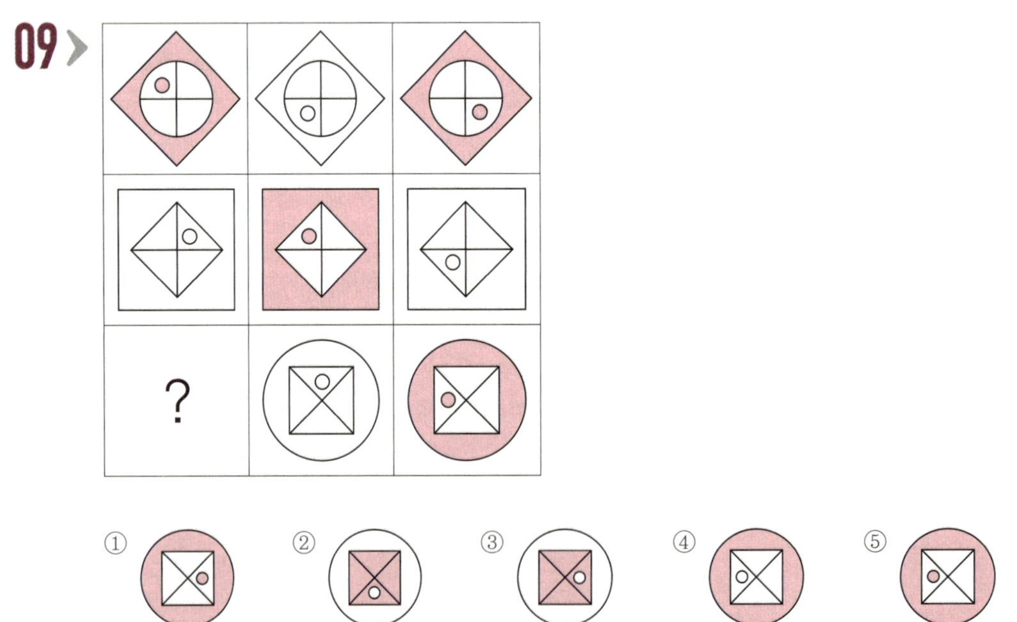

해설

각 도형은 오른쪽 열로 이동하면서 외부 도형과 내부 작은 원의 색 반전이 이루어진다. 또한 내부의 작은 원은 시계 반대 방향으로 한 칸씩 이동하고 있다. 따라서 '?'에 들어갈 도형은 다음 열의 모양으로 색 반전이 이루어지기 전, 내부의 원이 시계 반대 방향으로 한 칸 이동하기 전인 ①이다.

10 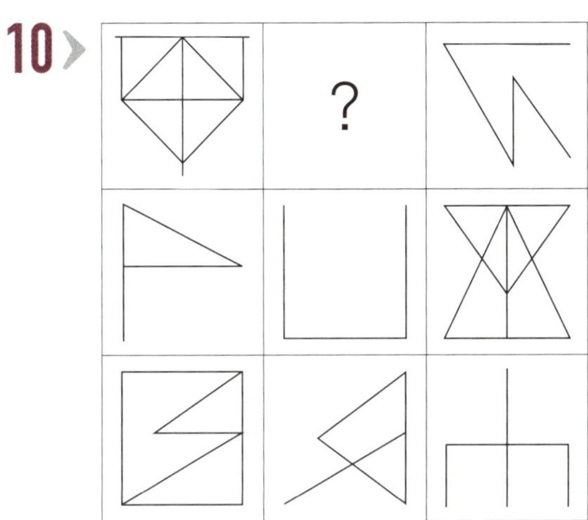

① 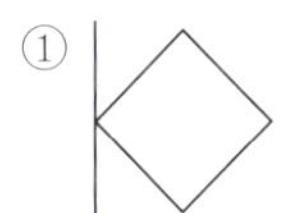 ② 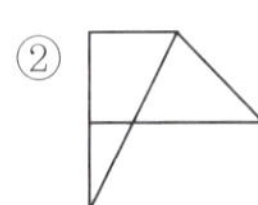 ③ 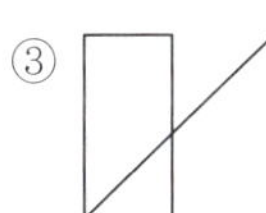 ④  ⑤ 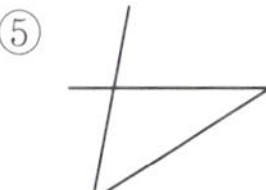

해설

(가)	(나)	(다)
(라)	(마)	(바)
(사)	(아)	(자)

(바)는 (라)와 (아)를 합친 것이고 (사)는 (다)와 (마)를 합친 것이다. 따라서 (가)는 (나)와 (자)를 합친 것임을 알 수 있으므로, (나)에 들어갈 도형은 ①이다.

11 ▶

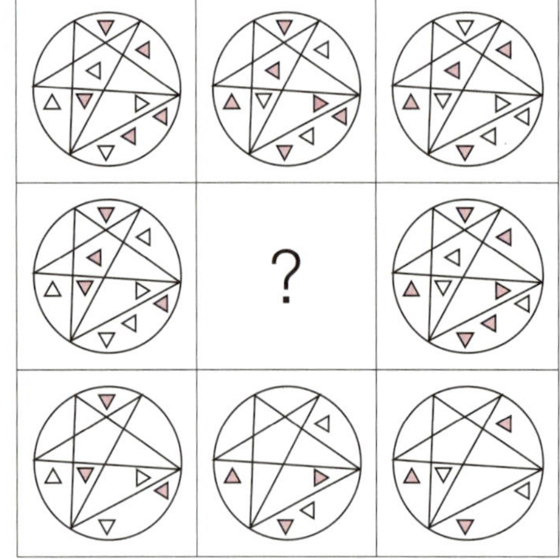

① 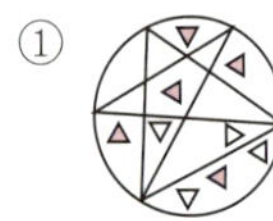 ②  ③ 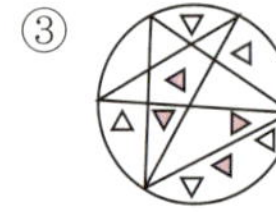 ④ 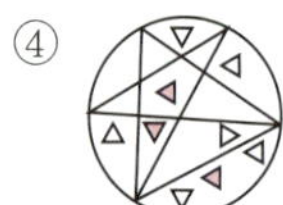 ⑤ 

해설

1행과 2행의 작은 내부 도형의 음영이 같으면 3행에 그대로 표시되었고, 음영이 다르면 삭제되었다. 따라서 '?' 밑의 행에 나타나 있는 내부 도형은 1행과 똑같이 음영을 주고, 삭제된 도형은 다르게 음영을 주어야 한다. 정답은 ②이다.

12 ▶

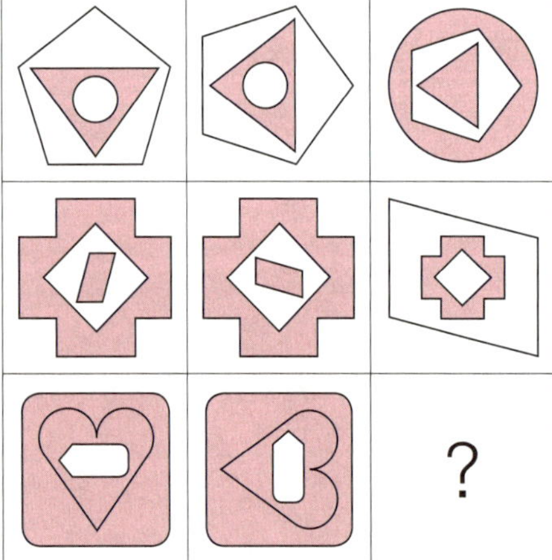

① 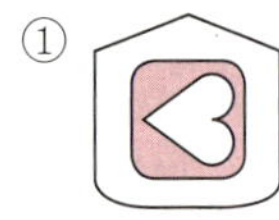 ②  ③ 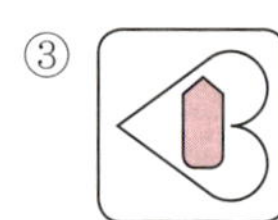 ④  ⑤ 

2열에 제시된 형태는 1열에서 시계 방향으로 90도 회전한 형태이고, 3열은 2열의 가장 안쪽에 있는 도형을 바깥으로 이동하면서 그 도형의 색만 반전시킨 형태이다. 따라서 2열의 가장 안쪽에 있는 도형이 바깥쪽으로 나오면서 음영이 생긴 ⑤가 답이다.

13 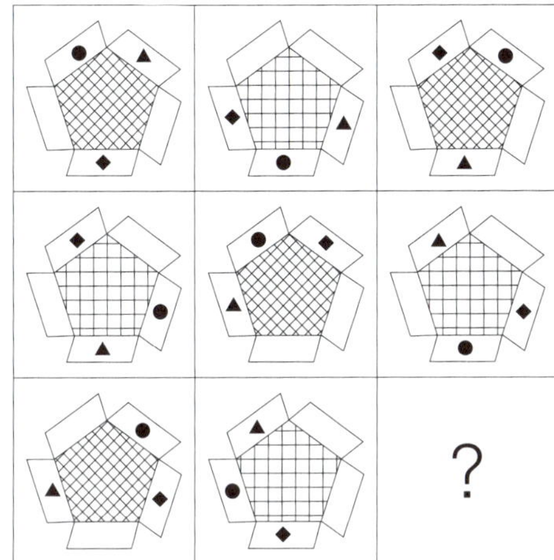

① 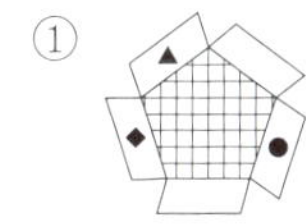　② 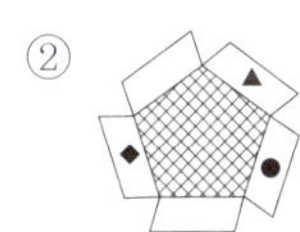　③ 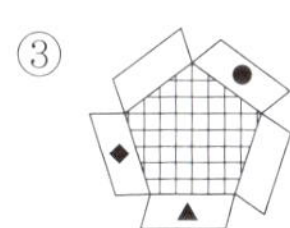　④ 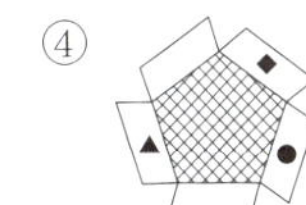　⑤ 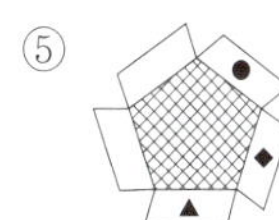

1열 → 2열 → 3열로 가면서 도형 안쪽의 무늬는 가로세로 무늬와 대각선 무늬가 교대로 나타나고 있다. ● 모양은 반시계 방향으로 두 칸씩 이동하고 있고, ▲ 모양과 ◆ 모양은 시계 방향으로 한 칸씩 움직이고 있다. 따라서 답은 ②이다.

11 ②　12 ⑤　13 ②

공간지각력

14 ▶

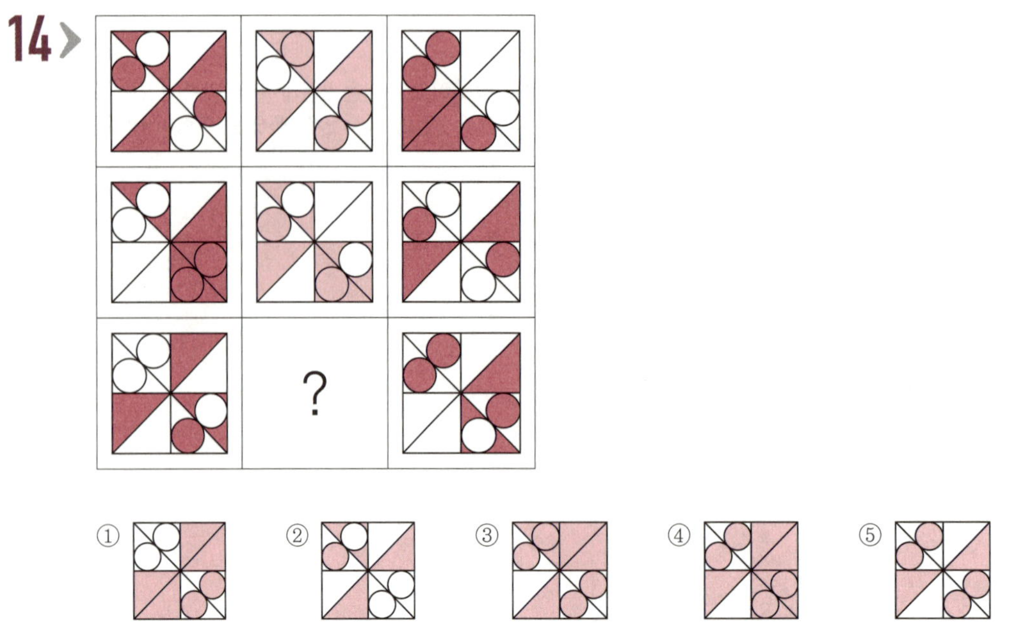

① ② ③ ④ ⑤

해설

1열과 3열의 겹치는 부분의 색깔에 따라 2열 도형의 색이 결정된다. 1열과 3열이 서로 같은 색이면 2열은 흰색, 1열과 3열이 서로 다른 색이면 2열은 연한 색이 된다. 이를 적용하면 정답은 ④이다.

15 ▶

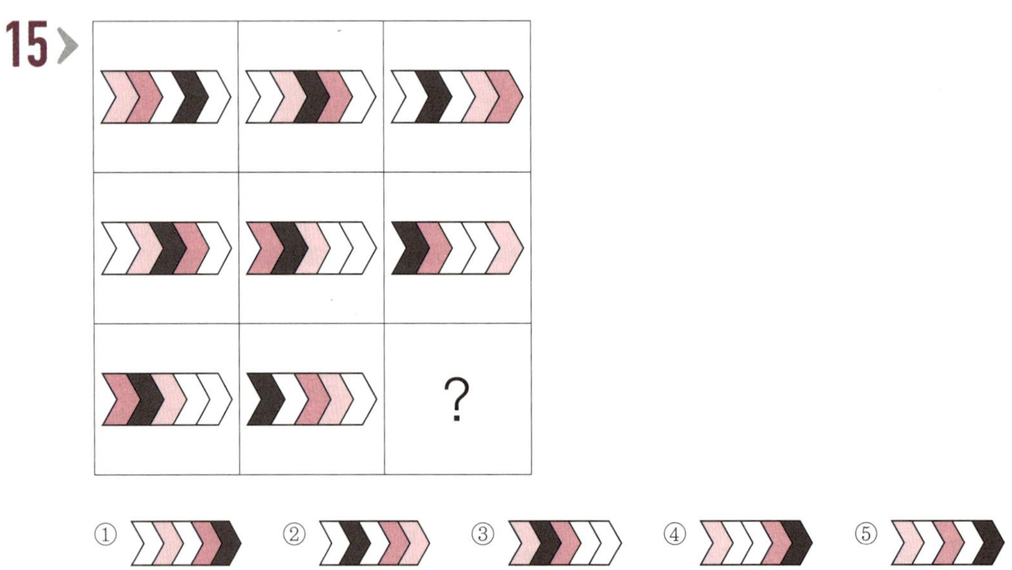

① ② ③ ④ ⑤

1행에서 2행, 3행으로 가면서 연한 색 부분은 오른쪽으로 한 칸, 진한 색 부분은 오른쪽으로 두 칸, 회색 부분은 왼쪽으로 한 칸 이동하고 있다. 따라서 정답은 ④이다.

16

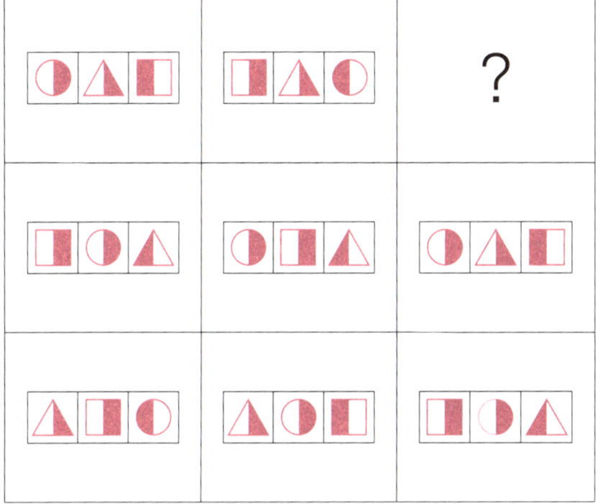

①  ②  ③  ④  ⑤ 

각 도형은 아래 행으로 내려오면서 한 칸씩 오른쪽으로 이동하고 있으며, 제일 오른쪽 칸에 있는 도형의 색은 명암이 반대로 되어 있다. 따라서 답은 ⑤이다.

공간지각력

14 ④ 15 ④ 16 ⑤

[17~18] 다음은 일정한 규칙에 따라 배열된 도형이다. A와 B에 들어갈 도형이 순서대로 바르게 나열된 것을 고르시오.

17 ›

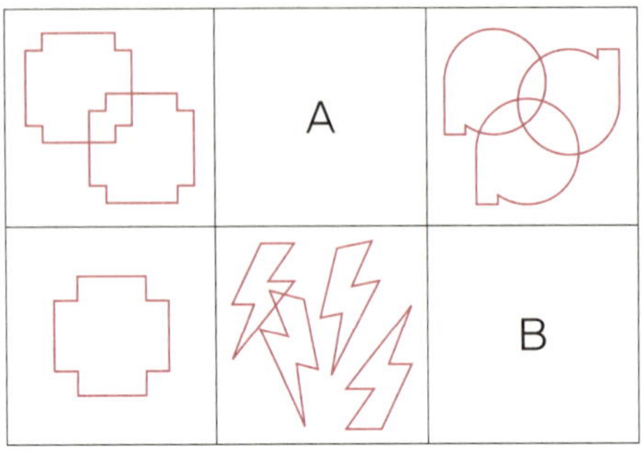

①

②

③

④

⑤

해설

박스에서 알 수 있는 규칙은 아래 행으로 내려오면서 도형이 하나씩 감소한다는 것이다. 따라서 A에는 도형이 5개, B에는 도형이 2개 있어야 한다. 정답은 ④이다.

18 ›

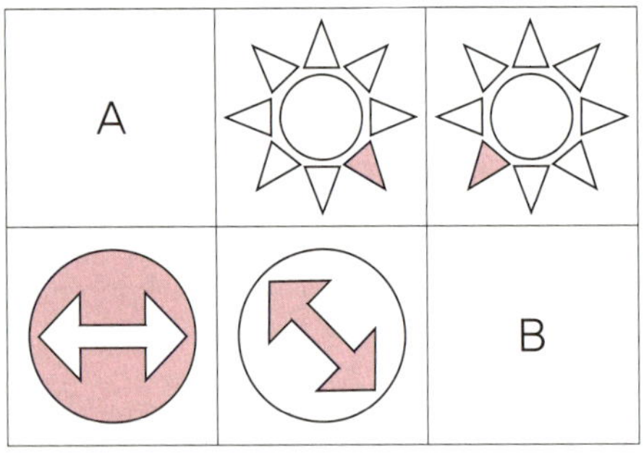

 **해설**

1행은 색칠된 부분이 시계 방향으로 두 칸씩 이동하고 있고, 2행은 색이 반전되면서 내부 도형이 시계 방향으로 45도씩 회전하고 있다. 따라서 정답은 ⑤이다.

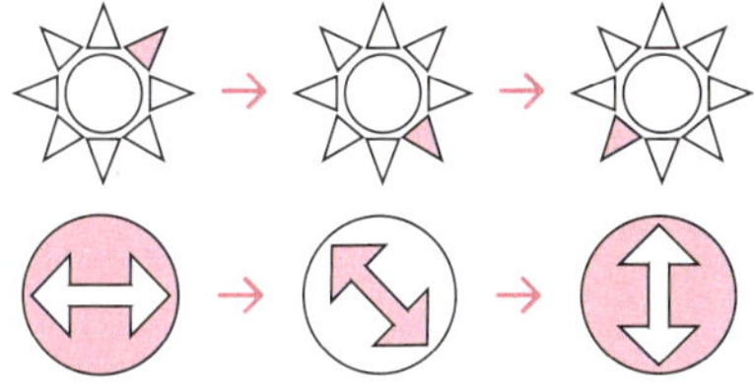

[19~31] 주어진 도형을 보고 변화하는 규칙을 찾아 '?'에 들어갈 알맞은 도형을 고르시오.

19 ▸

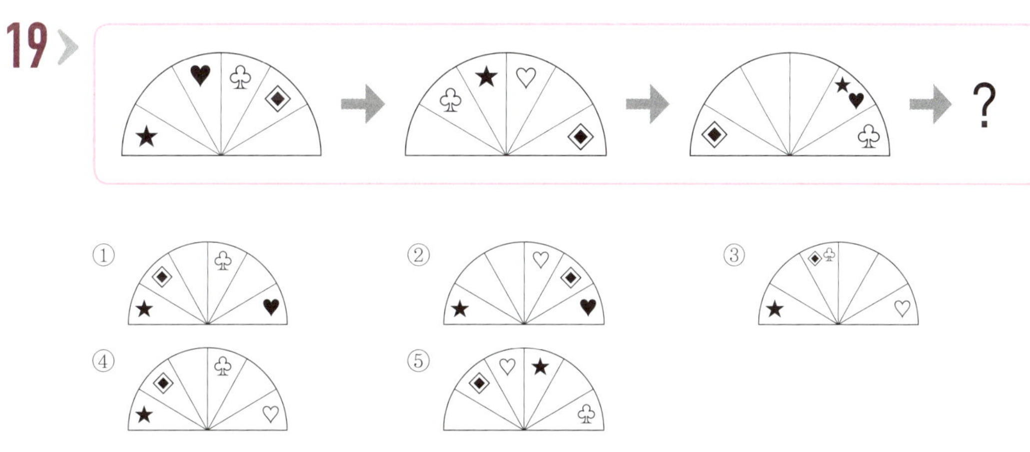

해설

★ 모양은 시계 방향으로 두 칸씩 이동하고 있고, ♥ 모양은 색 반전과 동시에 시계 방향으로 한 칸씩 이동하고 있다. ♣ 모양은 반시계 방향으로 두 칸씩 이동하고 있으며, ◈ 모양은 시계 방향으로 한 칸씩 이동하고 있다. 따라서 모든 조건이 바르게 적용된 ④가 정답이다.

17 ④ **18** ⑤ **19** ④

20

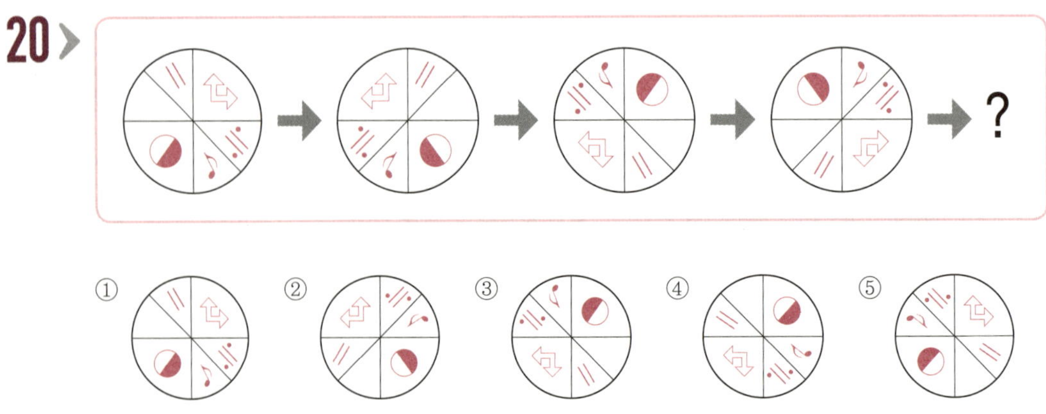

① ② ③ ④ ⑤

해설

주어진 도형은 좌우 반전 → 상하 반전 → 좌우 반전을 반복하고 있다. '?'의 자리는 상하 반전을 해야 할 차례이므로 네 번째 도형에서 상하 반전이 되어 다시 첫 번째 그림으로 돌아오는 ①이 정답이다.

21

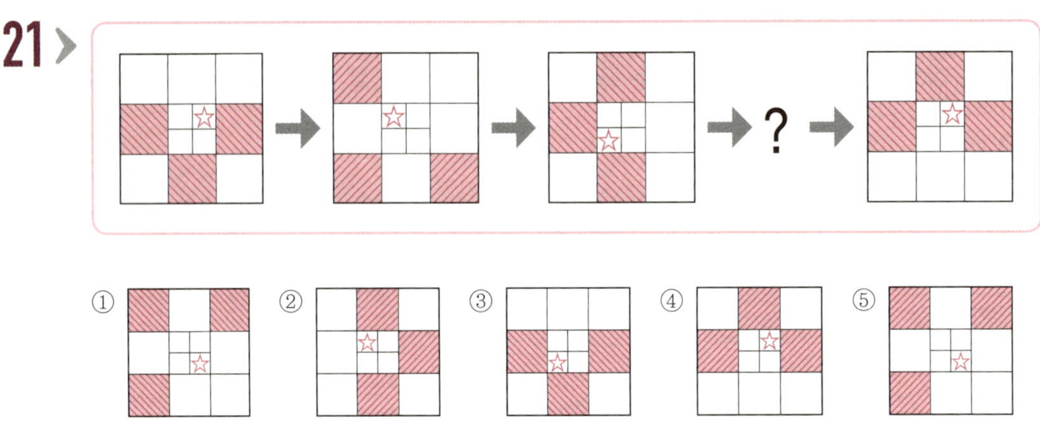

① ② ③ ④ ⑤

해설

도형의 색칠된 부분은 시계 방향으로 한 칸씩 이동하면서 빗금의 방향이 반대로 바뀌고 있다. 그리고 도형 중심의 ☆ 모양은 반시계 방향으로 한 칸씩 이동하고 있다. 따라서 빗금의 모양과 위치가 적절히 변경된 ⑤가 답이다.

22 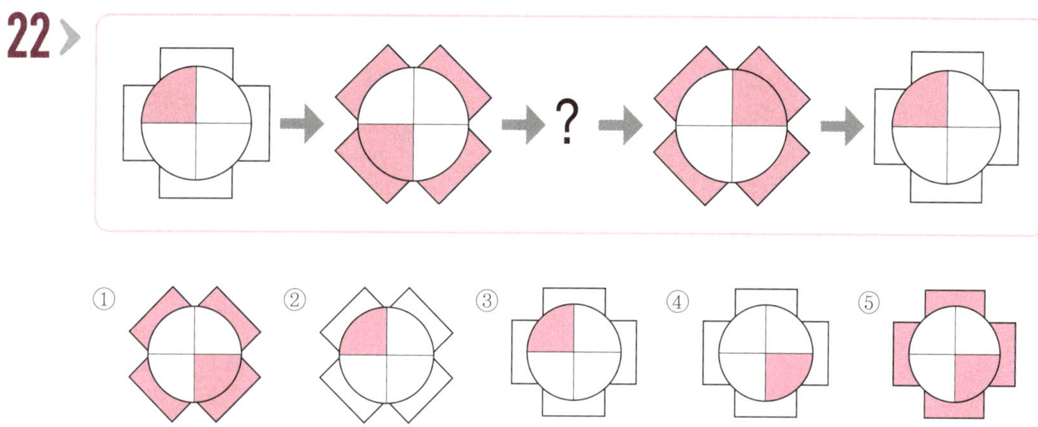

📖 **해설**

외부 도형은 45도 회전하면서 색이 반전되고 있고, 내부 도형은 붉은 색 칸이 반시계 방향으로 한 칸씩 움직이고 있다. 따라서 두 번째 도형에서 외부 도형이 45도 회전하면서 색이 반전되고, 내부 도형의 붉은 색 칸이 반시계 방향으로 한 칸 이동한 ④가 답이다.

23 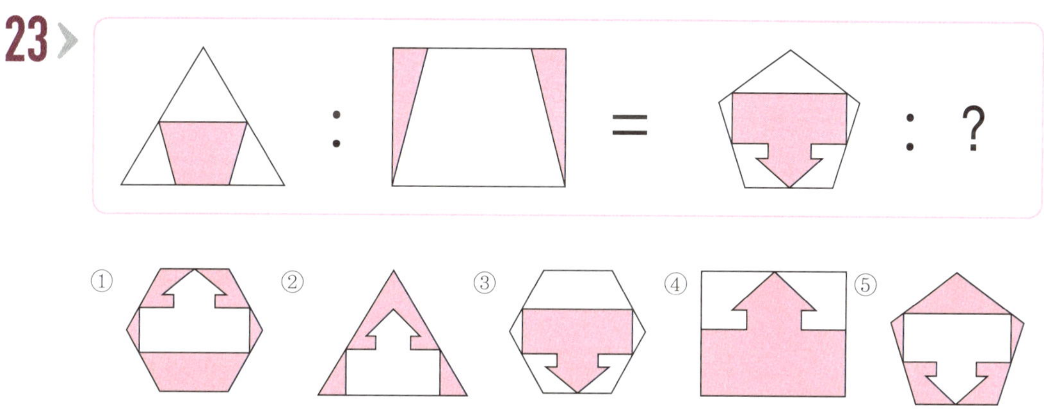

📖 **해설**

첫 번째 도형에서 두 번째 도형이 되면서 외부 도형의 각이 하나 늘어났다. 그리고 내부 도형이 180도 회전하면서 외부 도형과 색이 서로 바뀌고 있다. 따라서 '?'에 올 도형은 오각형에서 각이 하나 늘어난 붉은 색 육각형 안에 180도 회전한 흰색 내부 도형이 있는 ①이다.

20 ①　**21** ⑤　**22** ④　**23** ①

24 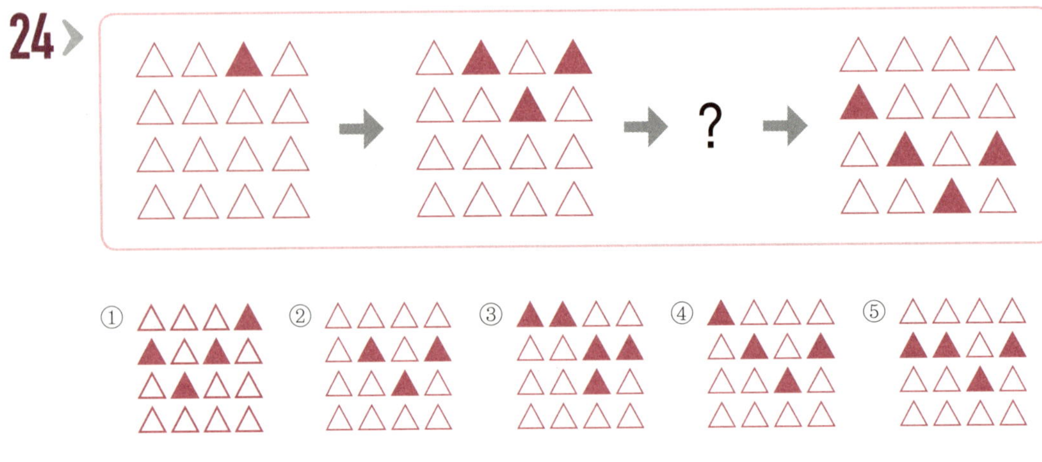

해설

▲ 모양이 밑으로 한 칸씩 내려오고 있다. 두 번째 그림과 네 번째 그림을 보면 답이 ④임을 알 수 있다.

25 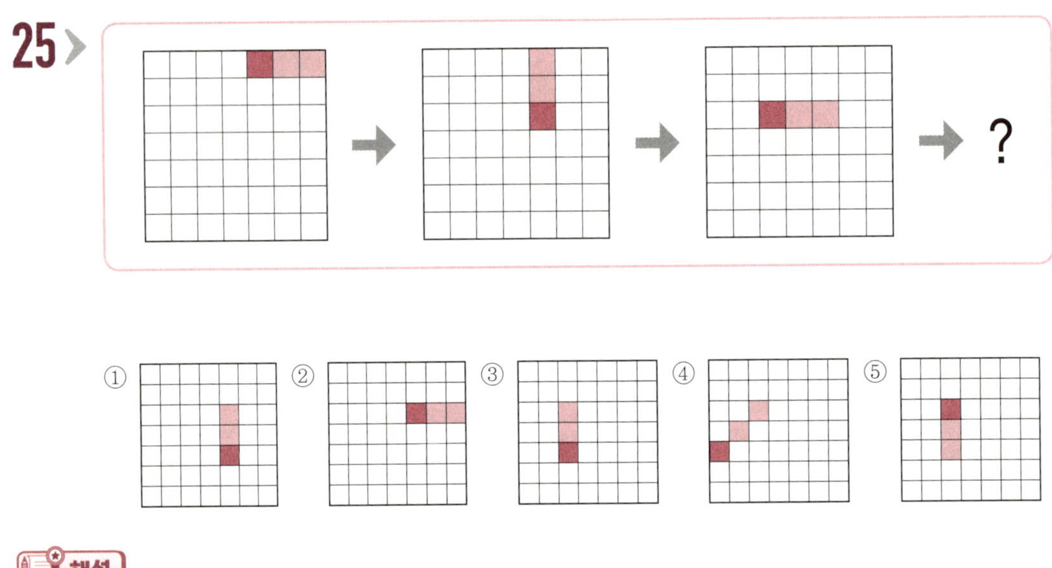

해설

진한 색 칸을 기준으로 한 번은 시계 방향으로 90도, 한 번은 반시계 방향으로 90도 회전하고 있으며, 회전 후 마지막 칸이 진한 색이 된다. 시계 방향으로 90도 회전할 차례이므로 정답은 ③이다.

26

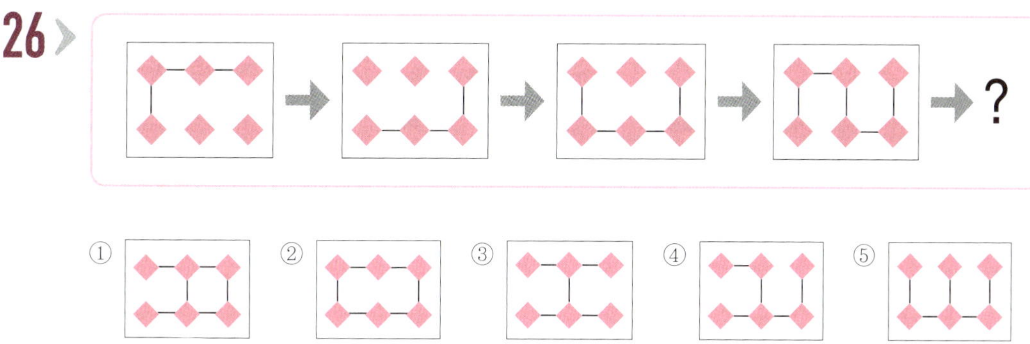

해설

제시된 그림을 시계 방향으로 90도 회전해 보면 ㄱ→ㄴ→ㄷ→ㄹ의 자음을 순서대로 선이 이어지고 있음을 알 수 있다. '?'의 자리에는 자음 'ㅁ'이 나올 차례이므로 답은 ②이다.

27

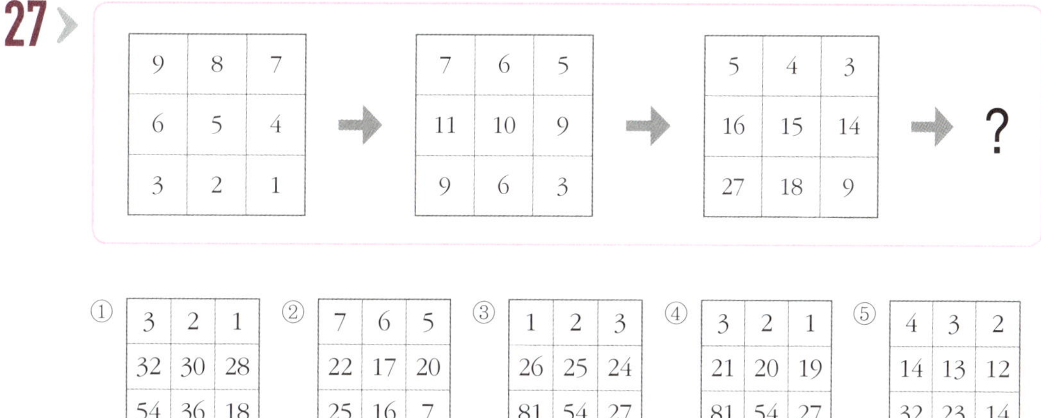

해설

1행은 앞의 도형 숫자에서 2를 빼고 있고, 2행은 5를 더하고 있으며, 3행은 3을 곱하고 있다. 이 규칙에 따라 계산하면 다음에 올 도형은 ④이다.

24 ④   25 ③   26 ②   27 ④

공간지각력

28 ▶

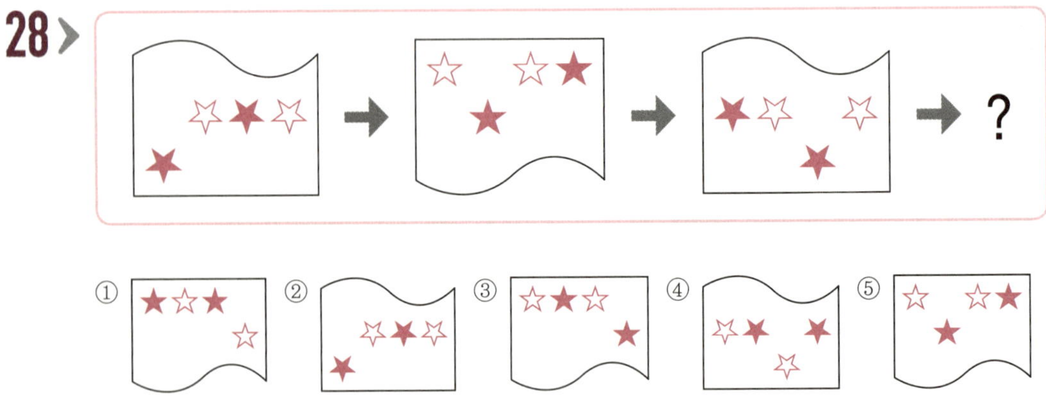

도형이 상하 반전되면서 ★ 모양의 색도 함께 반전되고 있다. 그리고 ★ 모양이 왼쪽부터 하나씩 아래로 내려오고 있다. 따라서 도형이 상하 반전되면서 ★ 모양의 색이 바뀌고 네 번째 ★ 모양이 아래로 내려와 있는 ③이 정답이다.

29 ▶

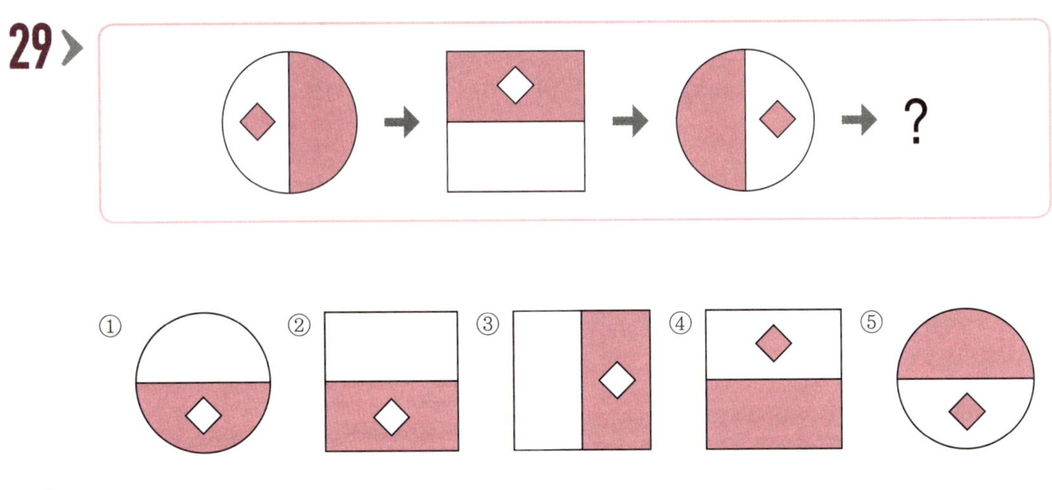

외부 도형이 원→사각형→원 순서로 반복되고 있으며, 색칠된 부분의 위치로 보아 시계 반대 방향으로 90도 회전하고 있음을 알 수 있다. ◇ 모양 내부 도형은 흰색 부분과 붉은 색 부분을 차례대로 오가고 있고, 배경이 흰색이면 붉은 색, 배경이 붉은 색이면 흰색으로 나타난다. 따라서 답은 ②이다.

30 ▶

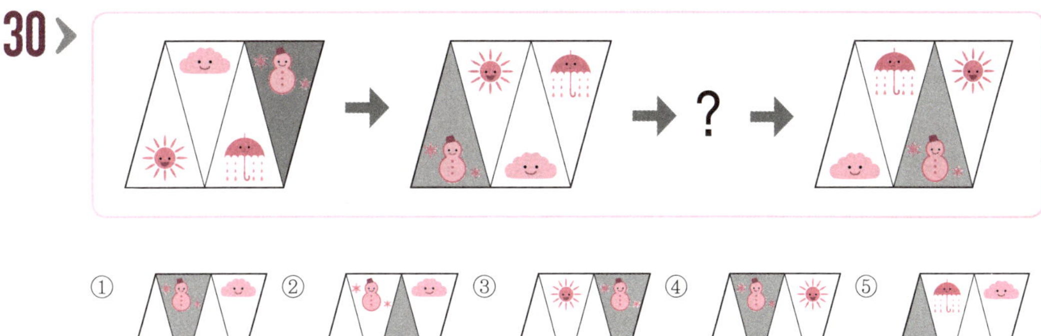

해설

☀, ☁, ☂, ⛄ 모양이 한 칸씩 오른쪽으로 이동하면서 번갈아 위·아래에 위치하고, ⛄ 모양이 있는 칸에만 음영이 들어간다. 따라서 답은 ①이다.

31 ▶

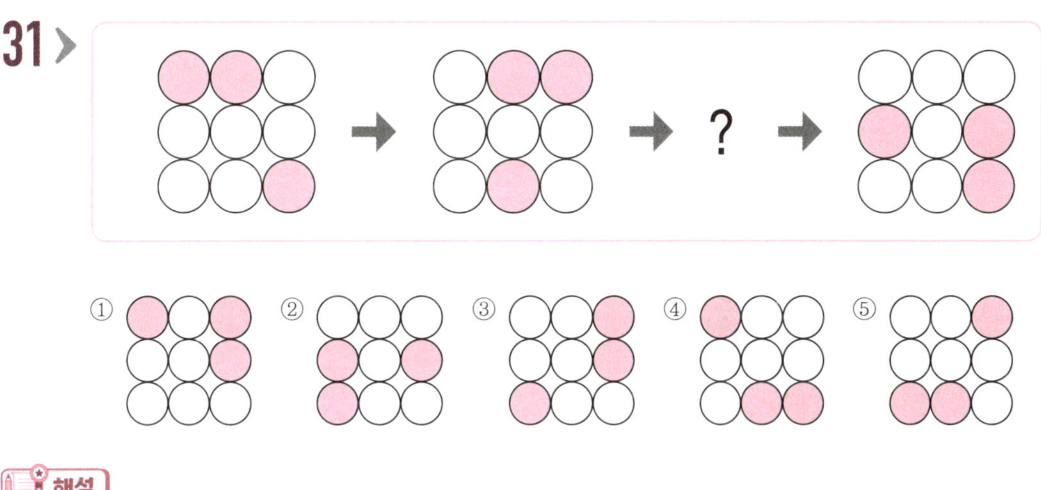

해설

색칠된 부분이 시계 방향으로 한 칸씩 이동하고 있다. 따라서 '?'에 들어갈 도형은 ③이다.

28 ③   29 ②   30 ①   31 ③

03 | 그림유추 / 종이접기

[01~07] 다음 제시된 그림의 순서를 바르게 연결한 것을 고르시오.

01

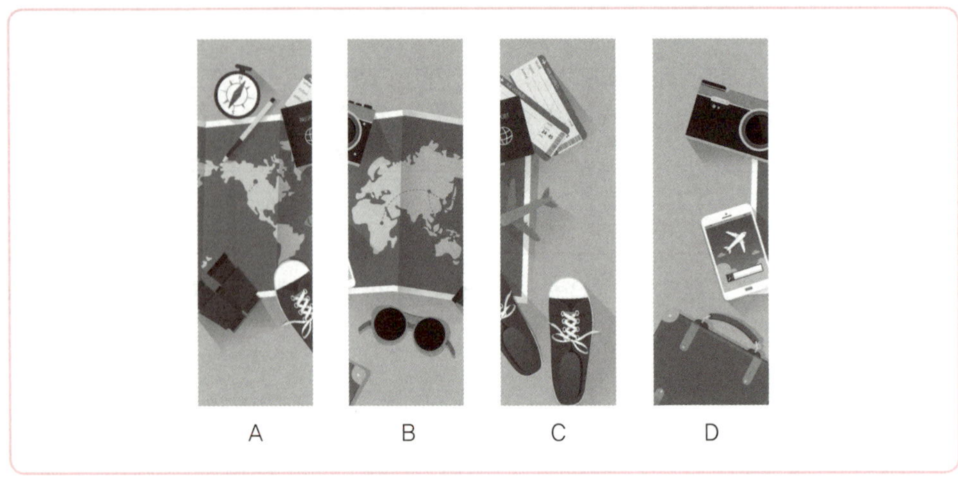

A   B   C   D

① C－A－D－B   ② C－D－B－A   ③ D－B－A－C   ④ D－B－C－A

해설

나열된 그림 조각 내에 있는 사물의 형태를 이어 붙이며 퍼즐처럼 모양을 유추하여 완성한다.
따라서 정답은 D－B－A－C이다.

02

A   B   C   D

① B—A—D—C   ② B—D—A—C   ③ D—B—C—A   ④ D—C—B—A

해설

따라서 정답은 B—D—A—C이다.

공간지각력

03 ▶

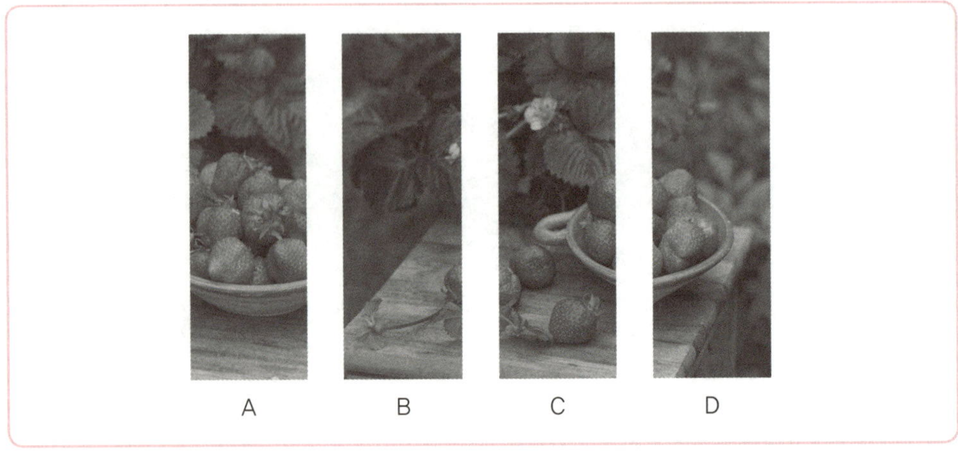

A   B   C   D

① B－A－D－C   ② B－C－A－D   ③ C－A－D－B   ④ C－D－B－A

해설

따라서 정답은 B－C－A－D이다.

04 ▶

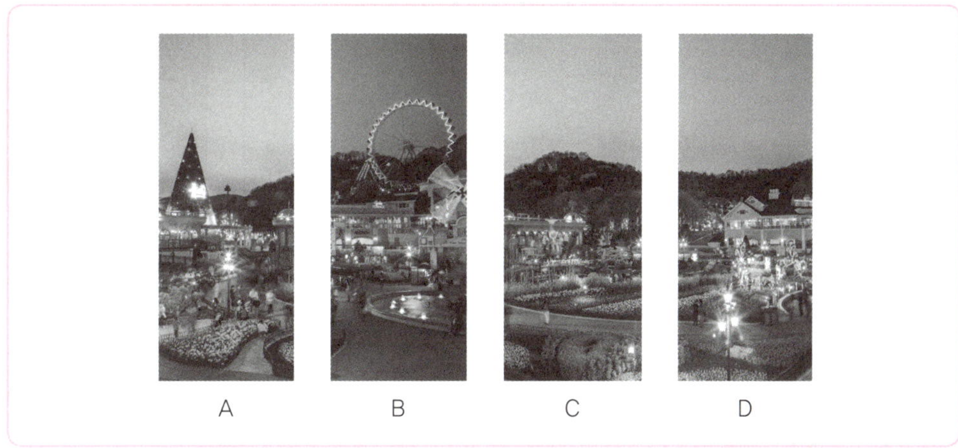

A   B   C   D

① A－C－D－B   ② A－D－B－C   ③ B－A－C－D   ④ B－C－D－A

 **해설**

따라서 정답은 A－C－D－B이다.

공 간 지 각 력

05 ▶

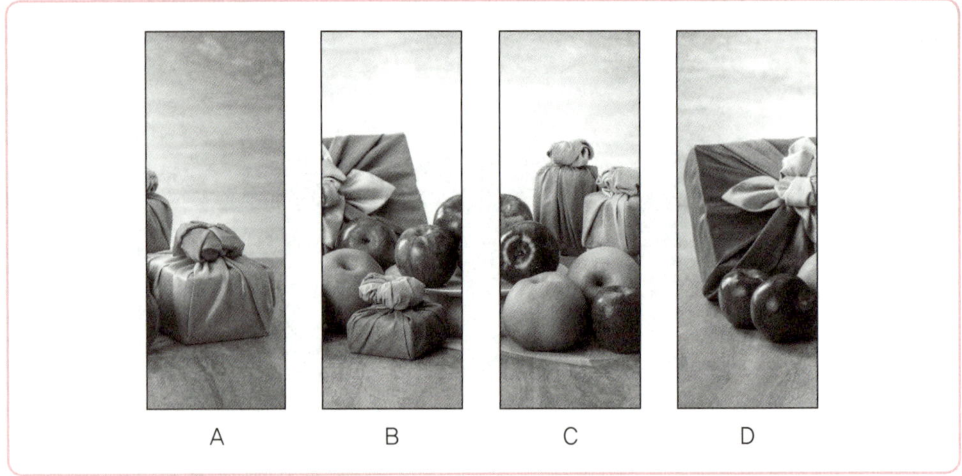

A	B	C	D

① C−A−D−B 　② C−D−B−A 　③ D−B−A−C 　④ D−B−C−A

해설

따라서 정답은 D−B−C−A이다.

06 

A   B   C   D

① A－C－B－D   ② A－D－B－C   ③ C－A－D－B   ④ C－B－D－A

따라서 정답은 C－A－D－B이다.

07

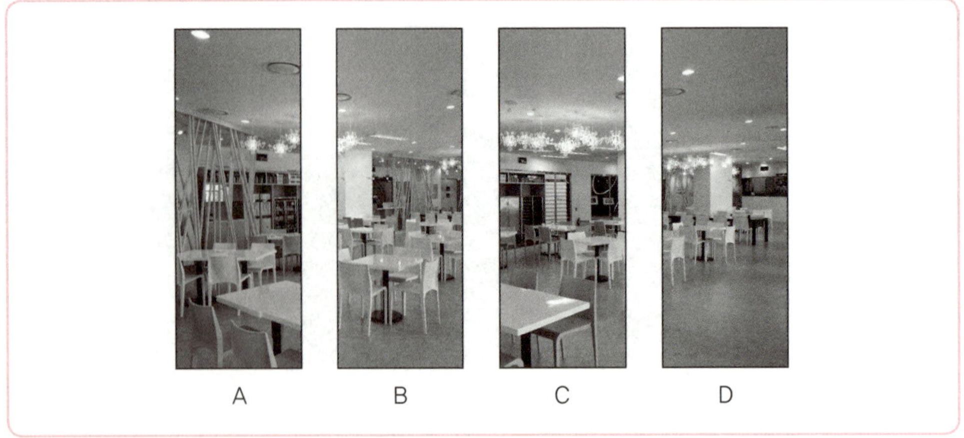

① A－C－B－D   ② A－C－D－B   ③ D－A－C－B   ④ D－B－A－C

해설

따라서 정답은 A－C－B－D이다.

[08~10] 다음과 같이 화살표 방향으로 종이를 접은 다음 펀치로 구멍을 뚫은 후 다시 펼쳤을 때의 모양으로 알맞은 것을 고르시오.

08 ▶

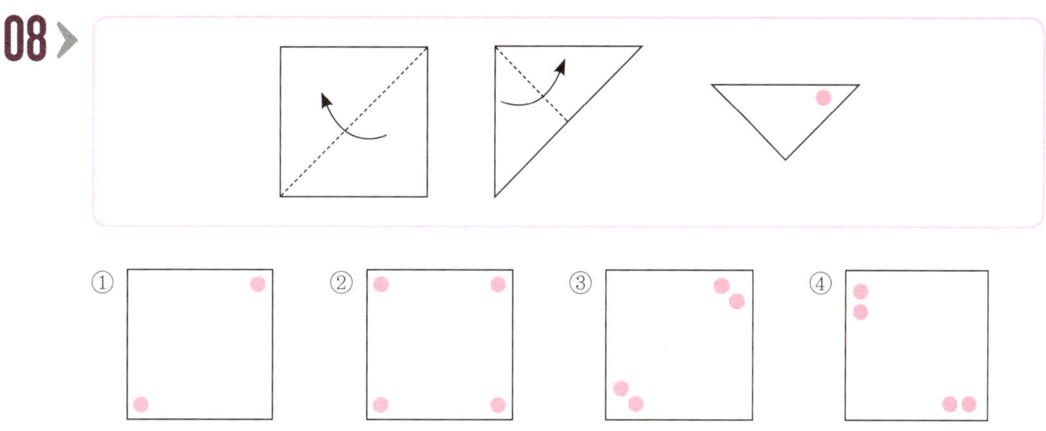

①   ②   ③   ④

종이를 접은 역순으로 다시 펼치면 다음과 같다.

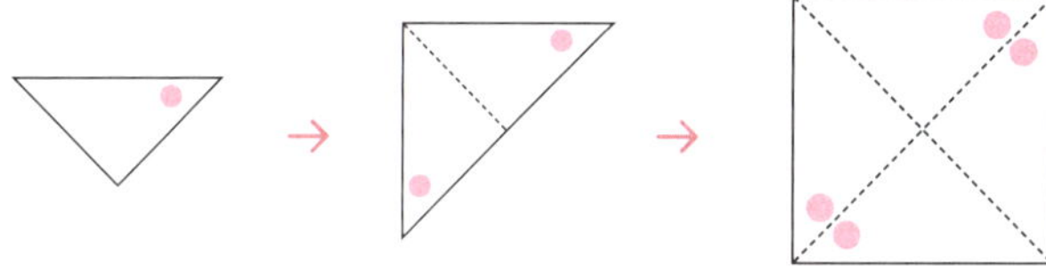

공간지각력

09 ▶

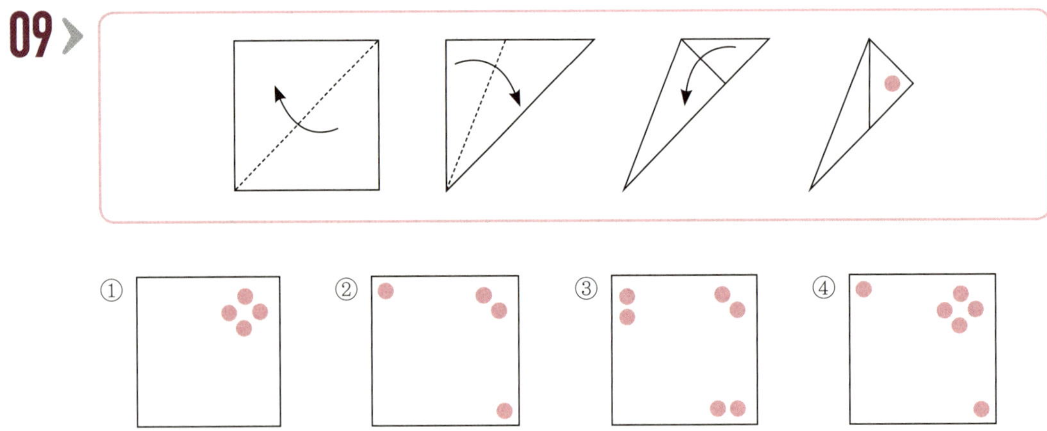

해설

종이를 접은 역순으로 다시 펼치면 다음과 같다.

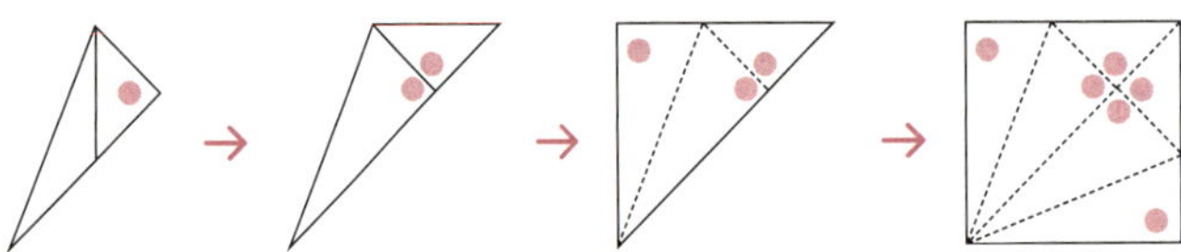

10 ▶

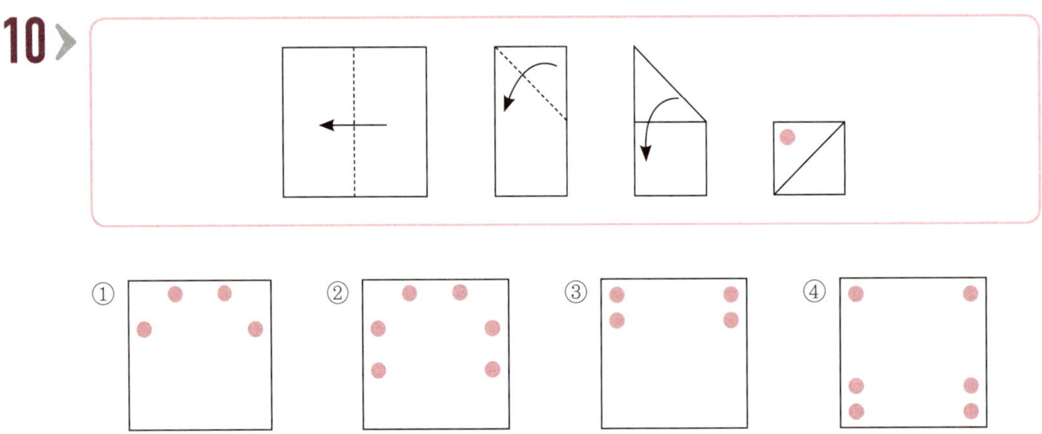

종이를 접은 역순으로 다시 펼치면 다음과 같다.

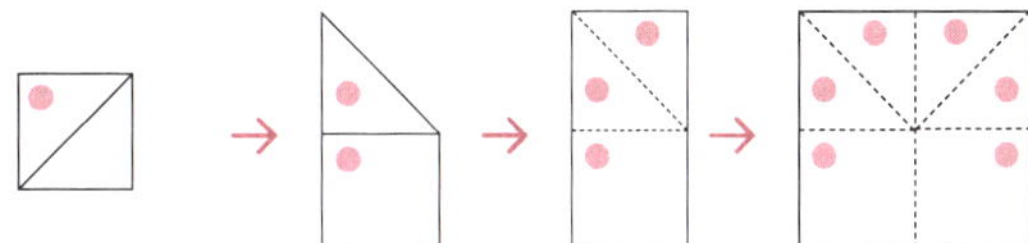

[11~17] 다음과 같이 화살표 방향으로 종이를 접은 다음 색칠된 부분을 자르고 다시 펼쳤을 때의 모양으로 알맞은 것을 고르시오.

11

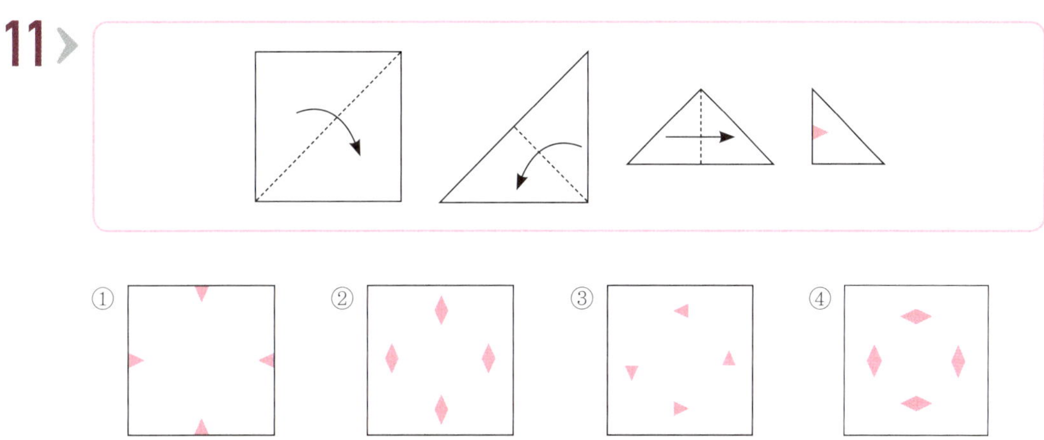

종이를 접은 역순으로 다시 펼치면 다음과 같다.

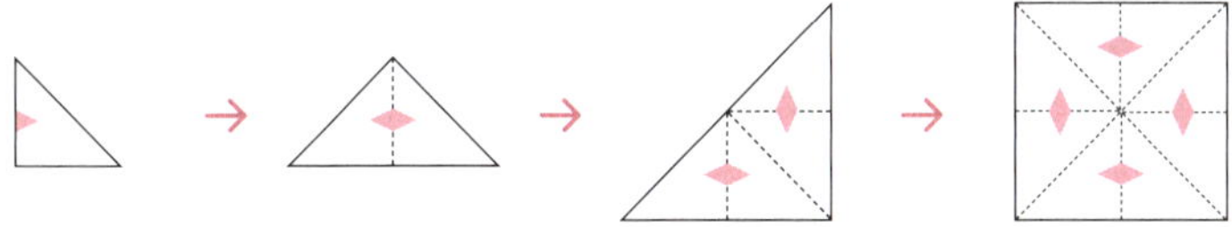

12 ▶

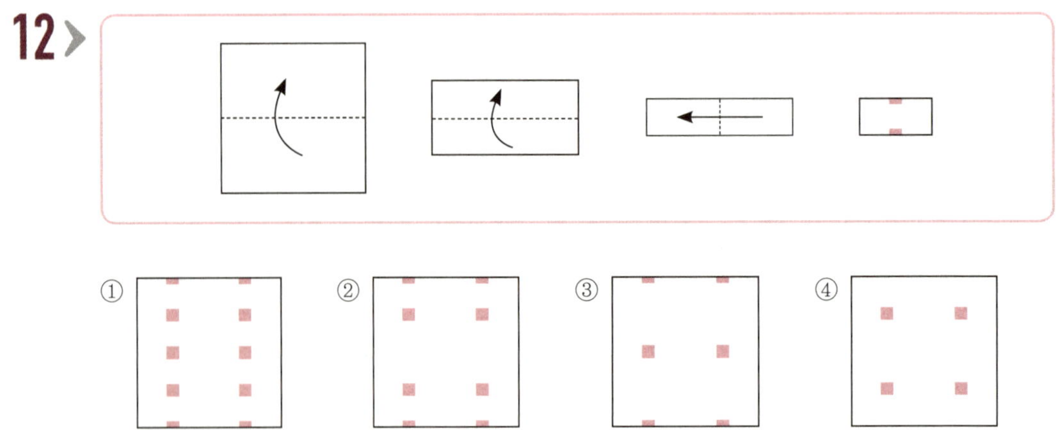

① ② ③ ④

종이를 접은 역순으로 다시 펼치면 다음과 같다.

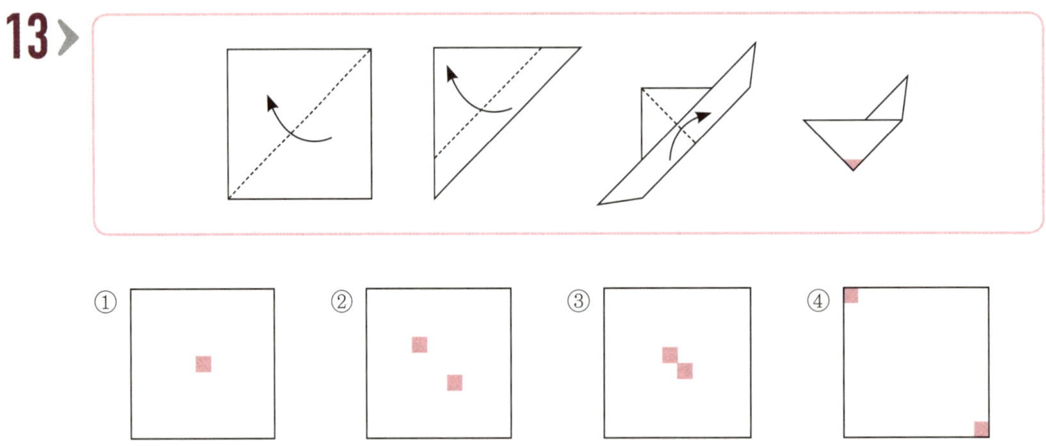

13 ▶

① ② ③ ④

종이를 접은 역순으로 다시 펼치면 다음과 같다.

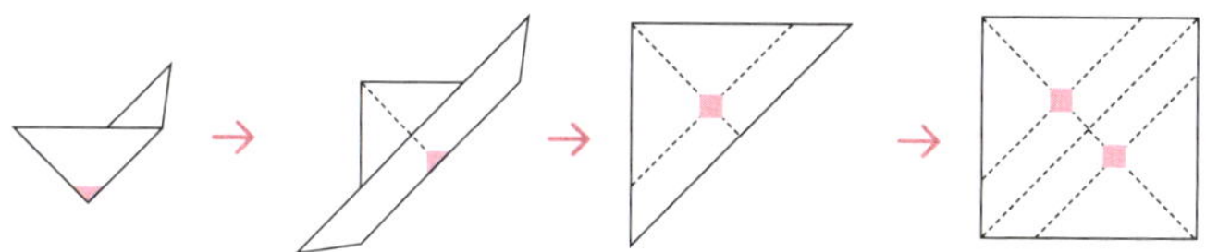

14 ▶

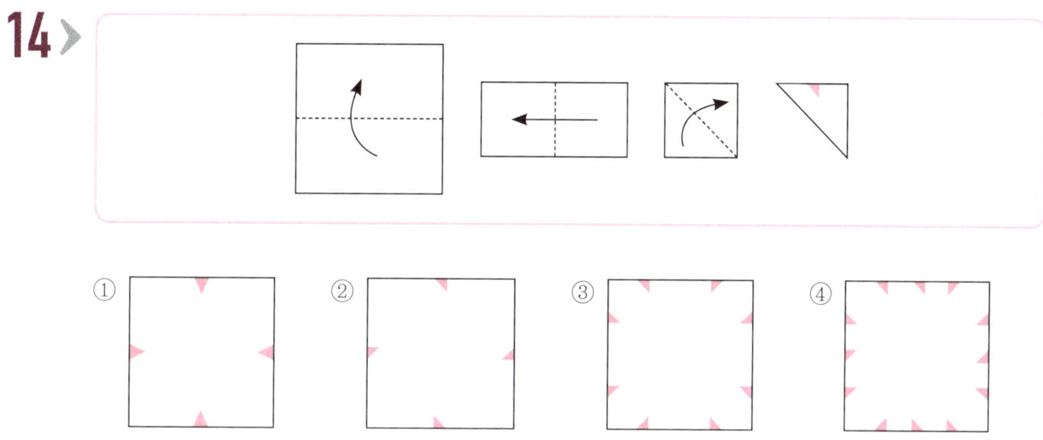

① ② ③ ④

종이를 접은 역순으로 다시 펼치면 다음과 같다.

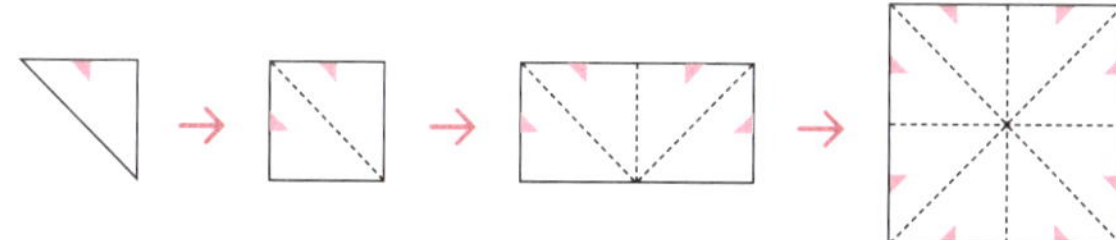

공간지각력

15 ▶

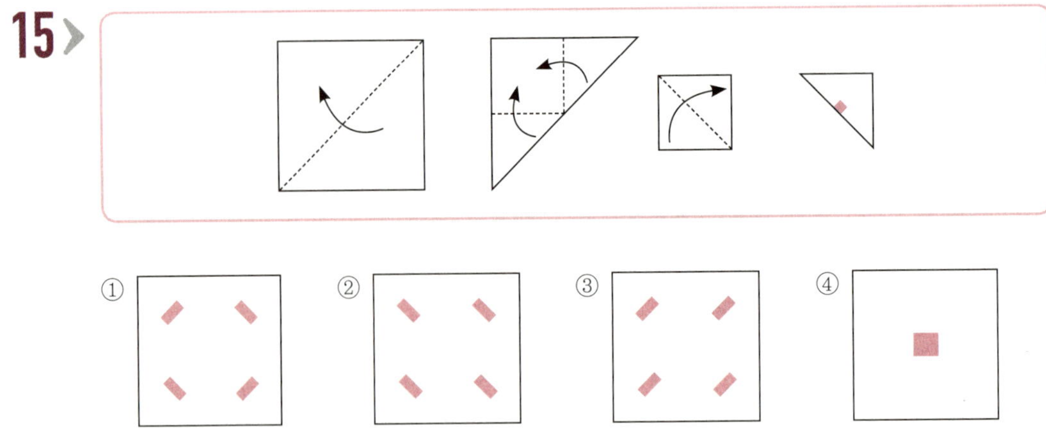

① ② ③ ④

해설

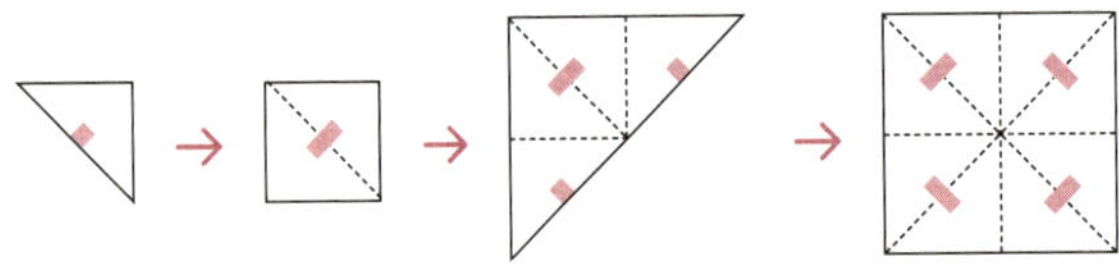

종이를 접은 역순으로 다시 펼치면 다음과 같다.

---

16 ▶

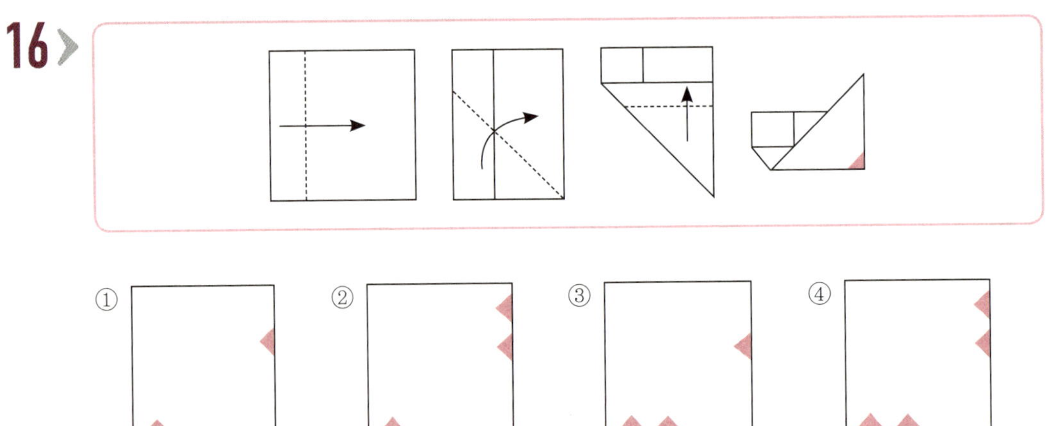

① ② ③ ④

해설

종이를 접은 역순으로 다시 펼치면 다음과 같다.

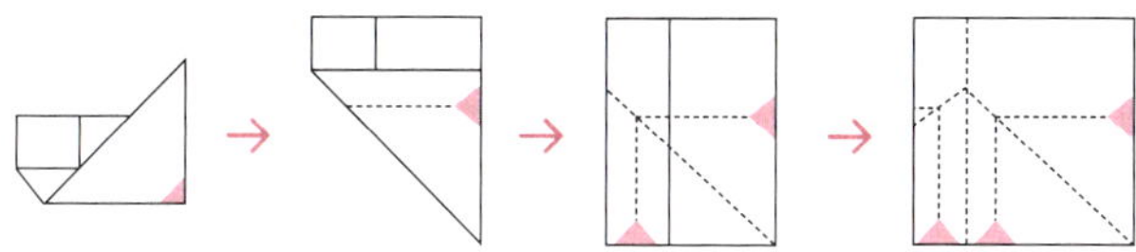

17 ▷

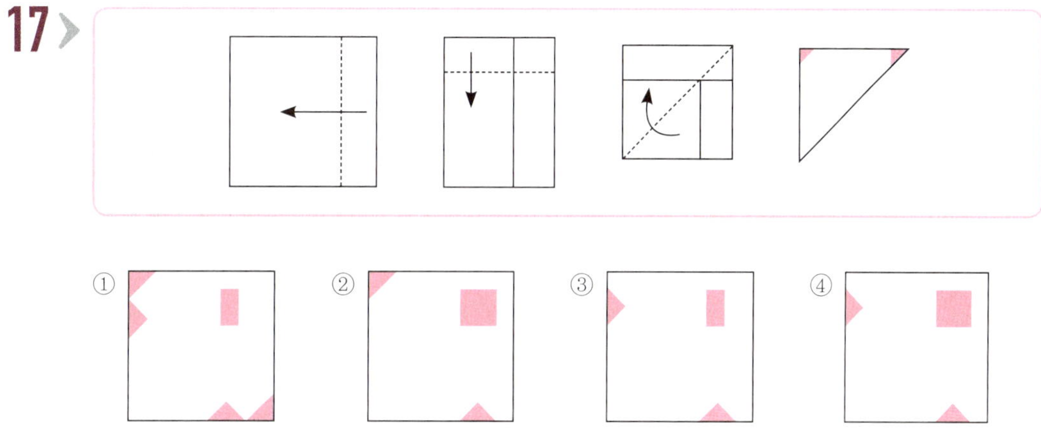

해설

종이를 접은 역순으로 다시 펼치면 다음과 같다.

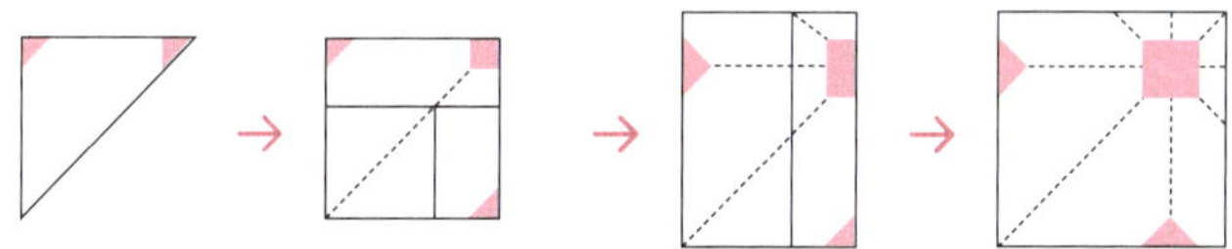

공간지각력

15 ① 16 ③ 17 ④

04 블록

[01~05] 다음과 같이 쌓여 있는 블록의 개수를 구하시오.

01 ▶

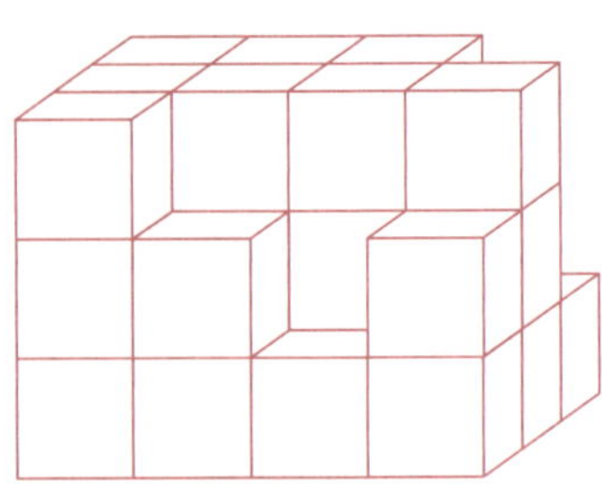

① 28개　　　② 29개　　　③ 30개　　　④ 31개

해설

만약 비어있는 블록이 없을 경우, 전체 블록의 개수는 $3 \times 4 \times 3 = 36$개일 것이다. 여기서 비어있는 블록의 개수를 빼면 된다. 따라서 비어있는 블록이 6개이므로 전체 블록의 개수는 $36 - 6 = 30$개이다.

02 ▶

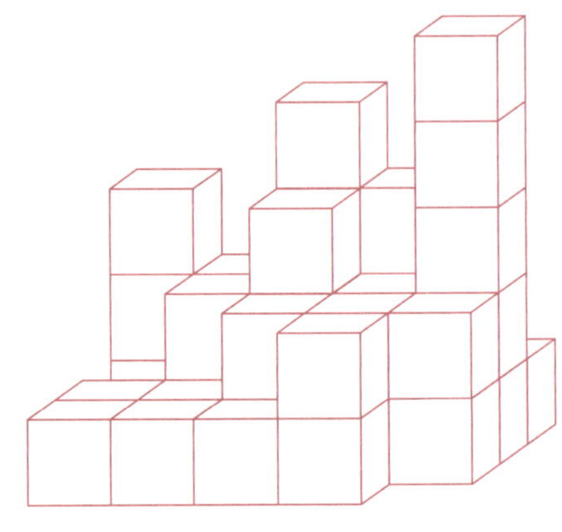

① 32개　　　② 34개　　　③ 36개　　　④ 38개

해설

왼쪽부터 한 줄씩 블록의 개수를 세어 본다. 제일 왼쪽 줄에 있는 블록은 5개이고, 그다음 줄에는 6개가 있다. 가운데 줄에는 10개, 그다음 줄에는 9개, 제일 오른쪽 줄에는 8개가 있다. 따라서 총 블록의 개수는 $5+6+10+9+8 = 38$개이다.

03

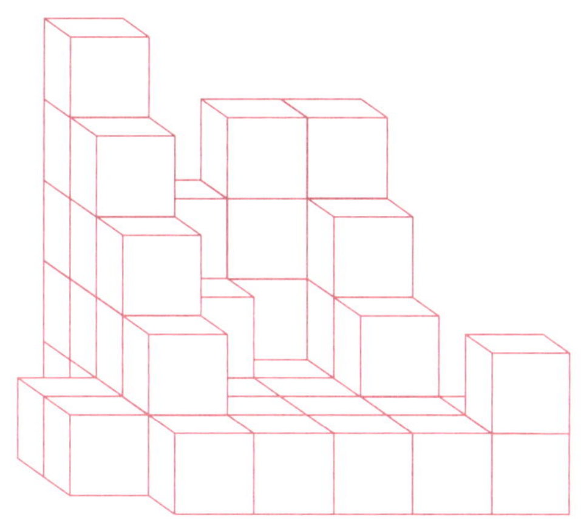

① 44개　　　② 45개　　　③ 46개　　　④ 47개

해설

왼쪽 줄부터 한 줄씩 블록의 개수를 세어 본다. 제일 왼쪽 줄에는 블록이 2개 있고, 그다음 줄에는 15개가 있다. 왼쪽에서 세 번째 줄에는 블록이 8개 있고, 그다음 줄에도 8개가 있다. 마지막 두 줄에는 11개, 3개가 있다. 따라서 총 블록의 개수는 $2+15+8+8+11+3 = 47$개이다.

04

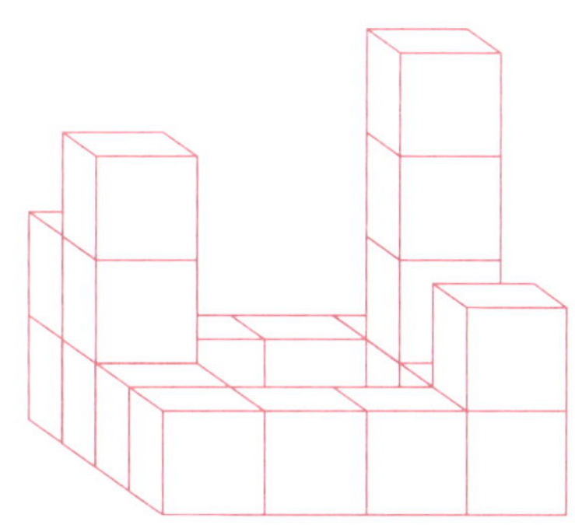

① 16개　　　② 17개　　　③ 18개　　　④ 19개

해설

1층에 있는 블록은 12개이고 2층에 있는 블록은 4개, 3 · 4층에 있는 블록은 $2+1=3$개이다. 따라서 총 블록의 개수는 $12+4+3 = 19$개이다.

01 ③　02 ④　03 ④　04 ④

05 ▶

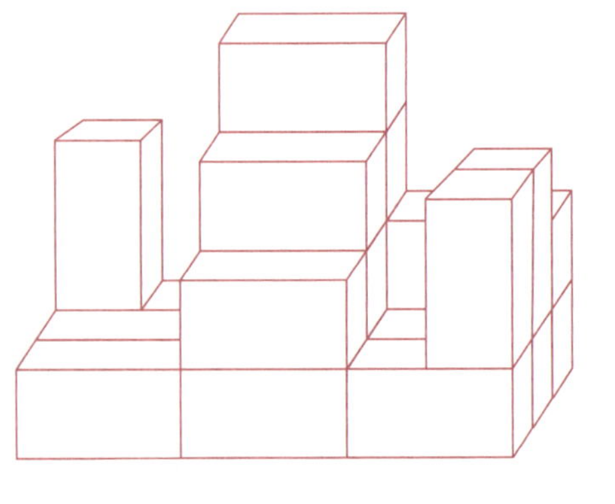

① 19개　　　② 20개　　　③ 21개　　　④ 22개

해설

제일 왼쪽에 있는 블록은 4개이고, 가운데 있는 블록은 9개이다. 제일 오른쪽에 있는 블록이 6개이므로, 총 블록의 개수는 $4+9+6=19$개이다.

06 ▶ 정육면체 블록을 빈틈없이 쌓은 후 위, 앞, 오른쪽 옆에서 보았더니 다음과 같은 모습이었다. 이 입체를 만드는 데 사용된 블록의 개수는 총 몇 개인가?

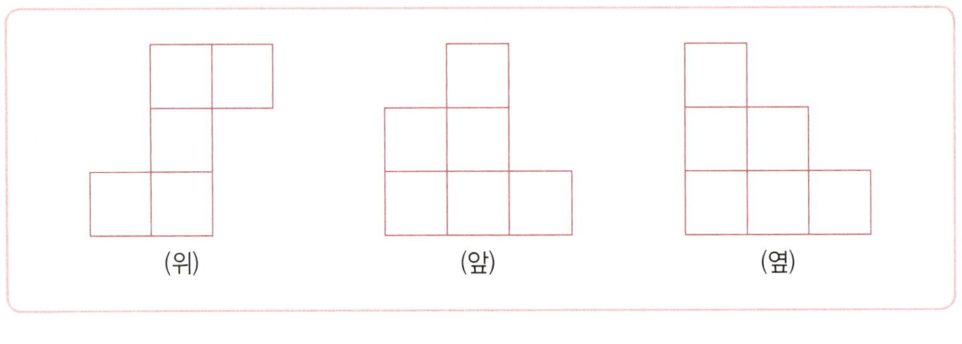

① 7개　　　② 9개　　　③ 11개　　　④ 13개

해설

위에서 보이는 모양은 블록이 쌓여 있는 자리이다. 여기에 앞에서 보이는 모습을 고려하면 다음 위치의 블록 개수를 알 수 있다.

?	1
?	
2	?

다음으로 오른쪽 옆에서 보이는 모습을 생각해보면 모든 위치의 블록 개수를 알 수 있다.

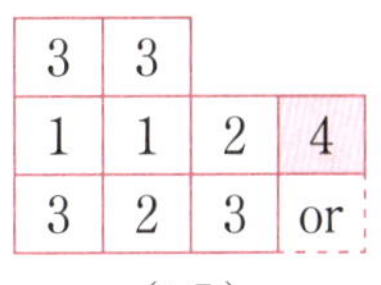

따라서 이 입체를 만드는 데 사용된 블록의 개수는 $2+3+2+1+1=9$개이다.

07 ▷ 다음 블록의 바닥면을 포함한 겉면에 색칠을 하려고 한다. 1층에서 3층에 있는 각 블록 중 4면이 칠해지는 블록이 층마다 1개 이상 있으려면, 최소 몇 개의 블록을 추가해야 하는가?

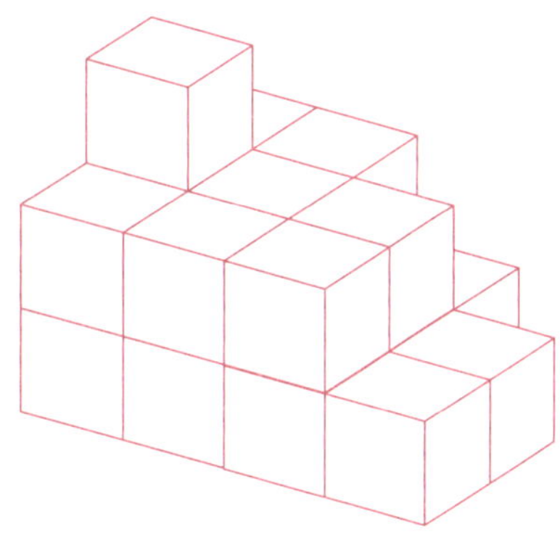

① 1개   ② 2개   ③ 3개   ④ 4개

해설

각 블록에 칠해지는 면의 수는 다음과 같다.

3	2	4	
2	1	1	4
3	2	2	4

(1층)

3	3	
1	1	3
3	2	3

(2층)

5

(3층)

따라서 1층엔 블록을 추가하지 않아도 되며, 2층과 3층에 하나씩 추가해야 한다.

3	3		
1	1	2	4
3	2	3	or

(2층)

4
4 or
or

(3층)

답은 2개이다.

[08~10] 다음과 같이 쌓여있는 블록을 보고 최소 몇 개의 블록을 더 쌓아야 직육면체 모양의 블록이 되는지 답하시오.

08 ▶

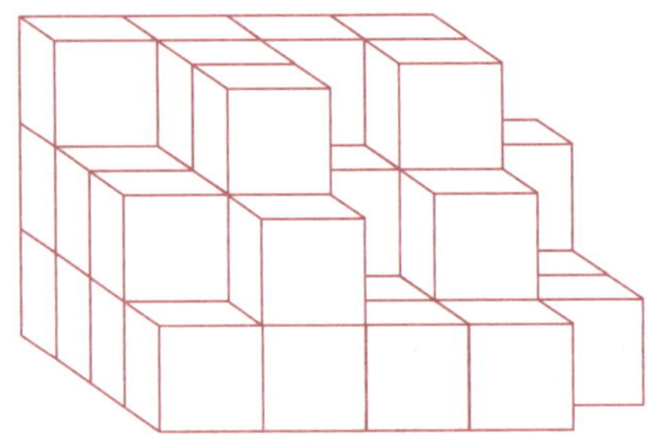

① 21개　　　② 22개　　　③ 23개　　　④ 24개

해설

가로 5칸, 세로 4칸, 높이 3칸의 직육면체 모양을 만들면 된다. 층별로 $5 \times 4 = 20$개의 블록이 있어야 하고, 1층에는 1개, 2층에는 7개의 블록이 모자란다. 제일 위층에는 7개의 블록만이 있으므로 13개의 블록이 모자람을 알 수 있다. 따라서 직육면체 모양을 만들기 위해 필요한 블록의 최소 개수는 $1 + 7 + 13 = 21$개이다.

09 ▶

① 43개　　　② 44개　　　③ 45개　　　④ 46개

해설

가로 6칸, 세로 4칸, 높이 3칸의 직육면체 모양을 만들어야 한다. 각 층에 $6 \times 4 = 24$개의 블록이 필요하며, 1층에는 6개의 블록이 없음을 알 수 있다. 2층에는 7개의 블록이 있으므로, $24 - 7 = 17$개의 블록이 더 필요하며, 3층에는 3개의 블록만 있으므로 $24 - 3 = 21$개의 블록이 더 필요하다. 따라서 직육면체 모양을 만들기 위해서는 최소 $6 + 17 + 21 = 44$개의 블록이 더 필요하다.

10 ▶

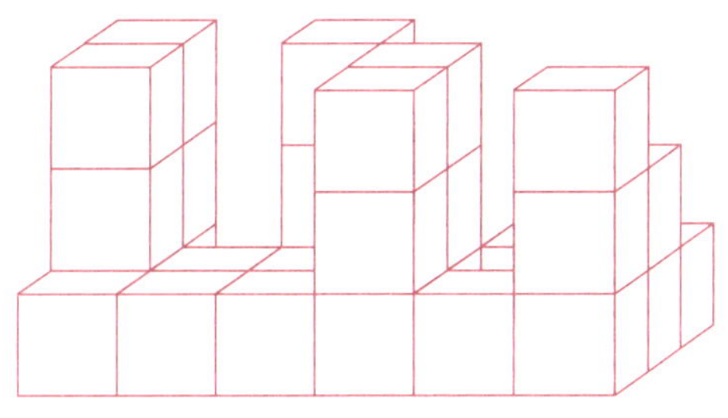

① 22개　　② 24개　　③ 26개　　④ 28개

해설

가로 6칸, 세로 3칸, 높이 3칸의 직육면체를 만들어야 한다. 한 층당 $6 \times 3 = 18$개의 블록이 있어야 하며, 1층에는 3개의 블록이 모자란다. 위의 두 층은 합쳐서 36개의 블록이 있어야 하는데, 왼쪽부터 $4 + 2 + 4 + 3 = 13$개의 블록만 있으므로 23개가 모자란다. 따라서 총 $3 + 23 = 26$개의 블록을 더 쌓아야 한다.

[11~12] 다음과 같이 블록을 쌓았을 때, 2개의 면이 밖으로 나오는 블록의 개수를 구하시오.
(단, 바닥은 면수에서 제외한다.)

11 ▶

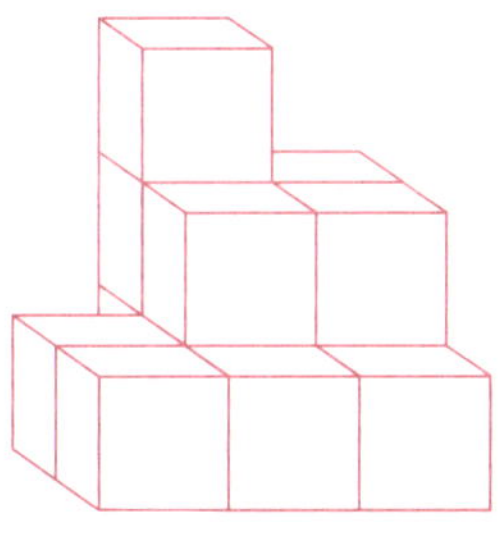

① 4개　　② 3개　　③ 2개　　④ 1개

공간지각력

해설

각 블록의 밖으로 나오는 면의 수는 다음과 같다.

	2	2
3	0	1
3	2	3

(1층)

2	3
3	3

(2층)

5

(3층)

따라서 2개의 면이 밖으로 나오는 블록의 개수는 4개이다.

08 ①　**09** ②　**10** ③　**11** ①

12 >

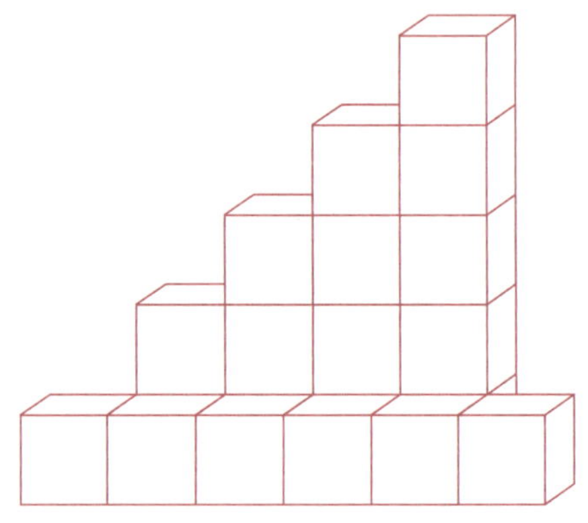

① 3개   ② 5개   ③ 7개   ④ 9개

 해설

각 블록의 밖으로 나오는 면의 수는 다음과 같다.

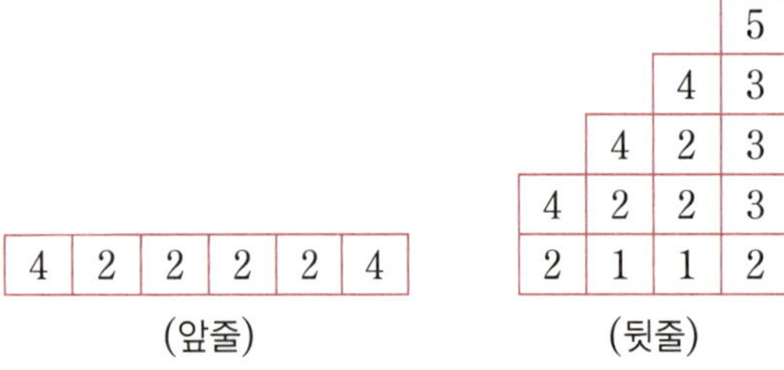

4	2	2	2	2	4

(앞줄)

(뒷줄)

따라서 2개의 면이 밖으로 나오는 블록의 개수는 9개이다.

[13~14] 다음과 같이 블록을 쌓았을 때, 3개의 면이 밖으로 나오는 블록의 개수를 구하시오.
(단, 바닥은 면수에서 제외한다.)

13 >

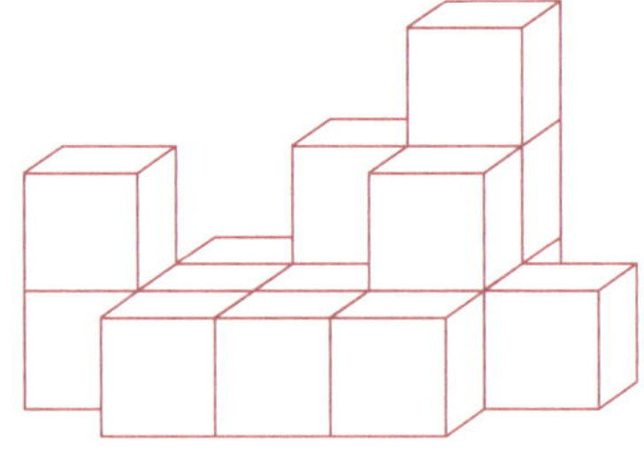

① 1개   ② 2개   ③ 3개   ④ 4개

해설

각 블록의 밖으로 나오는 면의 수는 다음과 같다.

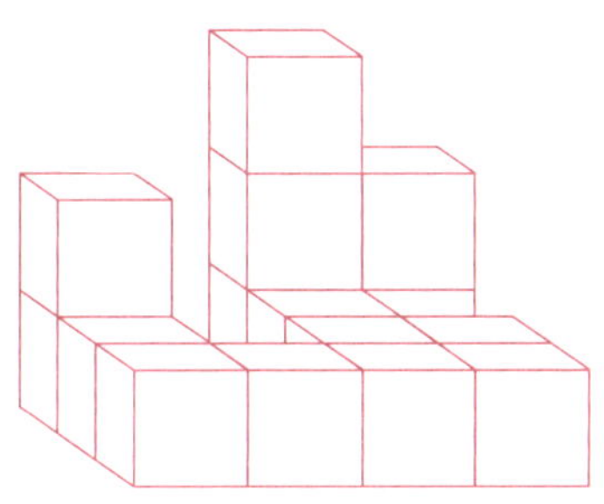

	3	1	2	
3	1	1	0	4
	3	2	3	

(1층)

	4	2
		4

(2층)

5

(3층)

따라서 3개의 면이 밖으로 나오는 블록의 개수는 4개이다.

14 ▶

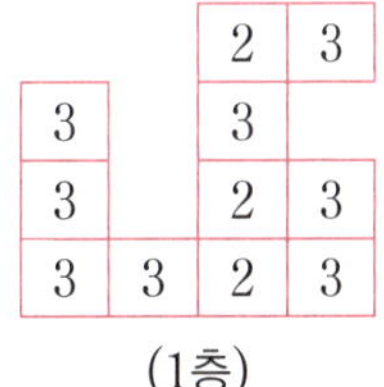

① 8개　　② 9개　　③ 10개　　④ 11개

해설

각 블록의 밖으로 나오는 면의 수는 다음과 같다.

	2	3	
3	3		
3	2	3	
3	3	2	3

(1층)

3	4
5	

(2층)

5

(3층)

따라서 3개의 면이 밖으로 나오는 블록의 개수는 9개이다.

12 ④　13 ④　14 ②

공간지각력

[15~16] 다음은 동일한 크기의 정육면체 모양 블록을 빈틈없이 쌓아올린 것이다. 회색으로 칠해진 블록은 반대편까지 회색으로 칠해져있다고 할 때, 흰색 블록의 개수를 구하시오.

15 ▶

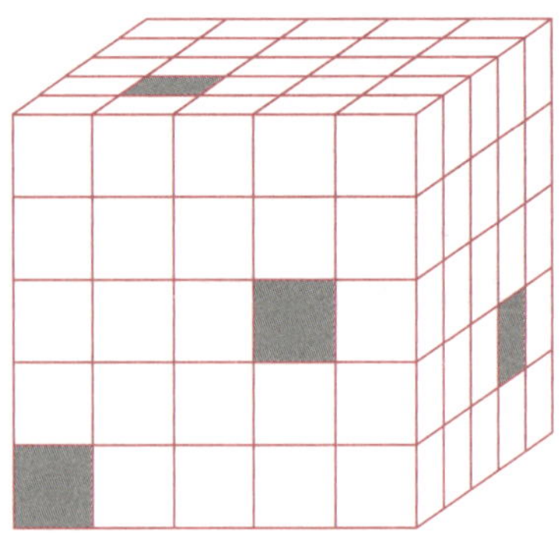

① 120개   ② 115개   ③ 105개   ④ 100개

 **해설**

전체의 블록 수는 $5 \times 5 \times 5 = 125$개이다. 이 중 회색 블록 수가 $5 \times 4 = 20$개이므로, 흰색 블록은 $125 - 20 = 105$개이다.

16 ▶

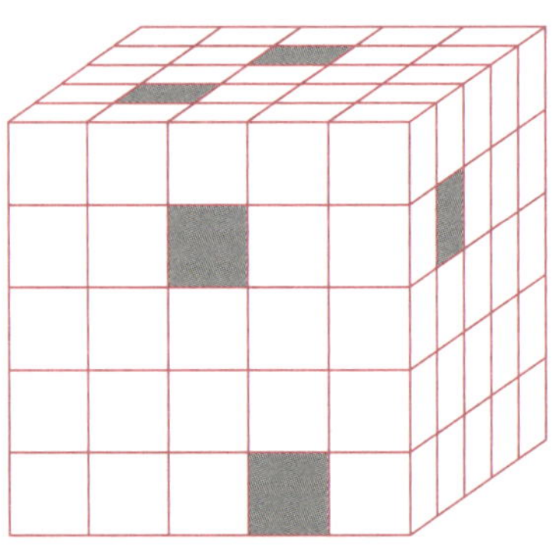

① 100개   ② 101개   ③ 102개   ④ 103개

 **해설**

전체의 블록 수는 $5 \times 5 \times 5 = 125$개이다. 회색 블록 수를 구하기 위해서는 겹치는 부분이 몇 군데인지 보아야 한다. 겹치는 부분은 세 군데이다. 따라서 회색 블록 수는 $(5 \times 5) - 3 = 22$개이고, 흰색 블록 수는 $125 - 22 = 103$개이다.

[17~18] 다음은 동일한 크기의 정육면체 모양 블록을 빈틈없이 쌓아올린 것이다. 회색으로 칠해진 블록은 반대편까지 회색으로 칠해져있다고 할 때, 회색 블록의 개수를 구하시오.

17 ▸

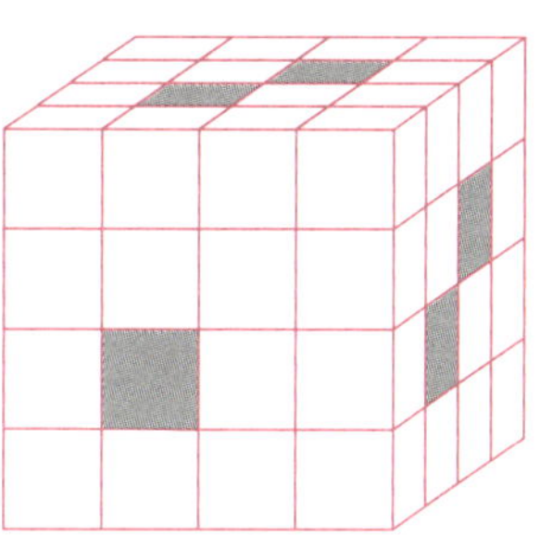

① 17개　　　② 18개　　　③ 19개　　　④ 20개

✏ 해설

회색 블록이 겹치는 부분은 총 두 군데이다. 한 군데에서는 두 블록이 겹치고, 나머지 한 군데에서는 세 블록이 겹친다. 겹치는 부분이 없다고 생각하면 회색 블록의 개수는 $5 \times 4 = 20$개이고, 여기서 두 블록이 겹치는 경우에는 1을, 세 블록이 겹치는 경우에는 2를 빼주어야 한다. 따라서 회색 블록의 개수는 $20 - 1 - 2 = 17$개이다.

18 ▸

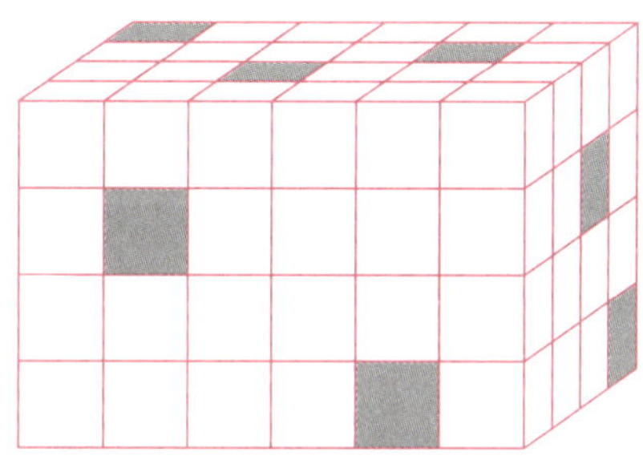

① 27개　　　② 29개　　　③ 30개　　　④ 32개

✏ 해설

겹치는 부분을 고려하지 않았을 때 회색 블록은 $(5 \times 4) + (2 \times 6) = 32$개이다. 겹치는 부분은 다섯 군데이며, 따라서 회색 블록의 총 개수는 $32 - 5 = 27$개이다.

---

15 ③　**16** ④　**17** ①　**18** ①

19 ▶ 다음 블록에 색칠을 하려고 한다. 밑면은 칠하지 않는다고 할 때, 칠할 수 있는 블록 면의 개수는 몇 개인가?

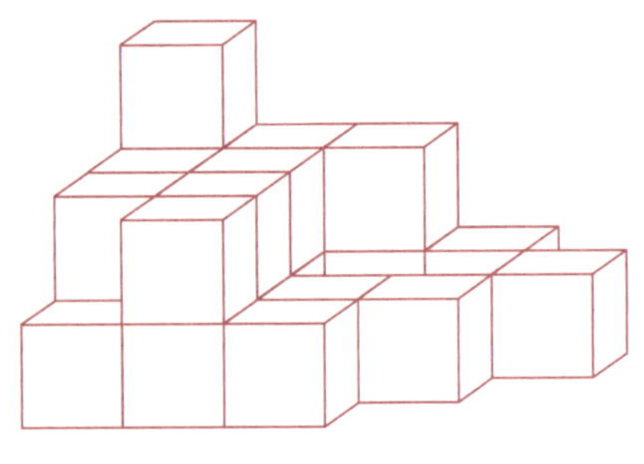

① 53개　　　　② 56개　　　　③ 59개　　　　④ 62개

 **해설**

윗면의 개수는 14개이고, 옆면의 개수는 각각 10개씩 20개이다. 앞면과 뒷면의 개수는 11개씩 22개이므로, 색칠할 수 있는 총 블록 면의 개수는 $14+20+22=56$개이다.

20 ▶ 다음 블록의 밑면을 포함하여 색칠한다고 할 때, 칠할 수 있는 블록 면의 개수는 몇 개인가?

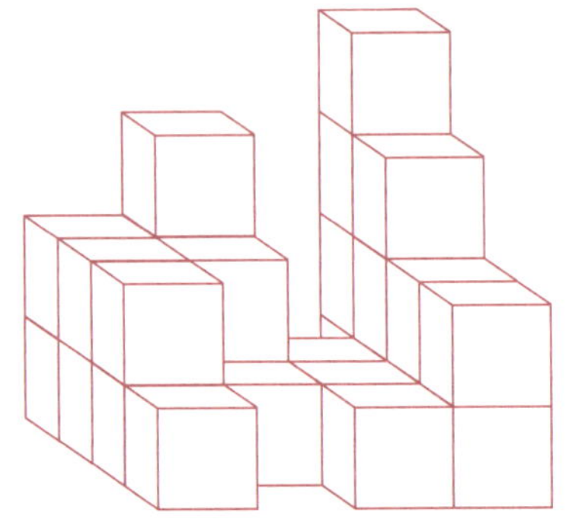

① 78개　　　　② 80개　　　　③ 82개　　　　④ 85개

해설

윗면과 밑면의 개수는 각각 14개씩 28개이며, 옆면의 개수는 각각 17개씩 34개이다. 마지막으로 앞면과 뒷면의 개수는 각각 10개씩 20개이다. 따라서 색칠할 수 있는 총 블록 면의 개수는 $28+34+20=82$개이다.

21 ▷ 다음은 정육면체 블록을 쌓은 것이다. 두 면이 다른 블록과 접해 있는 블록의 개수는 몇 개인가?

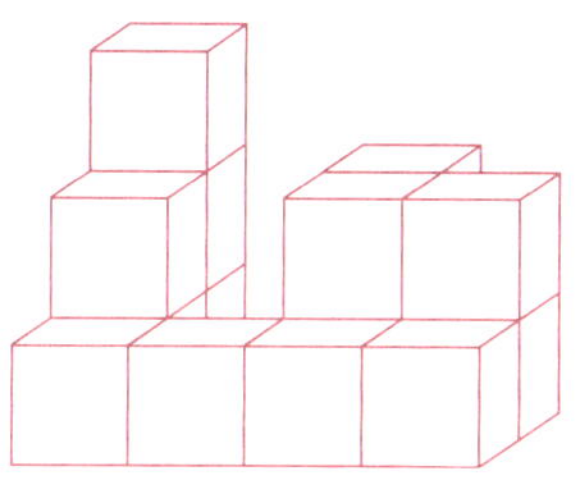

① 8개   ② 9개   ③ 10개   ④ 11개

해설

각 층의 블록 면이 다른 블록 면과 접해 있는 수는 다음과 같다.

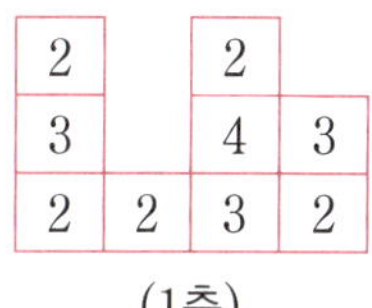

(1층)   (2층)   (3층)

따라서 두 면이 다른 블록과 접해 있는 블록의 개수는 8개이다.

[22~23] 다음 블록을 보고 물음에 답하시오.

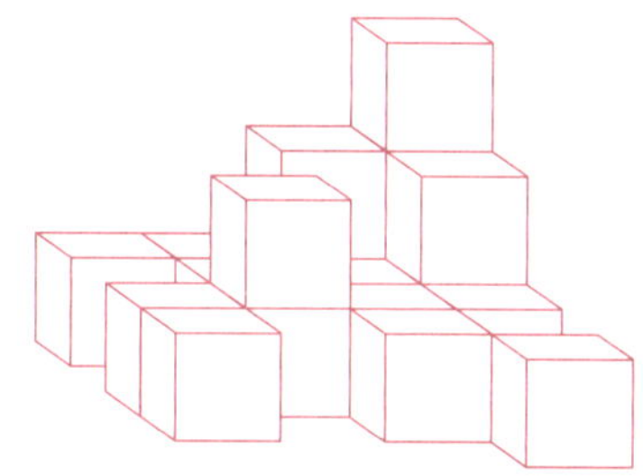

22 ▷ 위 블록의 개수는 모두 몇 개인가?

① 18개   ② 19개   ③ 20개   ④ 21개

해설

1층에 있는 블록은 14개이다. 2층에 4개, 3층에 1개의 블록이 있으므로 총 블록의 개수는 $14+4+1=19$개이다.

19 ②   **20** ③   **21** ①   **22** ②

23 ▶ 위 블록에 밑면을 포함하여 페인트를 칠한다고 할 때, 칠해지는 면의 개수는 모두 몇 개인가?

① 66개   ② 68개   ③ 70개   ④ 72개

해설

칠할 수 있는 윗면과 밑면의 개수는 각각 14개씩 28개이고, 옆면의 개수는 10개씩 20개이다. 앞면과 뒷면의 개수도 각각 10개씩 20개이므로, 칠해지는 면의 총 개수는 28＋20＋20 ＝ 68개이다.

[24~25] 다음 블록을 보고 물음에 답하시오.

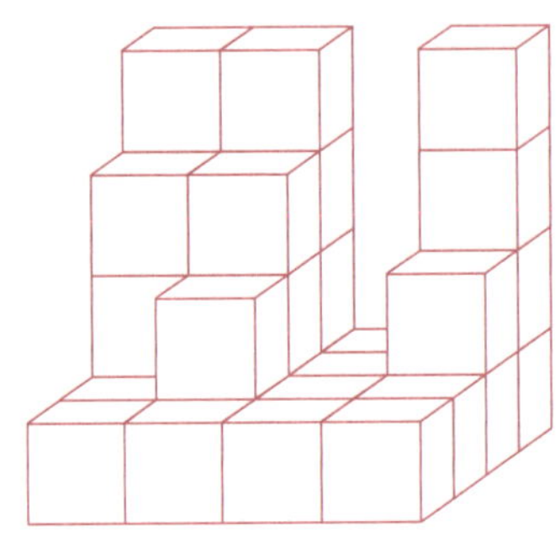

24 ▶ 위 블록의 개수는 모두 몇 개인가?

① 28개   ② 29개   ③ 30개   ④ 31개

해설

1층의 블록 개수는 16개이고 2층의 블록 개수는 7개이다. 3층은 5개, 4층은 3개이므로 총 블록의 개수는 16＋7＋5＋3 ＝ 31개이다.

25 ▶ 위 블록의 한 변의 길이가 1cm라고 할 때, 최소 몇 개의 블록을 더 쌓아야 정육면체 모양의 블록이 되는가?

① 30개   ② 31개   ③ 32개   ④ 33개

해설

블록의 가로, 세로, 높이의 개수를 모두 네 개씩 하면 정육면체가 완성된다. 각 층마다 $4 \times 4 ＝ 16$개의 블록이 있어야 하며, 모자라는 블록의 개수를 세어보면 정육면체 모양을 만들기 위해 필요한 블록의 개수를 알 수 있

다. 1층에는 모자라는 블록이 없으며, 2층에는 7개의 블록이 있으므로 $16-7=9$개의 블록이 모자란다. 3층에는 $16-5=11$개, 4층에는 $16-3=13$개가 모자라므로, 정육면체 모양을 만들기 위해 필요한 최소 블록의 개수는 $9+11+13=33$개이다.

05 \ 전개도

[01~12] 다음 전개도를 접었을 때 만들어지는 입체도형으로 알맞은 것을 고르시오.

01 ▶

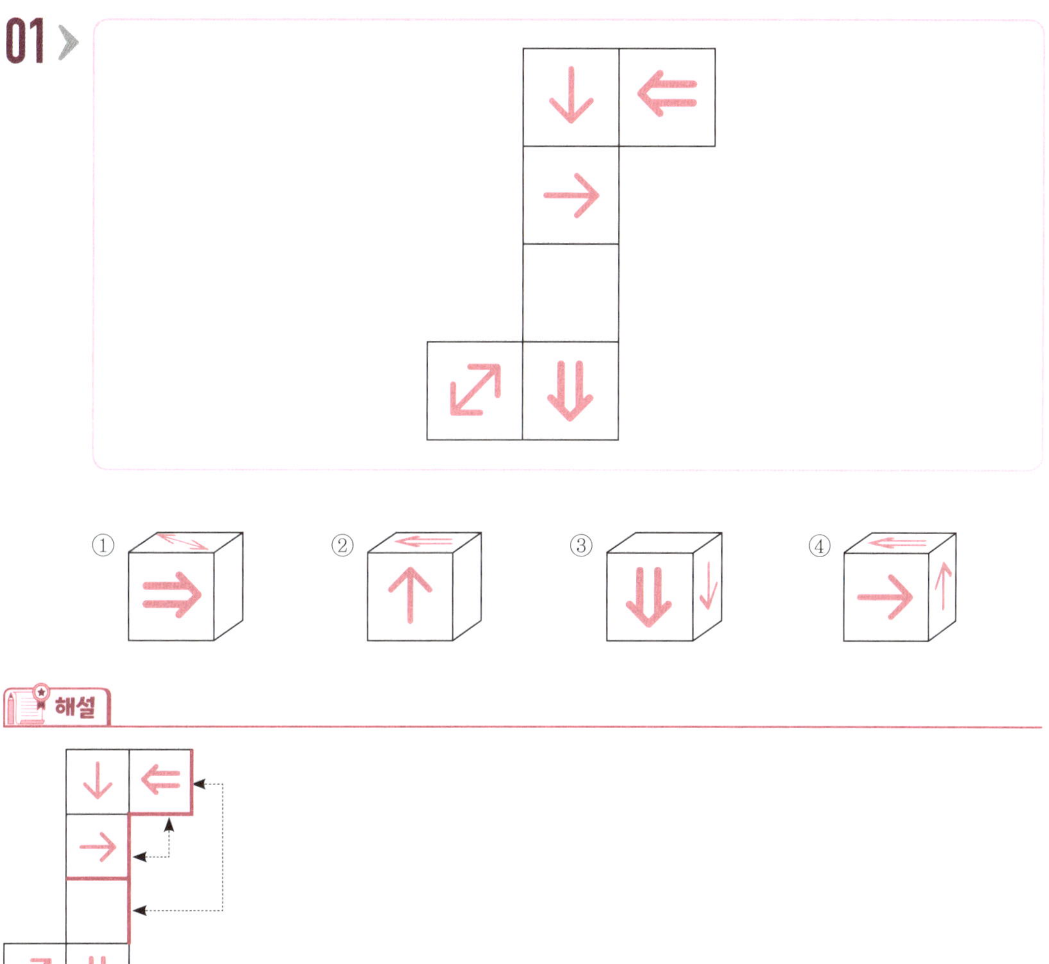

02 ▶

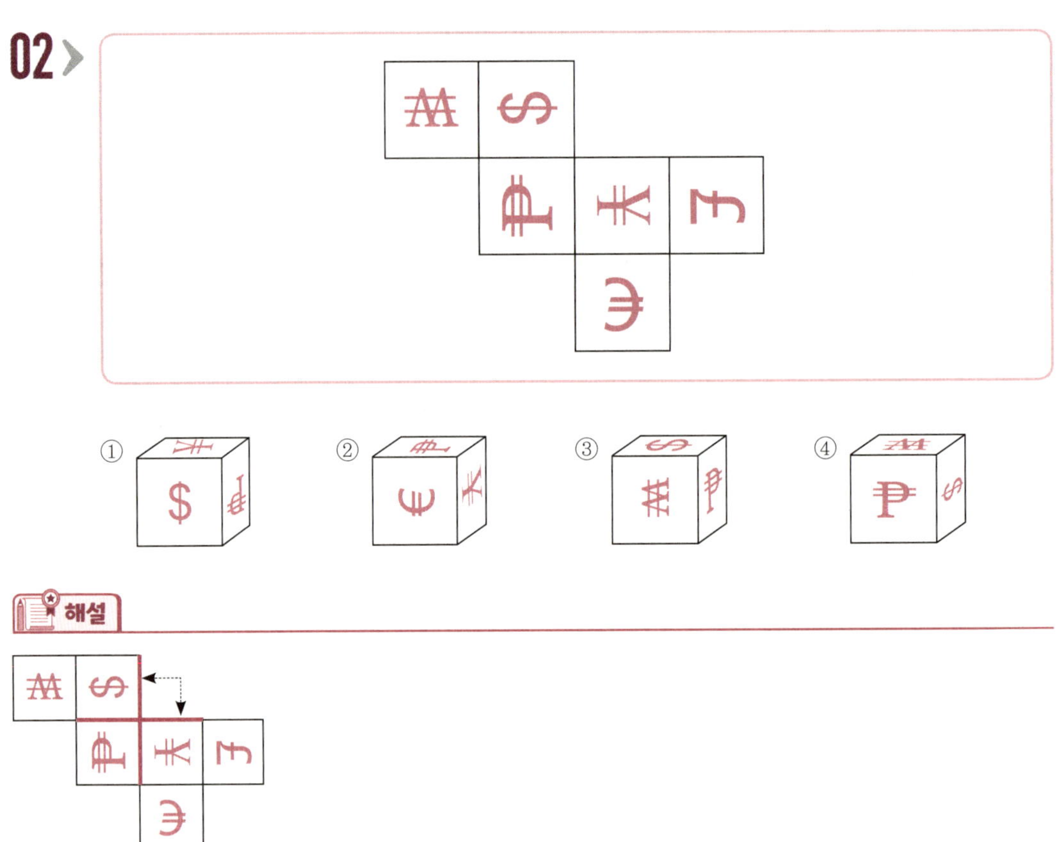

해설

03 ▶

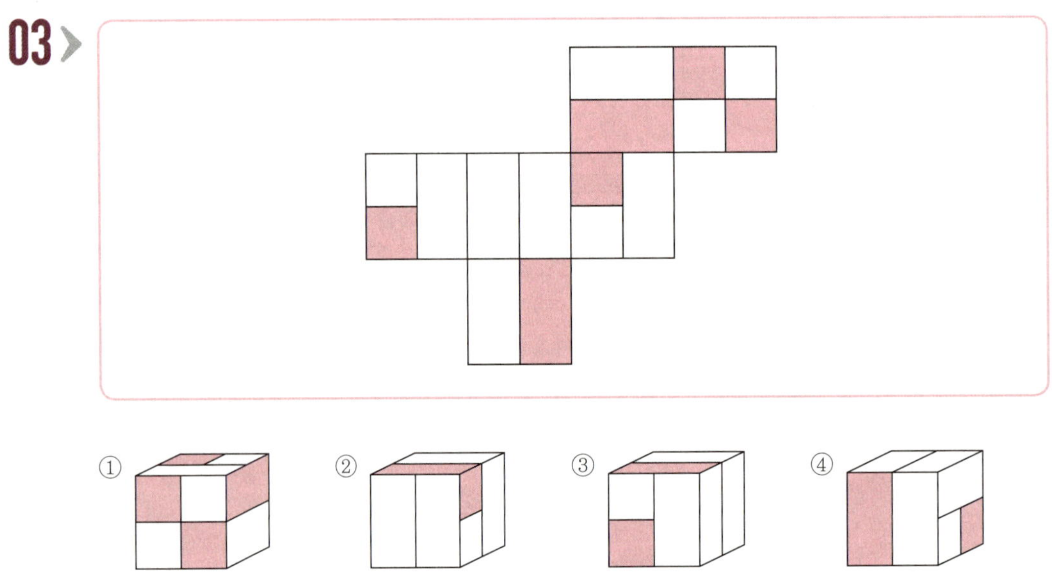

해설

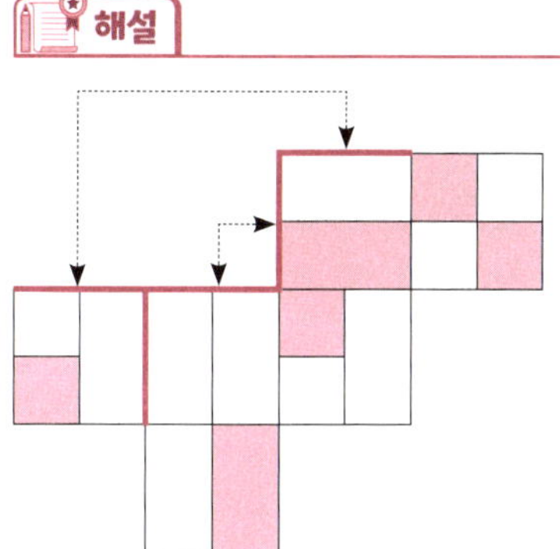

04 ▷

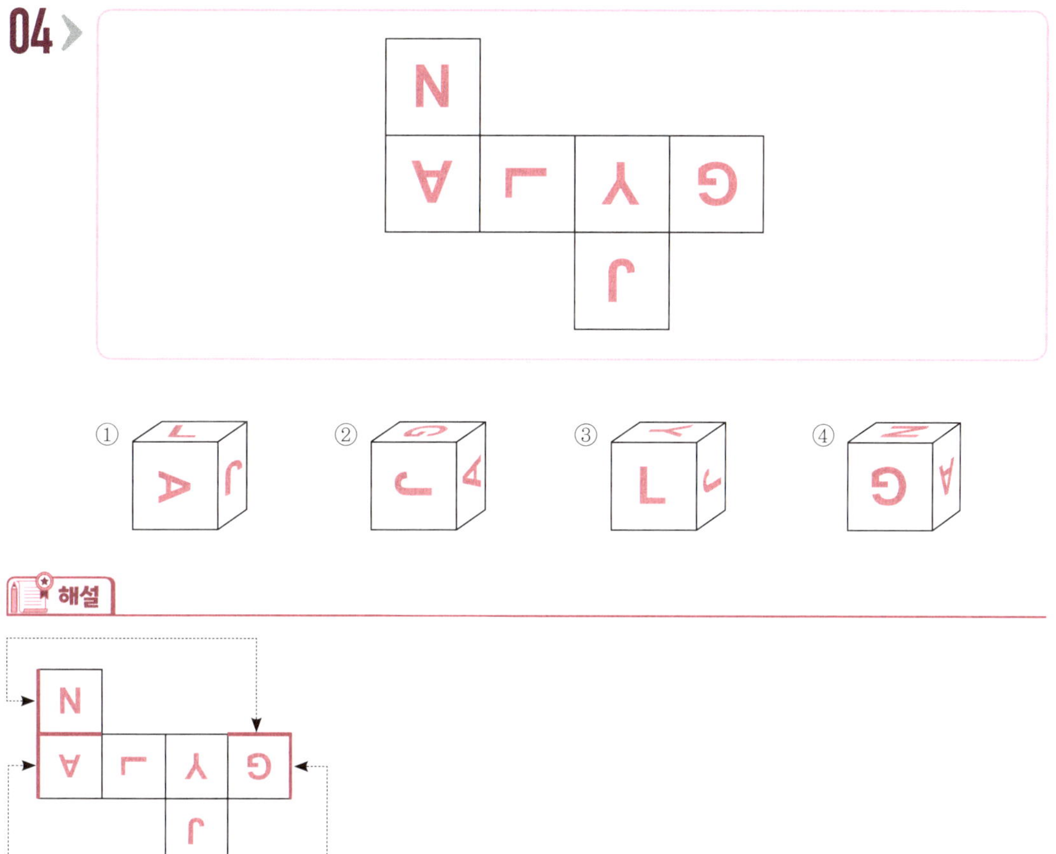

해설

05

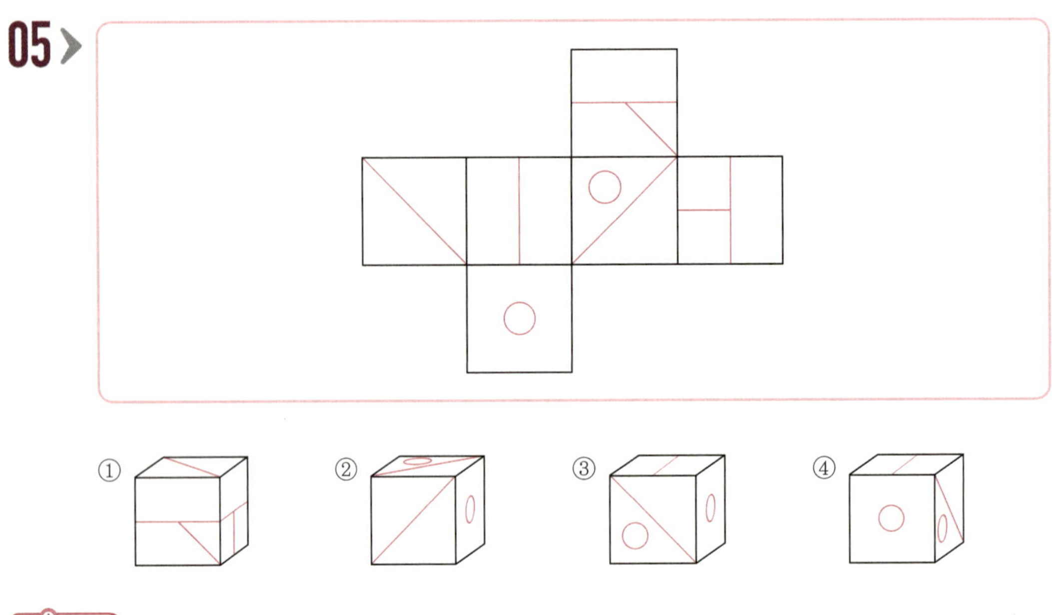

해설

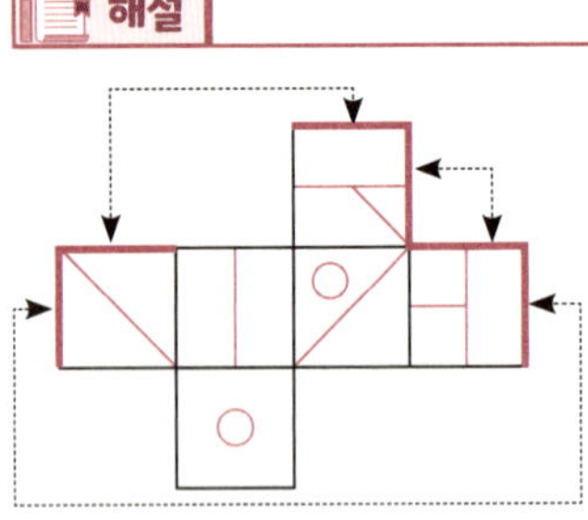

06

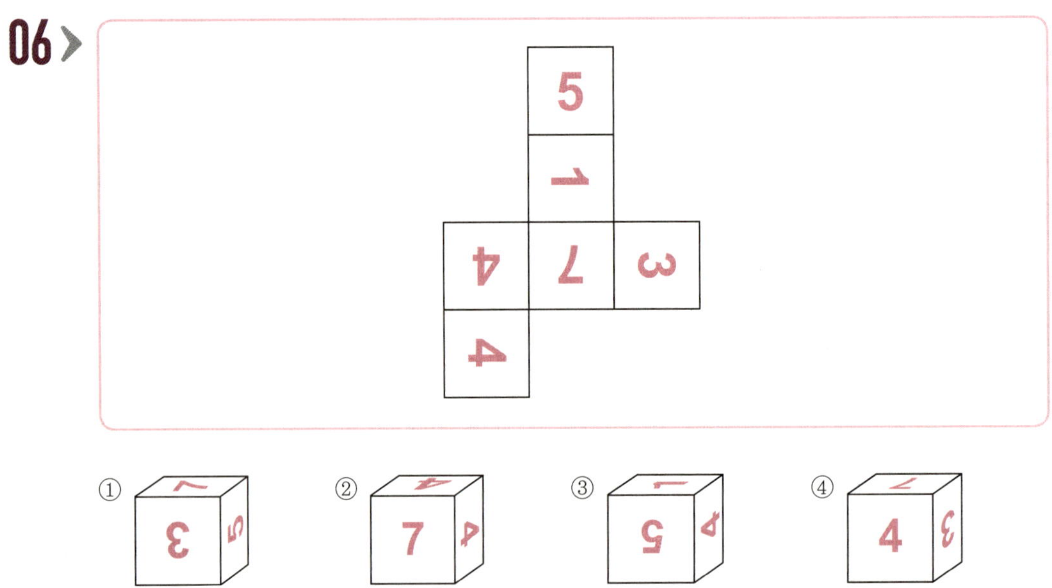

 **해설**

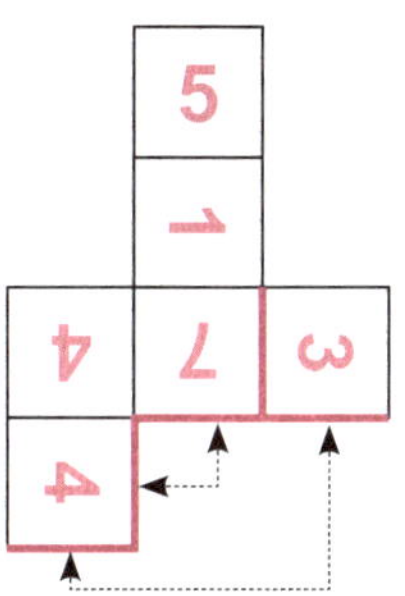

07 ▶

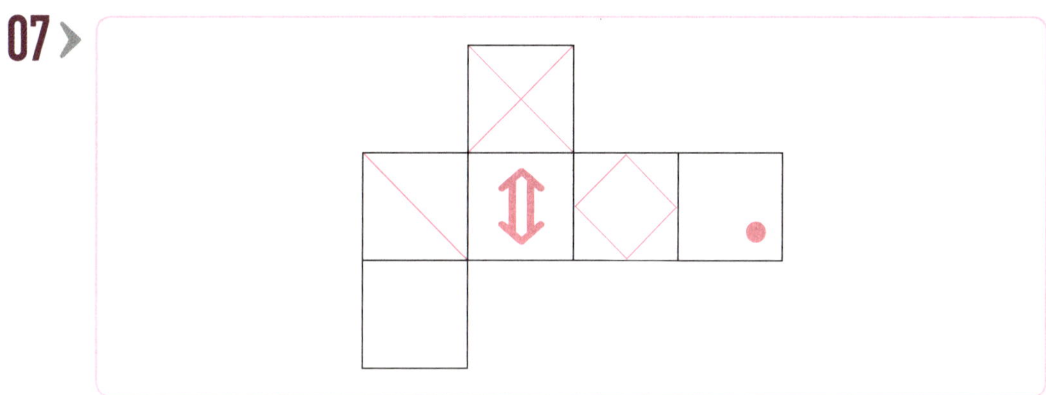

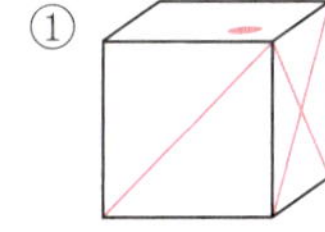 ①   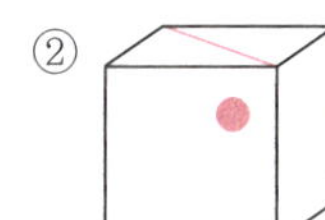 ②   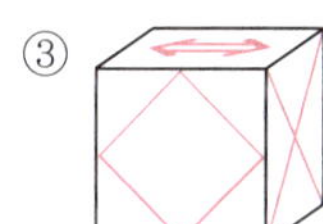 ③   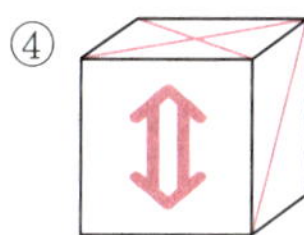 ④

해설

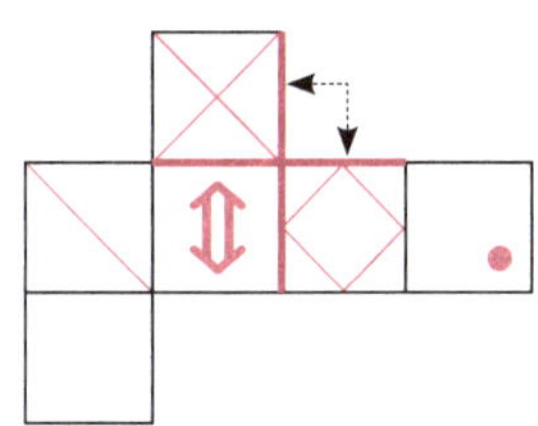

05 ① 06 ④ 07 ③

공간지각력

08

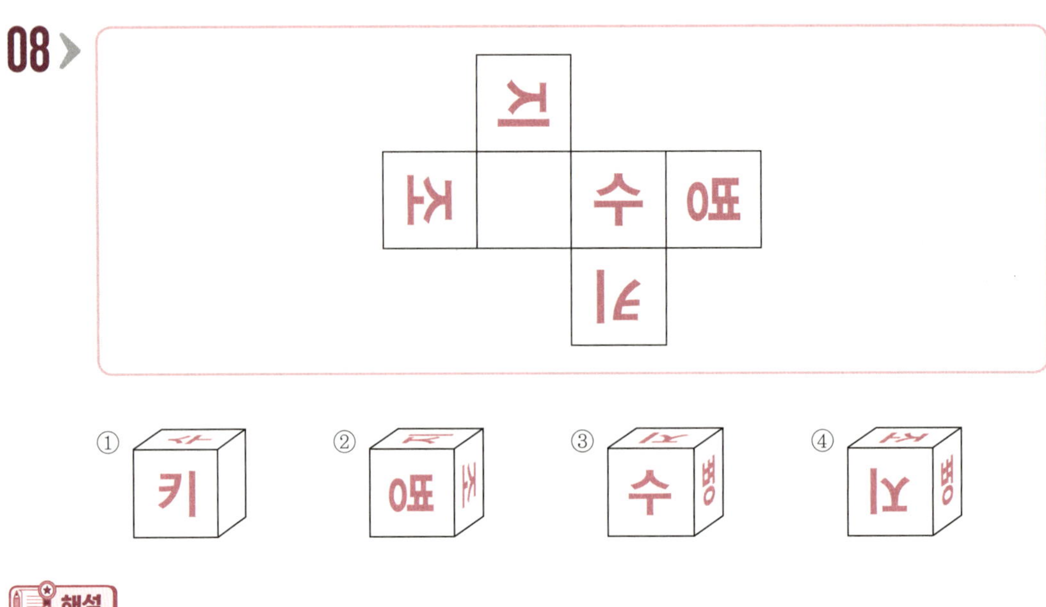

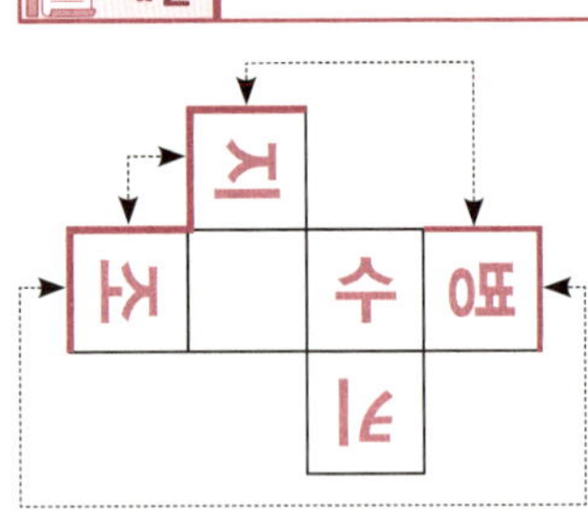

09

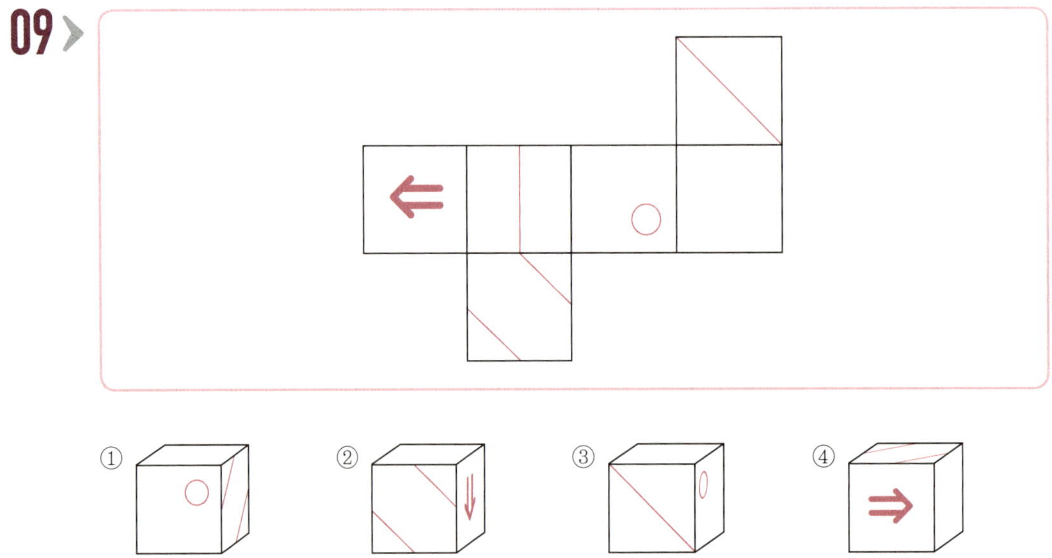

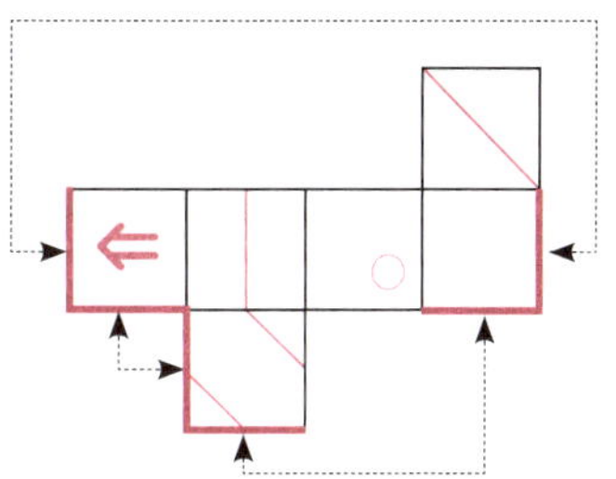

10

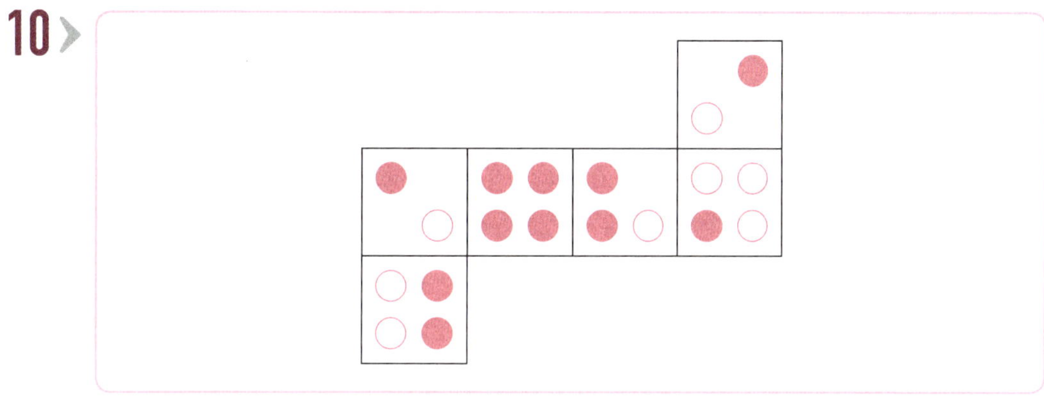

①

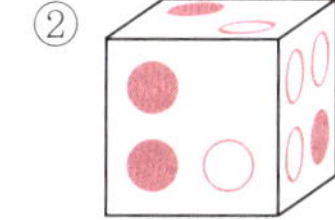
②

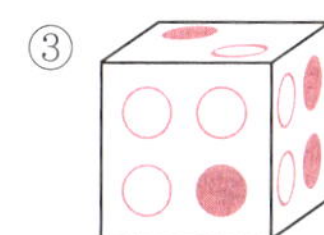
③

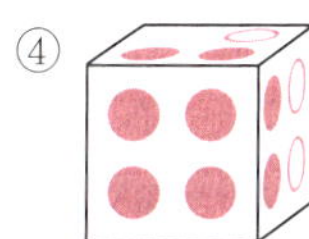
④

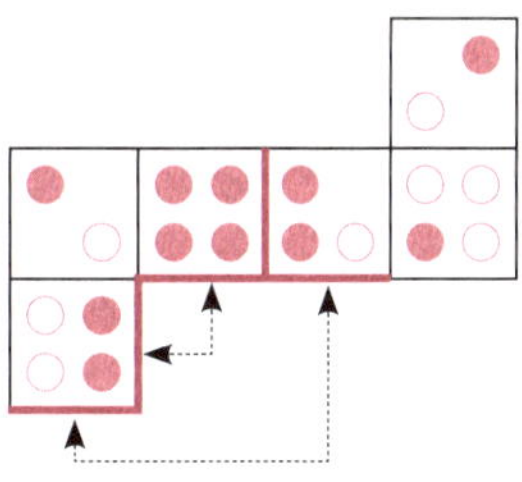

11

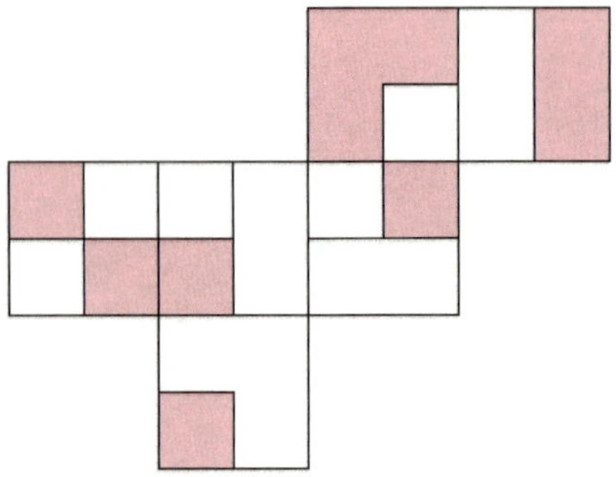

① 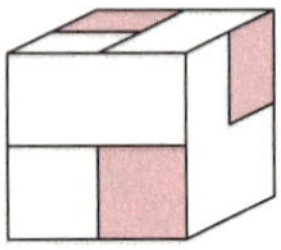　② 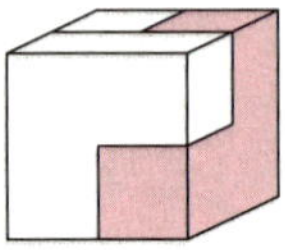　③ 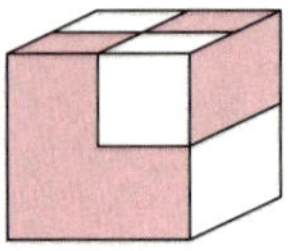　④

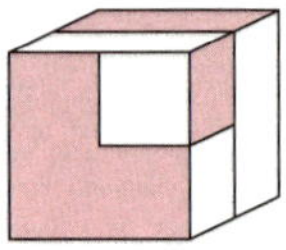

해설

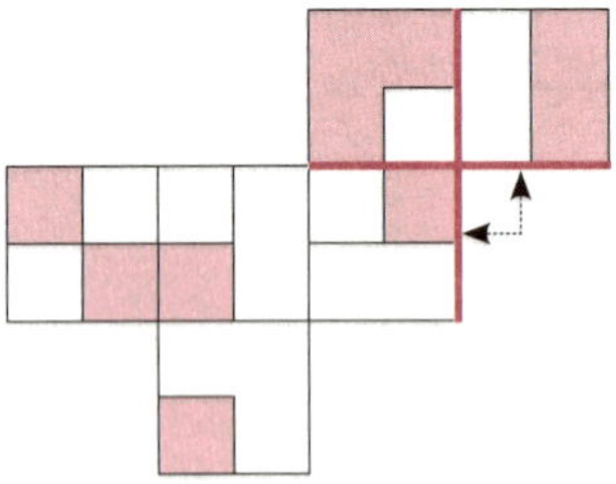

12 ▶

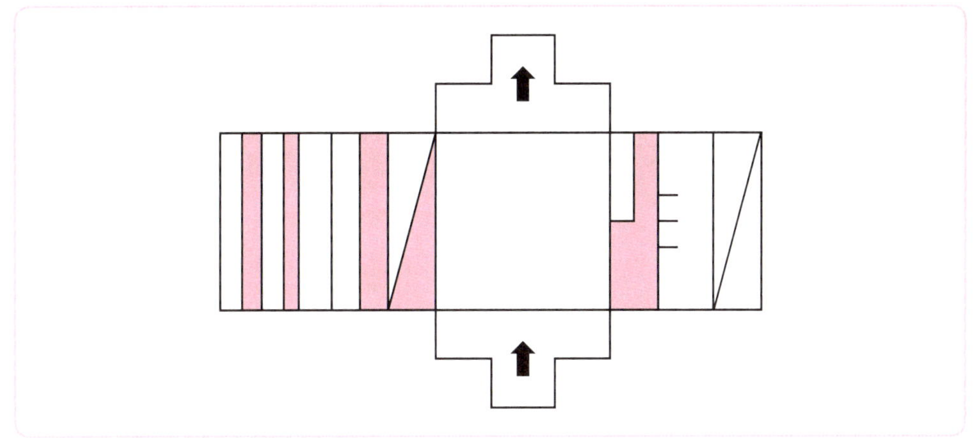

① 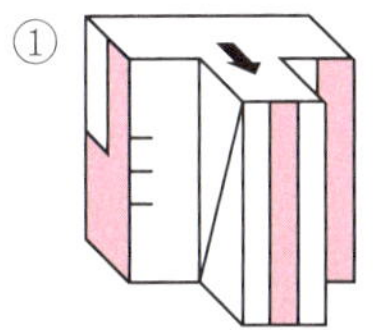　② 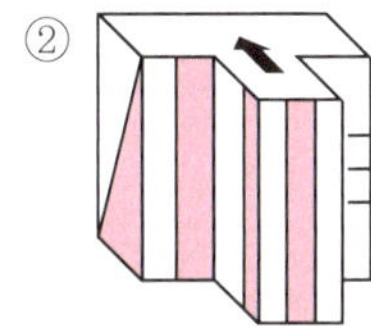　③ 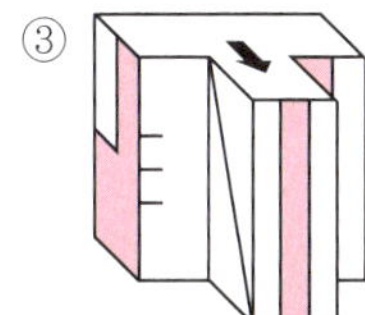　④ 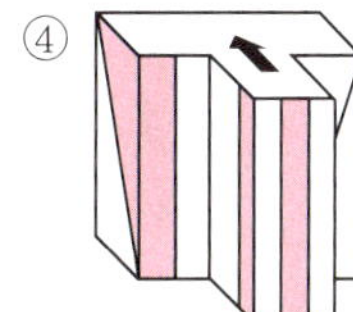

해설

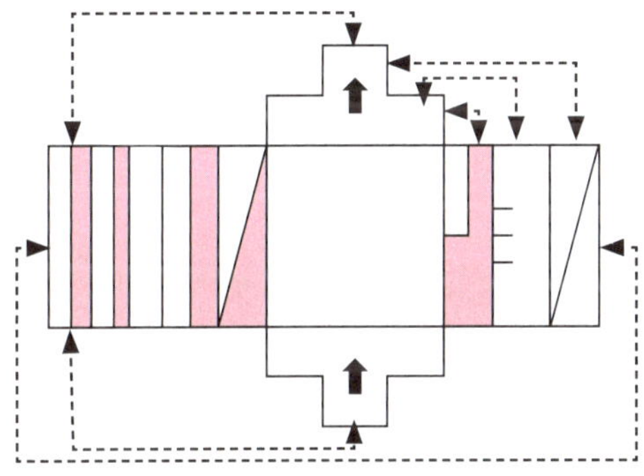

11 ④　12 ①

[13~17] 다음 전개도를 접었을 때 만들어지는 입체도형으로 알맞지 않은 것을 고르시오.

13 ▶

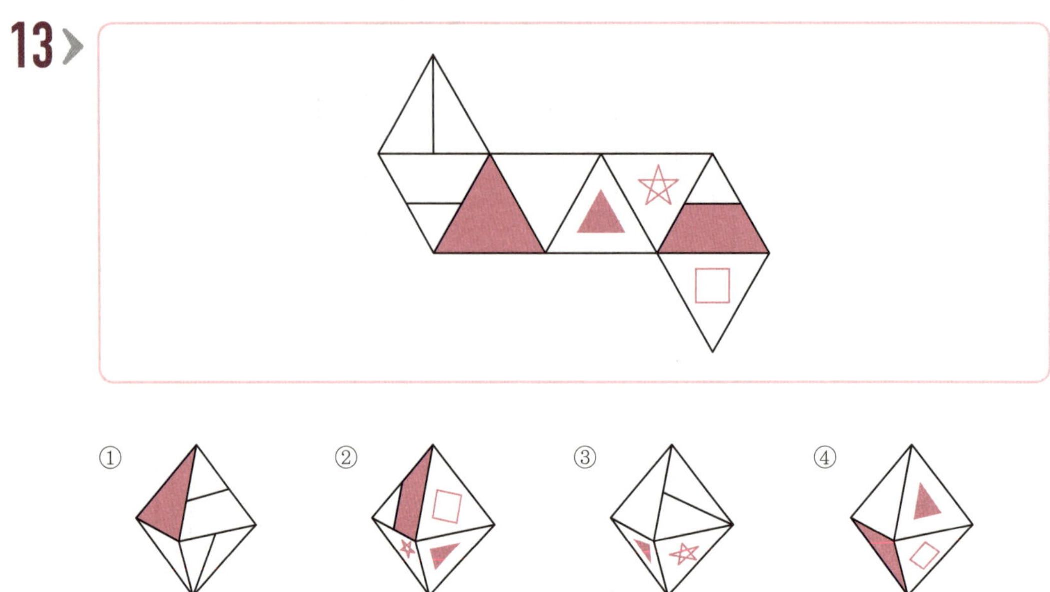

①   ②   ③   ④

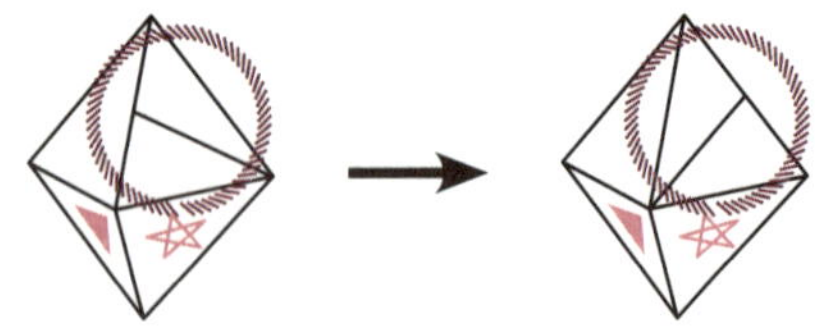

14 ▶

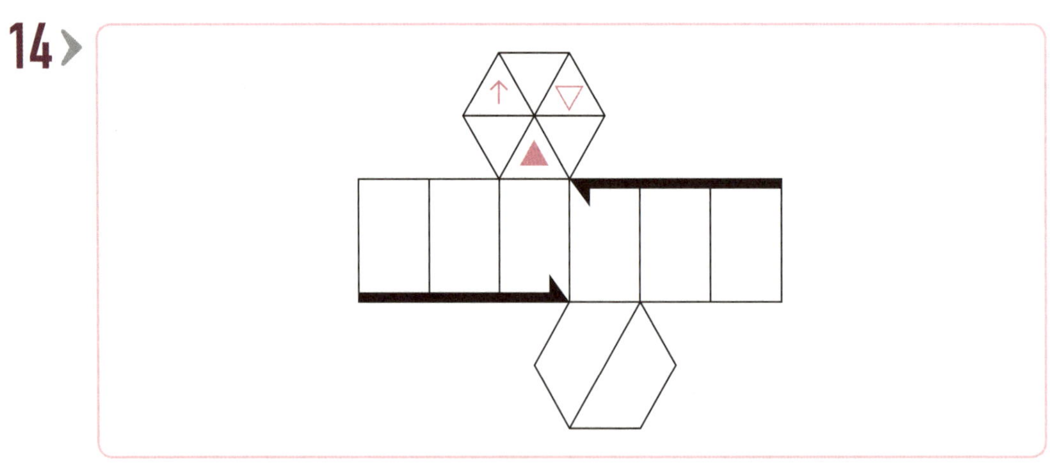

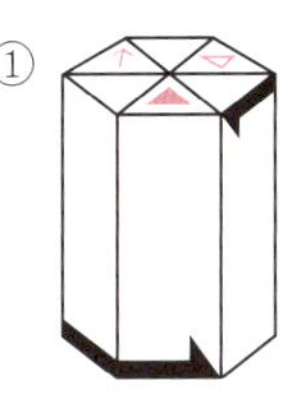
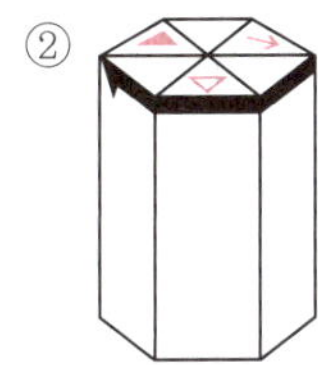
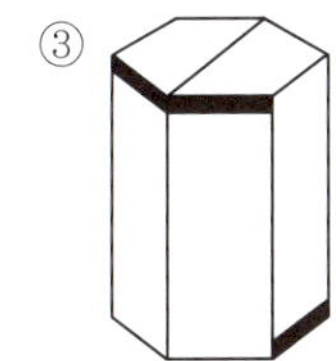
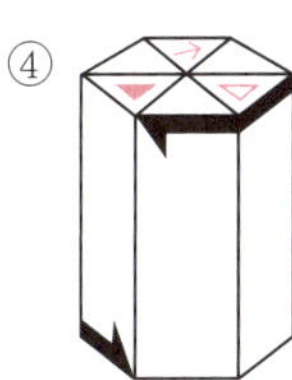

 해설

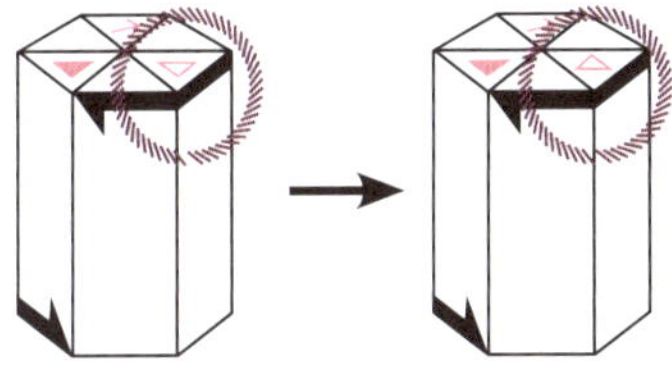

15 〉

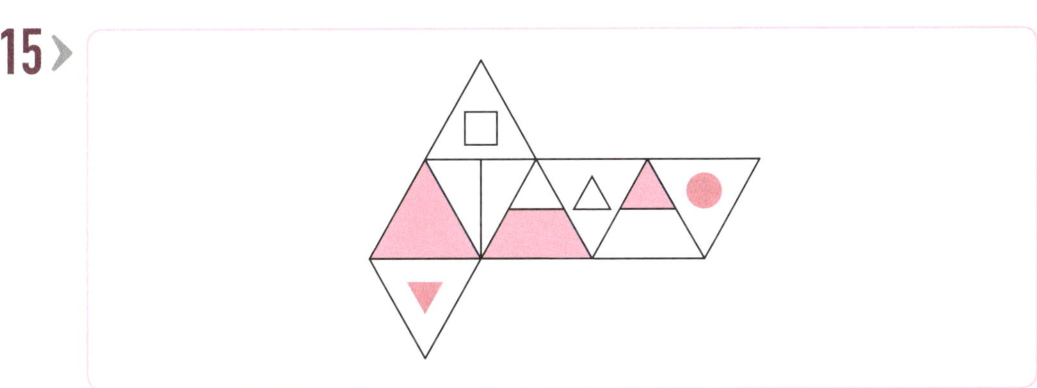

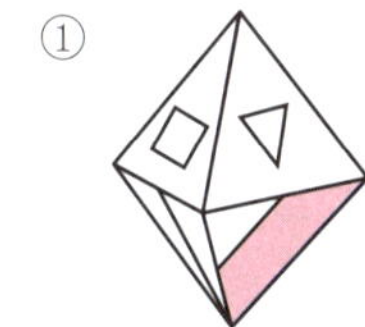
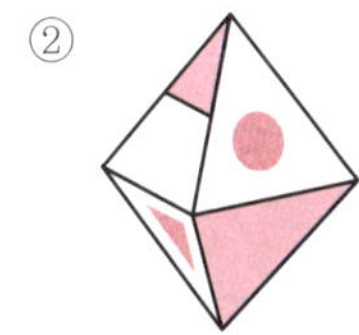
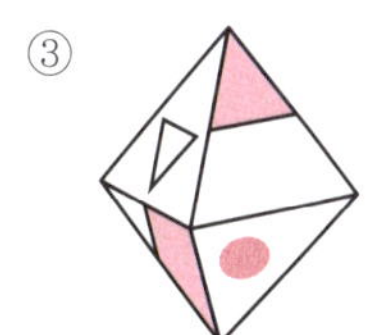
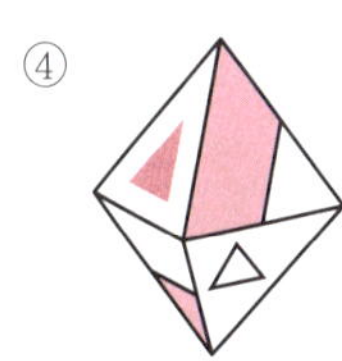

해설

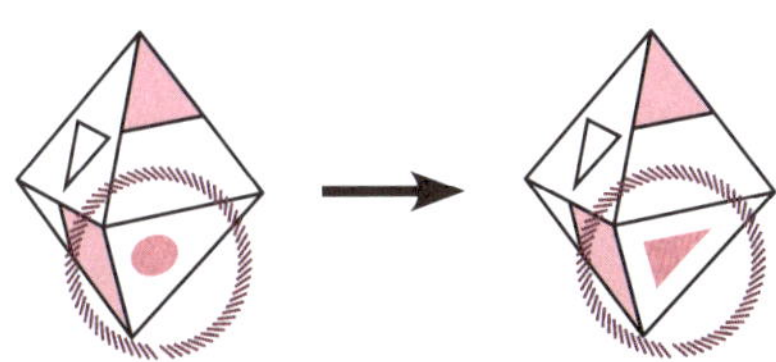

공간지각력

13 ③ **14** ④ **15** ③

16 ▸

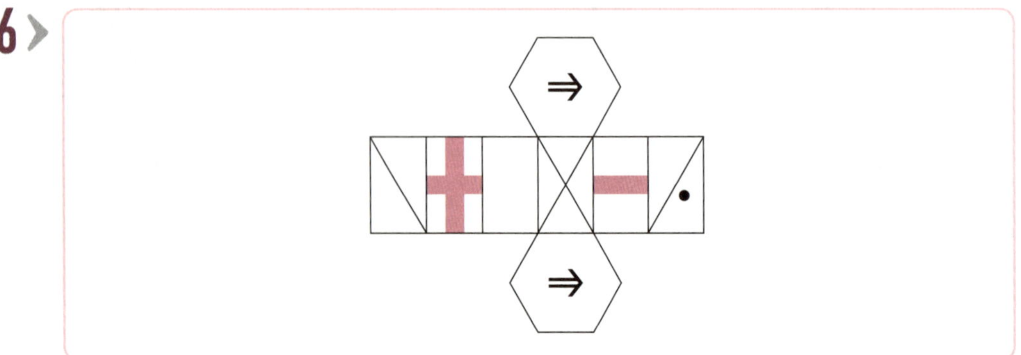

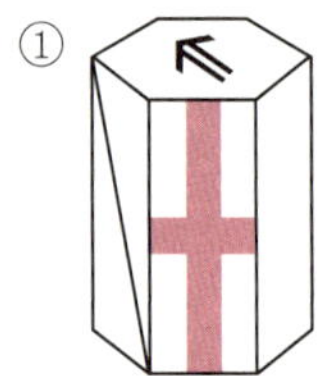

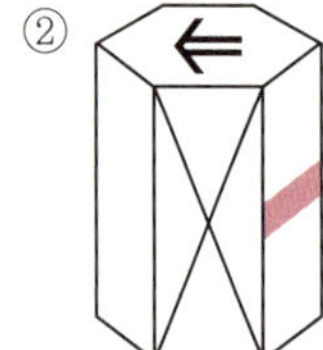

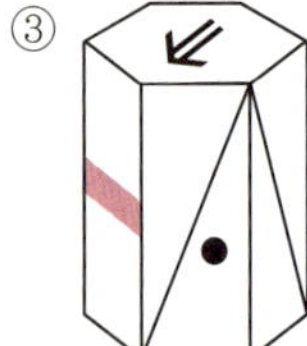

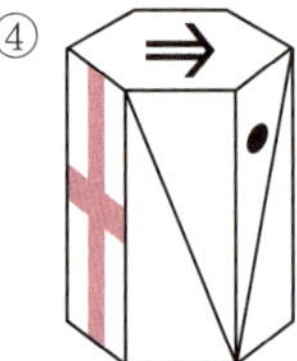

 해설

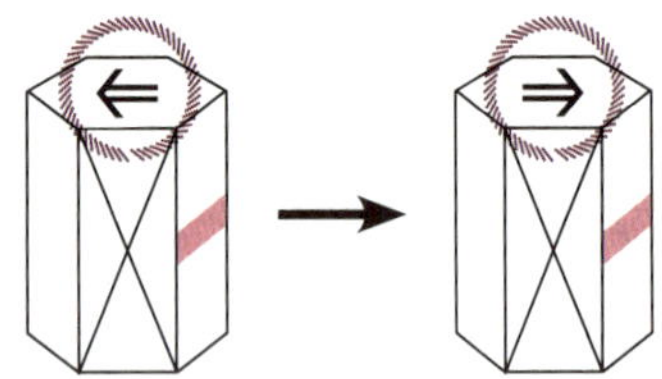

17 ▸

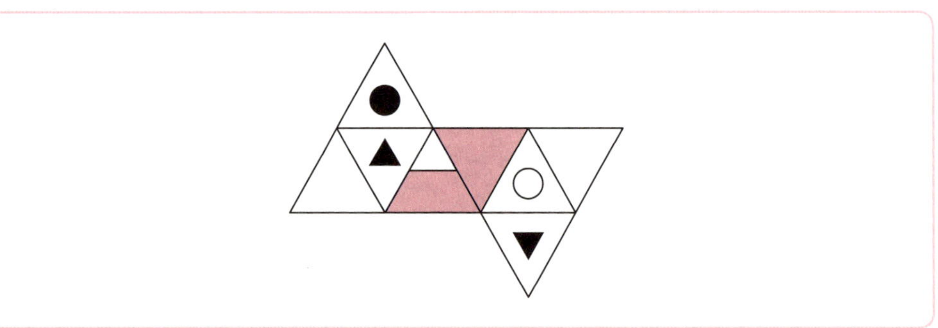

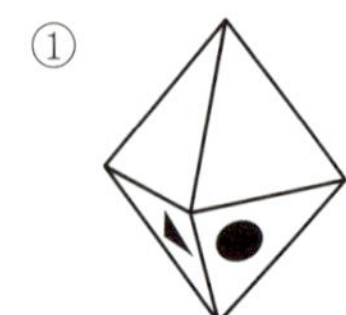

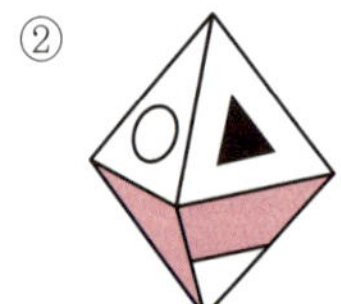

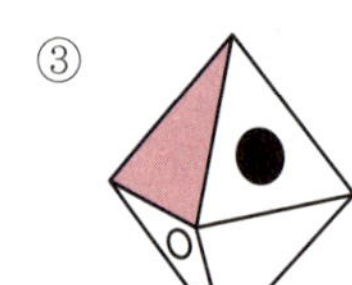

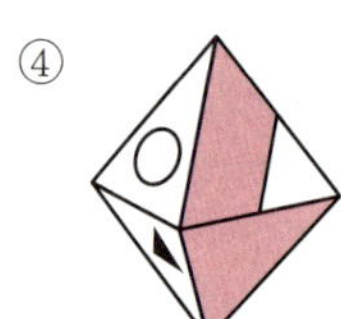

해설

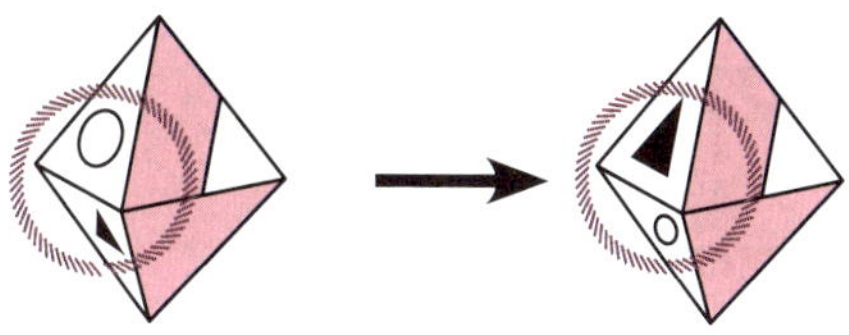

[18~20] 다음 전개도를 접어 정육면체를 만들었을 때 모양이 나머지와 다른 것을 고르시오.

18 ① 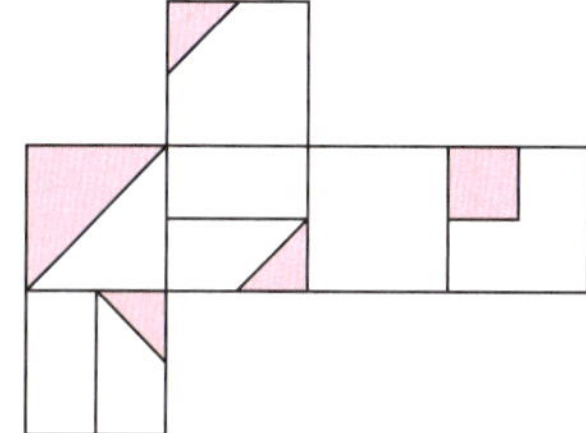 ② 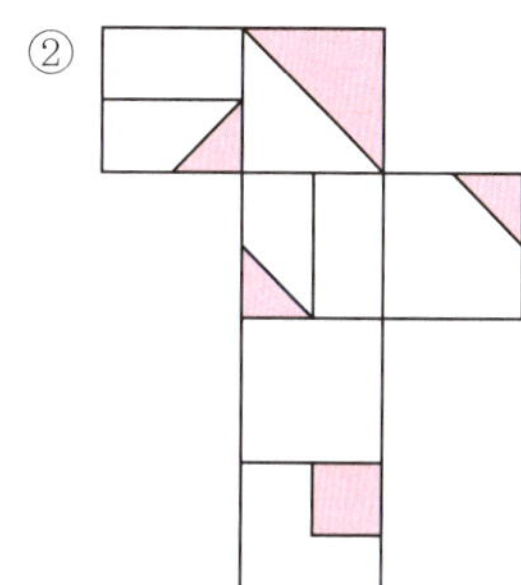

③ 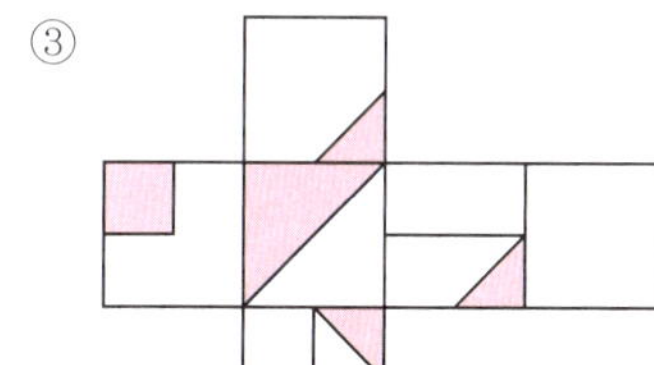 ④ 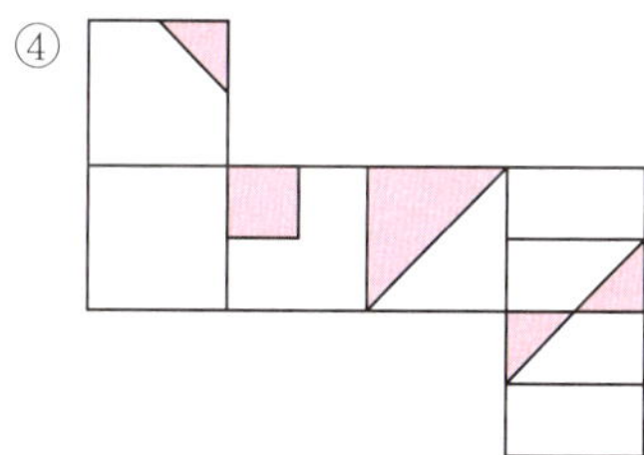

해설

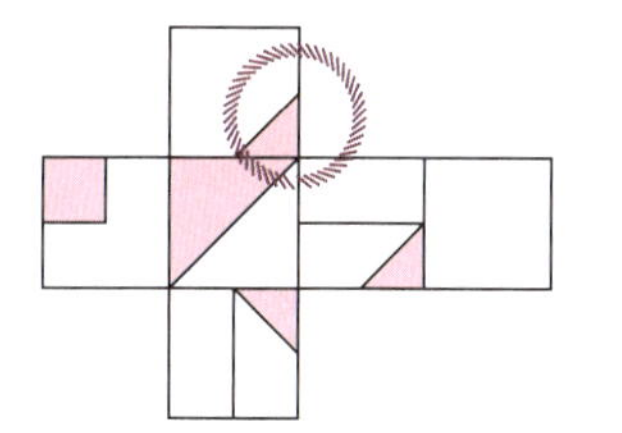 → 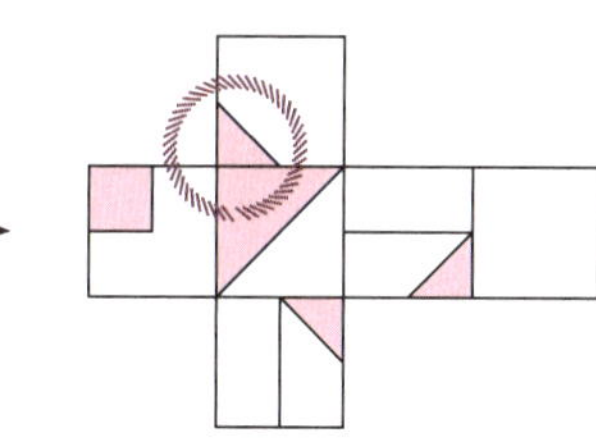

19 >

① 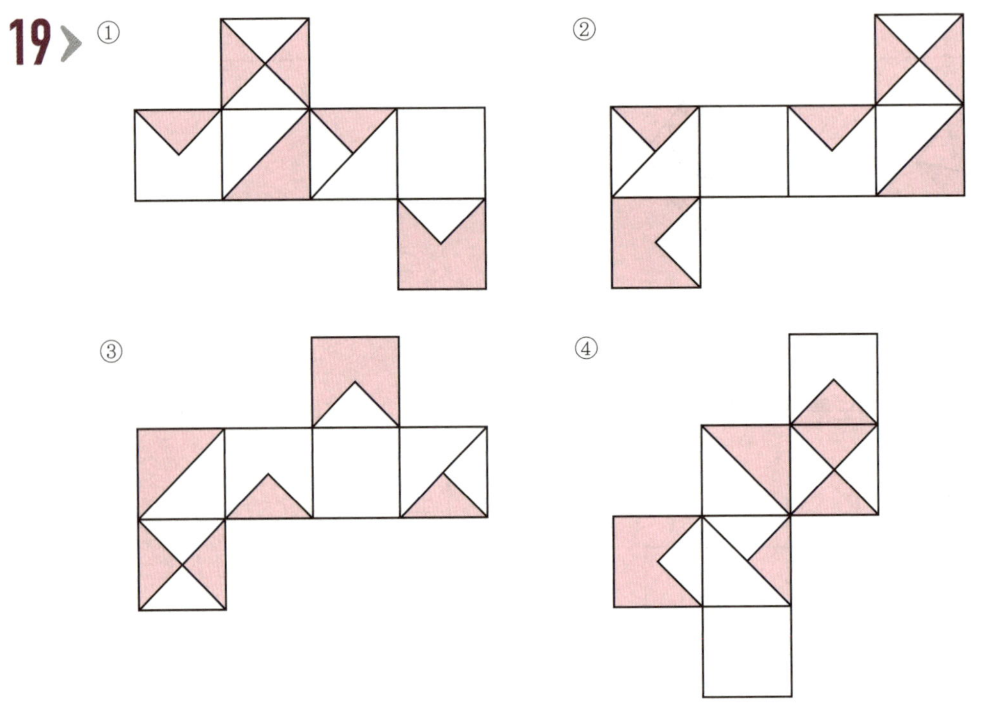

②

③

④

해설

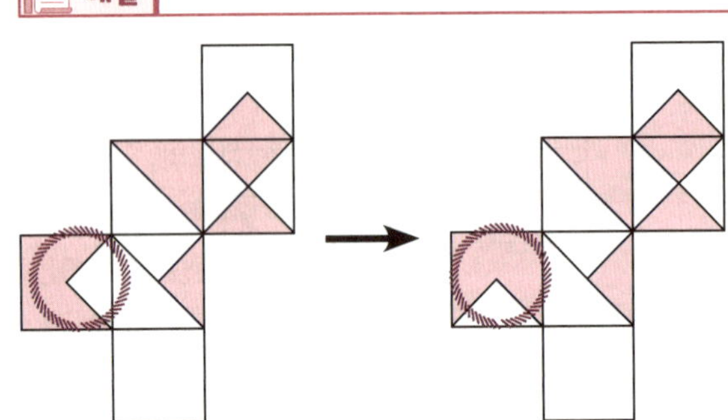

20 ① 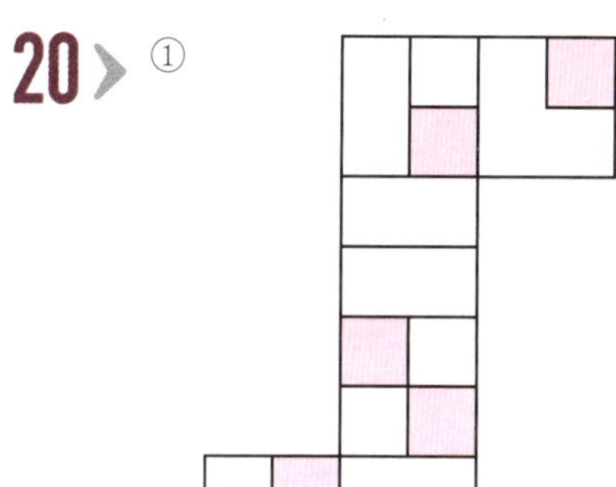 ② 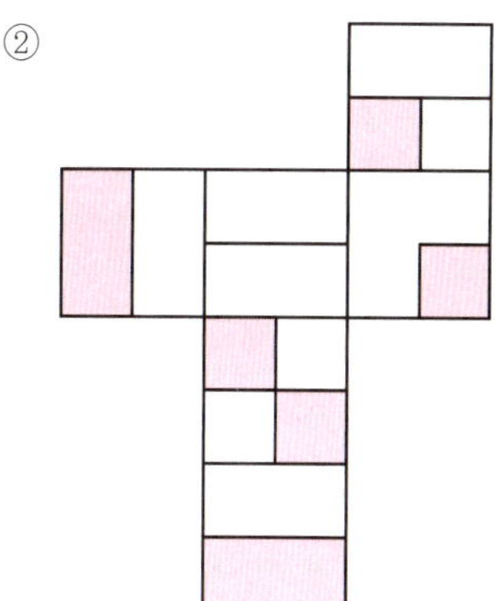

③ 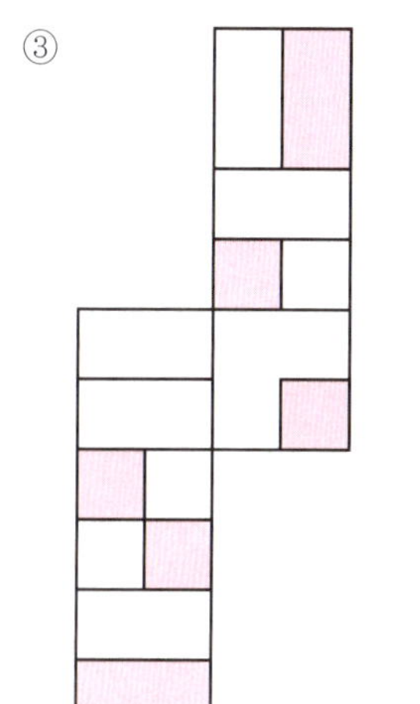 ④ 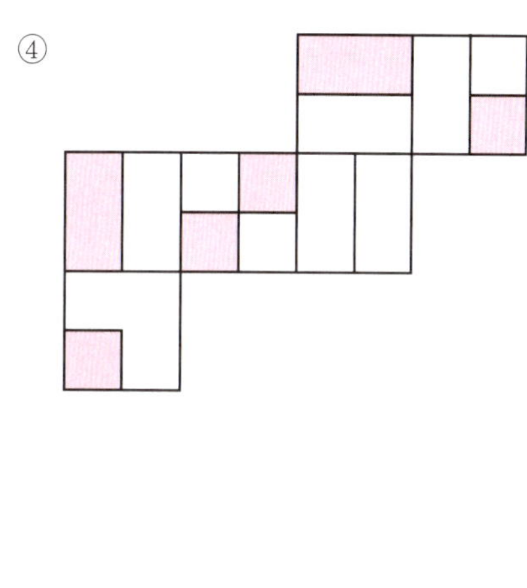

 **해설**

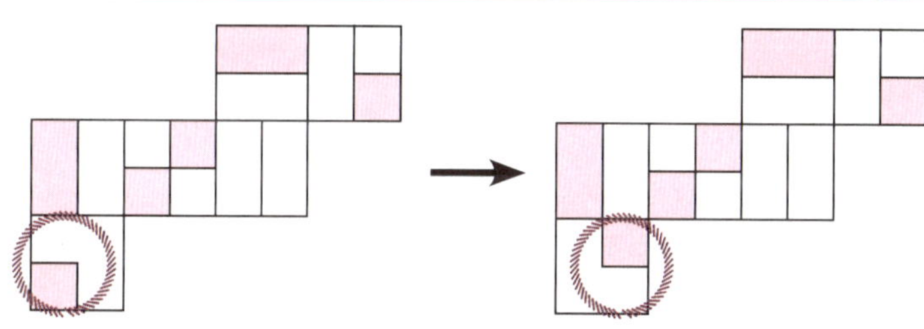

19 ④ 20 ④

북스케치

www.booksk.co.kr

Part 2
인성검사

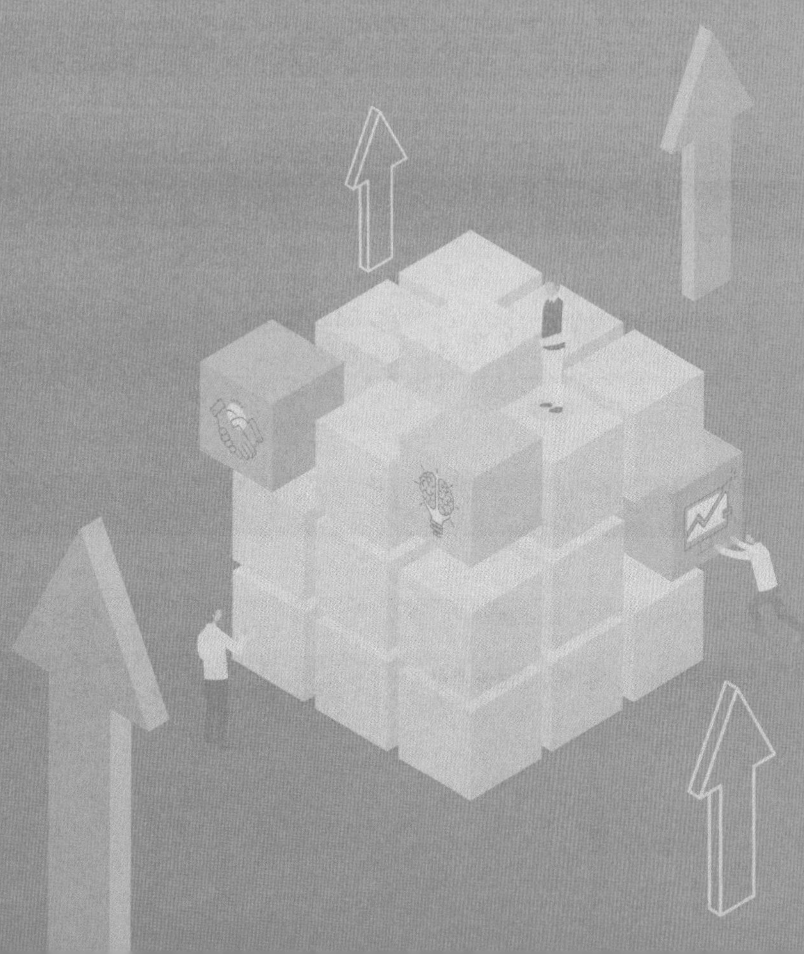

Chapter 01 인성검사 안내

01 인성검사 개요

인성(人性)은 사람의 바탕이 되는 성품, 즉 인간다운 면모와 자질을 의미한다. 사람의 성품은 각기 다르기 때문에, 개인의 인성을 객관적인 지표로 측정하기란 그 기준이 모호하고 평가의 신뢰성이 떨어질 수 있다. 그러나 교육청에서는 다양한 범주를 통해 각 **응시자의 대인관계능력을 비롯한 정서적 측면** 등을 측정할 필요가 있다. 모든 응시자를 대면하면서 그 사람의 자질을 깊이 있게 파악하기란 사실상 어렵기 때문이다.

따라서 각 교육청은 지원자가 질문에 답한 일관성을 토대로 개인의 성향을 파악하고, 지원자가 해당 교육청에서 추구하는 교육 이념과 얼마나 부합하는지를 판단하며, 해당 직군의 **조직 적합성과 직무 적응도를 살피는 준거**로서 인성검사를 활용하고 있다.

02 인성검사 응답의 유의점

인성검사는 자신을 실제보다 '**더 좋게 보이려는 의도**'와 '**무성의한 응답**'을 가려낼 수 있도록 개발되었기 때문에 응답하지 않은 문항이 많거나, 솔직하게 응답하였다고 보기 어려운 문항은 측정에서 제외될 수 있음을 염두에 두어야 한다.

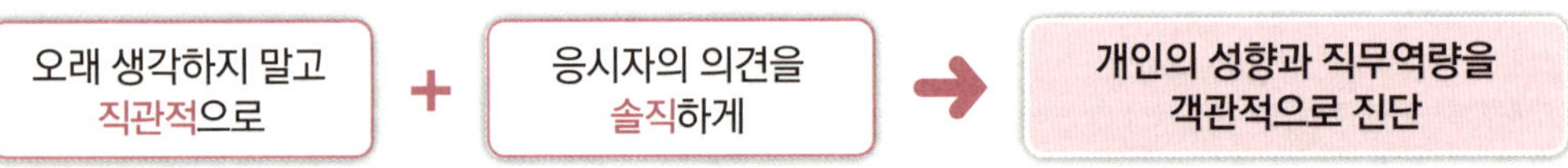

03 인성검사 평가 역량

평가 역량	세부 역량	역량의 의미
업무능력	일처리, 전문성 추구	• 문제의 원인을 이해하여 적극적인 해결 시도 • 업무에 필요한 지식과 기술, 자기개발을 위한 노력

관계적응	외향/친화력, 팀지향/협동	• 처음 보는 사람과 쉽게 친해지며, 활기찬 분위기 유도 • 솔선수범하며 팀 활동에 적극적으로 참여
정서적응	감정이해, 감정조절	• 타인의 감정과 기분을 잘 파악하여 갈등 해결 유도 • 감정변화가 안정적이고 감정을 잘 다스려 표현을 자제
조직적응	조직순응성, 조직시민정신	• 기존 체계와 관습 존중, 새로운 문화에도 잘 적응함 • 타인에게 해가 되는 행동 자제, 타인 배려, 윗사람 존중

04 인성검사 평가 척도와 내용

평가 척도	내용
개방성 (openness)	변화와 다양성에 대해 우호적인 성향을 측정한다. 개방성이 높은 사람은 독창적인 사고력을 지닌 사람일 가능성이 높고, 개방성이 낮은 사람은 관습을 중시하는 사람일 가능성이 높다.
결단력 (decision)	결정적인 판단을 빠르게 내릴 수 있는 능력을 측정한다. 결단력이 높은 사람은 조직에서 발생한 문제에 대해 신속한 상황 파악이 가능하다.
계획성 (planning)	계획을 짜서 업무를 처리하려고 하는 성향을 측정한다. 계획성이 높은 사람은 조직 내 업무의 원활한 진행을 돕고, 다음 계획을 구상할 가능성이 높다.
규범성 (normativity)	규범, 행동준칙 등을 따르는 성향을 측정한다. 조직 내 갖추어진 규범을 받아들여 적응하는 정도를 파악할 수 있다.
낙관성 (optimism)	사물 또는 현상에 대해 긍정적으로 보는 성향을 측정한다. 낙관성이 높은 사람은 조직 내 발생한 문제를 긍정적으로 진행하여 해결할 가능성이 높다.
사회성 (sociality)	자신이 속한 사회 구성원으로서의 소속감을 측정한다. 외향적인 성향의 사람이 사회성 항목에서 높은 점수를 받는 경향을 보인다.
성실성 (sincerity)	진중함과 끈기를 측정한다. 조직 규범 및 업무에 대한 마찰을 통제하며, 목표 지향적인 행동을 꾸준히 지속할 수 있는 정도를 파악할 수 있다.
신경성 (neuroticism)	조직에서 발생하는 힘든 경험에 대해 부정적인 정서를 얼마나 보이는지를 측정한다. 신경성이 높은 사람은 업무, 대인관계 등에 대해 과민함을 드러낼 수 있다.
우호성 (agreeableness)	타인과 친밀한 관계를 맺고 그 관계를 지속하려는 성향을 측정한다. 우호성이 높은 사람은 조직 구성원을 배려하고 반대 입장을 헤아리는 이타심을 보인다.
외향성 (extroversion)	타인과의 관계에서 상호작용을 주도하려는 정도를 측정한다. 외향성이 높은 사람은 능동적이고 개방적인 반면에 외향성이 낮은 사람은 낯을 잘 가리고 냉정한 면을 보인다.
자기조절력 (self–regulation)	충동적인 감정 표출과 돌출 행동에 대한 조절능력을 측정한다. 차분함과 변덕 성향, 융통성 등을 평가하는 요소로도 활용된다.
정서적 안정성 (emotional stability)	정서적으로 얼마나 안정되어 있는지를 측정하며, 자기 자신과 주변 환경에 대해 가지고 있는 불안함을 측정하는 요소로도 활용된다.
정직성 (probity)	거짓이나 꾸밈이 없이 바르고 곧은 성향을 측정한다. 정직성이 높은 사람은 타인을 과하게 칭찬하지 않으며 뒤에서 험담하지 않는 과묵함을 보인다. 자신의 실수를 솔직하게 인정하는 반면 타인의 잘못은 냉정하게 지적하는 면도 보인다.
지도성 (leadership)	팀을 조직하여 지도하는 것을 좋아하는 성향을 측정한다. 조직 구성원의 능력에 따른 업무를 할당하고 조화로운 조직을 구성할 수 있는 능력을 평가한다.
창의성 (creativity)	새롭고 독창적인 것을 만드는 것을 좋아하는 성향을 측정한다. 지적호기심과 상상력, 실행력 등을 함께 측정하는 요소로도 활용된다.

※ 각 교육청의 핵심가치, 인재상, 검사 방식에 따라 평가 척도는 다르게 적용될 수 있다.

Chapter 02 교육청별 검사 기준

01 인성검사 출제 방법

인성검사는 문항 출제 및 결과 분석 등 검사 전반에 관한 사항을 전문검사기관에 위탁하여 실시한다.

02 인성검사 출제 기준

 울산광역시교육청　　경상남도교육청

응시자가 응답한 결과에 따라 성실성, 대인관계성, 이타성, 심리적 안정성으로 구분하여 점수를 산출하고, 산출된 점수를 집단평균을 중심으로 표준편차 단위로 표준점수화하여 최종점수를 산정한다.

충청남도교육청

8개 항목 ①근면성, ②책임감, ③사교감, ④적극성, ⑤리더십, ⑥준법성, ⑦배려심, ⑧심리안정도 (침착성, 감정, 정서)를 측정한다.

전라북도교육청

응시자가 평소 자신의 행동 성향과 가깝다고 생각하는 대로 응답하고, 응답결과에 따라 성실성, 대인관계성, 이타성, 심리적 안정성으로 구분하여 점수를 산출하고, 산출된 점수를 집단평균을 중심으로 표준편차 단위로 표준점수화하여 최종점수를 산정한다.

Chapter 03 인성검사 실전 연습

출제 포인트!

교육공무직원 소양평가에서 인성검사는 대개 40분 내 200문항에 답하도록 출제된다.
최근 O/X 선택형(약 180~190문항)과 4지/5지 선다형(약 10~20문항)이 혼합되어 출제되고 있으므로, 여러 기관에서 활용되는 몇 가지 대표적인 유형으로 실전 연습을 해보는 것이 중요하다.
인성검사는 지원자의 가치관 및 성향을 알아보기 위한 검사이므로 정답이 없다. 따라서 직관에 따라 솔직하게 응답하되 일관성 유지에 유의해야 한다.

01 Yes / No 진위 선택형

[01~80] 다음 각 질문에 대해 본인이 맞다고 생각하면 Yes, 그렇지 않으면 No에 체크하시오.

번호	질문		Yes	No
01	종종 일하기 싫을 때가 있다.	2024 경북교육청 유사 기출	○	○
02	집에 혼자 있는 것을 좋아한다.	2024 경북교육청 유사 기출	○	○
03	나를 인정하지 않으면 일을 제대로 하지 않는다.	2024 경북교육청 유사 기출	○	○
04	구체적인 계획이 없으면 행동에 옮기기 어렵다.		○	○
05	직책이나 직권 등의 권위를 가지고 싶다.		○	○
06	남의 말이나 행동에 쉽게 상처 받는다.		○	○
07	나와 마음이 맞는 사람이 주변에 별로 없다.		○	○
08	남을 잘 배려한다는 소리를 듣는 편이다.		○	○
09	한 가지 일에 몰입하면 다른 것은 못 한다.		○	○
10	혼자 집중하여 하는 일을 즐긴다.		○	○
11	몸에 무리가 가는 일은 하지 않는다.		○	○
12	나를 나쁘게 말하는 사람이 주변에 많다.		○	○
13	일이 생겼을 때 정확한 판단이 설 때까지 행동하지 않는다.		○	○
14	일을 시작하기 전에 세부계획을 먼저 세운다.		○	○
15	정신력이 강하다.		○	○
16	규칙은 반드시 준수한다.		○	○
17	나의 의견이 받아들여지지 않으면 화가 난다.		○	○

번호	질문	Yes	No
18	남이 나를 비판하는 것을 받아들이기 어렵다.	○	○
19	돌다리도 두들겨 보고 걷는다.	○	○
20	조직 생활이 즐겁다.	○	○
21	나는 낙천적인 성격을 가지고 있다.	○	○
22	노력만으로는 안 되는 것들이 있다.	○	○
23	일을 할 때에는 나를 도와주는 사람이 필요하다.	○	○
24	틈틈이 나의 미래를 생각한다.	○	○
25	급한 일도 기한 내에 마무리할 수 있다.	○	○
26	개인의 능력보다는 팀워크가 중요하다.	○	○
27	처음 가보는 곳은 철저히 조사한다.	○	○
28	조직을 위하여 자존심을 굽힐 수 있다.	○	○
29	공과 사는 명확하게 구분한다.	○	○
30	한번 좋아하는 것은 끝까지 좋아한다.	○	○
31	남이 나를 신뢰할 때 더욱 열심히 일한다.	○	○
32	나는 조직 구성원에게 도움을 줄 수 있다.	○	○
33	조직 구성원과 협조적인 관계를 유지한다.	○	○
34	조직의 내부 및 외부 갈등을 원만하게 해결할 수 있다.	○	○
35	상대방을 진정으로 이해하며 노력하는 편이다.	○	○
36	친절함과 공손함은 매우 중요한 덕목이다.	○	○
37	약속을 지키는 것이 신뢰성을 높인다고 생각한다.	○	○
38	나는 실험정신이 투철하다.	○	○
39	끊임없이 변화하고 환경에 적응을 잘한다.	○	○
40	보람된 삶을 사는 것이 인생의 목표다.	○	○
41	나의 주장과 반대되는 의견이 있을 시 배척한다.	○	○
42	내가 목표로 한 바에 대해 정확한 피드백을 할 수 있다.	○	○
43	내가 가지고 있는 흥미가 무엇인지 이해하고 있다.	○	○
44	직무에 대한 구체적인 정보를 가지고 있다.	○	○
45	나를 가로막고 있는 것이 무엇인지 알고 있다.	○	○
46	공정하게 경쟁하는 것을 즐긴다.	○	○
47	직업 선택에 있어서 경제적인 보상을 우선순위에 둔다.	○	○
48	계획을 세운 것은 반드시 실천한다.	○	○
49	나는 미래에 대한 단기, 중기, 장기 목표를 세웠다.	○	○

번호	질문	Yes	No
50	타인과의 협상 및 설득에 능하다.	○	○
51	일을 저돌적으로 밀어붙이는 면이 있다.	○	○
52	어느 모임에서든 중요한 역할을 한다.	○	○
53	남에게 없는 나만의 매력이 있다.	○	○
54	다른 사람에게 나의 장점을 어필할 수 있다.	○	○
55	맡은 임무에 대해서는 끝까지 책임지고 해낸다.	○	○
56	생각이 기발하다는 말을 종종 듣는다.	○	○
57	좋고 싫음의 구분이 분명하다.	○	○
58	전망이 어둡다고 판단되면 생각을 접는다.	○	○
59	주변에서 나에게 거는 기대가 크다.	○	○
60	그래프를 분석하고 도표를 작성하는 업무는 즐겁다.	○	○
61	주변 사람의 단점이나 잘못된 행동을 보면 지적한다.	○	○
62	미래에 대한 명확한 기준을 가지고 있다.	○	○
63	복잡한 일일수록 천천히 한다.	○	○
64	모르는 사람과는 어울리기 힘들다.	○	○
65	그룹과 단체보다는 나를 중시한다.	○	○
66	기존 방식이나 관습을 따를 필요는 없다.	○	○
67	맡은 임무에 대해서는 끝까지 책임지고 해낸다.	○	○
68	감정 조절이 힘든 편이다.	○	○
69	다양한 분야에 관심이 많다.	○	○
70	몸에 무리가 가는 일을 하지 않는다.	○	○
71	여러 사람을 만나는 것이 부담된다.	○	○
72	거짓말을 하지 못해 낭패를 본 적이 있다.	○	○
73	일을 할 때 산만한 편이다.	○	○
74	때로 죽고 싶을 때가 있다.	○	○
75	가족을 선택할 수 있다면 다른 부모를 만나고 싶다.	○	○
76	살면서 거짓말을 해본 적이 거의 없다.	○	○
77	남의 물건을 슬쩍 가져온 경험이 있다.	○	○
78	이유 없이 불안한 생각이 들 때가 있다.	○	○
79	어떤 사안을 결정할 때에는 다수결 원칙을 따른다.	○	○
80	질서와 준칙을 지키는 것이 좋다.	○	○

02 동의 척도 표시형

[01~50] 다음 질문을 읽고 ①~⑤ 중 자신에게 가장 가까운 것 하나에 체크하시오.

01 부정적인 생각을 자주 한다.

① 전혀 그렇지 않다.　　② 그렇지 않다.　　③ 보통이다.　　④ 그렇다.　　⑤ 매우 그렇다.

02 일보다 사람의 관계가 우선이다.

① 전혀 그렇지 않다.　　② 그렇지 않다.　　③ 보통이다.　　④ 그렇다.　　⑤ 매우 그렇다.

03 남이 나를 어떻게 생각하는지는 중요하지 않다.

① 전혀 그렇지 않다.　　② 그렇지 않다.　　③ 보통이다.　　④ 그렇다.　　⑤ 매우 그렇다.

04 타인의 마음을 꿰뚫어 볼 수 있다.

① 전혀 그렇지 않다.　　② 그렇지 않다.　　③ 보통이다.　　④ 그렇다.　　⑤ 매우 그렇다.

05 혼자 있는 것을 좋아하지 않는다.

① 전혀 그렇지 않다.　　② 그렇지 않다.　　③ 보통이다.　　④ 그렇다.　　⑤ 매우 그렇다.

06 느림보라는 말을 종종 듣는다.

① 전혀 그렇지 않다.　　② 그렇지 않다.　　③ 보통이다.　　④ 그렇다.　　⑤ 매우 그렇다.

07 생각에서 끝나는 경우가 많다.

① 전혀 그렇지 않다.　　② 그렇지 않다.　　③ 보통이다.　　④ 그렇다.　　⑤ 매우 그렇다.

08 권력에 대한 욕구가 있다.

① 전혀 그렇지 않다.　　② 그렇지 않다.　　③ 보통이다.　　④ 그렇다.　　⑤ 매우 그렇다.

09 도전하지 않으면 얻을 수 없는 것이 많다.

① 전혀 그렇지 않다.　② 그렇지 않다.　③ 보통이다.　④ 그렇다.　⑤ 매우 그렇다.

10 외향적 성격이라고 생각한다.

① 전혀 그렇지 않다.　② 그렇지 않다.　③ 보통이다.　④ 그렇다.　⑤ 매우 그렇다.

11 준비 없는 일에는 뛰어들지 않는다.

① 전혀 그렇지 않다.　② 그렇지 않다.　③ 보통이다.　④ 그렇다.　⑤ 매우 그렇다.

12 성격이 온순하고 다감한 편이다.

① 전혀 그렇지 않다.　② 그렇지 않다.　③ 보통이다.　④ 그렇다.　⑤ 매우 그렇다.

13 나에게 필요한 것은 결정력이다.

① 전혀 그렇지 않다.　② 그렇지 않다.　③ 보통이다.　④ 그렇다.　⑤ 매우 그렇다.

14 항상 결과를 생각하며 행동한다.

① 전혀 그렇지 않다.　② 그렇지 않다.　③ 보통이다.　④ 그렇다.　⑤ 매우 그렇다.

15 타인의 실수와 잘못에 관대하다.

① 전혀 그렇지 않다.　② 그렇지 않다.　③ 보통이다.　④ 그렇다.　⑤ 매우 그렇다.

16 누구와도 잘 어울릴 자신이 있다.

① 전혀 그렇지 않다.　② 그렇지 않다.　③ 보통이다.　④ 그렇다.　⑤ 매우 그렇다.

17 매사에 조용한 편이라고 생각한다.

① 전혀 그렇지 않다.　② 그렇지 않다.　③ 보통이다.　④ 그렇다.　⑤ 매우 그렇다.

18 ▶ 시간약속을 잘 지킨다.

① 전혀 그렇지 않다.　　② 그렇지 않다.　　③ 보통이다.　　④ 그렇다.　　⑤ 매우 그렇다.

19 ▶ 낯선 곳을 여행하는 일은 즐겁다.

① 전혀 그렇지 않다.　　② 그렇지 않다.　　③ 보통이다.　　④ 그렇다.　　⑤ 매우 그렇다.

20 ▶ 매사에 조심하는 성격이다.

① 전혀 그렇지 않다.　　② 그렇지 않다.　　③ 보통이다.　　④ 그렇다.　　⑤ 매우 그렇다.

21 ▶ 활달하고 외향적인 성격이다.

① 전혀 그렇지 않다.　　② 그렇지 않다.　　③ 보통이다.　　④ 그렇다.　　⑤ 매우 그렇다.

22 ▶ 행동과 동작이 빠른 편이다.

① 전혀 그렇지 않다.　　② 그렇지 않다.　　③ 보통이다.　　④ 그렇다.　　⑤ 매우 그렇다.

23 ▶ 노력은 절대 배신하지 않는다고 생각한다.

① 전혀 그렇지 않다.　　② 그렇지 않다.　　③ 보통이다.　　④ 그렇다.　　⑤ 매우 그렇다.

24 ▶ 시간 계획을 세우는 것을 좋아한다.

① 전혀 그렇지 않다.　　② 그렇지 않다.　　③ 보통이다.　　④ 그렇다.　　⑤ 매우 그렇다.

25 ▶ 다른 사람과 공유한 비밀은 절대 누설하지 않는다.

① 전혀 그렇지 않다.　　② 그렇지 않다.　　③ 보통이다.　　④ 그렇다.　　⑤ 매우 그렇다.

26 ▶ 남에게 지는 것을 싫어한다.

① 전혀 그렇지 않다.　　② 그렇지 않다.　　③ 보통이다.　　④ 그렇다.　　⑤ 매우 그렇다.

27 내 의견을 피력하는 데 주저함이 없다.

① 전혀 그렇지 않다.　② 그렇지 않다.　③ 보통이다.　④ 그렇다.　⑤ 매우 그렇다.

28 결정하는 데 시간이 오래 걸린다.

① 전혀 그렇지 않다.　② 그렇지 않다.　③ 보통이다.　④ 그렇다.　⑤ 매우 그렇다.

29 하나 이상의 취미를 가지고 있다.

① 전혀 그렇지 않다.　② 그렇지 않다.　③ 보통이다.　④ 그렇다.　⑤ 매우 그렇다.

30 내가 책임질 수 없는 일은 하지 않는다.

① 전혀 그렇지 않다.　② 그렇지 않다.　③ 보통이다.　④ 그렇다.　⑤ 매우 그렇다.

31 말과 행동이 일치하지 않는다.

① 전혀 그렇지 않다.　② 그렇지 않다.　③ 보통이다.　④ 그렇다.　⑤ 매우 그렇다.

32 남들과는 차별성을 두고 싶다.

① 전혀 그렇지 않다.　② 그렇지 않다.　③ 보통이다.　④ 그렇다.　⑤ 매우 그렇다.

33 오늘 할 일은 오늘 한다.

① 전혀 그렇지 않다.　② 그렇지 않다.　③ 보통이다.　④ 그렇다.　⑤ 매우 그렇다.

34 처음 만나는 사람과도 잘 어울린다.

① 전혀 그렇지 않다.　② 그렇지 않다.　③ 보통이다.　④ 그렇다.　⑤ 매우 그렇다.

35 생각을 깊게 오래 한다.

① 전혀 그렇지 않다.　② 그렇지 않다.　③ 보통이다.　④ 그렇다.　⑤ 매우 그렇다.

36 〉 무엇이든 행동을 우선한다.

① 전혀 그렇지 않다.　　② 그렇지 않다.　　③ 보통이다.　　④ 그렇다.　　⑤ 매우 그렇다.

37 〉 인간관계가 복잡하다.

① 전혀 그렇지 않다.　　② 그렇지 않다.　　③ 보통이다.　　④ 그렇다.　　⑤ 매우 그렇다.

38 〉 자신이 없는 것은 도전하지 않는다.

① 전혀 그렇지 않다.　　② 그렇지 않다.　　③ 보통이다.　　④ 그렇다.　　⑤ 매우 그렇다.

39 〉 주변 사람을 세심하게 살피고 배려한다.

① 전혀 그렇지 않다.　　② 그렇지 않다.　　③ 보통이다.　　④ 그렇다.　　⑤ 매우 그렇다.

40 〉 부당한 일은 그냥 넘기지 않는다.

① 전혀 그렇지 않다.　　② 그렇지 않다.　　③ 보통이다.　　④ 그렇다.　　⑤ 매우 그렇다.

41 〉 교통신호는 반드시 지킨다.

① 전혀 그렇지 않다.　　② 그렇지 않다.　　③ 보통이다.　　④ 그렇다.　　⑤ 매우 그렇다.

42 〉 나태함과 무력감에 잘 빠진다.

① 전혀 그렇지 않다.　　② 그렇지 않다.　　③ 보통이다.　　④ 그렇다.　　⑤ 매우 그렇다.

43 〉 활동적이기보다는 조용한 편이다.

① 전혀 그렇지 않다.　　② 그렇지 않다.　　③ 보통이다.　　④ 그렇다.　　⑤ 매우 그렇다.

44 〉 여럿이 다니는 것보다 혼자 자유롭게 다니는 것이 좋다.

① 전혀 그렇지 않다.　　② 그렇지 않다.　　③ 보통이다.　　④ 그렇다.　　⑤ 매우 그렇다.

45 어려운 일이 닥칠 때 대처할 수 있는 나만의 방식이 있다.

① 전혀 그렇지 않다.　② 그렇지 않다.　③ 보통이다.　④ 그렇다.　⑤ 매우 그렇다.

46 나와 뜻이 맞지 않는 사람과는 대화를 나누지 않는다.

① 전혀 그렇지 않다.　② 그렇지 않다.　③ 보통이다.　④ 그렇다.　⑤ 매우 그렇다.

47 내가 속한 팀에서 인정받기 위해 늘 노력한다.

① 전혀 그렇지 않다.　② 그렇지 않다.　③ 보통이다.　④ 그렇다.　⑤ 매우 그렇다.

48 회사 동료와 개인적인 친분을 오래 유지할 수 있다.

① 전혀 그렇지 않다.　② 그렇지 않다.　③ 보통이다.　④ 그렇다.　⑤ 매우 그렇다.

49 상사에게 업무와 복지에 대한 고충을 이야기할 수 있다.

① 전혀 그렇지 않다.　② 그렇지 않다.　③ 보통이다.　④ 그렇다.　⑤ 매우 그렇다.

50 주변 소음과 움직임에 민감한 편이다.

① 전혀 그렇지 않다.　② 그렇지 않다.　③ 보통이다.　④ 그렇다.　⑤ 매우 그렇다.

03 Most / Least 정도 선택형

[01~30] 다음 각 질문의 ①~④ 중 자신과 가장 가까운 것은 M을 선택하고, 가장 먼 것은 L을 선택하시오.

01
① 나는 어른에 대한 예의를 중시한다.
② 나는 형식보다는 편안함을 추구한다.
③ 나는 다른 사람의 잘못을 솔직하게 지적한다.
④ 나는 개방적이고 자유로운 사고를 가지고 있다.

| M | ① ② ③ ④ |
| L | ① ② ③ ④ |

02
① 나는 공과를 겉으로 드러내지 않는다.
② 나는 개인의 장점에 따라 업무를 배분해야 한다고 생각한다.
③ 나는 상사의 부당한 지시에 대해 정중하게 거부할 수 있다.
④ 나는 업무에 대해 대화보다는 메신저로 소통하는 것이 편하다.

| M | ① ② ③ ④ |
| L | ① ② ③ ④ |

03
① 나는 독서보다는 영화 감상을 즐긴다.
② 나는 직접 운동하는 것보다 관람하는 것이 좋다.
③ 나는 꾸준히 하는 한 가지 이상의 취미가 있다.
④ 나는 호기심이 많아 취미를 자주 바꾼다.

| M | ① ② ③ ④ |
| L | ① ② ③ ④ |

04
① 나는 타인의 지적에 불편하게 대응한다.
② 나는 경쟁을 통해 발전할 수 있다고 생각한다.
③ 나는 혼자 하는 일보다는 협력하는 일이 좋다.
④ 나는 다른 사람에게 불편한 말을 못 한다.

| M | ① ② ③ ④ |
| L | ① ② ③ ④ |

05
① 나는 데이터를 찾아보며 일하는 것이 좋다.
② 나는 직접 경험하며 체득하는 일이 좋다.
③ 나는 겪어보지 않은 지식은 믿지 않는다.
④ 나는 통계자료를 분석하는 일이 어렵다.

| M | ① ② ③ ④ |
| L | ① ② ③ ④ |

06
① 나는 조급함보다는 느긋함을 추구한다.
② 나는 세부적인 계획을 세우고 일을 시작한다.
③ 나는 상황에 따라 계획을 유동적으로 수정한다.
④ 나는 타이트하게 기한을 정하는 것이 익숙하다.

| M | ① ② ③ ④ |
| L | ① ② ③ ④ |

인 성 검 사

07 ① 나는 이성보다 감성에 따른다.
② 나는 논리적으로 사고한다.
③ 나는 메모하는 습관이 있다.
④ 나는 금전관리를 철저히 한다.

M ① ② ③ ④
L ① ② ③ ④

08 ① 나는 주변의 반응에 둔감하다.
② 나는 타인의 말에 쉽게 반응한다.
③ 나는 반대 의견을 잘 설득한다.
④ 나는 내 주장을 끝까지 관철한다.

M ① ② ③ ④
L ① ② ③ ④

09 ① 나는 동성인 동료가 더 많은 것이 좋다.
② 나는 동갑인 동료와 친구로 지낼 수 있다.
③ 나는 나보다 나이가 적은 상사를 깍듯이 대한다.
④ 나는 나이와 성별 관계 없이 편하게 일할 수 있다.

M ① ② ③ ④
L ① ② ③ ④

10 ① 나는 정기적으로 기부하는 기관이 있다.
② 나는 재난 및 참사 시 기부 또는 봉사활동을 한다.
③ 나는 난민의 수용을 거부한다.
④ 나는 사회적 약자를 위해 희생할 수 있다.

M ① ② ③ ④
L ① ② ③ ④

11 ① 나는 동성애자인 동료를 편하게 대할 수 있다.
② 나는 개성이 강한 사람과 지내는 것이 불편하다.
③ 나는 사내 연애에 대해 부정적이다.
④ 나는 부서 이동이 활발한 회사가 좋다.

M ① ② ③ ④
L ① ② ③ ④

12 ① 나는 우리나라는 외모지상주의가 심하다고 생각한다.
② 나는 계획보다는 행동이 우선한다.
③ 나는 정해진 계획을 벗어나면 불안하다.
④ 나는 상황에 따라 기한을 유동적으로 수정한다.

M ① ② ③ ④
L ① ② ③ ④

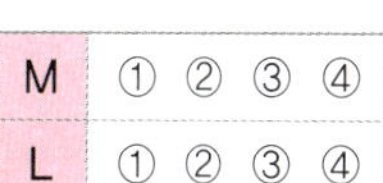

13 ① 나는 공동의 성과를 위해 내 이익을 양보할 수 있다.
② 나는 업무 시간 내 마치지 못할 일은 하지 않는다.
③ 나는 형식적인 회의는 하지 않는 것이 낫다고 생각한다.
④ 나는 자유로운 분위기가 업무능력 향상에 도움이 된다고 생각한다.

M	① ② ③ ④
L	① ② ③ ④

14 ① 나는 스트레스를 푸는 나만의 방법이 있다.
② 나는 평소 술을 즐겨 마시지 않는다.
③ 나는 친구들과 모일 때는 식사보다 술을 마신다.
④ 나는 직장 내 회식 문화는 사라져야 한다고 생각한다.

M	① ② ③ ④
L	① ② ③ ④

15 ① 나는 성공한 삶을 위해 남들보다 노력한다.
② 나는 매너리즘에 빠질 때가 많다.
③ 나는 익숙함이 나태함의 지름길이라고 생각한다.
④ 나는 스스로 게을러지지 않기 위해 항상 단련한다.

M	① ② ③ ④
L	① ② ③ ④

16 ① 나는 시간이 오래 걸려도 매사 꼼꼼하게 일한다.
② 나는 업무 기한을 위해 일정 부분은 포기하고 넘어간다.
③ 나는 후배 직원의 실수를 일일이 지적한다.
④ 나는 상사라도 잘못된 언행은 바로잡는다.

M	① ② ③ ④
L	① ② ③ ④

17 ① 나는 내 기분을 겉으로 잘 드러내지 않는다.
② 나는 기분이 상하면 표정으로 나타난다.
③ 나는 공사를 구분하면서 감정을 표출한다.
④ 나는 내 기분보다 타인의 기분을 맞추려고 애쓴다.

M	① ② ③ ④
L	① ② ③ ④

18 ① 나는 타인과의 갈등 해결 뒤에는 뒤끝이 없다.
② 나는 서운한 일은 마음에 담아두는 편이다.
③ 나는 불만을 참았다가 한번에 터뜨리는 편이다.
④ 나는 나와 맞지 않는 사람과 거리를 둔다.

M	① ② ③ ④
L	① ② ③ ④

19
① 나는 타인의 행동과 기분을 잘 분석한다.
② 나는 다른 사람의 말을 잘 신경 쓰지 않는다.
③ 나는 주변에 휘둘리지 않고 신념을 지킨다.
④ 나는 의사결정을 빨리하는 편이다.

| M | ① ② ③ ④ |
| L | ① ② ③ ④ |

20
① 나는 정치 성향이 다른 사람과도 친하게 지낸다.
② 나는 변화보다는 안정을 추구한다.
③ 나는 직장을 위해 거주지를 옮길 수 있다.
④ 나는 프로젝트를 위해 주말을 포기할 수 있다.

| M | ① ② ③ ④ |
| L | ① ② ③ ④ |

21
① 나는 여러 사람과 함께하는 일에서는 불만을 표현하지 않는다.
② 나는 내가 앞서서 해야 하는 일은 별로 하고 싶지 않다.
③ 나는 동료나 리더의 의견에 전적으로 따르는 편이다.
④ 나는 리더라면 팀원의 성향대로 일을 배분해야 한다고 생각한다.

22
① 나는 평소 존경하는 인물이나 롤모델이 있다.
② 나는 자기계발 서적을 즐겨 읽는다.
③ 나는 베스트셀러보다는 작가 위주로 찾아 읽는다.
④ 나는 대형서점에서 시간을 보내는 것이 좋다.

23
① 나는 돌려 말하지 않고 직설적으로 말한다.
② 나는 선의의 거짓말이 가끔은 필요하다고 생각한다.
③ 나는 조직 내 규율과 준칙은 반드시 지키는 편이다.
④ 나는 혼자 하는 일보다 협력하는 일이 더 좋다.

24
① 나는 새로운 장소에 가보는 것이 좋다.
② 나는 손으로 조립하고 만드는 일을 좋아한다.
③ 나는 레시피를 찾아 요리하는 것보다 외식이 편하다.
④ 나는 유명한 장소보다는 숨겨진 오지가 좋다.

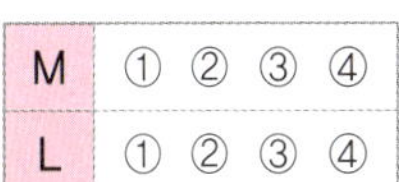

25 ① 나는 합리적인 성격이라고 생각한다.
② 나는 감정이 격해지면 폭언하는 경향이 있다.
③ 나는 기분이 나빠도 속으로 삭이려고 한다.
④ 나는 막연한 불안으로 잠을 설칠 때가 있다.

| M | ① ② ③ ④ |
| L | ① ② ③ ④ |

26 ① 나는 시계 초침 소리에 예민한 편이다.
② 나는 잠잘 때 이어플러그나 안대를 종종 사용한다.
③ 나는 전화 응대가 많은 업무는 피하고 싶다.
④ 나는 조용히 몰두하는 일이 적성에 맞는다.

| M | ① ② ③ ④ |
| L | ① ② ③ ④ |

27 ① 나는 많은 사람들 앞에서 이야기하는 것을 즐긴다.
② 나는 주로 모임을 주최하는 역할을 맡는다.
③ 나는 민원인을 친절하게 응대할 수 있다.
④ 나는 곤란한 상황에 처한 동료를 외면할 수 없다.

| M | ① ② ③ ④ |
| L | ① ② ③ ④ |

28 ① 나는 쓸데없이 고민이 많다는 말을 듣는다.
② 나는 걱정 없이 편하게 산다는 말을 듣는다.
③ 나는 부모님 말씀은 틀리지 않다고 생각한다.
④ 나는 주관대로 행동하는 것이 옳다고 생각한다.

| M | ① ② ③ ④ |
| L | ① ② ③ ④ |

29 ① 나는 두루두루 무난하고 원만한 성격이다.
② 나는 성격이 까다롭고 모난 구석이 있다.
③ 나는 학창시절 왕따를 당하거나 친구를 따돌렸던 적이 있다.
④ 나는 필요한 경우 집회 등에 참가해서 사회적으로 목소리를 낸다.

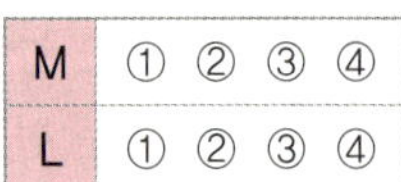

30 ① 나는 날씨에 따라 신체 리듬이 달라진다.
② 나는 여행지에서는 쉽게 잠들지 못하는 편이다.
③ 나는 한번 잠들면 업어가도 모를 만큼 깊이 잔다.
④ 나는 새벽에 잠을 자주 깨고 꿈도 많이 꾼다.

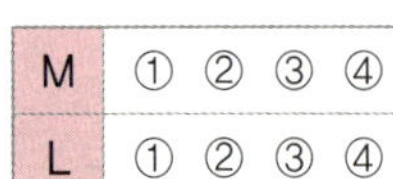

Part 3
면접

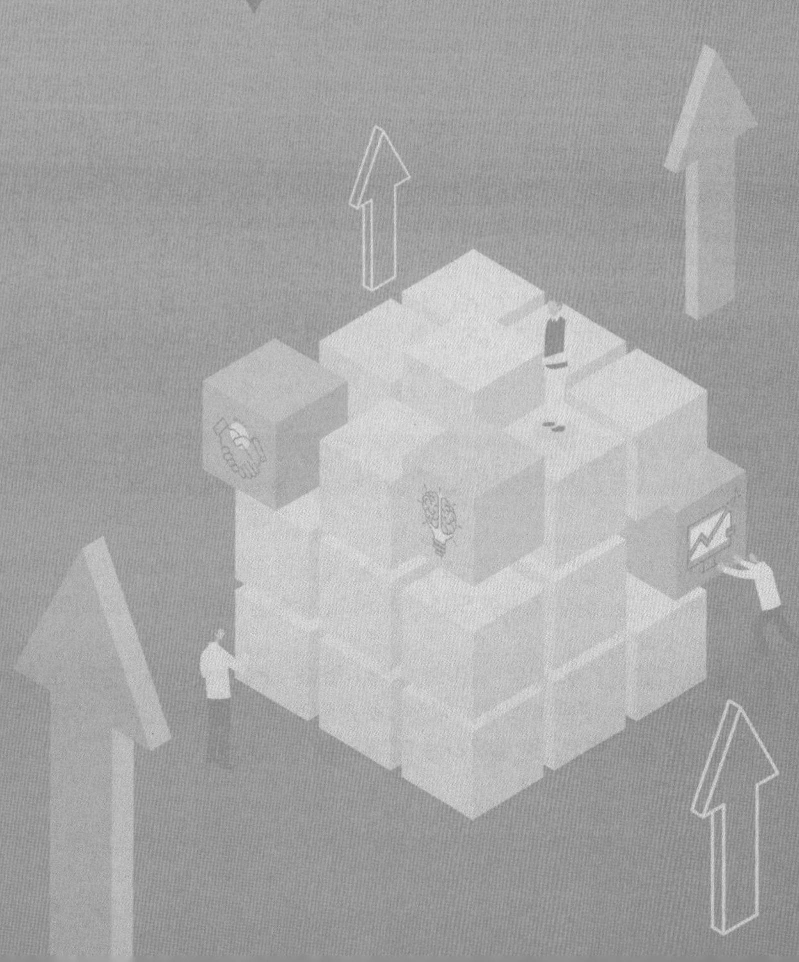

Step 01 면접 준비의 A~Z!

01 호감 가는 첫인상 만들기!

호감을 주는 첫인상을 만들기 위해서는 외모뿐만 아니라 시선 · 목소리 · 표정 · 태도 또한 중요하다.

- **시선** : 지원자의 자신감은 시선을 통해 드러난다. 질문을 한 면접관을 정면으로 응시하면서 답변해야 하고, 짧게 마주치는 면접관과의 눈빛 교환 속에서 본인이 가진 열정을 어필할 수 있어야 한다. 시선을 회피하지 말고, 눈을 맞추는 것이 어려울 경우 면접관의 인중 또는 미간을 보도록 한다.
- **목소리** : 면접 전형의 경우 지원자의 답변을 목소리를 통해 전달받기 때문에 목소리의 중요성은 여러 번 강조되어야 하는 부분이다. 자신감 있고 신뢰를 주는 목소리는 면접장 분위기를 밝게 만들고, 지원자에 대한 긍정적인 이미지를 심어줄 수 있는 중요한 요소이다. 평상시 차분하고 조용한 성격 때문에 작고 자신감 없는 목소리가 나올 경우 부끄럽다는 생각을 버리고 명확하고 자신감 있는 목소리를 내뱉도록 꾸준한 연습이 필요하다.
- **표정** : 면접은 일종의 대화이기 때문에 밝은 표정을 유지하는 것이 좋다. 처음부터 끝까지 억지스럽게 웃는 표정이나 상황에 맞지 않는 표정을 짓기보다는 자연스럽게 살짝 미소를 머금고 전체적으로 밝고 건강한 분위기를 지니는 것이 좋다. 단, 지원 동기나 입사 후 포부와 같은 질문에 답변을 할 때에는 상황에 맞춰 진중한 표정을 지음으로써 면접관에게 신뢰와 진정성을 전달하도록 해야 한다.
- **태도** : 지원자는 진지하고 침착한 자세로 면접관의 질문을 경청하는 태도가 필요하다. 면접관이 질문을 하였을 때 다른 생각을 하고 있다는 인상을 심어줄 경우 좋지 않은 평가를 받을 수 있으므로 특히 시선이나 손동작 등을 조심하여야 한다. 면접장 안에서만의 태도에 신경 쓰기보다는 부지불식간 누군가 지원자를 평가하고 있을지도 모른다는 생각을 가지고, 정해진 면접 시간에 맞춰 여유 있게 도착하고, 면접 대기 장소에서도 바른 자세를 유지하도록 한다.

02 답변은 두괄식으로 핵심만 요약하여 간단히!

질문에 대한 답변은 두괄식으로 핵심 내용을 먼저 이야기하고, 이후 부연 설명을 통해 이유를 덧붙여야 한다. 길고 지루한 답변은 피하고, 핵심만 간결하게 정리하여 대략 20~40초 내에 답변을 마치는 것이 좋다.

또한, 길어질 수 있는 답변의 경우 '첫째, 둘째, 셋째'와 같은 표현을 활용하여 체계적으로 답변하고, 이는 내용을 정확하게 전달하고 면접관이 내용을 쉽게 파악할 수 있도록 도움을 준다. 즉, 전달력을 높여 면접관을 설득하는 데 유리할 수 있다.

03 솔직한 답변만큼 진정성 있는 답변 또한 중요!

기본적으로 솔직한 자세로 면접에 임하는 것은 중요하지만, 항상 모든 상황에서 솔직함이 통하는 것은 아니다. 지원자가 하고 싶은 말을 하는 것도 중요하지만 면접관이 듣고 싶은 말을 하는 것 또한 중요하다. 면접관이 듣고 싶은 내용과 지원자의 솔직한 답변이 일치하지 않을 경우 좋은 평가를 받기 어려울 수 있으므로 무조건적인 솔직함보다는 상황에 맞게 진정성 있는 답변을 하는 것이 중요하다.

04 압박질문에는 인정(Yes)-반론(But) 화법 활용!

지원자가 면접에서 당황하는 대표적인 질문으로 압박질문이 있다. 압박질문을 받게 될 경우 대부분의 지원자는 질문 자체를 부정하거나 변명을 늘어놓게 된다. 압박질문의 경우 지원자를 떨어뜨릴 목적이 아니라 당황스러운 상황에서 어떤 방식으로 대처하는 지를 평가하기 위한 질문이다. 따라서 먼저 면접관이 질문한 내용에 대해 인정하고 이에 대한 반론을 덧붙여 이야기하는 '인정–반론 화법'을 활용해야 한다. 본인의 약점 또는 단점을 감추기보다는 먼저 인정하고, 이에 대한 보완 방법을 언급하며 반론을 하는 방식이다.

05 직관적인 답변과 뜸을 들일 필요가 있는 답변은 구분!

면접관의 질문에 대한 답변을 바로 해야 하는 경우가 있고, 약간의 생각할 시간을 가진 후 해야 하는 경우가 있다. 충분한 생각이 필요한 질문임에도 불구하고 바로 답변을 하게 되면 면접관은 지원자가 미리 외워온 답변을 그대로 말한다고 생각하므로 진정성까지 의심할 수 있다. 그러므로 미리 준비한 답변이라 할지라도 어느 정도의 시간을 가진 후 답변을 하는 것이 좋다.

06 입 밖으로 소리를 내어 연습!

면접 예상 질문에 대한 답변을 미리 작성해 놓고 외우는 경우가 있다. 질문에 대한 답변을 머릿속으로만 생각하기보다 직접 글로 작성해 보면서 구조화하는 것이다. 약 100여 개의 예상 질문에 대한 답변을 정리해두었다면, 답변을 있는 그대로 외우려 하지 말고, 키워드 위주로 직접 말로 해보는 연습을 통해 자연스러운 답변을 완성하여야 한다.

Step 02 상황별·주제별 답변 Skill

01 교육공무직원으로서의 태도를 묻는 질문

Q1 교육공무직원으로서의 의무는 무엇인가?

국가법령정보센터의 「교육부와 그 소속기관 공무직 등 관리 규정」을 근거로 하여 교육공무직원의 의무에 대해 답하는 것이 적절하다.

Q2 교육공무직원으로서 갖추어야 할 자세는 무엇인가?

책임감, 협동심, 청렴함, 친절함 등과 같이 본인이 생각하는 교육공무직원에게 가장 필요한 자세 한 가지를 정하고, 왜 그런 자세가 필요한지에 대해 언급해야 한다. 또한 본인이 이러한 자세를 갖추고 있음을 객관적인 근거를 들어 제시함으로써 교육공무직원으로서 갖추어야 할 역량을 지니고 있음을 강조하는 것이 좋다.

책임감	맡은 일을 끝까지 완수할 수 있음
협동심	조직의 일원으로서 협력하여 일을 처리할 수 있음
청렴함	공공기관 근무자로서 떳떳하고 공정할 수 있음
친절함	민원인, 학부모 등을 친절하게 대할 수 있음

02 '나'에 대해 묻는 질문

Q1 본인의 장점과 단점은 무엇인가?

본인이 가지고 있는 장점이 무엇인지에 대해 먼저 언급하고 장점을 뒷받침해줄 수 있는 관련 사례를 제시하도록 한다. 그 다음 단점을 언급하고, 그러한 단점을 극복하기 위해 본인이 하고 있는 노력에 대해 이야기하도록 한다.

Q2 본인의 강점은 무엇인가?

먼저 강점과 장점에 대한 이해가 필요하다. 강점은 직무에서 활용되는 능력과 관련된 것을 가리키고, 장점은 강점이 생기게 된 성격적인 배경을 뜻한다. 예를 들어 꼼꼼한 성격이 장점에 해당된다면, 강점은 분석력으로 볼 수 있는 것이다. 강점과 장점에 대한 차이를 이해하고 구별하여 답하는 것이 가장 중요하다.

Q3 본인만의 스트레스 해소법이 있는가?

건전하고 적당히 활동적이며 무언가를 배움으로써 성장할 수 있는 스트레스 해소법이라면 모두 가능하다. 하지만 많은 시간과 비용을 필요로 하거나 잠과 쇼핑, 음주와 같은 해소법은 적절하지 않다.

Q4 본인의 가치관은 어떠한가?

주로 '좌우명이 무엇인지, 존경하는 인물은 누구인지, 감명 깊었던 책 또는 영화가 무엇인지' 등에 대하여 질문하기 때문에 면접자는 정확한 근거를 들어 답변을 해야 신뢰도를 높일 수 있다.

03 대인관계를 묻는 질문

Q1 동료 또는 상사와 갈등이 생긴다면 어떻게 대처할 것인가?

자기 자신의 행동을 먼저 돌아본 다음 적극적인 대화를 통해 관계 유지를 위한 노력을 할 것임을 언급하는 것이 좋다.

Q2 과거에 대인관계 갈등 경험이 있는가?

구체적인 상황을 제시하고 갈등의 원인을 파악하여 극복 방법과 근거를 제시하도록 한다. 여기서 더 나아가 그 경험으로부터 느낀 점에 대해 이야기하며 마무리를 짓는 것이 좋다.

04 업무 중의 상황 질문

Q1 상사가 부당한 일을 시킬 경우 어떻게 대처할 것인가?

먼저 상사가 시킨 일이 진짜 부당한 것인지 아닌지부터 구분을 한 다음 법적으로 어긋난 행위라면 절대 해서는 안 되고, 업무적인 부분·부탁 등은 수용한다는 방향으로 답변을 하는 것이 좋다.

Q2 채용 후 다른 업무를 시킨다면 어떻게 할 것인가?

상황 수용 의지와 근거를 들어 답변을 해야 한다. 즉, 주어진 업무를 최선을 다해 처리하면서 여러 가지 상황에 대처할 수 있는 능력을 키울 수 있고, 나아가 자신이 하고 싶은 업무를 잘 처리하는 데에도 도움이 될 수 있으므로 상황을 긍정적으로 받아들이겠음을 강조하는 것이 좋다.

Q3 올바른 전화 응대법은 무엇인가?

벨은 3초 이내 또는 3번 울리기 전에 받아야 하고, 기관명과 수신자를 밝히는 것이 적절하다. 혹시 담당자가 아닐 경우에는 담당자에게 연결해준다는 안내를 하고, 전화가 끊길 상황을 대비하여 담당자 연락처를 따로 알려주는 것이 좋다. 담당자가 부재중일 경우에는 부재 사유와 통화 가능 시간을 간단히 알리고 메모를 원하는지 여부를 물어보도록 한다. 마지막에는 더 궁금한 것은 없는지 묻고 끝맺음 인사를 하도록 한다. 상대가 전화를 끊은 다음 수화기를 내려놓도록 한다.

Q4 불만이 가득한 채로 찾아온 민원인을 어떻게 대할 것인가?

가장 먼저 민원인이 느꼈을 불편에 대해 공감하는 말을 건네도록 하고, 민원인의 요구를 들어줄 수 없는 경우에는 관련 제도와 법령 등을 자세히 설명하며 요구를 들어줄 수 없어 안타까움을 표현하는 것이 좋다.

Q5 민원인이 폭언을 할 경우 어떻게 대응할 것인가?

먼저 폭언을 중단해줄 것을 요청하고 함께 대화할 수 있도록 유도한다. 폭언 중지를 3회 이상 요청했음에도 불구하고 폭언이 지속될 경우 민원 응대가 불가함을 알리고 사무실에서 나가줄 것을 요청하거나 녹음을 사전 고지한 다음 녹음을 진행하도록 한다.

05 난감한 질문

Q1 본인이 모르는 내용에 대해 상대방이 질문할 경우 어떻게 답할 것인가?

준비가 부족했음을 빠르게 인정하고 몰랐던 점을 보완할 것이라는 의지를 드러내는 것이 좋다.

Q2 약점이 될 만한 부분에 대해 질문을 할 경우 어떻게 답할 것인가?

반박하려 하지 말고 약점을 솔직하게 인정하는 것이 좋으며, 약점이 오히려 강점이 될 수 있음을 말하는 것이 좋다.

Step 03 교육청·직종별 면접 기출

01 경북교육청 최근 면접 기출 질문

2024년 면접 기출

• 특수교육실무사

1. 교사와의 의견 충돌이 있을 때 어떻게 해결할 것인지 대처방법을 말해 보세요.

2. 특수교육대상자 및 보호자 차별 금지에 대해 설명해 보세요.

3. 학생이 아무 데서나 옷을 벗는 행동을 할 때 어떻게 할 것인지 말해 보세요.

• 늘봄행정실무사 (경상북도 안동교육지원청 2024년 기출 질문)

1. 늘봄행정실무사가 갖추어야 할 자질을 2가지 말해 보세요.

2. 늘봄교육을 시행하는 이유를 2가지 말해 보세요.

3. 1학년 학생이 늘봄교실을 찾지 못하는 경우 어떻게 도와줄 것인지 말해 보세요.

4. 현재 진행하고 있는 늘봄교실 관련 업무가 있는데 다른 업무가 주어졌다면 어떻게 할 것인지 말해 보세요.

5. 늘봄교실에서 운영하는 프로그램에 대해 아는 것을 4가지 이상 말해 보세요.

6. 특수아동을 위해 도움을 줄 수 있는 방법에 대해 말해 보세요.

7. 학교에는 교사와 공무직원 등 다양한 구성원이 있는데, 어떤 자세로 근무할 것인지 3가지 이상 말해 보세요.

2023년 면접 기출

• 특수교육실무사

1. 학부모와 교사 간 갈등이 생겼을 때 취해야 할 태도를 3가지 말해 보시오.

2. 「장애인 등에 대한 특수교육법」에 명시된 특수교육대상자 11가지 유형을 말해 보시오.

3. 다음과 같은 행동을 나타내는 학생을 지도할 때 실무사로서의 중재방법을 말해 보시오.

 - 관심을 얻고자 소리를 지르는 학생

 - 변화를 싫어하고 무기력한 학생

 - 편식이 심한 학생

2022년 면접 기출

• 특수교육실무사

1. 특수교육실무원 지원 동기를 말해 보시오.

2. 특수 실무사의 주요 업무를 말해 보시오.

3. 특수 학급과 통합 학급의 차이를 말해 보시오.

4. 주어진 업무 외 다른 업무를 맡게 된다면 어떻게 할지 말해 보시오.

2021년 면접 기출

• 조리원

1. 조리 시 이물질이 들어가지 않게 하는 방법

2. 조리 시 손은 언제 씻어야 하는지

3. 조리실 내 미끄럼 방지를 위한 방법

4. 조리 시 칼, 도마를 구분해야 하는 재료

5. 식중독을 예방하기 위한 방법

2020년 면접 기출

• 조리원

1. 조리원의 기본 자세에 대하여

2. 음식에 이물질이 있다는 컴플레인이 들어왔을 때 대처 방법

3. 약품 사용 시 유의사항 3가지 이상 말하기

→ 각 질문에 대한 답은 1분 이내로 해야 함

02 부산교육청 면접 기출 질문

2022년 면접 기출

• 특수교육실무원

1. 8시 30분에 등교 지도를 해야 하는데, 개인적인 사정으로 20분 정도 늦게 출근하게 되었다면 어떻게 대처하겠는가?

2. 특수교육대상 아동의 무단이탈을 예방할 수 있는 방법은?

3. 뇌전증 질환을 가진 학생이 발작했을 때 대처 방법은?

4. 특수교육실무원의 역할과 자세는?

• 돌봄전담사

1. 돌봄전담사의 업무와 자세

2. 돌봄전담사가 된다면 아이들에게 어떤 전담사가 되고 싶은가?

3. 돌봄교실을 주로 이용하는 저학년(1, 2학년)의 특성 3가지와 지도방법

4. 아이들의 귀가 시간이 다 다른데 어떻게 지도하겠는가?

5. 돌봄교실 운영 방안

6. 돌봄교실 환경구성 방안

7. 돌봄교실 안전관리 방안

• 교육실무원

1. 교육실무원의 자세

2. 학교 기록물 종류와 관리법

3. 정보공개법률에 따라 정보 공개가 원칙인데, 공개하지 않는 정보는 무엇이 있는가?

4. 교직원과 갈등 발생 시 대처법

• 조리원

1. 지원 동기

2. 식중독 예방법

3. 자신 있는 음식

4. 상사, 동료와 불화가 있을 때 대처법

2021년 면접 기출

• 특수교육실무원

1-1. 교육공무직 직원의 의무는 무엇인가?

1-2. 본인이 가장 중요하다고 생각하는 의무는 무엇인가?

2-1. 특수교육실무원으로서 전문적인 역량을 갖추기 위해 한 것은?

2-2. 어떤 특수교육실무원이 되겠는가?

3. 법적인 특수교육실무원의 역할

4. 동료와 갈등 발생 시 대처법

5. 자폐 아동 특징 2가지와 지도방안 3가지

6. 아동학대를 목격했다면 어떻게 할 것인가?

• 돌봄전담사

1. 불만을 가진 부모에게 전화가 왔을 경우 대응

2. 아이들의 정서적 안정을 위해 프로그램을 한 가지 만든다면?

3. 코로나 대응을 위해 돌봄교실에서 할 일과 비상시 대책

4. 연간운영계획표

• 조리원

1. 지원 동기

2. 알레르기가 있는 학생이 있다면 어떻게 할 것인가?

3. 단체급식 경험

03 직종별 면접 기출질문

조리원

🔍 경북교육청

1. 교차 오염에 대한 설명
2. 조리과정 중 온도체크 시기와 과정, 이유에 대한 설명
3. 육류와 어류의 전처리 과정 설명
4. 적정 배식을 위해 어떻게 해야 하는지
5. 조리원들과 업무 분담은 어떻게 할 것인지
6. 배식 중 아이들이 맛있는 반찬만 더 달라고 하고 맛없는 반찬은 안 받는다고 할 때 대처 방법

🔍 부산교육청

1. 조리원을 지원한 동기
2. 알레르기가 있는 학생을 위한 대처 방법
3. 단체 급식 경험이 있는지
4. 조리원이라는 직업에 대해 어떻게 생각하는지
5. 식중독을 예방하기 위한 방법

🔍 충남교육청

1. 직원(동료)과의 불화 시 대처 방법
2. 배식 중 조리된 음식이 모자랄 경우 대처 방법

특수교육실무원 · 특수교육지도사 · 특수교육보조원

🔍 경남교육청

1. 경남교육청의 슬로건
2. 교육공무직으로서의 자질과 덕목
3. 특수아동의 개인욕구지원
4. 특수교육실무원 역할에 맞는 자신의 장점
5. 3개월 수습기간 후 임용이 안 될 시에 어떻게 할 것인지

부산교육청

1. 특수교육실무원의 자질에 대하여 설명

2-1. 자폐아동의 특징에 대하여 설명

2-2. 지체장애 아동의 식사 지도 시 주의할 점

3-1. 아동의 문제행동 유형을 설명

3-2. 마스크를 착용하지 않으려는 아동을 어떻게 지도할 것인지

4. 특수 아동의 학부모와 잘 협업하기 위한 특수교사의 자세

기타교육청

1. 특수지도사의 업무 범위 및 하는 일

2. 특수교육지도사에 대한 생각과 직업관

3. 특수교육보조원의 자질

4. 특수교육실무원의 역할

5. 통합 교육의 장점

6. 개별화 교육에 대한 설명

7. 아이들의 돌발 행동 시 대처 방법

8. 아동이 위험에 빠졌을 때 대처 방법

9. 학부모 민원 발생 시 대처 방법

10. 담임과의 갈등 발생 시 해결 방법

11. 간질환 학생이 발작을 일으켰을 때 대처 방법

12. 휠체어를 탄 학생이 화장실, 식당 등으로 이동할 때 유의해야 할 점

돌봄전담사

경남교육청

1. 돌봄전담사의 주요 역할

2. 교육공무직원의 덕목

3. 퇴근 준비하고 있는데 업무가 생긴다면 어떻게 할 것인지

4. 학교 폭력 대응책에 대하여

5. 돌봄교실 귀가 지도에 대하여

부산교육청

1. 초등 돌봄교실의 필요성과 초등 돌봄전담사로서의 복무 자세
2. 친구를 자꾸 괴롭히는 학생이 있을 때 어떻게 지도할 것인지
3. 돌봄전담사의 역할 3가지와 가장 중요하다고 생각하는 것
4. 급식과 간식 배식 시 주의할 점

2024년 늘봄실무사 / 늘봄행정실무사 / 늘봄교무행정실무원

부산교육청

1. 교실이 공사 중이라 운영이 어려울 때 대처 방법을 말해 보세요.
2. 급식, 안전, 생활 교육 중 가장 중요하게 생각하는 것과 지도 방법에 대해 5가지 이상 말해 보세요.
3. 학교 부근에 새 아파트 단지가 생겨서 입주할 학생이 많아질 경우, 가입학식 후 입학 절차가 어떻게 진행되는지 전담사로서 대응 방법에 대해 말해 보세요.
4. 학부모의 만족도를 높일 수 있는 운영 방안을 4가지 이상 말해 보세요.

경북교육청

1. 본인의 강점 3가지와 그 중에서 학생들에게 도움이 될 강점을 말해 보세요.
2. 어떤 프로그램을 지원할 수 있는지 4가지 분야를 말해 보세요.
3. 학생들의 안전을 위해 할 수 있는 것을 4가지 이상 말해 보세요.
4. 특수학생, 저소득층 학생, 다문화가정의 아이를 위해 할 수 있는 일을 3가지 이상 말해 보세요.
5. 여러 교직원들과 잘 지내기 위해서 어떻게 해야 할지 말해 보세요.

서울교육청

1. 늘봄실무사를 지원하게 된 동기를 말해 보세요.
2. 늘봄실무사의 역할에 대해 말해 보세요.
3. 본인의 강점 중에서 늘봄실무사로서 도움이 될 점을 말해 보세요.

저희 북스케치는 오류 없는 책을 만들기 위해 노력하고 있으나, 미처 발견하지 못한 잘못된 내용이 있을 수 있습니다. 학습하시다 문의 사항이 생기실 경우, 북스케치 이메일(booksk@booksk.co.kr)로 교재 이름, 페이지, 문의 내용 등을 보내주시면 확인 후 성실히 답변 드리도록 하겠습니다.

또한, 출간 후 발견되는 정오 사항은 북스케치 홈페이지(www.booksk.co.kr)의 도서정오표 게시판에 신속히 게재하도록 하겠습니다.

좋은 콘텐츠와 유용한 정보를 전하는 '간직하고 싶은 수험서'를 만들기 위해 늘 노력하겠습니다.

늘봄행정실무사 + 전 직종 대비
경상북도교육청
교육공무직원
직무능력검사

초판 발행	2020년 07월 01일
개정판 발행	2021년 06월 10일
개정2판 발행	2022년 05월 20일
개정3판 발행	2024년 05월 10일
개정4판 발행	2025년 02월 20일
편저자	취업채널
펴낸곳	북스케치
출판등록	제2022-000047호
주소	경기도 파주시 광인사길 193 2층
전화	070 - 4821 - 5513
팩스	0303 - 0955 - 3012
학습문의	booksk@booksk.co.kr
홈페이지	www.booksk.co.kr
ISBN	979 - 11 - 94041 - 19 - 1

이 책은 저작권법의 보호를 받습니다. 수록된 내용은 무단으로 복제, 인용, 사용할 수 없습니다.
Copyright©booksk, 2025 Printed in Korea